# 武夷山年鉴

# 2021

中共武夷山市委党史和地方志研究室 编

方志出版社
Publishing House of Local Records

图书在版编目（CIP）数据

武夷山年鉴. 2021 / 中共武夷山市委党史和地方志研究室编. —北京 : 方志出版社, 2021.12
ISBN 978-7-5144-5207-5

Ⅰ. ①武… Ⅱ. ①中… Ⅲ. ①武夷山市－2021－年鉴
Ⅳ. ①Z525.74

中国版本图书馆CIP数据核字(2021)第270761号

责任编辑：王娜
责任校对：刘玉霞
责任印制：梅中英
出 版 者：方志出版社
地　　址：北京市朝阳区潘家园东里9号（国家方志馆4层）
邮　　编：100021
网　　址：http://www.zgfzcb.cn
发　　行：方志出版社图书营销中心（010-67110500）
印　　刷：福州远榕印刷有限公司
开　　本：889毫米×1194毫米　1/16
印　　张：21.25
字　　数：699千字
版　　次：2021年12月第1版
印　　次：2021年12月第1次印刷
定　　价：260.00元

# 武夷山市地方志编纂委员会成员名单

主　　任：谢启龙

副 主 任：彭秀莲　罗建斌　吴　伟　范　青　杨一鸣

委　　员：韩　奕　林　飞　邱长宏　周典林

占慧军　王袁生　金小万　王　乐

冯开青　邓崇慧　张振宗　李　夷

# 《武夷山年鉴（2021）》编辑室成员名单

主　　编：李　夷

副 主 编：詹相文

成　　员：叶丽财　吴佳慧　邱志娟　连荣华　黄胜科

# 提供资料人员名单

（以内文先后为序）

| | | | | | | | |
|---|---|---|---|---|---|---|---|
| 邱志娟 | 施金平 | 林少茜 | 李元勋 | 邱志翔 | 许浬熙 | 余俊锋 | 赵舜丹 |
| 吴婧怡 | 陈巧梅 | 叶丽财 | 傅超燕 | 陈　畅 | 程丽香 | 连荣华 | 罗永胜 |
| 陈志伟 | 郑玉萍 | 何彦偲 | 周　锋 | 李　珍 | 余鹏敬 | 彭　旭 | 郭雪陶 |
| 陈静婷 | 俞龙生 | 左廷明 | 毛明超 | 刘婧宇 | 江丽萍 | 谢执清 | 陈　娜 |
| 黄迎春 | 王小华 | 李　姗 | 占健文 | 朱晓晔 | 吴建国 | 黄　政 | 祖　琳 |
| 龚年锋 | 陆　姗 | 罗雪玲 | 杨少君 | 杨小斐 | 廖振兴 | 石俊奇 | 文大学 |
| 陈　璨 | 范　斌 | 柯馨婉 | 吴远斌 | 陈　松 | 李　备 | 郑凯文 | 江廷东 |
| 陈华颖 | 叶　菲 | 范丽瑶 | 朱　超 | 戴月灵 | 罗晔玮 | 周玉英 | 徐　勇 |
| 张圆圆 | 吴　浩 | 陈兴樑 | 杨锶瑶 | 周　瑾 | 袁朝忠 | 叶　翀 | 赵梦迎 |
| 简伟民 | 龚纯兰 | 张　莹 | 程　磊 | 吴林春 | 郭　艳 | 袁振耀 | 肖　力 |
| 李庆明 | 郑　弘 | 樊偲琦 | 林　芳 | 张祖荣 | 邱立宏 | 赵　露 | 李良泉 |
| 王鸿远 | 刘仕友 | 郑晓强 | 叶章权 | 兰建良 | 张梅霞 | 张　俊 | 范秀兰 |
| 范冉昕 | 占健文 | 徐清妹 | 吴华英 | 张　鹏 | 暨丹丽 | 于志强 | 左梦华 |
| 王礼友 | 袁旺清 | 王建强 | 游秀英 | 彭钟豪 | 吴邦强 | 黄晓芳 | 张逸竞 |
| 余仁种 | 郑红颜 | 钱　慧 | 江　赟 | 杜妍莹 | 王佳敏 | 周晓静 | 周　蔚 |
| 肖华倩 | 陈　晨 | 林思雅 | 颜朝晗 | 翁伟峰 | 黄　烨 | 黄宝望 | 苏张敏 |
| 曹晓涛 | 章　云 | 寇　晨 | 杨家涵 | 吴　道 | 林理顺 | 王永听 | 李培华 |

# 武夷山市地图

比例尺 1：390 000

福建省地图出版社　编制　　审图号：南S〔2022〕1号　　资料截至：2020年12月

# 数读武夷（2020）

| |
|---|
| 全市总面积 2813.91 平方千米 |
| 年末总人口（公安户籍）72685 户、247041 人 |
| 镇 3 个、乡 4 个、街道 3 个、村委会 115 个、社区居委会 22 个 |
| 地区生产总值（现价）2080500 万元 |
| 第一产业增加值 285105 万元 |
| 第二产业增加值 746492 万元 |
| 第三产业增加值 1048903 万元 |
| 三次产业结构 13.7 ∶ 35.9 ∶ 50.4 |
| 农林牧渔产业增加值（现价）292641 万元 |
| 财政总收入 131023 万元，其中地方财政 93467 万元 |
| 财政总支出 295957 万元 |
| 全社会固定资产投资比上年增长 8.10%，其中项目投资增长 13.30% |
| 社会消费品零售总额 657131 万元 |
| 金融机构各项存款余额 1968819 万元 |
| 住户存款余额 1349646 万元 |
| 金融机构各项贷款余额 1716624 万元 |
| 外贸出口总值 47300 万美元 |
| 合同利用外资 14948 万美元 |

# 数读武夷（2020）

实际利用外资（验资口径）4131 万美元

城镇居民人均可支配收入 37405 元

农村居民人均可支配收入 19956 元

高等院校 2 所，在校学生 17124 人，教职员 1231 人

中等职业学校 2 所，在校学生 2803 人

普通中学 12 所，在校学生 8786 人

小学 25 所，在校学生 18551 人

幼儿园 65 所，在园幼儿 9489 人

卫生医疗机构 236 个，床位 1173 张，卫技人员 1259 人

旅游接待人数 1078.57 万人次，旅游总收入 228.89 亿元

航空安全起降航班 2856 架次，旅客吞吐量 230520 人

民航货邮吞吐量 291.9 吨

铁路客运量 717650 人

铁路货运量 29881 吨

电信和邮政业务总量 31023 万元

粮食作物播种面积 224824 亩，粮食总产量 99154 吨

茶园面积 166917 亩，其中采摘面积 164507 亩

茶叶产量 18968 吨

2020 年 1 月 2 日上午，市委书记江建华（前排右一）率市委办、城市管理局、自然资源局、交通运输局、发展改革和科技局、重点办等单位主要领导，到省重点“水美城市”项目一线实地调研指导（肖力 摄）

2020 年 2 月 10 日，武夷山市“四中心一广场”开放（新丰街道 提供）

2020 年 2 月 14 日，市委书记江建华（右二）深入实验小学茶场校区检查指导疫情防控工作　　（李明　摄）

2020 年 4 月 1 日，市人大常委会组织市教育界的省、市、县、乡四级人大代表，到新丰小学调研学校疫情防控及开学前准备工作　　（余敏　摄）

2020 年 4 月 1 日下午，南平市委常委、副市长伍斌（前排左二）在武夷山市实地考察科技特派员利益共同体建设情况　　（市交通局　提供）

2020 年 5 月 13 日，省委政法委副书记袁超洪（前排右二）一行到武夷山一中检查维稳安保工作
（市教育局 提供）

2020年6月18日，全国政协委员何一心（中）走进武夷山市税务局宣讲全国“两会”精神 （刘颖 摄）

2020 年 6 月 29 日 18 时 49 分，以“武夷山国家公园”冠名的高铁列车启程赴沪

（武夷山国家公园管理局 提供）

2020 年 7 月 29 日，省人大常委会党组副书记、副主任梁建勇（前排右二）率调研组到武夷山市开展生态司法保护、公益诉讼检察和加强新时代人民检察院法律监督工作专题调研

（武夷山国家公园管理局 提供）

2020 年 8 月 29 日，南平市副市长、代市长袁超洪（前排右二）在武夷山市调研学校应对新冠肺炎疫情防控和开学准备工作　　（市教育局　提供）

2020 年 9 月 17 日，副省长李德金（前排右二）一行到武夷山市调研指导　　（赵琴　摄）

2020年9月21—23日，国家卫生城市技术评估组到武夷山，对武夷山市创建国家卫生城市工作进行技术评估。图为武夷山市创建国家卫生城市技术评估汇报会现场（市卫生健康局 提供）

2020年11月16—18日，第十四届海峡两岸茶业博览会在武夷山举办（市商务局 提供）

2020 年 10 月 24 日，第二届闽东北协同发展区中职（技工）院校学生职业技能联赛“岩霸杯”中华茶艺竞赛开赛

（应惠玲 摄）

2020 年 11 月 4 日，省“对市督导”实地督导组国家督学、漳州市实验小学党委书记兰臻到余庆小学，对南平市人民政府 2019 年履行教育职责情况开展实地督导

（市教育局 提供）

2020 年 11 月 20 日，洋庄老区学校开展“重走红军路”教育实践活动 （市教育局 提供）

2020 年 11 月 21 日，武夷山一中校长王槐盛参加在衢州二中举行的强基计划背景下创新人才培养工作研讨会暨四省四校教育教学论坛（市教育局 提供）

2020 年 11 月 11 日，武夷山市开展职教活动周活动（范洲 摄）

2020 年 2 月 12 日，市关工委科技服务团成员（科技特派员）李庆华（左），深入五夫镇“田螺湾”基地，指导莲、螺、鱼恢复生产　　　（关工委 提供）

2020 年 11 月，实验小学体育节开幕　　　（杨春兰 摄）

2020 年 8 月 8 日，武夷山市上梅乡茶景村举办第八届五夫荷花节暨第二届上梅柳永文化节　（上梅乡 提供）

2020年12月27日，武夷山实验小学茶场分校举行教学楼封顶仪式　　（徐剑飞　摄）

武夷山公立总医院　　（新丰街道　提供）

林下经济——七叶一枝花
（上梅乡 提供）

五夫国家级田园综合体项目
（农业农村局 提供）

因地质灾害而搬迁新建的里洋村思源自然村
（新丰街道 提供）

烤烟种植 （烟草局 提供）

武夷山市康泉中蜂养殖专业合作社带动贫困户发展养蜂产业　　（农业农村局 提供）

夜游归思亭　　（上梅乡 提供）

2020年春节期间，新冠肺炎疫情突至，武夷山市委、市政府立即采取一系列有力措施防控疫情，创新“三化三防”（片区优化、网格细化、专班固化，承诺自防、图示联防、监控技防）管理模式，实现疫情防控全覆盖。随着疫情防控工作的有效开展，武夷山市民的生活回归平稳；在严格做好防控工作的基础上，武夷山积极推动复工复产。

武夷山市政府大楼灯火通明，党员干部坚守一线

（丁李青 摄）

晚高峰时间，全市车流量最大的环岛路段一片寂静

（丁李青 摄）

武夷山市对人员聚集场所进行管控 （吴佳慧 摄）

党员、干部志愿者在劝导服务站值守

（市委组织部 提供）

环卫工人坚守防疫一线,清扫街面 （丁李青 摄）

武夷山市公安局民警核查群众信息

（市委组织部 提供）

网格长入户摸排 （市委组织部 提供）

武夷山市实行“限制性输入”临时交通管制，24小时值班值守，对过往车辆实行逐车检查登记

（市委组织部 提供）

公安民警值守 （丁李青 摄）

2020年2月19日，武夷山公立总医院第三批援鄂医疗队出征　　（武夷山公立总医院 提供）

2020年4月8日，武夷山国家公园开园　　（邱汝泉 摄）

武夷山市立医院援鄂医疗队

2020年4月14日，武夷山援鄂医疗队凯旋 （陈颖 摄）

武夷山派出300名科技特派员帮扶茶企有序复工复产 （邱汝泉 摄）

# 编辑说明

一、《武夷山年鉴（2021）》是由中共武夷山市委、武夷山市人民政府主办，中共武夷山市委党史和地方志研究室具体负责编纂的一部年度资料性文献。全书以马克思列宁主义、毛泽东思想、邓小平理论、“三个代表”重要思想、科学发展观、习近平新时代中国特色社会主义思想为指导，坚持辩证唯物主义和历史唯物主义的立场、观点和方法，力求全面、客观、系统、真实地记述2020年武夷山市自然、政治、经济、文化和社会各方面的情况。

二、《武夷山年鉴（2021）》按照方志体例横分门类，依据“小条目、多资料、深层次、高覆盖”的编辑方针，分类编辑，以类目、分目、条目三个层次为基本框架结构，少数条目下设子目。条目为主要载体，标题加“【】”。

三、《武夷山年鉴（2021）》采用规范的语体文，以记述为主，说明为辅，两者结合。记述范围以2020年12月31日武夷山市行政区域为界；记述时间起自2020年1月1日，截至12月31日。为了记事完整，有些事件也适当上溯或下延。

四、《武夷山年鉴（2021）》引用的统计数据，凡国家有统一规定范围、口径和计算方法的，均按国家统一规定统计，并由市统计部门审定。部门性统计资料，由有关部门提供。

# 目 录

## 专 记



## 大事记



## 自然地理环境与风景名胜

## 中国共产党武夷山市委员会

## 武夷山市人民代表大会



## 武夷山市人民政府

## 政协武夷山市委员会



## 中共武夷山市纪委 武夷山市监委



## 民主党派与工商联

## 群众团体



## 法 治

## 财政 税务



## 金 融

## 城建 环保



## 农业经济

## 工 业



## 交通运输 邮政 通信

## 旅游业



## 教 育



## 发展改革 科技

## 文化 体育 卫生健康



## 社会民生

## 乡（镇）、街道、场概况

## 人物



## 索引

# 专 记

## 政府工作报告

——2021年1月30日在武夷山市第十七届人民代表大会第五次会议上

武夷山市人民政府市长 谢启龙

各位代表：

现在，我代表市人民政府向大会报告工作，请予审议，并请市政协委员和列席会议同志提出意见。

### 一、2020年工作和“十三五”发展回顾

2020年是“十三五”规划收官之年，更是应对新冠肺炎疫情考验极不平凡的一年。市政府坚持以习近平新时代中国特色社会主义思想为指导，全面贯彻党的十九大和十九届二中、三中、四中、五中全会精神，深入贯彻习近平总书记重要讲话重要指示批示精神，认真落实省委省政府、南平市委市政府和市委的决策部署，抢抓“两新一重”和南平“新三线”政策机遇，统筹推进疫情防控和经济社会发展，沉着应对疫情、“7·9”洪灾等不利因素影响，扎实做好“六稳”工作、全面落实“六保”任务，团结带领全市广大干部群众拼搏实干、砥砺奋进，全方位推动绿色高质量发展超越，南平市绿色发展考评我市排名第一。全市生产总值208.05亿元，增长0.1%；一般公共预算总收入13.10亿元，增长0.67%；地方一般公共预算收入9.35亿元，增长3.39%；固定资产投资增长8.1%；城镇居民人均可支配收入37405元，增长3.1%；农村居民人均可支配收入19956元，增长6.2%；全社会用电量累计6.57亿千瓦时，与去年持平；银行存款余额197.58亿元，增长5.2%；银行贷款余额171.66亿元，增长14.03%。城镇登记失业率2.73%。一年来的主要工作和成效是：

**（一）凝共识、聚合力，奋力筑牢战疫防线。**面对突如其来的新冠肺炎疫情，市委、市政府按照党中央“坚定信心、同舟共济、科学防治、精准施策”总要求，严格落实“外防输入、内防反弹”防控策略，第一时间建立“集中统一、快速反应”的应急指挥体系，动员全社会力量、调动各方面资源，迅速形成了抗击疫情的强大合力。642个基层党组织冲锋一线，4661名党员、干部、志愿者下沉社区，3批23名优秀医护人员驰援武汉、宜昌，12批工作组派驻福州、厦门口岸。社会各界、海内外侨胞捐赠款物598.95万元。无数爱心汇聚成守望相助、共克时艰的巨大力量，新冠肺炎疫情发生以来，我市未出现本地聚集性感染和境外输入病例，3月5日实现新冠肺炎患者“清零”且至今无新增，社区疫情防控“三化三防”经验入选全国城乡社区疫情防控100个优秀案例。

在这场战“疫”大考中，广大医务工作者救死扶伤、逆行出征，广大社区工作者、公安民警、基层干部、志愿者不惧风险、坚守岗位，广大群众众志成城、全力配合，铸就了抵御疫情、护佑生命的人民防线。在此，向投身疫情防控一线的医务工作者和各阶层人士，向参与支持疫情防控的全体市民，向关心关爱武夷山疫情防控的海内外朋友，致以崇高的敬意！

**（二）抓“六稳”、促“六保”，奋力加快经济复苏**。出台落实“六稳”“六保”22条政策措施，建立机关联企机制，20名联企干部网格化对接服务，稳妥有序推动全面复工复产、复商复市、复学复课。下达各类直达补助资金2.96亿元，减免税费1.05亿元、企业社会保险费6754.2万元，发放失业保险金408.8万元，缓缴767家企业各类费用958万元，支持中小微企业融资纾困1.2亿元，帮助企业有效应对疫情、渡过难关。首列中欧国际货运班列顺利开行。出台旅游优惠政策，策划举办首届“513旅游电商节”，开展系列直播促消费活动124场，带动消费超2亿元。农夫山泉年产100万吨饮用天然水生产线竣工投产。一般公共预算总收入等主要经济指标在一季度大幅下滑基础上，顺利实现正增长并完成赶超。

**（三）谋项目、筹资金，奋力扩大有效投资**。持续深化“五个一批”项目推进机制，列入省、南平市重点项目46项，总投资240.1亿元，累计完成投资43.5亿元，占年度计划的104.7%。新增“五个一批”项目153个，总投资265.8亿元；策划上报全省“十四五”规划项目150个，总投资879.3亿元；上报南平市“十四五”规划项目323个，总投资1790亿元。争取地方政府债券资金10.8亿元。创新推出“不见面”招商，深化“一把手”招商、产业链招商和回归经济工作，新引进深业生命健康中心、宝龙城市商业综合体等总投资超5000万元项目65个，开工转化率100%，回归经济和产业招商工作排名南平市第一。第二、三季度省政府“五个一批”正向激励考评分别排名全省第二、第五。

**（四）强配套、铸品质，奋力推进城市建设**。全力实施城市建设攻坚战，第一批52个项目，总投资56.8亿元，已开工48个，竣工27个，完成投资12.8亿元。完成宁武高速北城互通、国道G237（九曲路口至公馆大桥段）、疏港大道二期、武夷大道、五九大道等道路建设提升30条。新建、改造污水管网26.34千米，铺设市政燃气管网约30千米；建设智能化停车场8个，新增停车泊位1745个；拆除“两违”32.31万平方米，彩钢瓦9.34万平方米；绿化彩化31万平方米、提升绿地9.85万平方米。扎实推进城区生活垃圾分类，建成垃圾分类屋28座。实施老旧小区改造13个、1321户。水泥厂棚户区整治、高振农庄整治、疏港大道征迁、中山路拓宽等制约城市建设发展的问题，得到攻坚突破，城市面貌焕然一新，环境更美、品质更好、功能更全。

**（五）提质效、增活力，奋力优化产业结构**。旅游产业加快转型，紧盯“2522”旅游产业高质量发展目标，实施“五大提升行动”，打造“五旅”融合基地。世茂御榕庄酒店等项目建成并投入运营，五峰九院、运动康复中心、印象建州、茶汤温泉、大红袍艺术馆等一批旅游项目扎实推进。引进低空游览项目，推出大红袍八段锦体验之旅。开展“品读双世遗、漫游武夷山”“武夷暖冬”系列宣传营销推广活动，成功举办大武夷超级山径赛、全国郊野钓鱼大赛等国家级、省级体育赛事16项。开行福州—武夷山旅游高铁专列，开通南京—武夷山—深圳航线。三木自驾车营地获评首批国家4C级自驾车旅居营地，五夫朱子文化园研学实践教育基地入选第三批福建省中小学生研学实践教育基地；南源岭村获评全国乡村旅游重点村，大安村、南源岭村入选福建金牌旅游村。茶产业做大做强，围绕茶产业全产业链发展和“11363”目标，实施“六大专项行动”，推动茶产业高质量发展。茶旅小镇会展中心建成并投入运营；茶人小镇、正山堂红茶博物馆、武夷星智能产品中心完成主体建设；瑞泉岩茶博物馆、京东·武夷茶数字生态茶产业基地序时推进；八马茶文化研学体验园项目实现当年招商、当年签约、当年落地、当年产生税收；新增“小升规”茶企7家，茶产业税收8499万元，同比增加30.9%。成功举办全国茶叶加工（精制）职业技能竞赛决赛、第十四届海峡两岸茶业博览会。“正山小种”商标被认定为中国驰名商标；“武夷岩茶”“武夷山大红袍”“正山小种”列入中欧地理标志协定保护名录；武夷岩茶、武夷红茶入选中国农产品地域品牌价值2020年标杆品牌；武夷岩茶品牌强度905，品牌价值700.17亿元，连续4年蝉联中国茶叶类区域品牌价值第二。荣获“2020中国茶业百强”“2020年中国茶业品牌建设十强县”称号。新兴产业蓬勃兴起，生物制药、科技环保、电商、互联网经济等产业初具规模，1家企业获得省级科技“小巨人”企业认定，2家企业获得省星创天地认定。出台促进总部经济、平台经济发展若干措施，引进3家总部经济企业、4家平台经济企业，实现创税1.35亿元。

**（六）严保护、重改革，奋力厚植生态优势**。深入实施大气、水、土壤污染防治三大行动计划，空气质量优良天数比例100%，境内主要河流水质优良比例100%。全面完成第二轮中央、省生态环境保护督察信访问题整改。落实河湖长制，完成92个行政村农村生活污水治理、46个入河排污口整治、48处水电站下泄流量设施改造。完成中小河流域综合治理6千米，治理水土流失面积4.3万亩。推进国家储备林质量精准提升工程，完成现有林改培1.22万亩，商品林赎买2.17万亩。持续整治违规违法开垦茶山1472.6亩，复绿造林8432.8亩。整治违建别墅18宗，拆除违法建筑面积1.52万平方米。生态文明建设取得长足发展，获批国家生态综合补偿试点县，争取国家生态专项补偿资金2亿元。列入省第三批生态产品市场化改革试点；五夫“生态银行”模式入选全国十个实践“绿水青山就是金山银山”典型案例；“茶生态银行”茶叶区块链溯源平台亮相第三届数字中国建设峰会，GEP生态系统服务价值核算试点经验向全国推广；GEEP经济生态生产总值通过专家验收，属全国首例；武夷山国家公园体制试点高分通过评估验收，在首批10个国家公园体制试点中排名第二。

**（七）夯基础、优环境，奋力推动乡村振兴。**出台八条稳定脱贫措施，1988户建档立卡贫困户全部稳定脱贫，21个贫困村全部摘帽退出。积极对接长泰县对口帮扶，提高乡村振兴效果。扎实推进国家级田园综合体项目，累计投资8亿元，完成项目批复111.5%；大力推广“五新”技术，建立7个病虫害绿色防控技术示范区，示范面积2000余亩。黄柏溪引水至樟树水库连通工程基本建成，兴星灌区项目全面完工。开展城乡人居环境整治百日大会战和大战60天实现“全域无垃圾”专项行动，排查整治裸房（危房）6654栋，建设乡镇公厕19座、乡村公厕80座，新建改造户厕3567户，拆除旱厕453个。建设“四好”农村路6.81千米，改造危桥5座，完成农村公路安保工程51.73千米。稳妥推进农村综合改革，完成农业水价综合改革试点3.38万亩，列入全省农村公共基础设施管护体制改革试点。深入推进11个省级试点村、3个圆梦村建设，新增评定6个星级示范村、5个单项冠军村。

**（八）办实事、增福祉，奋力保障改善民生。**财政累计支出14.22亿元，用于保基本民生、保工资、保运转。26项为民办实事项目，完成或基本完成24项、在建2项。新增城镇就业2051人、农村劳动力转移就业1995人。大力实施教育振兴行动，加快推进实验幼儿园茶场分园、星村中心幼儿园新校区、实验小学茶场分校建设，8所学校通过标准化验收，一中成为全省普通高中课程改革基地建设学校。大力推进“三医联动”改革，积极开展DRG收付费国家试点工作。深化公立总医院改革，推进“健共体”项目建设，改造修缮5所基层医疗卫生机构，完成23所村卫生所达标建设，中医院新大楼即将投入使用。成功创建2个国家卫生镇，5个省级卫生镇（村），荣获2018—2020年周期全省唯一国家卫生城市。完成福利中心二期项目、17所农村幸福院建设。完成全国居家和社区养老服务改革试点任务，成为全省唯一婚俗改革试点县市。第七次全国人口普查进展顺利。“七五”普法总结验收工作顺利完成。获全国双拥模范城（县）“三连冠”。持续深化平安武夷建设，扎实开展安全生产隐患大排查大整治大培训和房屋结构安全“百日攻坚”行动、安全生产专项整治三年行动、道路交通安全隐患整治等专项行动，安全生产形势总体平稳。扎实防控涉众型金融类、互联网金融类等领域风险，不良贷款率1.31%；妥善化解地方政府债务风险，政府债务率低于警戒线。扎实开展“扫黑除恶”专项斗争，打掉2个黑社会性质组织、5个恶势力犯罪集团、4个恶势力犯罪团伙，化解32件疑难信访问题和历史遗留问题，社会大局和谐稳定。入选全省第四轮第一批平安县（市、区）。

**（九）转作风、提效能，奋力强化履职担当。**持续深化“放管服”改革，出台优化营商环境二十条措施，设立企业“绿色通道”，推行“并联审批”“容缺审批”“容缺后补”“即收即办”制度，各类行政许可和便民服务事项即办率达到50%。82项高频政务服务事项实现区域通办、异地可办，“一趟不用跑”事项占比提升至80.3%，“最多跑一趟”事项占比提升至99.7%。创新实行指挥部推进机制、“3+1”清单管理机制、城市综合执法等机制，推动工作有效落实。顺利完成第七次国务院大督查、中办“基层减负年”试点、省环保督察等省级、国家级督察检查。严格支出管理过紧日子，一般性支出下降3.69%、“三公”经费支出持续下降。自觉服从市委领导，主动接受市人大及其常委会的工作监督、法律监督和市政协的民主监督，认真听取各方意见建议，全年办理市人大代表议案建议88件、市政协委员提案94件，满意率分别为100%、98.94%。全面完成市属国有企业退休人员社会化管理工作。工会、共青团、妇联等群团组织作用进一步发挥，民族宗教、外事侨务、台港澳事务、老区库区、档案方志、防汛抗旱、关心下一代等工作取得新成绩，军政军民关系融洽和谐。

各位代表，2020年各项工作的扎实有效，为“十三五”圆满收官做出了积极贡献。五年来，我们始终坚持把发展作为第一要务，千方百计稳增长、扩总量，经济实力持续跃升。主动融入闽东北协同发展区、武夷新区搬迁大局，积极克服国家公园财政体制、“营改增”、减税降费等各种外部因素的影响，经济保持平稳较快发展，生产总值年均增长7.3%，2019年突破200亿元大关；累计开竣工项目192项，总投资916.99亿元，固投年平均增长4.61%；全市一般公共预算总收入、地方一般公共预算收入年均增长分别为4.36%、3.87%。五年来，我们始终坚持把产业升级作为重中之重，毫不放松调结构、增效益，产业体系持续优化。建立“4+X”绿色产业体系，产业结构不断优化，三次产业比例由2015年的18.16∶38.31∶43.53调整为13.7∶35.9∶50.4。成功入选省级现代服务业集聚示范区、低碳旅游示范区试点、首批国家全域旅游示范区。首条武夷山至曼谷国际航线通航。率先启动“无化学农药无化肥”茶园示范项目，成功举办第十四届茶业经济年会、首届“武夷山杯”全国评茶员技能竞赛总决赛、第四届全国茶业职业技能决赛，茶业产值从2015年15.36亿元提高至2020年22.63亿元。五年来，我们始终坚持把基础设施建设作为重要突破，持之以恒打基础、利长远，城乡环境持续改善。深入开展全国文明城市、国家卫生城市创建，高铁北站、崇安大桥、市民广场、武夷大道改造提升等一批重大民生基础设施项目建成，“三纵三横”路网基本形成。新增绿地面积38万平方米，建成区绿化覆盖率达42.75%，建成区绿地率达39.06%，人均公园面积达14.25平方米。扎实推进乡村振兴，农村公路建设与改造里程89千米，115个建制村全部通硬化路。农村生活污水治理设施行政村覆盖率达80%，提前两年完成省上下达目标要求。五年来，我们始终坚持把生态文明建设摆在优先位置，坚持不懈抓保护、促改革，绿色根基持续夯实。深入开展违规开垦茶山、违建别墅、“大棚房”等专项整治行动，累计整治违规茶山4.2万亩，拆除违建161万平方米。扎实开展国家公园体制试点、生态系统价值核算试点、重点生态区位商品林赎买改革试点等工作，完成国家生态文明试验区重点改革任务16项，荣获“第二批国家生态文明建设示范市（县）”“福建省森林城市”称号，崇阳溪、九曲溪上游等各流域水质功能达标率100%，空气质量达到或优于国家二级标准。森林覆盖率由79.9%增长到80.51%。五年来，我们始终坚持把改善民生作为根本目标，尽心竭力补短板、强弱项，群众获得感持续提升。坚持新增财力向民生领域倾斜，科教文体卫等民生事业支出年平均增长7.09%。全面实施教育、卫生、养老补短板项目140项，总投资6.76亿元，公立医院综合改革取得阶段性成效，基本公共卫生服务均等化水平不断提高；实现城乡低保标准一体化，城市养老服务设施覆盖率达100%；适龄幼儿入园率达98.2%，普惠性幼儿园覆盖率达96.2%。就业形势保持基本稳定，城镇累计新增就业人数1.05万人。居民生活水平稳步提高，城镇居民人均可支配收入年均增长6.6%；农村居民人均可支配收入年均增长8.3%。

事非经过不知难，成如容易却艰辛。各位代表，“十三五”时期发展所取得的成绩来之不易，这是省、南平市和市委正确领导的结果，是市人大、市政协监督和支持的结果，是全市人民齐心协力、开拓创新、扎实工作的结果。在此，我代表市人民政府，向辛勤工作在全市各条战线上的广大干部群众，向给予政府工作大力支持的人大代表、政协委员、离退休老同志，向各民主党派、人民团体、工商联和社会各界人士，表示崇高的敬意！向各驻武单位、部队官兵、公安民警和民兵预备役人员，向所有关心、支持、参与武夷山发展建设的海内外乡贤和社会各界朋友们，表示衷心的感谢！

各位代表！当前，武夷山正处在绿色高质量发展超越的关键时期，一些长期积累的深层次矛盾和问题尚未根本解决，一些新的困难和挑战又在不断出现。一是经济下行压力仍然较大，新的消费热点不多，尤其缺少具有较强辐射带动力的大型优质项目，支撑发展、涵养税源的新增长点较缺乏；二是茶旅产业不大不强，绿色工业短板较为凸显，产业升级步伐还不够快；三是社会保障体系不健全，教育、卫生、文体等社会事业与群众期盼还有差距，农茶场历史遗留问题、国企改革等工作有待突破；四是政府职能转变还不到位，营商环境不够优化，政府部门“慵懒散拖”等不作为、慢作为、乱作为现象仍然存在。对此，我们要直面问题，勇于担当，认真加以解决。

## 二、“十四五”时期发展目标任务

“十四五”时期是我国全面建成小康社会、实现第一个百年奋斗目标之后，乘势而上开启全面建设社会主义现代化国家新征程、向第二个百年奋斗目标进军的第一个五年，也是我市全方位推动绿色高质量发展超越、加快国际旅游度假城市建设的关键五年。提请大会审议的《武夷山市国民经济和社会发展第十四个五年规划和二〇三五年远景目标纲要（草案）》，提出今后五年经济社会发展的指导思想、基本原则、目标任务以及2035年远景目标。力争到2025年，全方位绿色高质量发展超越迈出重要步伐；到2035年基本实现新时代国际旅游度假城市建设远景目标。

“十四五”时期我市国民经济和社会发展的指导思想是：高举习近平新时代中国特色社会主义思想伟大旗帜，深入贯彻党的十九大和十九届二中、三中、四中、五中全会精神，全面贯彻党的基本理论、基本路线、基本方略，深入学习贯彻习近平总书记对福建、对南平工作的重要讲话重要指示批示精神和省委十届十一次全会、南平市委五届十一次全会精神，统筹推进“五位一体”总体布局，协调推进“四个全面”战略布局，坚持稳中求进工作总基调，以推动高质量发展为主题，以深化供给侧结构性改革为主线，以改革创新为根本动力，以满足人民日益增长的美好生活需要为根本目的，统筹发展和安全，围绕建设新时代国际旅游度假城市总目标，深度融入闽东北协同发展区建设，持续深入开展“一攻坚两行动”，全面推进乡村振兴战略，着力提升城市综合服务功能，努力在建设现代化绿色经济体系上取得新的更大进展，在服务全省构建新发展格局的重要节点上展现更大作为，在积极探索武台融合发展新路上迈出更大步伐，在推进市域治理体系和治理能力现代化上取得更大突破，实现经济行稳致远、社会安定和谐，不断增强人民群众获得感、幸福感、安全感，奋力谱写全面建设社会主义现代化国家的武夷山篇章。

“十四五”时期的工作重点和主要任务是：一是致力于经济稳步高质量发展，经济实力更加强劲。在抓好常态化疫情防控前提下，加快构建现代化生态经济体系，茶旅主导产业全面提质增效，全产业链发展初见成效；现代服务业、现代绿色农业加快发展，特色产业和绿色产业对我市经济的拉动作用明显增强。“十四五”时期，全市生产总值年平均保持7%～8%增长速度，全方位绿色高质量发展超越迈出重要步伐。二是致力于创新驱动高质量发展，内生动力更加活跃。以绿色产业重点技术需求为导向，科技服务支撑绿色产业发展体系加快推进，“十四五”时期，全市研究与试验发展经费年均增长速率保持在15%左右，绿色高水平发展创新型城市格局基本形成。三是致力于城乡融合高质量发展，区域发展更加协调。坚持新型城镇化和乡村振兴双轮驱动，加强城乡统筹，整体规划推进建设，促进城乡基本公共服务均等化、基础设施联通化、产业发展融合化，促进城乡协调发展。四是致力于生态文明高质量发展，生态环境更加优美。巩固武夷山国家公园试点建设成果，持续推进“绿水青山就是金山银山”实践创新基地和国家生态文明建设示范市建设，生态环境质量跻身全省、全国前列，生态文明体制改革取得新成果。五是致力于民生事业高质量发展，人民生活更加美好。坚持以人民为中心的发展思想，优化医疗卫生、救灾救助、文化教育等公共资源配置，建立健全公共安全应急保障管理体系，持续深化“法治武夷”“平安武夷”建设，全力创建全国文明城市，全社会文明程度得到有力提升，文化软实力水平明显提高，人民群众获得感、幸福感、安全感不断增强。

## 三、2021年工作重点

2021年是“十四五”规划开局之年。我们要以习近平新时代中国特色社会主义思想为指导，全面贯彻党的十九大和十九届二中、三中、四中、五中全会精神，贯彻新发展理念，坚持稳中求进工作总基调，抢抓发展新机遇，以全方位推动高质量发展超越为主线，以“大美南平”建设活动为载体，全力抓好疫情防控和经济社会发展，全力抓好“一攻坚两行动”，全力抓好城乡融合发展、推进乡村振兴，加快打造世界级生态旅游目的地，确保“十四五”开好局起好步，以优异成绩庆祝中国共产党成立100周年。

今年全市经济社会发展的主要预期目标是：地区生产总值增长7.8%；一般公共预算总收入增长5.0%，地方一般公共预算收入增长5.0%；全社会固定资产投资增长8.0%；社会消费品零售总额增长12%；外贸出口总额增长6%；旅游接待人数增长30%，旅游总收入增长30%；规模以上工业增加值增长8.0%；农林牧渔业总产值增长5%；城镇居民人均可支配收入增长7.5%；农村居民人均可支配收入增长8.5%。为实现上述目标，着重抓好以下七个方面工作：

**（一）在稳定经济增长上聚焦用力，培育高质量发展新支撑**

全力以赴抓防控。充分认识疫情防控工作的长期性复杂性，慎终如始、毫不松懈抓好疫情防控。坚持“人物同防、人物同检”，深化社区“三化三防”、农村重点人员“四定”管理机制，加强来武返武人员健康管理服务和重点场所、重点机构人员管控，加快定点医院传染病房建设，落实疫情防控常态化物资储备，稳妥有序推进重点人群疫苗接种工作。积极倡导健康文明生活方式，引导群众加强自我健康管理，严防疫情反弹。

全力以赴保主体。持续开展“实体经济服务月”活动，深化“处级领导+科级领导”双挂点服务规上企业，建立沟通协调机制和诉求办理机制，点对点帮助企业解决实际问题。发挥商会等行业协会作用，建立健全帮扶企业工作联动机制。抓好企业研发费用奖补等重点科技惠企政策落地落实，力争R&D投入增长10%以上。

全力以赴稳投资。计划实施省、南平市重点项目48项，总投资282.98亿元，年度计划投资64.86亿元。重点围绕城市建设、旅游产业高质量发展、茶产业高质量发展“三十工程”及教育振兴行动计划，落实“3+1”清单管理机制，加快推进G237、G322外甩改线工程、东快线高铁北站至老党校段、武夷福道（环小武夷公园、崇阳溪漫道）、环国家公园马拉松赛道、深业生命健康中心等一批项目建设。大力向上争取中央、省上预算内投资补助和地方政府债券资金，做大做强城投、旅投、园区三个国有公司融资平台，有效解决项目建设资金问题。

**（二）在产业转型升级上聚焦用力，拓展高质量发展新空间**

提质提效文旅茶产业。深化实施旅游产业、茶产业高质量发展行动。旅游产业，对标“世界级生态旅游目的地”标准和需求，紧盯“2522”目标，持续实施“五大提升行动”，全面提高旅游产品和服务体系供给质量。加快推进旅游业态提升，着力做好“红+绿”文章，以建党100周年为契机，大力推广“红色+”精品旅游线路，加快张山头无名红军墓群、赤石暴动纪念馆改造提升等项目建设，打响“今日向何方，直指武夷山下”红色文旅品牌，发展红色教育研学旅游。依托武夷山国家公园，统筹布局健康养生、会议会展、文体赛事、研学旅游、民俗体验、文学摄影等产业，推出“生态+观光、+运动、+研学、+露营”等森林度假产品，打造环国家公园旅游产业带。着力做好“乡村振兴+全域旅游文章”，加快五夫朱子理学小镇、洋庄红色旅游小镇、星村马拉松运动小镇、兴田闽越文化小镇、吴屯康养小镇建设，提升改造6条乡村旅游公路。以纵八线道路开通为契机，大力推进五夫、上梅旅游项目开发，加快完善“朱子故里”“柳词之乡”基础设施和配套功能建设，系统布局朱子文化产业园、柳词文化产业园，打造集文化寻踪、朝圣理学、国际游学教育、美丽乡村于一体的世界级朱子文化圣地和浪漫文化小镇，成为弘扬中华优秀传统文化的展示地、传播地、体验地，再造一个AAAAA级文化景区。着力做好“夜间经济+特色街区”文章，以创建国家级文化旅游消费区为契机，策划精品夜游，培育特色夜市，改造提升市区文公路、大同街、温岭街、西林街等特色商业街区。依托宋街、兰汤、旧街片区重点打造酒吧文创街；依托印象建州、五峰九院重点打造闽北特色小吃街区。加快推进旅游消费升级，在传统营销基础上，继续利用微视频、抖音、快手和网红等新媒体、自媒体，开展促消费活动，积极筹办第二届“5·13”旅游电商节”，提升旅游产品影响力和传播力。持续深化“请到武夷来吃茶”活动，大力推广“大红袍八段锦”等系列茶旅体验产品，引导新兴消费。深度拓展省内游、周边游、研学游、家庭游等专项市场，持续拓展高铁沿线市场及航线开通地市场，确保旅游稳步回暖。加快推进旅游服务优化，提高旅游公共服务供给质量，切实推进“一部手机游武夷”建设，解决散客最后一千米问题。全面推进主景区遇林亭、云窝、玉女峰等景区、景点改造提升。着力开通度假区至景区及周边重点景区（点）的旅游专线、穿梭巴士，推动全域旅游交通互联互通。提高旅游队伍质量，完善出台旅游人才保障措施，促进旅游人才队伍稳定。开展旅游从业人员技能大赛，提升旅游从业队伍素质。规范提高景点讲解词质量，组建一支固定的政务解说员队伍。

茶产业，重点在提升质量、延伸链条、做强企业规模上下功夫。做优基地，深入实施农药化肥零增长减量化行动，持续加大“无化学农药无化肥”生态茶园建设，新增生态茶园1.25万亩。做强主体，全面启动茶产业专业园区的规划建设，同步配套茶产业专业物流园区，建设全省茶叶包装市场物流中心，壮大产业规模。出台政策措施，加大茶旅小镇项目运营招商力度，促进龙头企业增资扩产，推动规下茶企转规上。做好集群，以建设武夷岩茶国家特色产业集群为契机，培育一批龙头企业，组建国有茶业公司，打造武夷岩茶百亿产业集群。发挥武夷星、正山堂、八马、华祥苑等龙头企业的引领带动作用，加大茶企整合，强强联合，形成产业集团效应，改变“小弱散”、产销脱节，库存积压严重等突出问题。做实标准，按标准要求规范茶产品等级、包装、标签标识，强化茶叶市场整治，实行红黑榜单制。加快推进陈茶标准建设，加大武夷茶的宣传推广，开辟茶产业营销新模式。做大市场，加快推进茶旅小镇交易中心项目建设，力争将福建省茶产业交易平台落户武夷山，积极申办全国性的赛事和活动，打造全国六大类茶叶集散地。发挥武夷山大红袍推广中心及茶企在全国加盟店、直营店作用，扩大拓展区域市场，提升武夷茶品牌效应。做活融合，加快茶文旅融合发展，建设一座武夷茶历史博物馆、编写一本武夷茶历史书籍、拍摄一部武夷茶文化影视剧。做长链条，聚焦茶产业横向、纵向全链条体系，重点引进茶饮料、茶日化用品、茶包装等扩链、延链、补链项目。

抓实抓稳绿色农业。落实“米袋子”“菜篮子”工程，扎实开展农村乱占耕地建房问题专项整治，严守耕地保护红线。严格落实粮食安全双首长责任制，实施粮食产能区增产项目，建设示范片16个，面积2600亩。抓实现代农业设施大棚建设，新建温室大棚550亩，发展现代高标准蔬菜瓜果种植面积3000亩。加快上梅省控菜篮子基地建设。大力推进高标准农田建设，规划建设高标准农田5万亩。大力发展有机米、优质稻、特色经济作物、特色果蔬，打造若干个微型田园综合体。加快培育新型经营主体，推行“龙头企业+合作社+农户”模式，新增省级龙头企业3家，南平市级龙头企业4家；省级示范社3家以上，南平市级示范社4家以上。加快推进竹产业发展，山上抓丰产高效、山下抓加工，建设全竹绿色循环综合利用产业园，在竹资源丰富的重点乡镇，规划建立现代竹材、竹笋初级加工小微园，构建全竹加工产业链。

培优培强新兴产业。发展绿色食品产业，持续推进“武夷山水”品牌，规划建设绿色食品产业园，大力发展绿色旅游食品加工业，以汉德食品、嘉乐食品等企业为骨干，大力培育崇阳溪食品和天龙心食品，争取引进乐奈食品，积极拓展绿色健康食品产业链。发展运动康养产业，大力推进运动康复中心、马拉松小镇等项目建设。加快步行、骑行、登山、露营、垂钓等户外产品形成常态，办好国际马拉松赛、大武夷超级山径赛等赛事活动，落户一批训练基地、培训中心和赛事论坛，形成产业集群。发展绿色金融产业，主动融入南平市创建省级绿色金融改革试验区建设，建立健全绿色产业、绿色项目识别体系，鼓励金融资本导入绿色产业、绿色项目，加快推进景区旅游股份公司重组上市。发展总部经济，用好用活总部经济、平台经济等优惠政策，持续做大做强快来、恒昌等总部企业，创造更大效益。

**（三）在提升城市品质上聚焦用力，展现高质量发展新内涵**

实施居住品质提升工程。统筹推动南门畈、温岭、城东、西门畈、次一路五大旧城片区改造。启动武夷大道、百花路、中山路、工业路4条主街道立面改造。大力推进公租房建设、棚户区改造、老旧小区改造、农村危房改造等保障性安居工程建设，计划改造老旧小区31个，棚户区改造18.16万平方米，建设市政燃气管网20千米。巩固提升国家卫生城市创建成果，对标对表全国文明城市创建指标体系，加快农贸市场、屠宰场、可再生资源回收利用中心、弃土场等项目建设。

实施交通品质提升工程。对接温武吉铁路、新机场等路网布局，启动武夷山至苍南高速前期工作，畅通省际大通道。打通兴山路、百花路北段（清献大道至岩福路）、花园路、水厂路等断头路。实施崇阳溪漫步道（品石岩路—上浦大桥）道路景观工程、公馆路道路改造工程。规划建设一批智能停车场、物流园货运停车场。

实施水环境品质提升工程。加快实施城乡供水一体化工程建设，建立健全长效运行管护机制，全面提升城乡供水保障水平。新改建供水管网30千米、雨水管网34千米，城市污水管网27千米。大力推动石雄水厂迁建、第二供水厂及城市管网建设一期工程。改造武夷学院一期教师公寓、文化路、南门街、石雄街等片区老旧管网5千米。

实施风貌品质提升工程。加快编制国土空间规划，优化发展空间布局。加强城市风格风貌规划，做好南门街中国历史文化名街、西门畈、综合农场、南门畈等重点地段、重要区域的修建性详细规划。大力推动“产、城、景”融合建设，启动城市美化彩化工程，提高街、巷、楼、夜景等美化亮化的标准和水平，建设改造一批城市公园、口袋公园，打造“双拥”一条街。

实施管理品质提升工程。加强城市管理力度，围绕“643”任务，全面打响城市管理大会战。完善垃圾分类体系建设，加快餐厨垃圾、大件废弃物处置中心及生活垃圾应急堆放场等垃圾分类后端处置体系项目建设。深化“三化三防”经验，继续推行“河长制”“街长制”“路长制”，探索出台规范约束措施，实现城市管理常态长效。加快打造智慧城市，推进数字城管平台建设，提高城市治理和城市服务能力。

**（四）在推进乡村振兴上聚焦用力，打造高质量发展新亮点**

持续巩固脱贫攻坚成果。深化圆梦村、生态银行、科特派等创新做法，推动脱贫攻坚与乡村振兴有效衔接。继续落实“八个帮扶”措施，保持现有帮扶政策总体稳定。健全防止返贫动态监测和帮扶机制，对易返贫致贫人口实施常态化监测。

大力实施乡村建设行动。突出抓好9条乡村振兴“串点连线成片”示范带建设。支持发展农产品初加工、创建特色品牌、建设特色产品基地，打造“一村一品、一乡一业”。持续推进2个省级商务特色镇，11个省级试点村及“圆梦村”示范创建。全面实施农村人居环境整治提升五年行动，持续开展“全域无垃圾”“一革命四行动”，新改建农村污水管网70千米。大力开展“两高”及轻轨沿线环境整治，提升沿线绿化景观水平。

发展壮大村级集体经济。坚持党建引领，稳妥推进村级组织换届，选优配强村两委班子。抓住国家级农村集体产权制度改革、新型城镇化建设、土地承包期延长等政策红利，全面落实《关于发展壮大村级集体经济的实施意见》，建立涉农资金统筹机制，倾斜支持革命老区村、基点村、薄弱村。完善激励机制，鼓励资源开发、产业带动、村企结对，拓宽增收渠道。引导和鼓励支持村民合作社参与开发特色优势产业，培育名牌产品，增强产品竞争力。到2021年，力争90%村集体经营性收入突破10万元，培育10个以上集体经济收入超过50万元的经济强村。

**（五）在生态文明建设上聚焦用力，激发高质量发展新潜能**

着力推进生态文明改革。用好国家公园生态补偿试点机制，提升生态补偿效益。深化生态系统价值核算机制，创新碳汇交易模式，争取在武夷山设立碳汇交易市场，打造碳中和示范市（区）。积极探索“茶生态银行”建设，推动碎片化茶山、茶叶、茶周边生态资源的整合，促进涉茶资源保护利用和适度规模发展。以列入全省第三批生态产品市场化改革试点为契机，全力推进生态产品价值实现。

着力推进污染防治攻坚。持续打好“碧水、蓝天、净土”三大污染防治攻坚战。全面落实“河湖长制”，扎实做好中央、省生态环境保护督察问题整改，持续开展农业面源污染治理，加强农村散养畜禽污染源头管控，跟踪落实东溪水库网箱养殖治理；梯次推进农村生活污水治理项目，建设污水处理设施，实现各流域、饮用水水源地、主要湖库水功能达标率100%。严格建设用地环境准入，加强土壤污染重点监管单位环境监管。

着力推进生态保护与修复。全面推行林长制。对现有林地进行全面摸底，有计划进行针叶林林相（马尾松）改造，提升生态系统碳汇能力。持续开展违规开垦茶山整治，力争完成国省道、铁路沿线一重山茶园生态化改造2000亩。扎实开展国家储备林质量精准提升工程，力争完成现有林改培7000亩。大力推进绿化造林，力争完成7030亩造林任务，实现森林覆盖率稳步提升。持续做好土地开发整理及矿山生态修复治理，有效增加耕地面积，确保耕地占补平衡。持续推进水生态文明建设，完成东溪、梅溪中小流域治理项目建设。持续落实水土保持“三同时”制度，力争完成水土流失治理4.3万亩，确保水土流失面积占土地面积比重控制在7%以内。

**（六）在改革开放创新上聚焦用力，释放高质量发展新活力**

重点领域改革求实效。总结推广西郊圆梦村合作社“三变”改革模式，探索国有农场流转农村耕地，实现村集体、农户“双增收”。落实国企改革三年行动实施方案，积极推进国有农垦企业改革。持续深化“放管服”改革，全面推行“不见面”办事，重点推进高频服务事项“全流程网办”，实现“一趟不用跑”事项比例提升至80%以上。深度拓展“一件事”改革，至少完成100个“一件事”集成套餐。

关键环节创新求突破。支持企业与高校院所联合开展行业共性关键性技术攻关，引导企事业单位联合高校院所、知名专家建立实验室、技术创新中心等公共创新服务平台。建立以企业为主体的技术创新体系，加快推进武夷岩茶现代产业技术中心、竹材料研发中心建设。积极推进城市大脑建设，探索建立数字孪生城市服务中心，开展VR、区块链、大数据、云计算、物联网在旅游和茶产业链信息化研究。健全知识产权创造、保护、运用、服务体系。制定出台科技创新人才政策措施，形成“育才引才用才聚才”的良好环境。

扩大对外开放求空间。积极融入“一带一路”、海丝核心区建设，加快“万里茶道”申遗。主动对接闽东北协同发展区建设，促进武夷山与南平市规划、交通、产业等协同发展。大力推动武台融合发展，对台农业实现新突破、取得新成果。依托武夷山陆地港建设及中欧班列运营，推进跨境电商（国际快件监管中心）项目建设，加强与“一带一路”沿线城市的经贸往来。依托海峡两岸交流基地、“武夷之友”、茶博会等平台作用，增强海外华裔的交流交往与经贸合作。

**（七）在补齐民生短板上聚焦用力，共享高质量发展新成果**

全力推进健康武夷建设。建立健全“健康武夷”建设领导体制与推进机制，切实加强公共卫生体系建设。积极推进疾病预防控制中心、妇幼保健院整体搬迁、公共卫生医学中心、精神卫生康复中心、武夷山市立医院感染性疾病科负压病房和托育园等项目建设。推动健康医疗大数据开发利用，实施“互联网+医疗健康”项目。深入推进“健共体”改革，全面推进“五位一体”整合。大力实施全民健身计划，普及全民健身体育运动，逐步健全完善城区、乡镇、社区健身步道和广场运动体育设施。

全力推进文化武夷建设。加快实施公共文化惠民工程、文化遗产保护工程、文化产业促进工程、文化人才支撑工程等“四大工程”，突出抓好朱子文化、红色文化、世遗文化、茶文化和古民居修复建设。全力办好第44届世界遗产大会相关配套活动，加快建设国家公园科普展示馆（世遗展示馆）。创新建设“六个一”红色文化项目，迎接建党100周年。充分挖掘朱子、柳永、彭祖等历史文化名人资源，茶百戏、竹刻竹编、岩彩画、建盏等历史文化品牌，构建优秀传统文化传承体系。建立健全文化管理体制和生产经营机制，大力发展文化创意产业，鼓励文化企业设立研发中心，支持骨干文创企业做大做强。深化新时代文明实践中心建设，建成并开放文化馆、图书馆、体育综合训练馆等公共文体场所。加强社区、农村基本公共文化服务建设，积极创新文化服务形式，拓展基层文化活动。

全力推进幸福武夷建设。坚持将更多的新增财力投入民生领域，全力落实为民办实事项目。坚持就业优先，力争城镇新增就业人数1950人，城镇失业人员再就业360人。完善农民工、退役军人、城镇困难人员等重点群体就业帮扶政策，重点实施高校毕业生基层扩岗行动，力争新增岗位320个。大力实施教育振兴三年行动，加快建成实验小学茶场分校、实验幼儿园茶场分园，扩容提升一中、二中、三中等6所学校，谋划新建一中新校区、崇安小学西门畈分校等14所学校。健全养老服务体系，大力推进养老产业发展，进一步完善城镇职工基本养老保险待遇调整制度，做好社保转移接续。加强退役军人服务保障体系和能力建设，切实维护退役军人合法权益。

全力推进平安武夷建设。健全完善应急保障机制和防控体系，加快应急指挥中心建设，构建城乡公共安全“一张网”，增强防灾减灾救灾能力。持续开展安全生产专项整治三年行动，强化房屋结构安全、道路交通和消防等重点领域安全专项治理。深化“我和百姓聊聊法”“干群结亲”“百姓评议团”和信访跟踪督办等机制，加强矛盾纠纷排查化解，深入推进治理重复信访、化解信访积案专项行动。深化社会治理创新，发展新时代“枫桥经验”，巩固扫黑除恶专项斗争成果，完善社会治安防控体系，不断提升社会治理现代化水平。重视社区建设，加强社区管理制度创新，提升社区服务水平。持续开展食品安全专项整治，全力提高产品质量和食品安全整体水平。维护妇女儿童合法权益，扎实做好“两纲”终期评估验收和新一轮“两纲”编制工作。加强民族团结，提高依法管理宗教事务水平。发挥工会、共青团等人民团体作用，做好外事、侨务、档案、医保、气象、防震、老龄和关心下一代等工作。

**四、加强政府自身建设**

深入推进担当、服务、创新、实干、廉洁政府建设，结合省委开展的“再学习、再调研、再落实”活动，发扬钉钉子精神，把“抓落实”看得更重、抓得更紧、落得更实，奋力当好新阶段新征程的答卷人。

绝对忠诚抓落实。始终把政治建设摆在首位，全面落实习近平总书记重要讲话重要指示批示精神，深化省委“三四八”（一是在时间维度上，抓好“年初研究部署、年中协调推进、年底总结提升”三个具体阶段，在此基础上按要求每年3月向党中央专题报告；二是在工作链条上，突出“全面学习领会、深化细化举措、扎实贯彻执行、检验落实成效”四个重点，形成完整的贯彻落实链条；三是在工作进程上，抓好“严格对标对表、夯实主官主责、精细分解分工、强化盯办推进、确保落细落实、接受干群监督、加强激励奖惩、推进持续深化”等八个环节，形成贯彻落实的完整工作闭环。）贯彻落实机制，巩固深化“不忘初心、牢记使命”主题教育成果，严格落实意识形态工作责任制，切实增强“四个意识”、坚定“四个自信”、坚决做到“两个维护”。

提升能力抓落实。对照习近平总书记对年轻干部提高“七种能力”的要求，加强对经济发展新形势、新动态、新问题的研究，不断提升贯彻新发展理念、构建新发展格局的能力和水平，努力成为政策水平高、专业能力强、实践经验多、善抓经济工作的行家里手。

开拓创新抓落实。持之以恒推进思想再解放、观念再变革，妥善处理好当前与长远、精明与开明、建设与举债、守正与创新的关系。面对发展中的难点、堵点，敢于担当、动真碰硬。主动对标先进、抬高标杆，高标准严要求推进各项工作。

务实担当抓落实。按照“任务项目化、项目清单化、清单责任化”的工作方法，坚持领导干部“带着干、跟着干、盯着干”，改进作风、一级抓一级，推动各项工作落地见效。坚持一线考察干部，树立实在实干实绩的鲜明导向，健全容错纠错和问责会审机制，激励干部主动作为、担当实干。

清正廉洁抓落实。坚持以习近平法治思想为指导，全面推进法治政府建设。严格落实中央八项规定及其实施细则精神，推动全面从严治党不断向纵深发展，持续巩固风清气正的良好政治生态。坚持把纪律和规矩挺在前面，带头履行“一岗双责”。坚持带头过紧日子，严控“三公”经费和一般性支出，强化绩效预算评估，提高资金使用效益。

各位代表，宏伟蓝图令人鼓舞，美好愿景催人奋进！让我们紧密团结在以习近平同志为核心的党中央周围，在市委的坚强领导下，凝心聚力、攻坚克难，苦干实干、大干快干，为全方位推动武夷山绿色高质量发展超越，为建设新时代国际旅游度假城市而努力奋斗！

# 武夷山市2020年国民经济和社会发展统计公报

2020年，面对严峻复杂的国内外环境特别是新冠肺炎疫情严重冲击，在市委、市政府的坚强领导下，各部门坚持稳中求进，深入推进统筹疫情防控和经济社会发展工作，着力落实“六稳”（稳就业、稳金融、稳外贸、稳外资、稳投资、稳预期）、“六保”（保居民就业、保基本民生、保市场主体、保粮食能源安全、保产业链供应链稳定、保基层运转）任务，经济呈现恢复态势，消费不断改善，就业民生保障有力，主要经济指标完成情况好于预期。

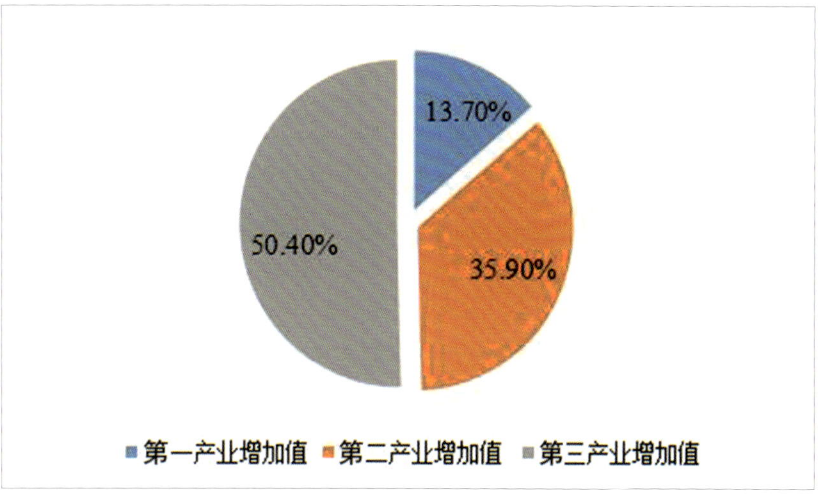


图1 2020年三次产业占比情况图

## 综 述

全市生产总值（GDP）完成2080500万元，连续两年突破200亿元大关，较上年增长0.1%。分产业看，第一、三产业平稳增长，第二产业小幅下降。其中，第一产业增加值285105万元，增长4.6%；第二产业增加值746492万元，下降4.1%；第三产业增加值1048903万元，增长2.1%。人均地区生产总值87416元（按2019年常住人口计算），增长0.45%。

从分产业结构来看，第一产业稳定发展，第二产业占比下降，第三产业继续加快。第一、二、三产业增加值占生产总值的比重由上年的13.4%、39.6%、47%调整为13.7%、35.9%、50.4%，第一产业上升0.3个百分点，第二产业下降3.7个百分点，第三产业上升3.4个百分点。全年三大产业对经济拉动影响，第一产业拉动0.7个百分点，第三产业拉动1.0个百分点。

城镇新增就业人数2051人，完成下达指标1660人的176.18%。城镇下岗失业人员再就业599人，完成下达指标340人的176.18%。就业困难人员再就业233人，完成下达指标230人的101.3%。城镇登记失业率2.73%，低于5.2%的目标控制。

## 一、农 业

全年实现农林牧渔业总产值达477230万元，增长4.7%，比上年4.5%回升0.2个百分点；实现农林牧渔业增加值292641万元，增长4.6%，比上年4.4%回升0.2个百分点。其中农业产值299268万元，增长5.3%；林业产值91606万元，增长8.3%；牧业产值63210万元，下降3%；渔业产值10530万元，增长2.3%；农林牧渔服务业产值12615万元，增长4.1%。在农林牧渔业总产值中，农业、林业、牧业、渔业产值分别占62.71%、19.20%、13.25%和2.21%。

全年粮食播种面积224824亩，增长1.52%，产量99154吨，增长

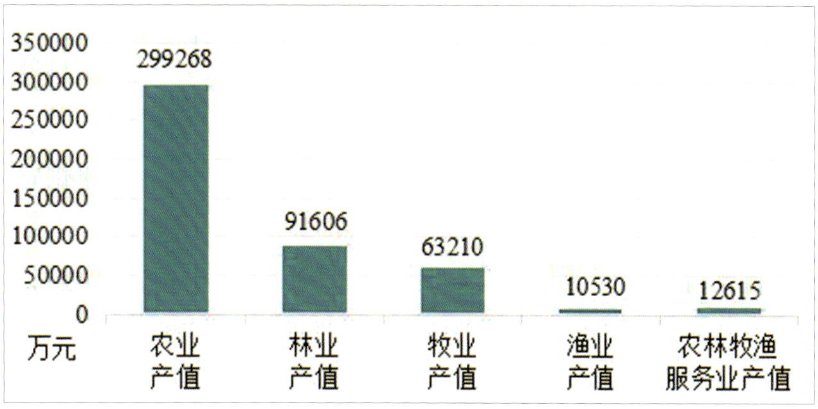


图2 2020年农林渔业总产值分布图

1.03%；油料播种面积9462亩，下降1.06%，产量1670吨，增长1.27%；蔬菜面积114029亩，增长1.98%，产量150937吨，增长2.4%；烟叶种植面积19384亩，增长11.7%，产量3098吨，增长12.49%；干毛茶产量达22482吨，增长8.18%；园林水果产量19562吨，增长4.3%；食用菌产量11477吨，增长6.5%。

全年竹笋干产量14920吨，增长5.4%；木材采伐产量213819立方米，增长6.49%。其中，商品材产量102108立方米，增长11.79%；自用材产量111711立方米，增长2.1%。毛竹采伐产量1576万根，增长6.49%。

全年生猪出栏7.44万头，下降15.77%，生猪存栏4.478万头，上升2.03%；羊出栏1.24万只，增长4.77%，存栏0.65万只，下降4.38；家禽出栏244.91万只，增长4.44%，存栏102.27万只，增长6.77%；禽蛋产量8551吨，增长8.01%。

全年水产品产量6754吨，增长2.36%。其中，鳗鲡产量310吨，增长14.81%；草鱼3005吨，增长1.83%；鲤鱼1375吨，增长2.61%。

## 二、工业和建筑业

受严峻的外部环境及新冠疫情的影响，全年规模工业增加值较上年下降18.1%（可比价）。其中，轻工业下降18.9%；重工业下降6.0%；绿色发展五大产业中，生物产业发展较快，较上年增长45.2%；现代绿色农业、数字信息产业、先进制造业、文化创意产业分别下降31.9%、63.3%、13.4%、23.4%。

全年工业企业经济效益综合指数608.9%，较上年下降81.3个百分点；实现利税总额4.5亿元，比上年下降31.9%。工业企业实现产品销售收入1197190万元，下降24.3%；产品销售率96.47%，较上年减少0.78个百分点；总资产贡献率8.35%，较上年减少6.5个百分点；资产负债率为37.4%，较上年增加3.2个百分点；资本保值增值率132.9%，较上年增加31.2个百分点。

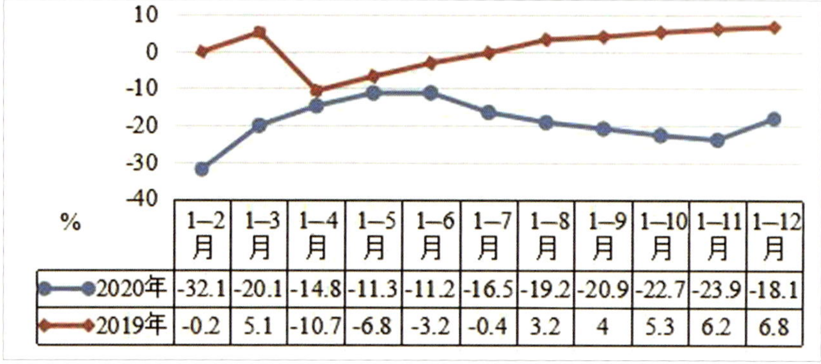

图3 2019、2020年规模以上工业增加值增长情况图

全市资质等级建筑企业总产值实现147394.4万元，增长29.7%；建筑业增加值实现216536万元（现价），增长27.5%，拉动GDP2.1个百分点，拉动第二产业5.5个百分点。

## 三、旅游和交通邮电

全年共接待旅游总人数1078.57万人次，下降33.7%，比上年7.3%回落41个百分点；旅游总收入228.89亿元，下降36.3%，比上年16.5%回落52.8个百分点。武夷山市以旅游行业为主体的规模以上服务业营业收入139098万元，较上年下降48.5%；其他营利性服务业营业收入58935万元，较上年下降62.3%。

全年完成交通运输和邮政业增加值27534万元，比上年下降4.5%。铁路客运量71.765万人次，下降38.68%。其中，高铁北站发送量60.6659万人次，下降24.64%；火车站发送量11.0991万人，下降69.62%。铁路货运量2.9881万吨，下降50.28%。全年航空安全起降航班2856架次，下降59.7%；旅客吞吐量23.052万人次，下降64.04%；民航货邮吞吐量0.0291万吨，下降64.21%。

全年完成邮政和电信业务总量31023万元，增长6.81%。其

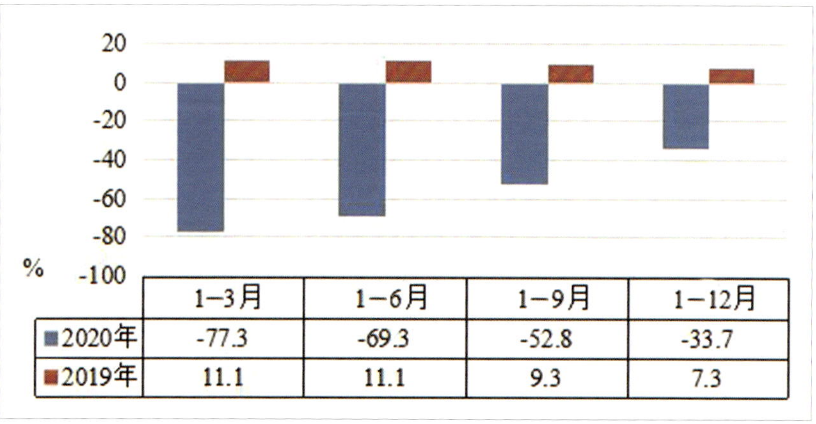

图4 2019、2020年旅游人数增长情况图

中，邮政业务总量增长17%；移动业务总量增长0.92%；电信业务总量增长12.9%；联通业务总量下降35.6%。年末本地固定电话用户总容量4万门，增长2.26%。其中城市电话用户2.92万户，增长4.31%。移动、电信、联通移动电话总用户达31.73万户，下降5.53%，数据通信业务发展，年末互联网上网用户达12.62万户，增长4.3%。

## 四、国内贸易

全年实现社会消费品零售总额657131万元，比上年下降1.7%，比一季度降幅收窄10.1个百分点。其中，限额以上法人及个体实现消费品零售额57842.5万元，增长3.6%；两油及苏宁实现零售额34198.7万元，下降24.1%；限额以下实现消费品零售额565089.9万元，下降0.4%。纳入GDP核算的社会消费品销售总额比上年增长7.8%；销售额四个行业情况分别为：批发业增长9.7%，零售业增长8.8%，住宿业下降5.2%，餐饮业增长0.8%。

## 五、固定资产投资

全年固定资产投资增长8.1%，比上年回升2.8个百分点。第一、二、三产业投资增速分别为46.9%、37.1%、-12.1%。46项省市重点项目完成投资43.5亿元，占年度计划104.7%。全年新增“五个一批”项目153个，其中，新开工46个项目，建成或部分建成49个项目。房地产施工面积251.52万平方米，增长13.02%；商品房销售面积39.38万平方米，增长17.2%；销售额381101万元，增长9.9%。

## 六、财政和金融

全年公共财政总收入完成131023万元，比上年增长0.7%（同口径），在一季度大幅下滑基础上，顺利实现正增长；地方级财政收入完成93467万元，比上年增长3.3%。

年末人民币各项存款余额为1968819万元，比年初增加97414万元，比年初增长5.2%；人民币各项贷款余额为1714169万元，比年初增加224444万元，比年初增长15.07%。

## 七、人口与人民生活

年末公安总户数72685户，户籍人口247041人。其中男性125179人，占50.67%；女性121862人，占49.33%。计生口径总人口24.3317万人，出生人口2109人。其中一孩出生795人，二孩出生1096人，多孩出生218

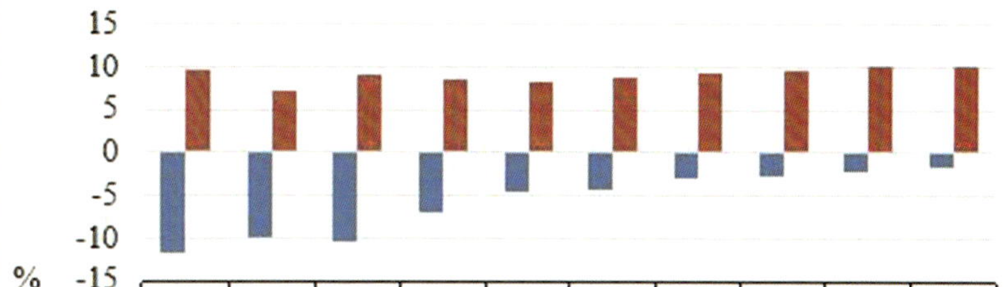


| | 1–3月 | 1–4月 | 1–5月 | 1–6月 | 1–7月 | 1–8月 | 1–9月 | 1–10月 | 1–11月 | 1–12月 |
|---|---|---|---|---|---|---|---|---|---|---|
| 2020年 | -11.8 | -9.9 | -10.4 | -7.1 | -4.7 | -4.2 | -3.1 | -2.6 | -2.1 | -1.7 |
| 2019年 | 9.5 | 7.2 | 9 | 8.4 | 8.2 | 8.7 | 9.3 | 9.6 | 10 | 10 |

图5 2019、2020年社会消费品零售额增长情况图

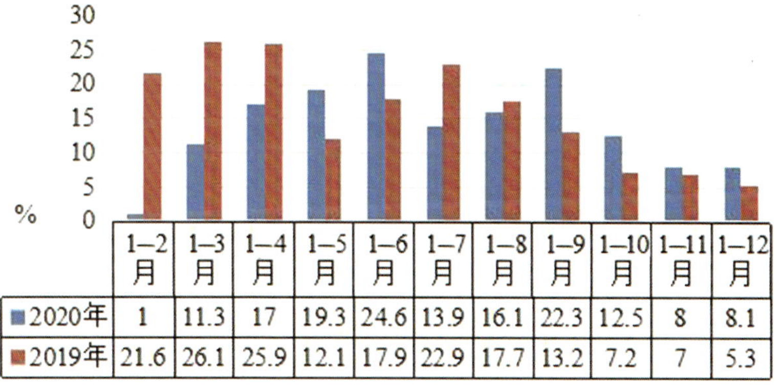


| | 1–2月 | 1–3月 | 1–4月 | 1–5月 | 1–6月 | 1–7月 | 1–8月 | 1–9月 | 1–10月 | 1–11月 | 1–12月 |
|---|---|---|---|---|---|---|---|---|---|---|---|
| 2020年 | 1 | 11.3 | 17 | 19.3 | 24.6 | 13.9 | 16.1 | 22.3 | 12.5 | 8 | 8.1 |
| 2019年 | 21.6 | 26.1 | 25.9 | 12.1 | 17.9 | 22.9 | 17.7 | 13.2 | 7.2 | 7 | 5.3 |

图6 2019、2020年社会固定资产投资增长图

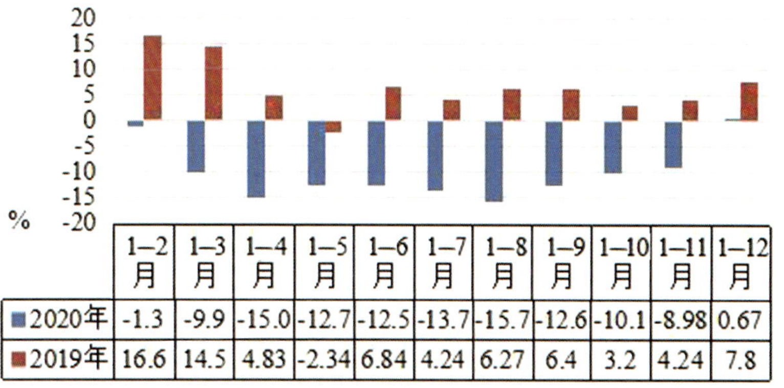


| | 1–2月 | 1–3月 | 1–4月 | 1–5月 | 1–6月 | 1–7月 | 1–8月 | 1–9月 | 1–10月 | 1–11月 | 1–12月 |
|---|---|---|---|---|---|---|---|---|---|---|---|
| 2020年 | -1.3 | -9.9 | -15.0 | -12.7 | -12.5 | -13.7 | -15.7 | -12.6 | -10.1 | -8.98 | 0.67 |
| 2019年 | 16.6 | 14.5 | 4.83 | -2.34 | 6.84 | 4.24 | 6.27 | 6.4 | 3.2 | 4.24 | 7.8 |

图7 2019、2020年地方财政收入增长情况图

人；出生率8.69‰；自然增长率3.84‰；政策符合率93.69%；出生人口性别比102.59。

全年城镇居民人均可支配收入达37405元，比上年增加1107元，增长3.1%；城镇居民人均生活消费支出24191元，比上年下降1.8%。农村居民人均可支配收入达19956元，比上年增加1165元，增长6.2%；农村居民人均生活消费支出14178元，与上年持平。城乡居民人均收入比值为1.87，低于全国平均比值，比上年缩小0.06。

全市企业养老保险参保户数2609户，参保职工32065人，征缴养老保险金11993万元；离退休人数9067人，社会化发放企业离退休人员养老金25744万元，发放率100%。城乡居民养老保险参保10.63万人；机关事业单位养老保险参保5198人；失业保险参保职工21270人；工伤保险参保户数1530户，参保人数39430人；城镇职工基本医疗保险人数参保32355人；城乡居民基本医疗保险参保194842人；实现跨省联网异地就医结算。

全市共保障城乡低保对象1859户3596人，总支出1575.03万元。保障城乡特困人员623人，其中集中供养156人，分散供养467人，救助供养金总支出886.39万元；临时救助2058户次，发放救助金214.26万元；社会救助与扶贫开发政策有效对接，全市建档立卡贫困户中有1516人纳入低保；救助流浪乞讨人员91人次。

## 八、教育和科学技术

全市中小学在校生总人数27337人。普通中学在校生8786人，其中女生4246人；小学在校生18551人，其中女生8943人。全年初高中招生4558人；小学招生3065人。幼儿园在园人数9850人，入园率98.3%。全年学龄儿童入学率99.80%。其中，女童入学率99.99%；小学辍学率为0；小学按时毕业率100%；初中按时毕业率99.63%；初中学生辍学率0；初中升普高的比率51.08%。农村义务教育“两免一补”政策全面落实，受惠学生2.7337万人，义务教育巩固率108.24%。高中教育教学质量稳步提高，高中阶段毛入学率96.56%，普职比率51∶49，教育投入资金到位率100%。全市中考总分平均分650.45分。本科上线总数714人（不含音体美），上线率65.62%。

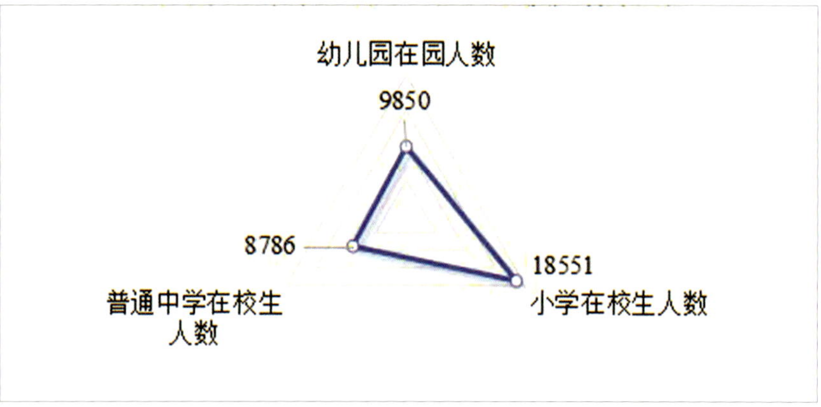


图8 2020年全市幼、小、中学在校人数分布图

全市研发企业99家，比上年增长45.59%。其中，有R&D活动单位数32家，增长23.08%；62个研发项目，增长6.90%。R&D经费支出1.37亿元，比上年增长17.99%；R&D经费支出占GDP比重0.66%，较上年提升0.04个百分点。

全年选任武夷山市级科技特派员96名；建立各类科技特派员工作站54个；科技特派员示范基地172个；申报2020年度省科技计划项目9个；1家企业获得省级科技“小巨人”企业认定，2家企业获得省星创天地认定。

全年新增内资企业1684户，外资企业8户，个体工商户3538户。专利申请受理291件，增长1.75%；发明专利申请50件，下降7.41%；专利授权量255件，增长85.71%；发明专利授权13件，增长85.71%。

全市事业单位共有专业技术人员3879人（本年未统计企业专业技术人员）。其中，高级职称726人，中级职称1928人。

## 九、文化、卫生和体育

全年策划举办了首届“513旅游电商节”；开展系列直播促消费活动124场；举办各类体育赛事30余场举办；开设硬笔书法、钢琴等各类文化公益课堂27场。全年电影公司共组建6支农村电影公益放映队，农村电影公益放映任务1380场。全年图书馆接待到馆读者6547人次，外借图书3422册次，办理借书卡41个，新增图书2885册；博物馆免费接待到馆参观人员4.3万人次；建立健全6处全国重点文物保护单位、13处省级文物保护单位、57处市级文物保护单位及普查文物点共500处不可移动文物的档案资料。

扎实推进居民健康档案、健康教育、慢性病患者健康管理等原

12类基本公共卫生服务，建立电子居民健康档案21.42万份，建档率90%。高血压规范管理12464人，规范管理率81.18%。糖尿病规范管理4397人，规范管理率81.31%。严重精神障碍患者管理1106人。65岁以上老年人健康体检14008人。全市早孕建卡1849人，早孕建卡率85.25%；孕产妇系统管理率90.09%，高危管理率100%，住院分娩率100%，产后访视率94.13%；3岁以下儿童系统管理率92.05%，7岁以下儿童健康管理90.18%，婴儿死亡率3.85‰，5岁以下儿童死亡率 3.85‰。

## 十、环境保护

全年空气质量优良天数比例达100%；县级集中式饮用水源地水质功能达标率100%；崇阳溪、九曲溪上游等各流域水质功能达标率100%；7条小流域水质功能达标率100%；污染地块安全利用率达100%，危废处置利用率达100%，医疗废物安全处置率达100%。GEP的升级版——经济生态生产总值（GEEP）核算，通过专家验收，属全国首例。

全市森林覆盖率80.51%，现有林改培1.22万亩，商品林赎买2.17万亩，复绿造林8432.8亩，获批国家生态综合补偿试点县。全年完成92个行政村农村生活污水治理；46个入河排污口整治；48处水电站下泄流量设施改造；中小河流域综合治理6千米；整治2200亩受污染耕地；治理水土流失面积4.3万亩；拆除违法建筑面积1.52万平方米。

**说明：**1.公报中科技创新企业相关经济指标为错年数，其他相关统计经济指标数据均为快报数。

2.公报中生产总值、各产业增加值、工业总产值和农林牧渔业总产值按现价计算，增长速度按可比价格计算

# 城市建设攻坚战 扮靓武夷环境美

“只争朝夕干，高质高效干、创新担当干……”2020年3月8日，在武夷山市召开的城市建设攻坚战动员大会上，南平市政协副主席、武夷山市委书记江建华吹响了强劲的城市建设攻坚战冲锋号角。

近年来，武夷山市奋力谱写新时代国际旅游度假城市建设新篇章，致力于景区、度假区全面建设提档升级。但与之比较，市区建设“欠账”较多、短板不少。如今城市现状与市民的热切期待还有较大差距，特别是随着生活水平的不断提高，市民对居住环境、生活品质的要求越来越高，对城市建设的呼声越来越强烈，意见越来越集中。武夷山人民群众对美好生活的向往，促使武夷山市委、市政府要下大决心、下大力气，按照“改造老城、完善功能、开发新城、拉开框架”的思路，举全市之力，实施城市建设攻坚战。力争2—3年的时间，补齐武夷山市在城市规划、建设、管理运营等方面的短板弱项，完善城市功能，提升城市品位，让城市道路更加顺畅、环境面貌更加整洁、功能配套更加完善、综合管理更加高效，加快城市提质增效，不断增强市民获得感、幸福感、安全感。

## 交通道路提升 拉开城市框架

武夷山作为国际旅游度假城市，对城市交通的要求、标准更高。两条国道穿城而过，历史遗留的交通布局，一定程度上制约了武夷山市旅游和城市建设发展。2020年，武夷山市以路网建设为重点，初步形成国土空间开发保护“一张图”，对两条国道进行规划论证，向城市东部外甩改线。依托崇阳溪和西快线、东快线、武夷大道、百花路四条城市纵向交通主干线的“一溪四线”，打造城市发展轴，形成老城区、度假区、景区、仙店园区“四区”联动一体发展的格局。

西快线从高铁北站站前大道沿七马槽、战备路，经过武夷学院通往杜坝园区到达度假区，建设双向六车道公路，不设红绿灯，实现高铁北站直达度假区只需12分钟左右的车程；东快线从高铁北站站前大道到崇安大桥与疏港大道对接直通度假区。打造除武夷大道、百花路之外的第三、第四条南北走向的交通主干线，进一步优化片区功能，带动产业发展。

城市建设攻坚战打响以来，武夷山市委、市政府将城市道路建设作为重大民生工程来抓，全力打造通畅、便捷的城市路网。2020年实施了武夷大道（站前大道—环岛）、五九路、百花路、中山路（横街头—公园红绿灯）、环岛西路、营盘路、大王峰路、学院大道（百花路—武夷大道）等27个道路改扩建项目，20条城市次干道白改黑完成，次一路（环岛西路—清献大道）、岩福路、学院路等城市断头路被打通……城市框架进一步拉开，建设东快线、西快线，形成闭合的环形路网，进一步改善群众出行条件。为拓宽城市道路，促进交通畅通，11月7日对位于中山路、五九路交会处的启星楼实施拆除，解决了多年来中山路与五九路之间弯道狭窄的问题。道路改造项目的建设，不仅有效提升道路景观效果，极大地缓解城区交通状况，也打通了武夷山市“一溪四线”中的纵向交通主干线，使城市交通脉络越发清晰，对武夷山市城市道路网络日臻完善具有重要意义。

## 完善基础设施 让城市更宜居

武夷山市区长年面临：遇到大暴雨城市内涝严重、停车难导致的乱停车现象严重、农贸市场环境脏乱差……这些城市基础设施不足导致的问题日益影响着居民的生活品质。

为解决城市内涝问题，在道路提升改造的同时，武夷山市委、市政府下大力气将污水管网、燃气管网等全部“下地潜伏”，为加强城市地下市政基础设施建设，有效解决道路内涝问题，武夷山市埋设箱涵，扩大排洪排涝能力，进一步完善雨污水管道系统，同时对全市道路实施雨污分流改造，进一步疏通城市“毛细血管”，消除安全隐患，提升城市形象。环岛西路是武夷山市区出名的内涝点，每遇暴雨，这里就启动“看海”模式，为解决这一难点、痛点，对其地下排水系统进行排水箱涵建设，解决了市区环岛周边地段内涝“老大难”问题。

城市攻坚战着力完善公共交通配套，推进公共停车场及智能化建设。武夷山市汽车保有量3.5万多辆，每年还以3000多辆的速度增长，现有的停车位与市民泊车需求之间的差距越来越大，导致车辆乱停乱放、道路拥堵，为缓解停车难问题，2020年全市新建停车场11处、泊位数1590个，启用既有停车场18处、泊位数2113个，极大地缓解了停车难问题，道路交通环境得到有效改善，更加顺畅。

农贸市场连接着千家万户的“菜篮子”。针对农贸市场老旧、占道经营、流动摊点多等“顽疾”带来的脏乱差问题，武夷山市全面推进农贸市场改造提升，中心农贸市场、东峰农贸市场等8个菜市场相继完成提档升级。同时，采用“疏堵结合”方式，在五九北路、中心农贸市场等处建立5个自产自销农户流动摊贩疏导点，规范商贸网点经营，解决“乱停车、乱摆摊”问题，新建北门街市场、楼后市场、交警路口便民市场，因地制宜设置流动摊贩疏导点107个，引导摊贩规范经营。马路告别“脏乱差”，既有效满足附近居民的日常需求，又解决流动商贩的安置问题。

### 景城融合发展　让百姓更幸福

如今走在武夷山市区宽阔的道路上，两旁树木绿意盎然、鲜花姹紫嫣红，环境整洁舒适，道路文明有序。2020年，武夷山市委、市政府实施景城融合工程，实施高铁北站等地的景观提升及绿化彩化工程，提升门户形象。整体提升小武夷公园规划建设水平，建设武夷山市首条悬空钢架森林栈道，推进崇阳溪漫步道等场所的改造提升，让市民休闲、健身有去处，进一步丰富市民休闲生活。同时，改善城市面貌，加快城市主干道两侧的土地收储、整治绿化以及沿街建筑立面改造，全面提升城市形象。加快安置房建设，加大棚户区、老旧小区改造，启动南门畈、综合农场等片区棚户区改造，有序推动商品房开发等，让人们安居乐业。同时启动武夷大道、百花路、快速通道等沿线环境综合治理工作，拆除违章搭盖建筑，清除道路沿线积存的生活垃圾、建筑垃圾，提升道路沿线绿化水平。全年拆除违建32.31万平方米，并完成道路绿化彩化18.95万平方米，推动城市更新，让市民成为精致城市的真正受益者。

2020年，茶旅小镇开门迎客、东快线二期通车、实验小学茶场分校主体封顶、武夷山崇安互通开通、三中体育场对外开放……条条道路四通八达，城市绿地花团锦簇，基础设施日益完善，服务功能逐步提升……极目远眺，新景处处，城镇的道路交通环境、公共服务设施、生态宜居水平都得到了量的扩容和质的提升。城市建设只有起点，没有终点，武夷山市步伐铿锵，新一轮城市建设画卷正气势恢宏地铺开。

（根据《武夷山》杂志、武夷山新闻网相关报道整理）

# 大事记

## 1月

3日，福建省重竞技管理中心暨河南省重竞技管理中心训练基地在武夷山泓云文化体育产业发展有限公司揭牌成立。

8日，福建省金司南金融研究院在武夷山市揭牌成立。福建省金司南金融研究院是经福建省民政厅批准登记的民办非企业单位，主管部门为福建省地方金融监督管理局，于2019年10月获批成立。研究院总部设立在武夷山市，在北京、上海设研究中心。

10日，纵八线上梅至杜坝段进度控制性工程坪畲隧道顺利贯通。纵八线上梅至杜坝段全长20.479千米，设计有2个隧道。坪畲隧道为其中之一，全长996米，为中隧道，采用单洞布置，净高5米，净宽12米，造价约4400万元。

14日，财政部资源环境司司长夏先德到武夷山国家公园调研财政管理体制运行等工作。

18日，黄柏溪引水至樟树水库连通工程隧道全面贯通。项目总投资11797.21万元，工程隧洞总长6022米。

18日，中亚劲旅乌兹别克斯坦男子拳击队5名教练员和27名运动员到达武夷山泓云体育训练基地，进行为期13天的赛前最后阶段训练。

20日，武夷山国家公园管理局与福建农林大学在福州举行共建武夷山国家公园研究院签约仪式。

1月22日至2月19日，武夷山国家公园各管理站（执法大队）陆续挂牌成立。

是月，武夷山市司法局获司法部授予的“大排查早调解护稳定迎国庆专项活动突出集体”称号及“全国公共法律服务先进集体”称号。

是月，2019年武夷山旅游总收入354.66亿元，同比增长15.08%，旅游接待总人数1669.94万人次，同比增长10.25%。

是月，武夷山“决胜全面小康，践行科技为民”主题科普活动被中国科协评为2020年全国科普日优秀活动。

## 2月

3日，因新冠肺炎疫情防控形势严峻，为最大限度减少人员流动，最大程度保护人民群众身体健康和生命安全，即日起在武夷山市辖区范围内，实行市民群众出行管控措施，即日起至2020年2月16日零时，每户家庭（居家隔离家庭除外）每两天可指派1名家庭成员上街采购生活物资，其他人员除疫情防控需要，生病就医在农贸市场、超市和药店上班外，不得外出。

3日，为加强新型冠状病毒感染的肺炎疫情防控工作，切实维护人民群众身体健康和生命安全，2020年2月3日20时起至2020年2月16日零时，武夷山市对全市高速公路出口和国、省、县道公路实行“限制性输入”临时交通管制。

4日中午12点，武夷山公立总医院护士长吴美莲被紧急任命为福建南平市支援湖北抗击新冠肺炎疫情医疗队队长，出征援鄂，抗击新冠肺炎疫情。

10日，武夷山市“四中心、一广场”建成开放。武夷山市民广场是武夷山市为民办实事建设项目，该广场占地100667.17平方米，总投资5.68亿元，总建筑面积63800平方米，包括文化、体育活动中心、展览展示中心、市民服务中心和市民广场等，在满足广场集会功能的同时，充分满足市民和游客休闲、娱乐、健身等需要。

11日，正山堂取得“金骏眉”美国商标注册证书。2018年，正山堂便取得“金骏眉”欧盟商标注册证书及英国商标注册证书。至此，“金骏眉”商标在包括德国、法国、意大利等27个欧盟国家以及英国、美国国内都将受到法律保护。

12日，国家发改委发布的国家生态综合补偿试点县（市、区）名单中，福建省武夷山市成功入选。为进一步健全生态保护补偿机制，全国选择50个县（市、区）开展生态综合补偿试点工作。

12日，因受新冠肺炎疫情影响，武夷山机场暂停所有航班。

17日下午，在市立医院门诊大厅举行武夷山公立总医院第二批援鄂医疗队出征仪式。共产党员范菁（重症医学科）、叶凯（呼吸与危重症医学科，已递交入党申请书）2名骨干医生作为武夷山公立总医院第二批援鄂医疗队人员，前往湖北宜昌支援疫情救治工作。武夷山市副市长彭秀莲，市卫健局党组书记、局长彭群富，武夷山公立总医院党委书记邱长胜，院长林清飞等人员到场为叶凯、范菁送行。2月18日早上6时，2名“最美逆行者”踏上了援鄂征程。

19日下午，福建省卫健委发出紧急号召，武夷山公立总医院临危受命，从预备医疗队成员中紧急抽调一批医疗队员奔赴武汉参加新冠肺炎疫情救治工作。第三批医疗队由重症医学科、呼吸与危重症医学科、护理等20人组成，其中医生5人、护士15人。由武夷山公立总医院副院长、主任医师曾明担任第三批支援湖北医疗队队长，护理部主任邬建蓉担任副队长。

19日，副市长高建民、市人武部政委田亚涛等到兴田镇活棋自然村，看望湖北火神山医院综合科护理组组长李丽丽的家属。高建民代表市委、市政府向李丽丽无私奉献精神致以敬意。李丽丽，兴田镇人，现任东部战区总医院全军肿瘤中心肿瘤内科护士长。2月4日，李丽丽随联勤保障部队抽组的第一批1400人团队前往武汉火神山医院，支援湖北抗疫。

20日，国家发改委确认，武夷山市入选国家生态综合补偿试点县。

28日，农历二月初六是武夷山的传统节日柴头会，因处于新冠肺炎疫情防控的特殊时期取消集会。

是月，武夷山市融媒体中心荣获2019年度福建省广播（县级台）宣传“十强”单位称号，实现蝉联该项荣誉十六载。

## 3月

1日，武夷山机场在严格做好防疫工作的基础上逐步恢复航班航线。

8日，武夷山市打响城市建设攻坚召开，武夷山市委、市政府按照“改造老城、完善功能、开发新城、拉开框架”的思路，举全市之力，实施城市建设攻坚战第一批“规划提升、基础设施、公共配套、景城融合、安居保障、管理升级”等六大工程52个项目。

12日，农历二月二十一是武夷山的传统节日蜡烛会，因处于新冠肺炎疫情防控的特殊时期取消集会。

17日，武夷山朱子文化研讨暨朱子文化研究中心顾问及研究员聘任工作会举办，市领导楼栋、彭秀莲、金文莲等参加会议并向吴邦才等5名专家颁发朱子文化研究中心顾问聘书，向王志阳、王钦明等19位研究员颁发聘书。

20日，南平市举行重大项目网上签约和视频连线集中开工仪式，武夷山市现场集中开工项目共11项，总投资49.83亿元，其中基础设施项目5项，总投资4.52亿元；产业项目5项，总投资44.43亿元；社会民生项目1项，总投资0.88亿元。2个项目现场签约，总投资13.5亿元。

24日，福建省林业局启动第三轮武夷山国家公园体制试点迎检攻坚战。

24日，省林业局局长陈照瑜、南平市市长刘洪建在南平市主持召开武夷山国家公园体制试点协调推进工作会议。

## 4月

1—3日，武夷山国家公园管理局和江西武夷山国家级自然保护区管理局联合开展“守护‘鸟的天堂’——武夷山国家公园志愿者在行动”活动。

7日，在经过新冠肺炎疫情预防工作培训、复课教学安排会、全面消毒清洁等一系列防护准备工作之后，高三学生返校正式复课。

7日，关爱贫困母亲，助力精准扶贫——福建省恒申慈善基金会与岚谷乡联合开展“贫困母亲帮扶计划”行动，2020年岚谷乡共有113名贫困母亲列入“贫困母亲帮扶计划”。恒申慈善基金会每年为贫困母亲提供资金扶持2000元，截至2020年底，共计投入43.4万元。

8日，因防控新冠肺炎疫情闭园的武夷山国家公园正式恢复开园，武夷山风景名胜区正式恢复对外开放。竹筏旅游同步恢复，每日限流1万人次。

8日，武夷大桥修复改造工程开工。

11日，武夷山国家森林步道总体规划《武夷山国家森林步道(福建)总体规划(2020—2030年)》通过国家林业和草原局、北京林业大学、福建农林大学等单位的9位专家评审。武夷山国家森林步道是国家林业局于2017年公布的首批5条国家森林步道之一，南起福建武平县，跨闽浙赣三省，止于浙江省丽水市遂昌县。线路全长1160千米，其中福建境内930千米。

11日起，在茶博园举办“茶和天下，祈福健康”首届梦幻灯光节。

14日上午，武夷山市三批援鄂医疗队员，在完成支援湖北抗疫任务后，结束在福州的隔离休整，回到武夷山。至此，武夷山公立总医院援助湖北医疗队全体队员完成救治任务。

17日，福建省林业局局长陈照瑜、江西省林业局局长邱水文在武夷山市组织召开闽赣两省联合保护委员会会议，国家林业和草原局福州专员办专员王剑波到会指导。

18日，武夷山副市长刘铠维做客《乡土》栏目“县市长请您品春茶”公益直播间，转换角色化身“网络主播”，推介武夷岩茶和岚谷熏鹅等地方特色乡土产品,为“武夷山水”品牌及武夷山“认标购茶”体系直播代言，吸引123.1万人次观看。

18日，2020年武夷山市茶山整治暨复绿行动大会在武夷山市民广场举行。省林业局副局长、武夷山国家公园管理局局长林雅秋，南平市政协副主席、武夷山市委书记江建华到场并分别作动员讲话，对违规开垦茶山整治和复绿工作进行安排部署。武夷山市委副书记、市长谢启龙主持大会。

19日，“2020年星村茶旅融合片制茶师大赛”在武夷山市星村镇黄村村落幕。此次赛事评选出金牌制茶师3名、银牌制茶师9名。

20日，武夷岩茶产业集群入选全国首批优势特色产业集群建设名单。

21—24日，由央视科教频道与武夷山市融媒体中心联合摄制的四集纪录片《朱熹》，在央视科教频道每日21时20分播出1集。该片历时5年制作完成，向世人讲述了南宋儒学大师传奇的人生经历和对中国传统文化的重大贡献。

23日，世界读书日，福建省“新华·作家空间”第1期活动——《武夷清风》“致敬最美逆行者”文学创作交流分享会在武夷山市新华书店举办。此次活动由福建省作家协会、福建新华发行集团主办，福建省文艺网、南平市纪委监委、南平市作家协会、武夷学院团委协办，武夷山市纪委监委、武夷山市新华书店、武夷山市融媒体中心承办，为减少人员聚集及扩大受益面，活动全程通过“武夷清风”和“武夷山新华书店”抖音号线上直播。

23日，2020年全国50个优秀特色产业集群建设名单出炉，武夷岩茶产业集群上榜。

28日，武夷山市第三中学被中国计划生育协会确定为“2019年国家级青春健康教育示范基地”。

## 5月

1日，高速武夷山崇安互通口正式通车运营。作为武夷山市第一个自主投资的高速项目，位于武夷山北城新区的崇安互通口，是武夷山市第6个高速互通口，也是2020年首个复工并建成的省重点项目。该项目于2019年4月3日开工建设，2020年4月26日通过验收。

8日，省人大常委会邀请武夷山市人大代表、武夷山市立医院护理部副主任邬建蓉，三明市梅列区人大代表、梅列区医院副院长郑学友两位援鄂医护人员为省人大机关干部作“分享抗疫故事，强化使命担当”的主题讲座。

10日，“2020中国品牌价值评价信息发布”于北京进行线上发布，武夷岩茶再次上榜，在区域品牌(地理标志产品区)前110榜单上位居第四位，比2019年度上升一位，第4年蝉联中国茶叶类区域品牌价值第二位，武夷红茶首次参评，品牌价值位居全国茶叶类第五。

11日，武夷山实验小学、余庆小学等学校3—6年级学生开学复课，武夷山一中、二中等中学也全面复学，至此，全市各中小学3年级以上学生全部返校复课。

13日，茶界的“人机”冲泡比赛在福建省武夷山市举行。比赛采用盲评的方式，比拼大红袍、正山小种和金骏眉的冲泡技艺，比赛监督人随机设置茶汤序号。最终，智能冲泡机获得三项人机比赛的第三名。

13日晚，“首届513(武夷山)旅游电商节”在武夷山印象大红袍演出剧场正式开启，“线上营销宣传+直播带货+线下启动仪式”齐发力，来自旅游部门、武夷山水品牌企业的嘉宾在直播间进行互动，微信、抖音、快手、飞猪、淘宝等多个平台同步进行了全网直播，吸引了70多万人次在线参与。19点，线下启动仪式在印象大红袍剧场举行，市长谢启龙宣布“首届513（武夷山）旅游电商节”启动，南平市委常委丘毅，南平市政协副主席、武夷山市委书记江建华等嘉宾共同触摸点亮“513”Logo，全场亮起绚丽的灯光和造景。活动以“醉美武夷山 最惠513”为主题。

17日，世界电信日，中国电信集团公司举办“中国5G·24小时”全国线上大联播活动，自5月16日18：30至17日18：30通过中国电信5G超高清直播技术进行24小时直播，向广大消费者充分展示中国5G发展速度和建设成效。同日下午，中国电信福建公司以“八闽福茶地5G云赏茶”为主题，通过5G+4K超高清视频直播技术，实时直播武夷山茶文化，直击中国电信“5G+智慧茶园”现场，了解中国电信5G智慧农业发展情况。

19日，由福建省文化和旅游厅策划、福建人民出版社编辑出版的“福建的世界遗产”丛书于中国旅游日首发。内容包括《武夷山》《福建土楼》《泰宁丹霞》《鼓浪屿》4册，以中英双语向世界推介福建的世界遗产，讲述福建的文化旅游故事，既是对福建世界遗产地系统性的介绍，也是对福建景区保护和利用深入全面的总结，是福建打造“全福游 有全福”品牌的具体呈现。

21日，来自各地的爱茶人士相聚武夷山黄村村茗川世府“百家品茗”分享品鉴会，共同庆祝首个国际茶日。海峡两岸茶业交流协会创会会长张家坤，市领导江建华、涂桦忠、范震昆等参加活动。2019年11月27日，第74届联合国大会宣布将每年5月21日设为国际茶日，以赞美茶叶对经济、社会和文化的价值，促进中国与世界各国茶文化交融互鉴和全球农业可持续发展。

24日，由省人大常委会委员、监察司法委副主任委员、监察司法工委主任朱淑芳带领的省人大常委会调研组到武夷山市调研西郊和大渚圆梦村建设工作。南平市人大常委会副主任潘剑才，武夷山市领导江建华、陈先珍、王德兴等陪同调研。

25日，武夷山市立医院核酸检测实验室竣工建成，具备平常90份/日，最大检测量可达200份/日的新冠肺炎病毒核酸标本的检测能力。30日，PCR（聚合酶链反应）实验室新冠病毒核酸检测项目顺利通过福建省及南平市相关部门的审核、验收，获得福建省临床检验中心批准开展新冠病毒核酸检测项目的资质。新冠病毒核酸检测为自费项目，按照全省公立医疗机构新冠病毒核酸检测项目价格收费标准为130元/人。

26日，2020首届“品读双世遗，漫游武夷山”导游员大赛落下帷幕。这场历时4个月的导游大赛共吸引112名优秀选手参加。最终，马金波、翁楚楚和虞淑贞分获此次大赛的金奖、银奖、铜奖。

30日，中国社科教育首届国际工商管理博士班走进朱子故里，百名博士共话理学探源，研讨朱子文化的保护、传承和弘扬。市领导刘铠维、金文莲陪同调研考察。

## 6月

1日，武夷山机场正式恢复北京航线，武夷山—北京大兴航线首航成功。

2日，时隔146天后，武夷山市2所公办幼儿园重新对小朋友们开放，大班的孩子率先开课，总复学率为86.33%。

3日，武夷山市法院在兴田镇城村闽越王城遗址和五夫镇设立“文化遗产保护巡回法庭”，这是福建省首次在文化遗产地设立文化遗产保护巡回法庭。

4日，福建省首个“山海协作、新阶创新”实践基地在武夷山成立。该基地由莆田市新阶联和武夷山市新阶联合作建立，两地各设立一个实践基地，以研学、斗茶等活动为载体，以“新愿景、新力量、新作为”为目标，推动两地新阶联围绕妈祖文化、茶文化等多个领域开展更深层次的合作，促进两地经济社会发展。

4日，武夷山人武部党委第一书记任职宣布大会召开。经南平军分区党委研究决定，任命江建华同志为中共武夷山市人民武装部委员会第一书记，并颁发任职通知书。

4日，武夷山市机关党组织书记培训班（第一期）在闽北红色首府洋庄乡大安村开班。

5日，福建省高级人民法院、武夷山国家公园管理局和南平中级人民法院在武夷山向社会发布《福建法院生态环境司法保护状况》“绿皮书”，呼吁社会各界关注生态环境和生物多样性的保护。

8日，《参考消息》通版刊登报道《万里茶道借“一带一路”再复兴——在武夷源头感受茶道今昔》，《人民日报》海外网同步刊载。省茶叶学会《茶缘》杂志2020年3月春季号“万里茶道起点（武夷山）专辑”也刊登这篇报道。

10日，北京大学经济学院党

委书记崔建华一行到武夷山市考察。市领导江建华、谢启龙、林方、刘铠维等与崔建华一行交流座谈，就北京大学与武夷山如何开展有效对接深入交换意见。

11日，全市召开青年工作联席会议第一次全体会议，进一步贯彻落实《福建省中长期青年发展规划》，为青年成长发展创造更多良好环境和条件。市委常委、组织部部长林方，副市长陈爱宾出席会议。会议对《武夷山市青年工作联席会议议事规则（审议稿）》作说明。审议通过《武夷山市青年工作联席会议制度（审议稿）》《武夷山市青年工作联席会议议事规则（审议稿）》。

12日，武夷山市举行新型农村信用镇（村）授牌仪式，兴田镇、西郊村、大渚村成为首批市政府授牌的信用镇和金牌信用村。副市长高建民参加授牌仪式。

14日，全国人大常委会副委员长沈跃跃率执法检查组深入武夷山国家公园调研。省人大常委会党组副书记、副主任黄琪玉，省人大常委会农业与农村工委主任陈则生，省林业局局长陈照瑜等陪同调研。

16日，由京东超市和武夷山市联合打造的京东·武夷原产地数字茶园项目正式启动，京东超市武夷茶新品“武茗匠”也于线上同步直播发售。

16日，武夷大桥正式恢复通行。

17日，武夷山市疾控中心对中心农贸市场环境开展新冠病毒强化监测工作，采集农贸市场摊位上物表（含案板表面、操作台表面、活禽笼具表面）30份、周边污水10份及冰冻海鲜、肉类等食品10份，共50份标本送往南平市疾控中心进行新冠病毒核酸检测，检测结果全部为阴性。

17日，《武夷山》（原《武夷山报》）正式复刊。1995年5月，《武夷山报》在原有《武夷瞭望》的基础上得以创办，至2004年元旦停刊。

18日，2020年文化和自然遗产日“云游武夷　乐享非遗”南平市非遗购物节启动仪式在武夷山九曲溪畔举行。省文化和旅游厅二级巡视员张立峰，南平市委常委、宣传部部长张培栋为购物节鸣锣开节。武夷山市领导吴伟、彭秀莲参加活动。

23日，武夷山市举行2020“创新突破年”6月项目集中开竣工仪式，一批10个城市建设项目开竣工，总投资18.99亿元。市领导马素花、刘铠维、余泽岚参加活动。在主会场开工建设的是东快线（疏港大道三期）建设工程，东快线疏港大道分为一至四期实施，总投资8.26亿元，道路全长7.58千米，三期起点位于湖西路，终点位于环岛东路，道路全长1.54千米，项目按城市主干道Ⅰ级标准建设，标准红线宽度40米，双向六车道，道路等级为主干路。项目规划建成“两纵通道+组团式”带状组团式城市道路网络，各片区内部实行“窄路、密网、小街区”模式，进一步打通断头路、瓶颈路，形成以方格路网为主的城区内部路网，为全市经济社会快速发展奠定基础。分会场举行了景区高速路口——上埔大桥路段改造工程开工仪式。此外，五九北路改造及管网配套建设工程、中山路（横街头—公园红绿灯）改造工程、大王峰路景观配套工程等5个项目也于6月开工建设，总投资4.64亿元。6月竣工的项目是学院大道（百花路—武夷大道）建设工程、度假区和市区多段道路维修及景观提升工程等，总投资3.91亿元。

25—30日，每天21：00，大型历史人文纪录片《大儒朱熹》在中国国际电视台纪录频道首播。该片由中央电视台、福建省委宣传部、福建省广播电视局、福建省广播影视集团共同策划拍摄，以史实为基础，以朱熹人生历程为主线，用生动的画面展现“活着的朱熹、世界的朱熹”。

29日，“武夷山国家公园”高铁冠名列车首发仪式在福州站举行。18时49分，G1660次列车缓缓驶出福州站，“武夷山国家公园”高铁列车正式开启赴沪旅程。福建省林业局副局长、武夷山国家公园管理局局长林雅秋，省林业局总工程师王梅松，南平、武夷山市人民政府及相关部门嘉宾代表以及部分中央驻闽新闻机构、省内新闻媒体参加首发仪式。

30日上午，市政府为民办实事项目之一岚谷乡革命旧址至县道866连线（环乡路）公路正式通车。岚谷乡环乡路自2019年4月18日正式动工建设，全长4.791千米，路面宽7.5米，按三级公路标准设计，设计时速30千米，工程总造价1664万元。同时，黄尾村举行村级组织活动场所落成揭牌典礼；岚谷乡党委在横源村举办武夷山市级爱国教育基地、岚谷乡党校揭牌仪式。

30日，武夷新区轨道交通全线控制性工程——南源岭特大桥主体结构顺利完工。南源岭特大桥最高桥墩13.5米，103跨现浇梁，总投资1.6亿元。是全线长度最长、投资最大、安全风险最高的桥梁。武夷新区轨道交通从南平市高铁站到武夷山景区，线路全长 26.18 千米，总投资 27.58 亿元，是福建省 100 个“重中之重”项目之一，为福建省首条在建轻轨。全线设车站 10 座、桥梁 19 座，设计时速 70 千米。

30 日，福建省武夷山市首个“统一战线同心红色教育基地”在洋庄乡大安村成立。

## 7 月

1 日，《中华人民共和国社区矫正法》（简称《社区矫正法》）正式实施，武夷山市同步启动《社区矫正法》宣传月活动暨武夷山市社区矫正管理局揭牌成立。

1 日，武夷大道提升改造项目，实现双向主车道通车。

3 日，武夷山市与中国工程院院士、湖南农业大学教授刘仲华合作签约“武夷岩茶品质化学特征与保健功能研究”项目，市领导彭秀莲、范震昆参加签约仪式。

9 日，受持续降雨影响，市防汛指挥部决定于 7 月 9 日 8 时 10 分启动防洪应急响应二级。为确保游客安全，7 月 9 日 8 时 30 分开始，武夷山风景名胜区全面闭园，暂停接待游客。

9 日，武夷山市五夫镇兴贤村、兴田镇南源岭村入选第二批全国乡村旅游重点村。

15 日，由海峡两岸茶业交流协会、武夷山市人民政府指导，南平市海峡茶业交流协会、福建正山堂茶业有限责任公司主办的“纪念金骏眉研发十五周年暨红茶与中医养生交流会”在武夷山桐木村举办。

15 日，“海峡两岸联合夏令营”在五夫镇朱子学堂举行开营仪式。此次海峡两岸联合夏令营由福建省中华优秀传统文化教育促进会、武夷山朱子故里海峡两岸交流基地和台湾中华经典研究学会主办，学贤书院承办。

16 日，武夷山国家公园研究院揭牌仪式在武夷山国家公园管理局举行。武夷山国家公园研究院由武夷山国家公园管理局与福建农林大学联合发起成立。

18 日，五夫镇热气球灯光节狂欢夜正式拉开帷幕。

20 日，欧盟理事会作出决定，授权正式签署中欧地理标志协定，在中国境内的 100 个欧洲地理标志产品和在欧盟境内的 100 个中国地理标志产品将受到保护。第一批双方市场保护、来自中国的 100 个地理标志产品名单出炉，武夷山的正山小种、武夷山大红袍、武夷岩茶 3 个地理标志产品位列其中。

21—22 日，副省长崔永辉到武夷山调研国家公园生态补偿机制、农村公共基础设施管护体制改革、茶产业发展等工作。

24 日，武夷山市举行“创新突破年”7 月项目集中开竣工活动，共 9 个项目集中开竣工，总投资 6.97 亿元。市领导裴福海、刘铠维出席开竣工仪式。当天开工项目 4 项，总投资 2.08 亿元。分别是总投资 3400 万元的环岛西路改造项目；总投资 1 亿元的武夷山全域智慧旅游提升工程项目；总投资 4300 万元的武夷山兴田中小新校区建设项目和总投资 3100 万元的武夷山市星岚兴片 2020 年高标准农田建设项目。当天竣工项目 5 项，分别是总投资 2.7 亿元的三中体育场建设项目；总投资 1.24 亿元的武夷山马场洲污水处理厂一期建设项目；总投资 3500 万元的城市道路新建及景观提升项目和总投资 3000 万元的岚谷乡环乡公路建设项目。

29 日，省人大常委会党组副书记、副主任梁建勇率调研组到武夷山市开展生态司法保护、公益诉讼检察和加强新时代人民检察院法律监督工作专题调研。南平市人大常委会主任罗志坚、副主任潘剑才，武夷山市领导江建华、陈先珍等一同调研。

30 日，武夷山国家公园管理局与福建省林业调查规划院在国家公园管理局举行战略合作签约仪式。

31 日，1999 年出生的武夷学院大三学生周钰源的造血干细胞被输送到了一位儿童患者的体内。这位来自武夷山，年仅 21 岁的青年，成为福建省第 265 例，武夷山市首例造血干细胞捐献者。

是月，武夷山市“五个一批”重点项目综合考评 2020 年第二季度再次进入“全省十佳”，位列全省第二名，名次再创新高。1—6 月，全市新增“五个一批”项目 116 个，总投资 190.49 亿元，其中谋划项目 39 个，总投资 66.86 亿元；签约项目 15 个，总投资 35.22 亿元；开工项目 41 个，总投资 63.68 亿元；投产项目 21 个，总投资 24.73 亿元。

## 8 月

1 日，地处新丰街道湖桃社区的哲丰（原心友）农贸市场经过提升改造后，正式投入使用。该农贸市场位于湖桃社区北四街52号一、二层，改造面积约1000平方米，完成投资50余万元，内设摊位111个，店面1个。

5日，2020年村（社区）党组织书记培训班开班，来自全市180多名基层党组织书记参加培训。市委常委、组织部部长林方出席开班式并作动员讲话。

8日，2020首届中国武夷山·五夫荷花仙子评选总决赛在五夫举行，评出“荷花仙子”冠军等各个奖项，展示宣传五夫文旅形象。

8日，华控城乡筹建18个省级控股集团重点投资康养产业在武夷山举行签约仪式。“梦寐太学康养旅居及退休后继续教育”项目运营中心落户武夷山。

8日，武夷山市上梅乡茶景村举办第二届柳永文化节。

13日，全国爱卫会下发《关于命名2017—2019周期国家卫生乡镇（县城）的决定》，命名全国2299个乡镇（县城）为国家卫生乡镇（县城）。武夷山市星村镇被命名为国家卫生乡镇。 星村镇是南平市第一个国家卫生乡镇，也是此周期南平市唯一通过评估评审的乡镇。

15—18日，由福建省体育局主办，省重竞技运动管理中心、南平市体育局、武夷山市人民政府承办，武夷山市文化体育和旅游局协办的省青少年U系列拳击冠军赛在武夷山市举行。

16日，由武夷山市政协和武夷山三杨文化研究会共同编辑出版的《闽北三杨研究》新书首发。

18日，武夷山首个“时间银行”在新丰街道正式启用。作为全市“时间银行”试点，新丰街道将积极打造居民互助养老资源服务新模式。

22日，武夷山市启动“全闽乐购”促消费行动，进一步提振消费信心、加速推动经济复苏。

23日，由南平市海峡茶业交流协会、武夷山职业学院武夷茶产业学院主办的首届“天心茶学杯”武夷岩茶制作技艺传承与创新评选活动圆满收官。活动共收到大红袍、水仙、肉桂、老枞水仙4个系列茶样2500多份，最终评选出各系列茶状元1名，金奖、银奖、新锐奖、优质奖若干名。

25日，武夷山市青年联合会第二届委员会第一次全体会议召开，选举产生新一届市青联领导班子。

31日，武夷山市在一中报告厅举行2020年彭夷星奖学金发放仪式。现场的嘉宾、代表为2020年中高考和各年级期末考中取得优异成绩的98位获奖学生，发放总金额30万元的奖学金。

是月，国家知识产权局认定“正山小种”商标为中国驰名商标，注册人为武夷山市茶叶科学研究所。

是月，南平市在全国率先出台绿色发展考核评价体系——南平市绿色发展考核评价体系，武夷山市取得第二季度总得分74.58分、半年总分145.48分的成绩，均位列南平市第一。

## 9月

1—5日，由国家林草局组织的国家公园体制试点第三方评估验收组顺利完成武夷山国家公园体制试点评估验收实地核查工作。

2日，国家公园体制试点第三方评估验收实地核查座谈会在武夷山召开。

3日，市关工委举行“关工委”及“梦禹”奖助学金发放仪式，为武夷山市家庭贫困、品学兼优的学子提供资助，此次共有40名家庭困难、品学兼优的高三毕业生每人获2000元的奖学金，总计颁发奖助学金8万元。

4日，武夷山市经济生态生产总值核算项目在北京通过专家组验收。这是中国完成的首例经济生态生产总值核算。根据核算，武夷山市经济生态生产总值2015年为2229.1亿元，2018年为2562亿元。

5日，武夷山市郑政谋奖助学管理协会举行2020年武夷山市郑政谋奖助学金颁发仪式，共同给来自武夷山市一中、二中的20名优秀毕业生每人颁发5000元奖助学金。

8日，2020厦门国际投资贸易洽谈会暨丝路投资大会开幕，武夷山市在招商项目集中“云签约”中签约总投资12亿元的武夷山宝龙城市商业综合体、总投资27亿元的武夷山市东方养心谷2个项目。

9日，南源岭村入选中国美丽休闲乡村名单。

9日，南平武夷山朱子故里海峡两岸交流基地管理中心授予五夫民俗文化博物馆、朱子学堂为交流基地的参访点，并聘请谢晖、张贵龙、姜立煌、章一定4位已经在五夫镇从事海峡两岸交流工作的志愿者为首批武夷山朱子故里海峡两岸交流基地联络员，聘期5年。

11—13日，山西省晋中市在武夷山市举办“爱上晋中，牵手南平、出发武夷——晋商万里茶路再出发”文旅推介暨招商宣传活动。

11日上午，《山西晚报》官方视频号“山河视频”直播，对“弘扬晋商精神 重走万里茶路”大型跨国采访报道活动的发车仪式进行全程直播。看发车仪式、游下梅古村；品茗茶，听茶商后裔讲晋商故事。长达2小时的直播获得300万次的播放量。

11日，“茶路融通融合，晋闽共建共赢”专题研讨会在武夷山召开。以茶路为纽带，共商“万里茶道”文化品牌建设，共同为促进晋中与武夷山两地交流合作献言献计。

12日上午，直播镜头再次对准在武夷宫举办的“爱上晋中，牵手南平——晋商万里茶路再出发”文旅推介暨招商宣传活动，带着大家欣赏晋中、闽北的特色美食、非遗作品，文艺演出等，获得540余万次的播放量。

12日，16名上海军地医疗专家到武夷山市市立医院开展“情系革命老区 共建健康武夷”义诊。

16日，南平市政府在武夷山市主持召开《武夷山世界文化与自然遗产保护管理规划》征询意见会。

16日，副省长李德金带领省政府办公厅、自然资源厅、住建厅有关人员一行到武夷山市兴田镇南源岭旧村调研武夷山国家公园科普展示馆项目建设情况。

16—17日，“武夷山水”武夷山市“九冠杯”全国郊野钓鱼大赛在武夷山齐云峰景区举行。“武夷山水” 全国郊野钓鱼大赛共有10场分站赛，武夷山站的比赛是第二站。此站赛事参照其他球类比赛设置“球童”的模式，首创“渔童”志愿服务。

18日，由武夷山市数字武夷电子商务发展有限公司建设，中国电信武夷山分公司承建的武夷山茶叶区块链溯源平台成功入选2020年数字中国峰会。

18日，武夷山市公开拍卖3宗国有建设用地使用权，武夷山•深业生命健康中心项目、宝龙城市商业综合体项目、八马茶文化研学体验园项目成功落地。项目覆盖健康养生、商业综合体、茶旅等业态，总投资约27亿元。

21日，2020阿里巴巴丰收购物节发布会暨中国农产品地域品牌价值授牌仪式在山西运城举行。中国品牌建设促进会与阿里巴巴联合发布中国农产品地域品牌价值，首批发布的9个农产品地域品牌价值累计3000亿元，其中福建共有武夷岩茶、琯溪蜜柚、武夷红茶3个地理标志产品入选中国农产品地域品牌价值2020年标杆品牌。

21—23日，国家卫生城市技术评估组到武夷山，对武夷山市创建国家卫生城市工作进行技术评估。国家卫生城市技术评估组组长、农业农村部农村社会事业司副司长、一级巡视员何斌，省卫健委二级巡视员缪剑影，南平市政府副市长朱仁秀出席汇报会并作讲话；市长谢启龙作工作汇报和表态发言，市领导陈先珍、涂桦忠、彭秀莲、陈爱宾、范青参加会议。

23日，2020年全省茶叶生产全程机械化现场观摩活动在武夷山市举行。农业农村部农业机械化技术开发推广总站，省农业农村厅，福州、泉州、南平等设区市及茶叶种植大县农机推广负责人和部分合作社代表等百余人参加此次活动。

25日，武夷山召开首届非物质文化遗产代表性传承人大会。会议介绍武夷山市“非遗”保护情况，解读《武夷山市非物质文化遗产代表性传承人认定管理办法》，文旅部门向档案馆移交国家级非遗项目大红袍制作技艺申报文本，公布武夷山市第三批9名非遗传承人，并颁发证书、匾牌，传承人代表宣读“匠心传承 文旅融合”倡议书。

28日上午，第三届中国农民丰收节暨吴屯第四届“稻花鱼文化节”在吴屯乡旅游文化广场拉开序幕。

29日，2020年武夷山市春茶评比赛举行颁奖典礼，现场对武夷山“当家茶”大红袍、肉桂、水仙、品种和红茶评出的146个特等奖进行颁奖。

30日，第七个中国烈士纪念日，武夷山市在闽北革命烈士纪念碑前举行烈士公祭活动。

30日，武夷山市全民健身运动会第三届健身气功·八段锦（工间操）大赛举行，500多名运动员分别参加集体赛和个人赛，推动全民健身运动开展，通过体旅结合促进康养旅游发展。

是月，武夷山市成为国家数字乡村试点地区。

是月，福建省武夷山生物研究所科考小组在武夷山国家公园内发现一只罕见的斯斯黛眼蝶。

## 10月

1日、4日，武夷山亮相央视《传奇中国节》特别节目，节目在央视一套、四套同时播出，介绍“十一”黄金周期间武夷山旅游复苏情况以及在茶文旅融合助力旅游转型升级方面的做法。

8日，武夷山市蓝天救援中心第一支分队岚谷分队在岚谷乡正式成立。

9日，2020年“十一”黄金周，全市共接待人数42.05万人次，同比增长2.16%，旅游总收入5.09亿元，其中武夷山风景名胜区共接待游客19.7万人次，同比增长11.58%；门票收入2028.94万元，同比增长4.97%；竹筏票累计销售5.74万张，同比增长25.3%。武夷山迎来自驾车3.36万辆次。

9—11日，2020年全国茶叶加工（精制）职业技能竞赛决赛在武夷山市举行。来自14个省（区）的60名制茶能工巧匠齐聚武夷山下角逐，总分前5名的选手获得“全国技术能手”称号，6—20名的选手获得“全国农业行业技术能手”证书和奖牌。

10日，武夷山市融媒体中心武夷学院制作基地揭牌成立，武夷学院副校长张大烛，武夷山市委常委、宣传部部长彭秀莲出席仪式并揭牌。制作基地成立后，武夷山市融媒体中心将与武夷学院文教学院深度合作，武夷山市融媒体中心挂牌“武夷学院校外教学实践基地”，为文教学院学生提供实践平台、培训师资等。

11日，以“朱子故里·瓜果飘香”为主题的哈密瓜丰收节在五夫拉开序幕，市领导谢启龙、林方、吕琳等参加活动，为“新疆农业科学院哈密瓜南方（武夷山）研究中心”揭牌，并为“朱子故里·瓜果飘香”项目科技特派员颁发聘任书。

13日，市委、市政府召开全市教育振兴动员大会，制定《武夷山市教育振兴三年行动计划（2020—2023）》，提出实施基础设施建设、教育质量提升、教师队伍提质、教育改革创新“四大行动”，着力建设24个具体学校建设项目，实施15项具体措施，全力为人民群众办好8件具体实事。

15日，以“挂钩帮扶注活水，稻花香里悦丰年”为主题的首届“丰收助农文化节”暨“消费扶贫在行动”活动在兴田镇虹桥村举行。

16日，武夷山市举办主题为“朱子与五夫”学术研讨会。研讨会由武夷山市人民政府主办，武夷山市委宣传部、武夷山市朱子文化研究中心、武夷学院朱子学研究中心共同承办。

18日，2020年武夷街道第五届“武夷正岩杯”岩茶茶王赛在武夷山茶博园开赛。此届茶王赛共收样1678份，其中肉桂451份、水仙428份、大红袍799份。

20日，武夷山入选“全国双拥模范城”。

20日，“畅行中国·福建村村美——2020融媒助农行动”第四场全景式大直播“悦行高速·茶旅天下”在武夷山高速服务区举行，全国百城百台交通广播、福建各市县融媒体中心的主持人现场为武夷山茶旅代言，为武夷山农特产视频带货。

26日，武夷山市妇女第十五次代表大会召开，来自全市各行各业的139名代表参会。

24日上午9时1分，由福州开往武夷山的首趟高铁旅游专列D9890次车抵达武夷山高铁北站。从10月24日起，福州至武夷山高铁旅游专列将每周末开行，暂定开行一年。周六早7点33分福州发车，9点1分抵达武夷山北，周日下午六点返回福州。首趟专列由武夷山市平安国际旅行社和武夷山市南方铁路旅行社两家旅行社共同组织，为福州市民提供“点对点”旅游新体验。

25日，武夷山机场开通南京—武夷山—深圳往返航线，进一步满足旅客出行需求。武夷山市委常委、副市长吴伟参加首航仪式。

28日，省人大常委会党组副书记、副主任雷春美率调研组到武夷山市，就《福建省传统风貌保护条例（草案）》《福建省水污染防治条例（草案）》开展立法调研。调研组一行实地察看吴屯乡红园村、星村镇黎前村传统建筑保护情况以及元生泰灵芝基地，深入了解有关情况。并召开立法调研座谈会，听取南平市生态环境、住建、自然资源、司法等部门，南平市有关人大代表，古民居协会以及专家学者的意见建议。

28日上午，“院士话创新——院士与青年对话会”活动在武夷学院举行，全国政协常委、中国科学院院士、省政协原副主席、省科协主席、厦门大学教授郑兰荪，中国科学院院士、省农科院研究员谢华安，与100多名武夷学院学生以“青年·创新·未来”为主题面对面交流。

29日，第二十届福建省科协年会专项活动，竹产业协同创新与绿色发展论坛在武夷山市举行。

29日，一中旱桥西侧人行道改造工程竣工并开放通行。

30日，武夷山茶旅小镇会展中心通过竣工验收。茶叶会展中心项目建设用地189.34亩，总建设面积11.8万平方米，总投资9.22亿元，设有可容纳2514个展位的展览功能区，涵盖1个千人会议室、1个300人圆形会议室、1个新闻发布厅以及数十个小型会议室和洽谈室的会议功能区。

31日，第十三届“中国茶乡杯”

茶王赛在星村镇举行。

## 11月

2—3日，2020“朱子杯”海峡两岸民间斗茶赛暨第十八届武夷山市民间斗茶赛开幕。共有400多家茶企选送1200多个茶样，分为大红袍、水仙、肉桂和名枞四大类进行预赛。此次参赛对象为武夷山市茶农茶企及第十四届海峡两岸茶博会参展企业。复赛和决赛将于茶博会期间进行，增设红茶、台湾乌龙、闽南乌龙和白茶等茶样。

3日，农业农村部官网发布《中央农村工作领导小组办公室 农业农村部关于通报表扬全国农村承包地确权登记颁证工作典型地区的通知》，经全国农村土地承包经营权登记试点工作领导小组研究决定，对全国27个地级市（州、盟）和200个县（市、区），因在农村承包地确权登记颁证工作方面成效显著予以通报表扬。福建省7个市县（区）上榜，武夷山市位列其中。

4日15点31分时，福建武夷山生物研究所工作人员在收取红外侦测相机视频资料后发现，在武夷山国家公园挂墩区域样线内出现黑熊群，史无前例。监测视频中，3只黑熊排着队，整齐地在镜头前经过。直观可见它们毛发浓密、光鲜，体格健壮，体态闲适，步伐有力，生长状态良好。

6日，武夷山市开展“共同关爱母亲河 建设生态后花园”增殖放流活动，46万尾鱼苗被放入崇阳溪上游的吴屯乡、洋庄乡水域，进一步改善全市水生态资源环境。

7日，“浣尘杯”智慧茶山首期茶叶评鉴会暨星村镇程墩村专场茗战优选公益推介采购会在武夷山海洋公园举行，来自各地的采购商嘉宾和茶叶爱好者共赴茶文化盛宴。副市长范震昆参加活动。

9日，经过3天的连续施工，位于中山路、五九大道、五九北路交汇处的“启星楼”顺利拆除，彻底解决多年来制约中山路拓宽的“卡脖子”问题。

9日，武夷山市举行首期教师启航工程启动仪式暨第一次集中培训。对全市新上岗教师进行为期两年的全方位培训，提高教学能力和教学水平。“启航工程——新老师培养两年行动计划”是落实武夷山市教育振兴三年行动计划的措施，将采用集中轮训、跟岗培训等方式，新上岗老师进行职业规划、政策和法规教育、课程标准等多项内容的学习。

11—14日，全国政协副主席李斌率全国政协专题视察团到闽，视察国家公园体制试点建设情况。在闽期间，专题视察团深入武夷山国家公园桐木等地，实地视察体制试点工作、自然资源和生物多样性保护情况。全国政协人口资源环境委员会主任李伟、副主任姜大明，全国政协常委赵雨森、刘东生、王天戈及部分党外委员参加专题视察。省政协主席崔玉英，副省长赵龙，省林业局局长陈照瑜，省林业局副局长、武夷山国家公园管理局局长林雅秋等参加有关活动。

12—14日，第五届中国有机大会暨首届武夷山论坛在武夷山举办。

15日，市个体私营企业协会数字化服务中心成立，同时，启动大武夷云茶城运营中心。

16日上午，武夷山·深业生命健康中心和八马茶文化研学体验园2个茶旅项目开工建设。

16日上午，南平市重大招商项目签约仪式上，武夷山市与河北胜兴集团达成合作协议，现场签约总投资27亿元的东方养心谷项目，项目位于武夷街道，建设用地429亩。

16日上午，G322次“武夷山国家公园”冠名高铁列车发车仪式在南平市站举行，这趟由厦门开往北京的高铁是第二列“武夷山国家公园”冠名高铁列车，旨在通过全球领先的高铁速度为武夷山国家公园提供更广阔、更高效的传播平台，把武夷山国家公园的形象魅力更广泛地传播出去，让国家公园理念更加深入人心。

16日，武夷山市举行“万里茶道——环中国自驾游集结赛”发车仪式，以“万里茶道”为文化载体，将遗产考察与体育赛事结合，打造完全不同的茶体旅体验新模式，助力“万里茶道”申遗，促进茶文旅产业深度融合，高质量发展。南平市副市长何明星宣布发车，60余辆房车和越野车、吉普车开往茶旅小镇巡游展示后向“万里茶道”沿线城市进发。武夷山市领导彭秀莲、陈爱宾等参加活动。

16—18日，第十四届海峡两岸茶业博览会在武夷山举办，交易金额73.77亿元，进馆人数15万人，参会嘉宾客商2.15万人。第十四届海峡两岸茶业博览会首次启用武夷山茶旅小镇会展中心，总建筑面积11.2万平方米，展览功能区设置“全国名茶馆、政府组团及台湾馆、茶机械茶配套馆、茶包装馆”四大主题展馆。参展企业811家，邀请VIP采购商4000家，比上年增加1000家。此届茶博会仍以海峡两岸交流合作为重点，主办单位10个，台湾占5个，分别是台湾农会、台湾茶协会等。运用互联网思维突破传统营销模式，打造“云上茶博会”128平台，即“一馆二区八段锦”平台，“一馆”（云上茶博会馆），“二区”（智慧云展区、请到武夷来吃茶展区），“八段锦”（走茶道、鉴茶树、学制茶、观茶艺、赏斗茶、品茶宴、看印象、住茶宿等线上体验）。线下整合若干茶事活动，按照时间节点推出品茶季、采茶季、制茶季、斗茶季四个主题，涵盖茶民俗、茶制作、茶品鉴、斗茶赛等茶事活动。茶博会期间还举办了第五届中国有机大会暨首届武夷山论坛、第四届中国（武夷）生态食品博览会、“万里茶道”环中国自驾游集结赛等活动。

17日，2020“朱子杯”海峡两岸民间斗茶赛暨第十八届武夷山市民间斗茶赛在茶旅小镇会展中心广场落下帷幕。福建省政协原副主席、海峡两岸茶业交流协会会长陈绍军，南平市领导林旭阳、何明星，武夷山市领导江建华、杨永华、涂桦忠、彭秀莲、金文莲、范青等参加闭幕式。

17日，“2020心动武夷”武夷山文旅茶品牌盛典在茶旅小镇会展中心举行。活动现场举行2020年“醉美武夷·心动美宿”武夷山美宿评选活动颁奖仪式，其中最具影响力美宿1家、十佳心动美宿6家、暖心美宿5家、茶香美宿3家、网红美宿2家、匠心美宿2家、野趣美宿2家、优秀奖9家；授予新冠肺炎疫情防控期间做出贡献的爱心美宿3家。是日，还举行城市旅游推广形象大使授牌仪式、“漫游武夷·山径古道”集游打卡活动推介活动、“大红袍八段锦体验之旅”首批推荐企业授牌仪式、“遇见武夷 展现非遗·非遗文化体验馆”授牌仪式以及2021年“传承者·武夷岩茶（大红袍）传统技艺制茶大会”报名端口启动仪式。

17日，由武夷山市茶业同业公会主办的“武夷山水——武夷茶品牌营销活动”收槌。经过多轮激烈竞价，拍品全部成交，最终以单盒最高成交价格7700元，成交总金额71.04万元。

19日，“海丝国际杯”2020年首届茶王赛完成专家评审，茶王赛茶样分别来自福建、云南、湖北等10多个省份，以及斯里兰卡、伊朗、阿根廷等10多个国家，共收到1550个茶样，评出5个“王中王”、9个“茶王”、153个“金奖”、452个“优胜奖”，并对省级和国家级传承人参赛者颁发“最佳匠心奖”“文化传承奖”。

11月20日至12月5日，“风华正茂”——中央美术学院造型学院院藏（1951—2017）百幅素描作品展在武夷学院展出。

21—22日，第六届大武夷超级山径赛在世界文化与自然遗产地武夷山举行。此次赛事设有105千米、60千米、35千米、16千米四个组，分别以“岩骨花香、碧水丹山、天心寻漫、双遗探秘”来命名。来自29个省市的近3000名越野跑爱好者，用脚步丈量武夷山水，感受武夷岩韵，感悟中国传统文化之美。

21日，“全域旅游 融合发展”2020武夷山旅游产业高质量发展论坛在武夷山举行。市委常委、副市长吴伟，市人大常委会副主任王德兴，副市长刘铠维、陈爱宾出席论坛。论坛由武夷山市旅游产业高质量发展行动指挥部主办，武夷山市文化体育和旅游局承办。

22日，“印象建州”旅游商业综合体开街仪式在武夷山茶博园举行。市领导彭秀莲，陈爱宾参加开街仪式。“印象建州”位于印象大红袍体验中心、武夷茶博园一层，建设用地20000平方米，是一座集旅游接待、娱乐休闲、餐饮购物、会展、演艺等为一体的集成式旅游商业综合体，街区围绕一条长513米的人工“小九曲”，建设成经典美食区、文化展示区、观光休闲区、特色售卖区“四大区块”，一张全国最大的茶桌，可以供近百名游客品茗。

22日，大红袍艺术馆开馆、中国画院——武夷山创作基地揭牌暨“馨远千年”名家书画作品展开幕，省书画文艺界领导、嘉宾和媒体约80人参加仪式。中国画院理事长孙安民为大红袍艺术馆题写匾额，中国画院副院长兼秘书长兆学军致辞。大红袍艺术馆建筑面积约1900平方米，设有展厅、创作室、非遗大师工作室、创意茶空间等功能区域。

25日，武夷山市人民调解员协会成立大会暨第一次会员培训会在市行政服务中心会议室召开，会议表决并选举产生人民调解员协会理事会和监事会。

26日上午，第四季度全省重大项目视频连线集中开工活动和11月南平市重大项目视频连线集中开竣工活动举行。全市集中开竣工一批重大项目，总投资90.37亿元。其中，总投资56.8亿元的武夷山市新型城镇化景城融合发展项目代表南平市参加第四季度全省重大项目视频连线集中开工活动。

26日，武夷山市检察院武夷山生态保护法治教育基地被省司法厅授予“省级法治文化建设示范基地”称号。

28日，首届洋庄红色文化节暨生态产品和吴三地老枞品鉴会举行。

28日，第五届中国社区治理论坛暨全国城乡社区疫情防控优秀案例经验交流会在成都市举行。武夷山市社区疫情防控“三化三防”经验《“小人物”汇聚“大能量”》案例，获评全国城乡社区疫情防控优秀案例。全国城乡社区疫情防控优秀案例征集评选活动由民政部基层政权司指导，中国社会治理研究会主办，活动于2020年5月启动，从来自全国25个省、自治区直辖市、的各级党政机关、社区两委、社会组织和企事业单位参选案例中评选出100个全国优秀案例。

29日，新阶段茶产业高质量发展高峰论坛暨“心相传·情常在”2020武夷星与品品香战略合作发布会在福州举行。活动以“新阶段探索茶产业发展新思路新格局”为主旨，以武夷星与品品香2家农业产业化国家重点龙头企业的合作为例，做出茶产业发展提振的新尝试。现场武夷星与品品香签署了合作协议。

28—29日，武夷山市在福州三坊七巷举办武夷山茶旅文化品牌福州宣介、“海丝茶韵”文艺演出、茶艺品鉴会等活动。

30日，以“海丝茶道 万里飘香”为主题的2020年首届海丝国际茶文化论坛在福州开幕，多位茶界专家学者、外国驻华使节、在闽外国友人、华侨华人和海外茶商代表等齐聚榕城，共享国际茶文化盛宴。武夷山在论坛上斩获11个奖项。

30日，武夷山国家公园管理局和中国工商银行股份有限公司南平分行进行战略合作签约。

是月，星村镇启动“茶生态银行”试点建设，全方位推动生态茶园、智慧农业高质量发展。

## 12月

1日，由福建省关注森林活动组委会、福建省林业局、福建省政协人口资源环境委员会联合主办，武夷山国家公园管理局、江西武夷山国家级自然保护区管理局联合承办，中国工商银行股份有限公司南平分行协办的2020年武夷山国家公园生态监测主题科考活动“关注森林·探秘武夷”正式启动。“关注森林·探秘武夷”主题科考活动从2018年起已连续开展3年，2020年为闽赣两省首次联合举办。

15日，纪念毛泽东《如梦令·元旦》发表90周年·崇安苏区建立90周年暨武夷山市岚谷乡第三届白鹅节以及崇安苏区建立、闽北红军教导团成立、闽北与赣东北苏区合并90周年活动在岚谷乡开幕，此次活动以“今日向何方 直指武夷山下”——红色文化里的文明实践活动为主题，举办开幕式、书法展、红色采风以及熏鹅制作技艺大赛、锦鲤增殖放流、鹅王鹅后评选、农产品展示、美食小吃展示、乡贤企业产品展示、汉服秀、摄影大赛、趣味运动会等系列活动。

5日，第五届海峡两岸青少年街舞大赛南平赛区比赛在武夷山水秀剧场举行。

14—15日，由南平市文化和旅游局与武夷山市人民政府共同主办的“冬日来武夷 暖暖乐生活”文旅推介活动走进古都西安，通过多种形式全面宣传推介南平以及武夷山市茶旅及历史文化。

15日，武夷山市共青团学校、少先队学校揭牌成立，并举办首期全市少先队辅导员培训班。

20日，武夷山生物研究所调查员在武夷山市“朱子故里”五夫镇发现一羽稀有的黑头鹀雄鸟。

20日，2020中国区域农业品牌发展论坛暨中国区域农业品牌年度盛典峰会在北京举行，武夷岩茶在2020中国区域农业品牌影响力指数榜茶叶产业中排名第一，正山小种也名列前茅。

21日，“世界文化和自然遗产——武夷山”纪念币发行承销仪式在中国国家博物馆举行。武夷山纪念币是中国人民银行首次采用市场化发行方式发行的普通纪念币，兼具首发藏品与异形纪念币收藏属性。此次发行武夷山纪念币装帧版共包含单枚、双枚、10枚、20枚4种规格。

22日，武夷山中华职业教育社第五次代表大会召开，选举产生职教社第五届社务委员会。

24日，武夷山市人民政府将“闽赣古驿道——焦岭关遗址”“黄连坑纸厂遗迹”“红园石拱桥”“民国‘中央茶场’旧址”公布为武夷山市第十一批文物保护单位。

24日，国家林草局局长关志鸥一行到武夷山国家公园调研体制试点建设和资源保护等工作。国家林草局资源司司长徐济德、规财司司长闫振、福州专员办专员王剑波等参加调研，省林业局局长陈照瑜，省林业局副局长、武夷山国家公园管理局局长林雅秋，南平市委书记袁毅、南平市政府市长袁超洪、武夷山市委书记江建华、武夷山市政府市长谢启龙等陪同调研。

26日，为纪念毛泽东同志诞

辰127周年，以“红色传承新作为、武夷奋进新时代”为主题的“毛泽东思想永放光芒——毛泽东像章文化展”在度假区瀚承瓷玉博物馆开展。此次共展出3481枚各类材质、各种样式的毛主席大枚像章、对章、套章等，最大的直径有近10厘米，最小的只有指甲般大小。

26日，《朱子文化年鉴（2020）》首发暨五夫同文书院揭牌仪式在五夫成功举行。

27日，由武夷山市人民政府、南平市文化和旅游局联合主办的“相约武夷‘圳’在出发”——大武夷文旅粤港澳大湾区推介活动走进深圳，邀约粤港澳大湾区朋友“品读双世遗、漫游武夷山”。

27日，武夷山实验小学茶场分校项目主体工程封顶，进入内部装修阶段。项目总投资14390万元，总用地面积51.788亩，建设教学楼、综合楼、体育馆、300米环形田径场和篮球场等附属设施。

是月，由省教育厅、省人力资源和社会保障厅等单位联合主办，武夷学院承办的第七届海峡两岸大学生职业技能大赛中华茶艺技能（茶艺师）竞赛（本科组）在武夷山市举办。

# 自然地理环境与风景名胜

## 气象

【概况】 2020年，武夷山市气象局认真落实全面从严治党主体责任，扎实做好各项气象工作。创新工作方式，以“两台”（武夷山国家气候观象台与武夷山国家公园气象台）建设为契机，进一步加强气象业务与党建的深度融合。以准确、及时、高效的服务，为防汛工作争取提前量，充分发挥气象防灾减灾“第一道防线”作用，降低和减轻气象灾害造成的损失。

【气象业务】

1. 完善武夷山市气象观测网。全市共有各类站点79个。2020年完成1个站点的改造升级（4个要素升级6个要素）、13个站点迁站，新增2个特色农业站点（植被监测），新增12套水位监测设备对崇阳溪、梅溪、西溪等主要溪流水情监测点进行补充，同时开发手机App预警系统，为武夷山全域水上旅游项目提供智能预警服务。气象局联合茶业局建立的“智慧茶山”直通服务平台项目纳入武夷山市政府茶产业“114”（1张图、1个系统、4个应用平台）工程，南平市政府将“智慧茶山”项目向第二届数字中国建设峰会推荐。武夷山市委宣传部把“茶农直通车”气象服务工作作为茶产业的工作亮点，在《闽北日报》上作专题报道。完成2020年春茶茶叶气候品质认证评估并对相关企业进行授牌。

2. 科学预测预报。7月8—10日，武夷山市遭遇连续性强降水袭击。9日，大安村出现百年不遇的短时强降水，武夷山市气象局提前反应、及时服务，避免了人员伤亡。此次过程的气象服务材料入选省灾防气象服务案例，为今后开展局地性突发山洪致灾的气象服务提供借鉴。

3. 征集气象景观摄影作品。联合武夷山市国家公园管理局、武夷山市文化体育和旅游局、武夷山风景名胜区旅游管理服务中心举办“气象杯”气象景观摄影作品征稿比赛，征集到各类气象景观作品58幅。

【交流学习】

1. 举办专业论坛。10月29—30日，以“科技揭秘武夷神韵，生态守护武夷山水”为主题的首届武夷论坛暨全国国家气候观象台研究型业务交流会在武夷山市召开。中国气象局国家气候观象台科学指导委员会副主任许小峰、福建省气象局局长潘敖大、中国气象学会秘书长王金星、武夷山市副市长范震昆出席会议并致辞。中国气象局观测司副司长郭树军、加拿大皇家科学院院士陈镜明等专家学者通过远程视频系统参会并做交流。围绕气候系统研究、武夷山区地气交换、地基遥感精细化观测系统等主题作报告，广东、云南和安徽等国家气候观象台所在的18个省份报告观象台研究型业务情况。

2. 接待考察团队。4月29日，多伦多大学地理系终身教授，加拿大皇家科学院院士、高级首席科学家，福建省师范大学特聘教授陈镜明科研团队和福建省气象科学研究所一行5人到武夷山“两台”实地察看观象台臭氧观测设备，了解观象台近期布局和发展规划，并到武夷山国家公园桐木科研基地开展进一步考察，对武夷山国家公园科研平台、仪器设备等进行详细的了解，对观象台为其拟定的先峰岭等观测点表示满意。

3. 参与专业研讨。6月1—3日，福建省气象局在武夷山市召开2020年武夷山国家气候观象台（武夷山国家公园气象台）首次科技指导委员会会议。会议重点对“武夷山两台”的科学研究目标、发展规划、工作重点、管理机制等进行研讨。会上中国气象局国家气候观象台科学指导委员会副主任许小峰，福建省气象局局长潘敖大及各位专家对两台今后的工作开展进行指导，来自中国气象局气象探测中心的李柏委员作《水与能量循环——武夷山观象台综合观测网设计思考》专题报告。

4. 接受指导检查。8月28日，中国气象局综合观测司杨晓武调研员来到武夷山指导武夷山“两台”建设并就武夷山国家基本气象站拟迁新址进行现场核勘。福建省气象局副局长邓志、南平市气象局局长李全荣及观测处、市局相关人员参加现场核勘。10月21—22日，福建省人大常委会执法检查组到武夷山“两台”开展气象“一法一例”执法检查，对检查结果表示了肯定。

（万瀚仁）

## 水文

【概述】 武夷山市水文局属福建省水文水资源勘测局与武夷山市人民政府双重管理的参公事业单位，下设雨、水情监测中心，有4个水文站、3个水位站、38个雨情自动接收站，有在编人员5人，外聘1人。主要职责为武夷山市境内水文水资源勘测、水文预报、水文分析计算、水环境监测、水资源调查评价、服务河长制及水利工程测量等。

2020年武夷山市雨水情总体情况：降水量略多，属正常年份，降雨时空分布不均；洪水场次正常、但洪水量级大，径流量丰，属丰水年份。全年城关水位共出现4站次超警戒洪水，年最高水位203.92米（7月9日），超警戒水位（202米）1.92米。全市境内主干流和各中、小流域均发生大洪水，西溪流域发生特大洪水。

【水资源评价】

1. 降水量。2020年全市平均降水量为2264.0毫米，比多年平均量多7.6%。降水量时空分布不均，全市各雨量站年降水量在1650.0毫米（岚谷站）至2694.0毫米（三港站）之间。

2. 地表水资源量。2020年全市地表水资源量为33.73亿立方米，比多年平均量少4.15%。

【水情】 武夷山市城关年最高水位203.92米（7月9日），超警戒水位（202米）1.92米，年最大洪峰流量2400米³/秒，年最低水位202.73米（11月19日）；年最小流量为0.8米³/秒。崇阳溪主干流和各中、小河流均发生大洪水，西溪流域发生特大洪水。在发生洪水期间，市水文局组织技术力量，对境内部分溪流的水位、流速、流量等相关参数进行测量与收集，为武夷山市的水利工程建设提供水文依据。

武夷山市2020年各溪流水位情况表

表1　　单位：米

| 名 称 | 最高水位 | 最低水位 | 水位变幅 | 备 注 |
|---|---|---|---|---|
| 城关水文站 | 203.92 | 200.11 | 3.81 | 警戒水位202米 |
| 印象大红袍水位点 | 183.50 | 176.50 | 7.0 | — |
| 兰汤桥水位点 | 184.30 | 179.70 | 4.60 | — |
| 上埔大桥水位点 | 182.88 | 174.75 | 8.13 | — |
| 九曲溪（曹墩水位站） | 229.35 | 225.50 | 3.85 | — |
| 西溪（四渡桥） | 240.42 | 235.22 | 5.20 | — |
| 黄柏溪　（赤石码头） | 189.70 | 183.64 | 6.06 | — |
| 潭溪（五夫水位站） | 210.84 | 209.32 | 1.52 | — |
| 澄浒溪（澄浒站） | 177.97 | 175.04 | 2.90 | — |
| 黄柏溪（浆溪水位站） | 266.93 | 262.60 | 4.33 | — |

（施金平）

## 国家大气背景监测

**【概况】** 福建省国家大气环境背景值武夷山监测站（简称武夷山背景站）机构人员情况与上年基本一致。2020年，在省生态环境厅的领导下，在中国环境监测总站的指导下，坚持控风险、守底线，推进各项工作落地见效。

**【大气背景值监测】** 与上年相比，背景空气质量提升明显，除二氧化碳、甲烷、氧化亚氮基本持平外，其余指标均有较大幅度下降。各监测项目年均浓度（参比状态）如下：二氧化硫0.7微克/立方米（同比下降30%）、二氧化氮3.3微克/立方米（同比下降2.9%）、一氧化碳（24小时平均浓度第95百分位数）0.553毫克/立方米（同比下降15.3%）、臭氧（日最大8小时平均浓度第90百分位数）119.9微克/立方米（同比下降9.1%）、可吸入颗粒物（$PM_{10}$）14.4微克/立方米（同比下降8.3%）、细颗粒物（$PM_{2.5}$）10.1微克/立方米（同比下降11.4%）、黑炭（880纳米）0.371微克/立方米（同比下降10.8%）、二氧化碳416/$10^6$（同比持平）、甲烷2/$10^6$（同比下降0.4%）、氧化亚氮334.7/$10^9$（同比上升0.4%）。

**【注重环保队伍建设】** 突出政治引领，在落实意识形态工作责任制的基础上，结合监测站实际，制定《福建省国家大气环境背景值武夷山监测站建设生态环境保护铁军先锋队实施方案》。通过落实方案，打造政治强、作风硬、本领高、敢担当，特别能吃苦、特别能战斗、特别能奉献的生态环境保护铁军先锋队。

**【部署防控疫情工作】** 一是突出组织引领，认真贯彻落实习近平总书记对新冠肺炎疫情防控工作重要讲话精神和省厅的决策部署，成立疫情防控领导小组，制定并实施《站疫情防控工作方案》。二是加强责任落实，成立监测站疫情防控志愿服务队，认真做好健康监测、应急值班、办公场所消毒、防护设备配置、食堂就餐管理、物资发放领用等工作，认真落实疫情防控“日报告”制度。三是重视宣传教育，通过开展“众志成城战疫情，环境保护绿我先行”的系列活动，及时总结宣传在疫情防控工作中的先进典型和感人事迹。

**【完善各项规章制度】** 修订完善《办公用茶管理规定》《非编人员管理办法》《考勤及请销假管理制度》，在全站范围内实行AB角制度，设立主、辅岗职责，为工作落实安装“双保险”。

**【严格履行监测职责】** 一是完成“背景+区域”监测工作。克服站点偏僻、路途遥远，甚至缺水等困难，特别是在受疫情影响交通管制期间，在做好自身防护的前提下，通过报备车辆、开具工作证明、出具承诺函、提前申请通行等多种方式到达站点，完成背景、区域各监测站点规定的监测任务。摩天岭监测站大气降水监测项目做到逢雨必测，每月按时完成阴、阳离子分析实验。二是完善大气质控实验室建设，提升监测能力。在原有仪器重新安装调试、使用的基础上增添新的仪器设备，进一步提高监测站环境监测和质控水平。对管理制度、仪器操作规程进行重新整理、编制并制作安装上墙，做到职责分明、责任到人，按规范开展监测实验。开展颗粒物采样比对工作，提升颗粒物监测质控能力。三是加强质控管理，确保监测质量。首先，做好背景、区域站点监测数据和《质控手册》审核，对发现的问题及时整改和完善；其次，组织实施臭氧溯源与传递，完成向中国环境监测总站臭氧溯源及各背景监测

国家大气背景监测福建武夷山站站房

站、区域站臭氧传递工作。

【打造过硬业务团队】 一是加强业务培训，充实人才储备。首先，通过每周监测站内部的技术交流会、外派技术人员参加省站举办的监测技术业务青年论坛交流等方式加强业务学习。其次，参加国家总站下达的气态污染物能力验证和省站组织的上岗证考核，通过理论考试、盲样考核，检验监测技术人员的专业水平，提升监测能力。二是开展对外技术交流与合作，提升监测技术水平。参与“中国履行斯德哥尔摩公约成效评估POPs监测”，为中国履行斯德哥尔摩公约成效评估提供基础保障。配合中国环境监测总站完成温室气体监测精度提升试点工作。配合国家环境分析测试中心在摩天岭背景站开展消耗臭氧层物质采样工作。

（林少茜）

# 武夷山世界遗产保护

【综况】 武夷山世界遗产保护中心（简称世遗保护中心）是负责武夷山世界遗产地保护工作的组织、协调和监督的市政府派出机构，有事业管理人员1人，设世遗行政执法大队（临时机构），临聘执法协管员30人。

【镇容镇貌整治】

1. 加大星村镇镇容治理力度。2020年，世遗行政执法大队发放“福建省城市市容和环境卫生管理办法”“南平市市容和环境卫生管理办法”等宣传材料560余份，劝导清理流动摊点2000余起、店面外溢2700余起，制止乱泼污水50余起，查处移动灯箱广告牌600余个，清理各类小广告20余处、横幅150余条，清理公共场所堆放物料行为130余起、占道施工作业50余起，查处“滴撒漏”行为20余起、乱倒弃土行为30余起，制止私搭乱建遮阳雨披300余起、私设遮阳伞300余起，清理乱堆乱放130余起、乱挂乱晒200余起，清理早点夜市1500余家，规范人行道摩托车等机动车摆放96起，制止市容类违章搭盖60余起。下发各类法律文书20余份、暂扣各类物品70余件。

2. 持续开展“两违”整治（违法用地、违法建设）。世遗大队共制止各类违法建设行为113起，其中新建26起、改扩建22起、加层3起、彩钢瓦搭建62起，制止“两违”建筑面积12957.91平方米，下发《责令限期拆除决定书》82份，《责令停止违法行为决定书》76份，《责令限期改正决定书》2份。向供电、供水、不动产等联动部门发放各类联动函1份，其中对1户停电。全年出动570余人次，组织或配合各类拆除行动57起，拆除“违建”面积20000余平方米。此外，还积极联合街道社区网格巡查，做好违法建设前期巡查和排查发现工作，实现控违关口前移，变事后拆除为事前监管，减少当事人的损失，节省执法成本。

3. 墟日整治常态化。世遗行政执法大队把星村镇星村村、黎源村的两个传统墟日活动纳入常态化管理。在墟日整治专项行动中，累计出动144天、600余人次规范墟场次序，清理整治墟日占道经营2500余起、规范车辆停放96次、暂扣违规停放车辆96台，有效提高星村镇容镇貌，极大缓解墟日交通拥堵问题。

4. 信访投诉处理。世遗保护中心牢固树立“市民需要就是我们的服务内容，市民满意就是我们的服务标准”及“管理就是服务，执法就是形象”的理念，以习近平新时代中国特色社会主义思想为指导，认真做好每件信访工作。全年累计受理各类信访投诉件25件次、办理并反馈25件次。

【遗产保护利用】

1. 学习培训。世遗保护中心积极参加国家林草局、国家文物局等上级部门组织的培训学习，于2020年11月分别在杭州参加国家文物局召开的“世界文化遗产理念与实践”专业培训，在昆明参加国家林草局组织召开的世界遗产第三轮定期报告填报培训。

2. 编制规划。为加强对武夷山世界文化与自然遗产的保护，2018年12月，武夷山市委托北京清华同衡规划设计研究院有限公司开展《武夷山世界文化与自然遗产保护管理规划》编制，至2020年编制单位初步完成规划，待提请规划评审。世遗保护中心协助市政府于2020年9月组织召开并通过南平市级专家评审会，于2020年10月通过福建省级专家评审会，并根据两次专家评审会的意见形成书面材料上报省林业厅审核。

3. 筹备世遗大会。为迎接第44届世界遗产大会在福建福州召开，世遗保护中心积极参与市政府有关世遗大会筹备工作，协助市政府完成世遗大会武夷山分会场设置、选取武夷山参观路线、编制世遗游览导游词等各项准备工作。

（李元勋）

# 武夷山风景名胜区

【概况】 2020年，受到新冠肺炎疫情和洪涝灾害的影响，武夷山风景名胜区旅游管理服务中心（简称景区服务中心）主景区全年累计接待游客206.91万人次，较上年度减少40.48%；旅游收入14840.68万元，较上年度减少51.16%；印象股份公司接待人数35.31万人，同比下降48.61%；经营收入5084.29万元，同比下降47.54%；青龙景区接待人数4.82万人，同比下降44.15%；经营收入211.22万元，同比下降32.13%。

【疫情防控与复工复产】

1. *以高压态势打好景区防疫战*。1月22日，景区服务中心要求下属各单位立即组建疫情防控工作小组，制定并上报防控应急预案，建立自上而下防控工作责任网格体系。督促股份公司积极对接疾控中心等部门，紧急调拨、储备热感仪、口罩等防护及“消杀”物资，设置发热隔离观察区，对往来人员做到筛查、登记全覆盖。按照上级部署，于2020年1月25日（正月初一）下午对主景区紧急闭园，从人员防控、卫生“消杀”、应急值守等全方面做好准备，严防疫情扩散和传播。闭园期间景区各票口、卡口共劝离游客1863人、社会车辆3821辆。

2. *在防控疫情的基础上复工复产*。坚持“防控优先、限量接待、安全有序”的基本原则，2020年4月8日，景区恢复适度开放，日接待量为区内游客总承载量的30%。7月22日，景区恢复全面开放，日接待量调整到区内游客总承载量的50%。从卫生防疫、游客组织管理、测温入园等方面着手，做好区内防疫消杀和各项物质准备。采取严格的限流和管理措施，实行门票网上实名制预约制度，做好流量管控，实现门票分时、分段预约，错峰入园，控制瞬时流量，确保疫情防控落到实处。11月，景区服务中心被省委、省政府授予“抗击新冠肺炎疫情先进集体”称号。

【基础建设与景点改造】

1. *修复完善基础设施*。利用从中央、省上争取到的资金，完成武夷宫供水工程、武夷宫排水管网改造、云窝片区环境整治工程、兰汤至武夷宫卡口人行道及景观绿化提升工程、九曲溪河道维护、星村码头抛坝水毁修复及环境整治工程、景区北入口停车场改造提升等生态保护补偿项目，进一步优化景区生态环境。完成星村防汛码头玻璃钢竹筏吊装卸排生产、防汛设备的安装、商务码头防汛设施增设工程，保证了汛期人身及财产安全。实施北入口至武夷宫段道路维护，对原有沥青路面进行改造，提高道路安全性、观光车运力和游客游览舒适度，降低车辆损耗。

2. *建设网红打卡点*。在玉女峰河岸区营造爱情主题，引用现代科技并年轻人喜欢的方式，打造网红楼梯、时空隧道、月亮湾、鸟巢、同心锁廊等特色小品，丰富旅游产品。玉女峰同心锁墙被福布斯世界纪录认证机构认证为“世界上最长的同心锁墙壁”。

3. *文化景观改造*。根据市委、市政府出台的《武夷山市旅游产业高质量发展行动方案》《促进夜间经济发展行动方案》文件精神，制定《关于加快提升武夷宫宋街文化景观建设及促进夜经济发展工作方案》，对宋街实施屋顶修缮和立面改造，对仙足池、万春园进行提升改造，为发展文旅业经济、提升武夷宫旅游业态质量、打造武夷宫新业态“商业圈”创建基础条件。快速推进遇林亭窑址展馆提升，完成天游半山亭改造、武夷精舍修缮及布展提升工程，提升景区文化内涵。

【资源与环境保护】

1. *推进九曲溪生态监测项目建设，实现对九曲溪两岸全天候监测*。用科技手段对国家公园区内入园情况实行智慧管控，提升九曲溪生态监测及环境保护，项目计划投资2500万元。为了保障项目的顺利实施，景区服务中心专门成立项目建设工作领导小组，负责推进项目实施。

2. *保护好景区生态环境*。协助做好景区茶山及“两违”建筑整治工作，继续加强对上游大峡谷生态公园的生态管护，完善“四新”、程墩2个管理所及2个社区建设。探索完善提升防范毁林种茶的长效机制，在原有网格化管理的基础上，完成行政执法大队地理信息系统的升级，并与景区智能化中心资源整合，在各进山主要路口安装远红外监控设备，协调共享国家公园管理局无人机技术采集的数据资料，增强景区资源保护力度。

【扩大宣传促销】

1. *推出系列优惠办法*。实施开园前预售“一元门票”限时抢购，预售期5天内，出售景区门票50.891万张。推出致敬“最美逆行者”，对全国医护工作者实行景区门票及观光车免票政策。推出"家庭亲子游"、"清新闽东北 健康武夷+"、"全福游"航旅卡、"金秋送爽 畅游武夷"等优惠活动，刺激市场"回暖"。

2. 开发旅游新产品。推出九曲溪商务竹筏游，以满足高端游客群体的定制需求，缓解了竹筏供需矛盾，增加企业经济效益。推出康养产品——武夷山国家公园"职工康养卡"，售价298元/年，供企事业单位、社会团体以及其他组织集体采购。推出茶旅漫游产品——"寻茶漫游卡"，售价100元/人，仅限游览大红袍—水帘洞景区（岩骨花香漫游道）。推出研学产品，含景区门票和观光车票，周卡139元，供研学团队集体采购。推出竹筏+观光车产品，售价200元/人。

3. 线上线下同发力。利用自有媒体资源、宣传渠道，积极与第三方平台、媒体合作，共建宣传矩阵，在全网发布武夷山景区2020年度宣传片，展现武夷新形象，推送至各地旅行商，供推介宣传使用。迎合市场传播需求，配合中央电视台App直播栏目《云踏青》、央视新闻《云游中国》栏目、央视1套和13套联机播放《美丽中国》、央视《新闻频道》、央视《传奇中国节》特别节目直播武夷美景，央视新闻推出大型主题报道《坐着高铁看中国》，全景式展示武夷之美。

4. 策划与景区特点相融合的节庆、主题活动。开展"春回大地 出发武夷"开园主题活动，为景区开园营造浓厚氛围。开展端午九曲溪"洗河"活动，展示祭河神、祈福纳祥等传统仪式，央视新闻客户端、省电视台等各级媒体对活动进行报道，新华社文章《福建武夷山：端午"洗河"》累计阅读量达到106万人次。举办以"浪漫武夷山 缘聚玉女峰"为主题的七夕情人节活动，提升武夷山形象。利用中秋节在宋街举办"宋风当潮·武夷月夕"祭祀活动。利用电子竞技深受当下广大年轻朋友喜欢的特点，开展"文旅+电竞"活动，将电竞赛事与武夷山自身结合，感受传统元素与电竞文旅的碰撞与融合，创新打造武夷山文化旅游新名片。

5. 探索文旅融合，巩固提升"旅游+体育"成果。成功举办第六届大武夷超级山径赛，赛事融合传统京剧、时尚灯光秀、音乐元素，掀起一轮"国潮风"，赛道串联双世遗核心景区、禅茶文化、隐逸文化和慢生活，吸引2700余名跑者参加，助推大武夷文体旅游产业升级。

（邱志翔）

## 武夷山国家公园

【概况】 2020年，武夷山国家公园体制的试点工作，按照《建立国家公园体制总体方案》《建立以国家公园为主体的自然保护地体系的指导意见》《武夷山国家公园体制试点实施方案》，以及省委、省政府部署要求，坚持改革思维、贯彻创新理念，以高标准通过国家验收为目标，以第三方评估反馈问题整改为抓手，围绕把武夷山国家公园打造成为生态文明体制创新的典范、世界文化与自然遗产保护的典范、自然生态系统保护与社区发展互促共赢的典范，深入开展"迎检攻坚"行动，完成了各项试点任务，为在南方集体林区建立国家公园探索出一套可复制、可推广的经验。

【强化落实，顺利完成评估验收】

1. 体制试点任务落实到位。组织制定《验收迎检工作方案》，主动对接省林业局指导组，明确时间表、路线图，深入开展"迎检攻坚"行动。积极配合出台《武夷山国家公园特许经营管理暂行办法》，成立全面总结工作专班，提炼形成"五新经验"总结，全面完成《试点实施方案》确定的各项改革任务，其中重点改革任务12项。

2. 评估反馈问题整改到位。认真对照《武夷山国家公园体制试点评估意见整改方案》，扎实开展6

2020年3月25日，武夷山国家公园体制试点工作协调推进会召开

（武夷山国家公园管理局 提供）

个问题3条建议整改工作，全面落实整改方案明确的36条整改措施。

3. 现场评估验收配合到位。全力配合开展第三方评估验收现场核查工作，专家组通过18个考察点现场考查、40项评价指标内业核查，一致认为武夷山国家公园圆满完成各项体制试点任务，改革效果明显，为进一步建立国家公园体制，提供了模式和范本。

2020年4月17日，闽赣两省联合保护委员会会议召开

（武夷山国家公园管理局 提供）

## 【强化保护，有效保障生态安全】

1. 强化林地经营管控。通过森林生态效益补偿、天然林及人工商品林停伐管护补助等方式加强集体林经营管控，签订生态公益林、天然林和商品林管护协议面积86.74万亩，占集体土地总面积86.94%。完成勘界定标，埋设界桩（区桩）100面、界碑45面、标识牌100面。探索开展资源保护社会购买服务试点工作，委托福州雪品环境科技有限公司开展九曲溪上游过渡地带261.49平方千米和九曲溪流域36千米河段的生态资源管护。

2. 森林防灭火。修订《武夷山国家公园森林火灾应急预案（修订）》，并由南平市政府办公室转发实施，下达《2020年森林防火目标管理责任书的通知》，组织开展森林防火宣传活动，全面开展森林火灾隐患大排查大整治和执法专项行动，清理境内主要公路沿线75千米的毛竹枝丫等可燃物1200余车，及时处置森林火灾隐患24次，清理防火路213.3千米，确保国家公园范围内未发生森林火灾。

3. 有害生物防控。联合印发《武夷山国家公园茶树病虫害防治规定（暂行）》，制定《武夷山国家公园松材线虫病枯死松木采伐许可证办理流程》，组织实施松材线虫病防控三年绩效承包项目和2020—2022年林业有害生物监测服务项目，完成重点区位、公路沿线松枯死木清理1905株，布设松墨天牛监测点32个、松毛虫监测样地35个，联合开展马尾松毛虫越冬代飞机防治15架次，防治面积2.13万亩。开展松材线虫病疫木联合检疫执法专项行动，发现并制止携带松木制品进入区内行为5起，采取禁止入园或当场销毁等方式予以及时处置。

4. 打击违法活动。制定《网格化管理办法》《管护员管理办法》《九曲溪巡护考核管理办法》等管理制度和考评办法，层层落实网格化监管责任，全面巡护并形成轨迹5344条，总里程2.05万千米。持续加强违规开垦茶山、“两违”整治和“专打”攻势，联合整治违垦茶山759.6亩，联合拆除“两违”建筑8878.82平方米，其中

2020年4月18日，开展茶山整治复绿行动（武夷山国家公园管理局 提供）

违建别墅4处、7528.82平方米。共立涉林刑事案件9起（撤案1起，转治安案件处理），在侦4起，侦破4起，采取刑事强制措施4人，移送起诉4起4人；受理治安案件1起，治安拘留1人；办理行政案件31起，至年底办结27起，罚款9.81万元。

**【健全体系，不断完善治理能力】**

1.健全协调联动体系。调整完善体制试点工作联席会议制度，建立健全管理站（执法大队）与所在乡（镇）、街道联保联动工作机制。召开推进协调、落实的联保联动会议20次，研究落实事项20余项。召开跨省联动工作会议2次，联合开展长线巡护、夜间蹲守47次，制止"驴友"非法入区52批、299人。研究通过《跨省创建武夷山国家公园实施方案》，有力推动试点任务落实，共同推进生态环境的保护管理。

2.强化行政执法体系。主动做好《武夷山国家公园资源环境管理相对集中行政处罚权工作方案》编制工作，经省政府批准，由省林业局会同南平市政府印发实施；积极配合省委编办与省林业局联合印发公布《武夷山国家公园管理局权责清单》，依法明确武夷山国家公园权责事项123项。开展第二批行政执法资格培训、考试工作，通过执法资格考试52人。执法支队与森林公安分局联合下发《武夷山国家公园执法联动和协作机制》，森林公安分局与辖区所在地森林公安机关签订《区域警务合作协议》，建立健全区域联动、案件联办、线索互通、信息共享和人才交流五大工作机制，有效提升执法合力和办案效率。

3.完善制度保障体系。制定《武夷山国家公园自然资源保护和利用规定（试行）》《武夷山国家公园保护资源环境政策性奖励暂行规定》《武夷山国家公园破坏资源环境"黑名单"管理办法》《武夷山国家公园陆生野生动物造成公民损失补偿方案（试行）》，联合出台《武夷山国家公园文化遗产资源保护与利用暂行规定》《武夷山国家公园旅游管理制度》等制度和规定，为规范日常管理运行提供制度支撑。

**【科研合作，有力提升监测水平】**

1.联合建设科研平台。持续推进生态监测设施、森林生态监测平台、管护及监测工程项目建设，累计建成科技实验楼1栋，森林生态定位站1个，水文、气象、土壤监测站（点）38个，碳通量塔4座，动物监测样线14条，植被监测样地24个，马尾松毛虫监测样地35个。武夷山国家公园定位站被国家林草局授予"2019年优秀生态定位站"称号，并列入第二批国家林业和草原长期科研基地。

2.联合开展课题研究。完善国家公园智库，联合7所科研院校新增国家公园科研储备项目29项，有序推进在研课题5个，启动2020年省林业科技项目课题3个，申报2021年省林业科技项目课题5个项目。联合制定武夷山国家公园标准体系、国家公园管理、生态监测、生态保护修复、工程建设、社区发展、游憩设施建设管理、生物多样性监测、访客管理、自然资源调查、野生动物资源红外相机监测、重点保护野生植物监测、巡护管理共13个规范标准，其中野生植物监测、野生动物红外相机监测两项列入省地方标准。

3.联合开展环境监测。联合南京林业大学、南京环境科学研究所等监测机构开展生物资源本底等专题监测项目5项，联合开展"关注森林·探秘武夷""两栖爬行动物调查"及"小型哺乳动物调查"等主题生态科考活动。联合有关科研机构开展文化遗产、水质及水体微生物、土壤及土壤微生物监测。新增红外相机69台，布设多条红外相机动物监测样线。各项监测结果

2020年9月3日，由国家林草局组织的国家公园体制试点第三方评估验收专家组葛剑平教授（前排左一）一行到黄岗山区域了解生物多样性保护情况（黄海 摄）

显示，园区生态环境质量稳中向好，地表水、大气各项指标均达到国家一级标准，负氧离子浓度常年处于“非常清新”水平，$PM_{10}$、$PM_{2.5}$含量常年处于一级优水平。

**【舆论引导，推动形成社会共识】**

1. 加大宣传力度。设立各类宣传标识标牌1000余面、电子警察20个。发布微信公众号图文消息139篇，阅读量11.31万次。发布网站信息339条，累计浏览次数43.37万次。组织领导干部每月到挂点镇、村等单位走访宣传，通过“掌上武夷”App、武夷山电视台、《武夷山国家公园条例（试行）》单行本、宣传车等方式加强国家公园政策法规宣传。

2. 强化宣传深度。加大与主流媒体宣传合作，通过传统媒体与新媒体相结合，多平台发布电视系列节目、专题节目，以及报纸系列报道、专题报道、杂志文章等100余篇，深层次宣传国家公园体制试点工作进展及成效。

3. 拓宽宣传广度。持续播报国家公园天气预报，开通福州至上海、厦门至北京2条高铁冠名列车，推出酒店专属楼层、机场贵宾室冠名，加强星级酒店合作，投放宣传科普画册5000册、科普终端8台。改造提升武夷山国家公园宣教馆和博物馆，开展沉浸式体验实景导览项目建设，全力推进科普展示馆项目建设，完成科普展示馆项目选址、建设书暨可行性研究报告编制、资金拼盘等前期工作。

**【互促共赢，推进社区协调发展】**

1. 生态补偿实现新突破。配合出台《建立武夷山国家公园生态补偿机制实施办法（试行）》，设定生态公益林保护补偿、天然商品乔木林停伐管护补助、林权所有者补偿等共11项生态补偿内容。与国家公园内集体及个人毛竹所有权者签订地役权管理合同12份，通过补偿对4.39万亩毛竹林实行停伐管控；对国家公园内1617亩人工商品林开展赎买工作。通过停伐管护补助，对9242亩人工商品林，参照生态公益林管理。

2. 生态搬迁获得新进展。制定《武夷山国家公园生态移民安置办法》，联合光泽县人民政府印发《寨里镇大洲村大洲组生态搬迁工作方案》，全力推进14户49人生态移民搬迁，全面完成搬迁协议签订、房屋拆除、土地平整等工作。配合制定南源岭旧村生态搬迁补偿方案，全面启动18户110人生态移民搬迁工作。

3. 产业发展建立新格局。委托武夷学院编制完成《武夷山国家公园社区接待业（旅游餐饮、住宿）承载量评估研究》，联合武夷山市政府印发实施进一步加强武夷山国家公园范围内民宿管理和餐饮管理的文件，配合武夷山市政府按照社区产业正面清单和社区建设管控政府令，加强园内社区建设和产业发展管控。此外，完成武夷山国家公园培训服务中心建设，联合星村镇政府举办社区产业发展专题培训班，开展生态茶园建设和区块链技术培训。套种珍贵树种7089株，新建生态茶园700亩。

4. 环境整治取得新成效。争取2020年度中央预算内投资资金1400万元，实施九曲溪上游生态系统保护项目和黄坑生态环境综合整治项目。全面完成国家公园环境综合整治项目建设，下达垃圾处理补助资金125万元，解决居民聚集地生活污水和垃圾污染问题。

（许浬熙）

2020年6月3日，光泽举行生态移民搬迁启动仪式

（武夷山国家公园管理局 提供）

# 中国共产党武夷山市委员会

## 市委工作综述

2020年，市委坚持以习近平新时代中国特色社会主义思想为指导，认真学习贯彻中共十九大和十九届二中、三中、四中、五中全会精神，紧紧围绕统筹推进“五位一体”（经济建设、政治建设、文化建设、社会建设、生态文明建设）总体布局和协调推进“四个全面”（全面建成小康社会、全面深化改革、全面依法治国、全面从严治党）战略布局，坚持稳中求进工作总基调，坚持新发展理念，统筹推进疫情防控和经济社会发展，团结带领全市广大干部群众拼搏实干、砥砺奋进，全方位推动绿色高质量发展超越，经济社会各项事业持续健康发展，党的建设工作迈上新台阶。

**【聚焦“两个维护”，切实提高政治站位】** 紧扣贯彻落实习近平总书记的重要讲话、批示精神和党中央决策部署，认真落实省委“三四八”工作机制，以实际行动和发展成果增强“四个意识”（政治意识、大局意识、核心意识、看齐意识）、坚定“四个自信”（即中国特色社会主义道路自信、理论自信、制度自信、文化自信），做到“两个维护”（坚决维护习近平总书记党中央的核心、全党的核心地位，坚决维护党中央权威和集中统一领导）。

贯彻习近平总书记关于全方位推动高质量发展超越重要指示批示精神，落实省委十届十次全会、南平市委五届十次全会部署。召开市委十三届十一次全会，出台《中共武夷山市委关于全方位推动绿色高质量发展超越的决定》，聚焦科技创新、产业发展、居民收入等重大任务，制定《全方位推动绿色高质量发展超越行动方案》，出台17条具体措施，形成“1+1+N”措施体系。

贯彻中共十九届五中全会和省委十届十一次全会、南平市委五届十一次全会精神，召开市委十三届十二次全会，研究制定武夷山市“十四五”规划和2035年远景目标的建议，编制“十四五”规划纲要。市委常委带头下基层调研宣讲，带动全市43个党委（党组）开展集中宣讲，实现全市各级党组织和党员干部学习中共十九届五中全会精神全覆盖。搭建网上、网下学习平台，通过“理论＋文艺＋互动”形式，推动中共十九届五中全会精神进机关、进企业、进社区、进农村、进学校、进网络，持续兴起学习宣传贯彻热潮。

**【聚焦疫情防控，统筹推进复工复产】** 面对突如其来的新冠肺炎疫情，市委坚决贯彻落实习近平总书记和党中央的号令，坚持人民至上、生命至上的原则，领导全市全面打赢疫情防控的人民战争、总体战、阻击战。

1. 全力抗击新冠肺炎疫情。严格落实“外防输入、内防反弹”防控策略，创新社区“三化三防”、重点人员“四定”管理机制，实行片区网格化管理，充分发挥党组织战斗堡垒作用、党员先锋模范作用、群众自治作用，抽调1270余名党员干部深入社区一线，组建260余支“党员突击队”“党员先锋队”，4661名党员、干部、志愿者投身防控第一线，每日走街串巷、逐户逐人排查、宣传，筑牢“联防联控、群防群治”严密防线。市里先后派出3批23名医护人员驰援湖北武汉和宜昌，圆满完成救援任务。新冠肺炎疫情发生以来，武夷山市未出现本地聚集性感染和境外输入病例，3月5日实现新冠肺炎患者“清零”且全年无新增，社区疫情防控“三化三防”经验入选全国城乡社区疫情防控100个优秀案例。

2. 助力企业复工复产。研究出台落实“六稳”、“六保”具体措施，稳妥有序推动全面复工复产。建立机关联企机制，处级领导和科局长“双挂点”服务规模以上企业，20名联企干部网格化对接服务，帮助企业纾难解困。针对企业普遍存在的用工问题，出台服务规模以上工业企业用工的6条措施，鼓励外出务工人员在当地就业，新增本地员工651人，发放一次性稳就业奖补113万元、新增就业人员补助41.3万元。出台22条惠企政策，返还567家企业失业保险费160.7万元，767家企业缓缴各类费用958万元，助力企业有效应对疫情、渡过难关。

3. 有序推动复商复市。有效应对新冠肺炎疫情对旅游市场造成的不利影响，加强对文化、餐饮、酒店等旅游服务企业的指导，督促落实常态化疫情防控措施，加快推动旅游业复商复市。出台旅游优惠政策，特别是针对全国医护工作者出台“四免一优”政策，免费开放16家景区和印象大红袍剧场，截至12月30日，共有9000余名医护工作者享受免费政策。策划举办首届“513旅游电商节”，抖音、快手等各大直播平台参与人数达1441.8万人，激发旅游消费活力。

**【聚焦经济建设，推动绿色高质量发展】** 市委坚持贯彻新发展理念，以供给侧结构性改革为主线，把握扩大内需这个战略基点，融入国内国际双循环新发展格局。全市生产总值增长0.1%；固定资产投资增长8.1%；财政总收入13.1亿元，地方财政收入9.35亿元，分别增长0.67%和3.39%，经济发展稳中有进、进中向好。

1. 突出项目抓手。把项目建设作为加快经济发展的总抓手，抓牢抓实项目谋划、建设、管理等环节，增强绿色高质量发展后劲。落实“五个一批”（谋划一批、签约一批、开工一批、投产一批、增资一批）项目，2020年列入省、南平市重点项目46项，总投资240.1亿元，累计完成投资43.5亿元，占年度计划的104.7%；新增“五个一批”项目153项，总投资265.8亿元；每月集中开竣工一批项目，累计开竣工项目11批86个，总投资248.1亿元，其中竣工项目22个，总投资24.8亿元；省政府“五个一批”项目正向激励考评第二季度排名全省第二、第三季度排名全省第五，南平市绿色发展考评前三个季度均位居第一，全年总成绩保持第一位。强化项目谋划，围绕发展不平衡不充分问题，特别是短板弱项，高标准谋划一批基础设施、产业发展、民生事业等领域的大项目好项目，策划上报全省“十四五”规划项目150个，总投资879.3亿元；上报南平市“十四五”规划项目323个，总投资1790亿元。争取到地方政府债券资金10.9亿元。

2. 突出产业发展。围绕旅游业转型升级、茶产业做大做强，实施旅游业、茶产业高质量发展行动。旅游业方面，7月11日召开旅游业高质量发展行动大会，提出到2022年实现旅游业“2522”发展目标（即全市旅游接待人数超2000万人次、旅游综合收入突破500亿元、主景区旅游接待人数超200万人、旅游综合税收收入突破2亿元），实施企业培育、产业融合、全域旅游、基础设施、市场营销“五大提升行动”，打造茶旅、文旅、体旅、康旅、展旅“五旅”融合基地。世茂御榕度假酒店、云清美食城建成投入运营，运动康复中心等项目扎实推进。开通福州—武夷山旅游高铁专列、南京—武夷山—深圳往返航线，加大客源地市场营销力度，中秋、国庆黄金周期间，共接待游客42.1万人次，同比增长2.2%，旅游市场稳步复苏。推进全域旅游，规划建设环国家公园的马拉松标准赛道，打造五夫朱子理学、洋庄红色文化、星村马拉松运动等五大特色小镇和9条乡村振兴示范带，将6条乡村公路提级改造为景区公路，大力发展乡村旅游。茶产业方面，8月13日召开茶产业高质量发展行动大会，提出到2022年实现茶产业“11363”（即全市规模以上茶企达100家、规模以上茶企产值达100亿元、1亿元以上产值规模茶企达30家、5亿元以上产值规模茶企达6家，茶企税收3亿元）发展目标，实施龙头培育、质量提升、标准管控、品牌建设、市场营销、融合发展“六大专项行动”，实现茶产业全产业链发展。推动生态创业园区扩园，规划建设茶产业专业园区。实施茶产业增资扩产项目9个，推动规模以下转规模以上茶企8家。2020年茶博会启用茶旅小镇会展中心，参会的海内外嘉宾和客商达2.2万人，进馆达15万人次，交易总额73.8亿元，办展规模、展会交易额、品牌影响等方面均得到较大提升。香江茶博物馆建成投入运营，茶人小镇、武夷星智能产品中心、正山堂红茶博物馆完成主体建设。研究制订武夷岩茶标准，推进生态茶园改造，严格控肥控药，健全茶叶质量可追溯体系，加大茶叶市场整治力度，提升武夷岩茶品牌的公信力。茶产业在疫情减税减费基础上，年税收增加2199万元，增长30.9%，年纳税100万元以上的茶企增加9家，新引进的八马茶业当年落地当年纳税千万元以上。

3. 突出精准招商。围绕旅游、茶业、食品加工、会展赛事等重点产业，积极推进“一把手”招商、产业链招商、以商招商、回归招商，引进落地一批扩链延链补链项目。全年新引进总投资超5000万元产业合同项目65个，总投资64.4亿元，开工转化率100%；签约项目5个，总投资55.5亿元；至年底在洽谈的项目12个。做好签约项目的跟踪落实，深业生命健康中心、八马茶文化研学体验园项目当年签约落地、开工建设；推动五峰九院文旅综合体、武夷山顺缘康养文化园项目开工建设。

**【聚焦城市建设，加快补齐民生短板】** 市委践行以人民为中心的发展思想，尽力而为、量力而行，加快补齐民生社会事业发展短板，着力解决群众“急难愁盼”问题。坚决打好防范化解重大风险攻坚战，妥善化解地方政府债务风险，政府债务率低于警戒线，完善地方金融监管体系，有效防控涉众型金融类、互联网金融类等领域风险，不良贷款率降低至1.31%。

1. 实施城市攻坚。针对城市欠账短板，对标国际旅游度假城市要求，系统梳理、充分调研、摸清现状，有效组织打好城市建设攻坚战，于3月8日召开城市建设攻坚战动员大会，全面部署实施规划提升、基础设施、公共配套、景城融合、安居保障、管理升级“六大工程”，推动新城区、老城区、景区、度假区、仙店园区“五区联动、一体发展”，完善城市功能，畅通城市路网，改善环境面貌，提升城市品质。推出城市建设第一批项目52个，总投资56.8亿元，开工48个，竣工27个，完成投资12.5亿元。完成国道237线、营盘路、中山路、武夷大道、五九路、环岛西路等道路提升改造，打通彭祖路、岩福路、学院路等城市断头路，完成城市次干道白改黑20条。突破征迁瓶颈，城市攻坚项目完成征迁690亩，征收房屋160户、面积约3万平方米，解决制约疏港大道多年的征迁用地问题和水泥厂棚户区近10年的“卡脖子”问题，有效保障项目建设用地需求。盘活闲置土地，提高城市土地价值，2020年共出让土地8宗，土地出让金收入10.66亿元。做好项目接续，谋划第二批城市建设项目71个，总投资超过150亿元。

2. 保障改善民生。强化稳就业举措，实施城镇职工、农民、困难群体、高端人才“四大群体增收计划”，城镇居民人均可支配收入37405元，增长3.1%；农村居民人均可支配收入19956元，增长6.2%。实施教育振兴三年行动计划，于10月13日召开全市教育振兴动员大会，实施基础设施建设、教育质量提升、教师队伍提质、教育改革创新“四大行动”，确定办好8件教育具体实事和24个学校建设项目，研究出台15项具体措施，全力打赢教育“翻身仗”。扎实推进“健共体”项目建设，中医院新院大楼即将投入使用。推进乡村卫生服务一体化，完成5个乡（镇）、街道卫生院、卫生服务中心改造，累计完成98所村卫生所标准化建设，实现医保“村村通”。开展家庭医生签约服务，与建档立卡贫困户3260人签订服务协议。获评国家卫生城市、全国双拥模范城，入选2021—2023年创建周期全国文明城市提名城市名单。

3. 建设平安武夷。打好扫黑除恶专项斗争收官战，强化持续依法打击态势，“打伞破网”力度不断加大，行业乱象整治不断深入。开展专项斗争以来，全市共打掉2个黑社会性质组织、5个恶势力犯罪集团、4个恶势力犯罪团伙，共破获九类涉恶案件130起，抓获涉恶九类人员共计446名，涉黑涉恶问题党纪政务立案28人、党纪政务处分28人。深化系列平安创建活动，完善平安联勤机制，加强社会治安防控体系和公共安全防控体系建设，总结提升“五治”融合乡村治理模式，推进社会治理社会化。巩固提升“我和百姓聊聊法”经验，创新“云上聊法”，完善法律服务体系，提升法律服务水平，推进社会治理法治化。规范建设市、乡、村三级综治中心，整合网格化服务管理、“雪亮工程”视频监控平台、综治视联网平台，推进社会治理智能化。建立大调解体系平台，完善全方位、多层次的矛盾纠纷化解机制，推进社会治理专业化。获得全省第四轮第一批平安县（市、区）表彰命名。

**【聚焦乡村振兴，巩固脱贫攻坚成果】** 市委坚持农业农村优先发展，着力激发农业农村发展新活力，打赢打好脱贫攻坚战。

1. 突出示范带动。加强规划引领，编制完成10个乡（镇）、街道及11个省级试点村乡村振兴战略实施方案。强化试点示范建设，深入推进12个南平“一带N点”示范村与22个武夷山市级示范村建设。持续开展乡村振兴星级示范村建设创建活动，2020年新增评定6个星级示范村和5个单项冠军村。大力发展乡村旅游、特色农业，因地制宜打造星村茶叶、五夫白莲、上梅笋竹、岚谷白鹅（大米）、吴屯稻花鱼等“一乡一品”“一乡一特”。稳步推进“圆梦村”建设，总结推广西郊圆梦村合作社经验，推行“龙头企业+村集体+农户”模式，探索资源变资产、资金变股金、农民变股东的“三变”改革。深化“科特派”制度，选任南平市专职个人科技特派员27名、武夷山市级科技特派员96名，实现南平市级以上科技特派员在武夷山市贫困村全覆盖。

2. 改善农村环境。实施农村人居环境整治三年行动，按照“四清四拆四整”（清垃圾、清水系、清乱堆乱放、清乱贴乱挂，拆违建、拆危房、拆破旧建筑、拆乱搭乱建，整治交通秩序、整治破损设施、整治小区管理、整治建设工地）要求，整村推进整治，拆除农村乱搭建、乱堆放9600余处，排查整治裸房（危房）6654栋，改善提升村容村貌。全面推进“一革命四行动”（厕所革命和农村生活垃圾治理、污水处理、农房整治、村容村貌提升行动），完成19座乡镇公厕、80座乡村公厕建设，户厕新建改造3567户，拆除旱厕453个。全面推行“户分类、村收集、乡转运、县处理”的垃圾处理模式，全市115个行政村配备672名保洁员、4474个垃圾桶、72辆垃圾清运车，建设27个垃圾中转站，实现农村生活垃圾处置体系全覆盖。

3. 提高脱贫质量。全市建档立卡贫困户1302户3290人，全部脱贫；建档立卡贫困村21个，全部摘帽退出。围绕“两不愁三保障一安全”（农村贫困人口不愁吃、不愁穿，保障其义务教育、基本医疗和住房安全，保障人民群众生命财产安全）目标，出台《关于建立稳定脱贫机制的八条措施》，深化精准帮扶，进一步推动贫困户稳定脱贫。引导支持各类经营主体带动贫困户发展产业项目，共计47个经营主体带动8个贫困村村均增收4000—10000元，带动528户贫困户户均增收1500—3000元。为受疫情影响的851户贫困户提供产业扶贫补助资金127.7万元，帮助解决农产品滞销问题。加强就业指导服务，送达岗位信息4082个，帮助贫困户成功就业1145人。增设公益性就业岗位，面向贫困户新增保洁公益性岗位122个、护林员公益性岗位6个。市本级投入资金108.9万元，为全市建档立卡贫困人口办理“医疗综合保障保险”和“女性安康保险”。为407名贫困家庭子女发放教育补助资金45.4万元。设立扶贫小额信贷风险担保金，扶持贫困户978户，发放贷款4027.4万元，贴息补助344万元。

**【聚焦深化改革，持续扩大对外开放】** 市委坚定不移推进改革开放，积极探索创新，建立健全工作机制，着力破解发展难题。

1. 深化“放管服”改革。市行政服务中心整体搬迁至“四中心一广场”（文化活动中心、体育活动中心、展览展示中心、市民服务中心和市民广场），23个单位以独立审批服务窗口形式进驻服务大厅。持续推进“互联网+放管服”平台建设，“E政务”自助一体机入驻行政服务中心24小时办事区，实现15个部门50类服务自助办理。深化行政审批制度改革，推动82项高频政务服务事项实现区域通办、异地可办，“一趟不用跑”事项占比提升至80.3%，“最多跑一趟”事项占比提升至99.7%，网上申报预审及时率达到100%，提前办结率达到99.2%。出台优化营商环境二十条措施，设立企业“绿色通道”，推行“并联审批”“容缺审批”“容缺后补”“即收即办”制度，实现85%以上的时限压缩，各类行政许可和便民服务事项即办率达到50%。深化商事登记制度改革，落实“证照分离”“多证合一”“全程电子化登记”等各项登记改革措施，2020年新增内资企业1461户、外资企业7户、个体工商户3006户。

2. 创新工作机制。以机制创新促改革促发展。创新指挥部推进机制，“一攻坚两行动”（城市建设攻坚，旅游产业高质量发展行动、茶产业高质量发展行动）均成立指挥部，落实“五个有”机制，即有一个指挥部、有一个实施方案、有一批支撑项目、有一批干部参战、有一套保障措施，高质高效、务实担当推进工作。创新清单管理机制，对重点工作、重点项目推进中的问题，实行“3+1”清单管理，即问题清单、整改清单、销号清单和督办清单，持续跟进督查，强化跟踪督促，确保问题得到有效落实。创新综合执法机制，依托城市管理局，整合交警、市场监管、文化、生态环境等执法部门力量，成立城市综合执法机构，做到人员、力量“双集中”，避免多头管理、推诿扯皮及任务不明、责任不清的问题。

3. 促进武台融合。发挥海峡两岸交流基地作用，全面深化武夷山厂、台湾融合发展，以通促融、以惠促融、以情促融。举办第十四届海峡两岸茶业博览会，为89家台湾展商提供111个展位，搭建“云上茶博会”线上展销平台，为因新冠肺炎疫情无法参加茶博会的台湾客商提供虚拟展馆服务，在线人数达2500万人次。加强文化交流交往，举办台盟中央“海峡两岸茶文化（武夷山）研习营”、“第五届两岸养老与健康产业论坛”、海峡两岸民间斗茶赛等交流活动，持台胞证或台湾居民居住证的台胞免费进入武夷山景区，全年免门票851人次。

**【聚焦生态环境，深入践行“两山”理论】** 市委深入贯彻落实习近平生态文明思想，牢固树立“绿水青山就是金山银山”理念，着力打造全国生态文明先行示范区。

1. 扎实推进改革试点。完成国家生态文明试验区（福建）重点改革任务42项。武夷山国家公园体制试点通过评估验收，综合得分95.5分，在首批10个试点中排名第二。获批国家生态综合补偿试点县，争取国家生态专项补偿资金2亿元。探索建立多元化补偿方式，扎实推进生态产品市场化改革试点。生态系统服务价值（GEP）核算试点成果逐步向全国推广，有序推进经济生态生产总值核算试点工作，9月GEEP试点通过专家验收，GEP和GEEP试点工作入选第十八届中国·海峡创新项目成果交易会。6月申报“两山”实践创新基地，顺利通过生态环境部现场核实。

2. 推进“生态银行”建设。整合五夫镇生态资源，打造“朱子故里·瓜果飘香”“熹街莲里烤烟房民宿”等农文旅融合项目，举办国学亲子研学游、热气球灯光节、“荷花仙子”评选、哈密瓜丰收节等活动20余场，初步打通文化赋能生态产品的价值实现路径，入选全国十个实践“绿水青山就是金山银山”典型案例，8月14日登上央视《新闻联播》头条。探索建设“茶生态银行”，启动星村镇“茶生态银行”试点建设，探索茶山资源整村流转模式，促进茶叶增效、农民增收，“茶生态银行”茶叶区块链溯源平台亮相第三届数字中国建设峰会，纳入2020年数字福建区块链重点项目。引导其他乡（镇）因地制宜，挖掘当地生态资源优势，进一步深化“生态银行”试点建设。

3. 打好污染防治攻坚战。打好“蓝天、碧水、净土”三大保卫战，做好全市臭氧污染联防联控，全面完成加油站油气回收整治工作，空气质量达到或优于国家二级标准，达标率100%，未出现臭氧超标天气；结合山水林田湖草试点项目，完成92个村庄的农村生活污水治理和46个入河排污口整治，全市水环境质量持续保持优良，县级集中式饮用水源地水质功能达标率100%，崇阳溪、九曲溪上游等各流域及7条小流域水质功能达标率100%；做好土壤环境质量调查，推进农用地分级分类管理，完成2200亩受污染耕地的安全利用整治。加强生态环境执法，严格落实污染源监管“双随机”抽查制度，处理环境污染投诉215件，办结率100%。整治东溪水库网箱养殖污染问题，清空网箱5803平方米。持续保持茶山整治高压态势，开展茶山整治暨复绿行动，整治违规违法开垦茶山1472.6亩，完成造林面积8432.8亩。

**【聚焦民主政治，广泛凝聚发展合力】** 市委坚持党的领导、人民当家作主、依法治国有机统一，推动社会主义民主政治制度优势更好转化为治理效能。

1. 加强新时代人大工作和建设。坚持和完善党对人大工作的领导，支持人大及其常委会依法行使监督、决定和任免等职权。市人大听取和审议“一府两院”专项工作报告17项，对6部法律法规实施情况进行检查，组织办理代表议案1件、建议88件，依法任免国家机关工作人员及人民陪审员26人次。支持人大完善代表工作机制，配合和保障城市建设人大代表工作站、旅游行业人大代表驿站、茶产业四级人大代表之家、教育界四级人大代表之家4个专业化人大代表小组常态化履职。

2、加强人民政协协商民主建设。支持政协健全完善专门协商机构制度机制，在建言资政和凝聚共识上双向发力。市政协紧扣“一攻坚两行动”、教育振兴行动建言资政，选准课题、组织调研、深入协商、提好建议，为全市绿色高质量发展贡献智慧和力量。支持政协委员提案建议，加强提案办理，着力提高提案质量和提案办理成效。坚持发扬民主和增进团结相互贯通，深化合作共事，为各民主党派、工商联和无党派人士建言资政搭建多种平台、创造良好条件，积极营造平等协商、和谐议政的民主氛围。

3. 加强党对统战工作的集中统一领导。疫情防控期间发动统战成员及社会各界人士捐赠防疫款 521 万元、口罩 41.6 万个、其他物资 8.9 万件。组织发动 135 个企业（商会）、侨企侨胞为城市建设捐植绿化苗木 759 棵。落实年度政党协商（会议协商）计划和联系交友制度，提高多党合作制度效能。创建首个“同心红色教育基地”，推进统战成员爱国主义和革命传统教育。创新新阶联谊发展新平台，成立全省首个“山海共建 新阶创新”实践基地。完善政企沟通机制，有效优化营商环境。培育发展回归经济，开展“机关联商会、党建促回归”活动，推进“民企带村”活动。开展民族团结进步宣传月活动，推进民族团结进步。贯彻落实新修订的《宗教事务条例》，依法管理宗教事务。加强港澳争取人心工作和海外统战工作，加强工会、共青团、妇联等群团工作。市委统战部被评为 2016—2019 年度全省统战系统先进集体。市侨联被评为全国侨联系统抗击新冠肺炎疫情先进集体。

**【聚焦党的建设，深化全面从严治党】** 市委全面贯彻新时代党的建设总要求，坚决扛起全面从严治党政治责任、主体责任、第一责任，深化落实省委“五抓五看”（看有没有抓加强教育，看有没有抓制度建设，看有没有抓“一把手”，看有没有抓查处，看有没有抓部署、检查、落实）和“八个坚定不移”具体部署，以强有力的党组织确保工作任务落实。

1. 加强党的政治建设。深入贯彻落实党中央《关于加强党的政治建设的意见》，严格遵守党章党纪党规，巩固深化“不忘初心、牢记使命”主题教育成果，推动“两个维护”发自内心、形成自觉，始终在思想上政治上行动上同以习近平同志为核心的党中央保持高度一致。落实省委巡视反馈问题整改，针对反馈的 45 个问题制定整改措施 182 条，明确责任领导、责任单位、整改目标和整改时限，实行“3+1”清单机制，逐个问题对账销号，扎实推动巡视整改“后半篇文章”落细落实，全年整改完成 41 个问题，基本整改完成 2 个问题，列入长期整改 2 个问题。

2. 做好宣传思想工作。坚持把学习宣传贯彻习近平新时代中国特色社会主义思想作为首要的、长期的重大政治任务，在学懂弄通做实上下功夫。策划市委理论中心组学习选题 18 个，组织学习《习近平谈治国理政》第三卷，用好《习近平在厦门》《习近平在宁德》《习近平在福州》《习近平在福建》等系列采访实录鲜活教材，持续推动“大学习”走深走实。认真贯彻落实《中国共产党宣传工作条例》和《党委（党组）意识形态工作责任制实施办法》，成立市委宣传思想（意识形态）工作领导小组，抓紧抓实意识形态党委主体责任和党委书记第一责任。推进“两中心一平台”（新时代文明实践中心、融媒体中心、“学习强国”学习平台）建设，全面开展文明实践站所建设和队伍建设，建成 10 个新时代文明实践所、119 个新时代文明实践站、169 个新时代文明实践志愿服务队伍；建成媒体融合矩阵，形成传统媒体和新兴媒体互为补充的“立体式”宣传报道新格局，7 月《武夷山》报复刊，至年底共发行 26 期；用好“学习强国”平台，全年报送文稿、图片、视频共 642 篇，被采用刊登 345 篇，宣传推介武夷山。

3. 夯实基层党建基础。深入贯彻落实新时代党的组织路线。坚持新时期好干部标准，深入开展“业务大学习、能力大提升、作风大转变”活动，“武夷干部读书班”办班 42 期，培训学员 6300 余人次；“大安红色教育基地”举办各类培训班 66 场，培训干部 2400 余人次；全面构建市、乡、村“三级党校”，成立 6 所乡（镇）党校。树立鲜明用人导向，选育优秀年轻干部，分期分批选派 72 名干部服务“一攻坚两行动”等重点工作，坚持在一线考察选拔使用干部，全年提任一线表现优秀干部 31 名。突出产业引才育才，与中国工程院袁隆平院士团队、刘仲华院士团队、陈宗懋院士团队深化合作。推进人才安居工程，落实人才安家补助 716 万元、住房补助 83.6 万元。持续深化“达标创星”“红色驿站”“度假区党群服务中心”“红色园区”等基层党建创新做法，打造好“武夷山下党旗红”党建宣传品牌。织密基层治理组织体系，推进“四联四促”（机关联乡村、党建促振兴，机关联社区、党建促治理，机关联企业、党建促发展，机关联商会、党建促回归），98 个市直单位党组织与 115 个行政村结对共建，198 个机关企事业单位党组织与 17 个社区结对共建，成立 17 个社区大党委；推行“双联双评”（支委联系党员、党员联系群众和评定星级支部、评定星级党员），组织 650 名党员村干部联系 4700 多名普通党员、4200 多名党员联系 3.5 万名村民户代表；推行“近邻党建”，总结“三化三防”机制成果，组建小区党支部80个、楼栋党小组70个；开展“党建体检”，摸排更新全市115个行政村的村情民情，打牢村级组织换届基础。

4. 强化正风肃纪反腐。把“严”的主基调长期坚持下去，锲而不舍落实中央八项规定及其实施细则精神和省实施办法、南平市实施意见，持之以恒纠“四风”、树新风，深入整治形式主义、官僚主义，着力解决文山会海反弹回潮、督查检查考核过多过频、过度留痕等突出问题，切实为基层减负。一体推进不敢腐、不能腐、不想腐，深化“三项改革”（党的纪律检查体制、国家监察体制和纪检监察机构改革），贯通“四个监督”（纪律监督、监察监督、派驻监督、巡察监督），保持反腐败高压态势，聚焦扶贫、民生、涉黑涉恶腐败等重点领域，深入整治群众身边不正之风和腐败问题。2020年以来，运用监督执纪“四种形态”590人次，受理问题线索685件，采取组织措施451人次，党纪政务立案96件。发挥巡察利剑作用，2020年共对15个党组织开展巡察，对2个党组织开展巡察“回头看”，累计巡察81个单位，巡察覆盖率100%。

（余俊锋）

### 中共武夷山市第十三届委员会组成人员名单

书　记：江建华

副书记：谢启龙

涂桦忠

常　委：李国勇（至2020年9月）

吴世平（2020年9月起）

黄晓东

吕　琳

吴　伟

叶　强

周　雯

裴福海

彭秀莲（2020年3月起）

林　方

## 市委全会及常委会会议

【全委会】　2020年9月20日，市委召开十三届十一次全体会议。会议全面贯彻中共十九大和中共十九届二中、三中、四中全会精神，深入学习贯彻习近平总书记对福建工作的重要讲话、重要指示批示精神，认真贯彻落实省委十届十次全会、南平市委五届十次全会精神，研究部署全方位推动绿色高质量发展超越的目标举措，审议通过《中共武夷山市委关于全方位推动绿色高质量发展超越的决定》和《中国共产党武夷山市第十三届委员会第十一次全体会议决议》，讨论《武夷山市全方位推动绿色高质量发展超越行动方案》。

2020年12月31日，市委召开十三届十二次全体会议。会议全面贯彻落实中共十九届五中全会精神和省委十届十一次全会、南平市委五届十一次全会精神，听取和讨论了江建华受市委常委会委托作的工作报告，审议通过《中共武夷山市委关于制定武夷山市国民经济和社会发展第十四个五年规划和二〇三五年远景目标的建议》。

【常委会会议】　2020年1月8日下午，市委书记江建华在市委四楼会议室主持召开2020年第1次市委常委会会议，会议主要议题有：学习国家主席习近平2020年新年贺词，提出武夷山市贯彻意见；传达贯彻南平市“两会”精神；研究武夷山市“两会”有关事宜；研究2018年度绩效考评有关工作；部署当前工作。

2020年1月21日晚，市委书记江建华在市委三楼常委会议室主持召开2020年第2次市委常委会会议，会议主要议题有：传达贯彻省委书记于伟国在省“两会”参加南平代表团审议时讲话和南平市委常委（扩大）会议精神、传达省政府副省长林宝金赴武夷山挂钩帮扶及访贫慰问时讲话精神、部署节后开展项目观摩督查推进有关工作、研究网络舆情处置有关工作、研究乡（镇）街道机构改革有关事宜、部署春节期间安全维稳有关工作。会议明确：一是由涂桦忠、范震昆共同牵头，对贫困户进行全面摸底，研究具体措施，提出具体帮扶方案；由涂桦忠牵头，提出武夷山市落实“四个高质量”的具体实施意见；由林方牵头，组织部负责，研究出台营造干事创业良好氛围的具体实施方案。二是关于虹桥村的问题：由市交通局负责，研究制订虹桥村两条道路改造提升方案；由市水利局和农业农村局共同负责，研究制订虹桥村小流域综合治理方案；由市自然资源局负责，做好虹桥村土地整体规划，安置区建设要科学选址；由兴田镇负责，制订虹桥村发展具体实施方案，分近期、中期、远期目标，列出具体发展项目。支持虹桥村薯和淮山产业发展，在扩宽销售渠道上加大帮扶力度，确保销售市场稳定。充分调查虹桥村困难群众家庭出现离异，是不是由贫困造成的，要做好相关保障工作，解决贫困户收入问题。三是关于市里提请支持的问题：由黄崇跃牵头，市商务局负责，研究具体方案，帮助协调国企收购武夷山陆地港部分股份，由国企运营管理；由市人社局和发改科技局共同负责，争取中央政策资金，支持武夷山老区苏区建设公共实训基地；由市商务局和发改科技局共同负责，研究完善武夷山生态创业园规划设计；由市财政局和工信局负责，积极争取省上政策资金，支持武夷山茶产业发展基金设立。由市财政局和发改科技局负责，对接落实争取武夷山机场口岸专项补贴资金支持；由市市场监管局负责，争取省上政策资金，支持国家茶叶检测中心筹建。

2020 年 2 月 8 日晚，市委书记江建华在市委四楼西侧会议室主持召开 2020 年第 3 次市委常委会会议，研究全市新型冠状病毒感染的肺炎疫情防控工作，部署下阶段工作；传达《中共南平市纪律检查委员会关于三起党员干部落实疫情防控决策部署不力典型问题的通报》精神。

2020 年 2 月 26 日晚，市委书记江建华在市委四楼西侧会议室主持召开 2020 年第 4 次市委常委会（扩大）会议，会议主要议题有：传达学习习近平总书记 2 月 23 日在统筹推进新冠肺炎疫情防控和经济社会发展工作部署会议上的重要讲话精神及省委、南平市委常委会会议精神，传达学习《中共中央办公厅、国务院办公厅印发〈关于防范化解和妥善处置群体性事件的意见〉的通知》精神，传达南平市精准扶贫视频会议精神，部署武夷山市脱贫攻坚工作，传达学习中央八项规定及基层减负文件精神。会议明确，由李国勇、黄晓东牵头，对影响疫情防控的不稳定因素进行排查梳理，提出具体方案。由范震昆牵头，市茶产业中心负责，研究解决武夷山市春季采茶用工紧缺问题。由市委督查室会同市卫健局，对武夷山市出台关心关爱一线医务人员的政策措施，加强跟踪，确保落实到位。由市委组织部负责，对“机关联社区”制度落实情况加强监督考核。由市委组织部、市工信局负责，对开展“机关联企业”助力企业复工复产活动加强跟踪考评。由农业农村局（扶贫办）负责，全面摸清建档立卡贫困户、困难群体情况，分类施策，精准帮扶。由武夷山公立总医院负责，及时了解武夷山市援助湖北重点疫情区医务人员的工作生活情况，帮助其家属解决具体困难，为其解除后顾之忧。

2020 年 3 月 4 日下午，市委书记江建华在市委四楼会议室主持召开 2020 年第 5 次市委常委会（扩大）会议，会议主要议题为研究城市建设攻坚战有关工作。

2020 年 3 月 10 日晚上，市委书记江建华在市委四楼会议室主持召开 2020 年第 6 次市委常委会（扩大）会议，会议主要议题有：传达学习全省安全生产大排查工作视频会议精神，传达学习习近平总书记 3 月 4 日在中共中央政治局常务委员会会议上的重要讲话精神和省委常委会（扩大）会议、南平市委常委会（扩大）会议精神，传达学习习近平总书记 3 月 6 日在决战决胜脱贫攻坚座谈会上的重要讲话精神，传达学习全国、全省、南平市组织、宣传、统战部部长和政法工作会议精神，学习《习近平在宁德》、《习近平在厦门》和《习近平在福建》采访实录。会议明确：一是由各挂点市领导牵头，各乡（镇）、街道、场负责，排查农村房屋等各类用房安全隐患。由黄晓东牵头负责全市公共安全工作。由裴福海牵头，排查建筑工地、城区公共场所、消防、城区住房装修安全隐患，加快推进重大危房整治工作。成立武夷山市安全隐患排查整治办公室，依托市住建局，及时汇总排查情况和整治进展情况，协调解决相关问题。由吕琳牵头，排查宗教场所安全隐患。由吴伟牵头，排查景区景点安全隐患。由彭秀莲牵头，排查隔离场所、定点医院安全隐患。由高建民牵头，排查学校安全隐患。由黄崇跃牵头，排查工矿企业生产、道路交通、电力设施及线路老化安全隐患。由市城市建设攻坚战指挥部负责，开展“两违”整治、彩钢瓦整治。由市大督查组负责，加强安全隐患整治工作督查督办，对排查整治工作不落实的严肃追责问责。二是由涂桦忠、黄晓东牵头，梳理排查茶山整治、信访工作落实不力的村（居），取消 2019 年度平安村居命名和综治平安奖励。

2020 年 3 月 25 日晚，市委书记江建华在市委四楼会议室主持召开 2020 年第 7 次市委常委会（扩大）会议，会议主要议题有传达学习全省、南平市安全隐患大排查大整治工作暨统筹做好疫情防控和复工复产视频会议精神，研究武夷山市绿色发展考核评价体系。研究第 44 届世界遗产大会有关工作，研究农村人居环境整治及畜禽养殖污染治理有关工作，研究国家公园体制试点有关工作，研究市人大常委会 2020 年重点工作。通报 2019 年度市委班子成员述责述廉述法民主评议结果，研究组织人事有关工作。会议明确：一是由范震昆牵头，茶产业中心负责，做好茶企、茶农采茶用工统筹，解决茶企用工紧缺问题，确保春茶正常采摘。二是由市城市攻坚战指挥部牵头，各乡（镇）、街道负责，加大城乡人居环境整治力度；由裴福海牵头，市自然资源局、兴田镇、闽越王城博物馆负责，加快推进城村汉城国家考古遗址征地工作。由市文体旅局、财政局负责，同省文旅厅、财政厅对接城村汉城国家考古遗址公园征地资金拨付有关事宜。由市大督查组负责，加强跟踪督查，确保各项筹备工作按时保质落实到位。三是由各乡（镇）、街道负责，于4月10日前拆除辖区内全部旱厕。

2020年4月13日上午，市委书记江建华在市委四楼会议室主持召开2020年第8次市委常委会（扩大）会议，会议主要议题有传达贯彻习近平总书记3月27日、4月8日在中共中央政治局会议上的重要讲话精神和4月6日全省强化非法入境人员管控工作视频会议精神，传达贯彻习近平总书记在浙江考察时的重要讲话精神。学习《中共中央办公厅关于印发〈党委（党组）落实全面从严治党主体责任规定〉的通知》，研究2020年市本级重点项目，研究市委常委会2020年工作要点，传达贯彻全省党校（行政学院）校（院）长会议精神，研究“圆梦村”有关工作，研究脱贫攻坚工作，学习《习近平在宁德》、《习近平在厦门》和《习近平在福建》采访实录。会议还研究纪检监察和组织人事有关工作。会议明确：一是由涂桦忠牵头，市大督查组负责，督查职能部门对所属单位的房屋安全隐患排查工作情况。由组织部负责，加强对联企干部的跟踪管理，检查联企工作落实情况。由各乡（镇）、街道、场负责，排查整治该辖区内低洼地、地灾点、高陡边坡等危险区域房屋。二是北城互通项目要在5月1日前竣工通车，武夷大道六期项目要在5月底前竣工通车。三是由涂桦忠、林方、刘月明牵头，“四比”各责任部门负责，加强与南平市“四比”考评牵头部门沟通对接，争取一季度考评取得好成绩。由裴福海牵头，摸排“僵尸项目”并提出处置意见。由刘铠维牵头，全面梳理现有招商引资项目。由市财政局负责，研究制定市直部门争取政策资金情况考评办法。由涂桦忠、李祥仁牵头，负责市“圆梦村”建设工作领导小组办公室日常工作。由林方挂点大渚村、李祥仁挂点西郊村。由涂桦忠、范震昆牵头，对全市脱贫攻坚工作开展“回头看”。由吕琳牵头，动员民营企业参与公益事业，建立贫困人口帮扶基金。

2020年4月23日上午，市委书记江建华在市委四楼会议室主持召开2020年第9次市委常委会（扩大）会议，会议主要议题有传达贯彻习近平总书记给武汉市东湖新城社区全体社区工作者的回信精神，传达贯彻南平市委书记袁毅在武夷山市党政班子专题务虚会上的讲话精神，传达贯彻全省、南平市抓党建促决战决胜脱贫攻坚电视电话会议精神，传达南平市创建文明城市动员会议精神。研究武夷山市创建文明城市工作。学习《习近平在宁德》、《习近平在厦门》和《习近平在福建》采访实录。会议明确：一是由吴伟、杨一鸣牵头，市文体旅局、景区负责，进一步完善景区防疫措施，确保“五一”国际劳动节假期景区安全有序开放。二是由涂桦忠、林方、裴福海牵头，城市建设攻坚战指挥部负责，研究制定城市建设攻坚竞赛方案。由涂桦忠、裴福海、黄崇跃牵头，城市建设攻坚战指挥部负责，确保北城互通项目于5月1日前竣工通车，并做好竣工通车仪式筹备工作。由吴伟牵头，市文体旅局负责，市委宣传部配合，向全社会征集旅游业发展“金点子”。梳理安排全年赛事活动，做到“天天有活动，月月有赛事”。由市文体旅局负责，聘请专业团队规划设计环国家公园马拉松赛道。由吴伟、范震昆牵头，市茶产业中心负责，策划包装“大红袍体验八段锦”，全链条优化“大红袍体验之旅”。由高建民牵头，市财政局负责，加强国有融资平台建设。由刘铠维牵头，市招商局负责，细化月子服务行业“一中心三配套”方案，按照方案精准对接、精准招商。由市自然资源局负责，做好生态创业园区扩园土地规划。三是调整充实创城创卫工作领导小组，由市委、市政府主要领导分别任组长、第一副组长，由涂桦忠、彭秀莲、陈爱宾同志负责日常工作，做好创城创卫动员大会各项筹备工作。

2020年5月22日上午，市委书记江建华在市委四楼会议室主持召开2020年第10次市委常委会（扩大）会议，会议主要议题有传达贯彻习近平总书记重要讲话重要批示指示精神和全省、南平市视频会议精神，研究“十四五”规划编制工作，学习贯彻省、南平市关于扎实做好“六稳”工作落实“六保”任务有关文件精神，研究2020年市委、市政府为民办实事项目，研究城市建设攻坚战有关工作，传达学习省委国安委、南平市委国安委全会精神，研究武夷山市2020年国家安全工作，研究信访有关工作，研究第二轮中央生态环境保护督察反馈问题整改有关工作，研究2020年度市委理论学习中心组专题学习工作，研究省委巡视反馈问题整改工作，研究创建全国双拥模范城（县）工作，传达贯彻2020年全省、南平市对台工作会议精神。会议明确：一是由彭秀莲、陈爱宾牵头，对各级关心关爱医护人员政策落实情况进行跟踪督促；由彭秀莲牵头，宣传部负责，结合当前各项重点工作，统筹宣传资源，营造浓厚氛围；由兴田镇负责，6月30日前将圆梦村内的彩钢瓦全部拆除。二是市四套班子领导每人要谋划3—5个城市建设项目；由市发改科技局负责，梳理一批事关武夷山发展的大项目、好项目，并确定挂点市领导、责任单位和责任人，加快推动项目落地。三是由吴伟牵头，研究提出做好“六稳”落实“六保”具体措施。四是由裴福海牵头，市自然资源局负责，加大土地挂牌出让力度，力争2020年土地出让金达到10亿元目标。五是由涂桦忠、黄晓东牵头，对全市信访积案进行再排查、再梳理，实行领导包案化解。

2020年6月2日下午，市委书记江建华在市委四楼会议室主持召开2020年第11次市委常委会（扩大）会议。会议主要议题有传达贯彻习近平总书记对毛南族实现整族脱贫作出重要指示精神和向首个国际茶日致信精神，传达贯彻中央、省委、南平市委全面深化改革委员会、财经工作委员会会议有关精神，研究《2020年市委全面深化改革委员会工作要点》《2020年市委财经工作委员会工作要点》，研究巡视整改工作，研究招商工作，传达贯彻全国、全省、南平市扫黑除恶专项斗争会议精神，研究全市扫黑除恶专项斗争工作，研究关于履行法院终审判决支付李满起民事诉讼补偿金问题，研究北京大兴—武夷山航班经营合作协议有关事宜，研究2019年度市委全面从严治党主体责任落实情况检查工作，研究2020年南平市劳动模范推荐人选，研究国家公园体制试点工作。会议明确：一是由林方、刘铠维牵头，选优配强产业链招商小分队干部队伍；由刘铠维牵头，市招商服务中心负责，围绕茶旅两大主导产业，策划招商引资项目，制定招商政策，全面梳理招商引资、项目落地过程中遇到的问题，做好招商服务工作。二是由涂桦忠、黄晓东牵头，市公安局、检察院、法院负责，对上级挂牌督办案件快侦快破快审，确保10月前依法审结案件；由李国勇牵头，市公安局负责，做好“逃犯清零”工作。三是由肖坚盛牵头，市法院负责，加强与南平市中级人民法院沟通，研究提出关于“中国人民银行同期同类贷款利率”认定标准的意见。四是由吴伟牵头，与厦门航空公司对接沟通，进一步优化航班时刻表，在航班运营良好的基础上争取降低航班补贴；由市委宣传部负责，加大北京大兴—武夷山航线的宣传力度，吸引更多游客到武夷山观光旅游。五是由吴伟牵头，星村镇负责，研究解决桐木村一里坪加工厂危房整治问题；由吴伟、范震昆牵头，研究制定国家公园范围内茶山管控和生态茶园改造方案；由裴福海牵头，市林业局、住建局、自然资源局、崇安街道、国家公园管理局负责，研究提出解决原武夷山林业干部招待所宿舍楼安全隐患问题具体方案；市自然资源局负责，研究论证星村、武夷、洋庄管理站办公场所选址有关事宜；由范震昆牵头，市林业局、景区、武夷街道、星村镇、武夷山国家公园管理局负责，整治清理国家公园范围内的违规茶山；市农业农村局负责，对接落实国家公园体制试点验收脱贫攻坚、乡村振兴指标，并提供相关情况和佐证材料。由市文体旅局负责，加快推进文化遗产保护提升工作。由市自然资源局负责，加快编制九曲溪上游乡村规划。由市市场监管局、文体旅局负责，研究制定餐饮业、民宿业管理措施。由市住建局、财政局、武夷山国家公园管理局负责，加快处置国家公园范围内违建别墅。

2020年6月16日上午，市委书记江建华在市委四楼会议室主持召开2020年第12次市委常委会（扩大）会议，会议主要议题有传达贯彻习近平总书记在宁夏考察时的重要讲话精神，传达贯彻习近平总书记在中央政治局第二十次集体学习和主持专家学者座谈会时的重要讲话精神及给科技工作者代表的回信、对广大少年儿童的寄语精神，传达贯彻全省、南平市疫情防控专题会议精神，传达贯彻省委国安委、南平市委国安委会议精神，传达贯彻南平市委书记袁毅到黎前村调研讲话精神，传达贯彻“圆梦村”座谈会精神，研究专项债券工作，研究省委巡视专题民主生活会工作。会议明确：一是由武夷山生态环境局负责，对标对表武夷山市生态环境存在的问题，认真分析原因，落实整改措施；对度假区自来水厂饮用水源取水口重新选址进行论证；由市农业农村局（扶贫办）负责，对各部门落实扶贫工作情况开展全面检查，做好迎接中央脱贫攻坚普查工作。二是由彭秀莲和陈爱宾牵头，市卫健局负责，加紧谋划一批卫生健康事业补短板项目；由彭秀莲牵头，市教育局负责，抓紧研究打赢教育翻身仗具体实施方案，并筹备召开动员大会。三是由裴福海牵头，市自然资源局负责，研究制定黎前村整村规划设计方案。四是对专项债券项目中涉及城市建设攻坚战的项目由裴福海牵头，其他项目由吴伟牵头，加大征迁攻坚力度，确保项目有序推进；由市委大督查组负责，对12个专项债券项目实行“一旬一督查”，并将项目进展情况及时通报市委、市政府主要领导和分管领导。

2020年7月8日上午，市委书记江建华在市委四楼会议室主持召开2020年第13次市委常委会（扩大）会议，会议主要议题有传达贯彻《中共福建省委办公厅关于认真学习〈习近平在福建〉采访实录的通知》精神，学习《习近平在福建》采访实录，传达贯彻习近平总书记在中央政治局第二十一次集体学习时的重要讲话精神，学习贯彻《中共中央办公厅　国务院办公厅印发〈关于设立统一规范的国家生态文明试验区的意见〉及〈国家生态文明试验区（福建）实施方案〉的通知》，传达贯彻习近平总书记对禁毒、防汛工作的重要指示精神，研究《武夷山市旅游业高质量发展行动方案》，传达贯彻中央、省委和南平市委整治形式主义为基层减负工作相关文件、会议精神，传达贯彻省委、南平市委宣传思想工作领导小组贯彻落实《中国共产党宣传工作条例》会议及《中共中央办公厅关于印发〈党委（党组）意识形态工作责任制实施办法〉的通知》文件精神，传达中央全面依法治国委员会第三次会议、南平市全面依法治市委员会第三次会议精神，研究全面依法治市工作，研究市纪委监委派驻改革有关工作，研究科级干部2019年年度考核优秀等次和拟授予公务员奖励。会议明确：一是由林方牵头，市委组织部负责，研究新一轮村级组织换届选举有关事宜；研究制定干部大病医疗保险、人才公寓、干部食堂等人才措施，创造拴心留人环境。二是由涂桦忠、裴福海牵头，市城市建设攻坚战指挥部负责，研究制定违规搭盖彩钢瓦的拆除整治工作方案，并组织筹备违规搭盖彩钢瓦专项整治动员大会；三是由裴福海牵头，市应急管理局负责，全面摸清地灾点、低洼地带、高陡边坡等区域需转移群众数量，建立台账，制定解决方案，加快推进易地搬迁工作。四是由林方、吴伟牵头，研究提出旅游产业高质量发展行动指挥部内设机构及组成人员；由吴伟牵头，对接国内知名旅游策划人才，聘请1—2位旅游产业发展顾问。

2020年7月23日上午，市委书记江建华在市委四楼会议室主持召开2020年第14次市委常委会（扩大）会议。会议主要议题有学习《习近平谈治国理政》第三卷，学习研讨上海市《关于加快特色产业园区建设促进产业投资的若干政策措施》，副处级以上领导集体约谈，传达贯彻副省长崔永辉在武夷山调研时的重要指示精神，研究省委巡视反馈问题整改有关工作，研究灾后重建恢复生产有关工作，传达南平市委常委会会议精神，研究《2019年度省委对南平市委全面从严治党主体责任落实情况检查发现问题的整改责任清单任务分解方案》，听取武夷山市2019年度全面从严治党主体责任落实情况检查工作汇报。会议明确：一是由林方牵头，市委组织部负责，对各单位学习情况进行检查，确保学习活动走深走实。二是由裴福海牵头，市自然资源局负责，研究重点乡镇用地规划审批权提到市级统一管理相关办法，星桐公路建设要统筹考虑好国家公园范围内村庄的整体规划；由黄崇跃牵头，市工信局负责，积极与省工信厅对接，梳理产业园区相关政策，争取食品加工、生物医药等产业龙头企业（央企、省企）在武夷山落地布局；由市交通运输局负责，统筹考虑五夫镇至洋庄乡国（省）道规划，做好G322、G327大外甩前期工作，争取省上支持推动列入国家“十四五”交通规划；由范震昆牵头，市林业局负责，积极争取林下经济、毛竹等产业政策支持；由市农业农村局负责，研究提出生态茶园用药限量最高标准，制定生态茶园和非生态茶园明确界定，积极与省农业农村厅对接，争取茶产业集群资金更多向武夷山市倾斜，就武夷岩茶保护立法相关工作争取省上支持。三是由巡视整改办负责，按照《整改方案》各问题牵头领导分工，逐一列出尚未整改到位的问题清单，发放至对应牵头领导，并呈报市委主要领导，对问题整改存在困难的、一时难以解决的，要及时提交市委巡视整改工作领导小组研究。四是由裴福海牵头，市住建局、应急局负责，组建专项工作组，对受灾房屋安全隐患开展全面排查和危房鉴定。各分管领导和职能部门要深入一线核实灾情，安抚群众情绪；各乡（镇）、街道、场要落实属地责任，做好灾后维稳工作；网信、公安部门要严厉查处涉灾网络谣言。五是由涂桦忠、裴福海牵头，市城市建设攻坚战指挥部负责，加快岩福路道路改造提升项目建设，争取 8 月底前通车；由裴福海牵头，市自然资源局负责，会同武夷山国家公园管理局和属地乡（镇），明确武夷山国家公园科普展示馆征地范围，兴田镇要落实属地责任，组建工作专班，制订征迁方案，确保国庆前完成征迁工作；由彭秀莲牵头，市委宣传部负责，会同武夷山国家公园管理局，制订武夷山国家公园整体宣传方案；由市委编办负责，依法依规按程序向南平市委编办和省委编办请示，在武夷山国家公园体制试点验收前将“武夷山风景名胜区旅游管理服务中心”更名为“武夷山市旅游服务中心”；由景区负责，配合武夷山国家公园管理局，将武夷山风景名胜区指挥中心端口与武夷山国家公园监控平台端口对接，并做好相关数据保密工作。

2020 年 7 月 29 日晚，市委书记江建华在市委四楼会议室主持召开 2020 年第 15 次市委常委会（扩大）会议，会议主要议题有传达南平市委常委会会议精神，专题研究部署武夷山市省委全面从严治党主体责任落实情况检查反馈问题整改和贯彻落实中央八项规定精神有关工作。

2020 年 7 月 31 日上午，市委书记江建华在市委四楼会议室主持召开 2020 年第 16 次市委常委会会议（议军会议）。会议主要议题有传达学习习近平总书记到空军航空大学视察时的重要讲话精神。会议明确：一是由高建民牵头，市财政局负责，支持拨付人武部经费，用于解决基层武装部和民兵营连部规范化建设、民兵应急连通用器材配备、基干民兵训练、人武部办公规范化设施建设、年度征兵工作、全市村民兵营连长岗位津贴补贴发放。支持拨付武警南平支队武夷山执勤三大队经费 5 万元，用于采购抢险救援器材。支持拨付中国人民解放军经费，用于解决主楼营房墙面瓷砖整修，购置热水器、冰箱、消毒柜等物资。支持拨付中国人民解放军部队经费，用于采购空调、热水器、洗衣机等物资。支持拨付市消防救援大队经费 30 万元，用于采购水域分队常规救援装备、消防宣传车等。支持拨付南平市森林消防支队武夷山大队经费 12.8 万元，用于采购抢险救援器材和伙食补助。二是由林方、高建民牵头，市委编办、市教育局、退役军人事务局、税务局、公务员局负责，按照拥军优属相关文件规定，结合部队官兵家属实际情况及调入单位专业需求，研究解决随军家属随调事宜。由市人社局、退役军人事务局负责，举行现役军人家属专场招聘会，为随军家属提供就业岗位信息。由市委编办、市人社局、退役军人事务局、公务员局负责，做好转业士官接收安置工作。三是由裴福海牵头，市自然资源局负责，协调部队厘清用地规划建设和土地确权办证事宜，并形成具体意见提交市委、市政府研究。四是由市自然资源局和城管局负责，配合部队对机场净空区超高建筑物进行逐一排查，属于违法建筑的，由城管局依法组织拆除。由市自然资源局负责，帮助部队联系技术队伍提供修复设计方案预防金钱山山体滑坡。由市交警大队负责，加强对部队内外场之间红绿灯路口交通秩序的管理，严查严处交通违法行为。由市城管局、武夷街道负责，对个别高苏坂村民在部队游泳池附近种菜、种茶进行清理。由市供电公司负责，帮助部队解决营区变压器扩容及改造问题，市财政根据预算酌情予以补助。由市自来水公司负责，配合部队加大市政供水管径至 250 毫米，解决部队供水不足问题。五是由高建民牵头，市教育局负责，按政策明确驻武部队现役军人子女中考享受定向生资格。按政策帮助解决市人武部、市消防救援大队现役军人子女转学、入学、入园事宜。六是决定将每年 8 月定为武夷山“拥军月”，由景区旅游管理服务中心负责，“拥军月”期间，全国退役军人游主景区门票半价，重点优抚对象、全国爱国拥军模范、全国拥政爱民模范、全国最美退役军人 1 元门票游主景区。七是由城市建设攻坚战指挥部牵头，市双拥办、退役军人事务局负责，对接“双拥一条街”具体标准，聘请规划设计团队，结合夜间经济、双拥元素，将西林街打造成为“双拥一条街”。八是由市委编办负责，拟核定一名事业编制双拥工作专员，提交编委会议研究。九是由市委老干局负责，协调南平市老干局解决陆军厦门特勤疗养中心武夷山疗养区通道规划用地事宜。十是由市城管局负责，集中采购一批应急照明设备。

2020 年 8 月 12 日上午，市委书记江建华在市委四楼会议室主持召开 2020 年第 17 次市委常委会（扩大）会议。会议主要议题有学习《习近平谈治国理政》第三卷，学习《习近平在福建》采访实录，传达学习 7 月 30 日中央政治局会议精神、习近平总书记在 7 月 28 日中共中央党外人士座谈会上的重要讲话精神和对“十四五”规划编制工作的重要指示精神，研究武夷山市“十四五”规划编制工作，研究《武夷山市茶产业高质量发展行动方案》，学习《中共中央关于印发〈中国共产党基层组织选举工作条例〉》，学习《中共福建省委贯彻〈中国共产党政法工作条例〉实施办法》，研究市残联改革有关事宜，研究2020年度市政协重点协商议题。会议明确：一是由黄崇跃牵头，市工信局负责，统计2016年以来全市规模以上企业数据，策划一批规下转规上企业，并将任务细化分解到各责任单位，每月通报进展情况。二是由高建民牵头，市财政局负责，研究解决国企改革滞后问题，并提出具体意见。三是由市自然资源局负责，围绕亩均产值、亩均税收、每亩投资强度、品牌等四项指标，进一步研究论证武夷山市用地政策。

2020年8月21日下午，市委书记江建华在市委四楼会议室主持召开2020年第18次市委常委会(扩大)会议。会议主要议题有学习《习近平谈治国理政》第三卷，学习《习近平在福建》采访实录，传达贯彻福建省委十届十次全会精神，研究组织人事有关工作。

2020年8月31日上午，市委书记江建华在市委四楼会议室主持召开2020年第19次市委常委会（扩大）会议。会议主要议题有学习《习近平谈治国理政》第三卷，学习《习近平在福建》采访实录，传达贯彻省委十届十次全会、南平市委五届十次全会精神，研究当前有关工作，学习观看国家安全工作宣传教育片。

2020年9月11日上午，市委书记江建华在市委四楼会议室主持召开2020年第20次市委常委会（扩大）会议。会议主要议题有传达贯彻习近平总书记对制止餐饮浪费行为作出的重要指示精神，传达贯彻习近平总书记向全国广大教师和教育工作者以及向全国广大医务工作者致以节日祝贺和诚挚慰问时的重要指示、致中国少年先锋队第八次全国代表大会和全国青联十三届全委会全国学联二十七大的贺信、向中国人民警察队伍授旗时的训词精神，传达贯彻习近平总书记9月8日在全国抗击新冠肺炎疫情表彰大会上的重要讲话精神，传达贯彻习近平总书记9月9日在中央财经委员会第八次会议上的重要讲话精神，研究市委十三届十一次全会有关事宜。会议明确：由黄晓东牵头，市委政法委负责，研究提出常访户维稳化解稳控措施；由裴福海牵头，市应急管理局负责，研究提出灾害突发事件应急响应处置办法。

2020年10月10日下午，市委书记江建华在市委四楼会议室主持召开2020年第21次市委常委会（扩大）会议。会议主要议题有传达贯彻习近平总书记在湖南考察时、9月17日在基层代表座谈会和9月22日在教育文化卫生体育领域专家代表座谈会上的重要讲话精神，传达贯彻习近平总书记对新时代民营经济统战工作、供销合作社工作作出的重要指示精神，传达贯彻习近平总书记对“十四五”规划编制工作网上意见征求活动作出的重要指示精神，研究进一步做好武夷山市“十四五”规划编制工作。听取“两节”旅游工作情况汇报，研究旅游产业高质量发展有关工作，研究《教育振兴三年行动计划》，听取第十四届海峡两岸茶业博览会筹备工作进展情况，研究创建国家卫生城市有关工作，研究市妇女联合会换届有关事宜，研究组织人事有关工作。

2020年10月21日下午，市委书记江建华在市委四楼会议室主持召开2020年第22次市委常委会(扩大）会议。会议主要议题有传达贯彻习近平总书记在2020年秋季学期中央党校（国家行政学院）中青年干部班开班式上的重要讲话精神，传达贯彻习近平总书记在深圳经济特区建立40周年庆祝大会上和在广东考察时的重要讲话精神。听取中央生态环境保护督察反馈问题整改情况汇报。研究市生态环境保护有关工作，研究防范化解“邻避”问题，推进重大项目实施，研究2019年绩效考评结果及2020年绩效管理考评方案。传达贯彻十九届中央第六轮巡视、十届省委第九轮巡视、五届南平市委第十轮巡察部署会精神。研究纪检监察有关工作。会议明确：一是由裴福海牵头，市自然资源局负责，加强城市总体风貌规划研究，对全市历史文化建筑进行全面摸底调查。二是由涂桦忠、裴福海牵头，市城市建设攻坚战指挥部负责，市城管局、住建局、自然资源局、各乡（镇）、街道配合，认真做好高铁高速沿线违法建设和临时建筑、违规生产经营单位、私拉乱建的各类线缆、线杆等摸排工作，并进行依法处置；由裴福海牵头，市城管局负责，增加雾化车洒水降尘作业频次，解决施工现场粉尘污染问题；由范震昆牵头，东溪水库管理局负责，研究解决东溪水库因网箱养殖、垂钓等原因导致考核断面超标问题。三是2019年绩效考评优秀等次的绩效管理发放标准调整为优秀100%、良好90%、一般80%。招商服务中心抽调人员同等参照招商服务中心的考评等次予以发放奖励。

2020年11月2日晚，市委书记江建华在市委四楼会议室主持召开2020年第23次市委常委会（扩大）会议。会议主要议题有传达贯彻中共十九届五中全会精神，传达贯彻习近平总书记在10月22日中共中央政治局常务委员会会议和中央政治局第二十四次集体学习时的重要讲话精神，传达贯彻习近平总书记致“摆脱贫困与政党的责任”国际理论研讨会的贺信精神和对脱贫攻坚工作作出的重要指示精神，传达贯彻习近平总书记在纪念中国人民志愿军抗美援朝出国作战70周年大会上和参观“铭记伟大胜利、捍卫和平正义——纪念中国人民志愿军抗美援朝出国作战70周年主题展览”时的重要讲话及给四川省革命伤残军人休养院全体同志的回信精神和全国双拥模范城（县）命名暨双拥模范单位和个人表彰大会精神，传达贯彻《中共福建省纪委关于给予武勇开除党籍处分的决定》《福建省监委关于给予武勇开除处分的决定》。会议明确由吴伟牵头，市发改科技局负责，全面评估“十三五”时期主要经济指标完成情况。

2020年11月19日下午，市委书记江建华在市委四楼会议室主持召开2020年第24次市委常委会（扩大）会议。会议主要议题有传达贯彻习近平总书记对新时代推进农村土地制度改革、做好农村承包地管理工作作出的重要指示精神，传达贯彻习近平总书记对平安中国建设作出重要指示精神，传达贯彻上级扫黑除恶专项斗争会议精神，研究市扫黑除恶有关工作，研究大战六十天实现“全域无垃圾”专项行动；通报南平市工作检查情况，研究进一步推进乡村振兴示范带建设工作，落实《南平市第四届旅游产业发展大会武夷山分会场工作方案》，传达贯彻《2019—2023年全国党政领导班子建设规划纲要》《福建省贯彻落实〈2019—2023年全国党政领导班子建设规划纲要〉若干措施的通知》《南平市贯彻落实〈2019—2023年全国党政领导班子建设规划纲要〉若干措施的通知》精神。专题研讨“年轻干部要提高政治能力”“争创文明城、争做文明人”“大讨论”第二专题“不文明行为大家谈”主题研讨，传达贯彻习近平总书记对做好关心下一代工作作出的重要指示精神。会议明确：一是由林方牵头，成立10个乡（镇）、街道村级换届前期工作调研组，对各乡（镇）、街道村（居）换届候选人逐个排查、全面会诊。二是由涂桦忠和范震昆牵头，市乡村振兴办负责，成立城乡人居环境整治办公室，明确职责分工，建立工作长效机制。三是由涂桦忠牵头，统筹推进乡村生态康养旅游发展示范带建设；由林方牵头，统筹推进“文＋农＋旅”产业融合发展、国家田园综合体示范带建设；由吴伟牵头，统筹推进少数民族及农旅产业发展示范带建设，由旅游产业高质量发展行动指挥部负责，加快推进6条乡村旅游公路提升改造；由范震昆牵头，统筹推进茶旅融合发展示范带建设；由陈爱宾牵头，统筹推进万里茶道及文旅产业融合发展示范带建设；由金文莲牵头，统筹推进红绿产业融合发展示范带建设；由李祥仁牵头，统筹推进乡村振兴先导区、圆梦村协同发展示范带建设。

2020年12月4日上午，市委书记江建华在市委四楼会议室主持召开2020年第25次市委常委会（扩大）会议。会议主要议题有传达贯彻习近平总书记在浦东开发开放30周年庆祝大会、江苏考察调研的重要讲话精神，传达贯彻中央全面深化改革委员会第十六次会议精神，传达贯彻习近平总书记在中央全面依法治国工作会议上的重要讲话精神，研究安全生产工作，研究“一攻坚两行动”工作，研究“十三五”规划目标任务完成情况，部署冲刺全年经济社会发展工作，研究《农村人居环境整治文明积分制实施方案》，研究脱贫攻坚工作，研究农村发展党员违规违纪问题，专题研讨“年轻干部要提高调查研究能力”。会议明确：一是由涂桦忠、吴世平、裴福海牵头，市城市建设攻坚战指挥部、交警大队负责，加强道路交通安全设施建设，对全市特别是城区、度假区所有重点路口以及事故高发路段进行全面排查，及时发现安全隐患并立即整改；整治车辆乱停放问题，充分利用地库闲置车位，引导车辆进入地下停车场，加快新建停车场；由彭秀莲同志牵头，市委文明办负责，组织志愿者对横穿马路、乱闯红灯等不文明行为进行劝阻，引导市民文明出行；由市交通运输局、交警大队负责，加强对货车、毛竹车、三轮车、电动车等车辆的治理管控；由市城管局负责，加强对渣土车进城管理；由市交警大队负责，加强路面警力特别是重点时段、重点路段的警力安排；加强辅警队伍建设，充分保障辅警待遇，加强科学使用和考核管理，由市交通运输局负责，加强对公交公司、校车等驾驶员的管理培训，提高驾驶员的交通安全意识；由市教育局负责，加强校园交通安全宣传教育，引导规范学生文明骑电动车。二是由范震昆牵头，市农业农村局负责，研究提出拓宽贫困户农产品销售渠道的具体措施。

2020 年 12 月 11 日下午，市委书记江建华在市委四楼会议室主持召开 2020 年第 26 次市委常委会（扩大）会议。会议主要议题有传达贯彻习近平总书记在中央政治局审议《中国共产党统一战线工作条例》、《中国共产党党员权利保障条例》和中央政治局第二十五次集体学习时的重要讲话精神，传达贯彻习近平总书记在全国劳动模范和先进工作者表彰大会上的重要讲话精神，传达贯彻习近平总书记在中央政治局常务委员会会议听取脱贫攻坚总结评估汇报时的重要讲话精神，专题研讨“年轻干部要提高科学决策能力”，研究组织人事有关工作。会议明确：由涂桦忠同志牵头，市扶贫办负责，对建档立卡贫困户劳动力就业、产业发展情况进行摸底调查。

2020 年 12 月 24 日下午，市委书记江建华在市委四楼会议室主持召开 2020 年第 27 次市委常委会（扩大）会议。会议主要议题有传达学习习近平总书记在中央经济工作会议和中央政治局第二十六次集体学习时发表的重要讲话及省委经济工作会议精神，传达学习省委十届十一次全会精神，研究第 44 届世界遗产大会有关工作，研究老促会有关工作，研究全市反恐怖有关工作，专题研讨“年轻干部要提高改革攻坚能力”，学习研讨《论党的宣传思想工作》。会议明确：一是由市旅游产业高质量发展行动指挥部负责，编制旅游发展专项规划；由市茶产业高质量发展行动指挥部负责，编制茶产业发展专项规划；由市文体旅局负责，编制文化资源保护与利用专项规划；由市林业局负责，编制国土绿化专项规划；由市教育局负责，编制教育事业发展专项规划；由市自然资源局负责，编制城市总体规划、控制性详细规划和风格风貌专项规划；由市发改科技局负责，编制重大建设项目专项规划。二是由涂桦忠牵头，市城市建设攻坚战指挥部负责，抓实城乡环境整治和景观绿化彩化提升工作；加快迎接世遗大会项目建设，以 2021 年 5 月 31 日为时间节点，倒排项目工期，确保按时完成投入使用；加强城市管理，严厉打击违法建设和私搭乱建行为；加大农村人居环境整治力度，实施“文明积分制”；由吴伟牵头，市旅游产业高质量发展行动指挥部负责，市委组织部配合，加强导游队伍建设，组织开展机关干部兼职景区讲解员培训；由市旅游产业高质量发展行动指挥部负责，加快推动双世遗展示中心项目落地；由度假区负责，全力推进度假区环境整治提升工作；由彭秀莲牵头，市委宣传部负责，加强与省上对接，进一步明确精品线路和具体项目，细化任务要求，确定时间节点、项目责任人。三是由杨一鸣牵头，景区负责，加强景区景点基础设施、服务配套的修缮和提升改造，加快建设配套停车场。四是按实拨付《武夷山市革命老区发展史》编写、出版经费和老促会年度工作经费及办公场所租金；以劳务派遣方式配备一名老促会专职工作人员。

2020 年 12 月 29 日下午，市委书记江建华在市委四楼会议室主持召开 2020 年第 28 次市委常委会（扩大）会议。会议主要议题有传达学习南平市委全会和南平市委经济工作会议精神，研究市委十三届十二次全会有关事宜，研究拟表彰 2019 年度武夷山市新时代、新担当、新作为先进集体和先进个人，专题研讨“年轻干部要提高应急处突能力”，专题研讨“文明新风貌大家谈”。会议明确由市人社局负责，做好先进个人奖金及荣誉证书和先进集体奖牌发放，表彰专项经费由市财政核拨。

## 重要活动及重大决策

2020 年 1 月 13 日，市委召开工作务虚会。会议听取大家对武夷山发展的意见建议，达到统一思想、凝聚共识、厘清思路、推动发展的预期效果。

2020 年 2 月 28 日，市委召开经济工作会。会议深入学习贯彻落实中央、省委和南平市委经济工作会议精神，回顾总结 2019 年经济工作，安排部署 2020 年目标任务。

2020 年 3 月 8 日，市委召开城市建设攻坚战动员大会。会议从规划提升、基础设施、公共配套、景城融合、安居保障、管理升级“六大工程”来具体展开。对打好城市攻坚战进行了具体安排。

2020 年 3 月 16 日，市委召开全市党建工作会议。会议认真贯彻落实上级组织、宣传和统战工作会议精神，回顾总结 2019 年武夷山市党建工作，安排部署 2020 年工作任务。

2020年3月16日，全市政法工作会议召开。会议深入学习贯彻习近平新时代中国特色社会主义思想，认真贯彻落实中央、省委和南平市委政法工作会议精神，回顾总结2019年工作，安排部署2020年任务。

2020年4月18日，市委召开全市茶山整治暨复绿行动大会。会议对茶山整治工作进行再动员、再部署，体现了市委、市政府整治违规违法开垦茶山、切实保护好武夷山绿水青山的信心和决心。

2020年4月29日，市委召开一季度全市经济形势分析会。会议深入学习贯彻习近平总书记重要讲话、重要指示批示精神和省委、南平市委一季度经济形势分析会精神，分析当前经济形势，研究部署武夷山市下阶段统筹推进疫情防控和经济社会发展工作。

2020年5月27日，市委理论学习中心组学习会。会议深入学习贯彻习近平总书记在福建工作时关于文化和自然遗产保护的创新理念和重要实践，进一步增强做好新时代文化和自然遗产保护利用工作的思想自觉、政治自觉和行动自觉，深度挖掘、精心呵护武夷山文化遗产资源，加强文物保护利用和文化遗产保护传承，大力弘扬优秀传统文化。

2020年5月29日，市委召开创建全国文明城市、国家卫生城市会。会议对“双创”工作进行再动员、再部署、再落实，动员全市上下迅速行动起来，以“临战”的状态、扎实的工作，齐心协力、全力以赴投入创文明城市、创卫生城市工作中，确保创建任务落到实处。

2020年6月24日，召开全市绿色发展和“四比”（比党性、比作风、比业绩、比贡献）半年考评工作推进会。会议通报武夷山市一季度绿色发展和“四比”考评情况，分析存在的问题，并对上半年绿色发展和“四比”考评工作进行安排部署。

2020年7月11日，市委召开武夷山市旅游产业高质量发展行动大会。会议对旅游产业高质量发展作出全面系统部署。

2020年7月31日，市委召开市委议军会议。会议深入学习贯彻习近平总书记关于国防动员和党管武装工作的重要论述，落实党管武装要求，研究部署市国防动员、后备力量建设和“双拥”工作。

2020年8月13日，市委召开武夷山市茶产业高质量发展行动动员大会。会议对全方位推动茶产业高质量发展作出全面系统部署。

2020年10月13日，市委召开全市教育振兴动员大会。会议深入学习贯彻习近平总书记关于教育的重要论述和全国教育大会、全国学校思想政治理论课教师座谈会重要讲话精神，认真贯彻落实国家和省、南平市关于教育工作的部署要求，研究分析武夷山市教育工作面临的新形势新任务，全面部署武夷山市教育振兴三年行动，加快推进教育现代化，为全方位推动绿色高质量发展超越提供有力支撑。

2020年12月18日，市委召开全市“十四五”规划纲要征求意见建议座谈会。会议深入贯彻中共十九届五中全会精神，广泛征求各方面意见建议，编制好“十四五”规划，为武夷山市“十四五”高质量发展，构建新发展格局打下坚实基础。

2020年12月28日，市委召开工作务虚会。会议围绕聚焦短板弱项；厘清发展思路、找准发展定位、明确工作重点等专题展开讨论，并形成共识。

（余俊锋）

## 市委办公室工作

**【综述】** 市委办公室是中共武夷山市委办事机构（简称市委办），内设机构14个，分别是深改和军融协调股、人秘股、综合法规股、信息股、督查室、接待股、党群股、商密股、市委政策研究室、市委总值班室、市委机要局、市国家安全和保密局、档案监督指导股、台港澳股，有行政编制22人、参公编制11人、机关工勤编制5人。

2020年，市委办公室围绕市委工作大局，不断提高决策参谋、综合协调、督促检查、信息宣传、后勤保障等能力。履职尽责、担当奋进，在市委换届、茶博会等重要会议、重大活动中切实当好市委参谋助手。在市委的正确领导下，市委办坚持以习近平新时代中国特色社会主义思想为指导，深入学习贯彻中共十九大和中共十九届二中、三中、四中、五中全会精神，认真贯彻落实中央、省委、南平市委和武夷山市委的决策部署，坚持围绕中心、服务大局、忠诚履职，着力提升“三服务”工作质量和水平，努力建设让市委放心、让群众满意的模范机关，助力“一攻坚两行动”，加快全方位推动绿色高质量发展超越。

**【综合文字工作】** 全力以文辅政，服务市委大事要事，为市委科学决策提供参考，提供优质的参谋服务。

完成市委全会、市委常委会会议、市委工作会议等重要会议材料和各级领导到武夷山调研汇报材料等文字起草工作，以及各类文稿服务工作，共起草综合文稿400余份、会议纪要36份，审核市委、市委办文件142份。认真落实党内法规和规范性文件备案审查制度，坚持有件必备，凡是属于报送备案范围的党内规范性文件，严格按照《党内规范性文件备案办法》等相关规定，在规定时限内向南平市委办法规室报送备案，共报备党内法规和规范性文件19份。

【信息宣传工作】　以“聚焦服务大局、精准策划选题、提升信息时效”为工作要求，围绕“一攻坚两行动”等市委中心工作做好信息服务。共报送信息726条，其中，被省上采用58条，获省领导批示3条；被南平采用146条，获南平市领导批示4条。信息工作位列全省先进行列，获评“全省先进报送单位”、南平市“信息优秀报送单位”。撰写上报的《各类在线监测设施产生的液体废弃物处理情况、存在问题及建议》被中办采用，《抢抓新机遇　展现新作为——武夷山市以高标准引领旅游产业高质量发展超越》《农村增美　农业增效　农民增收——武夷山市全力推进福建省首个（五夫）国家级田园综合体试点项目建设》等典型经验类信息被省委办公厅、南平市委办采用。

【后勤保障工作】　大力弘扬求真务实、真抓实干的工作作风，坚决做到“三个马上”，任务一布置、马上抓落实，工作一部署、马上去推动，工作一完成、马上就反馈，确保任务到岗、责任到人，保证工作有条不紊、忙而有序。严格文件收发审核程序，把好程序关、时效关、行文关、格式关等，共办理文件1600余件，完成市委十三届十一次全会、十二次全会、28次市委常委会等会务工作。持续做好基层减负工作，制定《关于持续解决困扰基层的形式主义问题为决胜全面建成小康社会提供坚强作风保证的具体措施》（武委办发〔2020〕3号），出台8个方面29条具体措施，进一步减少会议活动、精简文件简报，提高办文质量、办会实效。全市共发文210份，同比减少62.23%；召开会议125场，同比减少70.86%。2020年9月，完成中办基层减负基层观测点蹲点调研工作。

【督查督办工作】　制订“督检考”计划，2020年督查检查考核事项清理整合至10项，同比减少41.17%。对计划外的督查事项实行备案管理，未经市委、市政府审批一律不得开展。清理规范“一票否决”和签订责任状事项，进一步清理“一票否决”事项1项，责任状事项15项25条。开展整治“指尖上的形式主义”工作，排查清理移动互联网应用程序1个，整合网络工作群（微信群、QQ群）120个。认真做好督查反馈，完成上级部门交办的21件督办件反馈工作。印发武夷山市《突破“难、硬、重、新”工作行动方案》，收集全市19个问题，持续跟踪督办。落实“3+1”清单机制，下发督办件（清单）32份，事项182件，按照时间节点完成174件，完成率95.6%。督查工作在南平市“四比”考评中，年度总分排名第一。

【值班及信访工作】　完善值班信息报送渠道，及时准确掌握、上报全市重大突发事件及群体性事件信息，及时有效报送“疑似农夫山泉夜毁武夷山国家公园林区”“武夷山‘天价茶’”等网络舆情事件和疫情防控重要信息。严格执行市委大楼信访轮值制度。加大全市节假日值班、重点时期值班、重大事件值班情况的督查力度，通过暗访、电话抽查等方式，节假日每天检查15—20家单位，确保值班人员在岗在位。

【公务接待工作】　完成市委各项接待任务，共接待专项客人113批约1398人，其中，专项接待：二级以上接待5批220人；省部级客人（副部级以上）13批196人；老干部到访3批62人；上级调研检查36批288人；兄弟县（市）到访9批187人；其他重要嘉宾、客商47批445人。参与接待全国人大常委会副委员长沈跃跃、全国政协副主席李斌、中华人民共和国原副主席李源潮赴武夷山工作视察、全国政协原副主席黄孟复工作视察、医务专家休假团、第十四届海峡两岸茶叶博览会等重大重要接待。

【机要保密工作】　做好市委机要值班通信、内网维护、信息化创新和普、商密管理工作，为立户单位定期做好检查、指导、上报等，获得南平市密码工作领导小组绩效考评优秀单位。

【台港澳工作】　调整充实市委对台工作领导小组。接待国务院港澳办、省台港澳办等调研团和各类台湾参访团19批203人次。落实市委《关于探索武台融合发展新路的实施方案》27条惠台政策，共有

851人次台胞享受武夷山景区免门票政策。在武夷山市立医院和行政服务中心开辟台胞绿色通道，成立台胞权益保障法官工作室。积极开展两岸朱子文化系列交流活动，多次被CCTV、《福建日报》、“学习强国”App等重要媒体平台报道，“南平武夷山朱子故里海峡两岸交流基地”顺利通过省台港澳办年度验收。

（余俊锋）

## 组织工作

【概况】 中共武夷山市委组织部是市委主管组织工作和干部工作的综合职能部门，内设办公室（加挂研究室牌子）、干部一室（加挂干部档案室牌子）、干部二室、干部三室、人才工作办公室、干部监督室（加挂举报中心牌子）、干部教育室、组织建设室、党员教育管理室（加挂组织史办公室牌子）、党员电化教育办公室（加挂远程教育办公室牌子）、信息办公室、中共武夷山市委组织员办公室12个职能股室，核定行政编制21名，参公事业编制5名。2020年，实际在编的行政编制人员14名，参公事业编制4名。

2020年，武夷山市委组织部坚持以习近平新时代中国特色社会主义思想为指导，认真贯彻中共十九届四中、五中全会精神，深入践行新时代党的组织路线，围绕省委“四个高质量”（高质量推进绿色发展、高质量推进脱贫攻坚、高质量推进乡村振兴、高质量推进基层党建）、南平市委“创新落实年”和武夷山市委“一攻坚两行动”重点任务，聚焦主责主业，服务中心大局，狠抓重点工作落实，为推进新时代新武夷治理现代化、决胜全面建成小康社会、决战脱贫攻坚、坚决打赢疫情防控阻击战提供坚强组织保证。

【扎实抓好党员干部思想教育】全面提高干部能力素质。深入开展“业务大学习、能力大提升、作风大转变”活动，开办组工业务讲坛、财政讲堂、司法学堂、妇女微家、青年小课堂等各具行业特色的业务讲坛，举办“岗位大练兵”“业务大比武”等系列活动40场次，常态化开展各类业务培训200多场次。继续办好“武夷干部读书班”，突出“请进来教”，邀请温铁军等国内富有影响力的专家学者授课，截至2020年12月31日，办班43期，培训学员6500余人次。用好“大安红色教育基地”，开展党性教育现场教学和体验活动，全年举办各类培训班等66场次，培训干部2397人次。全面构建市、镇、村“三级党校”，推动市委党校教学资源与乡（镇）党校资源共享、师资共用。成立5所乡（镇）党校，并在大安村、溪洲、前兰、翁墩、仙店、大渚等村设立“村级党校”，培训农村党员干部1000余人次。

【聚力打赢疫情防控阻击战】

1. 筑牢疫情防控防线。充分运用“机关联乡村、联社区”“双联双评”“三化三防”等工作机制，组织全市98个市直及驻武单位联系115个行政村，650名党员村干部联系4700多名普通党员和3.5万多名村民户代表，以“党组织—党员—户代表”形式，实现村级摸排全覆盖；组织机关企事业单位与17个社区结对共建，抽调1270余名党员干部深入社区一线，组建260余支“党员突击队”“党员先锋队”，设置202个小区进出卡口，设立146个党员劝导服务站，打好社区疫情防控阻击战。

2. 激励党员干部担当作为。组建疫情防控一线专项考核组9支，通过实地走访、列席旁听、督查暗访、电话访谈等形式，了解掌握单位领导班子和领导干部在疫情防控中的现实表现。武夷山公立总医院党委荣获“福建省抗击新冠肺炎疫情先进单位和先进基层党组织”称号，景区管理服务中心荣获“福建省抗击新冠肺炎疫情先进集体”称号，1人获评省级新冠肺炎疫情防控工作先进个人，1人获评南平市级新冠肺炎疫情防控工作先进个人，调任1名在疫情防控工作中表现突出的干部，“火线”入党2人，全市1万余名党员响应中央号召踊跃捐款170余万元支持疫情防控工作。联合团市委成立关心关爱小组，开展关爱一线防疫人员送温暖活动。在“武夷山下党旗红”官方微信公众号，开辟“防‘疫’一线党旗红”专栏，刊登《武夷山市各级党组织、党员干部奋战在疫情防控一线先进事迹选登》31条，拍摄《战“疫”有你 温暖如光》《致敬》等疫情防控专题片，推出《逆行》《坚守》《担当》《奉献》抗疫系列海报，进一步提振党员干部精气神。

【着力打造高素质专业化干部队伍】

1. 精准科学选人用人。制定《关于选调优秀干部参加重点工作的通知》，分期分批选派72名干部到“一攻坚两行动”等中心工作历练成长。突出政治标准，坚持把重大斗争、重点工作一线作为考察干部实际表现的主战场，制定《一线考察干部工作办法（试行）》，注重在项目建设、疫情防控、防汛抗灾、脱贫攻坚等重点工作一线，全方位、多渠道、近距离考察识别领导班子和干部的实际表现，全年提拔重用一线表现优秀干部31名。结合省委巡视整改和年度考核，对单位领导班子和领导干部进行考察了解、分析研判，摸清领导班子运行状况、结构功能、优化方向和干部思想动态、履职成效、思想作风等情况，调整20名年龄偏大的科级干部退出领导职务，配齐配强总规划师等4个专业性领导岗位，不断提高领导班子建设质量。

2. 培养选育年轻干部。制订实施年轻干部培养计划，强化全链条培养机制，统筹引进生、选调生和基层党群工作者等青年干部队伍，通过“武夷干部读书班”、业务大比武等平台促进年轻干部比学赶超；综合日常了解掌握、无任用推荐等机制，建立动态优秀年轻干部库，对有发展潜力的，放到农村一线、项目一线、脱贫一线等重点关键岗位，培养成熟的梯次提拔使用。2020年，提拔使用“85后”优秀年轻干部12名，3名优秀选调生通过省级机关单位公务员遴选。健全股级干部管理制度，制定《武夷山市机关事业单位股级干部任免实施办法》，举办股级干部任免业务培训班3期，审核批准股级干部任免68人。鼓励支持基层党群工作者学习深造，22名基层党群工作者参加专升本学历教育，4名基层党群工作者考录公务员，5名基层党群工作者考录事业单位。

3. 规范管理公务员队伍。顺利完成2020年公务员考录工作，全市新录用公务员50名、选调生5名；完成2019年度新录用公务员（含参照管理事业单位人员）、选调生共46人试用期满转正登记工作；办理公务员调动16人。稳妥推行职级晋升工作，将年度考核、公务员无任用推荐成果与绩效考评等结合，全年晋升在重点项目、疫情防控等工作中表现优秀的公务员及临近退休人员25人次。开展干部年度考核审核备案工作，考核1692人，报请授予嘉奖261人、记三等功42人。开展清理规范“一票否决”和签订责任状工作，共摸排87个单位，3个单位清理“一票否决”事项3项，14个单位清理责任状15项25条。协助省委组织部、南平市委组织部办好全国人民满意公务员及先进代表来武夷山休假疗养服务工作。

4. 从严日常监督管理。开展全市党员干部及国家公职人员违规经商办企业、违规在企业社团兼职、“吃空饷”等问题专项整治工作，清理在企业兼职（挂职）的科级领导干部4名，并建立防治长效机制。加大领导干部报告个人有关事项宣传、解释和指导工作，全市处级、科级领导干部因私出国（境）证件上交率100%，证件管理经验做法在南平各县市区推广。加大巡察整改日常监督力度，通过参加巡察反馈会、巡察整改专题民主生活会、协助审核巡察整改材料等方式，加强对被巡察单位整改责任落实情况的日常监督，推动巡察监督与日常管理深度融合。

## 【织密基层治理组织体系】

1. 深化“达标创星”，助力脱贫攻坚乡村振兴。深化“达标创星”活动，用好“三化”（即对基层党建工作实行项目化管理、规范化实施、常态化督查）管理、“一月一清”、“联学联建”（即对农村基层党组织实行组织联建、支部联学、制度联抓、活动联办、产业联推机制）等有效做法，制定下发基层党建重点任务清单和有关问题整改方案，实行一季一督查、一年一考评，集中授牌表彰10个“五星级”“四星级”党建示范点，创建金星村党组织8个、红星村党组织26个，经验做法在2020年全省基层党建重点任务推进会上作典型经验交流。采取“党支部＋合作社＋基地＋贫困户”“贫困村＋贫困户＋经营主体”等模式，探索龙头企业（合作社）带动式扶贫模式，累计带动贫困村村均增收5万余元、贫困户户均增收2000余元。安排223个机关企事业单位党组织联系帮扶145名建档立卡贫困户的高中和大学学生，发动党员捐款支持助学资金112.9万元。用好十条扶持措施，继续实施扶持21个贫困村集体经济发展试点工作。把“水美经济”“生态银行”“武夷品牌”三大创新与壮大村级集体经济有机融合，带动28个村实现村财增收累计237.4万元，2020年村集体经营性收入10万元以上的村达91%。2020年10月，武夷山市被省委党建办列为农村党建联系点。

2. 开展“党建体检”，打牢村级组织换届基础。持续深化“党建体检”，对全市115个行政村的村情民情进行摸排更新，编制《2020年武夷山市村情报告》，作为指导村级发展和换届工作的第一手资料。开展村（社区）“两委”班子体检，摸排一批换届“重难点村”，掌握村主干“一肩挑”意向人选，形成分析研判报告。采取“四个一”（即每个软弱涣散村党组织分别由一名县级领导干部联村，一名乡镇领导班子成员包村，一名第一书记驻村，一个机关单位结对）办法对35个软弱涣散村、换届重难点村、贫困村和少数民族薄弱村进行集中整顿，帮助村级制定整顿措施113条，办实事、解难题47件。制定下发《关于建立农村优秀青年和优秀女性人才库的通知》，重点摸排户口在本村、年龄在35周岁以下的优秀青年和45周岁以下的优秀女性，探索实施聘任“村务助理”“党务助理”等方式，搭建成长发展平台，全市115个村共储备后备力量273名。聚焦决战决胜脱贫攻坚和高质量推进基层党建、乡村振兴，分批分类举办短期专题培训班和村（居）党组织书记、驻村第一书记培训班，培训6524人次。

3.推进“四联四促”，构建共治共享新格局。一是推行“机关联乡村，党建促振兴”机制。结合“互动联动、挂村服务”“联学联建”“双联双评”机制，推动98个市直单位党组织与全市115个村持续结对共建，组织2000多名机关党员与村级党员相互“结亲”，打造党建共建片25个，结对共建单位参与“乡村拉练会”“支书讲坛”“党员讲坛”143场次，帮助村级争取资金4200多万元，谋划产业项目159个，指导组建“百姓评议团”等矛盾纠纷调解组织112个，协调解决具体问题570余件。二是推行“机关联社区，党建促治理”机制。推动198个机关企事业单位党组织与17个社区结对共建，建立17个社区大党委，择优推荐130名机关党员干部担任大党委委员，建立社区大党委“轮值主席”制度，签订共建协议198份，落实共建项目98个，解决实际问题103件。探索实施共建单位和在职党员服务社区“积分制”管理办法，设置10个加分项和2个扣分项，实行年底考评，考评结果纳入机关党建、平安单位、文明单位和“四比”考评体系。三是推行“机关联企业，党建促发展”机制。选派20名干部对接服务61家规模以上企业，全市61家规模以上工业企业复工60家，复工率98.36%。召开动员培训和联席会议6场，联企干部为企业宣讲《习近平谈治国理政》第三卷、《中华人民共和国民法典》120余次，覆盖企业员工2300余人；协助34家企业争取省中小微企业纾困专项贷款、应急转贷等贷款9180万元，帮助落实稳定就业奖补113.62万元；开展“机关联企帮帮团”活动，经验做法在《八闽快讯》《闽北日报》等媒体刊登。四是推行“机关联商会，党建促回归”机制。选派3名优秀干部作为首批回归专员，负责联系服务上海、广东、福州等异地商会，做好宣传推介武夷山、收集整理客商及项目信息、做好项目对接和跟踪等服务工作，新组建福州市武夷山商会党支部、浙江温州市商会党支部和青年企业家商会党支部，为回归经济奠定基础。

4.推广“双联双评”，提升农村基层党建水平。按照“住地相邻、产业相近”原则，组织650名党员村干部联系4700多名普通党员、4200多名党员联系3.5万名村民户代表，落实“访民情、讲政策、办实事、解民忧”四项任务，办理扶贫助困等实事好事2200多件，化解各类矛盾纠纷408起。采取“年初定任务，季度议表现、年终评星级”的评星定级模式，村党组织评定为金星村、红星村、规范化村、软弱涣散村4个等次，党员评定为5个星级等次，对五星级、四星级党员进行授牌表彰，在竞选村干部、创业就业扶持等方面优先考虑；对二星级、一星级党员，由乡镇挂村领导进行约谈，实行限期整改，并纳入“红色学习班”系统教育培训。“双联双评”机制在疫情防控和推进“全域无垃圾”专项行动中作用充分彰显，有关经验做法在《中国组织人事报》、省委组织部《组工信息》《福建支部生活》等媒体报道。

5.推行“近邻党建”，提质城市基层治理效能。总结“三化三防”机制成果，实施“点、线、面”结合的立体化网格管理模式，将全市3个街道17个社区划分为12个片区，选派12名处级领导担任片区长，86名科级领导担任网格长，1002名党员干部、人大代表、政协委员、离退休干部等担任楼栋长，组建小区党支部80个、楼栋党小组70个。建立党员双向管理模式，探索无职党员“一编三定”，即对无职党员进行编组，定岗位、定责任、定奖惩，同时将社区党员、单位在职党员一同编组，组织引导各社区、小区每月固定一天常态化开展志愿服务活动，全年开展志愿服务983次，办好事实事477件。拓展进城创业党员“红色驿站”和度假区“党群服务中心”服务社区功能，开设“一站式”便民服务窗口，通过人工前台和电脑终端及时办理群众需求事项，全年累计办理服务事项1.4万余件。坚持以点带面，打造新丰街道临安社区、武夷街道八角亭社区水庄小区等近邻党建示范点2个。

6.打造“红色园区”，创建非公党建新品牌。紧扣“党建赋能助推园区高质量发展超越”目标，制定《关于创建“红色园区”非公党建品牌的实施方案》，开展筑牢“红色堡垒”、打造“红色阵地”、培育“红色管家”、举办“红色竞赛”系列活动，完成生态创业园区“红色园区”党建展馆建设，打造绿洲、美华、元生泰等非公企业党建示范点。2020年园区新组建5个非公企业党组织，实现规模以上非公企业党组织覆盖率100%。制定园区非公企业党建工作清单，加强党务工作者常态化培训，开展园区党建体检，梳理解决问题14个，推动非公企业党组织规范化建设。落实非公企业党建工作“拉练会”、非公企业党组织轮值承办“一月一主题”活动等创新机制，举办各类党建活动15场，初步构建“资源共享、学习共抓、活动共办、事务共商、发展共谋”的园区“大党建”工作格局。茶业同业公会党委入选省非公企业和社会组织党建工作实训基地。

7. 实施“六步”工作法，严把发展党员入口关。武夷山市作为全省农村发展党员违纪违规排查整顿工作试点县，启动为期4个月的排查整顿工作，重点排查中共十八大以来乡（镇）、街道新发展的农村、社区、非公等单位、组织的党员1104名，排查疑似问题294个，走访核实问题629个。对涉及重点问题的60名党员，不予承认党员身份1名，取消预备党员资格2名，重新履行入党手续1名；留党察看2名、党内严重警告1名、诫勉谈话10名、批评教育1名。同时追究相关责任人20名（其中，诫勉谈话7名、批评教育13名）。认真总结排查工作发现的薄弱环节，探索推行农村发展党员“六步”工作法，即提前报备、一线考察、党委监督、全域公示、近亲回避、评星定级，全方位推进事前、事中、事后全过程审核监督，着力破解农村党员发展中“近亲繁殖”和“家族化”问题。2020年全市新发展党员226名，其中：高中以上文化程度党员173名，占总数76.55%；大专以上文化程度党员129名，占总数57.08%；35周岁以下党员167名，占总数73.89%；女党员75名，占总数33.19%；工人党员19名，占总数8.41%；农牧渔业党员75名，占总数33.19%；非公企业发展党员30名，占总数13.27%；少数民族2名，占总数0.88%。

8. 培树红色品牌，加强党员教育管理。优化“红色驿站”服务功能，用好省级党建重点培育项目补助资金，对“红色驿站”和度假区党群服务中心硬件设施进行完善补充，组建进城创业党员便民服务队和志愿服务队，开展党课教育、主题党日活动、便民服务以及志愿服务疫情防控、服务茶博会等活动80余次，评选学习之星、服务之星、创业之星、模范之星22名，党员示范店和党员示范企业8家。办好“武夷山下党旗红”党建宣传品牌，全年共拍摄播出电视节目12期，发布微信图文和视频信息642条，累计关注用户9043人。创建“武夷山下党旗红”抖音号，围绕时事热点、党建动态、乡土人情等方面，开设“党员谈初心”“咱们村里那些事”“大美武夷”“城市记忆”等栏目，以更生动直接的方式传递正能量。至2020年底，发布90条，累计关注用户3620人，单条最高阅读量达12.3万次。

## 【广泛引才聚智，汇聚创新创业有力动能】

1. 聚焦茶旅产业引才聚才。聚焦茶旅产业高质量发展，刚柔并举支持企业引才育才。与中国工程院院士袁隆平合作开展第三代杂交水稻科学研究；与中国工程院院士刘仲华合作开展武夷岩茶品质化学特征和保健功能研究；中国工程院陈宗懋院士团队入选第七批省引才“百人计划”项目。武夷山市永生茶业有限公司总经理游玉琼入选科技部2020年创新人才推进计划科技创新创业人才，实现武夷山市国家级科技人才项目人选“零”突破。给予武夷星茶业有限公司关于南平市重点企业人才工作综合补助经费28.63万元。打好茶旅产业人才技能提升“组合拳”，举办导游员大赛、“武夷导游讲坛”、春茶加工技术培训等线上线下技能交流培训活动30余场次，开办职业技能培训班27期，累计培训近万人次。2020年，新增省高层次B、C类人才15人，省级技能大师工作室3家、南平市级技能大师工作室5家，2人获评南平市技能大师。

2. 补齐民生短板招才育才。聚焦民生短板与乡村振兴，加强医疗、教育、农业等人才队伍建设。2020年新增委培师范生37人、医学生16人，拨付2017—2020年149名师范生和医学生委培经费115.66万元。依托“人才·南平校园行”活动引进教师9人，2人入选南平市名师、名校长。加快实施农村实用人才培育计划，选派武夷山市科技特派员96名，培训新型职业农民470人，2人入选南平市优秀农村实用人才。突出高位嫁接，与福建省科技文化创新协会合作建设省级学会创新驱动服务站。着力打造“星创天地”（星创天地是众创空间在农村基层的一种表现形式，是对星火计划的一种传承和发扬。星创天地简言之是“星火燎原、创新创业，科技顶天，服务立地”）平台，为农业农村科技创新创业提供全方面服务，2家企业入选省级星创天地。

3. 夯实人才激励保障机制。关心关爱疫情防控阻击战一线人才，针对武夷山市驰援湖北人员中的13名编外医护人员，开辟“绿色通道”，简化招聘程序，通过直接考察的方式纳入编制管理。用心用情做好在京医务专家到武夷山休假服务工作，受到省委组织部的表扬肯定。落实山区高级职称专业人才专项奖励及2017年引进紧缺急需专业人才第二期安家补助716万余元。扎实推进人才安居工程，2020年审批租房补贴、购房补助等人才住房申请86件，发放住房补助83.62万元。

**【坚持从严治部，建设模范部门和过硬队伍】**

1. 锤炼务实担当的过硬队伍。部机关干部主动放弃春节休假，投入新冠肺炎疫情防控一线，收集编报基层疫情防控先进典型事迹170多条；到社区报到服务，开展值班值守工作45人次；支部党员自愿捐款2500元，助力疫情防控，捐款率100%。开展“党建助力精准扶贫”活动，联系帮扶1名建档立卡贫困大学生，组织捐款6000元助力大学圆梦；14名党员“一对一”结对帮扶贫困户，全年走访慰问帮扶对象60余次，巩固脱贫攻坚成效。落实“机关联乡村、联社区、联企业”机制，与五夫镇典村村、吴屯乡小浑村结对共建，开展防疫宣传、乡村振兴、“全域无垃圾”等共建活动6场次，主题党日活动2场次，争取投入基础设施资金57万元；与和平社区建立季度工作例会制度，挂钩帮扶失独家庭1户，指导小区创建党建示范点；选派1名党员干部作为联企干部，联系规模以上企业2家，争取纾困专项贷款300万元，牵头开展“联企帮帮团”活动。反对形式主义、官僚主义，梳理组织部门微信工作群，对“一事一群”“一事多群”精简合并，严格控制会议和发文数量，减少台账报表，切实为基层减负。

2. 建设创先争优的模范机关。开展“创新落实年”活动，探索实施“双联双评”、“红色园区”、农村发展党员“六步”工作法等三项党建创新项目，着力打造一批有影响力、有示范带动作用的组织工作品牌。及时总结提炼组织工作经验，全年共有21篇信息在《八闽快讯》《福建组工信息》《闽北快讯》《南平组工信息》等内部刊物上刊发，192条信息被《中国组织人事报》、《福建日报》、《闽北日报》、“学习强国”、“今日头条”及“闽北组工”等新闻媒体刊发，170篇评论文章被共产党员网、强国论坛等网站登载，编辑《武夷山组工信息》7期。强化争先创优意识，申报创建第十四届（2018—2020年度）省级文明单位，通过初评验收；统筹做好机关事务管理、干部档案信息化管理、绩效管理、信访、平安单位建设、党风廉政建设、安全保密、双拥等各项工作，打造模范部门。

（赵舜丹）

## 宣传工作

**【概况】** 2020年，中共武夷山市委宣传部有机关行政编制9名，年末实际在编在岗8人，内设综合股、干部股、宣传股、理论教育股。合署办公的群团事业单位——社会科学联合会，核定编制1名。下辖股级事业单位网络安全与信息化中心，2020年在编2人。

**【理论学习与社科工作】** 以市委理论学习中心组为龙头，围绕学习宣传贯彻中共十九届五中全会精神，“常态化疫情防控与复工复产”“一攻坚两行动”“乡村振兴”“创城创卫”“房屋安全隐患大排查大整治”等重点工作的开展，把习近平新时代中国特色社会主义思想的学习贯穿武夷山市委和基层党委（党组）理论学习教育全过程，融入全课程，紧扣主题精心策划市委理论中心组学习选题18个。在全市43个党委开展集中宣讲基础上，采取集中学、交流学、研讨学等方式推动学习走深走实，并创作快板书、三句半等文艺作品，结合文化惠民活动，宣传“十四五”的新发展阶段、新发展理念和新发展格局，唱响全会精神宣讲“大合唱”。围绕“习近平总书记在福建工作期间的重要思想和探索实践”，持续深化《习近平在厦门》《习近平在宁德》《习近平在福建》系列采访实录的学习，进行《习近平谈治国理政》第三卷分篇章导读。针对武夷山南源岭民宿发展、黄村茶产业振兴等选题广泛深入开展调查研究，完成“百城千县万村”调研任务，撰写调研报告3篇。坚持学思践悟统一，高质量完成理论选题，4篇体现武夷山特色的理论研究成果文章在《闽北日报》《闽北纵横》等媒体刊发，向“学习强国”福建学习平台推送学习体会文稿，带动全市党员干部群众学深悟透新思想，兴学习之风。社科宣传普及工作取得新成效，成功推荐申报五夫朱子文化休闲小镇、赤石暴动烈士纪念馆成为省级社科普及基地，申报洋庄乡红色文化宣传普及获“2020 年革命老区中央苏区社科普及特色活动资助项目”，弘扬朱子文化、讲好武夷山红色故事迈上新台阶。组建了由朱子文化专家、朱子文化爱好者等 27 人的朱子文化研究员队伍。社科研究成果显著，举办“五夫育朱子，朱子耀五夫”为主题的“朱子与五夫”研讨活动，结集出版论文 26 篇、14 万余字。社科普及宣传活动形式丰富，成功举办“决战脱贫攻坚，决胜全面小康”主题社科宣传周系列活动。

**【主题宣传与网络舆情宣传】** 围绕武夷山市委、政府的中心工作，开辟“城市建设进行时”“茶旅产业高质量发展”“文明城市创建”“走进武夷山国家公园”等 24 个专题，集中力量做好主题宣传。围绕“三化三防”的疫情防控措施展开新闻宣传。组织力量做好抗疫先进典型的宣传报道，推出一批如《“小巷总理”的防疫“空城计”》《武夷山“抗疫”宣传人的速度与温度》等报道在中央、省、市各主流媒体平台刊登转发，“三化三防”被评为百个案例。全市组织巡讲，积极倡导伟大抗疫精神，加强武夷山市涉旅游、环保、民生、医疗、茶产业发展和城市建设攻坚战等宣传，积极“进圈入群”，拓宽信息收集渠道，编发《网络舆情动态》13 期，《网络舆情提示函》15 期，主动向上报送涉南平、涉闽舆情信息 384 条，采用 164 条。用好网络新媒体，推进网络安全进社区、进企业、进机关、进校园、进军营、进农村、进家庭等活动共计 20 余场，发放宣传材料 3000 余份。

**【讲好武夷故事与展示武夷形象】** 完成融媒体中心“五个一”建设（整合为一个机构；建立了一套制度；探索了一套采编工作流程；初步形成一个核心平台；生产了一批融媒体产品），实现“一次采集、多种生成、多元发布”，形成传统媒体和新兴媒体互为补充的“立体式”宣传报道新格局，2020 年 7 月《武夷山》报复刊，与广播、电视、杂志等传统平台实现互联互通、相互引流。接入武夷山智慧城市建设成果，升级上线“掌上武夷”客户端 3.0 版，实现融媒体中心“新闻 + 政务 + 服务”功能，注册用户数达 2.3 万户，总访问量突破 900 万人次。2020 年底顺利通过县级融媒体中心验收，“渠道”建设日益完善。在新华社、央视频、央视新闻 + 等国家级移动媒体中开设矩阵号，入驻海博 TV、东南网等省级媒体移动端，加大“学习强国”平台投稿，上稿率在南平市位居前列。配合央视在武夷山进行 7 场电视端和新媒体端的直播，《美丽中国 最美武夷山》在央视《新闻联播》播出。制作并发布《武夷山水一壶茶》等破 10 万人次的融媒体产品 46 条，《福建武夷山人气旺》等破 100 万人次产品 17 条。开展“品读双世遗 漫游武夷山”茶旅文化品牌福州宣介活动、受邀参加“海丝茶道 万里飘香”2020 年首届海丝国际茶文化论坛，并向全球推介武夷茶文化。同时，获得“海丝国际杯”2020 首届茶王赛优秀组织奖。此外，还完成首届“513”（武夷山）旅游电商节、“朱子与五夫”学术研讨会等 50 场融媒直播和 13 场群众性公益活动的同步直播。

**【培育社会主义核心价值观与新时代文明实践】** 在列宁公园内建设新时代文明实践郭忠志愿服务队驿站，壮大新时代文明实践志愿服务队伍，增强新时代文明实践志愿服务力量。完成星村镇竹筏上的新时代文明实践志愿服务队组建、黄村村茶文化志愿服务培训基地提升建设。全市建成 10 个新时代文明实践所，119 个新时代文明实践站，基本实现实践站全覆盖。积极举办文明实践活动。以“今日向何方，直指武夷山下”为主题品牌，举办红色文化里的文明实践系列活动。联合老年人体育协会、“非遗”展演中心等单位，开展“我们的节日”系列活动、“争创文明城、争做文明人——不文明行为大家谈”演讲比赛，以文化惠民的服务方式，推进新时代文明思想深入人心。大力开展文明实践志愿服务。积极发动 169 个新时代文明实践志愿服务队伍，累计 3000 余名志愿者，深入基层一线，通过采取倡议书、宣传单、大喇叭和微信温馨提示等宣传方式，配合村（居）开展疫情防控工作。组织新时代文明志愿者服务第十四届海峡两岸茶博会，投身“一攻坚两行动”、“争创文明城、争做文明人”、全域无垃圾、脱贫攻坚、乡村振兴以及全国文明城市创建等工作中。开展常态化的巾帼志愿服务，打造家庭志愿服务品牌，全年累计开展活动场次 372 场。

**【弘扬武夷优秀文化与培育文化产业】** 组建武夷山市朱子文化研学队伍，先后聘任 24 名朱子文化研究员，不断加强朱子理学思想研究。大型人文历史纪录片《朱熹》《大儒朱熹》在央视科教频道、纪录频道相继热播。组织开展央视纪录片《朱熹》主题研讨和“朱子与五夫”学术研讨会。与福建人民艺术剧院签订协议，邀请著名编剧创作话剧《红军・1343》剧本。成功推荐洋庄乡、岚谷乡和上梅乡茶景村申报省革命老区中央苏区社会科学普及特色活动项目。编制《武夷山市文化产业发展三年实施方案》，获得省级文化产业发展专项资金 2021—2023 年度竞争性分配资金。举办第十四届海峡两岸茶博会、22 名非遗传承人联名力作拍卖活动、晋商万里茶路再出发”文旅推介暨招商宣传活动、“万里茶道——环中国自驾游集结赛”、“万里茶道”文旅沙龙交流与武夷山茶旅推介会等活动。紧扣市委做大做强茶产业，实现茶产业高质量发展的中心任务，编制《武夷山市文化产业发展三年实施方案》，统筹推进文旅茶融合发展。加大对武夷山市重点文化项目文化企业的支持力度，向省委宣传部成功申报获得省级文化产业发展专项资金 2021—2023 年度竞争性分配资金。推荐“正山堂红茶博物馆项目”申报 2020 年福建省文化产业发展专项资金。推荐印象大红袍股份有限公司申报第十二届全国文化企业三十强、申报 2020 省文化企业十强。推荐正山堂红茶博物馆建设项目、“清水盛典”（武夷水秀）贷款贴息项目、武夷山绿洲竹艺展示交易平台申报南平市文化产业发展专项资金。组织茶言精舍、武夷山宏星工艺美术馆等文化企业参加第十五届中国（深圳）国际文化产业博览交易会。组织福建南平市建窑陶瓷研究所、武夷山建窑建盏文化创意有限公司、印象大红袍股份有限公司等文化企业参加 2020 年福建（香港）文化精品展。集合展示茶文化、山水演艺与旅游融合、文化创意等多方面文化产业发展的新成果。

（吴婧怡）

2020 年 6 月 9 日，武夷山市委常委、宣传部部长彭秀莲（左三），南平市文旅局二级调研员郑美芳（左二）一行赴福建闽越王城博物馆调研城村汉城考古遗址公园建设一期征地项目进展情况　　（钱慧　摄）

## 统战工作

**【概况】** 中共武夷山市委统一战线工作部（简称市委统战部）是中共武夷山市委主管统一战线工作的职能部门，正科级单位，对外加挂武夷山市民族与宗教事务局牌子、武夷山市政府侨务办公室牌子。内设综合股、党派和经济股、民族宗教股、侨务联络股。行政编制 8 名，工勤人员 1 名，2020 年在编在岗人员 7 人。统战系统有市委统战部（含民宗局、侨办）、武夷山市归国华侨联合会、武夷山市工商业联合会、农工党武夷山市委员会、民盟武夷山市委员会 5 个单位。市委统战部直接联系的统战团体有黄埔军校同学会、新的社会阶层人士联谊会、客家联谊会、台胞联谊会、中华职业教育社、佛教协会、道教协会、基督教“三自”爱国会和天主教爱国会。2020 年，全市统战工作坚持以习近平新时代中国特色社会主义思想为指导，全面贯彻中共十九大和中共十九届二中、三中、四中、五中全会精神，在武夷山市委的坚强领导和上级统战部门的正确指导下，在统战成员的共同努力下，广泛凝心聚力，服务中心大局，在加快武夷山绿色高质量发展超越目标中彰显作为、发挥作用。市委统战部荣获省、市统战信息宣传工作先进单位，被省委统战部、省人力资源和社会保障厅评为2016—2019年度全省统战系统先进集体。

**【力促凝心聚力局面】** 做深“凝聚人心”工作。一是以学习明方向。把学习宣传贯彻中共十九届五中全会精神作为一项重大政治任务，邀请武夷山市讲师团骨干成员作宣讲报告会，部领导带队深入统一战线宣传宣讲，支持各民主党派、商会组织将学习宣传贯彻全会精神融入各自主题教育，帮助统战成员深刻领会全会精神。二是以实践强引领。用好红色资源，组织统战成员参观闽北苏区“红色首府”大安，接受红色文化教育和爱国主义教育，组织收听收看并围绕电视剧《一诺无悔》、习近平总书记在党外人士座谈会上的重要讲话精神展开研讨，引导统战成员立足本职岗位，在常态化疫情防控和统筹经济社会发展中凝聚共识、彰显作为。三是以宣传营氛围。坚持正确舆论导向，充分依托微信公众号、工作群等及时推送统一战线有关理论及习近平总书记最新重要讲话精神，扎实做好统战领域意识形态工作，大团结大和谐氛围更加浓厚。

做足“汇聚力量”工作。一是助力疫情防控。疫情防控关键时期，第一时间发动统战成员及社会各界人士捐赠防疫款520.97万元、口罩41.6万个、其他物资8.9万件；积极组织统战部党支部党员志愿者和党外干部深入社区、高速卡口与当地干部、群众并肩抗“疫”；及时取消、暂停全市范围内一切统一战线团体、宗教活动场所、商会等群体性活动；配合做好全市严控境外疫情输入扩散工作，两次派员参与长乐机场和三姑隔离酒店的驻点；主动向香港捐赠口罩10000个，支持在港乡亲抗击疫情。二是助力复工复产。牵头组织市工商联、总工会精心汇编从中央到地方为帮扶企业发展的优惠政策，为企业送去《企业复工复产有关政策及措施选编》；牵头与农行武夷山支行协商，为市侨企申请到额度5000万元防疫专项信贷资金，服务侨企发展。三是助力城市攻坚。积极响应市委号召，组织发动135个企业（商会）、侨企侨胞为城市建设捐植绿化苗木759棵（价值379.50万元），为服务全市发展贡献统战力量。

**【坚持政治协商制度】** 一是完善制度机制。协助市委制定并抓好2020年政党协商（会议协商）计划和联系交友制度的落实，组织各民主党派、工商联和无党派代表人士参加“十四五”规划、政府工作报告等征求意见会，并积极建言献策，提高参政议政和民主监督实效。二是强化沟通交流。开展民主党派机关联席会议暨同心恳谈会，组织学习习近平总书记在中共中央党外人士座谈会上的重要讲话精神以及省委、南平市委传达贯彻意见，传达全国、全省、南平市统战部部长会议精神和武夷山市统战工作会议精神，通报统战工作要点，围绕政党协商、参政议政等进行工作交流、部署。三是支持参政议政。引导各民主党派提交市政协十届四次会议提案56篇，其中被列为市政协重点提案4篇。先后报送疫情防控、复工复产方面建言献策和社情民意信息40余篇，4篇信息被八闽快讯采用，24篇信息被南平市级采用，其中2篇获南平市领导批示。

**【推进党外人士使用】** 市委统战部加强与市委组织部的协作，共同做好党外干部的培养和选拔安排使用工作。2021年度全市有科级以上党外干部33人，其中副处级4人，正科级7人，副科级22人。有党外人大常委会副主任1人，政府副市长1人，政协副主席2人。在4个政府部门中配备党外正职领导干部1人、党外副职领导干部3人；在乡（镇）、街道配备党外正职领导干部1人、党外副职领导干部3人。党外代表人士队伍建设。全市党外人士中担任市级以上人大代表57人，其中省人大代表1人，南平市人大代表9人；担任市级以上政协委员123人，其中全国政协委员1人，省政协委员4人，南平市政协委员17人。

**【加强民族与宗教工作】** 推进宗教工作有序开展。通过市委常委会会议专题研究宗教有关工作，以市委统一战线工作领导小组名义下发宗教工作文件，将宗教政策理论学习列入市委中心组学习计划，邀请省民宗厅民族宗教研究所所长杨文法为武夷山市四套（市委、人大、政府、政协）班子领导、宗教工作领导小组成员单位等有关人员专题授课，使领导班子成员和有关人员增强党对宗教工作领导重要性的认识。推动天心永乐禅寺、瑞岩寺、桃源洞道观、许真君庙、南门天主教堂、城关基督教堂等6处场所获评南平级“生态·安全”和谐寺观教堂，带动各宗教场所深入推进“四进”（国旗、宪法和法律法规、社会主义核心价值观、中华优秀传统文化进宗教活动场所）工作。

推进民族团结进步事业。争取中央少数民族村发展资金20万元

2020 年 9 月 25 日，武夷山市第十三个民族团结进步宣传月活动在黎前畲族村举办
（市委统战部 提供）

和南平市少数民族贫困村精准扶贫专项经费 10 万元，支持基础设施建设和特色产业发展。指导黎前村挖掘民族特色文化，稳步推进黎前畲族文化馆布馆工作。开展民族团结进步宣传月活动，组织开展义诊入村、文艺会演入村、普法入村等活动。

【服务非公经济发展】 一是注重“两个健康”。持续开展理想信念教育实践活动，深入学习习近平民营经济发展座谈会精神，先后召开民营企业家代表座谈会 2 次、商会会长联席会 2 次，引导非公经济人士坚定不移听党话、跟党走；举办区块链的知识与应用、法律知识等各项讲座 3 期，培训 230 人次。二是规范商会建设。总结全国“五好”工商联创建经验，严格按照《关于加强工商联所属商会改革和发展的实施意见》，推动建设“四好”商会，武夷山市泉州商会荣获全国“四好”商会称号，武夷山市浙江温州商会荣获 2020 年度福建省“四好”商会称号。三是致力“四比”考评。参与制定、落实“机关联商会 党建促回归”活动，依托上海、广东、福州等异地商会，吸引各领域武夷山籍人才回归、项目回迁、资金回流；牵头制定并督促落实 2020 年“民企带村”实施方案，充分发挥 10 个乡（镇）、街道商会平台作用助力乡村振兴。“回归经济”“民企带村”工作均位列南平市各县（市）、区统战部门第一序列。四是优化营商环境。组织召开银企对接会，帮助复产复工企业信贷 1.2 亿元；通过网络平台培训企业 2300 人次，帮助企业评定职称，全年为民企上报职称评定初级 17 人，中级 25 人，高级 6 人；主动与市人民法院协议全市各商会会长、秘书长作为调解员，为民营企业提供法律服务。

【注重新的社会阶层】 一是搭建平台机制。探索建立武夷山、莆田两地山海协作机制，2020 年 6 月创建全省首个“山海共建 新阶创新”实践基地 。以“武夷连莆阳•闽货出山海”为主题的第 12 期“生态福建 寻鲜八闽”取得百万人次观看浏览，推介山海文化和两地特产。报送的新阶联经验类信息被省委办公厅《八闽快讯•交流版》采用，作为信息推广。二是做好服务引导。引导新阶联针对会员企业茶

2020 年 6 月 4 日，全省首个“山海协作、新阶创新”实践基地在武夷山揭牌成立
（市委统战部 提供）

2020年11月12日，武夷山市武夷学院2020年统战信息员培训班开班
（市委统战部 提供）

旅为主的特点，创新开发了“新之选”项目，通过“云上直采，全球好货”舶来云平台和依托全省新阶组织互动推广茶叶、拓展销路；引导新阶联在“新阶联＆青商会”迎新联欢会上组织开展慈善义卖活动，9.41万元义卖善款用于帮扶崩埂村、黄墩村、廓前村以及全市唯一一个少数民族村黎前村等4个行政村。

【关注侨务维护侨益】 一是开展人文关怀。在抗击疫情非常时刻，发出三封信呼吁、劝导海外侨胞居家不聚集，做好自身防护；制作“武夷山市华侨华人境外回国申报平台”二维码链接，协助返乡侨胞信息申报；关心关爱处在医学观察期的在武夷山侨胞，全面开展返乡侨胞隔离期的看望慰问活动。二是依法维护侨益。联合市侨联到华侨农场开展普法和义诊活动，发放侨法宣传资料200余份，为归侨侨眷解疑释惑；争取中央、省市侨联组织扶贫款约7.28万元，扶持29户；走访慰问归侨人员12户2.2万元；全年共接待处理华侨、归侨、侨眷来访咨询近110人次，办理华侨回国定居4人次，“三侨生”（归侨青年、归侨子女、华侨在国内的子女）高考加分8人、中考加分5人。

（陈巧梅）

## 政法工作

【概况】 中共武夷山市委政法委员会（简称市委政法委）是中共武夷山市委领导政法工作的职能部门，共有编制9个，其中行政编8个，行政工勤编1个，2020年在岗8人。市委政法委内设综合股、执法监督股、综治督导股、维稳协调股、政治处。

【维护社会稳定】

1.保持社会大局稳定。年内全市没有发生重大危害国家安全和政治稳定案件、重大群体性事件、重大恶性刑事案件和个人极端暴力案件、重大公共安全事故、重大不良影响的信息网络安全事件，有效保障全国“两会”等重大活动，疫情防控期间全市社会安定稳定，并取得疫情防控维稳工作成效。

2.涉疫情矛盾纠纷排解。一是提升站位。制定《武夷山市新型冠状病毒感染肺炎防控社会稳定工作方案》，成立武夷山市新型冠状病毒感染肺炎防控社会维稳工作领导小组并增加部分成员单位，向全市各责任单位下发《关于落实疫情防控期间维护社会稳定十五条措施的责任交办清单》，组织开展涉疫矛盾纠纷排查化解专项工作。疫情防控期间，共开展网上法治咨询服务400余件，办理法律援助50件，免收法律服务费29.05万元，网上调解100余起，开展心理疏导30余人。二是部署紧密。要求各乡（镇）、街道、场结合公共安全领域大排查大整治大化解攻坚行动，并与公安部门协助其他工作小组做好与疫情有关的检验检疫和隔离控制工作。从3月11日起实行“日报告、零报告”“周总结”制度，要求成员单位每日报告各行业领域社会稳定情况，每周形成一份社会稳定评估报告。疫情防控期间，公安机关共查处涉疫类治安案件14起，无阻扰企业复工复产等涉疫情违法犯罪情况。三是应急处置。公安部门加强情报收集，对发现有因疫情引发的群体性事件的动向及时上报给领导小组，并在领导小组的指挥下依法进行应急处置。疫情防控期间公安机关组织精干力量加强值班值守，随时准备依法打击各类非法聚集活动。

3.突出问题大排查、大化解、

大整治。通过以租代建形式，在武夷山毅路征途青少年户外营地建成标准化、规范化的“武夷山市关爱之家”，接受省委政法委领导检查获得肯定。同时，按照标准要求建成乡（镇）、街道关爱工作站10个、村（社区）关爱工作室26个。全市公开招聘20名乡（镇）、街道禁毒社工，完善管理措施。疫情防控期间及时下达临时救助备用资金125万元，用于保障困难群众基本生活，救助各类求助人员51人次。加强婚姻家庭纠纷排查化解力度，组建一支由法官、检察官、警官、律师、心理咨询师、社工师、调解专家和志愿者组成的30多人调解队伍，建立婚姻家庭调解中心。加强危化等重点物品安全监管，对全市5家燃气生产经营企业进行安全检查，开展专项执法检查18次，发现安全隐患问题42条，并全部整改到位。开展房屋安全隐患大排查大整治“百日攻坚”专项行动，组建拥有60余名专家参与的技术服务专班，配合相关部门完成全市房屋排查，其中存在安全隐患的287栋房屋全部完成整改。开展旅游市场行业整治，将旅游市场乱象治理列为2020年武夷山市社会治安突出问题通报整治点，开展联合执法排查检查8次，查处导游执业人员7人，调处涉旅纠纷13起。开展电信诈骗专项打击排查整治行动，开展“地毯式”访查清查，严格落实“双管双控”（重点人员户籍流出地、犯罪地两地双向管理、双向管控）责任。

4.提升信访工作实效。一是健全组织机构。武夷山市严格按照“一名综治委领导挂钩督导、一个整治领导小组、一套整治方案、一支整治工作队、一名处级领导任工作组组长”的“五个一”工作要求，成立专项整治工作领导小组，明确指导思想、目标任务、实施步骤和工作要求等内容，召开专项整治工作部署推进会。二是加强宣传、督导。结合《信访条例》实施15周年宣传活动这一契机，向全市群众发放《信访条例》宣传单、结合圩日、“12·4”国家宪法宣传周等时间节点，加强宣传引导，营造良好氛围。市大督查组联合信访局成立3个调研小组，到各乡（镇）、街道、场及市直重点单位开展调研，市政府领导多次到各乡（镇）、街道及市直有关单位调研重点整治工作开展情况，提出解决信访问题工作思路，调研指导重点信访问题化解，重点整治工作领导小组综合协调组（办公室）保持与各地各部门的沟通联系，对重点整治日常工作抓好落实。市委政法委结合政法综治工作半年督导、平安“三率”提升、重点问题调研等工作，实地深入信访问题突出的乡（镇）、街道、村（社区）开展重点整治工作调研督导，督促重点整治工作各项措施落实。三是措施具体有效。为确保工作取得实效，武夷山市深化矛盾纠纷排查，加强预警预报，加大处置力度。将满意度评价作为信访工作考评的重要内容，积极引导群众参评，承办单位、信访机构及时做好回访工作，认真开展回访。评查评理化解矛盾纠纷，确保评查评理室建设全覆盖，推广“茶室评理室”“百姓评议团”“摆茶评理室”等评查评理工作中的好经验、好做法。落实“接管通”机制，实施精准三级“接”访，即市领导定时定点接访，挂点领导每月到挂点乡镇、街道约访重点群体、重大疑难特殊信访问题，随时随地走访，开展村（居）苗头隐患排查走访，落细落实“边排查、边解决”的原则，做到矛盾纠纷化小防早。实施分类三色“管”理，架好百姓与政府沟通桥梁，推行信访诉求红、黄、蓝分类管理、预警制度，尤其做好重要时期、重点节点期间信访保障工作。打造三级化解“通”平台，实现市、乡、村三级信访评理室建设全覆盖，按照“遵纪守法、品德良好、为人正派、处事公道、群众公认”的标准，择优选任法律专家、人大代表、乡贤、群众代表等1728人作为评查评理员，全市共开展各级线上、线下评理254件，成功化解248件。在多策并举下，信访工作取得实效。2020年，市信访态势比上年有明显好转，全年无进京到非接待场所上访，无进京越级集体访。

5.落实“闽事理”平台机制。一是整合平台。将“12345”便民服务平台（民生“110”）、“随手拍”和城乡网格化服务管理等社会治理信息化平台系统进行整合为“综治信息平台”，建立起“一个号码受理、一个平台服务、一个中心协调”的工作机制，不断增设平台应用模块，与掌上“12348”公共法律服务平台和“12348”热线电话、诉调、公调、访调及各部门行业矛盾纠纷排查调处平台有效衔接。2020年，平台累计办理法援案件150余件，解答法律咨询500余人次，化解矛盾纠纷近300起，解决特殊疑难信访问题7件。二是高效运作。“综治信息平台”聘用10人的工作队伍进行合署办公，负责统筹协调、诉求受理、热线接听、任务分办、督查催办和考评考核等工作，实行24小时受理服务，将初信初访件办结时限缩短至15日内办结，并实行一周提醒、

10日催办，15日仍未办结的予以通报，推动“事要解决”。三是协同办理。各职能部门与“综治信息平台”建立横向对接机制，对口分流、动态监管、全程跟踪。各级领导根据账号权限，可实时掌握辖区内各类诉求信息、矛盾纠纷、重点人群、信访事项的准确情况数据和化解进展情况，为科学高效决策提供依据。四是拓展服务。拓宽“综治信息平台”线上服务功能，为市民提供上门开锁、管道疏通、家政服务等民生服务；及时通过旅游大数据平台对游客进行智慧服务、智慧引导。疫情防控期间，实时对接市防控办，以官方发布的信息做好群众解释，安抚市民情绪，帮助市民解决困难，下发各类疫情信息300余条，帮助市民群众协调解决疫情防控期间看病和出行的问题。

**【市域社会治理】**

1.推进社会治理社会化。一是深化基层社会治理体系。开展平安乡（镇）、街道、平安村（社区）、平安单位、平安和谐企业、平安校园、平安医院、平安景区等系列创建活动，持续深入开展“百千万平安家庭示范户”（评选表彰一百个市级、一千个县级、一万个乡级平安家庭示范户）评选标准活动。二是深化“四无”平安村创建活动。围绕无案件、无上访、无诉讼、无邪教的“四无”平安村创建活动目标，总结“四无”平安村（居）创建工作经验，通过落实有机制、有队伍、有活动、有成效的“四有”工作做法得到了上级肯定。三是深化社会治安防控体系。组建平安处突大队，落实社会群防力量建设。各乡（镇）、街道共建立298人的治安巡防队伍、127人的综治协管队伍、10314人的平安志愿者队伍，企事业单位共建立87支235人的内保队伍，内部治安保卫队伍建设配备达到100%。四是深化公共安全防控体系。完善安全生产责任制，开展安全隐患大排查大整治攻坚行动，建立安全生产预警通报挂牌督办制度和安全风险管控体系，推进安全生产诚信体系建设。完善食品药品安全监管机制，被农业农村部命名为“国家农产品质量安全县（市）”。

2.推进社会治理法治化。一是创新“我和百姓聊聊法”。以一支专业的普法宣传队伍、一月一法治主题、一月一期“巡回法治讲堂”、一张便民服务联系卡为主线，采用“法治讲堂”“法治超市”“法治在线”等普法形式，面对面向乡村群众提供征地拆迁、土地权属、婚姻家庭、上学就医等方面法律咨询服务，真正把“法”送到群众手里。二是创新“云上聊法”。借助村（居）法律顾问、法律助理、普法志愿者等法治宣传力量，组建线上法治宣讲团2批45人，通过互联网、移动终端等平台，利用“学习强国”“抖音”等线上媒体，开展“法治云课堂”“法治云推送”“法治云咨询”“法治微视频”等线上普法活动。三是开展“法律七进”（进机关、进乡村、进社区、进学校、进企业、进单位、进寺院）。全年累计开展“法律七进”380余场次，发放各类法治宣传材料5万余份，解答群众法律咨询1500余人次，走访群众4万余人次，开展法治讲堂30余场，为50余家企业开展法治体检，化解各类矛盾纠纷2857件，受教育20万余人次。四是完善法律服务机制。推进“一村一法律顾问、法律助理，一居一法律诊所”城乡公共法律服务体系，推行村级“一卡一码一热线”（法律助理联系卡、掌上“12348”公共法律服务公众号码、“12348”法律服务热线）法律服务方式，发挥村法律顾问、法律助理和人民调解员作用，提供法治“体检”（对相关经济活动，如签订合同、借款、租赁等，提供法律意见建议）、开展法治宣传、参与化解重大矛盾纠纷等工作。四是打造法治文化阵地。设立市、乡、村三级法治宣传平台，利用农村闲置老礼堂修缮建成以法治宣讲等为载体的“一专多能”大讲堂，打造集宣传宪法、村规民约、好榜样等多维融合的法治文化公园，建设特色法治文化宣传阵地。各村开设普法工作站、联络点、聊法亭等法治宣传阵地80余处。五是提升法律服务水平。加强司法、教育、人社、妇联等部门间沟通联系，组建法律服务公益志愿队伍，建成市级公共法律服务中心1个、乡（镇）、街道公共法律服务工作站10个、村居法律服务室133个，开通运行武夷山市掌上“12348”公共法律服务公众号码、“12348”法律服务热线。至年底，受理法律援助申请180件，免收法律服务费104.09万元，挽回损失或取得利益103.08万元。

3.推进社会治理智能化。一是实施网格化服务管理。依据行政区划，将全市乡（镇）、街道、场和度假区划分为15个网格，细分956个单元子网格，同时在网格上设置党支部或党小组，鼓励党员担任楼栋长、街巷长和通过法定程序选举进入小区业委会。构建“市委—街道党工委—社区党委—网格（小区）党支部—楼栋党小组”的五级组织网络构架。每月通过城乡网格化服务管理平台采集事件数达2500件以上。二是推行“大喇叭”工程建设。在全市有条件的村（居）推广建设集视频监控和广播宣传为一体的农村“大喇叭”广播工程，采用本地方言定时传播党的方针政策，播送国内、市内、村内重要新闻，发布农业信息通知，开展法律法规和政策宣传。新冠肺炎疫情防控时期，村干部只需要坐在监控室内使用“大喇叭”实时查看村庄人流聚集情况，替代上街入户宣传防疫知识和劝导村民不出门行为，防交叉感染。

4. 推进社会治理专业化。一是推进社会矛盾纠纷排查调处多元机制。建成市矛盾纠纷多元调处中心，完善调解平台建设，聘请 4 名专职调解员，每天安排 1 名律师坐班，整合相关部门常年保持 10 名以上人员入驻。2020 年共排查矛盾纠纷 1149 件，成功化解 1138 件，其中化解涉疫情纠纷 92 件。二是完善特殊人群服务管理。推进精神障碍患者管控救治和心理服务体系建设，落实精神障碍患者救助管理“一历五单”（患者病历，家属通知单、卫生院对接单、派出所告知单、乡镇提示单、重点对象管理清单）机制，每年市财政对 170 余名严重精神障碍患者监护人发放“以奖代补”监护管理 40 余万元。创新社区矫正“5134”教育矫正工作模式（设置行为训练日常式、时政法治主题式、道德文化唤醒式、心理矫治联动式、技能培训定制式 5 个方面教育科目内容，打造教育矫正立体化平台，整合“人、财、物”3 类教育资源，落实“精准教育、智慧教育、社区服务、延伸用警”4 项教育举措），加强重点青少年群体服务管理，常态化开展宣传教育、走访帮扶等活动。

**【扫黑除恶】** 扫黑除恶专项斗争开展以来，武夷山市以“一十百千万”（建立一个扫黑除恶常态化长效机制、开展十大重点行业领域突出问题专项整治行动、实行百起大案挂牌督办、开展千名涉黑涉恶逃犯缉拿追捕、确保万起案件依法审结）为抓手，深入开展“六清”（线索清仓、逃犯清零、案件清结、伞网清除、黑财清底、行业清零）行动，对黑恶势力发起强大攻势，既在深挖整治上见成效，市扫黑办适时牵头召开会商会，统一思想认识，加强各办案机关的沟通协调，强化专案攻坚，加快办案节奏，对上级交办重点线索核查、重点案件侦办工作成立专案组，加快推动案件侦办、诉讼进度。全市共打掉 2 个黑社会性质组织、5 个恶势力犯罪集团、4 个恶势力犯罪团伙，共破获九类涉恶案件（聚众斗殴罪、强迫交易罪、寻衅滋事罪、敲诈勒索罪、非法拘禁罪、组织卖淫罪、强迫卖淫罪、开设赌场罪、故意毁坏财物罪）130 起，抓获九类涉恶人员 446 名。查封、扣押、冻结车辆 17 辆、房产 37 套、股权 5780 万元、资金 6520 余万元，止付工程款 500 余万元，总价值 1.8 亿余元，共发放扫黑除恶举报奖励金 4.8 万元。市法院判处罚金 608.7 万元，追缴违法所得 888.72 万元。全市排查整顿 8 个软弱涣散村。市扫黑办及公安局办理各类线索共计 543 条。办案机关在办案中推行“三个必须”，严格落实“一案三查”（涉黑案既要查办黑恶势力，又要追查黑恶势力背后的“关系网”和“保护伞”，还要倒查党委、政府的主体责任和有关部门的监管责任）制度，市纪委监委、法院、检察院、公安机关结合办理案件情况，向相关部门发出监察建议书、司法建议书等，推动落实行业监管责任，健全市场准入、规范管理、重点监控等日常监管机制。

**【平安武夷建设】**

1. 落实平安责任。实行综治信访工作市委常委会、市政府常务会议首议制，把深化综治平安建设作为党政“一把手”工程来抓，市委、市政府主要领导、分管领导召开专题会议研究安排部署扫黑除恶、综治信访等相关工作。层层签订下达平安建设（综治工作）责任书，将综治考评列入市委、市政府对各级各部门综合考评的主要指标。市委政法委牵头组织对全市各级各部门落实综治责任情况实施调研督导，及时总结经验，通报存在问题并指导整改。

2. 落实综治责任奖惩机制。市财政继续核拨 6000 余万元，在全市各乡（镇）、街道、场及市直驻武单位，兑现落实工作人员 2 个月工资的综治平安奖励机制，继续将平安奖励激励机制推广至村（社区）一级。对全市综治考评末位或群众安全感居末位的、电信诈骗案件高发等治安问题突出的，分别给予作表态发言或进行约谈通报。新命名“平安单位”110 个、“平安村（居）”116 个、“平安医院”13 个、“平安校园”28 个。因发生影响全市全局的治安稳定突出问题，被综治“一票否决”的单位 1 个，取消 16 个村（社区）年终平安激励金，降级 6 个单位年终平安奖励考评等次，取消 1 个单位平安单位命名。

3. 推进平安建设协调工作机制。推进平安建设下设专门工作组联席会议制度，完善平安建设联合督导考评，继续深入推进平安医院、平安校园及校园周边安全创建，完善预防青少年违法犯罪、高速高铁企地平安联勤、快递物流联席会议等工作机制。将平安建设工作向各乡（镇）、街道、市直单位、村（社区）、社会团体、企业、学校、医院、家庭等延伸，深入开展平安乡(镇)、街道、平安村（社区）、平安单位、平安企业、平安校园、平安医院、平安交通、平安景区、平安家庭、平安边界、平安库区、平安文化市场等系列平安创建活动。

4.落实“综治进民企”机制。一是开展“机关联企业”活动。结合助力加快企业复工复产工作，在机关单位选派2名干部挂点服务联系3个规模以上企业，深入摸清、帮助解决企业存在的困难问题，为企业提供法律、治安防范等优质服务，依法保护企业合法权益，依法维护企业生产、经营秩序。二是深化“企地联勤”机制。在武夷山生态创业园区建立生态创业园区企地联勤中心，构建“平安信息联通”“矛盾纠纷联调”“应急事件联处”“重大勤务联手”“安全稳定联防”“平安建设联创”的“六联”机制。中心规范设立视频监控研判区、综合协调联动区、信访矛调接待区3个功能区，组建由31人组成的专兼职巡防队和志愿消防队，使联勤成为常态化，全力做好园区安全生产、信访、企业服务、企业用工、复工复产等工作。三是开展“我和百姓聊聊法”进企业活动。深化“我和百姓聊聊法”活动，整合各普法部门和专家资源，组建法律宣讲团，开展“巡回法治讲堂”进企业“坐诊”，以案说理释法，引导企业员工依法合理表达利益诉求，及时帮助解决遇到的困难问题，切实维护民营企业合法权益，营造企业员工良好的法治氛围。2020年，累计进企业70余家、发放各类法治宣传材料1.5万余份、解答企业法律咨询120余人次、开展法治讲堂进企业30余场、发放联系卡1000余张。

5.提升平安“三率”水平。6月和11月，分别召开全市提升平安“三率”（群众安全感率、扫黑除恶好评率、政法机关队伍执法工作满意率）动员部署大会，出台《关于做好2020年群众安全感提升工作的通知》。广泛开展大宣传活动，在武夷山电视台的每天收视黄金时段滚动播出提升三率宣传标语走底字幕20次以上，播放4次致广大市民的一封信。利用“掌上武夷”App等平台，编发各类平安信息40余条。在“武夷长安”微信公众号上制作提升群众安全感专题宣传内容和安全感投票系统，点击量分别达3万次以上。利用短信平台，在全市阶段性地免费发送提升平安“三率”宣传短信；开展“平安校园”创建活动，结合“安全生产宣传月”“防范处置非法集资宣传月”等专题宣传和“我和百姓聊聊法”等，采用“法治讲堂”等各种形式，深入开展“三率”提升宣传。同时，开展大走访大整治活动，印制20万余份提升平安“三率”宣传单、2000余张平安宣传挂图和10000余份提升平安“三率”起瓶器宣传品，以辖区每户包干等方式，逐人逐户入户走访，征求对当地社会治安环境和扫黑除恶等工作的意见建议。2020年12月，武夷山市被授予福建省第四轮第一批平安县（市、区）称号。

## 【综治基础建设】

1.“雪亮工程”视频监控体系。健全完善了农村社会治安高清视频监控系统，实现“雪亮工程”视频监控平台横向与同级公安机关联通，纵向与各乡(镇)、街道、村(社区）综治中心整合联网联通，实现综治中心与公安机关视频监控资源互联互通。建成纵向连接市、乡、村，横向贯通重点行业部门的公共安全视频监控网络，重点完善城区、度假区、武夷大道沿线重点部位高清视频覆盖，提升智能视频采集功能。2020年市财政投入资金完成新建监控探头，重点加大高清视频监控前段建设和补充完善推进乡、村视频监控探头建设力度，完成综治中心综治视联网安装调试，整合完成社会资源监控、社会视频监控联网整合接入。

2.综治中心建设。将市综治中心分别与市矛盾纠纷多元调处中心和数字武夷综合服务管理指挥中心合署办公。在“四中心一广场”成立全市各行业矛盾纠纷多元调处中心，综合协调室、监控研判室（指挥中心）、网格化服务管理平台、数据中心等功能区设在数字武夷综合服务管理指挥中心，完成了“民生110”、“12345”和随手拍等便民服务的整合入驻，完成网格化服务管理。市综治中心聘用4名专职网格信息员，专职负责市综治中心综合协调、网格化管理、信息研判等日常工作，实行24小时值班。同时整合12名“互联网+城市”管理服务队伍、4名专职调解员、10名以上矛盾纠纷调处联动单位入驻人员及每天1名律师坐班，有效做好群众接待，及时调处矛盾纠纷。为确保综治中心正常运行，投入100余万元对综治中心办公场所进行装修，下拨综治中心开办经费8万元，将市综治中心日常运行经费纳入财政预算，每年下拨办公经费5万元以上。同时，推进乡、村综治中心规范化建设，明确规范化建设总体原则，对综治中心名称、人员及机构进行规范设置，至年底，全市乡（镇）、街道、村（社区）均完成规范化设置。

（叶丽财）

## 机关党的建设

【概况】 市直机关党工委为市委的派出机构，领导直属机关党的建设工作，内设机关纪工委、机关武装部、党工委办公室和组宣部等机构，核定行政编制5名，年末在编在岗人员4名，党员9名（其中离退休党员干部5名）。市直机关党工委负责全市市直及驻武32个党委，工委直属6个总支、66个支部机关党建工作的领导。2020年，市直机关党工委认真贯彻落实全面从严治党要求，坚持以习近平新时代中国特色社会主义思想为指导，深入贯彻中共十九大和中共十九届二中、三中、四中、五中全会精神，全面落实新时代党的建设总要求，围绕武夷山市城市建设攻坚战、全国文明城市创建、国家卫生城市创建、人居环境整治、脱贫攻坚和茶旅产业高质量发展等重点中心工作任务，加强市直机关党的建设，发挥机关党建“走前头、作表率”的作用，推进市直机关党建工作水平全面提高，为武夷山绿色发展、高质量发展、落实赶超助力。

【党员学习教育】

1. 进一步深化“业务大学习、能力大提升、作风大转变”活动。深入学习贯彻落实中共十九大精神及习近平新时代中国特色社会主义思想，学习国家机关党的政治建设会议和中共十九届五中全会等重大会议精神，不断创新学习方法，组织机关支部党员干部深入学习党的理论，进一步增强党性修养。持续加强机关党员干部政治理论学习，通过“线上＋线下”“自学＋集中”等多种方式，认真学习习近平总书记关于新时代党建工作重要论述和指示批示精神，引导党员干部坚定信心、同舟共济，切实把思想和行动统一到习近平总书记重要指示批示和党中央决策部署上来。围绕《中国共产党党和国家机关基层组织工作条例》《中国共产党基层组织选举工作条例》《中国共产党党员教育管理工作条例》等党内法规开展辅导讲座，帮助机关党员干部增强“四个意识”、坚定“四个自信”、做到“两个维护”。工委机关支部共开展集中学习13次，专题讨论4场，举办1期直属党（总）支部学习传达中共十九届五中全会精神宣讲报告会。

2. 认真落实意识形态责任制。按照与主体责任相结合、与党建工作相结合、与“学习强国”App使用相结合的方式，进一步筑牢意识形态阵地，管控党员干部思想。定期内部通报直属党组织“学习强国”平台的学习情况，对活跃度未达到75%或每日学分未达到30分的党支部，及时进行提醒督促，并把学习情况作为评先评优的重要依据。截至2020年12月31日，市直机关党工委4名在职党员干部共获取积分120733分，每日人均积分达40分以上；直属党组织每日人均积分达30分以上。4月中旬组织全市机关党员干部参加“构筑生态安全屏障，加强国家安全人民防线建设--践行总体国家安全观”网络答题活动，引导党员干部进一步提高保密意识，全市机关单位共有6452人参与网络答题，共计答题9580余次。

3. 加强机关党建业务培训。依托市委党校、“大安红色教育基地”等平台，按照机关事业单位、国有集体企业、非公有制企业和社会组织、学校、卫健系统和离退休干部职工等类型，共举办9期党组织书

2020年6月23—24日，武夷山市机关党组织书记培训班（第三期）举办

（市直机关党工委 提供）

记培训班，累计培训党组织书记及党务干部420人次，实现全市各领域党组织书记培训全覆盖。

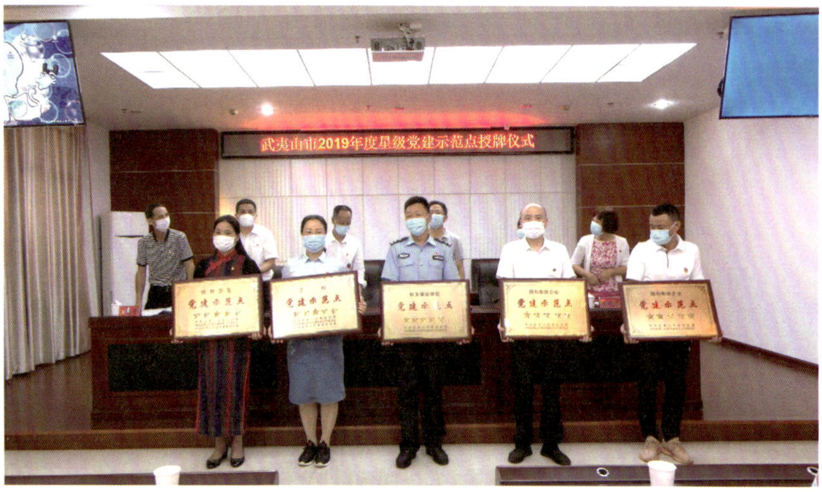


2020年6月10日，武夷山市2019年度星级党建示范点授牌仪式举行

（市直机关党工委 提供）

【基层组织建设】

1. 从严履行主体责任。制定下发《2020年武夷山市直机关党建工作重点任务》，细化机关党建工作任务，深入开展机关党建调研，认真总结市直机关党建经验做法。组织开展机关党建和意识形态工作检查，以互查互评等方式，围绕思想政治建设、组织建设、学习教育、“三会一课”、党员管理、制度落实、阵地建设、组织换届、发展党员等重点工作，对全市机关党组织进行交叉检查，并现场指导整改。

2. 从严抓好组织建设。认真做好机关党组织按期换届选举工作。全年指导4个机关党委和35个直属党（总）支部完成组织换届工作。严格党员发展程序，认真做好2020年度党员发展工作，全年发展党员9人。

3. 分类管理党组织和党员。将市机关单位党委下属党支部根据职能性质分为机关事业单位、国有集体企业、非公有制企业和社会组织、学校、卫健系统和离退休干部职工党组织等六种类型。将市机关党委下属党支部党员分为在职干部职工党员和离退休干部职工党员两种类型。在党委隶属关系不变的前提下，结合本单位实际，按照有利于加强党员教育管理的原则，分别设立在职干部职工党员和离退休干部职工党员党支部；建立在职党员支部联系离退休党员支部机制，在职党员支部确定1人具体联系本单位离退休党员支部，帮助解决工作中遇到的问题和困难，确保离退休支部各项工作顺利开展。建立联席会议制度和考评体系，按照各类党组织示范点创建标准，每年进行综合考评，实行动态管理。并抓好考评结果应用，考评结果作为文明单位和平安单位评选重要依据，形成抓好机关党建的工作合力。

4. 持续推进支部“达标创星”工作和星级党建示范点品牌创建工作。从10个基层党委中按机关事业单位、国有集体企业、非公有制企业和社会组织、学校、卫健系统和离退休干部职工等类型选取了16个基层支部，评选出10个四、五星党支部，分别授予各类基层党组织“2019年度‘四星级’和‘五星级’党建示范点”称号。2020年6月10日进行集中表彰，营造“比学赶超”氛围，有效促进机关党建工作质量和水平整体提升。2020年全市有83个基层党组织申报创建星级党建示范点，12月底前已完成考评验收。

【从严治党管党】

1. 抓理论武装。全面落实党中央《关于加强党的政治建设的意见》，把党的政治建设摆在突出位置，引导推动党员干部增强“四个意识”、坚定“四个自信”、做到“两个维护”，自觉同党的基本理论、基本路线、基本方略对标对表，始终同以习近平同志为核心的党中央保持高度一致。严明党的政治纪律和政治规矩，严格执行《关于新形势下党内政治生活的若干准则》，提升党内政治生活质量，坚持和完善重温入党誓词、入党志愿书以及党员过“政治生日”等政治仪式，加强党性教育，不断提高党员干部坚决维护核心的政治定力和政治能力。

2. 抓检查督促。认真做好省委巡视反馈问题的整改工作任务，组织开展机关党建“体检”，围绕组织建设、学习教育、“三会一课”、党员管理、制度落实、阵地建设、组织换届、发展党员等党建重点工作，对全市机关党组织进行交叉检查，并现场指导整改。

3. 抓压力传导。加强与市委巡察办的沟通交流，督促推动被巡察单位的整改。在年初召开的全市机关党组织书记述职评议会上，通报市委巡察发现机关党建存在的普遍性突出性问题，增强机关党建工作的针对性和实效性。

4. 抓整改提高。针对党建体检、

交叉检查，以及对接市委巡察发现党建方面的问题，认真指导被巡察的机关党组织落实整改，并以点带面，指导推动全市机关党组织开展自查整改。

5. 抓问责查处。认真整顿软弱涣散党组织，对组织生活无法正常开展的支部，及时进行整顿。

【服务中心工作】 认真研究市直机关党建工作情况，结合实际，将机关履行本职工作，完成市委、市政府中心工作和重点工作任务情况纳入党建工作重要组成部分，制定下发《2020年机关党建重点工作任务》和清单，巩固深化"不忘初心、牢记使命"主题教育成果，从政治建设、思想建设、组织建设、作风建设、纪律建设、工作业绩和品牌创建等方面提出明确要求，年终进行验收，引导机关党组织自觉把思想和行动统一到市委、市政府的决策部署上来。大力弘扬社会主义核心价值观和志愿服务精神，引导机关党员干部强化主体责任、增强服务意识、展现担当作为、推动改革发展，积极参与疫情防控、"一攻坚两行动"、人居环境整治及脱贫攻坚等重点工作，在实际工作中践行初心使命，发挥基层支部战斗堡垒作用和党员干部先锋模范作用。

1. 认真抗疫。疫情防控期间，组织动员3000余名机关在职党员志愿参加社区疫情防控工作，当好团结带领广大人民群众抗击疫情的"主心骨"。2月28日，市直机关党工委组织开展自愿捐款活动，直属68个党（总）支部900余名党员共计捐款96085元。

2. 落实机制。严格落实"机关联乡村、党建促振兴"和"机关联社区、党建促治理"机制，推动机关支部在结对共建中找准定位、优化服务，推动机关党员在农村一线中磨砺本领、增长才干。将"机关联乡村"向"联社区、联企业、联商会"拓展，对重点企业、重点项目实施精准对接服务，展现机关党员干部担当作为。指导190个机关企事业单位党组织结对帮扶124名建档立卡贫困户高中和大学学生，通过在职党员捐助筹集帮扶资金，定期联系、走访慰问，帮助解决学生就学就业问题和贫困户生产生活中遇到的困难。

3. 文明创建。深入开展"争创文明城、争做文明人"大讨论，组织全市"不文明行为大家谈"演讲比赛，通过层层选拔和现场评选，从57名演讲者中评选出一等奖1名、二等奖2名、三等奖3名，优秀奖6名。通过举办演讲比赛，进一步统一思想、凝聚共识，在全社会形成对文明行为"点赞"、对不文明行为"说不"的浓厚氛围和强大合力，助力全国文明城市创建。

4. 探索智慧党建管理系统建设。与中国银行股份有限公司南平分行进行合作开发武夷山智慧党建管理系统（"复兴壹号"），通过平台数据与视频系统，为各级党组织提供一站式的管理平台，提供一套规范、有效及可靠的管理理念和工具。通过信息化手段推动管理方式实现粗放型向集约型、阶段性向持续型、经验型向科学型等三个方面的转变，解决各党组织标准、流程、方法不一致，上下沟通不畅通，各阶段信息不连续等问题。

（市直机关党工委办公室）

## 机构改革与编制管理

【概况】 2020年，中共武夷山市委机构编制委员会办公室（以下简称市委编办）共有行政编制6名、在编人员5人，内设综合股、机关股、体改股、事业股4个股室，下辖武夷山市事业单位登记管理局1个副科级参公事业单位，事业编制4名、在编人员3名。

【行政审批制度改革】

1. 权责清单管理网络化。依托

2020年10月29日，全市"争创文明城、争做文明人——不文明行为大家谈"演讲比赛举办

（市直机关党工委 提供）

权责清单管理系统，推动全市29家市直单位、乡（镇）、街道权责清单网上调整、网上划转、网上审核、网上公示，实现权责清单电子化、公开化。

2. 规范部门职能配置。将“三定”（定职能、定机构、定编制）职责与清单事项、内设机构等各要素一一印证、查漏补缺，规范完善部门职能配置，理顺职责，确保事项有法有据，提升“三定”与清单的协同性，为部门依法、正确履职提供保障。

3. 调整权责事项。对照国务院、省政府、南平市政府简政放权情况、省市县三级行政审批通用目录、“多证合一”改革等各项改革情况，对涉及的权责事项进行相应调整。本轮调整后，武夷山市29个市直单位共保留权责事项6382项。乡（镇）权责清单共保留权责事项204项。街道清单共保留权责事项141项。

4. 审批服务标准化动态调整。在原有的“四级四同”（省、市、县、乡四级针对同一审批服务事项主项名称、子项名称、事项类型、事项编码等进行统一标准化规定）通用目录基础上配合市发改、行政服务中心做好各市直部门审批服务“五级十五同”（国、省、市、县、乡五级针对同一依申请事项主项名称、子项名称、事项类型、事项编码等15个要素进行统一标准化规定）标准化工作。一年以来，对市直单位权责清单进行动态调整1次。调整后，全市市直单位权责事项共取消6项、承接48项、合并4项。

【行政管理体制和事业单位改革】

1. 推进乡（镇）、街道机构改革工作。一是重新制定全市10个乡（镇）、街道“三定”规定，全市乡（镇）、街道事业单位总数比改革前减少33个，精简52%。采用“减上补下”方式盘活编制，收回市直单位事业编制共25名，大大充实加强乡（镇）、街道工作力量。二是完成涉改人员转隶工作。为各乡（镇）、街道统一设置事业单位3个，原事业人员600余人全部重新转隶安置。

2. 事业单位清理规范工作。在2019年完成95个事业单位清理规范的基础上，按照上级部署，进一步推进名称、职责不规范的事业单位清理规范工作，规范市建设工程质量安全监督站等15个事业单位的名称；规范市电子政务中心等4个单位的职责；调整市东溪水库运行调度中心等2个单位隶属关系；撤销市科技咨询中心1个职能已消亡的单位。结合武夷山市实际，及时将涉改的相当科级事业单位向南平市委编委报批、报备，尽可能确保相当科级事业单位更名后其单位级别不变。同时，向人大、政协及涉改单位做好政策解释，答复人大议案、政协提案共3件。

3. 调整市森林公安管理体制。将市公安局森林分局按照属地化原则划归市公安局直接领导管理。主要负责依法查处森林和草原领域违法犯罪行为；承担森林和草原火灾扑救的火场警戒、交通疏导、治安维护、火案侦破等工作。协同市林业局开展防火宣传、火灾隐患排查、重点区域巡护等工作。完成市森林公安人员转隶，平稳过渡。

【机构编制管理】

1. 开辟入编绿色通道。对新冠肺炎疫情防控期间，武夷山援鄂的13名市立医院编外聘用医护人员，开辟绿色通道、简化招聘程序，列入市立医院编制内管理。

2. 合理安排基层党群工作者。2020年，合理安排基层党群工作者44名，做好了基层服务保障的编制合理调配。

3. 根据需要及时提供编制使用计划。根据市退役军人事务局提出的军队退役人员安置需求，及时研究提供编制使用计划。从经济社会发展的需要出发，根据安置人员专业特长和个人特点，重点优先考虑空编较多和主动要求接收以及急需补充人员的单位倾斜，确保权益保障有力、工作稳定踏实、人尽其才。2020年度共安排军队转业士官及军队转业干部。

【中心工作】

1. 新冠肺炎疫情防控。疫情发生后，第一时间组建党员志愿服务队，动员非党干部到单位所在社区、干部居住地社区报到。疫情防控斗争中，编办机关干部全员参加社区志愿服务，其中网格长2名、楼栋长2名、非党干部1名，积极配合社区开展走访摸排、群众劝阻、上门帮扶、发放通行证及宣传单等志愿服务活动，累计开展志愿服务207人次。

2. 落实“三联三促”机制。一是与挂点村五夫镇古亭村开展共建。一年来，共深入古亭村6次，落实帮扶资金3.5万元，共建任务清单13项，一对一结对党员7名，共开展联系、走访21人次，帮扶贫困户4户。共同开展以“坚定初心跟党走，结对共建迎七一”为主题的党日活动1次，联合开展农村环境大扫除4次；二是与和平社区制定共建清单，联系帮扶失独家庭1户，积极配合落实社区机关党员干部到社区报到，机关党员干部报到率 100%；三是走访挂点茶企 4 人次，深度了解形势下企业面临的困难和问题。此外，与政协党支部联系帮扶建档立卡贫困户大学生 1 名，提供帮扶资金 3000 元。

（傅超燕）

## 精神文明建设

**【概况】** 中共武夷山市委精神文明建设办公室（简称市委文明办），内设党政办、未成年人思想道德建设中心。核定编制 6 名，其中行政 4 名，事业 2 名，另有临聘人员 1 名，2020 年在岗 7 名。

**【疫情防控工作】**

1. 专项宣传。在疫情防控关键期，积极配合开展爱国卫生专项宣传行动，第一时间发出《关于进一步做好疫情防控期间人居环境整治工作的通知》，协调各有关责任单位加大推进城乡人居环境整治力度，呼吁广大市民群众从小家的环境卫生抓起，防止疫情蔓延扩散。4 月，根据中央文明办开展“文明健康，有你有我”公益广告宣传行动的通知要求，发挥各级文明创建单位媒体平台作用，持续刊播《居家防控，人人行动》《禁止随地吐痰》《文明清明》等公益广告，营造共同抗疫的浓厚氛围。

2 志愿者行动。积极发动 169 个新时代文明实践志愿服务队伍活跃疫情防控第一线，累计 3000 余名志愿者，深入基层一线，通过采取发送倡议书及宣传单、大喇叭广播和微信温馨提示等宣传方式，配合村（居）开展疫情防控工作。1 月，组织新时代文明实践中心志愿者到市美城环卫中心，向辛勤工作在环卫一线的干部职工送去 12000 个防护口罩以及护目镜等紧缺物资。在各级文明单位总评中增加“加强健康单位建设，开展‘文明健康 有你有我’宣传教育活动”考评内容，督促各单位示范引领，带动全市持续巩固防控成果。

**【公民思想道德建设】**

1. 推荐先进典型。2020 年组织开展第七届南平市道德模范评选推荐工作，挖掘身边好人，推选道德典型。向上推荐徐丽妹、徐新凯、周长金、叶凯、柴辉广、彭龙茂等 6 位先进典型，其中徐新凯、徐丽妹、叶凯分别荣获见义勇为模范、诚实守信模范、敬业奉献模范等荣誉称号。武夷山公立总医院曾明荣获 2020 年度福建省岗位学雷锋标兵。6 月，组织专业团队为武夷山市的省道德模范郭忠拍摄的主题宣传短视频在微信平台刊播，获得广泛好评，短短一天内，观看量达万人次。9 月，在税务局会议室组织召开道德模范首场巡讲，由第六届福建省道德模范郭忠主讲，传播文明新风。

2. 巩固诚信建设专题教育活动。一是结合武夷山实际，于 4 月 9 日印发《武夷山市集中治理诚信缺失突出问题 提升全社会诚信水平的实施方案》。并及时召开联席会议推进和调研走访跟踪，积极督促和推进工作落实。二是印发关于学习贯彻《新时代公民道德建设实施纲要》，发动各级文明创建单位通过组织学习，不断提高干部职工对新时代公民道德建设重要性的认识，不断加强社会公德、职业道德、家庭美德、个人品德建设。三是围绕环岛西路“样板”打造，不断提升完善城市文明诚信和放心消费建设，并推荐其申报第三批省级“诚信经营示范街区”。

**【未成年人思想道德建设】**

1. 加强中小学生思想教育。在疫情防控期间，通过学校公众号、学校家长群等推送最新疫情防控动态，颂扬为疫情防控做出突出贡献的英雄人物的感人故事。利用家校沟通平台适时开展征集未成年人防疫抗疫主题作品活动，引导未成年人在家学习的同时积极参与到防疫抗疫工作中，弘扬正能量。与市关心下一代工作委员会、市教育局联合印发《关于在全市中小学生中开展“家国情怀——我的疫情记事”主题教育活动》的通知，积极助力，引导全市中小学生树立家国情怀，同心防疫。联合市教育局组织开展武夷山市“新时代好少年”评选学习宣传活动，冯世威等 207 名同学荣获武夷山市“新时代好少年”称号。

2. 加大乡村少年宫建设。会同教育局对朱子学校、星村中小、洋庄老区学校、吴屯中小、岚谷中小等 5 所乡村少年宫进行常态化考评督导。重点打造“一宫一品”，其中朱子学校的“龙鱼戏”“经典诵读”、星村中小的“茶艺”、岚谷中小的竹编等项目独具特色，学生在活动中传承“非遗”文化，弘扬传统美德，提升道德素养。

**【全国文明城市创建】**

1. 加强组织领导。5 月 29 日，组织召开创建全国文明城市和国家卫生城市工作视频推进会，动员全市上下要进一步认清形势、明确任务；要苦干实干，不折不扣抓落实，全市 10 个乡（镇）、街道，132 个村（居）及市直单位负责人全部参加会议。

2. 抓好整改反馈。对照福建省文明城市创建工作暗访非达标情况汇总表，制定问题清单，对38个点位存在的63个问题进行全面反馈通报，提出具体整改方案。同时，加大督查督办力度，对问题较多，在测评中失分严重的单位进行重点关注，分类指导。

3. 抓好组织活动。发动各级文明单位积极参与到全市重点工作、文明创建、体育赛事、志愿服务等活动中，助力全国文明城市创建。四是开展问卷调研。7月30日至8月5日通过网络问卷调研的形式向广大市民进行武夷山市创建全国文明城市调研，共有35965人参与本次活动。五是加强宣传力度。市委文明办抓住11月16日茶博会重要宣传时机，在茶旅小镇现场派发创建全国文明城市宣传扇2000个，文明礼仪手册1000份，并在城市多个醒目位置设立创建全国文明城市公益广告，进一步扩大武夷山创建市文明建设的宣传覆盖面。

【新时代文明实践试点工作】

1. 品牌项目建设。2020年，武夷山市被确认为新时代文明实践中心建设全国试点后，便开始文明实践的品牌建设。完成郭忠志愿服务队组建及驿站建设，郭忠志愿服务成为武夷山市首个以省级道德模范名字命名的志愿服务品牌；完成星村镇竹筏上的新时代文明实践志愿服务队组建；提升黄村村茶文化志愿服务培训基地质量建设；新建市军民共建新时代文明实践广场。有效充实和丰富新时代文明实践中心内涵。

2. 继续发挥武夷山特色。武夷山“两中心一平台”是武夷山的宣传优势，利用这一优势强化思想宣传工作。依托“掌上武夷”探索建设新时代文明实践信息化管理系统。

3. 积极配合平台开展主题实践活动。全年累计开展活动场次372场，如举办新时代文明实践志愿服务成果交流暨武夷新风貌展演活动，吸引近2000人现场观看，激发市民加入新时代文明实践阵营的积极性，丰富百姓的生活；举办“垃圾分类从我做起，携手共建文明城市”进校园，对全市27所中小学进行覆盖式宣传，倡导文明生活。

4. 组织新时代文明实践现场观摩活动。先后来到洋庄乡的安大村、武夷街道、星村镇、竹筏公司、兴田镇圆梦村西郊村、五夫镇等地参观新时代文明实践所（站），看亮点、比成绩、找差距、学经验，进一步推进各实践所（站）工作落到实处，提升“武夷山样板”品牌影响力。五是举办新时代文明实践志愿服务成果交流暨武夷新风貌展演活动。12月31日，该活动在体育馆举行，以“武夷奋进新时代”为主题，10个乡（镇）、街道结合各自特色，给现场观众带来了朗诵、小品、歌舞、音乐、快板等节目。

【“争创文明城、争做文明人”大讨论活动】

1. 从制度上保障。印发《关于组织开展“争创文明城 争做文明人”大讨论的通知》《2020年“争创文明城、争做文明人”大讨论工作联席会议制度》等指导性文件，在全市范围内迅速形成以上率下，主题明确、活动热烈、讨论深刻的浓厚氛围，进一步推动党政机关带动乡村，社区、学校、医院联动的“大讨论”格局形成。

2. 从指导上推动。依托主题活动，分专题、分阶段有序开展，如教育局组织全市中小学校开展文明礼仪知识竞赛；市场监管局组织开展文明诚信经营承诺活动；机关党工委组织开展“争创文明城、争做文明人——不文明行为大家谈”演讲比赛，征集演讲作品57个。团市委利用“智慧团建”线上平台，组织各级团组织观看学习，将“文明大讨论”要求传达到基层。市总工会向广大职工朋友发出“争创文明城、争做文明人”的倡议书，呼吁大家从我做起，从身边小事做起，共建共治，形成合力。

3. 从效果上落实。组织文明交通引导志愿服务，在全市9个主要交通路口常态化开展文明劝导、帮扶以及环境整洁服务，参与单位达110个。组织开展“文明标兵”评选，向上推荐95名南平市“文明标兵”。

（陈　畅）

# 老干部工作

【概况】　2020年，武夷山市委老干部局有行政编制4个，下属的市老干部活动中心（含老年大学）编制数4个（参公事业编）。至年底在编在岗6人，其中老干部局3人，老干部活动中心3人。服务管理对象128人，其中离休28人（厅级1人，担任过处级领导职务1人），“5·12”退休11人（担任过处级领导职务1人），担任过处级以上领导职务的退休老干部57人，已故离休干部无工作遗偶32人。武夷山市现有离退休干部党员 2528 人，离退休干部党支部 61 个（其中临时离退休干部党支部 2 个）。

【离退休干部党建】

1. 擦亮离退休干部党建红色教育品牌。借助武夷山独特的红色资源和革命传统教育资源，引导离退休干部党员深入了解闽北革命斗争的光荣历史，自觉传承党的红色基因和优良传统，擦亮红色教育品牌。积极向上争创“红色教育基地”：2020 年 5 月，洋庄乡大安村闽北苏区红色首府旧址入选首个省级“离退休干部党员传承红色基因学习教育基地”；2020 年 10 月，新四军赤石暴动旧址和闽北革命历史纪念馆被评为“南平市离退休干部党员传承红色基因学习教育基地”。

2. 建强离退休干部党建示范品牌。一是指导全市 61 个离退休干部党支部将离退休干部党员按照定居本市且身体健康、定居武夷山市且年老体弱以及流动在外三种类型建立台账，因人施策，分类管理。以全市机关基层党组织党建示范点创建工作为契机，下支部调研 16 次，指导离退休干部党支部紧紧围绕所在单位特点、职能和性质，创建特色党建示范品牌。二是开展示范性离退休干部党支部评选活动，将示范党支部评选纳入全市机关基层党建考评，实行“一年一评、动态管理、授牌确认”，经考核符合创建条件的“示范性离退休干部党支部”予以授牌，并给予适当党建经费补助。2020 年 6 月，重点培育的市供销社离退休老干部支部获评武夷山市“2019 年度‘四星级’党建示范点”称号。在此基础上，2020 年 8 月，市公安局离退休党支部获评首批“省级离退休干部示范党支部”。

3. 推行离退休干部党建工作“5134”机制。结合武夷山市实际，以离退休干部党支部为单位，有效推进信息化、精准化、规范化与老干部教育和服务管理相融合、全覆盖。探索推行离退休干部党建工作“5134”机制，即推进离退休干部党支部组织设置规范化、组织生活正常化、管理服务精细化、工作制度体系化、阵地建设标准化的“五化”建设；把握一条“不忘初心、牢记使命”主题教育主线，加强思想建设，强化政治引领；建强老党员之家、老干部党校、老年大学“三个阵地”；争做政治素质好、作用发挥好、家风建设好、群众反映好的“四好”党员，明确目标任务和工作措施，明确职责分工，确保党建工作正常有序开展。

4. 多措并举加强思想政治教育。指导离退休干部党组织用好学习平台和鲜活教材，为他们提供“点单式”服务，量身定制活动内容和形式。推出重温一次入党誓词、上好一堂党课或观看一部革命教育影片、开展一场文体活动“三个一”活动；举办全市离退休干部党支部书记培训班，开设金秋大讲堂，举办多场时事专题讲座，加强离退休干部党员政治理论和爱国主义教育，引导他们在学习上作表率，保持政治本色，自觉践行“两个维护”。2020 年 5 月，局调研组调研论文《深入开展离退休党员学习教育活动的思考》荣获 2019 年度南平市机关党建课题调研论文评选三等奖。

【精准服务老干部】

1. 推行精准服务老干部工作片区联系制度。一是科学划片分组。构建以老干部局、所在单位、所在社区、志愿者等第三方为主体的精准服务老干部责任标准化、精细化管理体系，将全市 28 名离休干部和 14 名“5・12”退休干部按照居住社区划分为 13 个片区，工作人员以分片包联、分片指导的形式，为老干部提供学习活动、看病就医、困难帮扶、矛盾化解等服务。二是落实清单管理。在“分片包干”的基础上，全面推行精准服务工作月报告制度。下发《关于推进离休干部“一人一策”精准服务工作的通知》，列出有关单位精准服务“任务清单”，要求每月 30 日前上报“反馈清单”，及时报送落实情况，形成“任务—落实—反馈”的责任链条，真正把精准服务老干部工作抓在日常、严在经常。三是强化问题导向。定期召开精准服务工作会议，研究解决服务工作中存在的问题和困难，准确掌握服务对象情况，及时跟踪调整服务内容，确保服务对象分类准确、服务措施制定合理、服务工作落实到位。

2. 全面落实“两项待遇”制度。一是与市委组织部、市财政局等六部门联合印发《转发中共福建省委组织部、省委老干部局等部门〈关于做好省直单位离退休干部工作有关具体事项的通知〉的通知》，指导离退休干部党组织“吃透”政策要义，落实好全市离退休老干部各项待遇。二是以政治建设为统领，采取机关干部职工与老干部结对帮扶机制，落实好定期学习、参加会议、阅读文件等制度。2020 年，召开全市工作情况通报会 1 场；组织处级退休干部赴政和县、松溪县参观考察工农业生产 1 次；举办处级离退休干部代表座谈会 2 场，征集意见建议 16 条；邀请老干部参加市委全会等重要会议10场；走访慰问离休干部和离休干部无工作遗偶以及生病住院、生活困难、过生日的离退休和“5·12”干部271人次，发放慰问金8.13万元。

3. 开通“一卡通”乘车服务。在原公交巴士老年IC卡的基础上，首次打破户籍限制，推出“一卡通”乘车卡，使用范围由武夷山市扩大到全国，使持有该卡的老年人享受免费乘坐武夷山市城乡区域内的各路公交车的待遇；充值后，既可以在南平市内乘车使用，也可以开通“互联互通”业务在南平市外互联互通的城市使用；语音提示由原来“老年卡”改为“敬老卡”，营造全社会尊老、爱老、敬老的良好氛围。全市7000多名老年人全部拿到该卡。

【引导老干部发挥正能量】

1. 提高狠抓落实的政治站位。疫情防控期间，及时将中央有关重要精神和《做好老年人新型冠状病毒感染的肺炎疫情防控工作》等重要信息，以及各级政府应对新冠肺炎疫情工作领导小组有关通知、公告等重要文件精神，通过电话、上门、微信公众号、微信群等途径，逐一传达给离休、“5·12”退休干部、全市退休党员，提高防控意识。发出《公告》，暂时关闭“老党员之家”（老干部活动中心）、老干部党校、老年大学等人员聚集场所，各离退休干部党组织、涉老团体暂停开展集中活动，引导上老年大学的老干部上福建老年大学网上课堂，使之停课不停学，受教育人数达1000余人次。

2. 发挥身边榜样的先锋作用。强化政治引领，持续开展“我为武夷添光彩 争做最美老干部”活动。精心搭建学习、关心教育下一代、传播先进文化、科技推广、志愿服务等“五大平台”，组织引导和激励离退休干部党员在参与城市建设、脱贫攻坚、疫情防控等市委、市政府中心工作中主动作为、献智出力。2020年已选树4名最美老干部和1个最美老干部团队，其先进事迹已在《福建老年报》、“福建离退休干部”微信公众号等媒体刊发，正面引导武夷山市党员、群众向身边榜样学习看齐。

3. 凝聚抗击疫情的爱心力量。强化工作责任，及时分发《致全市离退休干部的倡议书》，引导离退休干部党员在村、社区张贴疫情科普宣传画300余幅，发放疫情防控、健康科普宣传单2000余份，张贴标语130多幅。疫情防控期间：供销社老党员钟玉莲向新丰街道溪东社区捐献口罩600个；市老年大学学员制作抗“疫”原创音乐《抗疫志愿者之歌》《深情的祝福》为疫情防控助力；市“大王会狮”健步行康乐协会和市老年书画艺术协会推出战“疫”文艺作品《武夷山一定能打赢疫情防控阻击战——图片书画诗文集》，线上线下讲好战“疫”故事；10名老党员参与村（居）防疫设卡管控、值班巡查、入户排查，重要交通出入口体温检测、信息登记等工作；13名老科特派成员通过微信语音、视频、远程监控，为广大农户免费答疑解惑，及时解决农户们在生产中的难点，引导家庭农场、农民专业合作社复工复产；18名老干部联名签下《志愿者服务书》，主动到公立总医院食堂帮忙制作“爱心工作餐”，并为洋庄乡葛仙村患有尿毒症的翁牵姬捐款2260元；59名老文艺爱好者创作了书画、歌曲、诗词等各类作品89件；792名老党员捐款共计87812元，其中，捐款1000元以上老党员6名，捐款1万元老党员1名。

【服务中心工作】

1. 下沉一线助力新冠肺炎疫情攻坚。疫情防控期间，市老干局成立以局长任组长的疫情防控工作领导小组，下沉社区开展志愿服务活动，通过建立日报告制，精准掌握老干部、干部职工、家属、接触外来人口有关信息，以及结对共建村大将村党组织疫情防控工作情况。局机关党员严家发积极参与志愿服务活动，担任花桥社区工作量最大、情况最复杂、出入人流量最多的温岭新街任疫情防控网格长，其先进事迹在3月5日《福建老年报》第3286期第3版《福建离退休干部工作专栏》《武夷山下党旗红》刊登。

2. 老年大学校舍搬迁修缮工程验收。市老年大学原校舍建于20世纪80年代，存在设施陈旧，布局、功能不能满足办学需求等诸多问题。市委明确同意在文化馆搬迁后，原文化馆大楼划归老年大学使用，并拨付248万元用于老年大学修缮和设备采购。2020年6月，老年大学新校舍搬迁修缮工程验收，学校教学设施硬件水平得到极大提升，补足了全市老年教育的硬件缺口，进一步增强了老年大学对武夷山市老年群体的吸引力和凝聚力。

3. 扎实推进房屋结构安全隐患大排查大整治工作。深入贯彻落实省、市关于房屋结构安全隐患排查整治工作有关精神，对单位、个人房屋的安全隐患开展自查。在单位名下固定资产“益寿园——金秋宾馆”的安全隐患自查中，通过现场察看、访谈了解、拍照取证以及电话询问其他承租人等方式，共查找出房屋渗漏水 3 处、擅自改造装修 1 处，出具房屋结构安全隐患自查报告 1 份，完成立即整改 1 处，拆除临时搭盖 1 处，拆除彩钢瓦 215 平方米。

4. 大力开展“机关联乡村、党建促振兴”结对共建活动。一是进一步落实市委“机关联乡村、党建促振兴”工作机制，与共建的大将村共同制定符合村情、切实可行、突出特色的《老干部局 2020 年度结对共建工作计划》。组织机关党员干部每季度到大将村开展活动，引导群众自觉参与垃圾分类。对接大将村老年幸福院建设项目，老干部局从办公经费中挤出 2 万元，支持大将村将 2000 多平方米的原村小学校舍改建成老年活动中心，为 284 名老年人提供集学习教育、文化娱乐、健康运动为一体的全方位服务。实施“党支部 + 茶企（合作社）+ 基地 + 贫困户”发展模式，鼓励 4 家合作社和 4 家茶企带销和营销贫困户产品。二是为建档立卡贫困户彭建义销售白莲 100 公斤，为该户正在上高中的女儿提供助学金 5000 元；党员自愿捐款，资助建档立卡贫困大学生胡雯珺 2020 年学费 2000 元。三是贯彻落实中共十九届五中全会精神，与南平市委老干部局、南平市老年大学、南平市南词艺术传承发展中心走进五夫镇毛厂村，共同举办“机关联乡村，助脱贫攻坚，树文明新风”送文化下乡活动，把优秀文化带到村民家中，丰富当地群众精神生活，助力市脱贫攻坚及全国文明城市创建工作。

（程丽香）

## 党校工作

**【概况】** 中共武夷山市委党校是市委直接领导下培养党员领导干部和理论干部的学校，核定编制 20 人，内设办公室、教务处、基层党校指导室、科研室、社会培训处。至 2020 年底，党校在职教职员工 18 人，其中教师 10 人（高级讲师 8 人，讲师 1 人）。行政人员 4 人，后勤人员 4 人（高工 1 人，中工 3 人）。

2020 年，党校深入贯彻落实《中国共产党党校（行政学院）工作条例》和全省党校（行政学院）校（院）长会议精神，坚持党校姓党，强化主责主业，推进从严治校、质量立校、特色强校，持续推动党校各项工作创新发展。一年来，共举办主体班 2 期，短期专题班 22 期，培训 1300 多人次。

**【干部培训】** 把宣传阐释习近平新时代中国特色社会主义思想作为教育培训工作重点，与深入学习《习近平在厦门》《习近平在宁德》《习近平在福建》等采访实录结合起来，增强“四个意识”、坚定“四个自信”、做到“两个维护”。坚持把习近平新时代中国特色社会主义思想作为主体班次主干课程，开设“深入学习领会《习近平谈治国理政》第三卷”“坚持党对一切工作的领导”“坚持以人民为中心”等课程，通过报告会、专题讲座等方式，积极开展宣讲和解读。

坚持党校课程标准，结合市委、市政府中心工作，努力优化课程设置，提升教育培训实效。在确保思想政治理论课程比例占 70% 的基础上，开设了国家安全教育、国防教育、双拥工作、扫黑除恶、文明创建、综合治理、信息写作、传统文化等课程，邀请武夷学院、南平市委党校、国家安全局南平分局、武夷山国家安全局等相关领域的专家学者给学员上课，提高教育培训的针对性、实效性，增强吸引力、感染力。抽调 2 名教师参与市委宣讲团，宣讲习近平新时代中国特色社会主义思想、中共十九届五中全会精神等 26 场次，培训 1600 多人次。

协助乡（镇）党校建设，支持五夫镇、兴田镇、岚谷乡 3 所乡镇党校和西郊村、大渚村、黎前村、仙店村 4 所村级党校的培训工作，开展送教下乡 32 场，2000 多名农民群众参加培训，逐步解决农村基层党员接受教育培训难的问题。

协助市委组织部办好“武夷干部读书班”，帮助邀请金灿荣等著名学者到读书班开展专题讲座，并组织党校教职员工和学员参加读书班集体学习。一年来共协助举办 13 期，培训干部 2000 余人次。

**【教学改革】** 以大安村红色教育基地为平台，与武夷山红土地公司合作，组织第 31 期中青年干部培训班和 44 期科级干部理论进修班入驻大安红色教育基地，开展为期 3 天的现场体验教学活动。学员统一着红军军服，开展队列训练、重温入党誓词、重走红军路、唱革命歌曲、体验红军菜园劳动、吃红军餐等。其间还邀请武夷学院教授为学员解读《共产党宣言》，讲解新四军光荣历史等，学员反响良好。一年来，先后有各地各部门、单位 11 期、460 人次入驻大安红色教育基地开展现场教学活动。

拓展对外培训，组织武夷山市第 44 期科级干部理论进修班到浙江湖州学习，扩大学员视野。组织4名教师参加南平市委党校和省委党校的学习培训，安排教研组骨干教师集体备课、试讲，完善提升教学方案。

推出以上梅暴动陈列馆、张山头红军墓群、闽越王城博物馆等申报南平市级教学点，力争打响武夷山特色教学品牌。与团市委合作挂牌成立武夷山团校、队校。

建立教学激励制度。实行严格的教案审核、集体备课、课前试讲等制度，对课堂教学进行科学评估并建立激励机制。

**【教学科研】** 制定《2020年市委党校课题调研方案》，重点围绕城市建设、基层党建、旅游经济、生态文明、项目建设、传统文化保护开发等专题，深入基层一线、广泛调查研究，征求社会各界意见，推出一批有参考价值和建设性意见的调研文章。其中南平市级课“习近平生态文明思想在武夷山的生动实践”被评为优秀成果。《枫桥经验在武夷》获省妇联二等奖。此外，还有《不合格党员退出机制问题研究》《疫情防控视域下城市社区党组织作用发挥情况的调研报告》《关于推进武夷山文旅深度融合发展研究》等论文在各级刊物上发表。一年来，组织教师参与课题研究，其中省级课题6个，南平市级课题7个，县级课题3个，将2019—2020年教师和学员论文汇编成册，报市委、市政府主要领导和相关部门，以资决策参考。

**【新校区建设】** 成立市委党校新校区建设工作小组，完成征地工作，支付征地费500多万元，同时，完成现场初步勘探。新校区规划设计方案广泛征求意见，第2稿于10月12日提交市规委会审议，10月通过政府常务会审核。项目施工设计完成招标。新校区一期工程建设经费2000万元拨付到位。

**【其他工作】** 认真落实“机关联乡村、党建促振兴”机制，做好挂点洋庄乡四渡村的对接帮扶工作，在抗洪救灾、防疫抗疫、环境整治、精准扶贫、产业发展等方面给予力所能及的支持。通过实地查看、入户走访等方式，全面了解四渡村基本情况，分析原因，共商发展对策。安排2万元帮扶经费，以及4000元慰问金慰问5户贫困户。党校支部16名党员对接帮扶四渡村16户贫困户，通过上门走访、电话联系等方式，在提供信息、政策咨询、产品推介等方面，每位党员都进行了力所能及的帮扶。帮助申报四渡桥阻击战遗址保护修缮项目，做好党支部帮扶建档立卡贫困户子女就读工作，全体党员为帮扶对象曹某某捐款6000元，用于发展生产，推进精准扶贫工作落到实处。

## 党史和地方志研究

**【党史研究工作】**

1. 严谨研究，持续推进党史研究纵深发展。一是坚持注重党史研究。坚持实事求是原则，在前人研究的基础上力争做到与时俱进，科学发展，不随波逐流，继而进一步提升研究成果，并注意做好成果的转化运用。组织党史工作者在各级刊物发表文章数篇。二是不遗余力挖掘和保护革命旧（遗）址。2020年以来，深入横墩、黄墩、大布等村开展红色文化调研，经过走访、查阅、考证，新增革命遗（旧）址：岚谷区、崇浦区苏维埃政府，崇安县（岚谷）苏维埃政府对外贸易处等2处。同时运用革命老区扶持政策，争取专项资金20万元，持续用于乡（镇）、街道革命遗（旧）址的保护与利用工作，先后深入兴田镇南树村、上梅乡翁屯村、崇安街道黄墩村等地，分别指导南树红军战地医院遗址、瓦厂下土地革命培训班旧址；中共崇安县委、县苏维埃党政机关驻地等革命遗（旧）址的修复工作，使修复工作有序进展。三是开展党史业务座谈会。在星村镇开展“纪念闽北红军教导团成立90周年暨老红军刘国兴将军诞辰100周年座谈会”，闽北革命先驱的后代，省、地、市党史专家和武夷山市委领导参加座谈。四是征集编写《中共武夷山历史（1949—1978）》，当前该卷初稿已编写完成，进入向上级部门送审阶段。

2. 运用资源，探索“红＋绿”文旅创新融合。一是支持指导乡（镇）开展文旅系列活动。支持指导岚谷乡开展“今日向何方·直指武夷山下”红色文化里的文明实践系列活动，在岚谷乡举办“纪念毛泽东《如梦令·元旦》发表90周年暨崇安苏维埃建立90周年”活动，活动主办方邀请中共中央党史研究室第一研究部巡视员、研究员李蓉，中共福建省委党史方志办副主任王盛泽，革命先辈徐莲娇之子南京市人大常委会代表资格审查委员会副主任委员吴成钢等莅临现场并分别讲话。二是开展作家团队颂华章活动。由市政协主导，党史和地方志研究室配合，邀请中国红色文化采风团作家24人，深入武夷山革命老区走访，开展文学话武夷红色文化活动，采风当天《武夷山报》就收录并刊发作家题词20条，之后的文学作品由武夷山市陆续推出，有力助推文旅产业软实力再上新台阶。三是力推红色文化品牌村活动。2020年根据省委党史方志办精神，武夷山史志研究室指导各乡（镇）开展“中央红军村”组稿工作，完成洋庄乡四渡村、小浆村，岚谷乡横源村、崇安街道办黄墩村、吴屯乡上村村红军村申报材料送审工作。

【地方志工作】

1. 二轮修志工作。2020年4月，《武夷山市志（1994—2005）》送验收稿形成，全书共36卷，约160万字。7月，志稿通过验收，武夷山史志研究室根据验收意见进行最后的调整修改，8月初将志稿交付出版社。在出版社编辑审改稿件的同时，武夷山史志研究室对稿件进行再次审改。至年末，完成对送出版稿件的两次编辑审改，进入终审阶段。在奋力追赶志稿编纂进度的同时，武夷山史志研究室抓紧落实市志出版事宜。6月完成《武夷山市志（1994—2005）》招标采购。9月签订出版合同。

2. “一年一鉴”工作。根据年鉴编纂流程，2020年初，由市委办政府办下发关于做好《武夷山年鉴（2020）》编纂工作的通知，将年鉴初稿编纂工作分解到各个单位部门。9月，完成初稿编写及初审、二审，并交付出版社。年末进入终审阶段。《武夷山年鉴（2020）》的招标采购及合同签订等工作与《武夷山市志（1994—2005）》同时进行。

史志研究室在完成当年“一年一鉴”任务的同时，积极对之前的缺漏进行填补。经过全室工作人员的共同努力，至年末，《武夷山年鉴（2019）》《武夷山年鉴（2018）》《武夷山年鉴（2015）》《武夷山年鉴（2014）》均已正式出版。

3. 旧志整理工作。旧志整理为政协提案项目，市政府将此项工作交由史志研究室完成。武夷山市历史上有《崇安县志》10部，《武夷山志》27部，但大多已散佚。据市史志研究室调研统计，有14部旧志需征集。2020年初，市政府下拨前期经费67万元，用于对已知全国各大图书馆收藏的地方志书和地方文献进行采集归纳整理。鉴于人力有限，市史志研究室与武夷学院达成合作，点校出版市史志研究室收藏的清雍正《崇安县志》。至年底，完成首轮点校以及与南京大学图书馆存本、福建师大图书馆存本的比对工作，定稿送交出版。

（连荣华）

## 闽北革命历史展陈

【加强理论学习 提高思想认识】

1. 认真学习习近平新时代中国特色社会主义思想及党的十九大和十九届二中、三中、四中、五中全会等精神。重点抓好《习近平谈治国理政》《习近平在厦门》《习近平在宁德》《习近平在福建》系列访谈实录，以及习近平总书记重要讲话精神等的学习，在学懂弄通习近平新时代中国特色社会主义思想上下功夫。同时，组织全体工作人员登录“学习强国”平台学习和公务员网络学习，不断提高全体党员政治站位，进一步增强“四个意识”、坚定“四个自信”、坚决做到“两个维护”，党员宗旨意识和模范带头作用显著增强，能自觉在政治思想行动上同党中央保持高度一致。

2. 深入基层开展中共十九届五中全会精神宣讲活动。按照市委宣传部的工作安排，纪念馆领导先后深入吴屯、洋庄、上梅等乡（镇）党委、政府，以《深入贯彻学习党的十九届五中全会精神开启全面建设社会主义现代化国家新征程》为题，从重要意义、重大成就、机遇与挑战、主要目标和加强党的全面领导等五个方面，向与会人员解读《中共中央关于制定国民经济与社会发展第十四个五年规划和2035年远景目标》，为大家了解和掌握十九届五中全会精神进行辅导，受教育达300余人次。

【投入“双百联动”为联动村发展助力】 一是全面完成双百联动和精准扶贫工作任务。纪念馆与武夷街道赤石村为“双百联动”（以百个单位帮扶百户特困群众，实行结对帮扶、一户一策的救助方式）单位，为此，纪念馆按“双百联动”要求，与赤石村共同制定发展目标，坚持每季召开一次联席会议，了解村委会工作动态和各项事业发展情况。筹集资金2万元支持赤石村发展社会事业。帮助村里制定红色旅游发展规划，请有关单位制作红色旅游项目可行性研究报告，协助村委会加强对赤石村的红色文化宣传。开展支部共建活动，“七一”中国共产党建党日期间，组织村支部党员参观闽北革命历史纪念馆，让他们了解闽北人民在中国共产党的领导下开展革命斗争的光辉业绩，为他们举办题为《武夷山在中国革命历史上的地位》讲座，使他们进一步受到革命传统教育，树立社会主义新农村建设的决心与信心，增强为决胜全面建设小康社会、决战脱贫攻坚的责任感和使命感。指导村里开展革命遗址遗迹的保护、开发和利用工作，夯实红色旅游基础。配合村里开展新冠肺炎疫情防控工作，采取相关措施，并赠送2000多元的防疫物资。慰问村里困难党员，让党员感受到组织的关怀。此外，纪念馆还开展精准扶贫和贫困学生帮扶工作，精准扶贫对象为兴田镇黄土村的一名贫困户，馆领导全年入户13次，努力从资金、物资、项目上予以帮助，使他脱贫。建档立卡贫困学生系岚谷乡横源村一农户之女，就读于武夷学院，纪念馆组织人员3次入户，发动纪念馆支部党员捐款，积极为其解决学费年2000多元。二是指导相关乡（镇）做好红色文化研究宣传工作。纪念馆还与洋庄乡大安村、坑口村、小浆张山头村，上梅乡上梅村，岚谷乡横源村，兴田镇南树村、黄土村、西郊村加强联系，帮助他们做好红色文化研究和宣传工作。

**【围绕工作大局 创新党史宣传】**

1.编辑《福建党史月刊》专辑。为纪念崇安县苏维埃政府成立90周年，闽北革命历史纪念馆与福建省委党史研究和地方志编纂办公室共同编辑出版一期《福建党史月刊·武夷山专辑》（2020第4期），刊登了《武夷山市用老区精神打造新时代国际旅游度假城市》《加强红色资源保护 推动红色旅游发展》《崇安苏维埃政权的建立与发展》等13篇文章。

2.组织人员参加闽浙赣各地的红色文化活动。一是组织人员代表福建省到浙江常山县参加闽浙赣皖红色联盟启动仪式，宣传闽北革命历史。二是派出人员参与江西弋阳方志敏干部学院编写红色文化教材。三是组织人员参与南平市文化旅游部门修改《南平市革命文物保护规划》。四是组织人员编写《永远的怀念——纪念黄道烈士诞辰120周年文集》，并派员（福建代表）参加在江西省横峰县举办的相关纪念活动。五是出席由福建省文物局举办的“2020年全省革命文物名录专家审查会”，参与革命文物的评审工作。

3.编写相关文稿宣传红色文化。一是负责《武夷山报》红色专版的编写、审核工作，组稿5期15篇党史文章。二是组织人员在《红土地》、《战争年代》、《闽北日报》、“学习强国”、《老区建设》等媒体发表文章20余篇党史文章。三是与福建人民艺术剧院共同策划编写有关张山头红军故事的话剧剧本。

4.协助组织、筹划有关活动。一是策划和承办纪念毛泽东诗词《如梦令·元旦》发表、崇安苏维埃政权建立、闽北红军教导团成立暨闽北与赣东北苏区合并90周年活动。二是指导洋庄乡举办以“红色洋庄 老枞之乡”为名的“首届洋庄红色文化节暨生态产品和吴三地老枞品鉴会”制作红色文化展板。三是为星村镇策划“闽北红军教导团成立90周年暨老红军刘国兴将军诞辰100周年”纪念活动，四是指导福建省瀚承瓷玉博物馆、武夷山市云飞革命文物博物馆红色文化布展，在武夷山度假区举办《毛泽东思想永放光芒——毛泽东像章文化展》。五是协助国家文物局专家制定武夷山张山头革命文物保护规划。六是参与武夷山市红色博览园和陈耿烈士生平事迹陈列馆的策划工作。

5.开展闽北革命历史纪念馆改造提升工作，通过声光电、雕塑等方式，提升展示水平和展示效果。加强平安单位建设，更新监控设备、加固防盗门（网）、安装消防用水管道、更换消防箱，办理闽北革命历史纪念馆不动产证，不断完善闽北革命历史纪念馆的建设。

6.其他工作。一是协助省人才培训测评中心培训支部书记4期、福建省烟草局培训党员5期。二是接待到武夷山红色文化调研、红色旅游客人6万余人次。

（罗永胜）

## 信访工作

**【概况】** 2020年，信访局有行政编制5个，在编在岗人员5人。下设信访服务中心，为股级事业单位，核定财政核拨事业编制4个，在编在岗4人。

2020年，市信访局坚持以人民为中心，坚持疫情防控和信访保障两手抓，积极围绕武夷山市“一攻坚两行动”中心工作，深入推动初信初访提质增效、信访矛盾化解攻坚、集中治理重复信访、化解信访积案等工作，有效维护群众合法权益。

**【开展接待群众来访工作】** 贯彻习近平总书记在闽工作时倡导的“四下基层”“四个万家”“马上就办”等优良传统，常态化开展“四门四访”（开门接访、进门约访、登门走访、上门回访）。2020年，武夷山市共开展市领导接访活动60次，参加接访的市、乡领导584人次，共接待来访群众643批1686人次，共受理信访事项1894件，同比批次下降35.66%，人次下降25.76%。

2020年7月29日，市信访局组织全市各乡镇、街道以及部分重点市直单位在市信访局二楼会议室开展信访基础业务规范化培训

（陈志伟 摄）

**【办理接待群众来信工作】** 进一步落实便民服务，坚持把网上信访工作作为顺应群众新期待的创新举措，积极推进“群众少跑腿、数据多跑路”网上信访模式，积极引导群众通过网上信访反映诉求，2020年，市信访局联合多部门开展网上信访宣传2次，受理来信、来邮、网诉共1206件次，同比批次上升57.85%。

**【狠抓初信初访办理工作】** 进一步弘扬新时代“枫桥经验”，持续打造阳光信访、责任信访、法治信访，贯彻落实“最多投一次”“最多访一次”机制，切实提升初信初访事项办理工作实效，提高群众满意率，制定《武夷山市信访工作联席会议关于进一步加强初信初访事项办理工作的实施意见》，落实周提醒、10日催办、15日办结、逾期通报制度，全面推动“事要解决”。全年共受理、交办初信初访共377件，其中初信148件，同比上升146.7%；初访229件，同比下降42.46%，均已办结。

2020年1月15日，市委书记江建华（右排二）带队到市信访局大接访室开展市领导干部联合大接访

（陈志伟 摄）

**【治理重复信访、化解信访积案】** 2020年下半年，中央信访联席办在全国范围内开展“治理重复信访、化解信访积案”（简称治重化积）三年行动。2020年10月，上级陆续交办武夷山市治重化积件88件次，及时纳入市级领导包案，交办属地属事单位进行再梳理再核查，力争化解一批纠纷，解决一批矛盾，至2020年12月31日，武夷山市共推动化解32件次。

**【强化信访基础业务规范化能力】** 进一步开展“业务大学习、能力大提升、作风大转变”活动，提高全市信访系统干部业务能力水平，市信访局先后两次举办全市信访基础业务规范化培训，全面提升各乡

（镇）、街道及部分市直单位信访基础业务规范化办理能力，切实做到省信访系统内接收、转办、受理、答复等环节不逾期。

【开展信访调研工作】　全力做好各类重点时期信访保障工作，切实化解责任，联合市大督查组成立3个调研小组，分赴10个乡（镇）、街道、综合农场、茶场及两个市直重点单位进行实地调研，落实初信初访办理、重信重访整治以及评理室建设等工作，确保各项工作责任到人、措施到人，切实做到“三个不发生”“三个少发生”。

【持续开展评查评理工作】　贯彻落实省上和南平市的工作部署，建立市、乡、村三级评查评理室，至2020年底，全市共建立市级评理中心1个，乡级评理室10个，村级评理站135个，实现市、乡、村三级信访评理室全覆盖。创新指导设立武夷山市兴田镇“百姓评议团”，五夫镇“茶室评理室”，吴屯乡“摆茶化纠纷”，岚谷乡“红色评理站”，获得南平市、福建省信访局肯定。典型个案经验在“学习强国”、东南网刊登。2020年，武夷山市共开展各级评理254件，成功化解248件。

2020年11月30日，市信访局在市民广场开展治理拖欠农民工工资宣传活动　（卓正权　摄）

【修订疑难信访专项资金管理办法】　进一步强化特殊疑难信访问题专项资金使用的监督管理，修订《武夷山市解决特殊疑难信访问题专项资金管理和使用实施细则（试行）》。

【开展疫情防控工作】　积极响应上级联防联控要求，组织在编在岗干部9人下沉社区开展疫情防控工作10余次。

（陈志伟）

# 武夷山市人民代表大会

## 综 述

武夷山市人民代表大会（简称市人大），常设机构为武夷山市人民代表大会常务委员会（简称市人大常委会）。2020 年，市人大常委会内设办公室、财经委、农村委、教科文卫委、内务司法委、人事代表委、城建环保委、社会建设委、信访室等 9 个委室和 1 个代表履职服务中心，行政编制 16 人，在岗 17 人（外单位借用 1 人）；事业编制 3 人，在编在岗 2 人；工勤编制 3 人，在编在岗 3 人。

## 代表资格终止和代表补选

**【代表资格恢复与终止】** 市十七届人大四次会议闭会期间，恢复执行代表职务 1 人，辞职 4 人。市十七届人大代表彭金福恢复执行代表职务；市十七届人大代表曾文东、曾凌云、黄宗强、陈芙玺辞去人大代表职务。

**【代表补选】** 按照《中华人民共和国全国人民代表大会和地方各级人民代表大会选举法》第五十六条关于补选代表的规定，经市人大常委会研究，依照法律程序，补选 9 名代表。于 2020 年 11 月 19 日，在市第 12 选区、第 22 选区、第 29 选区和第 79 选区分别补选兰智权、吴继唤、曾智敏和李春为市十七届人大代表，于 2020 年 12 月 26 日，在市第 47 选区、第 53 选区、第 61 选区和第 88 选区分别补选周建坤、陈旭、彭剑辉、张杰和吴丽丽为市十七届人大代表。

## 主要会议

**【市十七届人民代表大会第四次会议】** 市十七届四次会议于 2020 年 1 月 16—19 日召开在武夷山市三木自游小镇召开。市十七届人民代表大会实有代表 158 名，应出席市十七届人大四次会议的人大代表 157 名。大会会议议程共有八项：

一、听取市政府工作报告；

二、听取市人大常委会工作报告；

三、听取市人民法院工作报告；

四、听取市人民检察院工作能力报告；

五、审议武夷山市 2019 年国民经济和社会发展计划执行情况及 2020 年国民经济和社会发展计划（草案）的报告；

六、审议关于武夷山市 2019 年预算执行情况及 2020 年预算草案的报告；

七、审议武夷山市人民政府关于市十七届人大三次会议议案办理情况的报告；

八、审议武夷山市第十七届人民代表大会第四次会议选举办法（草案）；

经过三天半的会议，通过了 6 个工作报告的决议；大会选举叶强担任市监察委主任，并补选叶添颖、彭娟梅为十七届人大常委会委员；大会共收到代表议案 1 件、建议 88 件，所有议程全部顺利完成。

**【市人大常委会会议】** 共召开常委会会议 6 次，主任会议 12 次，讨论并作出重大事项决议决定 9 项，其中人大常委会会议：

1 月 9 日，召开第二十一次会议。听取审议市十七届人大三次会议议案办理情况，审议通过十七届人大四次会议有关事项。

3 月 31 日，召开第二十二次会议。交办市十七届人大四次会议代表议案、建议，听取和审议市政府关于2019年度环境状况和环境保护目标完成情况的报告，听取和审议市检察院民事行政检察工作情况的报告，通过官文胜副市长任命。

5月28日，召开第二十三次会议。听取和审议市政府关于养老事业发展情况的报告，听取和审议市政府关于旅游业高质量发展工作情况的报告，审议通过《武夷山市人大常委会关于支持城市建设和促进旅游产业高质量发展行动的决定》。

7月24日，召开第二十四次会议。听取和审议市政府关于2019年度市本级决算情况及今年以来的预算执行情况的报告，听取和审议市政府关于2019年度预算执行情况和其他财政收支情况的审计工作报告，听取和审议市政府关于2020年度政府债务限额及预算调整方案的报告。

9月25日，召开第二十五次会议。听取和审议市政府关于《中华人民共和国食品安全法》及《福建省食品安全条例》贯彻执行情况和市人大执法检查组开展执法检查情况的报告，听取审议2020年政府债务限额及预算调整方案的报告，听取和审议市法院生态司法保护工作情况报告，人事任免：通过王君担任武夷山市科技副市长、李铭担任武夷山市卫生健康局局长、卢颐星任武夷山市人大常委会城建环保委主任、游俊胜任武夷山市人大内务司法委员会主任、吴继唤任武夷山市武夷街道办人大工委主任等职务任命。

12月21日，召开第二十六次会议。听取和审议市政府关于精准扶贫工作情况的报告，听取和审议市政府关于武夷山市2020年度预算调整情况的报告，听取和审议市政府关于市十七届人大四次会议代表议案《关于加强我市城乡人居环境整治提升工作》、建议办理情况的报告，审议通过武夷山市十七届人大五次会议有关事项，对市水利局开展“履职尽责、担当作为”整治结果进行质询及满意度测评，人事任免：通过吴世平担任武夷山市公安局局长、廖春燕担任武夷山市统计局局长职务的任命。

2020年，先后对6部法律法规实施情况进行检查，听取和审议“一府两院”专项工作报告17项，组织办理代表议案1件、建议88件，依法任免国家机关工作人员26人次，补选武夷山市人大代表9名，完成市十七届人大四次会议确定的各项任务。

## 主要工作

**【围绕发展大局，谋划人大工作】**

1.围绕中心精准发力。紧扣“十三五”规划目标，主动融入城市建设攻坚和促进茶旅产业高质量发展行动，将城市建设、茶旅产业发展、生态环境保护、民生改善等重点工作，纳入监督议题，开展专题调研，作出《关于支持城市建设和茶旅产业高质量发展的决定》，号召全市各级人大代表、国家机关及其工作人员、全体市民为提升城市品位、促进发展献策出力，推动市委决策部署及工作要求落到实处。深入开展专项债券资金使用及城市建设资金保障情况调研，对城市建设专项债券资金筹措、使用中存在问题，进行分析研判，提出城市建设资金保障方面的意见建议，得到市委的肯定，市委书记还在报告中作出批示。组织人大代表调研视察城市建设攻坚和茶旅产业高质量发展工作，收民情集民智，为市委、市政府科学、民主决策提供有力支持。

2.围绕项目发挥作用。围绕产业发展布局，及时提出优化营商环境、推动项目建设方面的意见建议，主动对接并认真参与武夷山神龙谷养生园、元生泰武夷灵芝研发基地、顺缘康养园、养心谷、道地中草药等项目建设，确保重点项目有序推进。扎实开展领导住村蹲点工作，积极宣传乡村振兴战略，主动为挂点村、软弱涣散村引进特色

2020年4月17日，代表调研茶产业　（市人大常委会 提供）

种植产业，帮助协调解决重点项目建设以及乡村旅游发展中存在的问题。

3. 围绕疫情联防联控。面对突如其来的新冠肺炎疫情，市人大常委会全力以赴助力统筹推进新冠肺炎疫情防控和经济社会发展工作，组织开展野生动物保护“一法一办法”的执行情况、传染病防治和疫情防控工作专题调研，听取市政府专项工作报告，助推疫情防控工作依法有序实施。市人大常委会领导多次深入挂点乡（镇）、重点企业和重大项目建设一线，推进疫情防控和复工复产工作，对接促成“云游武夷山，喝杯武夷茶”大型公益淘宝助农直播活动，集中推介“武夷山水”品牌，打造持续战“疫”助农“新模式”。主动对接社区需求，资助抗疫工作经费 11 万元，派出 4 名副主任挂点社区，9 名委室负责人担任社区网格长，参与社区疫情防控。全市各级人大代表和机关党员干部主动投身抗疫一线，踊跃捐款捐物，保障物资供应，积极建言献策，在各条战线、各自岗位上作出积极贡献。

**【聚焦重点领域，提升监督质效】**

1. 聚焦监督机制创新。打造“链条式”常态化监督模式，首次以质询 + 满意度测评方式，对 2019 年专题询问和满意度测评处于末位的水利局开展质询和满意度测评，对未达 80 分的城市管理局以主任会议的形式听取专项整改工作汇报，通过强化跟踪问效，专题询问和满意度测评结果得以有效运用。探索“清单式”审议意见办理模式，以问题为导向，将养老、就业、旅游、传染病防治、城市管理和禁毒等方面的审议意见具体化，需要解决的问题清单化，确保问题整改落实更有针对性和实效性。

2. 聚焦绿色高质量发展。坚持绿色发展理念，督促落实生态文明试点工作，专题听取审议市政府 2019 年度环境状况和环境保护目标完成情况报告，提出严格落实生态环境保护责任、聚力攻坚补齐生态环境保护短板等方面的意见建议。落实高质量发展部署，把城市建设和茶旅产业高质量发展作为监督的重点领域，用好用足执法检查、听取审议工作报告、质询和满意度测评等监督方式，督促有关部门落实工作责任，及时解决高质量发展中的突出问题。充分发挥专业化代表小组的作用，组织开展专题研讨，为“一攻坚两行动”把脉问诊。旅游行业人大代表小组通过调研得知，武夷山国家公园科技馆选址景区南路口停车场，代表们认为这一选址方案存在拓展空间不足、面临交通瓶颈等问题，市人大常委会经审议，将其纳入旅游行业高质量发展审议意见重点事项交办清单，引起市委、市政府高度重视，及时调整了选址方案。认真组织开展“十三五”规划目标完成情况和“十四五”规划编制情况的专题调研，为审查“十四五”规划做好各项准备。

3. 聚焦财政预算监管。健全完善预决算审查监督机制，听取审议 2019 年市本级财政决算报告、2020 年上半年市本级预算执行情况报告，审查批准新增债务限额和财政预算调整方案，围绕落实主要指标、重点任务和提高使用资金绩效等提出意见建议，实现财政收支平稳运行。推进全口径预决算审查监督，开展预算绩效管理监督，加强政府债务监督，防范和化解债务风险。听取审议审计工作报告，支持审计部门依法加强审计工作，加大审计发现问题整改力度，充分发挥审计监督作用。密切关注财政健康运行，就财政政策实施、财力运行保障等关键问题，组织专项调研，推动“六稳”工作，落实“六保”

2020 年 1 月 12 日，武夷山城市建设人大代表工作站组织代表视察建议办理情况

（市人大常委会 提供）

任务。

4. *聚焦人民群众幸福感*。重视代表在市十七届人大四次会议上提出的《关于加强我市城乡人居环境整治提升工作的议案》办理工作，持续开展跟踪监督，促进城乡人居环境改善。积极回应群众关切，围绕人民群众日益增长的美好生活需要，解决发展不平衡、不充分问题，安排听取审议医疗卫生、教育、就业和养老保障等专项工作报告，并通过各种方式督促审议意见落实，补齐民生短板，让人民群众看到实效，得到实惠。专题听取审议市政府精准扶贫工作情况报告，持续助力脱贫攻坚，提出严格落实习近平总书记“四个不摘”（摘帽不摘责任、摘帽不摘政策、摘帽不摘帮扶、摘帽不摘监管）指示精神，把脱贫攻坚与乡村振兴有机衔接，进一步巩固脱贫成果。努力帮助结对帮扶的3个村18户建档立卡贫困户制定脱贫计划，落实扶持政策，引导产业发展，提升自我发展能力，切实解决贫困户生产生活中存在的困难问题，完成精准脱贫、稳定脱贫目标。为岚谷乡上彭安置小区精准扶贫易地搬迁的23户百姓，协调解决了多年未解决的不动产办证问题，获搬迁户一致好评。

5. *聚焦社会公平正义*。听取审议市法院生态司法保护工作情况报告，促进生态审判职能作用发挥。听取市人民检察院民事行政公益诉讼检察工作报告，促进检察机关更好履行法律监督职能，提高检察工作水平。听取审议市政府禁毒工作情况报告，推动禁毒工作向更高水平发展。开展食品安全法及福建省食品安全条例执法检查，加大食品安全监管力度，构建社会共治局面。坚持任前法律测试、任职表态发言、任命书颁发仪式，精心组织宪法宣誓，激励教育国家工作人员尊崇宪法，维护宪法权威。开展民法典涉及地方性法规、规章和规范性文件专项清理工作，加强规范性文件备案审查，健全完善权力清单制度，及时解决依法行政工作中存在的问题。认真做好群众来信来访工作，共受理人民群众来信149件，接待来访96批210多人次，其中集体访9批63人次，妥善化解一批矛盾纠纷。

**【优化服务保障，发挥代表作用】**

1. *拓展代表活动空间*。认真落实《关于规范武夷山市人大代表小组活动的意见》，围绕市委、市政府“一攻坚两行动”战略部署，创新设立城市建设人大代表工作站和旅游行业人大代表驿站，精心打造专业化的代表活动室，促进代表履职常态化、专业化，形成了一批针对性强、质量高的代表意见建议，为经济社会高质量发展“加速度”。精心组织代表异地视察交流，由常委会领导带队，首次采取“全市统一安排、各乡（镇）、街道之间异地交叉”的方式，组织四级人大代表联动开展专题视察调研活动，通过创新方式，促进相互沟通交流，借助他山之“石”，拓宽代表履职视野。

2. *提升代表履职能力*。受疫情影响，市人大常委会以代表联系群众活动室和选民联系点为基础，建设代表学习阵地，组织开展在线学习和主题学习，以更加贴近基层的方式，提升代表政治理论素养。认真开展代表“双联”（人大常委会委员联系代表、代表联系群众）工作，健全完善代表参与机制，邀请代表参与视察、执法检查和调研等活动，不断改进更新“代表在行动”公众号和人大网站内容，充分展现民主法治建设成效和各级人大代表履职风采，让代表全方位了解市委重大决策部署，市经济社会发展状况和市人大及其常委会工作开展情况，代表履职的能力和水平得到加强。

3. *保障代表依法履职*。全面推动四级代表（省人大、南平市人大、武夷山市人大、乡镇人大代表）履职平台提档升级，通过打造武夷街道、五夫镇、洋庄乡“升级版”人大代表联系群众活动室，辐射带动全市代表联系群众工作规范化、制度化、常态化。完善“互联网+”等各类线上履职平台建设，实现代表服务选民“无缝衔接”，解忧“零距离”。认真落实《代表履行职责暂行规定》和《代表履职考核评价办法》，努力做好代表履职服务保障工作。依托各乡（镇）、街道人大，按照集中使用，突出重点，注重实效、择优安排的原则，确定关系群众切身利益的项目35个，200万元人大代表联系人民群众工作项目资金得以有效利用，一批群众反映的热点难点问题得到妥善解决。如崇安街道黄墩村村民主动投工投劳，用2万元资金建成村民议事亭。新丰街道为临安社区平整硬化道路，疏通排水管道。武夷街道完成黄柏村至柘洋村的水毁道路修复。兴田镇为村民修缮休闲议事场所2处。五夫镇、岚谷西乡集中实施公厕旱改水项目。吴屯乡修整焦岭关10千米道路。星村镇、上梅乡、洋庄乡改造老旧路灯。

4. *优化议案建议办理*。健全完善代表议案建议办理机制，履职成效更加明显。一是把代表议案建议办理与人大监督工作，与“双联”

工作有机结合，鼓励代表“为民代言”，多提分量重、质量高、针对性强的议案和建议，并对代表和群众关注度高的议案、批评和建议开展专项视察。二是听取审议议案建议办理情况报告，将议案建议办理情况在代表履职平台和政府门户网站公开，办理工作更加公开透明。三是认真做好代表不满意建议重新办理工作，督促承办单位落实办理责任，办理质量不断提高。四是加大重点建议跟踪督办力度，督促承办单位认真研究解决代表反映的问题，将代表建议办理落到实处。代表提出的1件议案和88件批评建议意见均已办理完毕，代表满意率90%，基本满意率10%。

【坚持强本固基，加强自身建设】

1. 坚持正确政治方向。牢牢把握政治机关属性，不折不扣落实中央和省、南平、武夷山市委决策部署，主动向市委请示报告年度工作安排和监督工作计划等重大事项。扎实开展理论学习，把深入学习贯彻中共十九届五中全会精神和习近平法治思想、习近平总书记关于坚持和完善人民代表大会制度的重要思想作为重大政治任务，围绕学习《习近平谈治国理政》和《习近平在福建》等系列采访实录，开展多形式研讨交流。常委会领导带头深入乡（镇）、街道，开展关于习近平法治思想、民法典及十九届五中全会精神宣讲，促进学思用贯通、知信行统一，推动理论学习往深里走、往心里走。加强人大理论制度研究，结合年度重点监督议题，深入开展“国家治理与新时代地方人大工作”课题调研，形成一批研究成果。充分发挥主流媒体作用，策划重点报道，讲好人大故事，被评为南平人大系统宣传工作先进单位。全面加强党风廉政建设，严格落实中央八项规定精神、省委“八个坚定不移”（坚定不移维护核心、坚定不移学习贯彻习近平新时代中国特色社会主义思想、坚定不移落实党中央决策部署、坚定不移正风肃纪、坚定不移反对腐败、坚定不移强化党内监督、坚定不移深化监察体制改革、坚定不移紧抓“关键少数”）和“五抓五看”要求，

2020年4月19日，四级人大代表视察教育工作　（市人大常委会 提供）

切实履行全面从严治党主体责任，全力支持派驻人大常委会机关纪检组开展监督执纪工作，加强班子成员和机关党员干部反腐倡廉教育，营造风清气正的政治生态，着力解决工作中存在的问题。

2. 健全完善各项制度。进一步完善党组学习、机关学习、党风廉政建设等各项制度，全面规范常委会行使各项职权。深入开展“业务大学习，能力大提升”活动，组织全体常委会组成人员到北戴河参加地方人大干部履职培训，着力培养忠诚干净担当的新时代人大干部队伍。进一步完善常委会审议制度，充分发挥聘任委员在执法检查和调研中的专业特长，弥补常委会人员少、专业知识匮乏等不足，常委会审议工作质量不断提高。持续坚持主任例会制度，不断调整改进工作方法，及时研究解决工作中出现的新情况新问题。重新梳理和完善机关工作人员守则、公务接待管理办法、机关慰问管理规定，树牢机关工作人员大局观念和服务意识，增强使命感、责任感，工作效率和服务水平不断提高，机关管理工作规范化、制度化、科学化水平不断提升。

3. 自觉接受监督指导。在上级人大的监督指导下，积极配合全国人大开展野生动物保护法执法检查。配合省人大开展就业促进法执法检查，水污染防治条例、传统风貌建筑保护条例、宗教事务立法调研，养老事业高质量发展代表建议办理、乡村治理和生态司法保护工作调研。配合南平市人大开展气象法、传染病防治法、食品安全法、河岸生态地保护规定、城市绿地管理办法、饮用水水源保护办法、慈善法执法检查，停车场建设和管理

办法、户外广告设施和招牌设置管理办法、城市养犬管理立法调研，人大代表联系群众活动室建设、侨务工作、民事行政公益诉讼检察工作、第十七届省运会体育场馆设施建设进展情况调研。协助做好在闽全国人大代表、福建省人大代表和南平市人大代表视察调研服务保障工作，认真与前来视察调研的同行交流研讨，学习人大工作先进经验。

## 人员名单

**【市人大常委会组成人员】**

主　任：陈先珍

副主任：罗建斌

马素花

叶旭东

王德兴

委　员：刘泉祖

游俊胜

卢颐星

李　群

江　杨

周洪舰

乐松年

胡建芬

余炜秀

叶添颖

（2020 年 1 月起）

章　辉

邱长宏

曾华平

江丽萍

陈荣华

刘国英

李建华

王　辉

谢　彬

张美林

叶　灿

彭娟梅

（2020 年 1 月起）

**【乡（镇）、街道人大主席（工委主任）】**

崇安街道人大工委主任：章　辉

新丰街道人大工委主任：邹海华

武夷街道人大工委主任：吴继唤

兴田镇人民代表大会主席团主席：周建坤

五夫镇人民代表大会主席团主席：陈　旭　（2020 年 12 月起）

星村镇人民代表大会主席团主席：梁孝正

上梅乡人民代表大会主席团主席：彭剑辉　（2020 年 12 月起）

岚谷乡人民代表大会主席团主席：叶和贵

吴屯乡人民代表大会主席团主席：叶添颖

洋庄乡人民代表大会主席团主席：吴丽丽（2020 年 12 月起）

**【省第十二届人大代表 1 人】**

江元勋

**【南平市第五届人大代表 24 人（不含南平寄选 6 人）】**

林旭阳　陈先珍　谢启龙

涂桦忠　林　方　罗建斌

高闽华（女）

林信涵　邱志杰　张碧聪（女）

陈礼良　周长钦　林小荣

胡德清　张振春　李进生

李若宁　彭德芳（女）

林清飞　丘　敏（女）

章秀青　刘安兴

孙　福　赵新莹

（郑玉萍）

# 武夷山市人民政府

## 综 述

2020年是“十三五”规划收官之年，更是应对新冠肺炎疫情考验极不平凡的一年。市政府坚持以习近平新时代中国特色社会主义思想为指导，全面贯彻中共十九大和中共十九届二中、三中、四中、五中全会精神，深入贯彻习近平总书记重要讲话、重要指示批示精神，认真落实省委省政府、南平市委市政府和武夷山市委的决策部署，抢抓“两新一重”（新型基础设施建设，新型城镇化建设，交通、水利等重大工程建设）和南平“新三线”（新基建、新经济内循环、新区搬迁）政策机遇，统筹推进疫情防控和经济社会发展，沉着应对疫情、“7·9”洪灾等不利因素影响，扎实做好“六稳”工作、全面落实“六保”任务，团结带领全市广大干部群众拼搏实干、砥砺奋进，全方位推动绿色高质量发展超越。在南平市绿色发展考评中，武夷山市排名第一。全市生产总值208.05亿元，增长0.1%；一般公共预算总收入13.10亿元，增长0.67%。地方一般公共预算收入9.35亿元，增长3.39%；固定资产投资增长8.1%；城镇居民人均可支配收入37405元，增长3.1%；农村居民人均可支配收入19956元，增长6.2%；全社会用电量累计6.57亿千瓦时，与上年持平；银行存款余额197.58亿元，增长5.2%，贷款余额171.66亿元，增长14.03%。城镇登记失业率2.73%。

**【聚力筑牢战疫防线】** 面对突如其来的新冠肺炎疫情，市委、市政府按照党中央“坚定信心、同舟共济、科学防治、精准施策”总要求，严格落实“外防输入、内防反弹”的防控策略，及时建立“集中统一、快速反应”的应急指挥体系，动员全社会力量、调动各方面资源，迅速形成了抗击疫情的强大合力。642个基层党组织的4661名党员、干部、志愿者下沉社区冲锋一线；3批23名优秀医护人员驰援武汉、宜昌；12批工作组派驻福州、厦门口岸。社会各界、海内外侨胞捐赠款物598.95万元。无数爱心汇聚成守望相助、共克时艰的巨大力量。新冠肺炎疫情发生以来，武夷山市出现新冠肺炎确诊病例3例，未出现本地聚集性感染和境外输入病例，3月5日实现新冠肺炎患者“清零”且无新增，社区疫情防控“三化三防”经验入选全国城乡社区疫情防控100个优秀案例。

**【奋力加快经济复苏】** 出台落实“六稳”“六保”22条政策措施，建立机关联企机制，20名联企干部网格化对接服务，稳妥有序推动全面复工复产、复商复市、复学复课。下拨各类直达补助资金2.96亿元，减免税费1.05亿元、企业社会保险费6754.2万元，发放失业保险金408.8万元，缓缴767家企业各类费用958万元，支持中小微企业融资纾困1.2亿元，帮助企业有效应对疫情、渡过难关。首列中欧国际货运班列顺利开行。出台旅游优惠政策，策划举办首届“5·13”旅游电商节，开展系列直播促消费活动124场，带动消费超2亿元。农夫山泉年产100万吨饮用天然水生产线竣工投产。一般公共预算总收入等主要经济指标在一季度大幅下滑基础上，顺利实现正增长并完成赶超。

**【努力扩大有效投资】** 持续深化“五个一批”项目推进机制，列入省、南平市重点项目46项，总投资240.1亿元，累计完成投资

43.5亿元，占年度计划104.7%。新增“五个一批”项目153个，总投资265.8亿元；策划上报全省“十四五”规划项目150个，总投资879.3亿元；上报南平市“十四五”规划项目323个，总投资1790亿元。争取地方政府债券资金10.8亿元。创新推出“不见面”招商，深化“一把手”招商、产业链招商和回归经济工作，新引进深业生命健康中心、宝龙城市商业综合体等总投资超5000万元项目65个，开工转化率100%，回归经济和产业招商工作排名南平市第一。第二、三季度省政府“五个一批”正向激励考评分别排名全省第二、第五。

**【着力推进城市建设】** 全力实施城市建设攻坚战，第一批52个项目，总投资56.8亿元，已开工48个，竣工27个，完成投资12.8亿元。完成宁武高速北城互通、国道G237（九曲路口至公馆大桥段）、疏港大道二期、武夷大道、五九大道等30条道路建设提升。新建、改造污水管网26.34千米，铺设市政燃气管网约30千米；建设智能化停车场8个，新增停车泊位1745个；拆除“两违”建筑32.31万平方米，彩钢瓦9.34万平方米；绿化彩化31万平方米、改造绿地9.85万平方米。扎实推进城区生活垃圾分类，建成垃圾分类屋28座。实施老旧小区改造13个1321户。解决水泥厂棚户区整治、高振农庄整治、疏港大道征迁、中山路拓宽等制约城市建设发展的问题。

**【致力优化产业结构】** 旅游产业加快转型，紧盯“2522”旅游产业高质量发展目标，实施“五大提升行动”（企业培育提升行动、产业融合提升行动、全域旅游提升行动、基础设施提升行动、市场营销提升行动），打造“五旅”（茶旅融合、文旅融合、体旅融合、康旅融合、展旅融合）融合基地。世茂御榕庄酒店等项目建成并投入运营，五峰九院、运动康复中心、印象建州、茶汤温泉、大红袍艺术馆等一批旅游项目扎实推进。引进低空游览项目，推出大红袍八段锦体验之旅。开展“品读双世遗、漫游武夷山”“武夷暖冬”系列宣传营销推广活动，成功举办大武夷超级山径赛、全国郊野钓鱼大赛等国家级、省级体育赛事16项。开行福州—武夷山旅游高铁专列，开通南京—武夷山—深圳航线。三木自驾车营地获评首批国家4C级自驾车旅居营地，五夫朱子文化园研学实践教育基地入选第三批福建省中小学生研学实践教育基地，南源岭村获评全国乡村旅游重点村，大安村、南源岭村入选福建金牌旅游村。茶产业做大做强，围绕茶产业全产业链发展和“11363”目标，实施“六大专项行动”（龙头培育专项行动、质量提升专项行动、标准管控专项行动、品牌建设专项行动、市场营销专项行动、融合发展专项行动），推动茶产业高质量发展。茶旅小镇会展中心建成并投入运营；茶人小镇、正山堂红茶博物馆、武夷星智能产品中心完成主体建设；瑞泉岩茶博物馆、京东·武夷茶数字生态茶产业基地序时推进；八马茶文化研学体验园项目实现当年招商、当年签约、当年落地、当年产生税收；新增“小升规”茶企7家，茶产业税收8499万元，同比增长30.9%。成功举办全国茶叶加工（精制）职业技能竞赛决赛、第十四届海峡两岸茶业博览会。“正山小种”商标被认定为中国驰名商标；“武夷岩茶”“武夷山大红袍”“正山小种”列入中欧地理标志协定保护名录；武夷岩茶、武夷红茶入选中国农产品地域品牌价值2020年标杆品牌；武夷岩茶品牌强度905，品牌价值700.17亿元，连续4年蝉联中国茶叶类区域品牌价值第二。荣获“2020中国茶业百强”“2020年中国茶业品牌建设十强县”称号。新兴产业蓬勃兴起，生物制药、科技环保、电商、互联网经济等产业初具规模，1家企业获得省级科技“小巨人”企业认定，2家企业获得省星创天地认定。出台促进总部经济、平台经济发展若干措施，引进3家总部经济企业、4家平台经济企业，实现创税1.35亿元。

**【尽力厚植生态优势】** 深入实施大气、水、土壤污染防治三大行动计划，空气质量优良天数比例100%，境内主要河流水质优良比例100%。全面完成第二轮中央、省生态环境保护督察信访问题整改。落实河湖长制，完成92个行政村农村生活污水治理、46个入河排污口整治、48处水电站下泄流量设施改造。完成中小河流域综合治理6千米，治理水土流失面积4.3万亩。推进国家储备林质量精准提升工程，完成现有林改培1.22万亩，商品林赎买2.17万亩。持续整治违规违法开垦茶山1472.6亩，复绿造林8432.8亩。整治违建别墅18宗，拆除违法建筑面积1.52万平方米。生态文明建设取得长足发展，获批国家生态综合补偿试点县，争取国家生态专项补偿资金2亿元，被列入省第三批生态产品市场化改革试点；五夫“生态银行”模式入选全国十个实践“绿水青山就是金山银山”典型案例；“茶生态银行”茶叶区块链溯源平台亮相第三届数字中国建设峰会，GEP生态系统服务价值核算试点经验向全国推广；GEEP经济生态生产总值通过专家验收，属全国首例；武夷山国家公园体制试点高分通过评估验收，在首批10个国家公园体制试点中排名第二。

**【强力推动乡村振兴】** 出台八条稳定脱贫措施，1988户建档立卡贫困户全部稳定脱贫，21个贫困村全部“摘帽”退出。积极对接长泰县对口帮扶，提高乡村振兴效果。推进国家级田园综合体项目，累计投资8亿元，完成项目批复111.5%；大力推广农业“五新”（新品种、新技术、新肥料、新农药、新机具）技术，建立7个病虫害绿色防控技术示范区，示范面积2000余亩。黄柏溪引水至樟树水库连通工程基本建成，兴星灌区项目全面完工。开展城乡人居环境整治百日大会战和大战60天，实现“全域无垃圾”专项行动，排查整治裸房（危房）6654栋，建设乡镇公厕19座、乡村公厕80座，新建改造户厕3567户，拆除旱厕453个。建设“四好”农村路6.81千米，改造危桥5座，完成农村公路安保工程51.73千米。稳妥推进农村综合改革，完成农业水价综合改革试点3.38万亩，列入全省农村公共基础设施管护体制改革试点。深入推进11个省级试点村、3个圆梦村建设，新增评定6个星级示范村、5个单项冠军村。

**【勠力保障改善民生】** 财政累计支出14.22亿元，用于保基本民生、保工资、保运转。26项为民办实事项目，完成或基本完成24项、在建2项。新增城镇就业2051人、农村劳动力转移就业1995人。大力实施教育振兴行动，加快推进实验幼儿园茶场分园、星村中心幼儿园新校区、实验小学茶场分校建设，8所学校通过标准化验收，一中成为全省普通高中课程改革基地建设学校。大力推进“三医联动”改革，积极开展DRG（疾病诊断相关分组）收付费国家试点工作。深化公立总医院改革，推进“健共体”项目建设，改造修缮5所基层医疗卫生机构，完成23个村卫生所达标建设，中医院新大楼即将投入使用。成功创建2个国家卫生镇，5个省级卫生镇（村），荣获2018—2020年周期全省唯一的国家卫生城市称号。完成福利中心二期项目、17所农村幸福院建设。完成全国居家和社区养老服务改革试点任务，成为全省唯一婚俗改革试点县市。第七次全国人口普查进展顺利。“七五”普法总结验收工作顺利完成，获全国双拥模范城（县）“三连冠”。持续深化平安武夷建设，扎实开展安全生产隐患大排查大整治大培训和房屋结构安全“百日攻坚”行动、安全生产专项整治三年行动、道路交通安全隐患整治等专项行动，安全生产形势总体平稳。扎实防控涉众型金融类、互联网金融类等领域风险，不良贷款率1.31%；妥善化解地方政府债务风险，政府债务率低于警戒线。扎实开展“扫黑除恶”专项斗争，打掉2个黑社会性质组织、5个恶势力犯罪集团、4个恶势力犯罪团伙，化解32件疑难信访问题和历史遗留问题，入选全省第四轮第一批平安县（市、区）。

**武夷山市人民政府领导成员名单**

谢启龙 市委副书记、
市政府市长
裴福海 市委常委、
市政府常务副市长
吴　伟 市委常委、
市政府副市长
彭秀莲（女） 市政府副市长
（至2020年3月）
高建民 市政府副市长
黄崇跃 市政府副市长
刘铠维 市政府科技副市长
陈爱宾 市政府副市长
（2020年3月起）
范震昆 市政府副市长
王　君 市政府科技副市长
（2020年9月起）

（何彦偲）

## 市政府常务会议

**【市政府第一次常务会议】** 2020年1月8日上午，市长谢启龙在市政府第三会议室主持召开市政府2020年第1次常务会议，会议传达学习了省政府办公厅关于勤俭办事的相关文件精神及省委办公厅、省政府办公厅关于做好2020年元旦春节工作的相关精神，研究武夷山市贯彻意见，就《政府工作报告》起草情况、《2019年国民经济和社会发展计划执行情况及2020年国民经济和社会发展计划（草案）》、武夷山市2018年度绩效考评工作情况进行讨论研究。

【市政府第二次常务会议】 2020年1月21日上午，市长谢启龙在市政府第三会议室主持召开市政府2020年第2次常务会议，会议传达习近平总书记对新型冠状病毒感染的肺炎疫情作出的重要指示精神，安排部署武夷山市相关工作，安排部署春节期间有关工作，就万兆公司申请预付回购款和退回保证金问题、《武夷山综合农场片区建设范围内国有土地上房屋征收补偿安置方案》、兴田镇人民政府借款问题进行讨论研究。

【市政府第三次常务会议】 2020年2月26日上午，市长谢启龙在市政府第一会议室主持召开市政府2020年第3次常务会议，会议传达学习了中央、省、南平市关于疫情防控工作要求、传达学习南平市精准扶贫视频会议精神，部署武夷山市脱贫攻坚工作，就武夷山市2020年市本级重点项目、《武夷山市畜禽养殖禁养区优化调整方案》、《武夷山市乡村振兴战略规划》审批实施意见、武夷山市备战福建省第十七届运动会引进高水平运动员的相关事宜、度假区滨溪路酒吧一条街3号地块增加规划功能、110指挥中心二期拆迁安置小区主体工程建设问题、天元资产投资有限公司公房住户搬迁安置问题、武夷山市第二供水厂项目调整出“武夷水务”项目（PPP）实施范围问题、武夷山“朱熹故里·瓜果飘香”项目问题、五峰九院修建性详细规划方案和武夷山风情街设计方案、万兆广场A地块A1综合体局部调整方案进行讨论研究。

【市政府第四次常务会议】 2020年4月25日晚，市长谢启龙在市政府第三会议室主持召开市政府2020年第4次常务会议，会议就全市禁毒工作、学习贯彻《国家重大政策措施落实情况跟踪审计实施办法（试行）》《武夷山市已征未用土地管护暂行办法》《武夷山市房屋重置价格》《武夷山市附属建筑物、附属物补助标准》《武夷山国家公园周边社区建设管控规定（试行）》《武夷山国家公园周边社区正面产业清单（试行）》，以及景区股份公司2019年度及2020年以后专营权费补贴调减方案的相关问题、《2019年南平市公共安全视频监控建设联网应用项目（南平市本级公安及县市区部分）项目合同》相关问题、北城棚户区改造项目回迁安置房市场价的问题、《武夷山市国土空间总体规划》编制工作方案、武夷山市第三批非遗传承人评选结果、项目资金申报及分配有关事宜事项进行讨论研究。

【市政府第五次常务会议】 2020年5月14日上午，市长谢启龙在市政府第三会议室主持召开市政府2020年第5次常务会议，会议传达贯彻省、南平市关于扎实做好“六稳”工作落实“六保”任务的相关文件精神，就武夷山市2020年为民办实事项目、武夷山市自然保护地整合优化预案、原上饶木材转运站职工住房产权认定、疏港大道、纵八线等项目涉铁工程、世茂国风武夷华溪谷项目修建性详细方案议题进行讨论研究。

【市政府第六次常务会议】 2020年5月20日下午，谢启龙市长在市政府第三会议室主持召开市政府2020年第6次常务会议，会议就武夷山文旅与印象股份资产重组及印象股份上精选层、武夷山文旅香港H股上市券商、会计师事务所和律师事务所联合体公开招标采购方案、北京航线等议题进行讨论研究。

【市政府第七次常务会议】 2020年6月30日下午，市长谢启龙在市政府第三会议室主持召开市政府2020年第7次常务会议，会议就安全生产专项整治三年行动实施方案、生态环境保护工作、武夷山国家公园体制试点工作、武夷山市工程出渣管理办法、第十四届海峡两岸茶业博览会筹备、五夫朱子文化园文公山项目建设、福建省卫生干部疗养所房屋征收补偿安置方案、武夷山国际马拉松、武夷山国际轮滑节、武夷山全国“中华脚斗娃”精英赛赛事、武夷山市茶厂债务处置议题进行讨论研究。

【市政府第八次常务会议】 2020年8月11日上午，市长谢启龙在市政府第三会议室主持召开市政府2020年第8次常务会，会议传达贯彻了中央、省、南平市廉政工作会议精神，就武夷山市小流域水质自动监测站建设和农村污水治理设施第三方运行管理、纵八线上梅至杜坝段路面结构层、武夷山生态创业园区工业厂房出租与转让暂行办法、生态创业园区四家企业未办理产权证历史遗留问题处置方案、武夷山生命健康中心概念方案、特殊转移支付等直达资金初步分配方案事项进行讨论研究。

【市政府第九次常务会议】 2020年9月24日上午，市长谢启龙在市政府第三会议室主持召开市政府2020年第9次常务会议，会议传达贯彻王宁省长在2020年省政府防范重特大生产安全事故暨警示教育会上的讲话精神，就武夷山市2019年度绩效考评结果及2020年度绩效管理工作方案、“两违”综合治理一年巩固提升专项行动方案、2020年政府债务资金安排使用方案、南平市第四届旅游产业发展大会武夷山分会场工作方案》、《武夷山市疫后旅游业高质量发展市场拓展奖励方案》、厦门—武夷山等航班合作议题进行讨论研究。

【市政府第十次常务会议】 2020年11月2日上午，市长谢启龙在市政府第三会议室主持召开市政府2020年第10次常务会议，会议传达学习统计文件精神，就《武夷山市进一步促进总部经济发展若干措施》、《武夷山市促进平台经济发展行动方案》、武夷山市扶持展览业发展相关事宜、武夷东方养心谷控制性详细规划、武夷山市台海康养基地选址方案、武夷山顺缘康养园控制性规划、武夷山市委党校新校区建筑设计方案、野生动物驯养繁育养殖场（户）退养转产转岗、《武夷山市专利资助管理办法》、一中二中三中配电增容工程及中高考加装空调费用、武夷山城村汉城国家考古遗址公园征地资金议题进行讨论研究。

【市政府第十一次常务会议】 2020年12月10日下午，市长谢启龙在市政府第三会议室主持召开市政府2020年第11次常务会议，会议就传达上级关于农村乱占耕地建房问题的会议精神、申报2021年省、南平市重点项目工作、专项债券项目资金支付和生产总值支撑指标等问题、武夷山市市区、度假区集体土地上房屋征收补偿安置办法、深化“放管服”改革优化营商环境工作、航线航班有关问题、武夷山岩茶特色产业集群项目实施方案议题进行讨论研究。

## 市政府办公室工作

【办文办会】 一是综合文字工作方面：全年完成市政府常务会议纪要11篇、专题会议纪要146篇，起草各类领导讲话材料200余篇。二是会务组织方面：全年组织保障会议近600场，其中视频会议310场以上。三是信息报送方面：力求准新快精，共编发《武夷政讯》正刊37期，采编信息183条；被省政府办公厅信息处采用33条、南平市政府办信息科采用226条。获评2019年度全省政府系统信息工作先进单位。

【工作运转】 一是文件管理方面：全年共起草编发政府综字号（函）文件272份，整理各类会议纪要169份；共接收、传阅、办理归档各级各类文件6313件，均未出现漏发、错发和失密等贻误公文现象。二是行政接待方面：2020年积极参与第七次国务院大督查、中办“基层减负年”试点、省环保督察、南平第四届旅发会、第十四届海峡两岸茶业博览会等重大活动，较好地完成中央、省、南平市领导检查、考察、调研活动的接待工作。至年底，共接待宾客103批次2079人次，省部级以上15批次。三是外事方面：负责疫情防控外事组工作，组建翻译小组，安排人员派驻福厦口岸工作组开展驻点任务，共计15批15人次。编纂防控简讯42期，落实境外入武夷人员“点对点”转运和居家医学观察闭环管理222人次。向美国火奴鲁鲁市市长致慰问信，参加韩国驻广东总领馆国庆日招待会活动，协商推动武夷山市与韩国安东市建立友好合作关系，与韩国安东市互发新年贺卡。办理APEC商旅卡1批1人次，受新冠肺炎疫情影响，暂停因公出国境手续办理，暂停外事接待。四是支前保障服务方面：围绕战时作战以及平时部队训练物资需求，签订2份供应快餐合同，共计3000份快餐供应量。五是金融服务方面：积极贯彻绿色生态发展理念，联合人行制定《武夷山市绿色金融信用生态茶园评选方案》，评选首批13家绿色金融信用生态茶园。牵头开展涉嫌非法集资风险专项排查，监测“合发全球风险预警”“警惕利用区块链概念代币传销的理财陷阱”等相关情况2起；举办防范非法集资宣传活动4场，奖励非法集资举报3人。六是后勤保障方面：按“八项规定”精神和《机关事务工作条例》要求，调整机关事务管理标准；落实市政府办公大楼24小时值班制度，做到接待上访处置妥当及时、安全防范措施落实到位、车辆出入控管有序。

【督查通报】 深入开展机关效能建设和政务督查，认真践行“马上就办、真抓实干”的优良作风，严肃查处各类违反相关规定的问题。创新督查方式，2020年7月推动武夷山市“两单平台”开发运用，从只能接收南平的任务，转变为能够向全市单位交办任务，确保政府领导的批示要求能够得到有效落实，全年共通过转办领导批示件150余件。督促建议、提案办理。完成人大建议88件、政协提案94件答复工作，办复率100%，其中人大建议办理满意、基本满意100%；政协提案满意、基本满意93件，1件不满意，满意、基本满意率98.94%。开展重点工作督查，围绕疫情防控、重点项目、营商环境、会风会纪、国企退休人员社会化管理等重点工作开展督查，定期开展“回头看”，通报批评13个单位4人，效能告诫2人，诫勉教育1人。此外，还受理了效能投诉11件，办结率100%。

**【便民服务】** 认真做好市政府门户网站管理工作，做好“12345”便民服务、南平市“随手拍”、民生“110”等平台工作，全年共受理有效诉求件22087件，其中：“12345”便民服务平台5734件；随手拍平台5236件；民生“110”平台11117件。在南平市第一季度“绿色发展考核评价体系”中排名第一。“12345”便民服务管理中心获得福建省总工会颁发的“五一先锋号”荣誉称号。

**【精准扶贫】** 挂钩帮扶贫困户18户，其中国定12户、省定6户，均已脱贫。先后与上梅乡翁屯村、首阳村和吴屯乡阳角村建立“互动联动、挂钩帮扶”关系。

**【项目成效】** 完善基础设施建设，投资190余万元完成原档案馆装修工程，并于8月26日启用；投资23.2万元完成市政府大楼屋顶水泥平稳层及防水、完成政府宿舍C幢楼顶防水工程及该幢204周转房装修；投资7.8万元完成政府大楼墙面水泥漆及楼道扶手重新粉刷；投资57万元完成三楼常委会议室装修工程及视频会议设备采购。加强市政府门户网站管理，投入48万元将市政府网站迁入至南平市统一技术平台，投入5万元采购错别字和错链接监测服务。推进茶产业信息化“114”工程，与茶产业高质量发展行动指挥部（“茶生态银行”推进组）对接推进“茶生态银行”项目建设，启动“茶生态银行”星村试点建设，利用“互联网+”打造全域无垃圾“云治理113”信息监管平台，完成行政服务中心推进互联网+“放管服”（县市一体化平台）建设，推进电子证照、网上办事大厅、互联网监管的应用，按照“十四五”总体规划，开展武夷山市“十四五”数字经济专项规划的编写。

（何彦偲）

## 退役军人事务

**【概况】** 武夷山市退役军人事务局（简称市退役军人事务局）于2018年11月30日挂牌成立，核定行政编制4人，实际在岗2人。下设退役军人服务中心、赤石暴动烈士陵园保护中心、武夷山市烈士纪念设施保护中心，均为股级事业单位。赤石暴动烈士陵园保护中心核定事业编制2名，实际在岗2人。市退役军人事务局成立以来，围绕“坚持以退役军人为中心”的工作理念，以让军人成为全社会尊崇的职业为动力，紧紧扭住组织管理、工作运行及政策落实这条主线，强化使命担当，饱含深情做好全市退役军人各项服务保障工作。

**【落实优待抚恤政策】** 2020年，市退役军人事务局严格按照各类优抚对象定期定量生活补助标准，发放定补款和抚恤金，坚持按自然增长机制，每年提高4%，并做到及时、足额发放。全年为退役军人发放定期抚恤金，为重点优抚对象发放数字电视费，为企业军转干部、军休及无军籍人员发放体检费，为生活困难的企业军转干部发放困难补助。

落实“六稳”“六保”精神。根据《南平市发展和改革委员会等六部门转发福建省发展和改革委员会等六部门关于进一步做好阶段性价格临时补贴工作的通知》，3—6月，在原有的价格临时补贴基础上，按照增加一倍的比例发放价格临时补贴。

开展伤残军人换证及审核上报农村籍60周岁退役军人工作，上报且经过省厅审核通过。

**【褒扬工作】** 2020年，市退役军人事务局持续做好烈士寻亲工作。5月22日，赤石暴动薛克凡、瞿淑烈士的侄女于玉华老人第三次从江苏靖江到武夷山进行烈士寻亲，武夷山市退役军人事务局积极配合开展寻亲工作。

开展烈士纪念设施保护和数据采集录入。经采集，武夷山市有纪念烈士设施88座，其中，烈士纪念设施保护单位的内部烈士纪念设施11座（烈士墓1座、其他烈士纪念设施10座），零散烈士纪念设施77座（零散烈士墓71座、其他烈士设施6座）。对列宁公园部分烈士纪念设施进行物理隔离、设立宣传标语。年底市退役军人事务局启动对赤石暴动烈士陵园提升改造项目，项目总投资估算1300万元。

建立常态化退役军人联系制度。共确定常态化帮扶联系人员12名，其中省厅联系3名，南平市局联系3名，武夷山市退役军人事务局联系6人。通过入户走访、电话、微信联系的方式，进一步增进与退役军人、烈属感情联系，提升了服务效能。常态化帮扶困难退役军人工作，与市慈善总会联系，在充分摸排调研基础上，为困难退役军人提供帮扶。

**【走访慰问】** 2020年，市退役军人事务局关心困难退役军人、重点优抚对象等群体，积极倡导武夷山市机关团体、社会组织对驻武部队、困难退役军人开展春节、“八一”建军节走访慰问。入户走访，为困难退役军人、重点优抚送去慰问金；慰问军休人员、无军籍职工、企业军转干部及困难军转人员；慰问从军营驰援火神山一线小组组长李丽丽在武夷山的父母及家人，发放慰问金949元。

10月20日，在全国双拥模范城（县）命名暨双拥模范单位和个人表彰大会上，武夷山被授予全国双拥城（县）的称号，这是武夷山市连续第三年获此殊荣。

**【打牢服务保障基础】** 2020年，市退役军人事务局加强三级服务保障体系。5月初，由市政府牵头，市委组织部、市人武部合力整合武夷山市、乡、村三级退役军人服务中心（站）建设，各乡（镇）、街道分管领导一律由本级人武部长担任，并确定1名行政编制人员专职负责退役军人事务工作，乡（镇）、街道退役军人服务站设立专门办公和活动场所，条件受限的与人武部合署办公，有条件的设立退役军人接待室（服务窗口）；各村（社区）由负责民兵营（连）工作的村（社区）“两委”具体负责本级退役军人服务站工作，村（社区）退役军人服务站与村（社区）民兵营（连）合署办公，较好地解决退（现）役军人事务服务保障“机制不顺畅、任务有叠加、管理交叉多”的难题，在全省范围内率先打通了服务退（现）役军人的“最后一千米”。提高工作人员待遇。由村（社区）“两委”之外的人员担任民兵营（连）长兼站长，且未享受村（社区）“两委”工作经费补助的，享受工作经费补助。打造“枫桥式”退役军人服务中心（站）。“枫桥式”退役军人服务中心（站）是借鉴“枫桥式”经验，结合退役军人服务中心（站）实际情况，以坚持“不推一把拉一把、不帮一时帮一世”的原则打造建设解决问题的服务阵地。根据退役军人服务中心（站）职责，全力保障退役军人合法权益，走访帮扶援助有困难的退役军人，

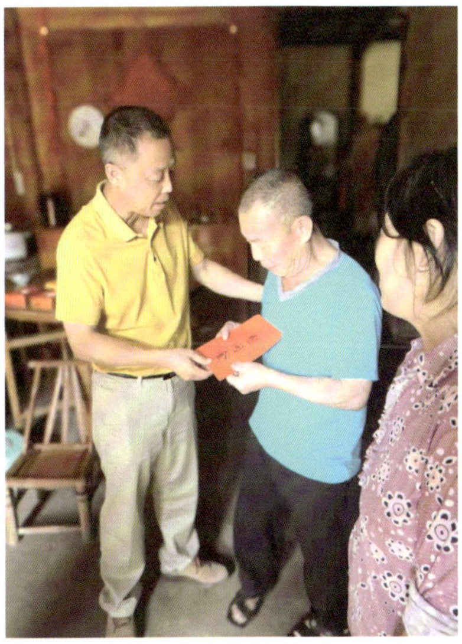

2020年8月4日，局长李俊雄（左一）慰问困难退役军人
（退役军人事务局 供图）

2020年10月26日，走访慰问抗美援朝老兵林忠华（右一）
（退役军人事务局 提供）

2020 年 5 月 26 日，武夷山市企业单位社会化拥军颁牌仪式举行

（退役军人事务局 提供）

助力培训退役军人创业就业，提升退役军人的获得感、满足感。同时以党建为引领，强化党组织的动员组织能力，组织好退役军人。先后 2 次以走出去的方式，组织全市各退役军人服务站负责人、工作人员到邵武退役军人服务中心、吴家塘退役军人服务站进行观摩学习。深入研究制定退役军人服务中心工作制度、工作职责、服务流程和工作规范等制度，明确工作人员职责，细化任务分工，全力打造全国示范型退役军人服务站。全面提升公共法律服务能力。与市司法局联合创新工作模式、强化工作联动，印发《武夷山市退役军人事务局 武夷山市司法局关于做好新时期退役军人法律服务工作的意见》，通过“机关党组织融合、工作职能聚合”形式，创新建立“党建 + 行业 + 公共法律服务‘1234’”工作机制。运用市、乡、村三级退役军人服务平台、公共法律服务平台，为武夷山市涉军群体提供高效、便捷法律服务，全年开展涉军法律宣传 12 场次，为退役老兵提供咨询，成功调解婚姻家庭纠纷 2 起、茶山经营权纠纷 11 起、赡养纠纷 5 起、农村宅基地相邻权纠纷 2 起、引导诉讼 8 起，其中，调解文书进行司法确认 1 起。

**【接收安置就业创业】** 2020 年，武夷山市接收退役士兵，均及时办理安置落户相关手续。接收转业军官（其中 1 人由武夷山海关接收安置）、转业士官，转业军官和转业士官均按照“阳光安置”模式，公开选岗上岗。

全年共计举办 2 场退役军人及随军家属专场招聘会，发放宣传资料 500 余份，提供岗位 600 余个，许多退役军人及随军家属现场与用人单位达成就业意向。

根据《福建省退役军人事务厅关于确定〈福建省 2021 年退役军人教育培训机构黄页〉的通知》，武夷山市积极推荐上报，申报 2021 年退役军人教育培训机构名单。其中武夷山职业学院、武夷学院成功入选。

成立解决部分退役士兵社会保险问题工作领导小组，由分管副市长任组长，市退役军人事务局、财政局、人力资源社会保障局、医保局、税务局和公安局等相关部门为组成单位，对 1978—2018 年全市符合政府安排工作的退役士兵进行摸排审核。至 2020 年底，全市对经审核符合补缴条件人员

2020 年 7 月 20 日，2020 年武夷山市军队转业士官安置选岗会召开

（退役军人事务局 提供）

100% 完成补缴。

【维护退役军人权益】 2020 年，退役军人事务局及时调整工作人员对武夷山市有诉求人员进行结对子帮扶，建立一对象一名领导挂点，一名具体工作人员对接，一张联系卡，一张照片，一套帮扶方案，并建档立册的工作机制。积极主动上门、登门走访、嘘寒问暖、倾听诉求、宣传政策。

（周 锋）

## 行政服务

【概况】 行政服务中心管理委员会（简称行政服务中心管委会），是武夷山市政府派出机构，核定的行政编制为 2 名，2020 年底在编在岗 2 人；下属事业单位公共资源交易中心核定事业编制 9 名，2020 年底在编在岗 9 人。行政服务中心是市委、市政府为民服务的主要窗口，担负为企业和市民提供行政及公共事项审批服务、公共资源集中交易的功能，在为民服务、经济发展软环境方面，起着十分积极的意义，树立了政府窗口良好形象。

2020 年，武夷山市行政服务中心以提升政务服务、优化营商环境为主线，落实“马上就办、办就办好”的工作要求，不断推进“互联网 + 放管服”改革。

【建设先进服务平台】 服务中心于 1 月 13 日正式迁入“四中心一广场”，共有 23 个单位以独立审批服务窗口形式进驻服务大厅，入驻人数 129 人，分为市场监管服务区、社会事务服务区、民政（婚姻登记）区、纳税服务区、建设工程审批区。迁入新址后使用新的行政审批系统（一窗受理系统、权力运行系统），开启“一窗综合受理、分类审核办理、统一窗口出件”的服务模式，实现“一窗受理”事项占比 76.8%。

【提供方便快捷服务】 依托省网上办事大厅，充分运用行政审批系统、电子证照、可信电子材料，持续精简申报材料、审批环节，实现“一趟不用跑”占比 85.17%，“最多跑一趟”占比 99.68%，审批服务事项网上可办率 99.3%，“全流程网办”事项占比提升至 51.86%。不断优化审批流程，精简审批环节，行政许可事项即办件占比达 63.57%，行政许可事项压缩时限比例为 88.53%。设立企业开办专区，实现企业开办“零成本”，企业开办审批过程与“三枚印章”（公章、财务专用章、发票专用章）免费刻制同步进行，营业执照和“三枚印章”可在 50 分钟内交付。通过梳理整合、流程再造、信息共享，推行“一件事”套餐服务，共推出“一件事”套餐 20 类，办件数 120 件，进一步提高行政审批效率。

【推行惠民特色举措】 实施帮办代办、双向免费邮寄、延时服务、高频事项周末轮班等制度，真正把群众方不方便放在首位。武夷山市 1907 个事项平均跑腿次数仅 0.15 次，其中行政许可事项平均跑腿次数仅为 0.12 次，网上申报预审及时率 100%，群众办事好评率达 100%。“E 政务”自助一体机入驻中心 24 小时办事区，实现 15 个部门的 50 类服务自助办理，并结合了“景区舒适度查询”“印象大红袍表演信息查询”“竹筏动态查询”等特色服务功能。

【助力城市建设攻坚】 及时提出《落实城市建设攻坚战提升服务效能实施意见》，设立“绿色通道”，推行“项目审批代办制”“并联审批”“容缺审批”“优化项目招标服务”等措施，推进攻坚项目审批和招投标工作提速提效。全年工改小组完成 366 个项目审批；公共资源交易中心完成项目招标 153 项。

（李 珍）

# 政协武夷山市委员会

## 综述

中国人民政治协商会议武夷山市委员会（简称市政协）有行政编制12个、其中行政工勤编制3个。2020年末在岗16人，其中行政13人（其中1位副主席在岗未入编）、行政工勤3人。市政协内设“一办四委”，即办公室、提案委员会、文教卫体和文史资料委员会、经济科技委员会、社会法制和民族宗教委员会。2020年，市政协在中共武夷山市委的领导和南平市政协的指导下，团结广大委员和各参加单位，坚持以习近平新时代中国特色社会主义思想为指导，认真学习贯彻习近平总书记关于加强和改进人民政协工作的重要思想，坚持发扬民主和增进团结相互贯通，充分发挥专门协商机构作用，强化政治引领，注重双向发力，聚焦民生重点，加强自身建设，为武夷山市绿色高质量发展贡献了政协组织的智慧和力量。

**【强化政治引领，把牢前进方向】**

1. *全力防控疫情*。将疫情防控作为政协全年工作的首要政治任务，认真贯彻落实习近平总书记关于疫情防控的重要指示批示精神。政协班子成员率先垂范，深入乡（镇）、村（居）指导防控，落实好“内防扩散”的措施，驻点口岸领导“点对点”转送工作，把守好“外防输入”的关口。委员们担当作为，医药卫生界委员坚守岗位，发挥专长，全力做好防控救治工作。广大委员主动参与到社区的疫情防控工作中，入户走访摸排情况，在各路口值勤开展劝导、宣传工作，成为武夷山市密织城市“三化三防”网的重要力量。委员们通过各种渠道为武夷山市疫情防控捐款捐物，为疫情防控和优化城市环境共捐款捐物150万余元。

2. *加强政治建设*。牢牢把握新时代人民政协的性质定位，把坚决做到“两个维护”作为根本政治任务，严守政治纪律和政治规矩，始终在思想上政治上行动上同以习近平同志为核心的党中央保持高度一致。坚持政协党组把方向、管大局、保落实作用，严格执行请示报告制度，自觉在中共武夷山市委领导下部署、推进工作。在政协全会期间设立临时党支部，强化组织领导。完善政协党组织设置，持续加强功能型党支部建设。支持派驻政协机关纪检组全面履行职责，营造风清气正的政治生态。坚持把思想政治引领贯穿到履职全过程和各方面，加强思想沟通，履行意识形态工作职责，弘扬主旋律、传播正能量，引导广大委员不断增进对中国共产党和中国特色社会主义的政治认同、思想认同、理论认同、情感认同，确保市政协各项工作始终沿着正确的方向前进。

3. *坚定理想信念*。坚持用习近平新时代中国特色社会主义思想教育引导政协委员，崇尚学习之风。围绕中共十九届四中、五中全会精神，《习近平在福建》系列采访实录，中央、省、南平市委政协工作会议精神，通过党组中心组学习、主席会学习、常委会学习、功能型党支部学习、推送学习资料等方式，组织开展学习研讨。推动广大委员思想上共同进步，进一步夯实团结奋斗的共同思想政治基础。

**【聚焦重点工作，搭建协商平台】**

1. *紧扣“一攻坚”建言资政*。围绕市委提出的城市建设攻坚战目标任务，扎实搭建好协商平台，组织委员唱好“协商戏”。组织政协常委视察三中运动场、疏港大道二期等建设项目，听取了《城市建设攻坚战情况通报》，就城市建设攻坚战存在的问题、短板进行“面对面”协商，提出了科学、合理的意见建议。向全体政协委员发出倡议，征集城市建设“金点子”。认真梳理城市建设攻坚战重点工作的“六大工程”，按“小切口、准发力、求实效”的原则，选准课题、组织调研、深入协商、提好建议。针对优化城市交通路网、完善公共交通配套两项攻坚任务，组织开展了“武夷山市城市交通情况调研”，提出了挖掘潜力提升社会资源使用率、优化城市道路路网建设等七条意见建议。针对完善商贸超市配套攻坚任务，开展“关于我市农贸市场提升改造的调研”，在深入调研的基础上，组织相关职能部门与调研组在政协主席会上开展协商，形成了将崇安综合农贸市场项目建设成新型农贸市场示范点、加快建设畜禽屠宰厂等协商意见。根据市委主要领导的点题，围绕城市建设攻坚战中如何处理好保护与开发关系，开展了“南门街保护与开发和崇东大桥的文化调研”活动。

2. 紧扣“两行动”建言资政。将年度重点协商的重心放在助推旅游产业高质量发展，促进“2522”目标实现上来，与市委办、市政府办协商将“培育旅游新业态促进武夷山旅游产业高质量发展”和“让红色教育培训产业成为武夷山旅游高质量发展新引擎”两个课题确定为重点协商课题。组织有专业特长的委员深入调研武夷山市旅游新业态，提出培育发展思路，在政协常委会上与相关职能部门协商，提出依托高质量发展指挥部加强各职能部门联动、重视老城区旅游景点新业态建设等建议。组成调研组对武夷山市红色教育培训产业现状进行了分析并充分吸收了外县（市）的成功经验，提出了高站位布局红色教育培训学习、产业化推动红色教育培训发展等意见建议，并在政协主席会上进行协商。针对茶产业高质量发展行动和教育振兴行动共同关注的茶产业发展职业技术人员培育问题，组织委员深入调研，充分汇集相关界别、党派的智慧，在十届四次全委会上作题为《优化现代职业教育助力地方经济发展》的大会发言。对市政协挂点的武夷山实验小学茶场分校项目，组织力量为项目征迁排忧解难、为项目建设献计出策，如期实现项目封顶。

3. 紧扣协商重点建言资政。积极参加南平市委办、政府办、政协办确定的重点协商课题调研活动。围绕“发展夜间经济、激活城市潜能”“建好管好用好红色教育基地，弘扬社会主义核心价值观”两个重点协商课题组织委员开展调研，结合武夷山旅游度假城市和红色文化丰富的特点，形成子课题调研报告在南平市政协组织的重点协商会上进行发言。围绕“倡导健康生活方式，推进全民健康战略”重点协商课题，组织委员向调研组呈现八段锦健身、茶文化养生等健康的生活方式，为调研成果的形成提供了参考。深入开展粮食安全生产情况调研，向南平市政协提交《武夷山市粮食生产安全情况调研报告》。

**【恪守为民初心，促进民生改善】**

1. 加强提案办理补齐民生短板。着力提高提案质量和提案办理成效，聚焦民生热点难点献计出力。引导委员深入群众、深入一线，掌握民情民意，围绕群众关心的问题、关系全市经济社会发展的问题撰写提案，确保所提交的提案分析情况有深度，提出建议有高度。在十届四次会议上委员们共提交提案 102 件，经审查立案 94 件。市政协主席会议从 94 件提案中筛选出 6 件与民生密切相关的列为重点提案，分别由市政协班子成员领衔督办，促进委员履职成果得以落地转化。

2. 助力脱贫攻坚决胜全面小康。以习近平总书记对脱贫攻坚重要指示批示为指导，围绕打好脱贫攻坚战扎实履职。深入一线指导，市政协班子领导深入贫困村或经济落后村住村蹲点调研，针对各村的实际情况及特色指导制定了特色种养、发展红色旅游等产业发展规划，为村民和村集体提供稳定的经济收入。发挥委员优势，引导和组织政协委员发挥经营茶业、旅游等产业的优势，积极参与脱贫攻坚、扶危济困，在经济上、生产上给予贫困户关心帮助。开展议政建言，围绕决战脱贫攻坚全面决胜小康，配合南平市政协第二视察组对武夷山市脱贫攻坚工作进行视察，查找薄弱不足，助力巩固提升脱贫成果。

3. 关注民生热点开展监督调研。围绕群众关心的毁林种茶问题，委员们利用联系面广的优势，积极开展民主监督，向相关部门提供毁林种茶线索多条。针对群众对社区服务的关注和社区工作在疫情防控中暴露出的问题，开展《武夷山市社区工作情况调研》，在调研组与市政府分管领导和相关部门开展协商后，向市委、市政府提出了建立由市政府、街道办和社区居委会共同构建互动工作机制等改进提升社区工作的对策建议。

【注重团结合作，凝聚广泛共识】

1. 深化合作共事。积极营造平等协商、和谐议政的民主氛围，加强与各民主党派、工商联和无党派人士的团结合作，搭建多种平台，通过多种方式为他们参政议政创造良好条件，各界人士的意愿诉求得到了充分表达。加强与民族宗教界委员的沟通联系，积极引导民族团结、宗教和谐。加强委员走访，宣传市委、市政府工作开展情况，了解委员生产、生活情况，在工作上支持、生活上关心，营造出良好的履职氛围。

2. 深化联系交往。深化与上级政协联系交流，协助省政协、南平市政协完成了“打造智慧旅游推进数字南平”等调研，在调研中增进交流，提升工作契合度。深化与兄弟政协交往，做好各地政协来武夷山考察的服务工作，相互交流了经验，对外宣传推介了武夷山。深化港澳台侨交流，全力打造港澳台侨文化交流平台，积极推进港澳台侨交流合作，2020 年 5 月“香江茗苑”被授予“福建省政协港澳台侨交流基地”称号。深化异地商会交流，参加了广东省武夷山商会、福州市武夷山商会的会员大会，与乡贤们亲切交流，联络情谊，鼓励欢迎他们回乡发展。

3. 深化以文聚心。组织委员参加“齐心克时疫、笔墨绘春归”主题交流笔会、“全面奔小康·丹青绘宏图”书画作品展。编印武夷山市政协文史资料第二十一辑《闽北三杨研究》，弘扬闽北优秀传统文化。完成《武夷山政协志》的编撰出版，客观全面地记录和还原武夷山政协 1990—2019 年 30 年的奋斗历程。

【加强自身建设，推动提质增效】

1. 强化整改健体强身。针对省委巡视七组反馈的问题，市政协主动认领，举一反三，明确责任深入整改，以落实整改的实际行动，提升政协服务履职的能力和水平。市政协机关积极配合市委巡察二组开展巡察工作，全面接受市委的“政治体检”，对巡察反馈的问题认真制定整改方案，压实整改责任和实效，力求用整改的成效，强化政协机关“委员之家”的建设。

2. 落实制度筑牢基础。按照“懂政协、会协商、善议政、守纪律、讲规矩、重品行”的要求，落实好委员考评制度，对不愿履职、不善履职、不能履职的委员及时进行调整。落实好功能型党支部活动制度，组织各功能型党支部开展联合主题党日活动，增进委员交流，增强委员凝聚力。

## 主要会议

【十届四次会议】 2020 年 1 月 16—18 日，政协十届四次会议在崇阳溪山庄召开，应到会委员 161 人，实到会委员 149 人。会上，市政协主席杨永华作市政协十届常委会工作报告；市政协副主席余泽岚作提案工作情况报告；郭雪陶、陈静婷、俞龙生、邱宁卫、许亦善等 5 名委员在会上作专题发言。通过不记名、等额选举方式，增补张贤军为市政协十届委员会副主席、徐京员为市政协十届委员会秘书长、黄敏玲为市政协十届委员会常务委员。审议通过市政协十届四次会议决议。中共武夷山市委书记江建华在闭幕式上讲话，他说一年来市政协主动融入大局，积极服务发展，工作卓有成效，政治协商有质量、民主监督有成果、参政议政有作为、扶贫济困有实效；他说美好蓝图不是等出来的，而是干出来、拼出来的，市政协和全体政协委员要服务

1 月 16 日，中国人民政治协商会议武夷山市第十届委员会第四次会议召开

中心，唱响发展“主旋律”；要聚智聚力，打好协商“主动仗”；要增进团结，画好最大“同心圆”；要务实作为，弘扬实干“正能量”。全体与会人员列席武夷山市第十七届人大四次会议，听取市长谢启龙所做的政府工作报告和市法院、市检察院的工作情况报告。

## 人员名单

**【政协武夷山市第十届委员会组成人员名单】**

主　席：杨永华

副主席：张贤军、金文莲（女）、余泽岚、范　青（女）

秘书长：徐京员

常务委员（以姓氏笔画为序）：

叶信滨、朱燕涛、刘美勤（女）、江和生、许亦善、李　军、杨　龙、吴月琴（女）、吴章彪、邱宁卫、张煜灿、陈　烈、陈光源、陈祖华、陈静婷（女）、林丹萍（女）、罗春云（女）、周典林、俞龙生、翁文献、郭雪陶（女）、黄金秀（女）、黄敏玲（女）、蒋小武

**【全国政协、省政协、南平市政协委员名单】**

第十三届全国政协委员：何一心

第十二届省政协委员：

林　清、释泽道、陈荣茂、李　方（女）、杨　昇

南平市第五届政协委员：

杨永华、吕　琳、杨　昇、马素花（女）、金文莲（女）、范　青（女）、释泽道、陈荣茂、卫　铭、陈建杰、李彦希、季绍划、吴宗燕、陈　军（女）、郑冬生、黄贤格、黎飞雄、江益民、兰秀繁、林小明、黄圣强、王剑峰、方　舟、卢道明、林元昌、袁　宇（女）、杨　军、罗付灵（女）、季素英（女）。

（余鹏敬）

# 中共武夷山市纪委
# 武夷山市监委

## 综述

中共武夷山市纪委、武夷山市监委合署办公，履行党的纪律检查和国家监察两项职能。全市纪检监察系统可分为市纪委监委机关、市纪委派驻纪检组、市委巡察机构和各乡（镇）、街道纪（工）委、监察组等4支队伍，在岗人员近130人。

2020年，在南平市纪委监委和武夷山市委坚强领导下，武夷山市纪委监委深入学习贯彻习近平新时代中国特色社会主义思想和中共十九大，中共十九届四中、五中全会精神，率领全市纪检监察机关自觉增强“四个意识”、坚定“四个自信”、做到“两个维护”，忠实履行党章和宪法赋予的职责，坚持稳中求进工作总基调，深入推进全面从严治党、党风廉政建设和反腐败斗争，一体推进不敢腐、不能腐、不想腐，健全和完善监督体系，强化规范化建设，各项工作坚定稳妥、扎实有效，为决胜全面建成小康社会、决战脱贫攻坚、统筹疫情防控和经济社会发展，全方位推动绿色高质量发展超越提供了坚强保障。

2020年，武夷山市纪委监委在南平市纪检监察专项业务工作考评中夺得第一名，列入南平市“四比”考评的两项指标连续三个季度及年度总评获得第一名，扫黑除恶工作成效位居南平市前列，参评第十四届省级文明单位顺利进入公示，平安单位建设（综治工作）位列武夷山市第一名。

## 工作机构

**【市纪委监委机关】** 武夷山市纪委监委机关位于市文化宫路1号，领导职数为9个，其中纪委书记兼监委主任1名，纪委副书记兼监委副主任2名，纪委常委4名（其中2人兼监委委员），监委委员2名。机关内设16个职能部门，分别为办公室、组织和宣传部、党风政风监督室、信访室（举报中心）、案件监督管理室、第一纪检监察室、第二纪检监察室、第三纪检监察室、第四纪检监察室、第五纪检监察室、第六纪检监察室、第七纪检监察室、调查技术室、案件审理室、纪检监察干部监督室、机关党办，共有行政编制44个。此外，市纪委下设1个事业单位：派驻机构协调中心（事业编制15个）。

**【市纪委派驻纪检组】** 市纪委共设18个派驻纪检组（综合派驻14个，单独派驻4个）。综合派驻纪检组14个（行政编制42个），即市纪委驻市人大常委会机关纪检组、市纪委驻市政协（统战部）机关纪检组、市纪委驻市委办纪检组、市纪委驻市政府办纪检组、市纪委驻市委组织部纪检组、市纪委驻市委宣传部纪检组、市纪委驻市发展改革和科技局纪检组、市纪委驻市教育局纪检组、市纪委驻市旅游局纪检组、市纪委驻市住建规划局纪检组、市纪委驻市交通局纪检组、市纪委驻市农业局纪检组、市纪委驻市卫计局纪检组、市纪委驻市市场监管局纪检组。单独派驻纪检组4个（编制、工资关系不在市纪委），即市纪委驻市公安局纪检组、市纪委驻市检察院纪检组、市纪委驻市法院纪检组、市纪委驻市司法局纪检组。

**【市委巡察机构】** 市委巡察机构共有市委巡察办、市委巡察一组、市委巡察二组、市委巡察三组等4个机构，行政编制13个，办公地点在营盘路74号。

**【各乡（镇）、街道纪（工）委、监察组】** 全市10个乡（镇）、街道设立纪（工）委10个，监察组10个。各乡（镇）、街道纪（工）委、监察组各自在所在乡（镇）、街道办公。

## 主要工作

**【突出政治建设，强化政治监督，助推“两个维护”有力落实】**

1. 及时跟进做好保障。全市纪检监察机关主动跟进上级决策部署，及时明确监督重点。对落实习近平总书记重要讲话和重要指示批示精神、党中央重大决策部署情况开展监督检查，共发现问题827个，并及时推动解决。对疫情防控工作开展专项督查27次，对存在的问题给予党纪政务处分5人，组织处理56人。精准跟进“六稳”“六保”，围绕复工复产、复学复课，以及减税降费、帮扶中小企业等政策措施落实情况，加强监督、保障落实，选派纪检监察干部参与联企服务，实行网格化对接服务。

2. 压实管党治党责任。协助市委开展2019年度全面从严治党主体责任检查，发现并推动整改问题213个。认真执行《中国共产党问责条例》，2020年共开展党内问责8起8人、党组织2个。

3. 护航全市发展大局。聚焦城市建设攻坚战，紧盯重要领域环节，督促参与单位全面排查廉政风险点，规范权力运行，实施精准问责。强化对“两违”整治工作的督查，督促相关职能部门处置“嘉年华”等违建面积17.02万平方米，整改9户公职人员违建房屋问题。聚焦茶产业健康发展，开展领导干部利用“天价岩茶”谋取私利问题专项整治，查处违规开垦经营茶山的党员和公职人员3人，对茶山整治工作推动不力的领导干部问责2人。聚焦旅游行业规范发展，查处旅游行业一些党员干部涉黑涉恶及充当“保护伞”问题，党纪政务处分6件6人。针对专项债券资金管理使用情况和项目建设情况开展督查，对中医院新大楼、殡仪馆拆建两个项目建设进度滞后并影响专项债券资金支付的问题提醒谈话2人，有效推动工作开展。

2月17日，武夷山市委常委、市纪委书记、市监委主任叶强（左三）到绿洲集团调研企业复工复产工作 （陈隆浩 摄）

**【站稳人民立场，聚焦群众关切，推动全面从严治党向基层延伸】**

1. 聚焦脱贫攻坚工作。参与市委脱贫攻坚成效实地调研活动，入户排查涉及扶贫领域违规违纪问题，以“三督两查一提升”（“1+X”督查、领导督查、“最后一千米”督查；入户访查、薄弱环节督查；提升监督质效）为抓手，深入开展委领导挂钩监督、“1+X”（纪委是“1”，发挥“监督的再监督”作用，履行协调抓总的职能；相关职能部门是“X”，发挥部门职能监督作用，履行主体责任）专项监督、“最后一千米”重点监督等专项工作。2020年，共查处扶贫领域腐败和作风问题6起11人，通报曝光2批次3起4人，对问题线索做到处置清零。

2. 聚焦涉黑涉恶腐败。落实委领导班子成员对涉黑涉恶问题线索挂点包案工作机制，会同公安机关对正在办理的重点案件开展新一轮“三筛三不放过”（对已移交但未立案的线索进行筛查，绝不放过一个可疑线索；对已立案但未查处“保护伞”问题的线索进行筛查，绝不放过一个蛛丝马迹；对已查处“保护伞”问题但没有深挖彻查的线索进行筛查，绝不放过一个“漏网之鱼”），筛查问题线索27条，移交相关部门办理13条。加强与政法机关的协作配合，采取同步立案、联合办案等措施，2020年立案查处涉黑涉恶腐败和“保护伞”问题16件16人，按时完成“六清”工作任务，成效在南平市位居前列。

4月26日，武夷山市纪委监委干部到联系服务的嘉乐食品有限公司慰问一线职工（陈隆浩 摄）

3. 聚焦民生问题整治。制定《开展2020年度民生领域损害群众利益问题集中整治工作方案》，聚焦17项监督检查重点，分解到29个责任单位。充分发挥“1+X”监督机制作用，通过随机抽查、入户访查、集中督查等方式对整治过程和效果进行核查。围绕教育、医疗、食品药品等民生领域开展监督检查30余次，批评教育处理44人。开展“十百千”“找差距、抓落实、解难题、化积案”专项行动，化解难题积案13件。

4. 聚焦“四风”问题纠治。充分运用明察暗访、信访举报、联合检查、交叉检查等多种方式，多渠道发现“四风”问题线索。2020年以来，共查处“四风”问题101人、党组织3个，其中党纪政务处分24人。委领导深入各乡（镇）、街道、村开展纠治基层形式主义、官僚主义集中调研月活动，实行市乡村三级联动，结合带信下访、脱贫攻坚等专项监督工作，查找群众身边存在的贯彻落实上级决策部署不到位、侵害群众利益的形式主义、官僚主义问题。共开展调研走访村（居）106个，走访486人次，排查出三类17个典型问题，切实推动整改。

**【提升监督质效，深化标本兼治，推进一体构建“三不”机制】**

1. 保持高压态势，强化不敢腐的震慑。持续深化“四访”活动，2020年共受理信访举报322件次。受理问题线索685件，在监督检查中发现违纪违法问题线索131件，开展主动约谈817人次。运用监督执纪“四种形态”594件次，采取组织措施451人次，党纪政务立案96件，收缴违纪违规款505.2万元，成功追回一名外逃15年的职务犯罪嫌疑人。

2. 推动建章立制，扎牢不能腐的笼子。对日常监督、巡视巡察和案件查办过程中发现的体制机制问题和制度漏洞，深入分析原因，围绕生态保护、旅游产业、“两违”治理、国有资产管理等方面发出纪律检查建议书和监察建议书18份，对整改情况进行跟踪督办，有力督促相关部门抓好建章立制、堵塞漏洞，做到源头预防。

3. 强化廉政教育，增强不想腐的自觉。持续推动“一镇一孝廉”创建，举办“传承朱子孝廉 弘扬五四精神 守护世界遗产”等主题活动，近5万名网友在线观看直播，参与互动交流。在市纪委监委机关楼院建设廉政教育基地，通过廉政人物故事展板、廉政文化长廊

5月4日，武夷山市纪委监委联合南平市纪委监委等单位开展“传承朱子孝廉 弘扬五四精神 守护世界遗产”主题活动（陈隆浩 摄）

和廉政展厅营造浓厚廉政文化氛围，2020年参观受教育2000多人次。推行系列通报、联动通报等机制，制作廉政教育专栏176版、展板182个，用身边事身边人教育警示党员干部。强化对反腐倡廉工作动态和特色亮点的宣传报道，2020年在南平市级以上媒体刊发稿件158篇。

**【突出改革创新，优化体制机制，推动纪检监察工作高质量发展】**

1. 提升基层建设。制定《高质量推行“四化标准”规范基层纪检监察建设实施方案》，明确场所标准化、业务规范化、管理精细化和队伍专业化等4个方面14项工作细则，统一印制监督检查、问题线索处置、信访举报办理等文书材料，为基层提供“操作模板”。南平市基层纪检监察工作示范点建设现场推进会在武夷山召开，得到上级高度肯定，规范化建设迅速在全市铺开。

2. 完善工作格局。按照“整合力量、统筹管理、完善机制、优势互补”等原则，将全市各乡（镇）、街道纪（工）委、派驻机构、纪检监察室和市委巡察机构进行重新交叉整合，划分为5个片区，融合“四个监督”，采取联合监督检查、问题线索集中排查、渐进提级办信办访、分片交叉审查审理等方式，有效解决基层力量不足和任务不均衡问题。

3. 促进沟通协作。市纪委、监委与公安局、公立总医院、不动产登记中心、市场监督管理局、银保监会等部门签订信息共享协议，建成了不动产登记信息、中国建设银行账户信息查询系统，建立全市党员、公职人员信息“大数据库”，为工作开展提供有效支持。

4. 强化绩效管理。持续完善“标星分色”管理法，将纪检监察工作任务按一星至五星进行“等级标注”，对任务办理和完成情况进行跟踪督促、成效评估，用绿、蓝、黄、红四色进行结果评价。对“标星分色”管理情况实行定期统计分析，作为纪检监察干部绩效考评和选拔任用重要依据。

**【发挥利剑作用，推进政治巡察，全力营造良好政治生态】**

1. 助推巡视整改落地见效。把省委巡视反馈问题的整改与市委中心工作相结合，抽调10名纪检监察干部参与巡视整改，完成核查、督查、材料撰写报送等工作。

2. 落实巡察整改监督责任。市委安排7名市委常委对被巡察党组织负责人进行约谈，召开巡察反馈会15场，反馈问题279个。充分发挥巡察整改日常监督责任，对16个被巡察党组织的整改方案、巡察整改进展情况报告、个人履职报告等进行审核，提出审核意见54条。

3. 统筹推进巡察全面覆盖。兼顾疫情防控，高质量、有节奏地完成一届任期全覆盖的目标，2020年共对15个党组织开展“常规巡察”，全市已巡察81个单位，巡察覆盖率100%，对2个单位党组织开展“回头看”。

4. 加强巡察工作规范化建设。将规范化、法治化要求贯穿巡察工作始终，健全完善协作配合、解释说明等制度4项。向有关职能部门发放《巡察建议书》16份，移交问题线索15条。落实巡察前信息通报、巡察中期督导、现场巡察结束前征求被巡察单位意见等制度。

（彭 旭）

# 民主党派与工商联

## 中国民主同盟武夷山市委员会

【概况】 2020年，中国民主同盟武夷山市委员会（简称盟市委）盟员增加到170人，机构编制及人员情况与上年基本一致。民盟武夷山市委会继续围绕中共武夷山市委、武夷山市人民政府的中心工作，履行参政党职能，协调推进疫情防控和盟务工作，带领全体盟员为助力武夷山绿色高质量发展落实赶超作出贡献。

【做好疫情防控，助力复工复产】 疫情发生后，第一时间通过"武夷山民盟"微信公众号发出倡议书，号召全市盟员凝聚共识、群策群力，踊跃参加一线抗疫。盟市委班子成员分别兼任片区片长、高速路口查验站带班指挥长等职，坚守疫情防控一线。医药卫生支部全体盟员在最短最快的时间内奔赴各自岗位投入疫情防控的战斗中，支部盟员许雪芳家庭荣获"福建省抗疫最美家庭"。法律界盟员参与市疫情防控公益律师服务志愿团，开展疫情防控专项公益法律服务。文化界盟员以笔作枪，以画战疫，参加"众志成城抗疫情"书法网络展活动。更多普通盟员主动到居住地社区报到，参与社区志愿岗服务。盟员及其所在企业积极为抗疫防疫捐款捐物，共捐款3.89万元。盟市委对接民盟省委会向市妇幼、中医院捐赠医疗设备5台，价值150万元。报送疫情防控及复工复产方面社情民意信息10余篇，其中《精心策划，有效应对疫情对武夷山旅游业的影响》被南平市级采用，获中共南平市委主要领导批示。此外，对接民盟浙江省委会盟员到武夷山市开展"云游武夷山，喝杯武夷茶"大型公益淘宝助农直播活动。

【加强政治学习，做好宣传报道】 根据《民盟福建省委会关于进一步加强思想政治建设工作的实施意见》，组织全体盟员学习中共十九届四中和五中全会精神、民盟中央十二届三次全会精神、中共中央召开党外人士座谈会精神，夯实多党合作共同思想政治基础。邀请民盟福建省委会专职副主委刘泓赴武夷山市作《中国优秀文化与新型政党制度》讲座，深刻认识中国共产党领导的多党合作制度的优越性。组织机关干部、部分盟员参加市委统战部召开的中共十九届五中全会精神宣讲报告会、《习近平谈治国理政》、《习近平在福建》系列采访实录学习会等，进一步凝聚思想政治共识。深入开展"不忘合作初心，继续携手前进"主题教育，组织盟员前往坑口革命历史陈列馆开展学习宣传贯彻中共十九届五中全会精神宣讲活动。盟员实地参观坑口革命历史陈列馆，集中观看《风展红旗——武夷干校薪火传》《无名的丰碑》电教片，接受爱国主义教育和革命传统教育，并结合中共十九届五中全会精神，就如何更好地履行参政党职能展开讨论。此外，民盟武夷山市委会还参与文明城市创建，持续开展文明"大讨论"活动，号召全市盟员争当文明的实践者、传播者、建言者，为文明武夷擦亮底色。及时向"中国民主同盟""福建民盟"网站、《闽北日报》、民盟南平市委会、市委统战部报送重大活动、参政议政、优秀盟员和代表人士典型事迹等宣传稿件。配合市委统战部做好"福建统战"微信公众号、抖音号的约稿工作，在"福建统战"微信公众号上稿4篇、抖音号上稿1篇；邹全荣、熊慎端撰写的多篇稿件在《政协天地》《闽北日报》《南平政协》等省、市媒体刊物发表。

【深入调查研究，积极参政议政】 民盟武夷山市委会领导多次走访并参加社区工作调研座谈会，对崇安街道、新丰街道、武夷街道所属各社区工作进行专题调研，在认真归纳、总结和分析问题的基础上，先后完成民盟福建省委会年度调研课题《我省县级城市社区治理现状分析及对策建议》、中共武夷山市委统战部统战理论课题。朱燕涛撰写的《党外人士建议建立中国特色国家公园财政体制》被全国政协采用。蒋小武撰写的《精心策划，有效应对疫情对武夷山旅游业的影响》被南平政协采用，获中共南平市委主要领导批示。朱燕涛撰写的两篇社情民意获中共武夷山市委主要领导批示。全国两会期间，报送约稿信息 32 篇；围绕武夷山市“一攻坚两行动”，分别投稿金点子等相关意见建议 16 篇，朱燕涛、杨敏太投稿的 2 篇金点子被城市建设攻坚战采用；此外，蒋小武、郭雪陶、朱燕涛、李姗等盟员撰写的社情民意信息 6 篇分别被闽北快讯、南平政协采用。市“两会”期间，盟员政协委员围绕旅游产业发展、人居环境整治、教育医疗等重点领域提出意见建议，展示了担当风采。盟市委专职副主委郭雪陶代表民盟界作《改善农村环境，建设“梦里老家”》的大会发言，盟市委提交市政协十届四次会议提案 39 篇，其中组织提案 25 篇，委员个人提案 14 篇，占政协全部提案的 39%，《关于进一步加强社区居委会建设和管理的建议》《关于首攻“起点”阵地，打赢“万里茶道”申遗战役的建议》等 2 篇提案被列为市政协重点提案。大多数提案建议具体、可操作性强，为市委、市政府决策科学化、民主化提供了有价值的参考，发挥了建言献策的实际作用。值得一提的是，呼吁了多年的“南门街保护利用和改造”“一中桥洞路段交通拥挤”等老大难问题，在 2020 年都得到市委、市政府的高度重视。此外，盟市委先后组织盟员参加中共武夷山市委、市人大、市政府、市政协组织的“政府工作报告”“民主生活会”“‘十四五’规划”等征求意见会、城市建设攻坚项目视察、“培育旅游新业态，促进旅游高质量发展”等专题调研和重点课题协商会，并提出相关意见建议。

**【推进组织建设，展现队伍风采】**

按照《南平民盟组织建设工作五年规划（2018—2022 年）》，坚持一手抓主界别盟员发展，一手抓参政议政复合型人才发展，既巩固特色，又提升质量。盟员人数稳步增长，整体结构进一步优化。2020 年新发展盟员 6 人，平均年龄 35 岁。一年来，选送盟员参加各级组织的培训活动，不断增强全体盟员对中国特色社会主义的道路自信、理论自信、制度自信、文化自信。加强对盟员的关怀指导，走访盟员企业，了解盟员动态，收集盟员对经济社会发展和新时代参政党工作意见建议。2020 年，民盟武夷山市医药卫生支部荣获民盟福建省委会 2019 年度“创特色、增活力”先进基层组织。广大盟员“双岗建功”（本职工作岗位与党派成员履职岗位），其中，廖彩华、黄晓文晋升主任医师，张贵谊晋升副主任医师，刘孟霖被聘为中国建筑机械租赁与安全管理专家库高级专家，叶珍被评为制茶高级工程师，李姗获全国幸福工程“志愿之星”荣誉称号，张烨获“第四次全国经济普查南平市先进个人”荣誉称号，张栋华、王丽萍入选省技能大师工作室，曾清秀荣任省科技文化创新协会副会长，熊慎端被福建日报社评为优秀通讯员，朱燕涛被聘为省侨联“闽侨智库”成员、南平市“武夷文化研究院”研究员，周小丽被推选为省侨联摄影学会理事，邹全荣、梁天雄分别荣获“不忘初心，我和武夷共前行”——武夷山撤县建市 30 周年暨申报世遗成功 20 周年作品征集大赛文学作品组一等奖、短视频组入围奖，邝先发荣获福煤（邵武）煤业有限公司“优秀中层管理人员”称号。

**【加强社会服务，拓展对外交流】**

在疫情防控常态化背景下，盟市委带领科技支部、经济支部赴下梅小学、湖桃小学开展“六一防疫助学”活动，捐赠口罩 4700 个、学习用品 70 套；持续开展“金秋助学”活动，盟内企业家曾清秀、刘孟霖、朱建才、梁天雄、范文珍、叶珍、彭澜等为吴屯乡 8 名贫困学子捐赠助学金 12000 元；盟员陈德平为武夷中学、武夷中心小学捐赠奖教基金 6 万元。在武夷山市第十三个民族团结进步宣传月期间，配合市委统战部赴星村镇黎前村开展义诊活动；在崇安苏区建立 90 周年之际，组织医药卫生支部、科技支部赴坑口村开展医药下乡义诊活动，并走进车盆坑自然村为留守老人入户义诊，为老区村民、留守老人送医送药。旅游支部举办以“国风当潮 汉服迎夏”为主题的文化活动，助力传统文化传承；开展万里茶道（洋庄段）考察活动，为更好地保护开发利用茶道遗迹提出意见建议。经济支部开展红茶文化学习交流活动。科技支部联合医药卫生支部赴东溪水库开展生态环境及第二饮用水源调研。邱芝杰等盟员律师开通法律援助“绿色通道”，降低法律援助门槛，积极参与信访化解、法律援助等各项法律事务；梁天雄等茶企负责人，赴全国各地举办武夷茶文化分享会、讲座会，为推动武夷山茶产业发展，弘扬武夷茶文化贡献力量；王丽萍、王小玉等开展技能培训，为武夷山经济社会的发展输送一批适用性人才。2020年，民盟中央龙庄伟副主席一行赴武夷山调研；民盟福建省青年委员会、三明市委会、永安市委会也先后赴武夷山市传统教育基地、盟员企业开展相关考察调研活动。武夷山市盟员梁天雄、邹全荣分别为省民盟青年委一行作题为《正山小种红茶的生长与加工环境及金骏眉的诞生》《万里茶道的人文记忆》的讲座。

（郭雪陶）

# 中国农工民主党武夷山市委会

【概况】　农工民主党武夷山市委会（简称市委会），至2020年12月31日，全市共有农工党党员135人，下设卫生支部、教育支部、科技（综合）支部、重阳支部。农工党市委会第六届领导班子成员有主委范青，副主委陈静婷（专职）、王辉；委员：王振湘、周爱青、张根生、彭福琴、兰毅琼、叶良玉、胡永飞、柳春旺，班子平均年龄48周岁。班子成员中高级职称4人，中级职称3人。

【把牢“定盘星”，思想政治基础更加夯实】

1. 坚定理想信念。以增进政治认同为目标，对照习近平总书记对民主党派提出的“四新”（就是新时代多党合作要有“新气象”、思想共识要有“新提高”、履职尽责要有“新作为”、参政党要有“新面貌”）、“三好”（好参谋、好帮手、好同事）总要求，引导全市各级广大农工党党员始终在政治立场、政治方向、政治原则、政治道路上同以习近平同志为核心的党中央保持高度一致。

2. 强化思想政治引领。加强理论武装，坚持用习近平新时代中国特色社会主义思想教育引导广大农工党党员。组织召开学习贯彻中共十九届四中、五中全会精神学习会，通过网络云课堂等形式，推动广大农工党党员全面系统学、深入具体学，学出理想信念，学出担当作为，不断增强“四个意识”、坚定“四个自信”、做到“两个维护”。

3. 开展初心使命教育。以纪念农工党成立90周年为契机，进一步继承弘扬优良传统，组织开展丰富多彩的纪念活动，激励广大农工党党员牢记多党合作初心，将纪念活动激发的热情转化为砥砺奋进的不竭动力。拍摄“寄语亲爱的党”微视频，组织年龄最长的老农工党党员陈振健和市委会专职副主委陈静婷祖孙两人为农工党90岁生日送上祝福。选送农工党党员蒋敏作品《农工之花处处开——写给中国农工民主党的一封信》参加农工党中央“风雨同舟谱华章——庆祝中国农工民主党成立90周年”征文活动；选送彭厚斌、李连伍、李文慧书法作品3幅参加农工党福建省委会防控疫情主题书画作品网络展和庆祝农工党成立90周年美术摄影作品展征集活动。动员组织广大农工党党员参与纪念中国农工民主党成立90周年暨福建地方组织建立90周年线上党史知识竞赛。组织市委委员、支部主委和部分骨干农工党党员40余人赴岚谷乡横源村开展“纪念中国农工民主党成立90周年”主题教育。

【吹响“集结号”，同心战疫行动有为有效】

1. 迅速行动，凝聚共识。面对突如其来的新冠肺炎疫情，全市各级组织和广大农工党党员坚决贯彻落实习近平总书记重要讲话重要指示批示精神和中共中央、省委、市委部署要求，以实际行动践行初心使命，以履职尽责展现担当作为，在抗疫大考中交出了一份合格的答卷。疫情发生后，市委会迅速落实上级安排部署，将疫情防控作为最紧迫、最重要的政治任务，第一时间建立应对疫情领导机制，并发布《防控疫情　众志成城——农工党武夷山市委会关于协力打赢新型冠状病毒肺炎疫情防控战的倡议书》，鼓励广大农工党党员积极为疫情捐款捐物，献计出力，吹响战疫“集结号”。依托市委会微信公众号、微信群等渠道，及时组织编写、转发疫情防控科普小贴士、疫情防控建议等10余篇，及时学习传达贯彻落实市疫情防控领导小组抗击疫情的决策部署，凝聚起抗疫必胜的强大共识和坚定信心。

2. 主动作为，战疫一线。全市担任分管领导、部门和医疗机构负责人的农工党党员全程参与疫情防控组织指挥。全市共有50余名农工党党员奋战在疫情防控一线，直接或间接参与治疗病人、发热门诊接诊、隔离管控、住院病房诊治、一线检测及排查、市场监管、物品保障和后勤服务保障工作。张丽蓉、黄忠锋、兰毅琼、占梅英、黄金秀、翁晓媚等医卫界农工党党员第一批投身疫情防控及检测排查一线；孙健美、柳春旺、彭福琴等骨干农工党党员主动请缨协助疫情防控期间市立医院的后勤保障工作，王辉、季明兴、何龙贵、严玮、林木城、林宝溶等广大医务人员更是在武夷山市派出援鄂医疗队后坚守各病区岗位，守护每一名患者。范青主委作为武夷山市百花社区网格长每日深入所在辖区各值班点开展巡查指导、发热病人预检处置筛查、疑似病人排查运转等工作；周爱青、王振湘、张根生、胡永飞、张贤彪、李文慧、方明星、吴丽萍、肖劲恺、张爱群、占旺华、王玉娇、蒋敏、方毅辉、邓陈颖、王梦雨、任志文等十余名骨干农工党党员作为志愿者在武夷山市各社区查验口值守，共同筑牢基层防疫堡垒。广大教育界党员主动担当，通过微信群、网课等方式线上引导学生做好假期防疫。

3. 集智聚力，建言防控。及时向全市各级组织发出动员，鼓励广大农工党党员充分发挥自身优势、专业特长，聚焦疫情对经济社会发展影响、一线临床救治、抗疫物资供应保障、疫情防控期间社会管控以及推进复工复产、“六稳”、“六保”等方面重点问题深入思考，开展专题研究，积极建诤言献良策，为加强疫情防控和促进经济社会发展提供智力支持。疫情防控期间，累计编报社情民意信息5篇，其中《尽早谋划布局抢占“疫后”旅游市场反弹潮头的建议》《党外人士建议我省借助疫情期间“宅经济”火爆契机打造全国“宅经济”发展高地》《当前我省中小学复课仍存安全隐患亟待消除》3篇被南平市委办采用，一些意见建议得到重视采纳并落地转化为实际工作举措，为党委政府打赢疫情防控阻击战提供有益参考。广大农工党党员发挥自身专业优势，就做好疫情防控各方面工作积极向党委政府及有关部门提出工作建议，充分展现了武夷山市农工党人“尽职尽责、敢于担当”的良好形象。

4. 爱心捐赠，汇聚合力。疫情发生后，主要领导带头捐款，全市农工党党员纷纷行动，以多种方式、多种途径向抗疫一线提供援助支持，与全国各族人民一道谱写出“一方有难、八方支援”的时代赞歌。据不完全统计，全市农工党党员捐款捐物8.06万元，农工党党员企业家叶家亮为福建省援鄂医疗队140余名医护人员捐赠茶叶价值129.2万元，以实际行动诠释了大爱精神和家国情怀。

## 【紧扣“主旋律”，参政履职实效持续提升】

1. 在服务大局中展现新作为。围绕统筹推进疫情防控和经济社会发展，聚焦“一攻坚两行动”、教育振兴等开展调查研究，积极建言献策。高度重视在政协协商平台上发挥作用，2020年共向两会提交大会发言和提案、议案21篇。《关于优化我市职业教育的建议》《关于保护和发展西门畈耕地的建议》被市政协评为2020年度重点提案。《关于加强零售药店价格监管的建议》《关于预防大面积茶山荒废的建议》等受到相关职能部门关注，并到市委会专门协商了答复意见。积极参与市政协协商课题“关于我市农贸市场提升改造”开展调研，形成《关于我市农贸市场提升改造工程》的调研报告，并在协商会上汇报，得到陈爱宾副市长的充分肯定。

2. 信息工作在应变创新中实现新突破。把社情民意信息工作作为一项常态性、重要性的工作抓牢抓实。2020年创新工作方法，与农工党南平市委会紧密联系，争取合作，形成地市联动的信息工作机制。鼓励引导全市农工党广大党员克服疫情不利影响，努

农工党员企业家叶家亮为福建省援鄂医疗队捐赠茶叶

力在履职尽责中展现作为，社情民意信息工作实现“质”和“量”的双提升。据统计，全年累计编发高质量社情民意信息11篇，其中陈静婷撰写的《“微信租售”陷阱引发多重危害应予高度关注》被全国政协采用；方毅辉撰写的《武夷山茶树品种加快消失亟待加强保护》被省政协办公厅和《福建农工信息》采用，并得到南平市副市长何明星的批示；范青主委撰写的《关于在武夷山建设省级生态文明建设成果展示馆的建议》、陈秉元撰写的《建议由省上牵头进一步提升武夷山国际马拉松赛事品质》、方毅辉撰写的《谨防行业“灰犀牛”弱化我省茶产业持续健康发展能力》3篇信息被南平市委办采用，采用率为历年最高。

**【汇聚“正能量”，社会服务活动坚持不懈】** 遵循“坚持以科学发展观为指导，坚持把群众受益作为出发点和落脚点，坚持与促进发展密切结合”的原则，立足农工党界别特色，发挥人才资源优势，不断拓展社会服务的广度和深度，社会服务品牌影响力和工作成效不断提升。在副主委王辉、支部主委柳春旺的带领下，卫生支部彭福琴、兰毅琼、周红英、伍捍华等十余名新老农工党党员组成的医疗队前往上梅乡首阳村开展“进乡村、惠民生、送温暖”健康义诊活动。免费发放药品价值近1000元，发放健康知识宣传材料100余份。与武夷山市委统战部联合开展以“同舟共济，守望相助，团结奋斗”为主题的民族团结进步宣传月义诊活动，为星村镇黎前村百姓提供诊疗、健康咨询等服务。

**【筑牢“压舱石”，自身建设步履铿锵有力】** 深入贯彻落实《中共中央关于加强中国特色社会主义参政党建设的意见》等三个文件精神，扎实推进思想政治建设、组织建设、履职能力建设、作风建设和制度建设，不断激发组织活力、增强凝聚力。科技支部被农工党中央授予“纪念中国农工民主党成立九十周年组织建设工作先进集体”称号，叶家亮荣获“纪念中国农工民主党成立九十周年先进个人”称号；市委会被农工党福建省委会授予“纪念中国农工民主党成立九十周年优秀市（县）级组织”称号，范青荣获“纪念中国农工民主党成立九十周年优秀党务工作者”称号。广大农工党党员立足岗位，建功立业。王辉的论文《后腹腔镜输尿管切开取石术中两种腹膜后腔入路制备方法的比较》在第十三届南平市自然科学优秀学术论文评选中荣获三等奖，陈君荷的《浅谈初中数学教学中培养学生阅读能力的重要性及策略》荣获“中国梦•全国优秀教育教学论文评选大赛”一等奖，孙健美在2020年“抗疫情、健康行、保生产、促发展”活动中被市老科协评为优秀会员，并被市关工委评为2020年度“先进工作者”。此外，还有一批农工党党员立足本岗、建功立业，取得了好成绩，获得本部门、本系统不同类型的业务奖励、工作奖励和光荣称号。积极推动市委会工作制度创新，建立完善社情民意信息工作纵向联动横向协同工作制度、社情民意信息约稿制度等创新。建立“农工党武夷山市委会”微信公众号，及时传达省市各项政策，通报市委会各项工作，宣传展示农工党党员风采的平台和制度保障更加完备。

（陈静婷）

## 武夷山市工商业联合会（商会）

**【概况】** 武夷山市工商业联合会（简称市工商联），是中国共产党领导的面向工商界、以非公有制企业和非公有制经济人士为主体的人民团体和商会组织，是党和政府联系非公有制经济人士的桥梁纽带，是政府管理和服务非公有制经济的助手。市工商联工作是党的统一战线工作和经济工作的重要内容。工作对象主要包括私营企业、非公有制经济成分控股的有限责任公司和股份有限公司、港澳投资企业等，私营企业出资人、个体工商户、在大陆投资的港澳地区工商界人士、原工商业者等。市工商联核定编制2名，在编1人。

至2020年底，市工商联会员5525个，其中企业会员310个，团体会员15个，个人会员5200人。所属商会21个，其中本地商会19个〔武夷山市温州商会、龙泉商会、莆田商会、泉州商会、福清商会、松溪商会、政和商会和青年企业家商会及10个乡（镇）、街道商会〕，异地商会4个（上海武夷山商会、广东省武夷山商会、福州市武夷山商会及厦门市武夷山商会）。现任十一届执委会班子成员90人，其中主席1人，常务副主席1人，副主席9人，秘书长1人，常执委78人，武夷星茶业有限公司董事长何一心任工商联主席，俞龙生任市工商联党组书记。

2020年，市工商联被全国工商联评为“民营企业调查点工作先进示范单位”；武夷山市泉州商会被评为全国“四好”（班子建设好、团结教育好、服务发展好、自律规范好）商会；武夷山市温州商会被评为全省“四好”商会。在南平市“四比六促”（比党性、比作风、比业绩、比贡献，促产业发展、促项目接续、促企业做强、促城乡建设、促环境整治、促精准扶贫）考评中，由工商联具体实施的“回归经济”“民企带村”项目均获南平市各县（市）第一名的好成绩。

**【强化思想引领，提振发展信心】**

1.理想教育。工商联始终坚持把学习贯彻习近平新时代中国特色社会主义思想和中共十九大精神作为重要任务，与贯彻习近平总书记关于民营经济发展的系列重要论述有机结合，深入开展以“守法诚信经营、坚定发展信心”为重点的理想信念教育。掀起“大学习”“大宣传”“大实践”的热潮。精心制定工作方案，通过微信群、讲座、培训等形式，推动中共十九大精神进企业、进商会。组织10名民营企业家应邀参与“检察护航民企发展”检察开放日活动；组织30余位常执委学习习近平在全国“两会”上的重要讲话精神及赴闽考察讲话精神；组织部分企业家多次与省内外兄弟商会开展交流座谈。

2.守初心谋发展。围绕庆祝中华人民共和国成立70周年，深化以“守法诚信、坚定信心”为重点的非公有制经济的理想信念教育实践活动，引导非公经济人士牢固增强“四个意识”、坚定“四个自信”、做到“两个维护”。先后召开民营企业家代表座谈会2次，商会会长联席会2次，深入学习习近平在全国民营经济发展座谈会上的重要讲话精神，增强发展信心，引导非公经济人士坚定不移听党话、跟党走。“七一”中国共产党建党日期间，武夷山市青年企业家商会组织会员企业一行人到茗川世府合作社学习党建工作先进做法，召开座谈会并就“守初心，担责任，谋发展”等方面进行交流，组织商会会员开展学习习近平总书记在企业家座谈会上的重要讲话精神。通过这些宣传活动，增强非公有制经济人士的发展信心。

**【积极建言献策，优化营商环境】**

1.建言献策谋发展。面对突如其来的新冠肺炎疫情，工商联依据市委、市政府工作要求，向全市各商会、民营企业家发出关于合力抗击疫情的倡议书，充分发挥商会职能，倡导非公经济人士积极响应号召；疫情防控期间积极走访调研，帮助企业协调解决防控物资采购、捐助、运输等方面的困难；通过电话联系、上门走访等方式了解企业复工复产情况及存在的困难问题，为60多家企业推送各项惠企政策，指导企业开展复工期间疫情防控工作，助力企业顺利复工复产。在“为城市添分绿，为城市出份力”建设攻坚战中，召开企业座谈会，并与10余名企业家面对面开展交流活动，探讨和听取他们对武夷山市道路建设与绿色发展的真知灼见，建言献策渠道的畅通做法得到社会成员的一致好评。工商联2020年向市委、市政府提交5项有关服务民企的建议。两会期间积极组织工商联经济界代表、委员，提出一批具有影响力的提案、议案共25件，内容涉及民营企业经济可持续发展、乡村振兴、基础设施建设、专业人才等诸多方面。

2.优化环境促“回归”。认真实施回归工程，不断创新举措，积极探索回归发展途径，努力营造“亲商、安商、兴商”的良好氛围。为全面掌握武夷山籍在外乡贤的情况，市委统战部专门印发《武夷山籍在外企业家、副处级以上干部情况调查表》，并建档造册；线上探索建立“回归经济”优惠政策，依托异地商会，设立北京、上海、广东三地招商联络处，聘任异地商会会长为武夷山市“招商大使”，促进人才回归、资金回流、企业回迁。印制回归经济宣传折页和展板，利用“武夷招商”公众号平台，不断更新推介投资环境、产业布局、招商项目等板块内容，为企业提供更加优质便捷的服务；编写招商月报、招商专报汇报招商项目情况。

**【健全服务平台，服务企业发展】**

1.打造服务平台，当好“服务员”。市工商联坚持“服务立会”的宗旨，争取方方面面的支持，形成服务经济的有效机制。建立承诺机制，企业反映的问题工商联承诺3个工作日给予协调对接。全年来访接待服务企业28次，为企业解决难题22件。充分发挥法律服务中心的作用，为会员提供法律咨询。2020年31家企业通过省、南平、武夷山聘请的律师进行法律咨询，涉及金额2900多万元，提升民营企业家依法生产经营能力，为武夷山市民营经济发展提供法律服务和法律保障。建立企业融资平台。工商联与多家银行召开对接会，搭建多家银行与企业就融资难进行沟通交流。通过银企对接，共为疫情后复工复产企业融资贷款2.3亿元。为企业提供人力资源，共为非公企业评定初、中、高级各类职称25人。每季度定期与人社、工会部门召开三方协调会议，共同研究解决非公有制经济普遍性的重大劳动关系问题。

2. 创建学习平台，当好“辅导员”。市工商联着重为企业提供现代化管理、企业文化创建、品牌打造、创新意识的培训，一年来举办了“区块链技术知识与应用”“两化融合发展及知识讲座”“企业年度战略策划与思考”等培训3期，专题讲座8场，参加培训近2300人次。通过教育学习提高会员的理论素质，同时会员的学习热情逐步提高。

3. 搭建交流平台，当好“联络员”。建立对外交流机制，加强与省内外商会的联系与合作，帮助企业寻找发展商机。6月，组织部分企业家多次与省内外兄弟商会交流座谈。武夷山市泉州、温州、龙泉商会多次组织会员前往全国各地商会参观学习，促进交流。

【做实光彩事业，力促扶贫济困】

1. 协力开展精准扶贫。合力推动“百企帮百村”精准扶贫行动，发动民企参与精准扶贫与新农村建设工作。活动开展以来，得到民营企业和非公经济人士的积极响应，有40名企业家开展帮扶结对活动。按照上级工商联“百企帮百村”的要求，抓好10家企业与10个贫困村开展扶贫挂点工作，签订《“百企帮百村”企村结对帮扶协议书》，提供帮扶资金、慰问贫困户、吸纳劳动就业、对接特色产业等。

2. 同心推进慈善事业。充分发挥公益组织桥梁作用，引导和弘扬非公经济人士积极参与扶贫助学、敬老济困、慈善捐助等社会公益活动。工商联向上级争取“同心海西春雨”光彩助学资金1.5万元、精准扶贫助学资金17.5万元，为26名低保户、精准扶贫助学大学新生圆了大学梦。工商联副主席江元勋在星村镇实施“贫困帮扶”慈善项目计划，从2018年起连续3年，每年资助2000元／户；工商联副主席张美林多次向贫困户捐款；工商联副主席孙福向南平慈善总会捐款5万元，此款定向用于武夷山光彩事业；工商联副主席吴连玉春节期间慰问、资助洋庄贫困大学生；常委胡必奖与武夷山市二中签订定向捐助协议，每年捐助20万元，用于兴师助学；武夷山市三湘红食品有限公司徐学忠为贫困大学生捐款，执委徐颖刚向南平慈善总会捐款1万元，用于贫困救济。

【夯实组织建设，打响工作品牌】

1. 坚持发展会员，推进组织建设。2020年建成4家异地商会，完成10个乡（镇）、街道商会的成立工作，指导武夷山市政和商会换届工作。

2. 抓好基础商会建设，规范商会工作制度。指导各商会成为逐步建立结构合理、制度健全、运作规范、作用明显的组织。2020年，武夷山市泉州商会被评为全国“四好”商会；武夷山市温州商会被评为全省“四好”商会。

3. 加强招商引资，激发回归热情。利用福州市武夷山商会年会契机，配合市政府举办招商项目推介会，激发异地乡贤回归投资的热情。

（俞龙生）

# 群众团体

## 武夷山市总工会

**【概况】** 武夷山市总工会（简称市总工会）机关内设党政办、组织宣教部、经济保障部3个部（室），有行政编制5名。下设市职工业余学校和职工服务中心2个事业单位，有事业编制6名。2020年，在职行政编5人、事业编6人。配有常务副主席、副主席各1名，工会专干11人。

**【疫情防控】** 2020年，武夷山市总工会主动融入全市疫情防控大军，服从组织领导，带头落实防控措施，成为疫情防控的“好帮手”。一是广泛开展走访慰问关怀。疫情防控期间，先后看望慰问市立医院、市公安局、市疾控中心、崇安街道村尾村、和平社区等一线防控人员，发放慰问金3.4万元；为23名援鄂医护人员每人发放2000元慰问金；号召劳模协会向市立医院定向捐款，通过红十字会向市立医院捐款2万元。二是充分发挥党员示范表率作用。严格落实机关联乡村、机关联社区、机关联企业、双联双评、在职党员到社区报到等工作机制。主动对接挂点村及时了解疫情防控工作情况，加强工作指导督促。督导武夷山市通仙茶业有限责任公司复工复产，帮助解决防控物资不足问题。机关党员干部全部到社区报到，班子成员既当“指挥员”、又当“战斗员”，担任社区网格长带队值守重要卡点重点部位。普通党员主动请缨，宣传疫情防控相关政策和健康防护知识，做好社区党员劝导工作。三是广泛开展工会志愿服务。随着全市管控措施的出台，各社区值守人员严重不足。市总工会及时组织新时代文明实践工会志愿者服务队充实到疫情防控一线，200多人的志愿者队伍在乡（镇）街道、村（社区）一线。

**【助力城市攻坚】** 敢字为先、干字当头，为切实提升城市面貌，加快创建全国文明城市，早日实现国际旅游度假城市的目标，市委、市政府全面启动城市建设攻坚战。市总工会全面贯彻落实市委、市政府的决策部署，团结动员全市各级工会组织、广大工会工作者和职工群众，发扬主人翁精神，发挥主力军作用，为城市建设攻坚贡献力量。一是补齐民生短板，工人文化宫项目进展顺利。武夷山市工人文化宫项目总投资4911万元，用地总面积19.71亩，建筑总面积7878.01平方米，建有工人体育馆、职工服务中心、职工书屋、设备用房、门卫房等主体建筑，11月主体工程已封顶完工。工人文化宫附属配套工程可行性研究报告、初设和概算发改局均已批复，设计和预算已编制完成。二是积极主动谋划，助力“一攻坚两行动”。根据市委、市政府“一攻坚两行动”的安排部署，市总工会印发了《关于助力城市建设攻坚和促进茶旅产业高质量发展行动的工作方案》，号召全市各级工会组织把思想和行动统一到市委的决策部署上来，促进城市建设和茶旅产业高质量发展取得实效。市总工会向上争取申报青竹山庄等4家酒店为福建省首批职工疗休养示范基地、崇阳溪山庄等3家酒店为南平市首批职工疗休养基地。三是助推项目建设，广泛慰问一线工作者。“五一”国际劳动节期间，市委书记江建华、市长谢启龙等市委、市政府领导到北城互通、武夷大道改造提升六期工程等项目施工现场看望慰问一线工作者，市总工会组织发放水果、牛奶、方便面等慰问品。7月6日，市委书记江建华、市长谢启龙等市委、市政府领导到五九北路改造及管网配套工程、武夷大道（站前大道—环岛）道路改造项目等施工现场看望慰问一线施工人员，市总工会组织发放板蓝根、正气水、凉茶等防暑降温物品。

【巡视整改】 5月21日，省委巡视七组向武夷山市委反馈了巡视情况，5月31日，中共武夷山市委印发《关于落实省委巡视七组〈关于巡视武夷山市的反馈意见〉的整改任务与分解方案》的通知，市总工会对巡视发现的问题进行逐一对照、举一反三、主动认领，认真研究整改措施和责任划分，结合单位实际，制定了中共武夷山市总工会党组关于落实省委巡视七组《关于巡视武夷山市的反馈意见》整改落实方案，对一些共性问题进行对照剖析，扎实推进巡视整改落实。

【维权帮扶服务】

1. 实施送温暖工程，关爱职工生活。一是关怀困难职工。2020年元旦、春节期间广泛开展“两节”送温暖活动，南平市总工会领导，武夷山市委、市政府领导进企业、进社区、进家庭，走访慰问了困难企业、困难劳模、困难职工，为他们送去党和政府的新春祝福和亲切关怀。二是关爱困难学生。2020年金秋助学资助困难职工家庭子女9人，发放助学金1.8万元。“六一”国际儿童节，对崇安小学开展“六一”慰问活动，为30名贫困学生、留守儿童送去爱心书包、爱心画笔等精美礼物。三是关心共建单位。为做好“三联”、双拥等工作，多次到挂点村崇安街道村尾村、共建社区和平社区、双拥共建单位武警南平支队执勤三大队调研走访和慰问，向挂点村拨付帮扶资金3万元，向共建社区拨付资金0.6万元。四是关爱环卫工人。在福建省“环卫工人关爱月”，开展环卫工人关爱月活动，向度假区环卫工人送上100箱牛奶和100条毛巾。通过帮助环卫工人实现微心愿，进一步推动全社会形成关爱环卫工人、支持环卫事业的良好氛围，号召全市广大职工“争创文明城，争做文明人”，形成自觉维护城市文明的社会新风尚。

2. 做好职工医疗互助，减轻职工压力。第八期在职职工住院医疗互助活动共有246个行政、企事业单位的14305名在职职工参加，共筹集医疗互助金84.23万元。2020年，全市211名职工获得医疗互助金共计23万余元。武夷山市职工医疗互助活动自2012年9月启动，全市共有4397名职工受益，共获得医疗互助金347.1万元。

3. 积极选树先进典型，加强劳模管理。2020年，省总工会、南平市总工会评选表彰一批先进集体和先进个人，其中省五一先锋号1个，省五一劳动奖状单位1个，省模范职工之家2家，省共享职工之家1家，省五一劳动奖章1人，省优秀工会工作者2人；南平市“党建带工建、共建壮党建”示范单位1家，南平市劳动模范和先进工作者9人。市总工会将关爱劳模、宣传劳模、服务劳模工作常态化，不断提升劳模服务水平，大力弘扬劳模精神。一是宣讲劳模精神。组织劳模参加省总工会、南平市总工会先进事迹宣讲，讲好劳模故事、讲好劳动故事、讲好工匠故事，用劳模精神凝聚力量、激发干劲。二是关心关爱劳模。深入困难劳模及高龄劳模家中慰问，为困难劳模向省总工会、南平市总工会争取慰问金5.68万元。积极对接有关部门，落实好劳模市区范围内乘坐公交车免票、进入市内旅游景点免票等待遇。三是丰富劳模生活。举办劳模读书班，深入五夫镇实地考察生态文明、特色农业等发展成果，探寻朱子文化的丰富内涵。在朱子理学的发源地开展《习近平在福建》系列采访实录的大学习、大讨论，用劳模的先进性带动广大职工向上向善，争创文明。组织劳模代表观摩市重点项目，见证武夷山市城市建设的新变化。

4. 完善职工维权机制，保障职工权益。充分发挥工会在劳动争议调解、仲裁参与、诉讼代理、人民陪审、安全生产等方面的作用，健全“三员一代理”（工会劳动争议调解员、兼职劳动仲裁员、工会干部人民陪审员和工会法律工作者或困难职工帮扶中心聘用律师在劳动争议仲裁和诉讼中作为职工方的代理）制度，聘请福建弘袍律师事务所的律师作为职工劳动争议调解中心法律顾问。全年市总工会干部作为人民陪审员参与案件4起，参与安全生产事故调查6起，参与劳动争议仲裁5起。

【规范队伍建设】

1. 开展丰富文体活动，提高职工生活质量。受新冠肺炎疫情的影响，为减少聚集性活动带来病毒感染的风险，2020年市总工会减少大型的、聚集性的文体活动，但在疫情可控的范围内开展系列活动，充分展示武夷山市职工在统筹推进疫情防控和经济社会发展上努力拼搏、奋发有为的精神风貌。“五一”国际劳动节期间，举办疫情防控、复工复产、工会知识等方面的网络有奖知识竞答。8月，举办2020年武夷山市“华态杯”职工气排球友谊赛。9月，承办“武夷山水”武夷山市“九冠杯”全国郊野钓鱼大赛；与人社局联合举办武夷山市评茶员职业技能大赛和茶艺师技能大赛；与市文体旅局联合举办武夷山市全民健身·八段锦（工间操）大赛，全市60个代表队，500多名运动员参加。12月，市总工会与市纪委联合举办武夷山市首届“清风杯”职工男子篮球邀请赛；与市教育局联合下发开展2021年中小学教师技能大赛的通知，助力教育振兴；市劳模协会、市职工合唱团联合举办“崇尚劳动，唱响武夷”年会，职工合唱团的合唱作品《武夷谣》《桃花红杏花白》在第十四届福建音乐舞蹈节获优秀奖。

2. 规范工会经费使用，保障职工福利待遇。2020年是决战脱贫攻坚之年，为打赢脱贫攻坚战，助力乡村振兴，年初与市扶贫办等部门联合下发《关于扶贫农产品采购销售的通知》，鼓励各级工会积极购买贫困户农产品，并与扶贫办列出18家消费扶贫建议采购名单供各级工会参考。年中，落实南平市总工会等部门《关于引导消费促进市场繁荣的通知》，引导各级工会节日慰问品发放力争在6月底前发放年度总额的70%，有效刺激消费，促进经济繁荣。同时，加强工会经费“1+X”（“1”是指市纪委对市直各职能部门履行落实中央八项规定精神职责情况的督察；“X”是指市直各职能部门根据职能作用和管理权限，在职责范围内对各级各部门进行督察。武夷山市总工会作为其中一个职能部门，通过对工会经费管理使用的督察，发现是否存在利用工会经费发放津贴、购物卡等线索，及时向市纪委报告专项督察情况）专项审计，配合市委巡察组督查度假区、建工集团等单位。全年共专项审计了景区工会联合会等16家单位，发现存在的问题49个，其中问题较为严重的1家单位已经上报市纪委，有效促进工会经济活动规范运行。

3. 加强工会组织建设，汇聚职工队伍力量。为进一步推动工会组织向新兴领域、新兴群体延伸，最大限度地把快递员、网约送餐员等“八大群体”职工吸收到工会中来。11月20日，在列宁公园广场举行为网约送餐员等“八大群体”赠送入会爱心礼包仪式，为30名网约送餐员代表、20名超市导购员代表赠送了牛奶、热水壶等爱心礼包。

（左廷明）

## 共青团武夷山市委员会

【概况】 共青团武夷山市委员会（简称团市委）为正科级行政机关，内设2个职能部（室），包含1个下属事业单位武夷山市青少年宫。其中，团市委编制4人，实际在岗2人；青少年宫编制5人，实际在岗5人。2020年，全市团总支数量1个，基层团委26个，团支部248个。

【聚焦工作职责，打造服务品牌】

1. 加强思想引领，开展“青春领航”行动。一是加强宣传引导，深入推进“青年大学习”。通过“武夷青年”微信公众号主动发出共青团好声音。2020年，共有17篇信息被团省委“福建青年”微信公众号采用，其中“关于五夫镇青年之家建设”的信息被中青网以及团中央青年之家等多家媒体持续宣传报道。全面推进“青年大学习”和“智慧团建”工作。多次召开全市部署会、推进会，建立定期通报机制，并将完成情况纳入基层团组织年度考核的重要内容。二是重视意识形态，开展各项主题活动。“五四”青年节期间，联合各基层团组织开展读书会、演讲比赛、知识竞赛、青年志愿服务等主题活动20余场次。在文庙公园举办“传承朱子孝廉 弘扬五四精神 守护世界遗产”主题活动，全程通过网络平台线上直播，共有4.2万名网友在线观看。

2. 服务发展大局，开展“青春建功”行动。一是“青年志愿者”活动常态化。组建30余支青年突击队，组织2000余名团员青年主动参与疫情防控和复工复产。为全市近150个党员服务站的志愿者和公立总医院的医务人员等送去防疫防寒物资。助力“一攻坚两行动”，开展“让团旗在重点工作一线高高飘扬”主题活动，以“助力重点项目建设，关爱慰问一线青工”为主题的防暑降温送清凉慰问活动。助力创城创卫工作，联合文明办等在城区、度假区建立2处新时代文明实践青年志愿服务驿站，联合愉悦社工等开展定期巡河护河行动。茶博会期间组织来自机关单位公职人员、党群工作者、进城创业党员、印象大红袍工作人员等组成400多人的志愿者队伍服务茶博会，并进行系统的培训。二是助力脱贫攻坚。开展“青春同行·爱心暖冬”送温暖活动，自筹资金帮扶资助困难青少年48人，共计2.4万元。联合基层组织开展“大手拉小手 情暖童心微心愿”主题活动，“六一”国际儿童节联合市关工委、市妇联、启程公益协会等走进市社会福利中心和喜乐孤儿院。常态化在兴田镇

2020年11月，团武夷山市委组织400名青年志愿者助力第十四届海峡两岸茶业博览会志愿工作　　（共青团市委 提供）

仙店村“四点半”（“四点半”学校是指各城市出于下午4：30放学的小学生的安全和健康考虑而提供的免费场所，为那些过早放学的孩子和由于工作在那段时间无法照顾孩子的家长解决了难题）学校开展“希望工程一堂课”主题公益课。

3. 打造服务品牌，开展“青春家园”行动。一是深入开展品牌创建活动。8月，武夷山市公安局景区派出所被认定为“2020—2022年省级青年文明号单位”。红色驿站“青年之家”、五夫镇“青年之家”和兴田镇南源岭村“青年之家”，已初具规模并取得一定成效，五夫镇团委联合创业青年共同建设了“朱子故里·青年之家”福建省级综合服务平台，红色驿站“青年之家”和兴田镇南源岭村“青年之家”为南平市级综合服务平台。在七夕前夕联合景区、度假区先后开展“浪漫武夷山 缘聚玉女峰”“青春交友季 点亮夜经济”主题青年交友活动，丰富“青年之家”品牌内涵。二是抓好青少年法制教育工作。注重创新“青春普法”方式和内容，联合市景区法庭等青年文明号单位上线“云”法治网络课堂。抓好禁毒宣传工作，组织动员全市各基层团组织，发放宣传册、参观禁毒宣教基地、举办法治讲座及手抄报比赛等，加强禁毒宣传教育。开展以“‘扇’待生命，书画传情”为主题的“6·26”国际禁毒日33周年暨虎门销烟181周年禁毒宣传活动，与市法院、二中、禁毒协会联合拍摄的法治宣传片《青春不“毒”行》微电影登上学习强国。4月，武夷山团市委被武夷山市禁毒委员会评为2019年度禁毒工作先进集体。

4. 推进改革攻坚，开展“青春强基”行动。一是建立完善青年工作联席会议机制。6月11日，召开武夷山市青年工作联席会议第一次全体会议。进一步贯彻落实《福建省中长期青年发展规划》，为青年成长发展创造更多良好环境和条件。市委常委、组织部部长林方，副市长陈爱宾出席会议。会议对《武夷山市青年工作联席会议议事规则（审议稿）》作说明。审议通过了《武夷山市青年工作联席会议制度（审议稿）》《武夷山市青年工作联席会议议事规则（审议稿）》。二是落实青联换届工作。8月25日，

2020年10月17日，团武夷山市委联合城管局等单位共同举办武夷山市“垃圾分类科普行，生态文明我践行”大型垃圾分类宣传暨公益募捐活动　　（共青团市委 提供）

召开武夷山市青年联合会第二届委员会第一次全体会议，选举产生新一届市青联领导班子。在设立10个界别（包括教育、农业、经济金融、法律、文化艺术体育、新闻出版和新媒体、医药卫生、社会科学、民族宗教、技能人才）的基础上，创新性地建立社会治理、生态守护、政策宣讲、助力产业发展以及青青爱心志愿服务队等5支青联志愿服务队，将青联工作更加贴近全市中心工作。

5. 坚持全团带队，开展“青春连心”行动。一是加强阵地建设。深入学习贯彻习近平总书记关于共青团和少先队工作的重要指示精神，推动全市党建带团建、队建工作全面提升，截至2020年10月初，武夷山市各中、小学全面规范成立少工委，实现学校少工委的全面覆盖。12月15日，依托市委党校成立市团校、队校，举办首期全市少先队辅导员培训班，并召开全市第一批“述队建”工作会议。二是加强党建带队建。开展“致敬·2020清明祭英烈”网上祭扫活动、“迎接少代会，争做好队员”主题系列活动30余场。联合市二中、城管局、环卫处共同举办“垃圾分类从我做起，携手共建文明城市”主题教育系列活动。联合市教育局、城市管理局、环境卫生管理处、武夷山第二中学举办“贺中秋，迎国庆”系列活动——“垃圾分类，变废为宝，厉行节约，从我做起”灯笼制作大赛。

（毛明超　刘婧宇）

## 武夷山市妇女联合会

【概况】　武夷山市妇女联合会（简称市妇联）内设党政办和城乡部，行政编制4人，在编4人。下辖1个妇女儿童活动中心，事业编制3人，在编3人。另有25个市直机关妇委会，14个乡（镇）、农茶场妇女联合会，131个村（居）妇女联合会。2020年，武夷山市妇联获“2019年度禁毒工作先进集体”荣誉称号，吴美莲家庭获得“全国妇联表彰的全国抗疫最美家庭”荣誉称号，李治获得全国妇联表彰的抗击新冠肺炎疫情全国“三八红旗手”荣誉称号。

【引领妇女思想工作】　深入学习宣传贯彻习近平新时代中国特色社会主义思想和中共十九届五中全会精神，广泛开展“巾帼大宣讲”活动。

1. 组建宣讲队伍。通过执委学习会、妇联主席联席会及“一呼百万妇女姐妹”微信群开展习近平新时代中国特色社会主义思想、中共十九大、中共十九届五中全会等精神宣讲，引导妇联干部、执委、“三八红旗手”先进典型等先学一步，学深一层，培养一支妇联系统巾帼志愿宣讲队。

2. 丰富宣讲形式。结合人口普查、“平安家庭”创建、“全域无垃圾”专项行动等工作，巾帼志愿宣讲队走上田间地头、走进妇女群众家中、走村入户宣讲。以“妇女之家”（基层妇联组织凝聚妇女、服务妇女的重要阵地，是妇联组织参与社会管理和公共服务的重要平台），“妇女微家”（建在妇女群众家里的阵地，“妇女之家”功能的延伸和补充，是妇联组织引领服务联系职能落地落小落实的有力抓手和扎实平台，为妇女群众提供的服务最细微、最活跃、最贴切，具有贴近妇女群众、建家模式灵活、提供服务便利等特点，激活了基层妇联的“神经末梢”，打通了联系服务妇女群众的最后一米，是深化妇联改革、延伸妇联服务手臂的重要举措，也是服务大局、助力脱贫攻坚和乡村振兴、推动基层治理的重要抓手）为阵地，通过知识竞答、座谈会、妇联主席下基层、乡镇圩日宣传、悬挂宣传横幅、微信宣讲、学习心得交流会、“拉家常”、文艺演出等群众喜闻乐见的形式开展宣讲。

3. 注重宣讲效果。以接地气的宣讲方式传播党的声音，让妇女姐妹自发自觉地听党话、感党恩、跟党走，主动融入市委、市政府中心工作。

【服务中心工作】

1. 疫情防控巾帼勇担当。在社区联防联控中，妇女当好“五员”。当好“宣传员”，组织村（居）巾帼志愿者用喇叭、铜锣、扩音器、移动音响等走街串巷宣传疫情防控；通过编录群口快板等方式，用方言不间断宣传，增强百姓防控意识。当好“代购员”，巾帼志愿者为群众购买物资，成了“带货跑腿”的“代购快递员”。当好“生产员”，发动巾帼志愿者自制口罩2万余个，支援在疫情一线的值班值守人员和急需群众，为全市每户建档立卡贫困户赠送10个口罩。当好“值守员”，巾帼志愿者主动参与社区联防点、村设卡点值守，测体温、问来往、做登记，劝导居民尽量不外出。当好“慰问员”，组织巾帼志愿者慰问奋战在防疫一线的工作人员及赴湖北支援的医务人员家属，为他们送去温暖和关怀。

2. “四联”工作扎实开展。认真贯彻落实机关联乡村、联企业、联社区工作，并要求妇联干部认真学习《习近平在福建》等采访实录，把习近平总书记留下的宝贵思想财富学习好、运用好、实践好。成立“妇女云微家”，不定期推送微视频、推出微课堂，引导妇女姐妹在繁忙的工作学习中利用零散时间学习，提升素质。开设“女性微讲堂”，通过“我和姐妹拉家常”收集妇女群众诉求，开展家庭教育、普法宣传、家政知识、创业就业等学习培训，提高妇女群众振兴乡村的素质。开展主题党日活动，结合《习近平在厦门》等采访实录学习、“全域无垃圾”专项行动等重点，开展主题党日活动。推进产业扶贫，搭建村企共建桥梁，帮助服务企业解决用工难问题，帮助挂点村贫困妇女、“陪读妈妈”实现在家门口灵活就业，帮助服务企业解决用工难。

3. 巾帼行动深入实施。开展“两癌”贫困母亲救助、“春蕾助学”等精准扶贫活动，全年共募集“母亲健康1+1”捐款27.8元，争取“两癌”救助金18.5万元，救助贫困妇女38名；募集“春蕾助学”资金6.96万元，资助贫困女童女大学生36名。

【家庭文明建设】 深入实施“家家幸福安康工程”，举办家庭教育讲座，开展寻找“最美家庭”“五好家庭”“平安家庭”创建等活动。开展“小家庭·大社会”文明践行系列活动，开展家庭教育公益大讲堂、“传承家庭美德，树立良好家风”故事分享会、“大手牵小手，文明同步走”、“光盘行动，从我做起”、“垃圾分类，从家出发”、“遵守文明公约，建设美丽家园”等宣传培训20余场活动；同时各乡镇街道妇联每周常态化开展文明劝导和人居环境整治等巾帼志愿服务。

【参与基层社会治理】 创新摆茶议事“执委联络站”工作被《中国妇女报》等多家妇联系统媒体报道。在传统茶席上摆问题、想点子、找路子、化矛盾，起到了一个人带动一帮人、一帮人服务一群人、一群人温暖一个村的效应。深入开展婚姻家庭纠纷大排查大化解攻坚行动，共排查51户，化解54户（含2019年底3户）。结合“110”宣传日、“6•26”国际禁毒日、“12•4”国家宪法日，组织巾帼维权志愿服务队开展妇女、儿童法律知识宣传，进一步强化妇女、儿童法治宣传和维权服务，提高广大妇女群众法治意识，有效促进家庭平安、社会和谐。做好信访接待工作，来电来访办结率100%。

【基层妇女组织建设】

1. 武夷山市妇女第十五次代表大会胜利召开。10月26日上午，武夷山市妇女第十五次代表大会在市政府召开，来自全市各行各业的139名代表参会。武夷山市妇联党组书记、主席李治代表武夷山市妇联第十四届执委会作题为《牢记新使命 建功新时代为 奋力推进新时代国际旅游度假城市建设贡献巾帼力量》的工作报告。会议审议通过武夷山市妇女第十五次代表大会工作报告的决议，选举武夷山市妇联第十五届执委会委员，武夷山市妇联第十五届主席、副主席、常委。

2. 组织建设“破难行动”成效显。进一步延伸“妇女之家”辐射面，率先在茶旅产业链上、家风茶文化宣传阵地上、返乡女大学生家里建立“妇女微家”170余个，并以“妇女微家”为阵地，直接对接妇女需求，开展“6+X”点题精准服务（开展“我给姐妹传精神、我给姐妹送技能、我给姐妹讲政策、我与姐妹聊聊法、我与姐妹话家教、我与姐妹谈健康”点题精准服务），实现接单式精准对接，成为全省首创，得到省妇联主席徐姗娜的充分肯定和批示；并在《八闽快讯》《闽北快讯》《中国妇女报》《闽北日报》等刊登。6月，全国人大常委会副委员长、全国妇联主席沈跃跃在福建省妇联召开的座谈会上听取了武夷山市“妇女微家”建设汇报，并给予充分肯定。2020年，武夷山市被列入“县级妇联改革破难行动”省级试点县，作为全省首个全面破难试点县级市，创新“三个一”（赋能增效，建好一个“家”“妇女微家”；担当作为，擦亮一张“牌”发挥基层执委作用这张“王牌”；扎实作风，用好一支队伍“妇联干部队伍”）举措全面破难被福建省妇联列为深化妇联组织建设改革案例课程；8月31日至9月2日省妇联党组成员、副主席包方到武夷山市调研，对武夷山市不断创新工作思路，从县级妇联改革、组织覆盖扩面、执委作用发挥、队伍作风建设等方面齐发力，破解组织发展瓶颈，有效推进妇联组织建设“破难行动”取得良好成效，给予充分肯定；同时深化妇联组织建设改革得到省妇联领导的批示肯定。

（江丽萍）

## 武夷山市科学技术协会

【概况】 武夷山市科学技术协会（简称市科协）是全市科学技术

工作者的群众组织，是中共武夷山市委领导下的人民团体，由市级学会、协会、研究会（简称学会），乡（镇）街道科学技术协会，市级企、事业单位科学技术协会以及农村专业技术协会组成。内设党政办公室、学会普及工作部等机构。市科协现有编制4名，实有工作人员4人，其中主席1人，副主席1人；直属事业单位武夷山农函大事业编制1名，实有工作人员1人；武夷山市咨询中心1个，实有工作人员0人。中共武夷山市机构编制委员会办公室下发《关于撤销武夷山市科技咨询中心的通知》（武委编办〔2020〕26号），该中心于2020年11月11日撤销。科普教育基地9个，其中国家级2个、省级2个、南平市级5个。全市共有市级学会（协会、研究会）7个，会员共1185人；农技协14个，会员3782人；市属企业科协8个，企业科协会员98人；街道科普协会会员150人；乡镇科普协会会员113人；具有中级职称会员人数为326人；高级职称会员人数为133人；注册科普志愿者471人。

**【科普工作】** 8月26日，武夷山市搭建以“科技战疫，创新强国——新时代文明在实践”为主题的科技活动周、科技三下乡和“科普四进”等科普活动平台，主动对接吴屯稻花鱼节、五夫朱子文化节、星村斗茶赛、岚谷白鹅节等活动，开展实用技术咨询、科普挂图展、科技特派员事迹宣传等活动；举办“新型农民”培训班、开设网络茶叶教学课堂等形式为“三农”服务。开展气象、健康保健、防毒禁毒、食品安全等丰富多彩的科普宣传活动。2020年，参加活动的科技特派员、科普志愿者180多名，举办实用技术培训班46次，参训人员1600余人次；发放实用技术丛书11200余册、展示科普展板72幅、宣传资料12000多份，健康咨询173人，参与群众6000余人次。

**【应急科普】** 市科协开展新型冠状病毒感染的肺炎防控工作，制作“新型冠状病毒感染的肺炎防控科普知识”展板，印制“新型冠状病毒感染的肺炎防控科普知识”挂图，发放宣传单，悬挂宣传标语、横幅共1万余份（条）。全体干部职工服从市委、市政府调配，参与到疫情防控“三防三化”工作中。

**【大型科普活动】** 9月18日，以“决胜全面小康，践行科技为民”为主题的全国科普日活动启动仪式在希望公园举行，主办单位和有关学会、协会共15个单位60多人参与活动，市领导王君到会并致辞。活动期间，相继开展全民科学素质网络竞赛、基层医院及乡村医生慢性病防控培训、健康科普讲座、吴屯稻花鱼节科普宣传、科普书法作品创作展示、科普知识有奖竞答、卫生健康知识咨询、农村实用技术咨询、科技特派员在行动、茶叶技术培训、青少年科普进乡村等12项特色科普活动。展出宣传展板74块，参与群众3300余人，发放宣传材料15000份，接受农业、卫生知识咨询130余人次，参与答题100人次。

2020年6—9月，市科协协调推进迎接第11次中国公民科学素质调查工作和组织参与竞赛活动。动员组织2.2万人参与竞赛活动，答题次数达79万余次，位居全省第13位。

**【青少年科技活动】** 按照《福建科普教育基地认定与管理试行办法》的相关要求。4月，市科协命名武夷山元生泰生物科技有限公司、全域旅游大数据体验中心、武夷山稻香生态农业科技发展有限公司、蜂想家农创科技（武夷山）有限责任公司等4家科普教育基地。联合教育局、生物考察基地组织学校科技辅导员、学生参与2020年南平市举办的青少年科普活动。推荐参加影像节参赛作品14个，其中获南平市一等奖3个、二等奖1个、三等奖10个；推荐参加第36届省青少年创新大赛科学科幻画作品25个，新丰小学梅熠凡同学在教师余丽梅的指导下，其作品《冠病毒消灭战》获2020年首届福建省青少年创意编程与智能设计比赛一等奖。为了顺应青少年科普活动发展的形势，组织科普工作者利用暑期分赴里江村、溪洲村、五里村、八角亭社区举办软陶制作工艺、“走进武夷山国家公园”和“爱护鸟类——保护我们的生态家园”等主题青少年科普活动，引导青少年树立健康的生活理念。

**【服务创新驱动】** 按照国家的“在职院士只能建站1家，退休院士只能建站3家”规定要求，开展院士工作站清理工作。武夷山市保留武夷学院（竹材工程中心）、武夷星茶业有限公司等2家院士专家工作站。与袁隆平院士签订武夷山市第三代杂交水稻科研基地项目合作协议，与刘仲华院士签订武夷岩茶品质化学特征与保健功能研究开发项目合作项目协议，并实现合作科技成果的转化应用。建立武夷山稻香生态科技有限公司+省科技文化创新协会学会服务站。协助举办第二十届福建省科协年会，10月28—29日配合协助省科协举办“竹产业协同创新与绿色发展论坛”和“共话创新——院士与大学生面对面对话交流报告会”，协助院士专家组在武夷山开展的现代绿色农业专题调研。

【科技工作者日】 2020年，市科协开展“5·30”全国科技工作者日活动。科协牵头在仙店工业园区举办以“科技为民、奋斗有我”为主题的科技工作者代表座谈会，40多名科技、科普工作者代表参加。会上，来自各个战线的代表分享援鄂抗疫故事、互联网服务经济建设、志愿服务三农等志愿服务的经验做法，听取科技工作者意见和建议，立足岗位投入科技创业创新创造。

【推荐和表彰先进】 积极举荐、宣传先进典型。认真落实南平市第十三届自然科学优秀论文评选推荐工作，向南平市科协推荐复审6篇，其中2篇被南平市评为二等奖、1篇三等奖。武夷山“决胜全面小康，践行科技为民”主题科普活动被中国科协评为2020年全国科普日优秀活动；市科协被省科协评为全国科普日优秀组织单位，被福建省农村科普服务中心评为省全民科学素质网络竞赛“优秀组织单位”。

（谢执清）

## 武夷山市归国华侨联合会

【概况】 武夷山市归国华侨联合会（简称市侨联）是中共武夷山市委领导的由归侨、侨眷组成的人民团体，是党和政府联系广大归侨、侨眷和海外侨胞的桥梁和纽带。市侨联有机关事业编制2人，在岗2人，侨联委员25人。2020年，市侨联荣获全国侨联系统抗击新冠肺炎疫情先进集体称号、全省侨联系统信息宣传工作先进集体二等奖。

【对外联谊及交流活动】 发挥武夷山“双世遗”优势，主动做好海外侨胞接待联络工作，让更多的侨胞、侨商关注武夷山，在武夷山投资兴业。2020年，接待南京市六合区侨联就新时代基层侨联建设工作的来访交流，加强武夷山、六合区两地友好交往，继续发挥好“侨”梁纽带作用，共同推动高质量发展超越；拓宽联络队伍与渠道，继续与福清侨乡宏路街道侨联的交流合作；做好美籍华人冷群文博士“五一”国际劳动节假期回家乡探亲时的联谊工作，进一步加强侨联组织横向交流，提高侨务水平。组织市侨办、市侨联委员、基层侨联干部赴政和县“学习侨界先模，开展侨务交流”活动。交流侨务工作和“侨胞之家”建设情况，加强两地沟通，深化两地侨界联络，共同探索侨务工作新模式。

【侨益维护】 一是开展一系列扶贫帮困活动。向全市16户贫难归侨低保户、特困户发放省侨联救助贫难侨专项扶贫款36768元；向全市13户精准扶贫户发放福建省侨联“百侨帮百村——联村助户”精准帮扶款26000元；向困难归侨侨眷特殊群体、贫困侨大学生发放中央华侨事务经费10000元。二是引导公益捐赠。疫情防控期间，市侨联积极行动直接引导来自武夷山久远旅游投资开发有限公司、香港武夷山侨友会、旅意闽北华侨、武夷山龙一高教园区服务有限公司、老挝福建商会等侨界人士的公益捐款576500元、医用口罩86700个及价值15000元的消毒液、药品及饼干；自全市开展“为城建出份力，

2020年，市侨联联合市侨办到华侨农场所在的星村镇开展普法和义诊活动

（市侨联 提供）

为武夷添份绿”活动以来，党有号召、侨有行动，来自12个国家、地区的侨胞与组织踊跃认捐，共捐27棵苗木，价值人民币13.5万元。三是开展人文关怀。新冠肺炎疫情防控期间，为正处于集中医学观察的归国侨胞送上《一封信》、口罩、水果与牛奶等慰问品；制作“武夷山市海外侨胞健康服务册”，让被隔离人员熟知防范新型冠状病毒的相关措施，提升防护能力；助力小微侨企复工复产，解决小微侨企复工复产资金难题。与农行协商为市侨企申请到额度5000万元防疫专项信贷资金，其中武夷山市韵袍茗茶厂申请500万元优惠利率贷款、武夷山市九龙袍茶业申请200万元优惠利率贷款。四是开展侨法宣传、义诊活动。在《中华人民共和国归侨侨眷权益保护法》颁布30周年之际，为进一步营造“知侨法、懂侨法、用侨法、护侨益”的良好氛围，市侨联联合市侨办到华侨农场所在的星村镇开展普法和义诊活动，共为归侨侨眷解疑释惑10余人次，发放侨法宣传资料100余份，30多人到现场就诊，通过活动让当地群众切实感受到党和政府及侨联组织给予的关怀。

【服务中心工作】 鼓励侨资投资兴业，积极服务侨企发展，配合做好武夷山项目推介、考察工作，全年接待各界考察客商7批93人次。对接服务总投资12亿元，注入外资2000万美元，用地规模约100亩，拟建4万—5万平方米商业购物中心，打造武夷山市区首个24小时全天候都市体验型生活综合体的宝龙城市商业综合体项目，实地了解武夷山宝龙城市商业综合体摘地后的具体情况，并做好后续对接工作。不定期走访重点侨企，与企业家进行座谈，了解企业的生产经营情况及遇到的困难，积极协助沟通解决，维护企业正当权益，促进侨企健康发展。全年接待侨界群众来信来访，协助侨胞解决企业用地、项目开工、回国定居等问题4件，化解矛盾纠纷，维护侨界和谐。积极配合南平侨联、侨办关于福建省侨乡文化名镇名村调研工作。

【自身建设】 加强市侨联机关干部和侨联委员思想建设，召开市侨联七届四次全委会，组织委员们学习习近平总书记关于侨务工作的重要论述，传达中国侨联、省侨联及南平侨联的会议精神，增加侨联班子为侨服务意识。组织成员参加2020年福建省侨联侨情传播工作培训班，增强信息工作能力，组织撰写并上报侨情专报件5篇，信息工作受到省侨联的肯定。

【疫情防控】 疫情防控期间，市侨联主动投入全市“外防输入，内防反弹”的工作部署，派员参与长乐机场和三姑隔离酒店的驻点。

（陈　娜）

## 武夷山市文学艺术界联合会

【概况】 武夷山市文学艺术界联合会（简称市文联），为正科级单位，核定编制2名。2020年，主席1人，兼职文联副主席5人，兼职秘书长1人。市文联共有摄影家协会、书法家协会、美术家协会、作家协会、诗词楹联协会、音乐舞蹈协会6个团体协会，共有会员680人，其中

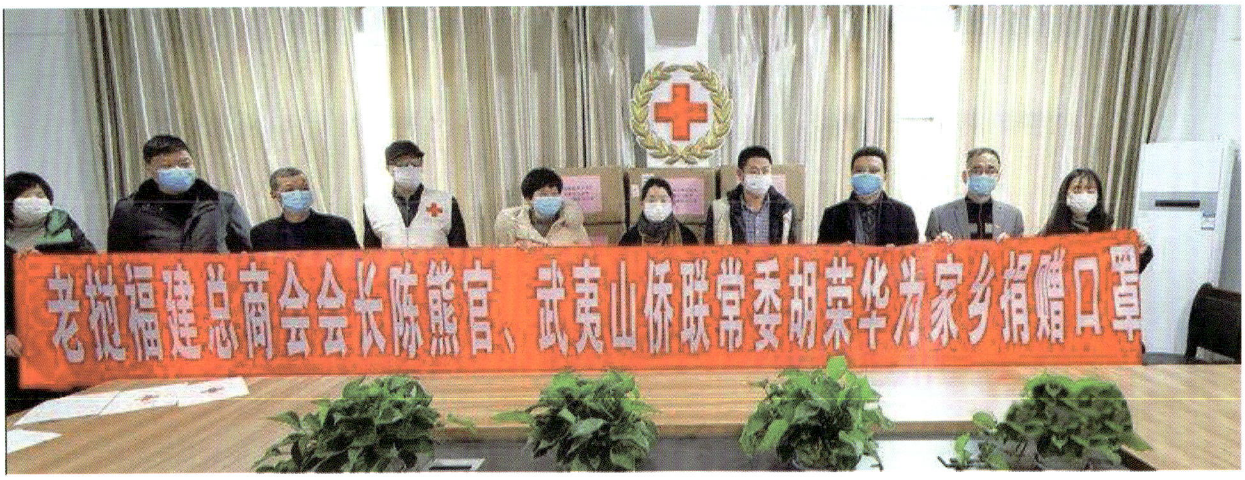


新冠肺炎疫情防控期间，市侨联积极行动直接引导来自武夷山久远旅游投资开发有限公司、香港武夷山侨友会、旅意闽北华侨、武夷山龙一高教园区服务有限公司、老挝福建商会等侨界人士的公益捐助　（市侨联　提供）

国家级25人，省级会员62人。2020年，举国上下齐心抗击疫情，在致全市文艺工作者倡议书后，各协会认真组织，以讴歌祖国、讴歌人民、讴歌英雄，开展抗疫主题创作活动。作协、摄协、书协、美协、音协以不同的形式创作一批优秀的作品，分别在省文艺家协会和媒体、报刊、线上网络展播，展出各类作品近百幅，全面体现武夷山市文艺工作者在关键时期弘扬正能量，团结抗“疫”的精神。

**【持续做好“五个一百”】** 7月，武夷山市文联根据省文联安排，配合省美协、省画院创作大幅美术作品《万里茶道》，做好省美协、省画院赵胜利、张永海等画家在武夷山下梅村等地的2次采风活动。10月，由省美协副主席、山水画艺委会主任梁明带领的全省30名各地画家在武夷山开展为期5天的“五个一百”“百名画家画武夷”活动。11月，由南平市文联指导、武夷山市文联负责的武夷山大红袍艺术馆在武夷山度假区正式落户，同时在艺术馆设立南平市文联艺术创作基地，武夷山市文联艺术创作基地，为“五个一百”提供交流和创作平台；福建省炎黄文化研究会常务副会长马照南带领省作协作家及军旅作家30余人在武夷山开展“五个一百”“百名作家写武夷”红色文化采风创作活动；由中国国家画院水墨画院院长满维起带领20余名画家在武夷山开展为期5天的“百名画家画武夷”活动；由厦门市委宣传部、厦门日报社、厦门日报社书画院主办的中国第46届文房四宝博览会在厦门举办，应厦门日报社书画院邀请，武夷山市文联主席王小华、市书协主席吴应辉在会展中心成功举办“华光辉映”书画作品展。12月，武夷山市文联与上梅乡、岚谷乡共同举办上梅柳永文化节、岚谷白鹅节活动；市文联与中国楹联协会、正山堂书画院共同主办的“正山堂杯”第五届全国茶文化书法展作品的征集大赛取得成功。

**【文艺志愿服务】** 一是武夷山市文艺志愿服务团围绕工作大局，疫情之后，主动融入由省文联、南平市政府主办的省作协、美协、书协、摄协、音协、南平市文联的各项工作和活动。二是文艺志愿演出小分队，坚持以农村、社区、学校、企业、部队，革命老区为重点开展文艺慰问演出，全年累计演出近60场。三是美协、书协小分队，依托各节庆、民俗文化活动、美丽乡村建设开展义务送书画、送春联活动。四是摄协小分队结合市里的各项重大活动，开展义务摄影宣传和办展，同时组织义务培训和辅导活动。

**【文艺交流与精品创作】**

1.摄影家协作。武夷山市摄影家协会坚持“文艺为人民服务，为社会主义服务”的方向，服务于武夷山市委、市政府宣传工作。6月，中国文联摄影中心主任刘宇专程到武夷山，在海晟大酒店举办《我的武汉时间》摄影讲座，摄影家协会100多人到会聆听。为全面展示武夷山独特风光，从5月12—30日面向全国征集气象景观摄影作品，共征集作品692幅（含13个组图），最终有58幅（组）作品入展。8月，第八届五夫荷花节暨第二届上梅柳永文化节活动，摄影家协会组织会员参加采风活动并出专辑作品在《武夷山市摄影家协会》微信公众号展出。9月，“武夷山水九冠杯”，全国郊野钓鱼大赛在武夷山齐云峰景区情人湖举行，摄协为协办单位，共评出38幅作品并出专辑在《武夷山市摄协》微信公众号展出；与武夷山市双拥办共同举办“在役保家卫国，退役爱国爱乡”双拥摄影作品展，此次展览选出获奖作品96组。11月，参加岚谷乡举办为纪念毛泽东《如梦令·元旦》90周年，崇安苏区建立90周年摄影采风活动。市摄影家协会长期为武夷山市和《武夷山》杂志宣传提供摄影作品，同时为上级媒体报刊等有关单位提供摄影作品，全年共计1000多幅。

2.书法家协会。1月，举办“疫情防控万众一心”主题书法作品征集活动。2月，与市文联策划主办“以艺抗疫共克时艰”全国书法名家主题书法展，共邀请全国各地名家48位63件作品参加网络展。5月，组织吴应辉、杨龙、彭厚斌、詹义元等7位书法家参山西·祁县主办的万里茶道节点城市书法邀请展；吴应辉被聘请担任南平市书法家协会副秘书长。5—6月，组织7位中书协、省书协会员参加南平市纪委、市文联主办的孝廉文化书画展。组织部分书协骨干参加上梅白水柳永文化节现场书写书法作品。8月，吴应辉被南平市文联增补为南平市文联委员。12月，市书协参与协办首届全国书法教培命运共同体发展峰会青竹论坛活动。同年，市书协选派8位骨干为武夷山干部读书班授课老师。

3.美术家协会。1月，举办“疫情防控万众一心”主题美术作品展征集活动，部分作品参加南平市美协和省美协线上网络展。7月，协助省美协、省画院画家创作大型美术作品《万里茶道》在武夷山的采风活动。参与市文联承办的“五个一百”“百名画家画武夷”系列活动。10月，王小华作品参加“墨象心味一秋的况味——全国中青年10人展”。10—11月，协助省美协副主席梁明一行画家30余人在五夫的“画家画武夷”和中国国家画院水墨画院院长满维起等20多位画家画武夷采风活动；协助中国美院魏晓榕教授一行25人在五夫镇的写生活动。

4. 市作家协会。1—6月组织市作协会员共同抗疫线上写作活动，会员积极参与，撰写抗疫诗文、散文多篇，在武夷微文学公众平台推出武夷文学专题作品。会员许凡、李梓齐参加第二届福建文学新人研修班。许凡短篇小说《闽筝》获第二十九届“东丽杯”梁斌小说奖，中篇小说《花事了》发表于《福建文学》2020年第7期。市作协会员积极参与武夷山市举办“不忘初心我和武夷共前行”文学作品征集大赛活动。邹全荣《红圆桌》获一等奖；黄兴国《涅槃山水 浴火崇安》获二等奖。聂炳福《红土地上看今朝》获三等奖。2020年，市作协会员认真创作，积极投稿，部分文学作品分别被国家、省、市有关杂志、刊物发表；市作家协会会员陈烈出版文学作品集《武夷清风》。

5. 音乐舞蹈协会。围绕市委、市政府中心工作，6月市文联组织开展文艺慰问进农村、社区、企业、学校、军营惠民演出活动。围绕武夷山市重大节庆、乡镇吴屯稻花鱼节、岚谷乡举办纪念毛泽东《如梦令·元旦》90周年、崇安苏区建立90周年文艺演出、上梅白水柳永文化节文艺演出，全年共惠民演出达60余场。开展文艺服务、组织部分音协会员到乡镇农村开展音舞培训、指导。依托市非遗展示中心、文化馆开展讲座、培训、交流；指导各单位、支部开展的歌咏比赛和文艺演等活动。积极参加省、南平市音协开展的各项活动。

**【文艺人才建设】** 在各协会的努力下，2020年文艺人才建设和文艺精品创作成绩显著。一是摄影家协作。市摄影家协会丁李青、薛云星、肖文凤、王梦倩、葛加标、黄小宇等会员的19幅（组）摄影作品分别获得国家级和省级以上奖项，其中金奖1件，银奖1件，三等奖1件，佳作奖2件，优秀奖4件，入选10件；赵鹏升、翁培义2人加入中国摄影家协会，杨林、黄正霞、黄小宇、王桂清、薛云星5人加入省摄影家协会，余泽岚加入中国著作权会，武夷山市摄影家协会发展会员15人。陈美中荣获南平市文艺人才奖励，增补丁李青为武夷山市摄协副主席，彭善安为副秘书长。二是书法家协会。2020年，市书法家协会吴应辉、谢辉旺、詹义元、张栋华、陈美中、冯涛、黄艳红、甘默雷、王贤明、吴裕旺等分别参加省级展览入选11人，参加省书法家协会举办的书法、刻字、新人新作展入选9人次。陈增、王贤明2人加入省书法家协会；市书协主席吴应辉被中国文联、中国书协评为“书法家送万福进万家”资源服务公益活动先进个人，获南平市文联2019年度南平市文艺发展专项资金奖励扶持，同时被南平市文联增补为文联委员，被南平市书协聘请为副秘书长。三是美术家协会。2020年，市美术家协会副主席黄德宏加入中国美协，被南平市文联聘任南平市美协副秘书长；王小华被南平市文联聘任为南平市美协副主席兼秘书长。市美协会员周江英、蔡小龙、黄德宏、杨义东、梁居荣分别获得省美术家协会举办的展览一等奖1件、三等奖1件、入展奖5件、优秀民间工艺美术作品文艺山茶花奖1件。柯顺清油画作品在当代油画杂志发表，同时部分作品被中国发布网国家重点信息发布。四是市作家协会。市作家协会会员陈烈加入福建省作家协会；市作家协会员黄兴国被武夷山市文联聘任为市作家协会副主席。五是音乐舞蹈协会。市文联向南平市音乐舞蹈协会申请加入会员3人。

（王小华）

## 中国国际贸易促进委员会武夷山市委员会（中国国际商会武夷山商会）

**【概况】** 2020年，市贸促会（国际商会）主动适应疫情防控新形势，以线上活动为主，对接融入“一带一路”和“海丝”工作大局，不断深化对外经贸文化交流与合作；同时以提升服务职能为目标，有序推进机构改革。

**【深化对外合作】** 配合南平市贸促会积极加强“海丝”商务理事会武夷山工作站建设，服务国际商会会员企业，承办福建·“一带一路”沿线国家线上经贸对接会南平（武夷山）专场、第三届“‘一带一路’·万里茶道”茶产业经贸与文化交流论坛等经贸活动，为企业对接国际市场、开展对外经贸文化交流提供更为广阔的空间，其中福

2020年7月15日，福建·“一带一路”沿线国家线上经贸对接会南平(武夷山)专场活动举办（贸促会 提供）

建·“一带一路”沿线国家线上经贸对接会——南平（武夷山专场）达成交易意向成果1000万元。

**【有序推进改革】** 2020年3月，制定《武夷山市贸促会深化改革方案（初稿）》。3月19日，市委编办印发《关于武夷山市国际贸易促进委员会更名的通知》（武委编办〔2020〕5号），同意“武夷山市国际贸易促进委员会”更名为“中国国际贸易促进委员会武夷山市委员会”，加挂“中国国际商会武夷山商会”（原为加挂“中国国际商会武夷山市商会”）牌子。8月，市贸促会向市委提交《关于印发〈中国国际贸易促进委员会武夷山市委员会深化改革方案〉有关事项的请示》。10月，市委组织部决定郑舞金任中国国际贸易促进委员会武夷山市委员会会长、中国国际商会武夷山商会会长，免去其武夷山市国际贸易促进委员会会长、武夷山市国际商会会长职务。

（占健文）

## 武夷山市残疾人联合会

**【概况】** 武夷山市残疾人联合会，简称市残联，属人民团体组织，正科级单位，单位机关编制2人，其中执行理事长1名（2020年8月调入）、其他科级干部1名，2020年12月配备挂兼职副理事长各1名；直属机构有市残疾人就业服务指导中心（自收自支独立法人事业单位，编制3人，在岗2人）、市残疾人康复教育中心（加挂市残疾人辅助器具资源中心，为财政全额拨款独立法人事业单位，编制2人，在岗2人）。全市10个乡（镇）、街道均配有专（兼）职残联执行理事长，无编制，占用所在乡（镇）、街道编制，其中专职4人；全市10个乡（镇）、街道均配有专职残疾人联络员各1名，共计11名；全市136个村（居）、社区全部成立残协组织，均聘有兼职残疾人联络员。2020年，全市持证残疾人口总数为4259人，其中重度残疾人1990人。全市残疾人中，视力残疾450人、听力残疾519人、言语残疾82人、肢体残疾2129人、智力残疾343人、精神残疾585人、多重残疾人151人。

**【残疾人帮扶工作】**

1. 完成并实施市残联改革方案。2020年8月28日，实施《武夷山市残联改革实施方案》，为武夷山市残疾人事业发展奠定坚实的基础。

2. 积极帮助残疾人就业创业。一是通过市“残疾人之窗”和动员会等，发布残疾人招聘信息，为残疾人就业创业提供信息服务。二是举办3期残疾人职业技能和实用技术培训班，培训残疾人160多名，其中建档立卡户18名。三是主动对接览聚实业发展有限公司，使146名持证残疾人实现就业。四是协助组建辅助性就业机构，至年末已有19名残疾人签订就业合同。五是落实残疾人“1+7”政策，对符合省残联要求的106名残疾人进行扶持，发放补助资金406868元。六是积极推动按比例安置残疾人就业工作，全年安置残疾人就业 56人。七是协助做好年度残保金征收工作，全年征收残保金260万元。

3. 做好残疾人的政策帮扶工作。一是对已脱贫但还不够稳定的“一户多残”家庭和受疫情影响存在返贫风险的贫困残疾人进行摸底帮扶，共12户、帮扶补助资金2.9万元（其中，因受疫情影响存在返贫风险的贫困残疾人8户，帮扶补助资金1.7万元；“一户多残”家庭4户，帮扶补助资金1.2万元）。二是实施残疾人家庭无障碍改造，全年完成改造6户、补助资金0.6

万元。三是积极帮助残疾人及残疾人家庭子女就学，共资助 29 人、发放补贴资金计 5.5 万元，其中“中央彩票公益金”资助 5 人、1.5 万元。四是协助做好“两项补贴”审核工作，全年享受护理补贴的重度残疾人 2381 人、困难生活补贴残疾人 1702 人。五是开展扶贫解困、救济、慰问工作，元旦、春节期间累计帮扶、救济、慰问残疾人 224 人、发放资金 19 万元。六是配合民政部门开展农村低保“漏保”专项整治工作，落实好应保残疾人的低保政策。

4. 切实抓好残疾人精准康复、辅具服务工作。一是为 1596 名有康复需求的残疾人提供康复服务，康复服务率达 100%，服务人数占残疾人总数的 30%。二是实施老年残疾人精准康复服务。通过政府购买服务，对全市 1229 名 60 周岁以上的老年残疾人进行筛查，经筛查确定 45 人作为居家康复服务的对象，至年末已按要求完成康复服务。三是做好儿童康复工作，全年救助残疾儿童 33 名，发放补助资金 26.5 万元。四是开展辅具适配“一站式”服务，全年服务残疾人 696 人次，发放辅助器具适配补贴 41.646 万元；开展“精准康复·辅具流动服务车百乡行”活动，为 20 余名重度残疾人家属介绍辅具样品及相关补贴政策，打通服务残疾人的“最后一千米”。五是完成市残联辅具展示服务厅的布展招标工作。

5. 切实抓好残疾人状况和需求信息动态数据更新工作。10 月 30 日，全面完成年度残疾人状况和需求信息动态数据更新工作，及时为 5303 名残疾人进行信息登记和更新。

6. 完成第二代残疾人证的核查整治工作。加强与市卫健局、市立医院等部门的配合，通过为核查对象开辟“绿色通道”、下乡集中核查、入户核查等方式，共完成第二批核查对象 435 人。同时，全市残联系统人员对是否违规持有残疾人证情况作出书面承诺，坚决杜绝“人情证”“关系证”。

7. 扎实推进第三代残疾人证（智能化）换发工作。按省、南平市残联的要求，于 12 月 30 日前基本完成持证残疾人第三代证的制作和换发任务。

8. 举办丰富多彩的文化体育活动。一是开展关爱残疾人家庭活动。结合残疾人健身周暨全国特奥日，为 68 户残疾人家庭发放了康复体育器材哑铃、肌肉按摩棒、瑜伽垫等，并进行入户指导服务。二是结合全国助残日、国际盲人节、国际聋人节等开展扶残助残志愿活动。三是开展残疾人文化进家庭“五个一”活动。帮助 6 户重度残疾人走出家庭、拓宽视野，丰富精神文化生活。四是参加南平市残联组织的第 29 个世界残疾人日暨歌咏比赛活动，1 名选手获得优胜奖。五是组织 30 名残疾人工作者参加“十三五”残疾人体育社会指导员培训。

9. 积极营造扶残助残的良好氛围。一是在市电视台设立“残疾人之窗”宣传专栏，通过播放残疾人相关政策、预防残疾宣传片、残疾人专题新闻等，努力营造扶残助残的氛围。二是通过宪法宣传日、国家扶贫日以及全国残疾人日等，广泛宣传《中华人民共和国残疾人保障法》以及扶残助残的政策、知识等。三是通过举办残保金征收培训班等，广泛宣传残疾人就业创业的优惠政策等，不断提升为残疾人服务的水平。四是加强信息报道工作。全年在“残疾人在线”、《福建残联》等投稿 32 篇，共采用 38 篇，其中南平残联 20 篇、省残联 16 篇、《福建残联》2 篇。

## 【开展常规工作】

1. 扎实做好新冠肺炎疫情防控工作。一是党员积极参加所在社区的防控劝导、值勤等工作，通过分发安全防护知识手册等，广泛宣传疫情安全防护知识，有效落实疫情防控任务。二是传导、压实托养机构疫情防控的责任。严格托养机构、盲人按摩机构疫情日报告和零报告制度，督促落实防控指南要求，确保疫情防控期间的防护安全。三是统筹做好复工复产和疫情防控常态化工作。对盲人按摩机构按上级要求兑现疫情防控期间一次性场租补贴。

2. 全面完成脱贫攻坚任务。一是完成扶贫助残工程。全年资助残疾人“居家托养”115 名，其中建档立卡 35 名、低保 32 名，发放资金 23 万元；扶持残疾人“机构托养”9 名，其中建档立卡户 4 名，补助资金 4.5 万元。扶持贫困残疾人就业创业 39 名（其中，建档立卡户 8 名、低保户 5 名），发放 19.5 万元。二是筹措资金 1.88 万元，为 627 名建档立卡户贫困残疾人购买意外伤害险，防止建档立卡户贫困残疾人因意外伤害返贫。三是结对帮扶残疾人 4 户，每季度入户 1 次以上，落实帮扶措施，巩固“两不愁三保障”，稳定脱贫。四是市残联与民政局党支部在职党员共捐款 5000 元，帮扶星村镇井水村建档立卡贫困户的 1 名中职学生就学。

3. 切实做好综治维稳工作。一是及时处理好残疾群众的来信来访。全年共受理信访件2起、解决2起。二是变群众“上访”为干部“下访”，及早发现并调处好三是认真抓好群众满意率提升工作，积极争创综治平安单位。四是切实做好挂点村的综治维稳工作，挂点服务的吴屯后源村社会和谐稳定、经济发展。

4. 认真推动互动联动挂村服务工作。一是开展调研活动，帮助挂点服务的吴屯后源村两委理清思路、落实发展措施。全年市残联领导下村调研6次、一般干部8次；同时，积极筹措资金3万元，帮助解决该村办实事项目的资金缺口问题。二是协助开展“全域无垃圾”人居环境整治、房屋安全隐患排查、“四无”平安村创建等综合整治行动，实施农村厕所革命，落实村庄公共环境每日清洁保洁制度，营造整洁的文明旅游村形象，促进乡村旅游经济的发展。

5. 开展好“七五”普法工作。一是开展“防控疫情，法治同行”“我和百姓聊聊法”和“谁普法谁执法”活动。利用下乡调研、培训班及全国残疾人日等，广泛宣传《中华人民共和国保障法》《残疾人就业条例》等，营造扶残助残的良好社会氛围。二是组织残联干部学习《中华人民共和国宪法》《中华人民共和国民法典》，以及残疾人税收优惠政策等法规，并通过省法治宣传云平台参加国家工作人员统一学法考试，提高法律素养和法治工作水平。

**【加强队伍建设，提高服务能力】**

1. 开展“业务大学习、能力大提升、作风大转变”活动。成立活动领导小组，扎实推动活动的开展；坚持问题导向，联系实际，本着缺什么补什么的要求，通过集中学和自学相结合的方式，重点对残疾人证核发、残保金征收以及中共十九届五中全会精神等进行学习，有效提升服务水平和能力。

2. 加强残疾人工作队伍建设。一是建立健全市残工委组成成员，明确残工委各成员单位的工作职责和残工委工作规则；2020年12月召开市残工委全体成员会议。二是配齐配强乡（镇）、街道专职残疾人联络员和村（居）兼职残疾人联络员。三是落实经费保障。全市专（兼）职残疾人联络员待遇补贴列入年度财政预算，11名专职残疾人联络员享受月最低生活保障工资以及5000元的“五险一金”补贴；村级兼职联络员享受年度2400元的补贴。四是强化对专职联络员的培训。举办2期联络员培训班，开展残疾人健身操、就业康复业务知识、手语基础知识等的培训，提高联络员的服务能力。五是建立联络员考核机制。修订《武夷山市残疾人联络员考评办法》，建立基层联络员年终考核奖励机制。六是组建乡镇（街道）、村（居）扶残助残志愿者队伍，组织开展了1期志愿活动。

**【机关联乡村 党建促振兴】** 一是市残联党支部党员与共建的吴屯后源村党支部党员落实“一对一”结对联系制度。二是两支部30余名党员联合到洋庄“坑口革命历史陈列馆”开展“七一”党日主题教育，接受优良传统教育，坚定了农村脱贫奔小康的信心和决心。三是开展5次的文明共建活动，帮助引进项目3个、引进资金230多万元，促进新冠肺炎疫情防控、村容村貌整治、经济发展等工作，为后源村决战决胜脱贫攻坚做出了积极的贡献。

（朱晓晔）

## 武夷山市计划生育协会

**【概况】** 2020年，武夷山市计划生育协会（简称市计生协会）是市委领导和管理的正科级群团组织，内设综合股，核定机关事业编制5名（其中正科级1名、副科级1名、股级1名），是参照公务员法管理单位，在编在岗4名。全市共有各级协会组织157个，其中市级计生协会1个，乡级计生协会10个（乡级先进计生协会8个），村级计生协会134个〔一流村（居）计生协会92个、合格村（居）计生协会42个〕，百人以上企业计生协会12个。协会会员14173人，占总人口的5.8%，其中男会员5170人，女会员9003人；各级计生协理事会成员991人，建立协会小组1030个。2020年，市计生协会李姗获被全国幸福工程组委会授予“志愿之星”荣誉称号，市计生协会为庆祝中国计生协会成立40周年报送的“5·29”随手拍活动图片和“我和协会合张影”活动图片，分别获评中国计生协“最受网友喜爱作品”。

**【宣传教育】**

1. 突出主题宣传。利用母亲节、“5·29”会员活动日等有利契机，各级计生协会开展形式多样、内容丰富的宣传服务活动。一是市计生协会围绕青春健康、幸福工程、法律援助等项目工作，开展主题宣传服务工作，推动“六项重点任务”（宣传教育、生殖健康咨询服务、优生优育指导、计划生育家庭帮扶、权益维护和流动人口服务）落实。4月28日，武夷山市第三中学被中国计生协确定为南平市唯一的中国计划生育协会“2019年国家级青春健康教育示范基地”。市计生协会与文联、武夷学院等单位联合举办“六项重点任务促乡村振兴”微视频创作大赛，并于6月5日在市第三中学举行中国计生协会“2019年国家级青春健康教育示范基地”授牌仪式暨“六项重点任务促乡村振兴”微视频创作大赛启动仪式，市政府陈爱宾副市长出席为第三中学“2019年国家级青春健康教育示范基地”授牌并讲话。6月12日，召开“幸福家庭”典型示范户座谈会，10户“幸福家庭”典型示范户代表分别发言，结合自身体会，讲述“幸福家庭”幸福故事。结合疫情常态化防控工作，与新丰街道、市三中联合举办青春健康——家长“沟通之道”知识讲座，向20多名家长代表赠送《青春健康培训指南——沟通之道》书籍，提高家长对子女青春期的认知程度和沟通水平。9月26日，与市卫健局在武夷学院青春健康同伴社联合开展“世界避孕日”主题宣传活动，并开展义诊、签名等宣传服务活动，发放纪念品、避孕用具、宣传材料3000余份。10月10日，与新丰街道计生协会在余庆小学联合开展第九个“国际女童日”关爱女童主题活动。积极参与中国计划生育协会“舌尖健康 杜绝浪费美丽庭院”健康中国行动——2020家庭健康主题推进活动，并组织收看中国计生协主题活动视频。12月12—13日，在武夷学院举办2020年武夷学院青春健康同伴教育第二届主持人技能提升培训——“青春同伴，你我同行”主题活动，通过培训，提高青春期知识和生理健康知识的认知，增强健康安全意识。二是乡级协会立足实际、有序有效深入开展宣传服务活动。武夷街道计生协会组织9名爱心人士慰问团到长寿山庄养老院开展的“情系老人，共筑美好”捐赠活动，为老人们送上价值3万余元的爱心物品。兴田镇计生协会慰问留守儿童12人，为孩子们送上书包、文具盒、文具用品等，让孩子们感受到计生协会的关爱与温暖。崇安、新丰、兴田、星村等乡（镇）街道计生协会在开展生殖健康咨询、义诊检查，助力健康武夷建设活动的同时，现场发

6月5日，武夷山市计生协会举办“六项重点任务促乡村振兴”微视频创作大赛启动仪式 （李姗 摄）

2020年6月1日，武夷山市兴田镇计生协会到澄浒片区慰问留守儿童，为孩子们送上书包、文具盒、文具用品等 （刘艳美 摄）

放“中国公民健康素养”“儿童早期发展教育”“优生优育”“预防出生缺陷”等宣传资料3000余份。2020年，全市各乡级协会开展宣传服务活动36场次，发放宣传资料10000余份，开展慰问服务19次，慰问人数182人，发放慰问金2.24万元，赠送生活用品等慰问品价值3.3万余元，为计生政策在基层更好地落实落地营造良好的社会氛围。

2.注重媒体宣传。2020年，在南平市级以上协会系统各类媒体刊登新闻信息稿件共53篇，其中《中国人口报》4篇，中国计生协会公众号8篇，《今日中国》周刊1篇，《人生》杂志1篇；省协会网站9篇，八闽生育关怀12篇，省《计生协会小组》6篇，省《幸福工程工作简报》1篇，《福建卫生报》4篇；《闽北日报》1篇，南平市协会网站6篇。

**【计生家庭帮扶】** 一是幸福工程项目。全市发展幸福工程项目户23户，幸福工程项目借款115万元，主要用于发展茶叶加工、种植业、商业等项目。二是安居修缮工程项目。申报计生困难家庭安居工程项目1户，房屋修缮3户，发放项目款10.5万元。三是关怀慰问。“两节”、母亲节、“5·29”会员活动日期间，共走访慰问计生困难家庭238户次，发放慰问金21.58万元，其中计生特殊家庭和手术并发症家庭173户次，发放慰问金17.3万元。四是计生家庭保险项目。全市参加计生意外伤害保险7729户，收缴保费83.32万元，理赔207件，赔付金额48.61万元，赔付率58.34%；市、县两级赠送计生失独家庭父母住院看护补贴保险共82户114人，赠保金额11400元。五是金秋助学项目。9月13日，市计生协会举行2020年“生育关怀——金秋助学”助（奖）学金发放仪式，全市共资助计生困难家庭大学生子女19人，共发放助（奖）学金5.1万元，其中省计划生育协会资助3人1.5万元，南平市计划生育协会资助4人1.2万元，市计生协会12人2.4万元；市计生协会对参加武夷山市2020年统一高考文史类、理工类最高分的计生家庭子女各奖学1人，共发放奖学金0.6万元。六是特色关怀。为计生特殊家庭父母开展“查病、治病”健康体检149人，每人费用300元，共支付费用4.47万元。同时，各级计生协会为市妇联发起的2020年“母亲健康1+1”公益募捐活动共捐款1.26万元。

**【联动共建】** 一是制订结对共建工作计划。扎实推进与挂点村星村镇黎新村结对共建工作，在联谋绿色发展、联抓乡村治理、联创活力支部等方面作出具体安排。二是开展生育关怀行动。建立党员结对“1+1+1”机制，组织机关党员与共建村党员、贫困户结对帮扶，慰问计生困难家庭3户、困难党员2户，发放慰问金4000元，为1户二女结扎户困难家庭申请房屋修缮补助1.5万元。三是开展计生家庭法律援助宣传服务活动。5月20日，以“知识讲座”和现场解答问题相结合的形式，开展计生家庭法律援助宣传服务活动，就如何用法律保护切身利益问题，为现场30多名村两委、党群工作者和计生群众关于合同、婚姻、林权等法律问题答疑解惑，推进计生法律援助服务进农村。四是参与人居环境整治。市计生协会机关工作人员与黎新村计生协会理事、小组长、会员等组成的志愿者队伍，联合开展“改善环境共享健康”爱国卫生运动，积极参与黎新村人居环境整治和房屋结构安全隐患摸排整治等工作，帮助清扫杂物、清运垃圾，

2020年5月20日，武夷山市计生协会落实“机关联乡村、党建促振兴”机制，组织志愿者到星村镇黎新村开展“改善环境 共享健康”爱国卫生运动，助力农村人居环境整治工作　（李姗 摄）

助力农村人居环境提升。

【协会改革】 根据省计生协会改革方案和南平市计生协会改革工作会议精神，确定武夷山市和顺昌县为计生协会改革试点市县。市计生协会认真研究部署，梳理问题困难，广泛征求意见，形成《武夷山市计划生育协会改革方案（送审稿）》，经会长办公会议研究，已呈报市委市政府及市委市政府主要领导和分管领导。

【疫情防控】

1. *参与新冠肺炎疫情防控*。一是组织发动。共组织发动全市各级计生协会理事、小组长、会员等6500余人，参与各自所在村（居）住户摸排、宣传劝导、卡口值班、巡查随访等疫情防控工作。基层计生协会签订疫情防控请战书，加入党员志愿者服务队，积极参与梳理信息库、摸排湖北等地返乡人员情况，为防止疫情传播筑起坚实防线。组织会员开展捐款活动，共捐款11060.94元，发放口罩710个。二是靠前指挥。市计生协会常务副会长吴柳英临危受命，负责武夷山市集中医学观察点全面工作，驻点82天，统筹协调解决医学观察点安全保障、健康管理、日常服务等问题，确保了留观点留观人员在留观期间的安全和健康，按期解除医学观察。同时负责星村、兴田、五夫等乡（镇）街道及机场、兴田高速口、五夫高速口等疫情防控监测点疫情防控工作的监督指导。防疫期间，市计生协会工作人员取消假期，坚守岗位，坚持“5+2”“白+黑”防控机制，加强基层联系。三是广泛宣传。全市各级计生协会在《中国人口报》、中国计生协网站、《人生》杂志、省计生协网站、《八闽生育关怀》微信公众号刊用涉“疫”稿件共15篇。

2. *落实疫情防控措施*。一是关怀关爱。市计生协会调动计生特殊家庭帮扶责任人和志愿者队伍作用，通过电话、微信、入户走访等形式，逐一跟进摸排，掌握每一户计生特殊家庭成员身体状况，宣传科学防疫知识，了解困难情况，评估思想和心理状态，及时有序地开展心理疏导工作。协助医疗卫生部门加强落实计生特殊家庭就医绿色通道、家庭医生签约服务，做好医疗保障服务。二是项目指导。根据疫情防控要求，市计生协会加强与武夷学院青春健康同伴社、市二中和三中青春健康俱乐部、武夷山中华职业学校附属幼儿园儿童早期发展教育基地的沟通联系和指导，将青春健康教育和儿童早期发展教育等项目的线下活动改为线上活动，通过互联网等信息化手段为计生家庭提供相关服务。三是联动共建。结合“四级联动”，运用“线上+线下”帮扶模式，加强挂钩村的科学防疫知识宣传。立足村情，市计生协会节约现有经费2.3万元支持黎新村用于发展建设；在疫情防控物资最紧缺时期，为防控一线工作人员送去口罩110个；走访慰问计生困难家庭5户，发放慰问金4000元。

3. *助力企业复工复产和农村春耕生产*。各乡级计生协会立足实际，积极助力企业复工复产和农村春耕生产。崇安街道济川社区计划生育协会会长、秘书长不定期对辖区内的企业进行随访检查，要求做好人员往来摸排、出入厂登记及企业台账等。兴田镇仙店村对地处该村生态创业园区复工复产企业流入人员进行严格登记管理，建立健全健康档案，定期组织村医上门“家访”，并安排专人协助流入人员进行物资采购，实行点对点接送。五夫镇计划生育协会发动协会志愿者包馄饨、做芋饺，为国家级田园综合体精品加工园区附属工程、五夫镇环镇公路等一批省、市重点项目复工复产的工友们送上自制的“暖心餐”，解决了复工人员疫情防控期间吃饭难问题。上梅乡计划生育协会积极参与督促指导辖区内复工项目疫情防控，每日收集员工体温记录，不定时到项目部施工现场、餐厅、宿舍、办公区等进行防疫检查，认真记录卫生情况，并及时反馈给项目部。洋庄乡计划生育协会主动与农夫山泉（福建武夷山）饮用水有限公司主体工程项目对接，督促企业做好复工人员健康检查和记录工作，加强复工开工疫情防控指导，及时调整服务重点，加强加油站、餐馆等群众易群聚地疫情防控工作。星村镇计划生育协会联合农技站到各村农资店进行疫情防控检查。吴屯乡计划生育协会联合乡科特派工作人员走进田间地头宣传防疫知识，劝导村民尽量分散、错峰开展春耕备耕，做到“抗疫、生产”两不误。

（李　姗）

# 法 治

## 公 安

**【概况】** 武夷山市公安局（简称市公安局）内设政工室、警务保障室、监察室3个综合管理科室，指挥中心、法制、国内安全保卫、刑事侦查（禁毒）、治安管理（旅游警察）、交通警察、经济犯罪侦查、公共信息网络安全监察、出入境管理、巡特警反恐、森林警察大队11个执法勤务大队，下设城关、新丰、景区、赤石、星村、兴田、五夫、洋庄、吴屯、岚谷、上梅、学院路12个派出所和看守所、拘留所。年末实际核定政法专项编制357人、职工31人，在岗民警352人、职工31人。

**【维护社会政治稳定】** 全面贯彻总体国家安全观，把风险防范化解工作摆在首位，深入推进宗教领域综合治理，依法取缔非法宗教活动场所、聚会点14处。严厉打击政治谣言，清理有害信息，落地查处网络发表政治谣言案件5起5人。

**【打击整治违法犯罪】** 2020年，市公安局立刑事案件931起，同比减少13.55%；破刑事案件478起，同比增加0.83%，刑事拘留386人、提请批准逮捕309人、移送审查起诉219人。深入推进扫黑除恶“六清行动”，三年专项斗争共核查线索364条，打掉2个黑社会性质组织、7个恶势力犯罪集团和2个恶势力犯罪团伙，破获涉黑恶案件136起，抓获涉黑恶人员459名，扫黑除恶专项斗争绩效在南平各县（市、区）排名第一。深入推进命案侦破攻坚，现行命案发3起破3起，破命案积案2起，其中市县两级公安机关连续奋战4个昼夜，成功破获“10·17”兴田镇兴田村马埠头故意伤害致人死亡案。深入推进“小案快侦”行动，7日内破获传统盗抢骗案件213起，快侦率为55.7%。深入推进“云剑”“断卡”等打击治理电信网络诈骗犯罪行动，立案157起，同比减少6.5%，破案51起，同比增加41.67%，成功侦破“4·21”帮助信息网络犯罪案，抓获犯罪嫌疑人38人，斩断网络第三方支付链条技战法得到公安部的肯定和推广。深入推进“飓风肃毒2020会战”“净边2020”行动，破获毒品案件4起，抓获涉毒犯罪嫌疑人5人，查获吸毒人员27人，其中破获网络贩毒省目标案件1起。深入推进打击整治跨境网络赌博、“扫黄打非”行动，破黄赌刑事案件18起，查处黄赌治安案件92起。深入推进“云端2020”“歼击20”“昆仑3号”“猎狐2020”“百城会战”“国门利剑2020”，以及打击非法集资犯罪等行动，破各类经济案件4起，发起并成功收网1个非法经营地下钱庄集群战役。

**【社会治安管理】** 2020年，市公安局受理治安案件1170起，查处治安案件1167起，查处违法人员586人，行政拘留283人。依托“110”接处警岗把中心城区划分为4个巡区，不断完善“屯警街面、动中备勤、巡处合一”巡防接处警运行机制，实现快速接处警3500余起，现场调处纠纷2000余起、求助群众456次、现场盘查可疑人物75次，抓获违法嫌疑人50人。组织开展“百万警进千万家”活动，全面摸排“人、地、事、物、组织”等治安要素。结合“大电诈、大清查”专项活动，进一步查清出租房屋、承租人底数，清查出租房屋6837户，排查承租人42948人。加快推进治安防控体系标准化城市创建，完成葛仙省级公安检查站标准化建设，推动完成市立医院、武夷学院、百花里智慧安防小区建设，完成乡（镇）街道、行政村重要部位、交通路口视频监控建设，联网社会公共视频监控资源。综合运用日常检查、突击检查和网上巡查，加强旅店业、歌舞娱乐场所、网吧等行业场所实名登记管理，查处不按规定住宿登记案件118起，停业整顿6家。严格规范境外人员临时住宿管理，准确登记境外临住人员3208人次。以景区派出所为试点，积极推进“枫桥式”派出所创建，做实矛盾纠纷排查化解，成功调处化解各类矛盾纠纷476件。常态落实易制毒化学品、麻醉药品和精神药品的检查及生产、运输、经营、使用监管，积极开展“吸毒人员平安关爱”行动，全面推进“8·31”工程建设，完成10个乡（镇）、街道、社区戒毒（康复）工作站、禁毒教育基地建设，执行社区戒毒（康复）人员 209人，执行率99.5%。

**【公共安全管理】** 深入推进缉枪治爆行动，查破涉枪案件7起4人，收缴各类枪支40支，查处涉烟花爆竹案件3起3人；推进危险物品“一体化”信息监管平台运用，实现爆破作业现场可视化监管。深入开展“护校安园”行动，城市中小学专职保安员配备率、中小学封闭化管理、一键式紧急报警装置和视频监控系统达标率100%。检查指导落实103家重点单位、3家保安服务企业安全防范管理，整改消除隐患14处，办理内部案件14起。完成第十四届海峡两岸茶业博览会、南平市第四届旅游发展大会、第八届中国·五夫“荷花节”等大型活动安保20场次和6批次（三级4次、非等级2次）警卫任务。看守所、拘留所常态落实疫情防控措施，实行全封闭、两班24小时倒班运行和过渡隔离观察机制，严格规范收押体检、提审、提解、会见、庭审、押解等规程；配合法院开展远程庭审103起229人，未发生重大安全事故。

**【交通安全管理】** 2020年，市公安局全力服务“城市建设攻坚战”，联合交通、行政执法部门开展交通秩序集中整治，查纠违法占道停车20983辆次、占道经营983起，拆除违法加装雨具929把、渣土车不按规定运输29起。紧跟路网改造进度，全面更新交通设施、电子设备，施划交通标志标线，增划摩托车、小车停车位8223个，新建临时停车场2处。深入推进道路交通安全综合整治三年专项行动和道路交通事故预防“减量控大”行动，排查整治重点道路、事故多发路段隐患12处，完成10个农村交通安全劝导站建设，常态开展“零点”夜查、“逢五”等统一行动，严厉查处各类交通违法行为115975起，其中涉酒驾驶646起。截至2020年底一般程序事故受理数105起，同比减少28.05%；7天内死亡人数11人，同比减少26.67%；受伤数155人，同比增加70.33%；直接经济损失15.39万元，同比减少22.15%。深入推进“一盔一带”和无牌车辆专项整治行动，办理机动车注册登记22148辆（其中，小车2085辆、摩托车20063辆），电动自行车挂牌13443辆。年末机动车保有量91485辆（其中，汽车38036辆，摩托车53449辆）。

**【网络安全管理】** 2020年，市公安局排查、清理完成属地16家互联网重点网站备案工作，督促违法违规关键字（域名）屏蔽封堵措施落实。完成26家党政机关、事业单位和国有企业网站安全检测，整改消除高危安全漏洞32个，督促重点信息系统、重点网站责任单位落实值班巡查、紧急事件报告协作、应急处置机制建设，组织1次网络攻防实战演练，有效提升网络应急处置能力。强力推进公共场所Wi-Fi安全保护，完成353家宾馆、酒店、民宿等非经营性公共上网场所网络安全管控设备的安装和联网应用。严格执行网上巡察7×24小时巡查制度，强化网络舆情监测预警，完善重大网络舆情应急处置工作预案，组织民警为兼职舆情引导员，做强网络舆情引导队伍。深入推进“净网2020”专项行动，侦破网络刑事案件11起，有力维护网络安全。

**【深化公安改革】** 积极落实武夷山市公安局森林分局转隶改革，5月29日武夷山市公安局森林警察大队挂牌，做好46名在职民警职工、16名退休民警职工和6名辅警转隶安置工作。进一步推进人民警察职级序列改革，完成66名民警择优晋升工作。进一步推进“110”指挥中心“情指一体化”（情报研判、指挥调度一体化）机制建设，全年接有效报警17490起，处置刑事警情944起、行政警情1407起、交通警情4365起、消防警情254起、求助及其他警情4047起，流转非警务警情6473起。通过警情研判、视频巡查等工作，协助破获案件205起、抓获违法犯罪嫌疑人50人、在逃人员8人。完成国密新版数字证书平台建设、公安网 IP 扩容迁移、新一代警务通终端升级，进一步推进网侦、刑侦、技侦等科技建设，协助侦破 2 起命案积案、2 个恶势力集团、1 起网络贩毒省目标案件及 51 起电信网络诈骗等重点案件。贯彻落实公安部《关于加强新时代公安派出所工作的意见》，完成城关派出所的加固装修改造，推进城区“一区一警两辅”（一个社区配置一名社区民警、两名辅警）和农村“一村一警务助理”警务建设。落实派出所所长兼任乡（镇）、街道党（工）委班子成员、驻村民警兼任村委员会班子成员。

**【护航经济发展】** 围绕“一攻坚两行动”，主动靠前，常态对接，深入推进矛盾化解、治安防范、应急处置等服务保障，快速处置各类警情 30 余起，打击处理阻挠、破坏项目建设案件 13 起 16 人。进一步强化旅游警察与涉旅职能部门联动合力，开展 6 次专项整治，打击查处涉旅违法人员 66 人，推进旅游市场秩序持续好转。严厉打击破坏森林资源、野生动物资源违法犯罪活动，破获刑事案件 17 起，查处治安、林政案件 20 起，打击处理违法犯罪人员 97 人。进一步深化公安“放管服”改革，推进落实居住证制度，办理居住证 809 张、港澳台居住证 18 张；推进居民身份证信息化管理，受理省内异地证 2956 张，受理全国异地证 208 张；优化两个行政服务中心分中心建设，入驻 28 个大项 36 个小项非密政务行政审批和服务事项，办理时限统一承诺控制在法定时限的 50% 以内；推广落实公安交管优化营商环境 12 项措施，办理摩托车驾驶证全国“一证通考” 11 人、摩托车转籍异地通办 7 辆、私家车登记全省通办 6 辆等；积极构建“警保”联动机制，推广应用道路交通事故互联网在线快速处理系统，完成事故在线快处 1034 起，同比增长 117.68%。

**【执法规范建设】** 推动执法办案信息化建设，完成执法办案中心升级改造。设立案件管理中心，落实执法办案各环节、全流程“一体化”管理。法制部门严格落实案件审核把关，审核审批刑事拘留 386 人、取保候审 549 人、提请批准逮捕 309 人、移送起诉 219 人，审核审批行政案件 286 起 662 人，组织疑难复杂案件集体议案 30 次。开展执法突出问题集中整治，发现整改执法问题 631 个，严肃执法问题问责制度，问责追责 11 人，移交司法机关审查 3 人。

**【队伍教育管理】** 坚持政治建警，推进“不忘初心、牢记使命”主题教育制度化，开展“坚持政治建警全面从严治警”教育整顿活动，“学、查、改、建”一体推进、一并落实，问责追责 68 人次，其中党政纪处分 6 人、纪委监委立案审查 6 人、移送司法部门审查 3 人。全面落实市委巡察反馈三大方面 14 项 48 个问题整改，以监督执纪第一、第二种形态问责 50 人，营造风清气正的良好警营政治生态。坚持素质强警，优化民警教育训练机制，定期组织开展民警轮训和辅警集训，提升业务素质和警务技能。坚持从优待警，用好英烈基金，对 12 名因公负伤、病困等民警进行补助，发放基金 7.7 万元。坚持创先争优，全年共有 18 个集体和 134 人次获得各级奖励、表彰，有力提振民警履职担当的精气神。

**2020 年度武夷山市公安局获地厅级以上表彰先进个人表**

**表 2**

| 姓名 | 性别 | 颁奖时间 | 工作单位及职务 | 荣誉 | 颁发单位 |
|---|---|---|---|---|---|
| 王一川 | 男 | 2020 年 11 月 | 市公安局公共信息网络安全监察大队 | 南平市先进工作者 | 中共南平市委、南平市政府 |
| 林晓航 | 男 | 2020 年 12 月 | 市公安局经济犯罪侦查大队 | 全省最美家庭 | 福建省妇联 |

**2020 年度武夷山市公安局获地厅级以上表彰先进单位表**

**表 3**

| 单位 | 颁奖时间 | 荣誉 | 颁发单位 |
|---|---|---|---|
| 景区派出所 | 2020 年 1 月 9 日 | 集体二等功 | 福建省公安厅 |
| 景区派出所 | 2020 年 6 月 9 日 | 全国公安机关执法示范单位 | 公安部 |
| 离退休党支部 | 2020 年 7 月 17 日 | 省离退休党支部示范党支部 | 中共福建省委离退休干部工作委员会、中共福建省委老干部局 |

续表 3

| 单位 | 颁奖时间 | 荣誉 | 颁发单位 |
|---|---|---|---|
| 景区派出所 | 2020 年 8 月 10 日 | 2020—2022 年省级青年文明号 | 福建省创建青年文明号活动组委会 |
| 交警大队 | 2020 年 8 月 12 日 | 全国一等县级车辆管理所 | 公安部 |
| 景区派出所 | 2020 年 12 月 30 日 | 全省“枫桥式公安派出所” | 福建省公安厅 |

**【抗击新冠肺炎疫情】** 闻警而动，迅速打响疫情防控阻击战，创新数据防疫，利用大数据平台，实时研判入闽人员、车辆、手机号，协助卫健部门做好落地核查工作。强化基础管控，核查见底 736 家宾旅馆、18 家娱乐场所等重点场所外来人口，访查重点对象 112 人次，有力服务人员管控工作。强化通道查控，设立 9 个入武通道检查站，投入警力 2568 人次，24 小时轮班查控，检查人员 15.02 万人次、车辆 5.15 万辆，有效防止疫情输入。强化出入境管控，依法依规受理因私出国境申请 1194 件次，同比减少 89.3%，减少不必要出境；报控法定不批准出境人员 117 人，宣布作废出入境证件 145 件，控制国境外人员流入，隔离境外人员 127 人，有效阻断境外疫情输入。强化重点管控，对 1 个定点医疗机构、4 个隔离观察点，投入警力 1650 人次，协助隔离、收治确诊患者有效阻断疫情蔓延。强化网上防疫，实行 24 小时在岗值守，发现和处置网上涉疫有害信息 8 起，查处网上发布涉疫虚假信息案 2 起，防止网络传谣。

（吴建国）

## 南平高速交警支队五大队

**【概况】** 2020 年南平高速交警支队五大队（简称五大队）全队共有在岗民警 18 人、协警 20 人。大队下设四个中队，综合中队、交管中队和武夷山中队（在大队部）三个中队位于武夷山市区高速出入口（大布村），兴田中队位于兴田镇枫坡村，管辖高速公路里程 108.89 千米，路网呈“人”字形，辖区道路复杂，道路特征为“桥梁多、隧道多，且桥隧相连”。

**【路面管控】** 2020 年，五大队通过严格路面管控，重拳严打酒（醉）驾、毒驾、无证驾驶、超速、超载、未年检、违法停车、不按规定使用转向灯等各类重点交通违法，进一步优化路面通行秩序，狠抓重大节日和特殊活动交通安保。聚焦主责主业，紧盯“防事故、保畅通”工作目标，紧扣事故预防“减量控大”（减少事故死亡总量、防范重特大事故发生和较大事故反弹）工作要求，大力推进交通事故预防和路面秩序管理工作，辖区安全形势持续平稳。与 2019 年同期相比，一般程序交通事故起数持平，死亡人数持平，直接经济损失减少 6.5 万元。2020 年，辖区共发生交通事故 164 起，其中适用简易程序处理的道路交通事故 163 起，适用一般程序处理的道路交通事故 1 起，死亡 1 人，受伤 2 人，直接经济损失 9.25 万元。一是推进隐患“清零”。坚持常态化隐患摸排、整改，全年共排查道路安全隐患 32 起（其中，31 起为护栏破损修护、1 起为路面积水隐患），督促养护部门整改隐患 32 起。与高速公路各职能部门建立联合隐患治理机制，共联合开展 4 次路面安全隐患大排查，对辖区事故多发路段、易积水路段、护栏破损点进行拉网式的全面排查，及时发现、消除路面隐患。推进高速公路波形护栏端头治理，整改端头隐患 52 处，摆放防撞沙桶 78 个。二是加强科学研判。坚持每月事故研判分析，从事故时间、天气、路段、形态、原因及车辆类型、驾驶员驾龄等多方面进行综合分析，找准事故规律、特点，预判下一阶段工作中可能遇到的新情况、新问题，制定具体、细化、可操作性强的工作方案，并有针对性地调整勤务模式和管控重点，实施精准防控。三是狠抓源头监管。每月联合当地应急、运管等部门走访辖区重点企业，检查安全状况，核查驾驶员资质，开展安全培训。加强“两客一危一货”（指专线客车和旅游包车；危化品运输车和货车）重点车辆动态监管，每日抽查重点车辆 GPS 记录，对抽查发现的重点车辆违法行为，除依法实施处罚外，还抄告车辆所属单位及属地运管等职能部门，促进重点车辆管理。

**【秩序管理】** 按照事故预防“减量控大”工作要求，结合“逢五”“夜查”、酒驾醉驾整治等行动，狠抓违法查纠，为群众出行创造优良交通环境。2020年，五大队全年共查处交通违法15470起（现场8758起、非现场6712起），其中涉牌涉证519起，酒后驾驶20起，醉酒驾驶5起，超速9578起，客车超员277起，货车超载13起，违法停车203起，不按道49起，吊销驾驶证9本，行政拘留8人（另处理往年应拘未拘案件1起），办理刑事案件6起，取保候审5人，刑事拘留1人，逮捕1人，事故处理工作，坚持抓源头、查隐患、控重点、把关键，综合施策多措并举。一是突出整治重点。将打击酒驾、醉驾违法犯罪作为贯穿全年的重点工作。延伸检查时段，紧盯午后、夜间等重点时段。采取“定点+流动”的方式，在辖区武夷山、九曲、兴田、武夷山北等收费站开展流动检查，适时调整执勤地点，防止“漏网之鱼”。突出规范高效，利用酒精快速检测棒快速筛查酒驾嫌疑，发现可疑人员后再利用呼气式酒精检测仪固定证据，并提前联系卫生部门、检验鉴定机构配合做好涉酒嫌疑人快速提取血样、快速鉴定。二是强化路面管控。重拳打击无证驾驶、超速、超员、未年检、违法停车、不按规定使用转向灯等各类重点交通违法，进一步优化路面通行秩序。2020年沪昆高速衢州段路面拓宽改造，大批车辆分流至浦武高速绕行，导致辖区兴田枢纽、下坝枢纽等路段车流激增，保畅通压力较大，大队精心部署、组织，采取分段管控、联勤联动等方式，有效确保大车流情况下道路安全、有序、畅通。加强重大节假日和重要活动的安保工作，完成春节、国庆等重大节假日和全国“两会”、海峡论坛、茶博会等重大活动的交通安保。三是严格落实勤务。严格按照支队勤务要求，落实日常值班备勤制度，并在重大节假日或重要事件节点，落实特殊勤务制度，加强警力投入。在总队、支队的统一领导指挥下，圆满完成各项安全警卫任务，全年共完成警卫任务共8次，共投入警力120人次，警卫车辆30辆次。

**【交通安全宣教】** 2020年，五大队充分利用报刊、广播、电视等媒体以及“入村、入校、入企业”等开展交通安全宣传活动。加强常态化警示教育，每月利用支队短信平台向重点驾驶人员发放宣传短信，共发布宣传短信15219条。结合“逢8集中宣传日”、“12•2”全国交通安全日等开展社会化宣教，共开展“七进”（进企业、进校园、进机关、进社区、进农村、进家庭、进公共场所）宣传45场次。依托收费站、服务区、学校等阵地，利用交通安全宣传单、海报等宣传物料，开展集中宣教和“面对面”宣讲，全年共发放宣传单、粘贴宣传海报13000余份。坚持以案说法，积极收集典型违法、事故案例并通过新闻媒体、支队新媒体发布，全年共在各级媒体刊发新闻15条，其中中央级1条，省级7条，市级7条；相关案例通过支队新媒体发布16条。

**【队伍建设】** 1.坚持制度管理，狠抓队伍管理。持续加强党风廉政建设和队伍纪律作风建设，坚持靠制度管人、按制度办事，不断推进队伍制度建设，按照总队、支队日常管理规定要求，注重抓“常、细、长”，确保队伍健康稳定发展，全年队伍未发生违法违纪现象。一是狠抓廉政教育。坚持以案说法，做到警钟长鸣，定期组织学习上级通报的各类违法违纪案例及日常管理督察通报，全年共学习各类案例、通报26份。丰富教育手段，扎实开展警示教育活动，组织全体民警分批次参观武夷山监狱廉政教育基地，观看《警钟》等警示教育片，全年共开展廉政活动23次，受教育人数达300余人次，进一步提升全队人员的廉政意识、纪律意识。二是狠抓制度建设。进一步健全长效管理机制，严格落实队伍分析例会制度，每月开展队伍研判分析，查找队伍风险隐患，研究应对措施。修订非在编聘用人员绩效考评办法，将绩效考评结果纳入考核，与带辅民警实行关联考核。三是狠抓教育整顿。坚持问题导向，根据“坚持政治建警全面从严治警”教育整顿工作部署，对照“六个专项”治理和“顽瘴痼疾”整治要求，逐条逐项落实隐患摸排、整改。从路面执勤执法、交通事故处理、违法业务办理、内部安全管理等方面，深入摸排队伍问题隐患，并做到一经发现、立即整改；共开展风险隐患排查12次，查找问题6个，整改问题6个。

2.坚持提升素质，强化执法监督。大力推进队伍正规化、专业化、职业化建设，不断加强队伍业务能力培训，狠抓日常执法监督，持续提升执法规范化水平。在支队2020年业务技能竞赛中，五大队获得总分第三名的优异成绩。一是加强业务培训。紧贴实战开展培训演练，组织开展现场执法指引、安全防护、警情处置等各类模拟实战场景教学练兵活动12场，并分两批组织全体民警到武夷山公安局参加警务实战演练，有效提升全警实战水平。结合支队组织的岗位业务技能竞赛，抽调业务骨干开展集中训练，并在全队竞赛中取得良好成绩。二是强化执法监督。坚持执法监督在日常、在细小，着力消除执法风险隐患。建立民警个人执法档案，每月考评执法情况，及时整改问题、推广经验。每月制作发布法制工作报表，综合考评执法记录仪使用、办案场所使用管理等情况，并逐一登记台账、反馈问题。每月开展案件质量考评，挑选推出精品案例，供全队办案民警共同探讨学习。利用违法处理窗口交通技术监控违法处理情况核查机制，每月对违法处理窗口处理情况进行统计分析，规范处理流程，提升窗口服务效能。加强涉案财物管理，完善内业台账，做到信息完整、进出明晰、保管规范、处置合法。

【抗击疫情】 2020年初，面对突如其来的新冠肺炎疫情，五大队全体人员始终坚守省际防疫检查站和各高速路口防疫检查点，配合做好疫情防控工作，完成疫情防控任务，保障群众的生命安全。因疫情防控工作表现突出，全队共有7名民警获上级奖励表彰。一是动员部署到位。接到总队、支队关于开展疫情防控工作指令后，五大队领导高度重视，由武夷山市交通局牵头，联合卫健委、武夷山市公安局、高速路政、高速收费等部门实施交通管控，将入省车辆全部引导至武夷山北收费所和武夷山收费所进行逐车逐人检查，测量体温，阻断疫情传播，做好交通保障，确保抗疫通道畅通。二是疫情防控到位。按照“外防输入、内防扩散”要求，坚持严防死守，封堵内输通道。疫情发生后，大队全面提升入闽通道管制等级，一方面加强收费所口部的布控，另一方面加强路面的巡逻，先后劝返试图越界车辆96辆。大队民警、辅警严格核查湖北、浙江籍车辆通行证、人员健康证明、车上人员身份、运载货物情况，检测随车人员体温实行“四查一验”工作流程。三是通行保障到位。为了保障绿色通道畅通，大队打通一条物资保障通道，落实“快检、快验、快放”服务举措，保障抗疫物资车辆安全顺畅通行。疫情形势好转后，人员返岗问题突出，为保障复工复产复学，大队主动担当，在分析研判、路面管控、源头治理、交通宣传上下足功夫，切实把好复工复产复学返程关口，做好交通保障工作。四是热情服务到位。五大队联合高速公路公司在宁上高速公路武夷山和武夷山北收费站出入口设置服务台，积极为过往群众提供热水、常用药品、路况咨询等便民服务。

（文大学）

# 检 察

【概况】 2020年，武夷山市检察院（简称市检察院）设有第一检察部、第二检察部、第三检察部、政治部、办公室等5个内设机构，政法专项编制44名，工勤编制5名，实有在岗47人（其中工勤4人）。

【刑事检察】 2020年，批准逮捕各类犯罪77件108人、提起公诉264件389人。严厉打击故意杀人、故意伤害、强奸、绑架等暴力犯罪，起诉24件38人。坚决遏制贩毒、吸毒等毒品犯罪在农村多发态势，起诉3件4人。积极参与打击整治枪爆违法犯罪专项活动，加强难点问题研究，起诉涉枪爆案件4件4人。依法惩治盗窃、诈骗等侵财案件共62件68人，保障人民财产安全。公检法联合出台《关于联动查控被执行人打击拒执犯罪等工作的若干意见》，首次办理隐匿、转移财产案件，起诉1件2人，涉及11名被害人2200万余元本金及利息。坚持对醉酒驾驶犯罪的打击不放松，落实繁简分流，从快处理，提高简单案件办理质效，共办理醉驾犯罪110件110人，认罪认罚适用率达98.2%。充分发挥检察机关在反腐败工作大局中的重要作用，受理监委移送职务犯罪案件1件1人，已起诉1件1人。

【生态检察】 2020年，共审查批准逮捕各类涉生态资源案件4件5人；移送起诉案件26件40人，不起诉1件2人。办理生态领域公益诉讼案件2件。全面深化派驻河长办检察联络制度，与市生态环境局、东溪水库管理局等相关部门多次开展联合执法专项巡查督导，起诉1件4人，均作出有罪判决。持续维护更新“武夷山生态保护法治教育基地”，强化展厅宣教功能。11月26日，福建省司法厅授予武夷山市检察院武夷山生态保护法治教育基地“省级法治文化建设示范基地”称号。自开馆以来，累计接待武夷山市及全国各地参访人员281场次，共计4000余人次，其中有来自吉林、浙江、安徽、广东、江西等全国10余省市的参访人员，也有来自俄罗斯最高检的外宾参访人员。

【诉讼监督工作】

1. 刑事诉讼监督。增强捕前监督实效，加强与侦查机关的联系与配合，全年共提前介入案件6件，

2020 年 11 月 26 日，福建省司法厅授予武夷山生态保护法治教育基地“省级法治文化建设示范基地”称号 （王庆平 摄）

监督公安机关立案 4 件，撤案监督 1 件，提出纠正违法 5 件，已纠正违法 4 件。在侦查活动监督中，纠正漏捕 6 人，纠正漏诉 26 人，提出检察建议 4 件。提出抗诉 6 件，其中改判 1 件 1 人。全面贯彻宽严相济刑事政策，抓好认罪认罚从宽制度的高质量适用，适用认罪认罚 172 件 225 人，一审宣告人数 159 人，认罪认罚法院采纳量刑 127 人，采纳率 79.9%，案件比 1.29。

2. 民事行政检察监督及公益诉讼。稳步推进公益诉讼工作，2020 年公益诉讼案件共立案 13 件，其中包含行政公益诉讼 10 件；刑事附带民事公益诉讼 3 件，其中包含涉疫公益诉讼案件 5 件，“等”外领域探索公益诉讼案件 8 件；向行政机关发出诉前检察建议 9 件，得到行政机关高度重视，已收到反馈 8 件。积极开展诉讼活动中行政处罚执法监督活动，全年立案 9 件，发出检察建议 8 件，其中 6 件得到行政机关的反馈。民事执行监督案件立案 1 件，在办理案件过程中针对案件中违章搭建的情况向武夷山市城市管理局发出检察建议，督促其履行职责，并往返现场 10 余次，确保检察监督落到实处，助力武夷山市“城市建设攻坚战”。在生效裁判监督方面，对 1 起虚假诉讼案提请南平市人民检察院向南平市中级人民法院提起抗诉，南平市中级人民法院裁定再审。11 月 5 日，召开首次司法救助案件公开听证会。

3. 刑事执行检察监督。严格维护在押人员合法权益，2020 年办结讯问合法性核查案件 2 件 2 人。针对监管场所存在的问题，向看守所发出检察建议书 1 份，已得到采纳和反馈。办理羁押必要性审查案件 3 件 3 人，已被采纳 2 件 2 人。加强监外执行监督，共对武夷山市各乡镇司法所社区矫正工作及派出所剥夺政治权利工作巡察 4 次，针对检察中发现的问题，向市司法局及公安局发出纠正违反通知书 3 份。开展扫黑除恶专项斗争案件财产刑执行检察活动，对法院财产刑执行案件立案不及时的问题，向法院发出检察建议书 1 份。

**【控告申诉】** 2020 年，市检察院共收到群众初信初访 22 件，重信重访 20 件，除联系方式不详、电话无人接听等无法回复的 7 件以外，其余均在 7 个工作日内作出答复。8 件符合检察机关受理条件的案件，均在 3 个月答复期内予以答复。结合开展“民有所呼、我有

2020 年 11 月 5 日，武夷山市人民检察院举行首次司法救助案件公开听证会 （王焕娟 摄）

所应——群众信访件件有回复”新时代检察宣传周活动，送法进社区，畅通群众信访渠道。深入推进“12309”检察服务大厅软硬件配套设施建设，坚持开展检察长接待日活动，院领导共接待群众来访35次。7月23日，疫情防控期间办理的非法猎捕、杀害珍贵、濒危野生动物案开庭审理，检察长万勇出庭支持公诉。

【队伍建设】

1. 业务建设。2020年，市检察院有序推进检察官业绩考评工作，出台检察官业绩考评工作实施方案。严格落实领导干部带头办案制度，院领导带头办理各类重大疑难复杂案件15件。组织开展各类业务培训，岗位练兵4场，选送5名业务骨干分别前往北京、福州等地参加业务培训。强化检察理论研究，市检察院2篇论文被国家级刊物采用、1篇被省级刊物采用、4篇被南平市级刊物采用。

2. 党风廉政教育。2020年，严格落实《人民检察院责任追究条例》《检察官惩戒工作程序规定》，抓好《人民检察院司法办案廉政风险防控工作指引》贯彻落实。全面梳理院内制度规范，修订完善《武夷山市人民检察院党组会议事规则》《武夷山市人民检察院聘用人员管理办法》等规章制度。持续狠抓“三个规定”（《领导干部干预司法活动、插手具体案件处理的记录、通报和责任追究规定》《司法机关内部人员过问案件的记录和责任追究规定》《关于进一步规范司法人员与当事人、律师、特殊关系人、中介组织接触交往行为的若干规定》）及重大事项记录报告制度，将违规过问干预案件情况纳入党风廉政建设责任制，严格执行每月报告、通报制度，加强检察人员的日常监管以及8小时以外的动态管控。

3. 检务公开。为进一步深化司法规范化建设，让人民群众感受到公平正义，确保检察权在阳光下运行，5月28日，市检察院开展以“同舟共济 检护明天”为主题的检察开放日活动。10月27日，开展“立足检察本职 服务‘六稳’、‘六保’全力护航民营企业发展”检察开放日活动。

（祖 琳）

## 法院

【概况】 2020年，武夷山市人民法院（简称市法院）政法编制74名，实有在编人员70人，其中院党组成员5人、副处级干部1人、正科级干部5人、副科级干部20人；法官28人、法官助理11人、书记员6人、法警10人。全院内设立案庭（诉讼服务中心）、刑庭、民庭（家事少年庭）、生态环境庭（综合审判庭）、执行局、审判管理办公室、政治部（机关党委）、综合办公室（司法警察大队）8个部门，另设1个人民法庭和监察科。

2020年，市法院坚持以习近平新时代中国特色社会主义思想为指导，深入学习贯彻中共十九届五中全会精神，全面贯彻习近平法治思想，以实际工作成效和良好精神风貌体现主题教育成果。全年共受理各类案件4813件，办结4547件，同比分别上升1.52%和1.88%。

【刑事审判】 2020年，市法院共审结各类刑事案件248件，同比下降18.15%。审结失火罪、危险驾驶罪等危害公共安全犯罪案件115件，审结非法经营、集资诈骗等破坏经济发展犯罪案件13件，审结故意伤害、盗窃等暴力犯罪和侵财犯罪案件79件，审结涉案金额520.424万元24人参与的网络电信诈骗案件1起，审结组织卖淫、开设赌场、贩卖毒品等涉黄赌毒犯罪案件11件，审结贪污、受贿等犯罪案件2件。如期完成扫黑除恶专项斗争收官战任务，一审审结涉黑恶案件4件34人，其中审结全国、省扫黑办挂牌督办的2件重大涉黑恶案件；审结涉黑恶“保护伞”案件1起，执行到位生效涉黑恶案件财产1598.81万元，涉黑恶执行案件全部执结。审结武夷山市首例环境污染案等涉生态犯罪案件26件，审结的福建省首例涉生态领域农村恶势力团伙案件，入选2019年度人民法院环境资源40件典型案例。坚持寓教于审，加强少年审判工作，对5名未成年罪犯均适用非监禁刑。坚持宽严相济、罪当其罚，依法判处五年以上有期徒刑10人，适用缓刑等非监禁刑或单处附加刑123人，坚持罪刑相适应原则，依法判决1名被告人免予刑事处罚。

【民商事审判】 市法院全年共审结民商事案件2354件，同比下降1.42%。主动对接市委、市政府“城市建设攻坚战”，审结建设工程合同、房屋拆迁安置等案件46件。服务企业复工复产，帮助企业解决合同履行难等问题，及时调处各类涉企纠纷36件。加强破产审判工作，运行破产案件管理系统，审结武夷山中旅康乐有限公司强制清算案，引导“僵尸企业”平稳退出；受理“执转破”（法院在执行过程中发现某企业符合破产的条件后，通过一定的程序及时将企业移送破产审判部门审查，以启动破产程序来化解社会矛盾纠纷的法律制度）案件2件，3件破产清算案的审理正在稳妥推进。注重引导和规范各类金融行为，设立金融纠纷调解中心，处理金融借款等案件407件。推动民间资本依法流转，审结民间借贷案件429件，结案标的1.11亿元。审结婚姻家庭、继承等纠纷案件241件，调解撤诉率为70.12%。审慎处理涉房产消费纠纷，审结商品房买卖、物业服务等纠纷案件173件。妥善应对劳动争议多发态势，深化仲裁与审判衔接机制，审结劳动争议、医疗保险待遇等案件62件。

**【行政审判】** 市法院坚持保护行政相对人合法权益与监督行政机关依法行政并重，妥善处理林业行政管理、企业登记等行政纠纷22件，当事人均撤回起诉。切实维护行政机关依法履职的权威性，依法审查涉市场监督、卫健、文体等领域行政非诉案件19件，均裁定准予执行。加强行政执法与司法有效衔接，与市场监督管理局召开座谈会，就执法管辖、法律适用等问题进行研讨；邀请公安、审计等机关工作人员旁听庭审3场次，强化干部学法用法意识。延伸审判职能，发出司法建议1条，促进行政机关完善行政执法程序。

**【执行工作】** 市法院全年共执结各类案件1904件，同比上升14.15%，“四个核心指标”（执行有财案件法定期限内结案率、终本案件合格率、执行信访办结率、执行案件结案率）全部达标，执行质效位居全省中上游。完善优化执行程序，采取“线上+线下”查控方式，全方位查人找物，执行到位金额3.38亿元。加大失信惩戒，联合公安、检察机关出台《关于联动查控被执行人、打击拒执犯罪等工作的若干意见》，纳入失信名单283人次，限制高消费867人次，向公安机关移送拒执线索5件5人，审结武夷山市首例拒执犯罪案件。加快财产处置，官方微信公众号融合VR虚拟全景技术，推送茶山、房产等拍卖信息12期，司法拍卖成交51件，成交金额1.1亿元。

**【司法为民】** 市法院设立“三姑社区法官工作室”，定期进社区提供司法服务，加强对社区干部调解技巧培训，有效推进文明和谐社区建设。推进现代化诉讼服务体系建设，畅通线上线下非诉讼和诉讼平台对接渠道，全面推进网上立案，“12368”诉讼服务全程在线，增设6名导诉与志愿服务人员，为群众提供更加方便快捷的诉讼服务。疫情防控期间推行诉讼服务“在线模式”，通过“移动微法院”立案31件，“云调解”案件67件，线上执行和解7件。旅游巡回法庭法官工作室启动“假日不打烊”模式，节假日驻点值班，共办结游客落水赔偿等涉旅纠纷案件35件。与武夷山市第二中学联合拍摄的禁毒宣传片《青春不“毒”行》，入选“学习强国”平台。

**【司法改革】** 市法院全面落实办案责任制，重新核定院庭长办案比例，院庭长带头办案3508件，占结案总数的77.15%。发挥审判委员会定案把关作用，修订工作规则，全年召开会议11场次，讨论案件28件，专题分析研究改判、发回重审案件和涉诉信访等问题。推进专业法官会议实质化运行，调整成员库名单，研讨案件和法律问题9场次。下发《强化案件法律文书签署签发管理规定》，规范各类法律文书签发流程。健全员额法官增补退出机制，新遴选2名员额法官，完成法官等级确定和按期晋升工作。完善员额法官业绩评价考核办法，细化办案数量、质量、效率和效果等考评项目，提升考评科学性。推进审判辅助人员管理制度改革。扎实抓好以审判为中心的刑事诉讼制度改革，落实非法证据排除规则，适用认罪认罚从宽制度审结案件170件202人，召开庭前会议3场次，实现刑事案件律师辩护全覆盖，简易程序案件当庭宣判率达100%。建立“立审执”协调配合机制，推行执行通知程序前置，促进立案、审判与执行工作有效衔接。

**【队伍建设】** 市法院扎实完成市委巡察和司法巡查整改工作。召开党组会，逐项研究整改举措，制定整改方案，明确责任人和整改时限，市委巡察指出的39个问题已整改38个，司法巡查指出的30个问题均整改到位，共追责问责112人次，制定、修订规章制度29项。扎实开展“两个坚持”专题教育，结合法治建设重大政治原则问题开展理论宣讲、讨论辨析56场次。举办党章党规知识竞赛，打造“党旗红法徽亮”亮点品牌，开展“三星三联一攻坚”（争创市级达标创星支部，争创星级党员先锋岗，争创星级志愿服务。机关联乡村，党建促振兴；机关联企业，党建促发展；机关联社区，党建促治理。“一攻坚”：每个支部一个攻坚目标）党建活动。每季度评选党员先锋岗人员，直播微党课，建立固定党日制度，开展主题党日活动62场次。与海关、农业发展银行等单位联合开展团建，举办书法培训、主题读书会等系列活动，竞展青年干警风采。加快优秀年轻干部培养选拔，推荐1人参评全省审判业务专家，提拔8名年青干警担任中层副职，完成省法院重点调研课题的撰写任务，1篇案例入选全国法院系统优秀案例。首次举行荣誉天平纪念章颁发仪式，2个集体和8名个人受到县市级以上表彰，1人被最高人民法院评为“全国法院办案标兵”“全国法院人民法庭工作先进个人”。开展审务督察7次、机关作风督查18次，发现安检存在漏洞、庭审不规范等15个问题，均整改到位。

（龚年锋）

## 司法行政

**【概况】** 武夷山市司法局（简称市司法局）是武夷山市人民政府正科级工作部门。2020年，市司法局内设党政办公室、政治处、市委依法治市办调研与督察股、行政复议与应诉股、法制监督股、社区矫正管理大队、普法与依法治理股、人民参与和促进法治股、公共法律服务管理股等9个职能股（室、处）和10个司法所（副科级），设局长1名、副局长2名。下辖公证处、医患纠纷调解处理中心2个事业单位。机关政法专项编制为14名，司法所政法专项编制25名、事业编制8名。

2020年，市司法局紧紧围绕中心工作，切实履行新职责，担当新使命，充分发挥工作职能，共同推动全市司法行政工作再上新台阶。1月，市司法局获司法部授予“大排查早调解护稳定迎国庆专项活动突出集体”称号及“全国公共法律服务先进集体”称号。

**【依法治市】** 2020年，市司法局改进行政执法监督工作，推动全市各单位提升依法行政水平，完成南平市“七五”普法总结验收工作。2020年，行政复议案件收案77件，办结77件；共受理送审文件26件，向南平市政府和武夷山市人大进行规范性文件备案8件，对全市81份规范性文件进行清理，完成涉及武夷山市6000余项行政权力事项的权责清单审查及行政裁决事项梳理工作。制定下发《行政执法监督制度》《行政监督联席会议制度》《行政执法通报制度》《行政执法观察员工作制度》。举办1期由全市各单位主要负责人参加的领导干部法治教育专题培训班，多举措推进《中华人民共和国民法典》学习宣传全覆盖，通过成立法律专家组成的《中华人民共和国民法典》普法宣讲团、张贴《中华人民共和国民法典》宣传海报、赠送《中华人民共和国民法典（大字版）》书籍、制作展板、利用公交车LED屏宣传等方式积极推进学习宣传《中华人民共和国民法典》，营造广泛学习的良好氛围。

**【行政复议与应诉】** 2020年，市司法局共办理以政府为被告的行政应诉案件34件；办结行政复议案件77件，其中不予受理36件。

**【人民调解】** 加大矛盾纠纷的化解力度，出台《武夷山市司法局关于人民调解“三比三看”竞赛比武活动工作方案》，激发调解动力。2020年，市司法局共组织开展矛盾纠纷排查调处活动100余场次，排查矛盾纠纷1491件，化解矛盾纠纷1487件，其中化解涉疫纠纷92件，调处成功率99.7%，向人民调解员发放市级人民调解案件“以奖代补”补贴15.23万元。

**【社区矫正与安置帮教】** 对63名安置帮教对象，实行“双列管”（针对居住地和户籍地不一致的刑满释放人员，由居住地和户籍地共同将其列入管理范畴，共同做好帮扶教育）；对在册刑满释放去向不明人员，实行包干到人，做好摸排；所有安置帮教在册人员，做到“有记载、有报告、有措施、有预警”。做好社区矫正工作，通过网络学习平台，强化社区服刑人员的监管教育，组织全局干部职工开展了《中华人民共和国社区矫正法》知识竞赛活动。全市累计接收社区矫正对象1199人，解除矫正1039人，尚有在矫社区服刑人员160人。

**【公共法律服务】** 助力企业复工复产，组建由11名律师组成的公益法律服务志愿团，为50余家企业开展法治体检，开展法律服务面对面5次。提供精准法律服务，利用“线上+线下”平台，采取“行业+协会+法律服务”形式，针对经济社会不同群体的法律需求，将电子“法律邮包”推送到公众指尖。有序开展法律援助，全年共受理法律援助申请202件，免收法律服务费108.45万元，挽回损失或取利经济利润268.38万元。全市公共法律服务中心（站）接待来访来电群众1867人次，“12348”热线287人次，掌上“12348”平台关注678人，受理30人次。

（陆 姗）

# 军 事

## 武夷山市人民武装部

【概况】 2020年，中国人民解放军福建省武夷山市人民武装部（简称市人武部）在军分区党委和武夷山市委、市政府领导下，聚焦动员备战主责主业，以习近平新时代中国特色社会主义思想为指导，深入贯彻落实习近平强军思想，围绕“六部”职能发挥，按照凝心铸魂固本、聚力动员备战、确保安全稳定的思路，坚持盯着问题做工作、瞄准弱项求突破、突出解难抓落实，注重思想引领聚合力、大抓训练强能力、依法从严促定力，较好地完成上级赋予的各项任务，部队建设保持平稳健康发展。

【党的建设】 2020年，市人武部始终把建强党组织作为履行职能使命的核心所在，注重加强党委自身建设，及时调整健全部党委班子、机关党支部和纪委成员。深入学习贯彻军委党的建设会议，对照“四个不纯、七个弱化”（在思想不纯方面存在的问题，在政治不纯方面存在的问题，在组织不纯方面存在的问题，在作风不纯方面存在的问题；在党员意识弱化方面存在的问题，在大局意识弱化方面存在的问题，在核心意识弱化方面存在的问题，在看齐意识弱化方面存在的问题，在纪律意识弱化方面存在的问题，在党的领导弱化方面存在的问题，在理想信念弱化存在的问题）深查细照，研究制定《加强人武部党的建设措施》和《部党委机关自身建设措施》；认真贯彻民主集中制原则，修订完善《部党委议事规则》及议战议训、议教、理财“三个细则”，坚持敏感问题、重大事项集体研究决定，确保了依法决策、民主决策、科学决策。坚持把人武部党的建设向推动党管武装工作延伸，认真落实地方党委议军、党管武装工作述职、过军事日等党管武装制度，军地联合出台《武夷山市关于加强党管武装工作实施细则》，党管武装工作向规范化建设迈进。利用民兵整组训练、征兵等时机，大力开展“一次民兵连（排）授旗仪式”“一次入队宣誓”“一次民兵干部任命仪式”“一次民兵光荣传统教育”“一次民兵之歌教唱”“一次民兵典型培育宣扬”等“六个一”活动，教育普及党管武装、国防动员常识，进一步强化了各乡镇党委、村党支部书记抓武装工作的责任意识。

【思想政治建设】 2020年，市人武部坚持把旗帜鲜明讲政治的现实要求贯穿到各项建设中，紧跟改革强军进程、紧盯意识形态斗争新动向，大抓政治纪律政治规矩学习教育，组织开展“抗击新冠疫情”“自觉抵制军队非党化、非政治化和军队国家化错误言论”等主题党日，引导党员干部谈认识、表态度。学习习近平主席重要讲话精神，研究部署加强党的建设、推进动员备战的行动计划。持续深化政治整训，开展“警钟长鸣、健康前行”警示教育，利用党委会、党小组会等时机，围绕“六个必须”（必须作为加强党的建设的永恒课题和全体党员、干部的终身课题常抓不懈，必须用马克思主义中国化最新成果统一思想、统一意志、统一行动；必须以正视问题的勇气和刀刃向内的自觉不断推进党的自我革命；必须发扬斗争精神，勇于担当作为；必须完善和发展党内制度，形成长效机制；必须坚持领导机关和领导干部带头）进行政治体检，不断提升忠诚度纯洁度。深入开展“传承红色基因、担当强军重任”主题教育，充分发挥武夷山市红色资源丰富的特点，邀请闽北革命纪念馆工作人员讲授红军史，组织干部职工参观革命遗址，营区设置宣传横幅和灯箱标语，不断激发人员履行主责主业的使命感。积极探索拓宽教育渠道方法，注重开展仪式教育，结合宣布命令大会，借势搞好军队改革政策宣讲；利用“八一”中国人民解放军建军节、国庆等重大节日，组织军官重温军人誓词、党员重温入党誓词，强化大家维护核心、听从指挥的思想根基；注重做好一人一事的思想工作，分工党委委员定期与职工谈心交心，主动化解他们心中的疙瘩；常态开展军地协作、政治考核和网上舆情管控，保持内部纯洁巩固和集中统一。

【练兵备战】 2020年，市人武部紧紧扭住动员备战这个主业主责、第一要务。及时召开全市党管武装工作会议，宣读习近平主席训令，研究部署年度民兵整顿和战备训练任务。每月召开部党委会，析深议透影响制约战备训练的矛盾问题，集体研究形成对策措施。按照《中国人民解放军军事训练条例》，扎实抓好首长机关训练和使命课题演练。从严落实值班备勤制度，节假日适时开展战备形势教育，保持常态、规范的战备秩序；认真抓好战备规范化建设，持续升级改造战备基础设施，补充增添装备器材。坚持按纲施训，分批次组织专武干部训练、民兵营（连）长训练，积极组织与空军的挂钩联训，着力提升应急应战的能力素质；主动与地方相关部门对接，与市应急管理局、防汛办共同组织抢险救灾骨干培训演练。按照军分区“实案、实查、实编、实教、实训、实演、实装、实保”要求，编实各类方案，扎实开展潜力核查，编实民兵队伍；扎实开展民兵政治教育、民兵训练、演练，配实民兵训练装备器材，扎实做好保障工作；狠抓民兵编兵整组工作，在省军区、军分区组织的抽查中，编实率实现历史性突破。出动民兵应急分队，在抗击新冠肺炎疫情、防抗台风、应急救援、水美城市创建等任务中发挥主力军作用。按照“军队提需求，国动委搞协调，政府抓落实”的基本运作模式，主动搞好“两个对接”（驻军部队挂钩联训的对接，与地方党委政府的对接），一手抓好与驻军部队挂钩联训的对接，另一手积极协调与地方党委政府的对接，摸清全市国防动员潜力数质量和分布情况，扎实抓好国防动员工作。在抗击新冠肺炎疫情中出动民兵执行设卡劝导及村庄公共场所消杀任务；在“7·9”抗洪抢险中出动民兵，转移解救群众130人，疏通道路500米，汛期各应急分队昼夜备勤，灾后积极帮助受灾群众恢复生活秩序。在反恐维稳中出动民兵，配合公安部门搜捕兴田在逃杀人犯罪嫌疑人，经过2个昼夜奋战，逃犯最终落网。在水美城市创建中出动民兵参与环境整治和文明劝导活动。

【征兵工作】 2020年，市人武部针对征兵任务时间紧、任务重、要求高的形势，认真研究新情况，解决新问题。因疫情原因无法组织征兵宣传进校园活动，即结合省、市“征兵宣传月”活动，利用线上新媒体平台，充分发挥军地新闻传媒作用，大抓征兵宣传。征兵工作在疫情防控要求下市征兵办按照上级统一部署，协调卫健局、依托市立医院体检中心开设体检站，认真组建体检队伍。从严入手，重点把好“六个关口”（严把征兵工作宣传关、严把征兵工作廉洁关、严把征兵工作程序关、严把征兵工作形象关、严把征兵工作体检关、严把征兵工作政审关），确保兵员的质量。分时间、分程序、分阶段、分步骤严格落实应征青年兵役登记、网上报名、初审、乡镇（街道）初检、市检初检、市检复检等征集过程。

（罗雪玲）

## 武警南平支队执勤三大队

【概况】 武警南平支队执勤三大队隶属武警福建省总队南平支队（简称武警大队）。主要担负看守所看守勤务，监狱看押勤务。还担负首长临时驻地警卫、机场加密武装巡逻、设卡及抢险救援等任务。

【思想政治教育】 2020年武警大队扎实开展“深入学训词、奋斗决胜年”活动，持续掀起学习习近平主席训词热潮，推动习近平强军思想在部队牢固确立。以聚焦“传承红色基因、担当强军重任”主题教育深化年度政治教育，踩实“五个步骤”，抓实主题教育三个专题教育活动。在大队建立红色基因传承联系点，强化大队传承武夷山张山头红色事迹宣传力度。充分借力驻地红色资源，在“七一”中国共产党建党日、“9·30”中国烈士纪念日之际，组织开展烈士公祭、参观见学、红色课堂等活动，有效激发官兵爱国情操，进一步传承红色基因。

**【执勤战备训练】** 2020年，武警大队严密组织武夷山机场加密武装巡逻勤务，确保社会治安稳定。全年共动用兵力完成武夷山机场加密武装巡逻勤务70余起，武装押解任务20余起，有力维护了驻地安全稳定。大力推进“智慧磐石”工程建设，充分运用模拟勤务训练场，加强哨兵执勤处突能力。深入学习贯彻习近平主席训令训词，持续抓好《军事训练大纲》研究，督导落实军事训练“八落实”〔军事训练人员、内容、时间、质量、弹药、摩托（飞行）小时、教练员、场地等刚性指标〕，着力解决“二八”现象，立起实战化训练的鲜明导向。严格按照打仗要求做好战备工作，以“三场维稳维权行动”为牵引，着眼“两个不经，一个保持”，突出抓好“3+1”战备值班力量体系建设，精细落实“五个规范、一个标准”。严格落实应急力量编携配装规定，根据季节特点，扎实做好抢险救援各项准备。

**【提升后装保障水平】** 2020年，武警大队党委着眼建设打仗型后装要求，严格落实伙食、物资、经费和装备制度，抓好后装科学化管理，全面提升应急处突综合保障能力和官兵生活水平。深入学习习近平主席关于应对新冠肺炎疫情防控工作的一系列重要讲话精神，不折不扣落实上级关于疫情防控的指示要求，积极协调地方党委政府和事业单位，多渠道、分批次筹集好防疫物资，确保一线哨兵安全，确保打赢疫情防控常态战。

（杨少君　杨小斐　廖振兴）

## 人防建设

**【人防工程】** 2020年，市人防办组织对已建好的人防工程定期进行检查，对在建的“结建”及四中心一广场单建式人防工程进行全过程跟踪监督管理，着力抓好人防工程监理企业从业能力，发现监理不在位、内业资料不全等行为及时进行约谈，敦促整改。

**【人防宣传教育】** 2020年，市人防办以“5·9”防空警报试鸣为契机，开展人防宣传系列活动，共展出人防宣传图片20幅，发放《人防知识》《市民防空防灾手册》等法律法规读本、宣传单等2000多本，当日接受咨询累计2500余人次。继续做好市电视台的《人防之窗》，广播电台的《武夷人防时空》节目。

（简伟民）

# 经济管理与监督

## 审计事务

**【概况】** 2020年，武夷山市审计局设有行政事业审计股、经贸审计股、固定资产投资审计股、经济责任审计股、法规股、党政办（根据武委编〔2019〕36号文由综合股更名为党政办）共计6个内设机构；下属事业单位1个：固定资产投资审计中心（乡镇审计办事处）。市审计局共有行政编制11个，在岗10人；下属事业单位共有事业编制12个，在岗9人。

**【审计成果】** 2020年，全年实施审计项目26个，出具审计报告和专项审计调查报告24篇，审计查出主要问题金额29994万元，其中：违规金额294万元、管理不规范金额29699万元。审计发现非金额计量问题79个，移送有关部门处理事项9项，提出审计意见建议40条，被审单位采纳40条。审计处理处罚金额2987万元，其中：上缴财政2万元，归还原渠道资金2826万元，减少财政拨款或补贴86万元，调账处理金额73万元。

2020年，移送处理事项共9件，其中向武夷山市纪委监委移交"1+X"线索4条，纪委监委立案调查2人，受党纪处理1人。

**【履行审计职能】**

1. 市本级预算执行审计。根据《中华人民共和国审计法》和《福建省地方预算执行情况审计监督试行办法》的规定，对市本级预算执行审计。一是3月开展2019年度同级财政预算执行情况及财政决算草案审计，共发现六个方面8个问题，涉及问题金额共25670.07万元，提出审计建议4条。二是同步开展市工信局、市卫健局等2个部门预算执行情况审计，共发现2个方面6个问题，涉及金额共225.5万元，提出审计建议5条。三是同步开展公共卫生服务科目、就业补助科目、生态环境保护科目、职业教育科目、支持中小企业发展和管理科目等5个预算支出科目审计，共发现5个方面14个问题，涉及金额共1335.95万元，提出审计建议12条。

2. 领导干部经济责任审计。2020年，完成经济责任审计项目4个，被审计领导干部5人，其中：乡镇党委1人、乡镇政府1人、党政工作部门2人、事业单位1人。审计查出违规金额280.73万元，损失浪费金额38.17万元，管理不规范金额791.28万元，增收节支428.3万元，其中已上缴财政15.2万元，已归还原资金渠道413.1万元。提交审计报告和审计结果报告9篇，提出审计建议并被采纳14条，审计查出问题移送纪委处理案件线索3件，移送主管部门处理4件。

3. 自然资源资产审计。开展自然资源资产审计项目2个，在对市水利局和上梅乡人民政府开展经济责任审计的同时，开展自然资源资产审计，积极践行"两统筹"，优化审计资源提高审计效率。2020年度自然资源资产审计重点围绕四个方面内容开展，一是贯彻执行中央生态文明建设方针政策和决策部署方面，二是遵守自然资源资产管理和生态环境保护法律法规方面，三是履行自然资源资产管理和生态环境保护监督责任方面，四是组织自然资源资产和生态环境保护相关资金征收管理方面。审计共发现问题四大类26项问题，提出审计建议6条，被采纳6条。

4. 重大政策措施落实情况跟踪审计。根据"三级联动"统一部署，市审计局按季度对武夷山市贯彻落实国家重大政策措施情况进行跟踪审计。全年共抽查38家"六稳"、"六保"工作主体责任单位、延伸审计17家企业，出具审计综合报告3份，发现问题5个，提出建议2条。

5. 扶贫审计。2020年，市审计局将精准扶贫资金审计纳入年度审计项目计划，以对人民负责的态度做严做实精准扶贫审计工作。一是在公立总医院院长经济责任审计中发现，存在未按规定减免建档立卡贫困户医疗费用653人次，共计16.77万元。二是在上梅乡党委书记、乡长经济责任审计中发现，存在扶贫资金结余7万元未及时安排问题。三是开展“两不愁三保障”落实情况专项审计调查，同步开展中央革命老区扶贫建设资金“最后一千米”专项督查，发现9个方面共22个问题，涉及资金1134.86万元。

6. 保障性安居工程审计。2020年2—3月，市审计局对武夷山市住房和城乡建设局等7个部门和单位的2019年保障性安居工程资金投入、使用绩效情况开展审计。出具审计报告1份，发现问题4个大类12项，涉及问题金额1532.61万元，提出审计意见4条。

7. 政府投资审计。2020年开展政府投资审计项目5个，分别是田园综合体项目审计、大数据中心配套工程价款结算审计、市公安局办公楼和绿地景观等相关工程造价审核、市水利工程投资审计项目、市交通工程投资审计项目。共出具审计报告5份，工程项目投资额共计32514万元，经审核核减投资额（工程款）86万元。

8. 公务支出和公款消费审计。市审计局将单位公务支出和公款消费情况审计列为各审计项目必审内容，结合各类审计项目实施。2020年在公务支出和公款消费审计中发现无公函接待、公务接待不规范、违规领取差旅补贴、会议费支付不规范、违规报销车辆使用费等问题，共涉及金额0.93万元。

9. 专项审计和临时交办审计事项。一是与上级审计系统同步开展对疫情防控专项资金和捐赠款物使用情况专项审计调查，重点对1565.98万元财政资金和490.82万元捐赠资金的使用情况进行审计，延伸审计2家红十字会、慈善组织和10个政府机构和单位。审计发现问题4个，涉及资金539.7万元（由南平局出具审计报告）。二是开展挖掘财力财源专题审计，对2019年国有资产管理运营情况和2017—2019年土地收储和存量情况专项审计调查，共形成审计调查报告2篇，发现问题3类，提出审计建议2条。三是根据市委交办，为落实省委巡视七组《关于巡视武夷山市的反馈意见》的整改任务，开展武夷茶博园建设项目审计，审计发现该项目在建设中存在前期工作程序不规范，设计、监理、施工部分未按规定进行招投标，施工招标不规范，未编制竣工财务决算等8个问题，并提出审计建议2条。

10. 落实审计整改。按照上级要求开展审计整改“回头看”的同时，结合市审计局实际出台《武夷山市审计局加强审计整改检查暂行办法》文件，促进审计整改检查工作规范化、制度化。一是对2019年审计项目进行整改“回头看”，审计查出的106个问题已完成整改88条，部分整改14条，未整改4条，完成上缴财政金额2530.83万元，促进健全制度11项。二是落实审计整改反馈制度，通过“四表一函”建立“审计查出问题”和“审计整改结果”两个台账，对审计整改检查情况实行动态管理，按项逐一对账销号。

（陈　瑑）

# 市场监督管理

**【概况】** 2020年，武夷山市市场监督管理局（简称市场监管局）共有在编人员120人，其中：公务员94人，行政工勤人员2人；事业人员24人（其中高级专业技术人员3人、中级专业技术人员6人、初级专业技术人员12人、党群工作者聘用1人、高级工1人、初级工1人）。2020年4月，根据《中共武夷山市委机构编制委员会办公室》意见，市场监管局内设机构增设“党委办公室”，同时增核股级职数1名。

**【抓防控保稳定】**

1. 前期严防严管。一是张贴《关于农（集）贸市场做好疫情防控工作通告》《关于做好疫情防控期间规范市场主体经营的告知书》《温馨提示》等，发动美团、饿了么平台“外卖小哥”定制宣传马甲背贴。二是强化农贸市场检查，对武夷山市16个市场、圩市开展不间断巡查，责令农贸市场管理者落实“一个进口、一个出口”、佩戴口罩等要求，督促经营者落实进货查验、索票索证等制度。三是督促商超业主落实主体责任，要求安排专人在入口处进行体温检测，劝导消费者快进快出、保持购物间距、佩戴口罩，做好每天清洁消毒等防控措施。四是督促各乡（镇）街道落实好食安管理，严禁操办各类宴席、聚会，

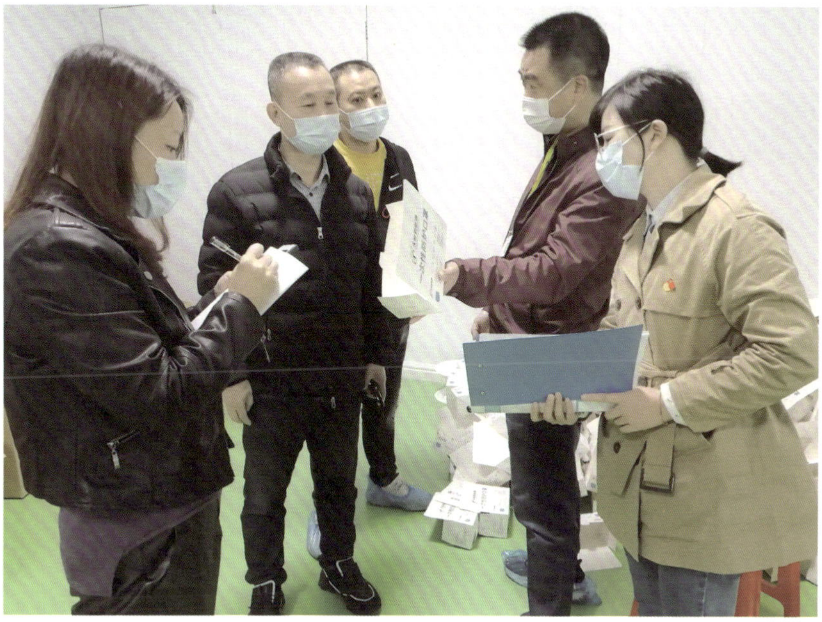

2020年3月16日，市场监管局检查口罩转产企业（市场监管局 提供）

劝导各类餐饮服务单位暂停营业，要求酒店方严格履行进货查验制度，采取分餐供应方式、落实食品留样，做好餐饮具消毒及餐厨废弃物灭菌处理。五是组建药品经营企业“应急物资微信群”，动态掌握防控药械销售和库存情况，发放《市场价格行为提醒书》《药械经营企业疫情防控要点》，实行不间断检查，保障药械质量。六是率先推行“早巡”“夜巡”模式，早上7点开始由市场监管局市场监管所片段长重点对农贸市场进行监督检查，严禁销售野生动物、查处活禽宰杀、劝导早餐店暂停营业，晚上7点开始组建2个夜巡小分队，并联合武夷山市城管局执法人员对市区、度假区进行检查。

2. 助力复工复产。一是优化登记举措。推行网上办、邮递办、自助办、预约办等非接触式办理方式，对个别确需线下窗口办理的业务，简化审批手续，通过“非接触式”办理审批业务150余件（户）。二是约谈美团外卖、饿了么平台负责人，督促落实配送人员卫生防疫保障、体温检测等要求，指导从2020年2月18日起逐步恢复线上经营，强化线上餐饮服务主体现场核查，推行线下实体店“外卖安心卡”，实行“无接触配送”及配送过程全透明。三是鼓励武夷山捷安医疗器械制造有限公司发挥优势，生产口罩等防护用品投入市场保障使用，特事特办，20分钟内为其办理增加“一次性使用医用口罩、医用外科口罩、医用防护口罩、防护服”经营范围变更登记。四是做好学校复学食堂现场检查，确保防控要求、食品安全管理措施落实到位。五是加强医院、高铁北站等人员密集场所，餐饮服务单位电梯使用安全监管。六是对复课学校、大型超市等相关热像筛查计量器具检定工作，确保计量精准战“疫”，助力复工复产。

3. 疫情防控常态化。一是持续加强食品集中交易市场、食品销售经营者的监督检查，督促严格履行食品安全主体责任、落实好各项制度。二是全面摸排掌握辖区进口冷链食品经营情况，召开专题培训会强化宣传教育，督促落实索票索证、进货查验、消毒证明、核酸检测证明等，检查冷链食品冻库19个，配合武夷山市

2020年4月29日，市场监管局对朱子学校食堂进行检查（市场监管局 提供）

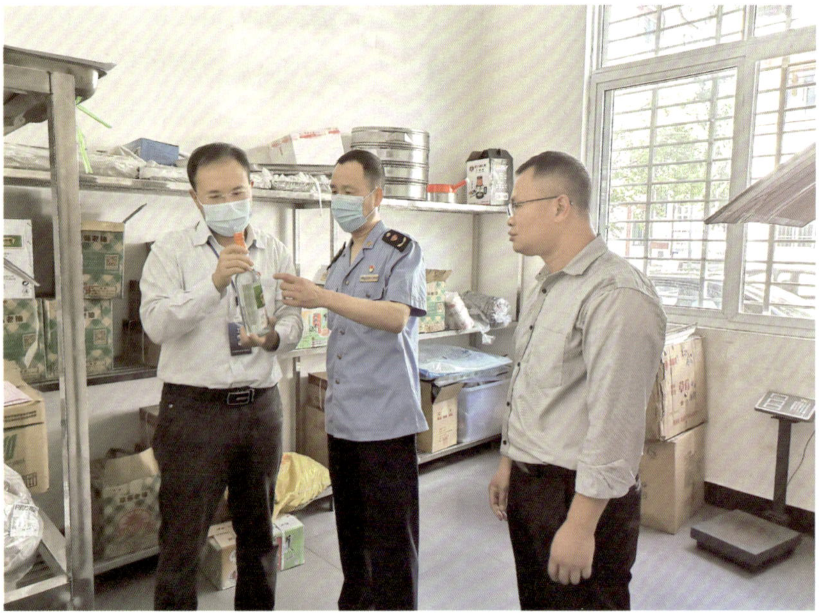

9月30日，市场监管局开展双节前的安全检查（市场监管局 提供）

疾控中心对武夷山市冷冻冷藏库的外环境和食品进行新冠病毒采样、监测，检测核酸各类样品59批次，引导73名直接接触人员进行疫苗接种，督促冷链食品经营者"应检尽检"672人。三是加大中大型餐饮服务单位、集体用餐配送单位等监督检查力度，对学校、养老机构食堂开展全覆盖检查，共检查学校、养老机构39户次，配合民政等部门责令1户社会养老机构停业。四是对武夷山市市立医院、疾控中心进行检查，要求严格落实新冠疫苗先进先出、双人核对核签等制度，确保疫苗质量。

【抓服务促发展】

1. 做好登记许可工作。一是践行"马上就办""最多跑一趟"等服务理念，提高办事效率，依托"多证合一"信息共享平台，实现市场监管、公安、税务、人社、银行等部门及印章刻制企业数据共享交换，鼓励实行"集群登记"，2020年新增内资企业1684户、外资企业8户、个体工商户3538户。二是支持民营企业融资，办理股权出质设立登记6件、出质股权4.1亿元、盘活资金1.03亿元。三是畅通市场主体退出渠道，清理"僵尸户"，释放市场资源，办理企业简易注销193户、个体工商户131户。

2. 实施品牌战略。一是持续推进"武夷山水"品牌建设，组织召开武夷山市武夷品牌建设工作推进会，强化工作部署、明确责任分工，形成共建合力，完善"武夷山水"品控体系，建立武夷山市"武夷山水微信商城"，动态发布品牌推进情况，指导58家企业申报"武夷山水"品牌生产主体；创新营销模式，将武夷品牌宣传与文旅推广活动相结合，在高铁上植入"武夷山水"元素，深入北京、银川等城市宣介"武夷山水"品牌，并借助全国郊野钓鱼大赛、"9·8"投洽会及武夷山市荷花节、稻花鱼节等扩大品牌影响力；组织6场直播活动，推介茶叶及特色农产品，吸引540多万人次参与活动，累计成交额超800万元，向全国乃至全球辐射武夷山水品牌魅力。二是强化商标品牌培育，"正山小种"商标获中国驰名商标认定，是福建省2020年被国家知识产权局认定的首个驰名商标，指导"吴屯稻花鱼"申报国家地理标志，指导申请注册商标6138件。三是推进品牌价值评价，2020年"武夷岩茶"以品牌强度905，品牌价值700.17亿元再次上榜，位居区域品牌（地理标志产品）榜单第四，连续4年蝉联中国茶叶类区域品牌价值第二，武夷红茶首次参评，品牌价值位居全国茶叶类第五名，武夷星茶业和正山茶业在创新品牌榜中榜上有名。

3. 实施质量强市战略。一是开展质量提升专项行动，指导印象大红袍股份有限公司获得第四届南平市政府质量奖、武夷山香江茶业有限公司获得第四届南平市政府质量奖提名奖。二是举办第六届福建省政府质量奖企业（武夷星茶业有限公司）经验分享暨2020年世界标准日活动，鼓励武夷山市企业学习提升创新理念，在武夷山市食品卫生监督检验中心、武夷星茶业有限公司、南平市恒盛交通工程质量检测公司开展检验检测机构开放日活动，50余人参与体验。三是指导龙须茶团体标准制订，完成立项、起草、征求意见、团体标准征求意见汇总，指导武夷山市一家非医用口罩生产企业制定一次性日用口罩企业标准。四是开展"天价茶"整治，组织专题培训座谈3场次，现场约谈榜单上的18家茶企，了解掌握34款茶叶产品情况，发放《茶叶市场价格规范》，并实行1对1专人行政指导，规范企业经营行为；开展茶叶过度包装计量抽检、茶叶质量抽检，加强实地核查，对检查中发现的食品标签瑕疵、生产厂家生产记录不完善等问题，下发责令改正通知书，督促企业立即整改到位；以保障产品质量、强化抽检、打击假冒伪劣等为重点加强茶叶市场整治，2020年共检查茶叶生产经营企业429家次，抽检茶叶244批次，查处案件52件，罚没70.3万元。

4. 实施知识产权兴市战略。一是深入乡（镇）、街道工业园区开展教育培训，普及专利商标法律知识，举办培训班12场次，参训900余人；指导申请商标9628件，注册量6085件，全市有有效商标31648件，占南平市的47.6%。二是鼓励发明创造，2020年武夷山市专利授权申请量291件，专利授权量255件，有效专利量79件，分别同比增长1.75%、85.71%、6.67%，每万人口发明专利拥有量3.319件。三是强化地标使用管理，武夷山市获准使用武夷岩茶、武夷红茶地理标志保护产品专用标志520家，获批使用矢量图茶企354家。四是指导武夷山市怡华竹木制品有限公司、武夷山正华竹木制品有限公司申报南平市优势企业。五是指导武夷星茶业有限公司申请专利贴息贷款7.6万元；指导企业和个人申报2019年全市专利资助和奖励资金10.05万元。

5. 服务茶产业高质量发展。出台《武夷山市市场监督管理局服务茶产业高质量发展行动方案》，深化服务发展、品牌建设、规范经营、市场整治、消费维权，武夷山市现有注册茶主体1.8万家，获得食品生产许可证（SC证）企业992家；拥有茶叶类注册商标2万余件，中国驰名商标5件、地理标志证明商标9件。

【抓监管稳民生】

1. 强化信用监管。一是牵头开展“双随机、一公开”（随机抽取检查对象，随机选派执法检查人员，抽查情况及查处结果及时向社会公开）工作，督促武夷山市27个成员单位按要求开展2次以上“双随机”抽查。全年在药品、食品等领域开展“双随机”抽查10次，检查市场主体2095户。二是牵头推进“全省一张网”工作，通过电话、短信、组建微信群等方式通知成员单位完整及时录入涉企信用信息，2020年武夷山市新增涉企信用信息2.07万条（其中市市场监管局新增信息量1.83万条，占比88.4%），新增量居南平各县市前列。

2. 保障食品安全。一是开展节日市场、校园周边食品安全、特殊食品等专项整治，积极规范超市散装食品标签标识，抽检月饼、食用农产品、重点食品297批次，合格率100%；开展快速检测7660批次，合格率99.8%。二是加强茶叶、大米等重点食品生产企业监管，推进食品生产环节信息化追溯体系建设，录入信息13.4万条。三是开展拒绝餐饮浪费承诺活动，在餐厅醒目位置粘贴或摆放“光盘行动”等宣传画、提示牌1900余份，发送提醒信息短信1.4万条，营造节俭养德良好氛围。四是全力落实创卫工作，推进朱子路南段—柳永路东段创建市级食品安全示范街，对照创建要求，督促餐饮企业亮明食品安全公示牌，对小餐饮开展“三防”（防鼠、防蝇、防尘）设施、病媒生物防治措施监管，积极整治小餐饮门前灶、店外摊等，通过国家卫生城市创建。五是完成驻京医疗专家武夷山休养等重大活动及赛事餐饮安全保障13场次。

3. 保障药品安全。一是加强《中华人民共和国药品管理法》宣贯，开展药品、医疗器械安全监管，重点检查药品经营企业药品分类、执行《药品经营质量管理规范》等情况，规范医疗机构药械管理，共检查药品经营企业、医疗机构323家次，立案18件，罚没款10.2万元。二是做好药品、医疗器械、化妆品的质量抽验工作，完成药品抽验50批次；配合完成医疗器械抽验4批次，化妆品抽验7批次。三是督促做好不良反应监测，上报药品不良反应182例、器械不良反应事件34例、化妆品不良反应19例。

4. 开展安全隐患排查整治。一是修订完善突发事件、特种设备、消费者群体性投诉突发事件、餐饮服务食品安全事故等应急预案，确保在出现应急事件时能够迅速反应、处置有力。二是加强特种设备安全监管，对高铁北站、机场、酒店、学校等人员密集场所使用的电梯进行安全检查，深入开展隐患排查治理，督促使用单位自查自纠，加强春节、“五一”国际劳动节、“十一”国庆节等重点时段安全监察，检查使用单位150家，查处安全隐患20条，全部完成整改。三是开展道路交通安全隐患整治，联合武夷山市交警部门对武夷山市2家机动车安检机构进行检查，对相关计量器具进行强检，共摸排计量器具38台件，核查武夷山市交警大队在用的12台机动车测速仪、1台动态汽车衡和21台呼出气体酒精含量检测仪使用情况，均在检定有效期内。四是深化查无工作，组织开展了野生动物、“三合一”场所、国家公园范围内非法经营排查、房屋结构安全隐患等一系列无证无照专项整治行动，共检查经营户816户次，抄告相关部门无证经营函28份，立案查处8件，罚没21.78万元，引导办照386户。

5. 加强其他领域监管。一是开展旅游市场专项整治，制定《武夷山市市场监督管理局2020年旅游市场专项整治工作实施方案》，并定期召开会议安排部署，明确职责分工、推进工作落实；联合武夷山市文体旅局开展旅行社和旅游购物场所“双随机、一公开”抽查，并对投诉举报较多的旅游购物场所按70%比例开展抽查，立案查处1家；加大旅游市场案件查办力度，立案查处3家旅游购物场所涉嫌发布虚假广告等违法行为。二是开展成品油市场专项整治，认真落实中央生态环境保护督查报告整改方案，联合武夷山市商务局、消防大队、应急局开展综合检查，排查隐患4处，下发整改通知书1份；抽检柴油4批次，合格率100%；依法取缔1户非法存储燃油窝点。三是加强价格监管，对口罩、药品等防疫紧缺物资进行排查，督促明码标价，依法打击囤积居奇、哄抬价格等价格违法行为；强化转供电环节价格监管，对检查中发现存在推迟执行政府定价的14户转供电单位，已全部责令整改，并退还多收价款。四是加强计量器具检定，为445家市场主体提供计量技术服务，完成计量器具2177台件检定，申报建标1项(烘干法水分测定仪检定装置)，2020年10月取得该项标准的计量标准考核证书及社会公用计量标准证书。五是联合市市场监管局派驻纪检组对武夷山市大型酒行、酒店、公务车加油等开展“1+X”专项督查，移送武夷山市纪委疑似线索272条。六是继续做好广告、网络市场等专项整治，维护市场秩序稳定。

6. 深化消费维权。一是针对群众投诉集中的口罩价格高、商品配送费用等问题，及时约谈药店、“武夷惠达”平台负责人，发放《市场价格行为提醒书》，督促落实明码标价，诚信规范营，组织18名消费者志愿者走进“尚品宅配”家装企业开展绿色家装消费体察活动，提升维权意识，促进家装企业规范经营。二是深入开展消费维权进景区活动，在天游峰、大红袍等主景点挂牌设立“12315”消费维权服务点，“五一”国际劳动节、“十一”国庆节期间联合武夷山市文体旅局、公安局等部门开展流动消费维权活动，发放宣传资料3000余份。三是畅通投诉举报渠道，做好线上线下接诉处理，实行延时服务，第一时间登记、分流及督办。2020年，共受理咨询429件、举报1044件、投诉626件，为消费者挽回经济损失46.79万元。

（范　斌）

## 应急管理

**【概况】** 2020年，武夷山市应急管理局（简称应急局）内设综合股、应急指挥中心、安全生产执法监督股、安全生产综合协调股、综合减灾股、行政审批法规股6个股室，行政编制9人，在编在岗8人。下属参公事业单位——市安全生产监察大队，编制5人，在编在岗5人。下属事业单位——市森林防火指挥部办公室，编制4人，在编在岗2人（其中1人被借调于市委办）。下属事业单位——市安全生产应急救援中心，编制4人，在编在岗4人。下属事业单位——市防汛抗旱指挥服务中心，编制4人，在编在岗4人。

2020年，武夷山市生产安全事故发生8起，死亡7人，其中道路交通运输业5起，死亡4人；电力行业1起，死亡1人；工贸行业1起，死亡1人；建筑行业1起，死亡1人；全年未发生群死群伤事故。

**【安全生产宣传与应急演练】**

1. 线上活动。为进一步提高对应急管理、安全生产、防灾减灾新闻宣传报道力度，全面提升社会影响力，由数字武夷代理运营微信公众号“武夷山应急管理”，并成功举办2020年“安全生产月”暨“闽北安全发展行”启动仪式线上直播活动。与气象局合作，在防灾宣传、灾害预警和灾情收集方面实现信息共享。

2. 加大宣传。在安全生产月期间，紧紧围绕“消除事故隐患，筑牢安全防线”主题加大宣传力度，营造浓厚的宣传氛围。组织开展全民国家安全教育日、防灾减灾周、科技宣传周、“119”消防日等主题宣传活动，增强市民的安全观念。

3. “五进”活动。在全市推进开展安全生产宣传教育进企业、进校园、进机关、进农村、进家庭的“五进”活动，提升全社会的安全防范意识。积极组织开展应急演练。全年组织消防应急、客运企业消防、疏散、反恐、救援、疫情防控应急演练等活动，提高了各部门的应急处置事故的能力。

**【安全隐患排查与安全生产培训】**

1. 安全隐患排查整治。在大排查大整治中采取建立“六个清单”（监管责任清单、隐患排查清单、隐患整改清单、隐患销号清单、执法检查清单、约谈通报清单），深入排查安全隐患。同时建立会商联络、信息报告、工作专班等机制，使各辖区各行业领域做到检查排查全覆盖。督促企业对排查出的隐患建立问题清单、责任清单、销号清单，确保安全隐患的大排查工作抓细抓实抓到位。在大排查大整治中，成立检查组94个，检查单位491家，督导问题888个，排查隐患800处，行政处罚4家，责令停产整顿1家。组织排查整治行动2594次，检查生产经营单位场所5401家次，行政处罚96.96万元，参与人次10562人。排查发现隐患数6664项，其中重大隐患10项，已全部完成整改（包括限期整改企业326家）。至年底，非煤矿山、危险化学品、烟花爆竹和民爆物品、园区安全生产源头管控、自然灾害、房屋安全、消防安全、交通安全等领域已制定了相应的制度措施清单。

南平市第四服务指导组走访33个部门，23个乡（镇）、街道，118个生产经营场所（其中2处隐患点），共发现问题隐患962项（部门问题117项，乡镇问题95项、生产经营单位一般隐患742项、重大隐患8项），完成整改961项，正在整改1项，整改率为99.9%，其中行政处罚1家，罚款1万元，约谈企业13家，曝光企业33家。

省指导组走访2个部门，1个乡（镇）、9个生产经营场所，共发现问题隐患28项（部门问题3项，乡镇问题1项，生产经营单位一般隐患24项），完成整改27项，正在整改1项，整改率为96.4%。

2. 安全生产培训。一是结合实际，组织开展春茶安全生产培训。由市安委办牵头消防、供电、交警、农机、茶业局等部门组成的安全培训小组下沉到一线，通过以会代训的方式对茶业领域的从业人员开展防火、用电、运输、茶机械安全方面的培训，提升企业在制茶期间的安全生产意识。二是组织各单位安全生产分管领导和安办主任培训。邀请相关专家和南平市安全生产指导服务组人员授课，对全市各乡（镇）、街道、农茶场及安委会成员单位安全生产分管领导和安办主任开展了为期3天的安全生产大培训。三是开展企业主要负责人和安全管理员专题培训。邀请南平技术学院高级讲师对非煤矿山、危险化学品、烟花爆竹、工贸行业企业（部分重点企业）的主要负责人和安全管理人员进行专题培训，增强各企业主要负责人和安全管理员的安全生产观念。四是加强防汛抗旱和森林防灭火培训。根据统一部署，全市各辖区开展了防火、防汛安全知识、实战演练及相关设备的使用和修理等各类防灭火知识活动28场次，受训人员2000余人，有效提高了对突发情况的处置能力。

**【铁路安全隐患专项整治】**

1. 组织保障。及时制定下发《武夷山市普铁沿线环境安全综合治理工作方案》，并成立以市分管领导为组长、各相关单位主要负责人、铁路相关部门为副组长的市政府铁路沿线安全综合治理专项行动领导小组。

2. 创新机制。市政府主要领导、分管领导多次组织专题会议，协调解决行动过程中的难点堵点问题，扎实推进武夷山市普速铁路沿线环境安全隐患专项整治工作。为更好推动铁路沿线整治工作，各属地对照普铁沿线问题清单建立会商联络、倒排任务、工作专班机制，由分管领导带队、分组包片联合铁路部门全面摸底，对于每一处隐患问题精确到户，精确到包村干部。对于侵占地界问题，每一处都精准测量。按照时间节点和目标任务一处处、一项项去排查整治、彻底解决普铁沿线环境的树、竹、漂浮物、违建违占、倒落侵占、上跨并行等隐患。

3. 部门联动。市安委办会同市委大督查组对各属地沿线铁路安全隐患整治情况进行督查指导，进一步推动落实隐患整治工作。同时针对危树、上跨并行等难点问题，市安委办及时组织相关部门进行会商，协商推进整治工作。至年底，全市普铁安全隐患问题数136项，涉及崇安街道、武夷街道、新丰街道、兴田镇、洋庄乡、综合农场等6个乡（镇）、街道和场，至年底，已全部完成销号，销号率100%。

**【森林防灭火】**

1. 承接有序，职责明确。根据省上统一部署，森林防灭火交接工作实现无缝对接。并重新调整充实市森林防火指挥部组成人员，制定下发《武夷山市森林防灭火指挥部工作规则》，进一步明确成员单位工作职责，压紧压实森林防灭火的责任链条。

2. 强化纪律，忠于职守。严格执行应急值班值守工作纪律，落实专人值班、领导干部带班和信息报告制度，同时不定期对各辖区、各基层林业站的值班情况进行抽查，确保火情信息不迟报、不漏报，不瞒报。

3. 网格管控，重在源头。结合实际，健全和完善市、乡、村和乡、村、组三级联防网格，实行网格化管理，责任精确到每一个乡、每一个村、每一个山头地块。

4. 打防并举，防患未然。加强森林火灾隐患排查和打击森林火灾违法行为专项行动。至年底，全市共排查出火险隐患 70 余处，全部整改到位，整改率达 100%，查处、制止违法用火 5 起，刑事处罚 1 人。

5. 突出宣传，引导群防。全覆盖开展森林防灭火宣传教育培训，建立森林防灭火短信宣传平台，实时向风景区、重点林区及广大人民群众发送森林防灭火短信。

【防汛抗旱】

1. 超前谋划。根据上级要求，立足“防大汛、抢大险、救大灾”，提早安排，开展防汛准备工作。于 4 月 29 日完成机构、编制和人员转隶工作，同时及时调整了市防汛抗旱指挥部组成人员名单。汛期前，市防汛抗旱指挥部已完成修订武夷山市防汛防台风应急预案的修订，各有关单位各类有关防汛的预案也修编完成。超前做好防汛、抢险、救灾的准备工作。

2. 汛前检查。市防指分四个组对乡（镇）、街道、场进行防汛备汛检查，并对检查出的问题进行了整改。同时做好物资储备，全市防汛物资储备齐全，共有 14 座防汛抢险救灾仓库，其中市防汛办、东溪水库、交通局、住建局各 1 座，10 个乡（镇）各有 1 座，抗灾、救灾物资储备充足，同时安排落实市级救灾应急预备金。提升抢险救灾能力，队伍整训到位。全市共组建 15 支防汛机动抢险队伍，其中人武部、蓝天救援队、住建局、交通局、东溪水库管理局各 1 支，10 个乡（镇）、街道各 1 支。

【部署专项整治三年行动】 根据国家、省和南平市的安全生产专项整治三年行动实施方案，以及上级关于安全生产工作的具体部署，结合武夷山市实际，针对武夷山市安全生产工作中的短板、弱项和亟须破解的突出问题，经政府常务会研究决定，制定下发《武夷山市安全生产专项整治三年行动实施方案》，明确 2 个专题、10 个重点行业领域专项实施方案以及 1 个工作机制的具体工作任务，是武夷山市安全生产工作的指导性、纲领性文件，对推进全市安全生产工作具有重大而深远的意义。同时市安办成立了全市安全生产专项整治三年行动工作专班，负责协调解决安全生产专项整治三年行动重大问题，组织开展安全生产专项整治三年行动督导检查等工作，为有序推进三年行动工作，11 月 13 日市政府再次组织召开了全市安全生产专项整治三年行动的培训会，会上南平指导服务组的领导还分别作了针对性的讲话。

（柯馨婉）

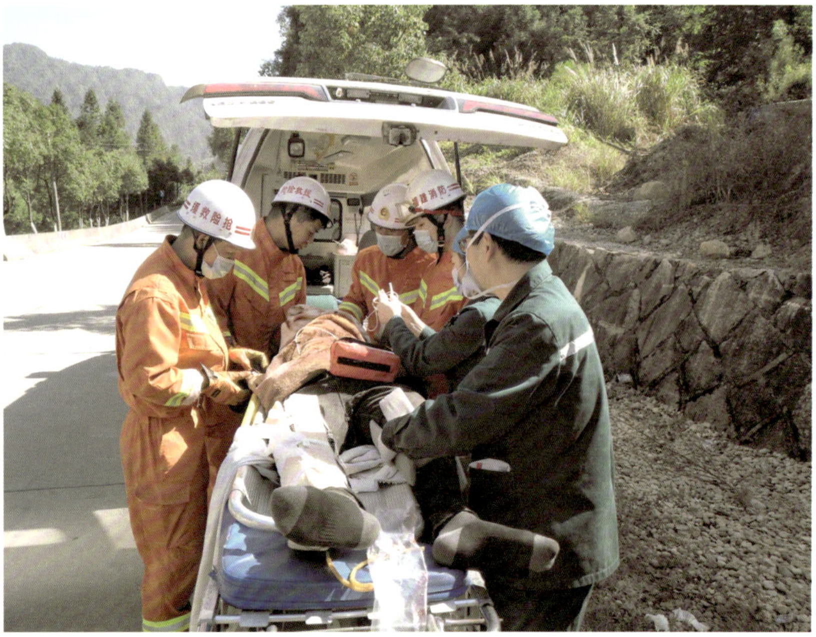

2020 年 10 月 23 日，货车撞山，崇安消防站出动救援 （冯勇强 摄）

## 消防救援

【概况】 2020 年，武夷山市消防救援大队（简称大队）建设总建筑面积为 7847.71 平方米，其中大队办公楼 3691.15 平方米，崇安中队执勤训练楼 3884.56 平方米，附属训练塔等设施 272 平方米。度假区中队占地 6666.7 平方米，建筑面积 2650 平方米。武夷山市消防救援大队在职人员 64 人，其中国家队消防指战员 38 人（干部 14 人，队员 24 人），政府专职消防员、文员 21 人（消防文员 10 人，政府专职员 11 人），工勤人员 5 人。大队执勤战斗车 8 辆，其中崇安站 5 辆、度假区站 3 辆。

【预防为主，防消结合】

1. 大力开展消防宣传。大队积极向武夷山市委、市政府争取打通“生命通道”专项经费 25 万元，用于消防车通道隐患整治和消防宣传。疫情防控期间，大队有针对性地向乡镇、街道发送消防安全提示函。一是借用“村村通”广播宣传。发动乡镇通过“村村通”广播平台定点时段结合疫情防治播放家庭防火等知识，引导群众疫情防控和消防安全两不误。截至2020年底，已连续播发疫情防控期间消防安全注意事项2000余条次，辐射115个行政村，听众超过9万余人次。二是调动基层网格力量宣传。利用网格化管理等平台，发动全市网格员在开展防疫巡逻、疫情信息上报的同时，加强防火检查、巡查和家庭火灾宣传提示。三是推行“不接触”宣传模式。利用消防工作微信、QQ群，向定点人群发送消防安全提示信息20余条次。借助市广播电视台，高频次开展警示性宣传，播放视频、消防提示语音等200余条次，协调三大运营商发送消防安全提示性短信，受众人数1万余人。户外LED屏、楼宇电视、公交车载LED屏、电影院映前广告等媒介广泛播出消防公益广告上百次，印制张贴电动车火灾警示教育、茶企消防安全常识等彩页传单2000份，向群众发送消防安全提示短信3000余条。2020年4月10日，《人民日报》、新华网公众号刊登题为《茶农采茶制茶忙 消防提前来帮忙》文章，充分肯定大队针对制茶季全市茶企复工复产消防安全宣传工作的做法。

2. 坚持检查监督，防患未然。采取重点检查和平时突击检查相结合，专项整治和平时监督管理相结合，布置自查活动和抽查结合，检查与整改相结合等办法强化检查监督，确保及时发现隐患，及时进行整改。加强对社会单位的指导力度。要让社会单位树立好“安全自查、隐患自改、责任自负”管理理念，各部门要杜绝“保姆式”管理，成为“指导者”，督促指导社会单位深入开展“三自主两公开一承诺”（即自主评估风险、自主检查安全、自主整改隐患，向社会公开消防安全责任人、管理人，承诺该场所不存在突出风险或者已落实防范措施）活动，督促消防安全管理负责人要主动作为，要主动承担，提升他们的发现火灾、整改隐患的能力。

3. 强化对重点单位的管理和指导。对全市148个消防重点保护单位实行消防监督管理，建立义务消防队伍，配备灭火设施，深入检查指导，进行消防常识培训等。紧盯各地不放心场所，加大火灾隐患排查整治，把隐患排除清零，把火灾风险防住，确保本地区、本行业的火情稳定。

4. 定期开放消防站。大队坚持每月开放消防站1次，受教育群众2500多人。通过广泛发动、深入开展、重点指导，大大提高全民防火意识和防灭火技能，有效遏制重特大火灾事故。全年消防大队共检查单位454家，督促整改隐患79处，下发重大火灾隐患整改通知书1份，下发临时查封决定书4份，全年接处警277次，由于平时注重消防火灾扑救和抢险救灾的技术训练，扑灭率均达到100%，有效控制火势蔓延，减少火灾损失程度。在完成执勤灭火任务的同时，大队还积极参加抢险救援和社会救助，帮助群众开门取钥匙，摘除马蜂窝，协助公安执勤，确保社会稳定、经济发展、保一方平安。

5. 提升消防服务质量。4—10月，是武夷山制茶企业火灾易发、高发季节。随着茶产业高质量发展，武夷岩茶品牌价值不断提升。茶业企业火灾引发的媒体和舆论关注大幅提升。大队开展茶企“三合一”（生产、仓储、经营一体）、“多合一”（生产、仓储、经营混合一体）消防安全专项整治，先后督促各乡镇、街道检查茶企200余家，发现火灾隐患500余处。沟通茶业同业协会，协调开展茶企从业人员消防技能培训演练工作。大队组建

2020年5月31日，老化工厂着火，崇安消防站成功扑救（王丽芳 摄）

茶企消防安全技术服务队，走访茶企聚集区——天心村、九曲岩茶村、黄村村、曹墩村、程墩村、桐木村、红星村等地，逐户了解消防安全现状，并提出工作建议。先后安装智慧用电安全隐患监管系统20余套，组建村级志愿消防队115支，防火巡查宣传队115支。通过“面对面”“点对点”的服务，为武夷山茶业企业构筑了一道坚实的“防火墙”。持续深化消防安全专项整治三年行动，开展“打通生命通道”、老旧小区消防安全改造，以及出租房屋、易燃易爆危化品场所、文博单位等多个领域消防专项整治，持续确保社会面火灾形势稳定。

【队伍建设】 大力加强正规化建设和消防事业建设，在队伍管理、执勤训练、抢险救援、防火监督、后勤保障等履行职能上下功夫。一是组织队员学习各项规章制度，制定各种行之有效的规章制度、办事程序、时限要求，做到熟悉内容，会讲会用，提高大家规程办事自觉性，克服“三松”（作风松散、管理松懈、纪委松弛）现象，实现按章办事。二是抓落实，促进全队形成浓厚的“争先创优”的氛围。结合近邻党建联创联建工作，与武夷学院图书馆、余庆桥社区、景区派出所、武警中队、蓝天救援队等单位党组织建立共学联系，截至2020年底累计开展共学共建活动8次；依托辖区红色教育资源，组织指战员到闽北革命纪念馆、新四军赤石暴动纪念馆开展参观学习活动。三是按实战抓训练，按照“仗怎么打，兵就怎么练”的要求，坚持“国家队、专业队”建队方针，严格贯彻落实岗位素质训练任务，每年的训练都在1100多课时，并都顺利通过总队、支队的考核，考核达标率98%以上，队伍战斗力得到明显提高。

【以旅游业为基石，树良好消防形象】 武夷山市消防救援大队认真贯彻落实习近平总书记“四句话方针”（对党忠诚、纪律严明、赴汤蹈火、竭诚为民）的重要指示，在市委、市政府和公安主要部门的领导下，大队党委充分发挥党委的战斗堡垒作用，从自身做起，调动全体队员的积极性和主观能动性。一是开展“建一流队伍，创一流业绩，建花园式营房”活动。先后与实验小学、石油公司、保险公司、图书馆、武夷学院、武夷山一中等10余家单位共建，每逢元旦、春节、国庆节等节日，双方举办联欢会和各项文体活动。对营区硬化、绿化、亮化等情况逐一进行仔细检查，切实让营区亮起来；对营区死角卫生进行清理，对坑洼、高低不平的路面进行硬化，对主楼、训练塔、篮球场、训练场的墙皮脱落、颜色退化等，进行修补刷漆，切实让营区新起来；对各绿化带、草皮进行修剪，清理杂草和干枯的植物，联系园艺公司重新铺设草皮、更换绿植，切实让营区绿起来。二是大队组织队员义务上街开展亲民、便民、利民活动。大队宣讲员向过往群众、沿街商铺发放《家庭防火常识》《电动车使用安全》《燃气消防安全》等宣传单，面对面介绍高温天气下家庭防火灭火常识、日常用火用电安全须知、如何加强电动车火灾防范，如何正确使用消防器材，发生火灾后的正确报警和逃生自救注意事项等消防知识，同时列举了生活中错误的逃生方法，并结合典型火灾案例，深刻剖析造成火灾的原因和经验教训，提醒广大群众关注身边的消防安全，认识到消防安全的重要性，积极查找排除消防安全隐患，提高自防自救能力。三是消防安全宣传。组织武夷学院消防志愿者每两月深入

7月9日，武夷山市发生洪灾，洋庄三渡1—3号房屋被洪水淹没，崇安消防救援站实施救援，营救被困人员23名，疏散民众36名

（冯勇强 摄）

景区开展消防安全宣传，以“119”消防安全宣传月活动“关注消防，生命至上”为主题，积极联系重点单位LED屏、户外大型视频、电影院、KTV、电梯楼宇视频及公交车载媒体等投放消防安全提示、总队消防卡通代言人福吉公益广告和全国消防宣传公益使者海报，展示消防救援队伍形象，潜移默化地加深市民对“消防安全”的理解认知，并发送千条短信邀请社会各界人士参与全市“119”消防宣传月活动，为消防宣传月活动预热，掀起“全民消防”热潮。四是开展活动，提升防灾能力。协调武夷山旅店协会，对景区宾馆、酒店开展消防技能竞赛，提升从业人员扑救初起火灾能力。协调度假区管委会，出台《武夷山市度假区宾馆酒店消防安全区域联防机制》，每季度联防区域内酒店开展火灾隐患互查互纠互改工作。

（王佳敏）

## 统计管理

【概况】 武夷山市统计局现有行政编制6名，实际在编在岗6人；普查中心参公事业编制7名，实际在编在岗7人。

【统筹协调推进人口普查】

1. 贯彻落实各项制度。及时成立武夷山市第七次全国人口普查领导小组及办公室，各乡（镇）、街道、农（茶）场以及村、居委会均相应成立普查机构。组建综合宣传组、业务调查组、数据处理组、户口整顿组、执法检查组，明确分工，细化职责。

2. 提前谋划准备工作。面对一项涉及范围广、参与部门多、技术要求高、工作难度大、社会动员广的一项大型国情国力调查，提早谋划，及早收集全市区域地图、区划、人口等方面的变动情况资料，为下一步普查区地图划分、小区编码、摸底调查等工作提供资料支持。

3. 广泛开展普查宣传。将第七次全国人口普查宣传作为2020年工作重心来抓，同市委宣传部联合制定宣传工作方案，对第七次全国人口普查全周期进行了多种形式的宣传报道。通过全流程、方位进行大力开展第七次全国人口普查的宣传，为人口普查顺利开展营造良好的氛围。

4. 全面完成普查登记工作。倒排工期、协同作战，采取进度通报、责任包片等有力举措，各乡（镇）、街道领导高度重视、组织精准到位、措施有效得力，各成员单位挂点社区，密切配合、通力协作，全市1400多名普查指导员和普查员夜以继日、日夜奋战、忘我工作，顺利完成武夷山市人口普查登记工作，并通过了南平市的质量验收，达到合格标准。

【尽职尽责提供统计保障】

1. 提供优质统计服务。强化统计业务的指导，科学合理地制定考核办法，健全完善岗位绩效考核机制。深入开展“思想大学习、行动大担当、业绩大比拼”的主题实践活动开展涉及人口普查、法规、综合核算等统计专业及中共十九大以来会议和省委、市委全会精神，进一步增强机关党员干部的综合业务能力和服务大局水平。

2. 推进依法统计。一是认真学习贯彻习近平总书记重要指示批示精神和有关统计法规文件。编印《学习中央关于加强统计工作重要决策文件精神》相关资料，及时向市委、市政府呈报，供市委、市政府领导学习。分别为青干班学员和科级干部进修班学员开展《中华人民共和国统计法》培训，并将《中华人民共和国统计法》列入市委党校科级及中青年干部培训班的学习内容，做到参加培训的各层级干部重点学。二是认真开展《中华人民共和国统计法》宣传，积极开展“双随机、一公开”（抽查两次，并通过统计开放日、国家宪法日等活动，向社会公众开展广泛宣传，增强社会公众对统计法律法规的了解、认识和信任。

【党建引领落实主体责任】

1. 压实全面从严治党主体责任。严格落实《党风廉政建设和反腐败主体责任清单》，落实全面从严治党“一月一报告”制度。坚持“三会一课”(是指定期召开支部委员会、党小组会、支部党员大会，按时上好党课）、一月一次集中讨论学习的制度，抓好党员干部意识形态教育工作，定期组织党员集体学习上级重要会议文件精神，增强意识形态意识。

2. 开创党建引领服务发展。坚持高标定位，将学习教育、调查研究、检视反思、整改落实贯穿始终。将党建工作纳入主要工作议事日程，创建机关党建示范点工作，充分发挥党组织战斗堡垒和党员先进模范作用，将党建工作与统计业务相结合，以党建促服务，以服务促发展。积极参加机关党建“四联四促”活动，推进农村经济与党建水平双提升。

（吴远斌）

## 国家统计局武夷山调查队

【概况】 国家统计局武夷山调查队（简称武夷山队）全队共有编制14个，其中国编8个、省编6个。在编在岗12人，其中国编人员6人、省编人员6人。调查队设队长（支部书记）1人，纪检员1人，正股级干部2人、副股级干部2人。内设5个股室，分别为办公室、综合与劳动力调查股、农业农村调查股、住户调查股、价格与企业调查股。此外，武夷山队临时聘用人员4人，其中：劳务派遣3人负责居民收支调查工作，临聘后勤驾驶员1人。

【党建工作情况】

1. 深入开展政治理论学习。坚持以习近平新时代中国特色社会主义思想为指导，深入贯彻落实中共十九大和中共十九届二中、三中、四中全会精神，依托“三会一课”和主题党日活动，深入学习研讨《习近平在福建》《习近平在宁德》《习近平在厦门》系列采访实录，深入学习《中国共产党章程》《中共中央关于党的政治建设的意见》，学习贯彻《中国共产党廉洁自律准则》《中国共产党纪律处分条例》《中国共产党问责条例》，《习近平谈治国理政》第一卷、第二卷、第三卷。认真组织学习党内法规和制度文件，学习纪委各类案例通报，督促党员干部不断增强遵规守纪意识。贯彻落实总队《关于统计机构负责人和统计人员防范和惩治统计造假、弄虚作假责任制规定的实施办法（试行）》，多次组织学习《意见》《办法》《规定》。严格按照总队的要求部署落实各阶段的学习任务。2020年1—10月，共开展集中学习37次，专题党课3堂。

2. 多载体丰富学习方式。一是采取集中学习与个人自学相结合的方式，广泛开展学习，共撰写心得体会6篇，其中一篇参加南平队举办的观后感征文活动荣获一等奖。二是利用“学习强国”App和国家局线上学习平台，学习新思想新知识。三是开展“业务大学习、能力大提升、作风大转变”学习活动，提升政治理论知识和专业知识素养。四是以考促学，巩固学习成果，组织全体干部职工参加网络答题测试和政治理论知识测试，2次考试成绩均合格。

3. 激发党员干部学习热情。在疫情防控期间主动协调参与疫情防控，开展“机关联乡村、党建促振兴”主题党日活动。开展以红色文化激励干部干事创业系列主题活动。开展“云上寄哀思”祭奠张山头无名红军先烈活动和武夷山市反腐倡廉警示教育基地学习，感受烈士英勇情怀。前往横源村开展“重走红军路”活动，缅怀革命先烈，接受“革命精神”的洗礼。利用“七一”中国共产党建党日组织全体党员重温入党誓词，党支部对调查网点村开展结对共建，深入住户调查网点武夷街道高苏坂村慰问3户困难户、3户记账户。8月29日与总队领导和南平队领导到闽北苏区首府大安村缅怀先烈，三级支部共建主题党日活动。

【调查工作情况】

1. 完成住户样本轮换，“多措并举”提升住户调查数据质量。在疫情防控期间，克服困难，有序开展住户样本轮换摸底工作，完成150个样本换户。建立住户类月收入台账，及时跟踪和记录，对外出从业人员收入进

2020年10月15日，队长周祖华同高苏坂村记账户座谈

（占仕鹏 摄）

行查漏补缺，了解调查对象从业状态、职业变动情况、收入异常说明、家庭成员变动、就读就业状况、工作单位、工作地点、外出务工年份等。住户调查样本轮换工作，是整个调查工作的基础，不仅参与人数多、处理环节复杂，而且业务量大，数据要求严格。为了高质量完成样本轮换工作，武夷山调查队多措并举，创新工作机制，层层落实责任，督与导并重，为武夷山市城镇居民、农村居民人均可支配收入数据源头质量提供有力支撑。

2. 扎实推进月度劳动力调查。疫情期间劳动力市场呈现就业新特征，线上线下调查同时进行，详细记录调查对象就业现状和求职心声，快速收集一手有效资料，按时保质完成月度劳动力调查工作月报的数据处理、审核评估和上报工作，在业务培训、入户调查、定期陪访、电话回访、样本维护、基础数据审核、处理、核实、反馈等各个环节做到高标准、严要求，保证数据规范有效。

3. 全面推进畜禽调查工作。定期走访养殖企业与样本村，填写访户记录，并留存图片资料，做到有据可查、有数可依，真实反映基层调查员访户取数的工作情况。以专业人员的视角多维度验证数据的准确性和真实性，扎实开展畜禽生产运行形势研判，充分发挥畜禽监测调查的“监测功能”和“晴雨表”作用。

4. 消费价格调查引入网格化管理。在城区设置5个网格，形成专业人员、社区采价员、超市采价员的条块结合的流通消费价格采价网格化管理模式，采价行走线路和采价时间固化，以“三定一直”为内容，对鲜菜鲜果的换季、服装销售的换季情况及时处理并上报，实现基础档案规范化，保证信息采集完整。

5. 工业生产者价格调查和专项调查工作。细心审核价格数据，严格执行“三审”制度，严查数据差错，留意企业经营状况，做到在审核的过程中能做到心中有数、有的放矢。注重直报时间，做好沟通反馈，通过网上监控和审核，保证报表质量和联网直报的顺利进行。增强专项调查工作的认识和责任感，规范企业填报方法，切实提高源头数据质量。

6. 深入基层走访，加大帮扶力度。加强对调查网点工作的调研、指导，深入倾听调查对象的心声和诉求，班子成员每月下企、下网点至少1次，一年中共下基层70人次。开展“机关联乡村、党建促振兴”挂点帮扶活动，慰问3户困难户共计1500元。中秋节工会购买总队挂钩扶贫消费农产品4800元。武夷山队党支部协同统计局党支部、团市委党支部共同帮扶岚谷乡黎口村困难大学生彭顺美6000元，其中武夷山队党支部4名党员个人出资帮扶1254元。组织全体干部职工前往武夷山市社会福利中心慰问老人，并带去1000元慰问品。

7. 夯实基础，提升统计分析研判和服务水平。在开展好各专业月报、季报的同时，深入基层开展调研，进一步增强统计调查服务意识。政务信息总队内网采用9篇，南平调查队内网采用16篇，中国信息报采用1篇，撰写的《战“疫”中的调查人》在国家局内网统计文化中采用。鼓励全体年轻干部参与南平队组织的“五四”青年节征文活动，其中袁智颖撰写的《青春 一诺当如斯》荣获征文一等奖。完成政府约稿信息和重点调研项目41项，比上年明显增加。针对疫情影响，撰写了3篇可能影响武夷山居民收支情况评估材料，同时上报呈阅件，提醒市委、市政府分管领导。同时，武夷山队积极参与总队举办的“抒八闽翰墨情，助统计提升年”活动，上报书法征稿3幅，其中周祖华副队长2幅书法作品在总队内网展示。

**【疫情防控情况】**

1. 众志成城，积极参与一线防疫。全体党员干部前往所在社区（村）报到，配合安排参与疫情防控工作。按照市委、市政府要求，到中心农贸市场路口和办公大楼参加疫情防控志愿值班，为进出入人员测量体温并做好登记，共参与防疫执勤53人次。组织党员自愿捐款支援疫情防控工作，共捐出280元救助款。

2. 恪尽职守，确保调查数据不断不乱。非常时期，统计调查数据更显得尤为重要，居民消费价格股坚持逢五、逢零深入中心农贸市场现场采集价格，询问市场价格变动情况。住户调查股除每日登录平台监测记账数据外，针对全市150户调查户，采用微信、电话加强沟通指导记账工作，分模块摸排疫情影响调查数据的具体情况，做好数据研判，为市委、市政府服务。其余各专业“非接触调查”频次合计268次。撰写《战疫中的调查人》疫情防控工作宣传报道，并被国家局内网和总队内网采用。

（陈　松）

## 自然资源管理

**【概况】** 2020年，武夷山市自然资源局内设8个行政股（室），分别为综合股、法规股、国土空间用途管制和耕地保护股、自然资源权益管理股、国土空间规划股、城乡建设规划管理股、地质矿产和生态修复股、测绘与地理信息股；有直属股级事业单位8个，分别为武夷山市国土资源监察大队、武夷山市征地事务所、武夷山市国土资源局测量队、武夷山市土地开发整理中心、武夷山市矿产资源所、武夷山市国土资源与地理信息中心、武夷山市土地收购储备中心、武夷山市国土空间规划所；有基层国土资源所10个，1个挂靠的副科级事业单位（不动产登记局）。全局共有行政编制7个、事业编制105个，在编在岗112人。

【加强自然资源要素保障】

1. 推动项目征迁。开展征地区片综合地价调整工作，拟定《武夷山市集体土地征收工作程序及职责分工意见》《武夷山市国有农用地征收工作程序及职责分工意见》及《武夷山市城市规划区内试点村集体土地上房屋征收与补偿办法》上报市政府研究通过，理顺武夷山市征迁体制、规范征地程序，推动征地工作落实。局分管领导多次召开征迁业务培训会，同时派业务骨干到乡（镇）、街道加强指导，并发函各乡（镇）、街道推荐有资质的测绘和评估机构，帮助乡（镇）、街道尽快熟悉征迁业务，确保武夷山市征迁工作顺利衔接推进。2020年，开展北城高速互通口、养心谷等30多个项目的征迁工作，共征地1111.1265亩，拆迁9394.7平方米，支付征地补偿费用2265.66万元。

2. 保障项目需求。围绕“四比六促”、“项目提升年”“城市建设攻坚战”等市委、市政府重要中心工作，把好规划审批关口，严格实行城市规划的“一书三证”（《建设项目选址意见书》、建设用地规划许可证、建设工程规划许可证、乡村建设规划许可证）制度，开展城镇基准地价更新修订工作，认真梳理最新的项目用地政策，积极沟通相关部门和企业，提前准备报批材料。2020年，对接服务项目500余次，参与规委会审查方案40项、业务会审查方案124项，上报农用地转用批次7个（涉及纵八线、疏港大道等重点项目，获批面积439.4545亩），办理临时用地5宗（面积445.0395亩）、设施农用地1宗（面积1.4445亩），划拨“水美城市”建设项目等地块29宗（面积1570.3785亩）。

3. 强化市场资源配置。制定土地利用年度计划和土地出让计划，合理控制土地出让的时序和节奏，严格落实“净地”［即土地及地上附着物、建（构）筑权属清楚，补偿安置落实到位，没有法律经济纠纷，规划条件明确，具备动工开发所必需的基本条件的土地］出让政策，控制增量、盘活存量，加快存量建设用地的利用工作，积极联系有实力的企业，确保土地招拍挂出让工作完成。2020年，出让土地16宗，土地出让金收入112327万元，其他补交土地出让金1716.177万元，超额完成年初制定的10亿元土地出让金目标任务。

4. 加强土地管护。使用专项债券21380万元，加快城市建设攻坚战项目落地，减少市本级财政支出。拟定《武夷山市已征未用土地管护暂行办法》上报市政府常务会议研究通过并正式印发，开展3万米围栏招标工作，已对综合农场基金小镇、水美家园安置区等项目进行了围栏，确保土地管护到位，防止二次补偿情况出现。

【提升生态保护修复能力】

1. 国土空间规划有序推进。根据中央、省、南平市有关会议和文件精神，高质量推动武夷山市国土空间规划编制工作，完成《武夷山市国土空间总体规划（2020—2035年）》前期调研工作及规划初步思路、两规评估初稿及城镇开发边界划定的初步方案。完成武夷山市生态保护红线评估工作，已通过国家审核。《武夷山世界文化与自然遗产保护管理规划》上报省林业局并完成规划评审，并上报国家林草局和国家文物局。推动乡村振兴战略落实，加速圆梦村建设，完成《武夷山市兴田镇大渚村村庄规划》《武夷山市兴田镇西郊村村庄规划》《福建武夷山国家公园九曲溪上游七个村总体规划与近三年行动计划项目》等规划的编制。积极开展《武夷山市东翼文化旅游带战略策划及重点区域控规一体化》《老城区重点片区策划、修建性详细规划与行动规划一体化咨询服务》《武夷山市北城新区规划策划及控制性详细规划》等规划的编制及完善工作，确保规划对全市发展的指导作用。

2. 国土空间保护修复稳步实施。落实最严格的耕地保护政策，构建耕地数量、质量、生态“三位一体”保护新格局，建立耕地保护目标考核相关机制，层层签订耕地保护目标责任书，确保完成35.59万亩耕地保有量和25.9712万亩基本农田保护任务，实现连续21年耕地占补平衡。加快土地整治项目建设，确保2020年完成280亩补充耕地任务。完成新丰街道、吴屯乡、上梅乡增减挂钩指标先行核定初审工作，可产生增减挂钩指标218.03亩；完成吴屯乡、岚谷乡易地扶贫搬迁旧村复垦，复垦面积3.639亩。推动山水林田湖草和废弃矿山综合治理项目落实，督促在建项目尽快竣工验收，着力打造“山水田园城市”，2020年共完成11个废弃矿山生态修复治理项目验收，面积69.42亩。

3. 加快批而未供及闲置土地处置工作。逐宗逐项进行调查分析，分类处置，制定具体措施。2020年共处置批而未供面积756亩、闲置土地面积141.025亩。

【严格自然资源执法监管】

1. 加强日常巡查执法。树立“发现在初始，解决在萌芽”的执法理念，积极开展土地移动执法日常巡查工作，联合基层所出动200余人次对巡查发现的违法用地行为及时制止和处置，巡查到位率、覆盖率为100%，2020年共下达责令停止违法行为通知书17份、责令改正违法行为通知书35份，立案行政处罚4宗，收缴罚款141766.25元。认真开展卫片执法检查工作，重点落实卫片图斑（利用卫星遥感监测等技术手段制作的叠加监测信息及有关要素后形成的专题影像图片）前期的外业核查和判定工作。2020年完成核查判定776宗，认定卫片违法图斑76个，全部及时移交城市管理局等部门立案处置。根据党中央、省、南平市要求，积极推进农村乱占耕地建房摸排工作，拟定了《武夷山市农村乱占耕地建房问题专项整治试点工作方案》上报政府正式印发，对各乡（镇）、街道、场开展摸排培训，组成3个指导小组，沉到基层进行专业指导20多次，部、省下发任务数图斑12735宗，已完成外业举证图斑12735个，完成率100%。

2. 开展扫黑除恶专项斗争。落实扫黑除恶“六清”行动要求，部署落实领域线索清仓、案件办结、行业清源等工作，确保深挖整治见成效。对土地征迁、矿山开采、地灾治理、土地开发整理、农村宅基地分配、信访举报、土地违法案件等8个领域进行细致摸排。全年收到市扫黑办交办的线索件8宗、公安提示函6份、举报件1封，并认真按期完成线索核查处置并反馈；开展组织摸排60余次，约谈人员20余人，上报新增线索1宗。

3. 推进违建别墅问题清查整治专项行动。深入贯彻落实违建别墅问题清查整治专项行动各项任务，通过系统上报违建别墅清单18宗，用地面积129.92亩，建筑面积15247.56平方米，其中4宗位于国家公园，2宗位于重要水库管理范围，1宗位于饮用水水源保护区，11宗属群众反映强烈的违建别墅。按照边清查、边整治的工作要求，对上报的18宗违建别墅已全部完成处置。拆除17宗（其中国家公园4宗，重要水库管理范围2宗，其他区域属群众反映强烈的11宗）用地面积125.9亩，建筑面积13334.32平方米，关闭1宗，位于饮用水水源保护区，用地面积2.32亩，建筑面积370平方米；没收3栋，用地面积1.7亩，建筑面积1543.24平方米。

【夯实自然资源基础事业】

1. 自然资源家底调查取得成果。全力开展第三次全国国土调查工作，调查成果、在线抽查、现场抽验核查全部符合要求，并完成统一时点更新。积极推动农村地籍与房屋调查工作，武夷山市任务数115个行政村，已开展外业调查和权属调查行政村数量115个，面积

2020年6月16日，市不动产登记中心到茶场主动上门服务

（自然资源局 提供）

30.1 平方千米，完成率 100%。开展自然资源已征已批已供“一张图”编制工作，为空间规划项目选址、农用地报批、土地招拍挂（净地出让）和征地工作提供真实准确的底图数据。

2. 加强行政审批工作。贯彻落实“放管服”（简政放权、放管结合、优化服务）有关要求，牢固树立服务意识，不断提升服务能力，进一步优化审批流程，推进“多审合一、多证合一”，推行工程规划许可告知承诺制，梳理入驻行政服务中心窗口 45 项业务，提升工作效率，2020 年共办理审批业务 434 件。

3. 深化不动产便民举措。加强不动产登记窗口建设，进一步规范工作人员的行为举止，根据窗口服务规范要求，合理安排各类功能区，配置了不动产登记信息自助查询机、手机充电桩、药箱、饮水机、老花镜等便民服务设施。创新工作方式，主动上门服务，推荐使用武夷山市不动产登记中心微信公众号，极大地方便了群众。持续推进“互联网＋不动产登记”改革，加强“一窗受理”，开展二期不动产数据整合工作，进一步推行外网申请内网审批业务，让群众坐在家里就可自助办理业务。进一步简化流程，压缩办理时间，平均办证时限 0.6 天，一般登记 4 个工作日，企业、抵押登记 2 个工作日，查封、解封、查询、注销以及外地银行办理抵押为即办件。

2020 年，共办理各类业务 44641 件。核发不动产权证书 12064 本，其中林权证书 638 本；核发不动产登记证明 7876 本，其中林权抵押证明 66 本；办理查封、解封登记 605 件；注销登记 3340 件；权籍配号 6135 件；网上公告 575 件；出具不动产登记信息证明 19886 件。

4. 做好地质灾害防治。武夷山市地质灾害点共 78 个，高陡边坡 351 个，为保障群众生命财产安全，落实地质灾害防治责任，编制完成 2020 年度地质灾害防治预案，制定了值班表，实行领导包片、带班制度，定期下到乡（镇）、街道，指导开展地灾防治工作。截至年底，共出动 330 余人次下沉乡（镇）进行指导和检查 40 多次，巡查 1730 余人次，人员转移 900 余人，对全市辖区内地灾点、高陡边坡无死角、全覆盖检查。

5. 加强信访工作。全面落实“谁执法谁普法责任制”，营造良好的法治环境，利用“地球日”等节日组织开展宣传活动，主要宣传新修正《中华人民共和国土地管理法》、地质灾害防治、安全生产等方面法律法规。重视民生热点和百姓关注的有关自然资源领域的疑难问题。局领导每月 15 日亲自接访，同时派专人对接信访局，妥善处理信访案件。2020 年，共召开现场座谈会 23 次，受理群众信访 142 件，“12345”南平市便民服务平台转办件 83 件，民生“110”转办件 19 件，随手拍平台转办件 13 件，按期办结率、法定途径解决信访诉求率均为 100%，及时制止矛盾纠纷的进一步激化，同时做好行政诉讼和行政复议工作，参与行政复议案件 6 宗，参与行政诉讼案件 55 宗。

6. 落实安全生产责任。全力推进自然资源领域安全隐患大排查大整治工作，共召开局务会、专题动员部署会 5 次，传达上级有关会议和文件精神，深刻汲取泉州“3•7”、延平“4•17”事件的惨痛教训。出台《武夷山市自然资源局关于切实做好安全隐患排查整治等工作的通知》，成立排查整治工作领导小组，通过微信群、QQ 群、公众号等媒体广泛宣传，对管理范围内的企业、店铺、宿舍楼等主动上门进行入户宣传，共入户宣传 40 余次，LED 屏、横幅 6 条。2020 年，共出动 976 人次对全市自然资源七大重点领域进行排查整治，排查涉疫场所 2 处、矿山 2 处、地灾点和高陡边坡 429 个、办公场所 13 处、收储地块 5 处、旧村复垦项目 57 个。

（李 备）

2020 年 6 月 9 日，武夷山市自然资源局在土地收购储备中心会议室举办武夷山市 2020 年度地质灾害防治工作培训会　（自然资源局 提供）

# 中华人民共和国武夷山海关

【概况】 1993年9月，国务院批复设立武夷山海关。1997年5月，武夷山海关正式挂牌成立。2018年1月，武夷山海关撤销，设立福州海关驻武夷山办事处。同年4月20日，原福建检验检疫局武夷山办事处职责和队伍划入海关，统一以海关名义对外工作。2019年3月11日，武夷山海关再次正式挂牌成立，隶属福州海关，为正处级单位，下设6个科室，设定编制40人，2020年实有在编在岗人员40人。武夷山海关主要负责武夷山市、武夷山机场口岸及武夷山陆地港相关海关业务，辖区备案企业127家，有实际进出口业务企业18家，进出口货物以茶叶、竹木制品、烤鳗、木材等为主，年出口货值约5亿元。辖区内武夷山机场为国家一类航空口岸，1994年6月开通国际航班，截至2020年底共运营武夷山—香港、武夷山—曼谷2条国际航线。受疫情影响，2020年2月起口岸进出境国际航线暂停运行，截至2020年12月31日尚未复航。

【旅客行李物品监管】 2020年，武夷山海关共监管进出境航班42架次，验放进出境人员4621人次，截获禁止携带进境物37批次，共计15.85千克。投入经费40余万元升级机场旅检通道，口岸公共卫生核心能力自查自评得分93.76分。

【口岸疫情防控】 2020年，武夷山海关派员14人次赴长乐机场、马尾海关跟班学习口岸疫情防控实操要领，8人次通过福州海关新冠病毒采样岗位能力及防护技能考核，2人次通过静脉血采样现场考核。全年配合开展各类口岸疫情防控督查8次，旅检现场处置健康申报异常旅客4人次，完成咽拭子采样送检2批次。2020年初武夷山海关坚持疫情联防、业务联动，在口岸旅检现场开辟防疫物资“绿色通道”，通过“现场登记，后补手续”的监管模式，完成旅检现场4名旅客、11箱11000个医用防护口罩验放。

【货物通关监管】 一是出台武夷山海关应对疫情支持复工复产十条措施，帮助辖区企业应对疫情冲击。助力辖区出口冷冻烤鳗企业获得欧盟对外注册资质，有序实现复工复产。全年共计出口冷冻烤鳗产品86批，货值约1亿元，同比分别增长152.9%、97.7%。二是为防疫物资快速通关提供保障。全年共受理7批次、17.7万个口罩捐赠物资进口，实现疫情防控捐赠物资通关作业“零延时”“零等待”。为辖区医疗器械生产企业提供远程“无纸化”出口备案服务，累计出口口罩超1000万个。三是采取各类惠企利企措施。2020年，武夷山海关提供多种“零见面”便捷出证服务，签发各类检验检疫证书、原产地证书300余份，对符合“第二批600亿美元对美加征关税商品第一次排除清单”中的3批进口货物实施退税，累计退税5.7万元。四是成立工作专班，对接地方政府和上级部门，参加联席推进会5次，联系南平市政府赴福州海关就中欧班列试运行事宜开展深入交流，推动武夷山陆地港中欧班列取得实质性进展。

【税收征管】 武夷山海关辖区现有注册备案企业127家，其中有进出口业务企业18家，2020年新注册企业8家、办理企业信息变更4家，开展注册企业实地信息核对7家，人工审核年报7家。2020年，武夷山海关办理进出口报关单674票，出口货值2.01亿元，主要出口商品为竹木制品、食品、茶叶等；出口报关单472票，进口货值4.01亿元，主要进口商品原木和板材、

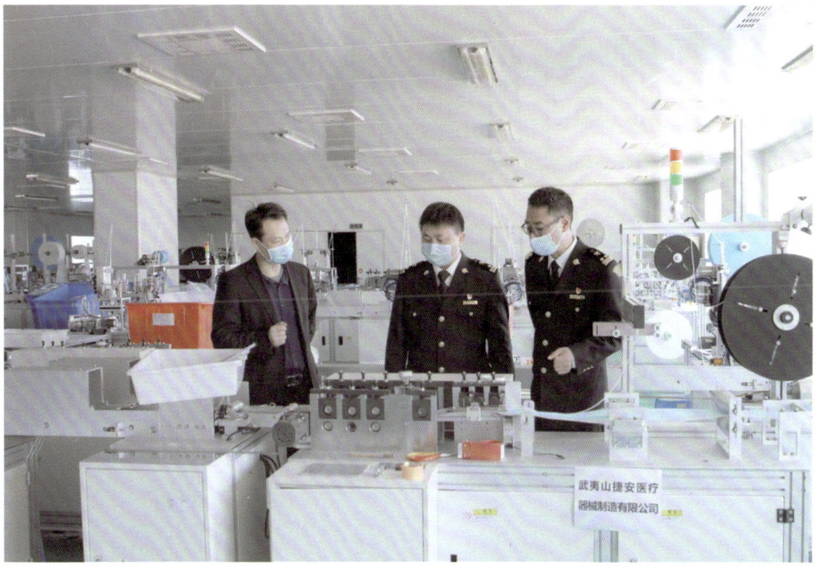

2020年4月16日，武夷山海关深入地方企业开展防疫物资质量安全监管和出口帮扶指导 （陈俊铭 摄）

木制品、木加工机械等。累计开展事后验估4批次，均为进口原木验估。全年合计征税4181万元。注重开展税政调研，1项进口暂定税率调整建议获国务院关税税则委员会采纳，1项出口退税调整建议获财政部采纳，有力落实国家减税降费政策。着力强化调查研究，探索以闽北山区外贸增长和业务发展为主要着力点的专题调研。立项课题3个，专项研究1个。其中，3篇课题在福州海关关区课题评审中获奖（二等奖1篇，三等奖2篇）。

【企业管理】 赴辖区重点出口竹木企业开展海关高级认证企业培育工作，现场为企业讲解海关AEO认证制度优势、政策红利、认证标准。组织海关政策宣讲会，邀请辖区企业高级管理人员线下授课，从信用认证体系的历史沿革、激励惩戒措施、认证标准等多方面详细介绍AEO（经认证的经营者）制度框架内容，提高企业对于海关AEO制度认同感和获得感。发挥企业协调员制度优势，制发《武夷山海关关于进一步加强企业协调员工作助力企业复工复产的通知》，壮大企业协调员队伍，拓展服务对象，实行“一对一”帮扶，解决企业复工复产过程中遇到的各类问题10余项。赴重点企业实地调研，了解企业出口受疫情影响情况，指导企业加强厂区管理，做好防疫物资储备及人员防护工作，有序实现复工复产。帮扶地方特色出口食品产业发展，助力辖区出口冷冻烤鳗企业开拓欧洲市场；取消对输美烤鳗产品加严抽检，实现即报即放即通，有效提升企业通关速度，促进烤鳗稳定出口；依申请开展出口茶叶基地备案工作，推动地方特色茶产业扩大出口。帮扶地方特色出口竹木制品产业发展，指导改进贸易策略和生产工艺，帮助企业提质降本、增加竞争力，确保产品质量稳定。

【国门生物安全】 深入学习领会加强重大动物疫情口岸防控工作的重要意义，牵头开展辖区非洲猪瘟等疫情防控工作。梳理完善辖区各项重大动物疫情口岸防控工作制度和方案，建立应急预案及联系机制。2020年，旅检渠道截获物中未发现非洲猪瘟疫情。做好宣传工作，结合“4•15”全民国家安全教育日等时间节点开展重大动物疫情口岸防控宣传工作，营造良好共治环境。对近年来动植物检疫相关业务进行自查梳理，先后开展生猪稳产保供等相关工作落实情况自查、动植物能力提升专项自查评估、专项设备采购及管理情况整理，推动动植检能力提升工程项目建设。开展实蝇监测，在进境口岸、水果集散地等检疫监管区、水果和蔬菜种植基地以及周边地区布点25个，共监测到检疫性实蝇5种，分别为南瓜实蝇、具条实蝇、橘小实蝇、三点棍腹实蝇、角丝瓜棍腹实蝇，共计1761只。开展番茄褐色皱果病毒、马铃薯纺锤块茎类病毒及黄瓜绿斑驳花叶病毒监测工作，共收集黄瓜、番茄、辣椒样本10份，送福州海关技术中心未检出病毒。开展入境口岸监测，在武夷山机场周边2千米范围内设置3个普查工作点，全年共监测3次，共监测到外来有害生物12种次，捕获鼠类样本中检出钩端螺旋体阳性2例。

【精神文明单位创建】 注重挖掘先进典型，通过表彰优秀，引导党员干部对标先进，勇当先锋。2020年，武夷山海关1人获得“最美青工”称号，1人获得“最美奋斗者”称号，2人被福州海关团委表彰。推进基层支部“全面建强”，1个支部获评福州海关四强支部、福州海关防控新冠肺炎疫情先进基层党组织等荣誉。完成省直级青年文明号复核，通过省级精神文明单位创建工作实地考察验收。

（郑凯文）

2020年3月13日，武夷山海关组织开展武夷山机场口岸新冠肺炎疫情防控联合演习

（欧伟艳 摄）

## 边防检查

【概况】 2020年，受疫情影响，武夷山口岸于2020年1月31日关停，截至2020年12月31日武夷山口岸尚未开放。全年共验放出入境人员4623人次，其中旅客4199人次、员工424人次，航班42架次。

【强化组织领导，细化任务分工】始终把队伍素质作为基础性、主导性、战略性工程紧紧抓在手上，突出“顶层设计”与“人才培养”两个着力点，全力构建具有空港特色的“立体化业务培训体系”。强化练兵“四落实”（落实练兵时间、人员、内容和效果），结合实际制定全年练兵项目清单，进一步明确目标要求，细化责任分工。组建执法办案、业务理论、证件研究、外语学习、警务实战5个课题组，研究完成重点人员查缉、常遇问题处理、执法办案程序等12项调研课题，集中优势力量解决业务工作焦点难点堵点问题。

【坚持靶向施训，突出练兵实效】紧盯业务薄弱环节和专业能力短板，针对性地加强专业知识、前台模拟验放训练，强化岗位能力和专业水平。全年共组织开展专题演练12次，有效检验执勤民警处置突发事件的能力，全力确保口岸安全稳定。面对新冠肺炎疫情口岸停航的实际情况，在日常业务培训中强化基础业务、防疫预案及新录入规则学习，将边检业务题库的授课任务分解到每名民警，每日定时定点组织集中学习，定期组织理论测试，以考促训。每周组织开展“队每周一课”，及时跟踪省内各口岸出入境情况，针对性开展授课。全力做好客运航班复航及军用运输机、货机检查准备工作。先后开展省内通航国家证件查验、军用运输机出入境检查、前台查验流程及防护服穿戴、货机检查等专题培训工作，做好在思想上、业务上随时支援前线口岸的准备。全年共选派4批24人次到福州机场边检站开展警力支援工作，27人次到宁德边检站开展“山海共融·业务互学”交流活动。

【创新服务管理，促进驻地经济发展】 充分发挥边检职能作用，主动上门服务，开展边检政策法规宣传，全力支持航空公司、旅行社等涉外企业复工复产。积极践行“合作促安全、安全促发展”的合作理念，着力加强与联检单位、驻地公安机关在情报交流、信息核查、服务举措、涉疫重点人员排查、口岸反恐等方面的合作，为维护武夷山口岸安全高效发展注入强大合力，全年共走访10余次，交换信息8条，在口岸防范和打击国际恐怖主义，打击走私和“三非”等其他违法犯罪活动，保障驻地经济建设。

（江廷东）

# 财政 税务

## 财 政

**【概况】** 2020年，武夷山市财政局共有16个内设股室，下辖4个事业单位。2020年8月31日，撤销10个乡（镇）、街道财政所，编制及人员分别划入所在乡（镇）、街道事业单位。至年底，全市财政系统共有行政编制19个、在岗人员16人，事业编制48个、在岗人员44人。

**【预算收支情况】** 2020年，全市一般公共预算总收入13.10亿元，比上年增长0.67%，在南平市排名第二。其中地方一般公共预算收入9.35亿元，比上年增长3.39%，在南平市排名第三。税性收入比63.88%，在南平市排名第三。国有土地使用权出让收入实现10.93亿元，增长95.08%。全市一般公共预算支出29.60亿元（含上级补助收入、上年结转和一般债券安排的支出），比上年增长6.56%。四项收支指标均保持正增长，较好地完成年初目标任务。

**【税收征管和非税收入】**

1. 依法加强收入征管。一是落实落细减税降费相关政策措施，用好用活用足省、市出台的总部经济、平台经济等财税政策，进一步完善相关政策，着力支持茶产业、园区工业平稳发展。二是加强国有资源（资产）收入管理和土地出让收入等政府性基金收入管理。

2. 持续向上争取资金。全年争取上级各类补助资金19.37亿元，比上年增加4.42亿元，增长29.6%。其中获得特殊转移支付、均衡性转移支付、县级基本财力保障等直达资金2.96亿元；获得绿色发展项目资金2.89亿元；获得国家公园生态保护补偿项目资金2亿元。同时，在国家公园体制机制完善方面取得上级有力支持。

3. 突出重点争取债券资金。2020年，共获债券资金10.74亿元，其中新增专项债券资金8.36亿元，比上年增加5.68亿元，增长211.94%，有力支持城市攻坚战项目建设。

**【重点任务和风险防控】**

1. 全力支持脱贫攻坚。落实市委脱贫攻坚各项决策，拨付6787万元用于支持全市脱贫攻坚。2020年，发放扶贫小额贷款资金收益分红229.5万元（每户2250元），受益贫困户1020户。新增拨付建档立卡贫困户涉及教育、医疗、养老等各类扶持资金400万元。兑现全市21个贫困村每村每年保底获得农村商业银行股份收益6.19万元、华兴小额贷款股份有限公司投资收益2.5万元。新增一般债券额度安排4275万元（占一般债券额度的24.89%），用于吴屯乡加油站至瑞岩寺公路、岚谷乡环乡路、五夫环镇公路等乡村振兴项目建设。

2. 持续加强生态保护。投入1.15亿元，支持国家公园生态补偿项目及国家公园周边环境综合整治提升、绿色产业发展等项目；投入128万元，支持生态系统价值核算试点；投入5977万元，支持重点流域综合治理、水土保持、农田水利设施建后管护、农村饮水工程维修养护等；投入9185万元，支持造林绿化、森林资源管护、森林生态效益补偿、森林生态防控体系建设、林业产业化、林业经济发展等；投入1.67亿元，支持污水垃圾处理；投入3782万元，支持闽江流域山水林田湖草生态保护修复；投入1514万元，支持节能与新能源公交车运营。

3. 强化债务风险防控。一是按期偿还到期政府债务本金1.40亿元，利息1.01亿元。二是加强全口径债务统计监测，完成年度债务化解计划任务。全市政府债务余额34.11亿元，债务风险总体可控。

【教育保障和民生改善】

1. 促进教育优先加快发展。持续巩固教育投入长效机制，投入1.25亿元，支持公办幼儿园、小学、中小学校舍安全保障长效机制、义务教育薄弱环节改善和能力提升等项目建设，以及教学设备添置，切实改善办学条件；投入3405万元，按标准保障学前教育到职业教育阶段生均公用经费；投入1362万元，落实学前教育到职业教育阶段以及大学生生源地助学贷款全覆盖的资助政策。

2. 支持社会保障体系建设。科学合理安排特殊转移支付等直达资金，投入2787万元，保障困难群众基本生活；投入5318万元，支持城乡居民养老保险；投入1.18亿元，补充机关事业单位养老保险基金；投入36万元，支持80周岁以上老年人意外伤害保险；投入254万元，按每人每月50元保障80—99周岁无退（离）休工资社会老年人高龄补贴；投入1303万元，全额拨款机关事业单位退休人员单位部分职业年金；投入3732万元，支持社会福利中心二期、就业和社会保障服务中心建设。

3. 支持医疗卫生和疫情防控。一是安排拨付1766万元，全力支持新冠肺炎疫情防控工作。二是基本公共卫生服务项目财政补助标准从69元提高到74元。三是落实医保管理体制改革，上解上级城乡居民基本医疗保险补助资金、城乡居民医疗救助基金本级配套3253万元。四是投入1316万元，支持市立医院化解债务。五是投入5473万元，支持中医院新院大楼建设。六是争取世界银行贷款482万元，支持医疗服务信息系统及紧密型医共体建设。

【财政管理和改革创新】

1. 强化预算绩效管理。一是将绩效目标管理范围扩大到政府性基金预算、国有资本经营预算和社保基金预算。二是开展新增重大政策和项目事前绩效评估，全面推开部门整体支出绩效管理，全面开展项目支出绩效运行监控和绩效自评。

2. 推进预算管理改革。落实“三保”（保工资、保运转、保基本民生）支出保障责任，严格执行“三保”支出预算安排事前审核和备案审查机制，坚决兜住“三保”底线。全年“三保”支出14.22亿元，均按标准保障到位。贯彻落实“过紧日子”要求，着力压减非急需、非刚性支出，全年一般性支出同比下降10%。着力清理消化财政暂付性款项。

3. 加强财政有效监督。加强扶贫（惠民）资金在线监管，清理盘活财政存量资金。2020年收回部门存量资金1.35亿元，统筹安排用于需要继续实施的项目支出、疫情防控和其他急需支持的项目支出。贯彻落实中央八项规定精神，开展“1+X”专项督查，加强“三公”（因公出国经费、公务车购置及运行费、公务招待费）经费管理，全年“三公”经费支出同比下降16%。强化审计、监督检查发现问题整改，督促相关部门认真整改到位。

（陈华颖）

2020年1月14日，市财政局副局长熊晖（前右二）带领财政局人员前往岚谷乡开展“财政支农政策”宣传　（周尚钦　摄）

# 税　务

【概况】　国家税务总局武夷山市税务局（简称市税务局）承担所辖区域内各项税收、社保费和非税收入征管职责，下设13个股室，6个派出机构（分局）和1个事业单位（信息中心），负责全市14个乡（镇）、街道、农（茶）场的税费管征工作。2020年，市税务局在武夷山市委、市政府的正确领导下，围绕重点工作任务和目标，完成各项收入任务，精准落实减税降费政策，得到社会各界高度肯定。内设机构获得“福建省模范职工之家”“南平市工人（五一）先锋号”“南平青年五四奖章集体”等荣誉称号。

**【税收收入】** 2020年度，市税务局累计组织税收收入99419万元，同比减少6490万元，下降6.1%。其中中央级收入38141万元，同比减少3352万元，下降8.1%；省级收入122万元，同比减少1147万元，下降90.4%；地市级收入67万元，同比增加67万元；县（区）级收入61089万元，同比减少1151万元，下降1.8%。组织武夷山市财政口径的一般公共预算税收总收入97701万元，同比减少1151万元，下降1.8%。

**【非税收入】** 2020年，累计入库非税收入55762万元，同比减少6068万元，下降9.81%。其中企业职工基本养老保险费收入12310万元、基本医疗保险费收入14797万元、失业保险费收入387万元、工伤保险费收入446万元、生育保险费收入566万元、机关事业单位基本养老保险费收入13220万元、机关事业单位职业年金4413万元、城乡居民基本养老保险费1605万元、城乡居民基本医疗保险费4423万元、其他非税收入3595万元。

**【抗疫援企】** 聚焦国家税务总局提出的优惠政策落实要给力、“非接触式”办税要添力、数据服务大局要尽力、疫情防控工作要加力的“四力”要求，在做好“六稳”工作、落实“六保”任务中积极贡献税务力量。2020年，新增减税降费政策共惠及全市13155户纳税人、缴费人，累计减免税费14979万元；为困难企业办理延期缴纳税款1299万元；协助企业获得“银税互动”信用贷款3564万元。

**【特色税源管征】** 以武夷山市茶产业高质量发展行动为切入点，围绕“抓重点、促回归、推线上、扩外延”十二字工作方针开展茶行业特色管征。2020年，茶行业全年实现税收收入8499万元，较2019年增加2007万元，增长30.9%，其中纳税额破千万元企业1家、纳税额超500万元企业4家、纳税额超100万元企业18家。特色税源管征工作经验得到国家税务总局福建省税务局林国镜一级巡视员肯定性批示。

**【纳税服务】** 主动探寻扩展“窗口外”办税缴费服务突破点，发挥自助办税区、咨询引导台、征管服务工作室职能，统筹集成“网上办税”、电子税务局等发展成果，构建“电子办税为主、自助办税为辅、实体办税兜底”的办税服务格局，使“非接触式”办税成为常态。2020年，全市共28190户次纳税人通过电子税务局申请办理税费业务，网上申报率98.94%，网上发票领购率93.95%，网上发票代开率87.16%，跨区域涉税事项登记网上办理率97.68%，移动办税逐渐成为常态。

（叶 菲）

# 金　融

## 中国人民银行武夷山市支行

【概况】　2020年末，中国人民银行武夷山市支行在册员工共21人，其中中共党员15人，大学本科16人、大学专科2人，高级职称1人、中级职称9人。内设办公室、信贷调统股、保卫股、营业室4个股室。截至12月末，全市共有银行业金融机构（含网点）50个，其中农发行1个、兴业银行2个、工商银行3个、中行3个、建行3个、农行5个、邮政储蓄12个、武夷山农村商业银行16个、本富村镇银行3个、南平农村商业银行1个、厦门银行1个，从业人员共664人。年末全市金融机构本外币各项存款余额197.59亿元，其中住户存款135.37亿元；人民币各项贷款余额171.66亿元。

2020年，中国人民银行武夷山市支行在上级行的正确领导和地方政府的大力支持下，以“创新、稳健、和谐、平安”为主线，以创先争优、正向激励为导向。对外严格落实上级行和地方政府的工作要求，一手抓疫情防控，一手抓复工复产，做好“六稳”“六保”工作，有效发挥金融支持实体经济健康发展；对内不断加快干部队伍建设，构建和谐平安支行。全年共荣获人行南平市中心支行级别以上的集体

2020年2月27日，行长周上青主持金融支持复工复产座谈会

（雷志强　摄）

2020年6月9日，人行武夷山市支行举行金融支持“六稳”“六保”汇报会

（王福清　摄）

荣誉4项、个人荣誉19项，其中人行福州中心支行级别荣誉8项、人行总行级别荣誉2项。2020年，人行武夷山市支行在南平中支业绩考评中名列全辖县支第一名。

【主要履职成效】

1. 便民惠民推出新服务。6月12日，福建省首个旅游度假区征信查询便民服务点顺利举行揭牌仪式，并借助武夷山市电视台、武夷山市政府网站、闽北日报、公众号等媒体对外宣传，扩大便民服务点影响力。切实解决旅游度假区游客、居民查询个人信用报告“跑长路、多跑路”的问题，方便群众就近能办、多点可办、少跑快办，全面提升武夷山旅游度假区金融服务水平。

2. 创新突破树立新标杆。引领金融消保，保护金融客户的合法权益。谋划建机制，创新搭平台，金融纠纷多元化解机制建设工作成效显著。8月26日，武夷山市金融纠纷调解中心正式揭牌运行，截至12月末，成功调解纠纷111件，金额1665.53万元，居南平全辖区第三名。该项机制调解范围广泛，树立大金融调解理念，主被动权益兼顾，银行、证券、保险、小贷公司从自身资产纠纷处置，到应对消费者的投诉等方面，都增加一条良好的通道。

3. 五方联动建立新机制。建立由武夷山市支行中国人民银行、税务局、财政局、国库收付中心和商业银行组成的“五方联动”机制，相互配合，共同推动预算单位税费缴纳无纸化进程。自2月17日启用“非接触”方式办理预算单位税费入库，截至12月底，国库武夷山市支库共办理纸质缴款书入库7395份，同比下降75.54%。并全面完成328家预算单位的签约工作，预算单位均实现电子缴税，仅存财政非税收入缴款及部分异地非预算单位纸质缴款书入库，为全面实现国库工作无纸化打下基础。

4. 精准服务致力新作为。一是紧扣“稳企业、保就业”主责主线，实施普惠小微企业贷款“应延尽延”政策，提高信用贷款占比，运用再贷款支持稳企业保就业。截至12月末，武夷山市法人银行机构共办理延期贷款8360.48万元，延期率92.82%，位居南平各县市第一。二是截至12月末，累计发放普惠小微信用贷款2.74亿元，并运用再贷款资金累计发放贷款17170万元，实现稳岗就业人数2325人。三是推进茶叶仓单质押贷款业务增量、拓面，截至12月末，累计发放茶叶仓单质押贷款6450万元。四是联合工信局召开政银企座谈会，现场达成贷款意向5990万元。截至12月末，武夷山市小微企业贷款余额36.98亿元，同比增长2.95%。

5. 防范化解遏制新风险。按照武夷山市政府牵头，人民银行积极配合的原则，人行武夷山市支行参与武夷山市互联网金融风险专项整治工作领导小组，对福建武夷山奥环宇文化科技有限公司涉嫌违规开展非法代币发行融资活动进行调查取证，第一时间向上级行汇报案件进展情况。组织相关部门召开非法金融活动案件分析研判会，采取综合通报、各司其职方式，督促奥环宇公司停止运营、推广、宣传GEC（通用教育证书）并清退GEC，合理保护消费者权益。稳妥处置该起非法代币发行融资活动，切实维护辖区金融健康稳定运行。

【聚焦金融政策，推动经济发展稳中有进】

1. 加强政策引导，助推金融健康运行。一是稳健货币政策有效发挥，信贷投放保持较快增长，金融支持“六稳”“六保”成效明显。截至12月末，全市金融机构本外币各项存款余额197.59亿元，比年初增加9.77亿元；各项贷款余额171.66亿元，比年初增加21.12亿元。二是宏观审慎管理持续发力，实现地方法人金融机构贷款平稳有序投放，信贷结构逐步优化。三是落实降准政策，释放两家法人金融机构长期资金约6600万元，增强法人金融机构加大小微、“三农”支持力度，增强小微企业、“三农”等普惠金融领域的信贷支持。

2. 释放政策活力，加大民营小微企业信贷支持力度。一是主动作为，搭建“政银企”融资对接会，现场达成贷款意向5990万元。二是引导金融机构创新推出“账户云贷”“云税贷”线上信用贷款，完善“尽职免责”机制，建立“敢贷、能贷、愿贷”环境，提升民营小微企业融资可获得性。三是放宽民营小微企业信贷准入条件，引导金融机构适度放宽对民营小微企业的信用评级、财务报表、抵押资产评估要求。截至12月末，全市小微企业贷款余额36.98亿元，同比增长2.95%。

3. 力促政策落地，决战决胜脱贫攻坚。一是紧扣全面决胜脱贫攻坚主线，推出政策支农、信用助农、产业兴农、信贷富农、教育惠农金融政策组合拳。建立扶贫小额担保贷款机制，累计向1080户建档立卡贫困户发放扶贫小额担保贷款3212.8万元，助力武夷山贫困户全部脱贫。二是重点支持产业扶贷模式，引导武夷山农商行创新推出“先锋贷”“党员+农户”信用担保贷款，累计向552户星级信用党员发放5676万元产业扶持贷款。三是指导武夷山邮储银行推进“新型农村信用体系建设”，评选兴田镇西郊村、大渚村首批2家“金牌信用村”，配套给予3000万元“整村授信”信贷政策。截至12月末，全市共有建档立卡贫困户1988户4371人全面脱贫。相关做法刊登《经济日报》。

4. 发挥政策实力，精准落实两个创新工具和再贷款政策。一是实施普惠小微企业贷款“应延尽延”，截至12月末，2家法人银行机构共办理延期贷款8360.48万元，延期率达92.82%，位居南平各县市第一。二是加大信用贷款支持力度，引导银行机构提高信用贷款占比，着力解决小微企业、个体工商户缺乏抵押担保的痛点，截至12月末，2家法人银行共发放普惠小微信用贷款2.74亿元。三是精准运用再贷款支持稳企业保就业，截至12月末，全市累计运用发放再贷款17170万元，支持“三农”和普惠小微企业发展生产，促进稳企业保就业。

5. 用活政策工具，出台金融支持茶旅产业措施。为深入贯彻落实习近平总书记关于坚决打赢疫情防控阻击战的重要指示精神，人行武夷山市支行联合武夷山市金融办印发《武夷山市银行业金融机构支持茶业旅游业健康发展八条措施的通知》，认真贯彻落实创业担保政策，推进茶叶仓单贷款，精准支持茶旅产业健康发展。截至12月末，全市共发放创业担保贷款15笔160万元，累计发放茶叶仓单质押贷款6450万元。

**【加强金融管理，促进金融生态稳中向好】**

1. 聚焦“三大攻坚战”，提升宏观审慎管理能力。一是以央行金融机构评级为抓手，发挥“两综合、两管理”在维护金融稳定中的积极作用，落实重大事项报告制度，开展金融机构资产质量风险监测和大型企业定点监测，完善风险预警处置机制，增强风险防范化解能力。截至12月末，全市金融机构不良贷款余额2.24亿元，不良贷款率1.31%，同比下降0.07个百分点；全年共处置不良贷款1.78亿元。二是金融支持脱贫攻坚取得实效。持续推进“先锋贷”“巧妇贷”等金融产品，支持“金融+产业”扶贫模式，实现“一镇一产业”带动扶贫，促进农村贫困群体发展生产，提升贫困户生产造血能力。截至12月末，全市累计向1080户建档立卡贫困户发放扶贫小额担保贷款3212.8万元，原有贷款余额已全部结清。三是绿色金融发展大力推进。持续推进武夷山市绿色金融信用工业园区建设，评选5家绿色金融信用示范企业。引导金融机构提高绿色信用企业授信额度和审批效率，执行同类贷款利率不低于10%的优惠。截至12月末，全市绿色信贷余额3.12亿元。

2. 加强风险监测，促进辖区金融生态健康稳定。一是按照存款保险制度，对武夷山本富村镇银行实施按月监测，及时跟进了解法人金融机构经营指标变化，作出早期干预措施。二是做好“中行原油宝”事件金融稳定工作，投资者情绪稳定。三是建立辖区内主导产业旅游及茶产业跟踪监测工作，关注其经营变化及融资偿债能力变化，防范旅游业及茶产业可能发生的金融风险。四是联合武夷山市金融办开展远离非法集资为主题的专题宣传活动，努力改善武夷山市金融环境。

3. 坚持底线思维，扎实做好央行评级和存款保险工作。一是按照央行金融机构评级方案，对辖区内武夷山农商行、武夷山本富村镇银行开展评级，及时对武夷山农商行开展存款保险核查。二是把牢风险关口，对辖内风险较大的法人机构每月监测机构风险化解情况，上报投保机构风险监测运行情况报告。三是多举措推进《存款保险条例》实施5周年宣传活动，获得上级行专项工作考评第二名。四是稳妥有序启用存款保险标识，指导辖区投保机构加强人员培训，加大存款保险宣传力度，实现存款保险标识稳妥启用。

4. 转变管理模式，提高抗疫期间外汇监管与服务水平。一是指导农行按照“特事特办、急事急办、随到随办”的原则为武夷星茶业有限公司办结进口付汇业务，购付汇金额25420美元，用于该企业从美国进口N95口罩660个、外科口罩16800个、医用手套20000双、护目镜500个，捐赠给武夷山市立医院用于疫情防控。二是指导武夷山家葳竹业有限公司根据实际情况在网上进行延期收款报告，使企业顺利办理26笔出口延期收款报告，解决企业延期收汇问题。三是为福建武夷山温乐绿色工业有限公司办理拟借入外债80万欧元，办好外债业务备案，建立后期跟踪联系，助力企业复产复工。四是疫情防控期间，指导兴业银行为企业贷款开辟金融服务绿色通道，优化审批流程，仅用1天时间，为企业快速增贷并成功发放100万元生产救急资金，最大力度助力企业复工复产。

五是积极指导银行办理跨境人民币捐赠用于疫情防控。

**【提升金融服务，落实普惠金融稳中有为】**

1. 加强调查分析，为各方提供参考。一是扎实开展制度性调查及季度专题调查，对武夷山市茶产业、房地产业等进行深入调研分析；认真做好货币监测，分析金融运行情况，为宏观调控提供更高价值的信息参考；开展新型冠状病毒肺炎疫情对当地旅游业、茶产业及其他方面的影响调查，撰写的《新冠肺炎疫情对武夷山旅游业的影响调查》被人民银行福州中心支行研究处采用。二是开展武夷山经济金融发展情况特色研究，完成《金融助推武夷山茶产业融入“一带一路”发展研究》课题，为武夷山茶产业高质量发展提供政策建议。三是开展金融统计突出问题研究，撰写上报《对地方法人金融机构金融统计数据采集和质量管控的调查与思考》，推动法人金融机构统计数据质量的提高。

2. 推进移动支付，拓展云闪付便民示范点。一是疫情防控期间做好云闪付与微信二维码互联互通测试推广，引导武夷山市多家药店使用云闪付码。二是提升商户覆盖面及活跃度。推动武夷山农商行完成哲丰农贸市场的云闪付场景建设和体育馆停车场使用云闪付收费的改造工作；建立云闪付在民宿中应用场景，完成30家商户门面改造；配合武夷山本富银行完成云闪付在自来水收费项目的推广工作；督促普惠金融服务点实现“云闪付”覆盖工作。2020年末，武夷山农商银行68家和建行17家普惠金融服务点皆可使用云闪付办理业务；形成由武夷学院内外42个商户组成的云闪付商圈，完成武夷学院桃源校区食堂云闪付使用工作。三是推动各银行业金融机构将武夷山新百佳等大型商超和麦香村等连锁商家打造成“云闪付”示范点。

3. 突出配合协作，加强辖内反洗钱监管。加大与公安局、检察院间的协作力度，密切关注在侦、在办的洗钱上游犯罪情况，全力打击洗钱违法犯罪行为。2020年，共收到义务机构上报可疑交易线索5条，移送公安局4条，立案2条。协助武夷山市公安局成功破获1起非法经营案。侦查期间，人行武夷山市支行配合市公安局多次到银行金融机构调查相关账户和资金往来明细，对案情进行反复讨论，并指派2名专业人员到市公安局驻点，长期配合办案人员对资金明细进行分析、研判，摸清账户往来情况，精准把握案件详情。10月12日，市公安局向人行武夷山市支行发出破案告知书，宣告案件正式告破，成功推动涉黑团伙洗钱案的判决。通过与公安局、检察院、法院三方建立的联动机制，及时介入向市公安局了解周某某涉黑团伙案件基本情况，推动刘某等3人涉黑组织头号人员骗取银行贷款洗钱案件的成功宣判。

4. 加大诚信建设，营造良好的信用环境。一是人行武夷山市支行印发《武夷山市新型农村信用创建工作方案》，评选出第一批由政府授牌的“新型”信用镇（村）。授予兴田镇为“信用镇”，兴田镇大渚村、西郊村为“金牌信用村”称号，推进武夷山市社会信用体系健康发展。二是快速落实特定群体征信权益保障工作，特制逾期征信记录调整申请流程图，展示“四类情况”（因感染新冠肺炎住院治疗或隔离人员、因新冠肺炎疫情防控需要隔离观察但未住院隔离人员、参加新冠肺炎疫情防控工作人员、受新冠肺炎疫情影响暂时失去收入来源的个人和企业）人员分类、申请材料及流程等，让公众能“看得懂、学得会、易辨别”。一方面实行“云”宣传，制作宣传美篇转发至互联网；另一方面让“征信助理”走到群众身边，进行宣传讲解。主动前往市卫健局、市立医院等了解武夷山市参与抗疫一线人员情况，并要求武夷山征信接入银行机构利用自身业务系统排查辖区内疫情防控期发生逾期的征信记录，为“四类情况”人员开辟征信绿色通道。

5. 优化服务模式，货币金融工作显实效。一是创建“南平市武夷山现金服务示范区”工作取得实效，推进武夷山市小额人民币便民服务工程建设得到提升，截至2020年12月末，全市累计配送小面额人民币301笔，金额5.89万元，回笼硬币87400多枚，金额0.82万元。二是“进社区、进农村”形式多样开展新版人民币及反假知识宣传。三是开展武夷山政府办事窗口拒收现金行排查工作持续治理。优化人民币现金服务环境，切实解决“用现”主体券别和缴存需求，为动态整治提供有效支撑。2020年末，共对武夷山行业主管部门发放告知书26份、倡议书233份，排查辖内政府办事窗口单位31个。

6. 建立长效机制，持续做好扫黑除恶专项斗争。一是深入开展“行业清源”行动，围绕金融放贷领域开展重点整治，要求各义务机构汇总梳理行业整治相关资料，

2020 年 5 月 15 日，人行武夷山市支行在横街头开展金融知识宣传（王福清 摄）

包括行业乱象汇总清单、行业乱象情况介绍及整治措施、整治开展情况、整治成效和建章立制等。二是持续推进“房贷”“车贷”“校园贷”“现金贷”等金融放贷行业的“套路贷”和其他涉黑涉恶违法犯罪专项打击，全方位开展防范宣传活动。三是鼓励辖内金融机构以线上为主、线下为辅的方式，有序开展打击非法金融放贷宣传活动。制作动漫小短片，甄别非法校园贷，提高自身风险意识，不断提高社会公众对非法金融放贷活动的风险识别和自我保护能力，鼓励市民通过“12337”全国扫黑办智能化举报平台，对涉黑涉恶违法犯罪线索进行举报，营造黑恶势力人人喊打的良好氛围。

（范丽瑶）

## 中国农业发展银行武夷山市支行

**【概况】** 2020 年，中国农业发展银行武夷山市支行（简称支行）认真学习贯彻习近平新时代中国特色社会主义思想和中共十九届五中全会精神，围绕中央及上级行党委决策部署，推动党建工作和业务发展深度融合，紧跟农发行现代化建设和高质量发展的步伐。

截至 2020 年 12 月末，支行各项贷款余额 4.94 亿元，比年初减少 1.86 亿元，减幅 27.35%；贷款日均余额 6.44 亿元，比上年减少 0.1 亿元，减幅 1.53%。各项存款余额 1.02 亿元，比年初减少 2.21 亿元，减幅 68.42%；存款日均余额 2.43 亿元，比上年减少 1.56 亿元，减幅 39.10%。资金自筹率 37.73%，高于全区平均水平。

**【坚持党建业务融合发展】** 2020 年，支行以党建为引领，围绕疫情防控、复工复产、“六稳”、“六保”等中心工作，统筹推进疫情防控和金融服务“两手抓”“两不误”。一是组建抗“疫”志愿小分队，在行内开展抗“疫”、检“疫”工作，并建立好联防联控机制，保障日常经营活动的正常开展。二是支持企业复工复产。审批投放武夷山武夷畜牧有限公司贷款 850 万元、武夷山闽派茶叶有限公司流动资金贷款 500 万元，支持生猪生产恢复产能、小微茶企复工复产，解决企业资金紧缺、成本上升的难题。

**【坚持政策性银行职能定位】** 2020 年，支行围绕服务乡村振兴和脱贫攻坚战略，发挥农业政策金融“当先导、补短板、逆周期”

2020 年 7 月 23 日，支行开展扶贫农产品推介会（朱超 摄）

的职能作用。一是全面做好粮棉油收购信贷工作，确保收购贷款资金及时足额供应，实现上年度收购粮食与贷款“双结零”。2020年累计发放粮食收购贷款2400万元，支持企业收购粮食418万公斤；发放县储贷款212.4万元，支持粮食轮换141.35万公斤。二是拓展支农资金筹集渠道。加大政策性资金协调力度，积极营销对接市交通局各项补贴资金，2020年到位补贴资金3407万元；走访当地政府部门，营销地方债2000万元；协商地方自筹粮食风险基金254万元于1月底提前全额到位。三是强化客户项目储备。支行紧跟上级行部署，加足马力开展“大走访、大营销”活动，结合全行“四大工程”（重点客户工程、重点项目工程、小微企业服务优化工程、支农资金筹集优化工程），聚焦当地政府开展的“一攻坚两行动”项目，全面梳理项目清单，有策略、有举措地开展多层级、全覆盖营销行动。至年底，已初步对接营销项目8个，资金需求22.85亿元。

【持续规范基础管理】

1.推进一体化整改。支行提升对中央脱贫攻坚专项巡视“回头看”、银保监会监督管理问题整改、总行反洗钱和信息科技审计、上级行内控合规综合治理专项检查、粮食库存交叉检查等各类内外部检查的思想认识，压实整改责任。一方面，梳理归纳同类问题，坚持一体化整改，对检查中发现的问题进行批评教育、经济处罚、扣罚违规积分等问责举措；另一方面，建立长效机制，深挖问题根源，及时查缺补漏、举一反三，做到标本兼治、未病先防。2020年，支行行长在反洗钱检查的基础上，围绕“如何加强客户身份识别”核心问题进行授课，提升全行员工反洗钱履职能力。

2.推进运营合规管理。支行推进实施合规管理“抓早抓小”机制，强化日常监督，完善合规机制，培育合规文化。一是加强政策学习。扎实推进“制度执行年”活动，以考促学、以学促用，提高全行员工合规意识。全行共15名员工参加年终大考并顺利通过，参与率达100%。二是强化财会基础管理。开展演练，确保各类系统运行顺畅，做好无纸化项目上线工作。2020年，支行9户客户开通电子对账，切实提高银企对账及时性。三是推进企业风险化解。通过加强与市政府、水利局、博天环境以及项目公司的沟通，探索制定“水美城市”项目风险防控措施。提前收回1.3亿元贷款，并重新拟定贷后管理方案，协商政府有关部门将1138.21万元山水林田湖草补贴资金拨付至支行账户用于原贷款资金支付的工程款，有效解决该项目近期还款资金来源问题。同时，深入开展政府隐性债务比对工作，防控债务风险。四是推进合规文化建设。支行领导班子配合风险合规专员开展监督工作，落实内控合规垂直管理，确保监督体系“最后一千米”落地落实。2020年，开展“稳企业、保就业”、反洗钱、扫黑除恶等系列宣传活动，并组织员工参加征信人员上岗考试。

3.推进细化各类基础工作。一是细化档案管理工作。坚持“应清尽清、先清后销、依法合规”的原则，完成对超限期、超范围存量档案的清理销毁，并完成档案二级分类转三级分类工作。二是细化宣传报道工作。鼓励员工挖掘素材，成立支行写作小组，定期进行交流研讨，锻炼写作能力。2020年，支行宣传考核积分较上年同期增加

2020年11月1日，支行党支部与法院举行“凝心聚力 携手共进”团建联谊活动（朱超 摄）

736 分，增幅 276.7%；推送征文获得省分行“我与农发行的这些年”征文比赛二等奖。三是细化安全生产工作。从疫情防控、重要场所排查、安防设施维护、公务车辆管理、房屋结构隐患排查五个方面入手，抓细抓实安全生产工作。

**【全面提升队伍素质】** 一是持续推动“传帮带”模式和多岗位锻炼机制，提升岗位技能水平和匹配度，并不定期组织员工到上级行跟班学习。2020 年，支行青年员工先后获得总行“农发行港湾”微信公众号优秀编辑、省分行 2018—2019 年度优秀共青团员、省分行五星级和三星级柜员等荣誉。二是开展发展党员工作，探索党员队伍管理。2020 年，支行党支部发展 2 名正式党员，2 名预备党员。至年底，全行有党员 11 人、预备党员 2 人、入党积极分子 1 人。

（朱 超）

## 中国工商银行股份有限公司武夷山支行

**【概况】** 2020 年，中国工商银行股份有限公司在武夷山市设有武夷山支行和武夷山度假区支行 2 个分支机构。至年末，共有员工 72 人，其中工行武夷山支行 53 人，内设综合部、市场部、乡镇外拓部、营业部 4 个部门，下设 2 个自助银行和 1 个对外营业网点（武夷山崇安支行）；工行武夷山度假区支行 19 人，下设 1 个自助银行，无内设机构和下设网点。

**【存款业务】** 2020 年，工商银行武夷山 2 个支行贯彻落实上级行的各项工作部署，根据武夷山经济发展特点，面对竞争激烈的市场，加快业务结构调整和内部整合，形成合力，努力提升各项业务竞争能力，实施早计划、早布置、早落实，进一步完善考核奖励机制，促进存款业务的稳定增长。全年各项存款 173585 万元，比年初增加 27188 万元，增幅 18.57%。其中储蓄存款余额 118676 万元，比年初增加 19518 万元，增幅 19.68%；对公存款余额 54909 万元，比年初新增 7670 万元，增幅 16.24%。

**【贷款业务】** 2020 年，工行对信贷市场进行细分，实施重点营销策略，在贷款客户选择上重点投向优质客户和能够提供低风险担保方式的贷款客户，贷款的品种机构更加优化。同时，加大个人住户贷款和个人综合消费贷款的投放力度。进一步加大不良贷款的清收和消化力度。截至年末，各项贷款总额 136124 万元，比年初增加 26143 万元，增幅 23.77%。其中公司贷款余额 36366 万元，比年初增 9057 万元，增幅 33.16%；个人贷款余额 99758 万元，比年初增 17086 万元，增幅 20.67%。年末不良贷款余额 738 万元，较年初下降 83 万元，下降 10.15%；不良率 0.54%，比年初下降 0.2 个百分点。

**【中间业务和经营效益】** 2020 年，工商银行在巩固发展传统业务的基础上，大力扩展中间业务。一是销售私人银行产品。二是推进 POS 商户、二维码营销存管通、社保卡等系列服务。三是获取客户信息资源，了解客户需求，量身定制服务方案。全年实现拨备前利润 4828 万元，同比新增 390 万元；实现净利润 3413 万元。其中武夷山支行拨备前利润 4043 万元、武夷山度假区支行拨备前利润 785 万元。

（戴月灵）

2020 年 9 月 28 日，人民银行武夷山市支行与工商银行武夷山支行共同开展党组中心组联学活动 （戴月灵 摄）

2020 年 11 月 9 日，武夷山支行组织全行员工参加消防实战演练

（戴月灵 摄）

## 中国农业银行股份有限公司武夷山市支行

【概况】 中国农业银行股份有限公司武夷山市支行（简称农行武夷山支行）为央企，隶属中国农业银行股份有限公司南平分行，内设公司业务部 / 三农对公业务部、个人金融部 / 农户金融部、风险管理部 / 综合管理部 / 工会工作部 / 纪委办公室、运营财会部 4 个部门；辖支行营业室、武夷支行、武夷学院支行、景区大红袍支行、星村支行 5 个网点，2020 年底在职员工 104 人。

2020 年，农行武夷山支行认真贯彻落实习近平新时代中国特色社会主义思想和中共十九大与中共十九届二中、三中、四中、五中全会精神及省、南平市分行 2020 年党建经营工作会议精神，围绕总行“六维方略”（坚持党的领导、加强各级行班子建设一个中心；筑牢业务工作和党建工作这两根支柱；坚守服务“三农”、做强县域，突出重点、做优城市，集团合成、做高回报这三大定位；强化风险管理、人才队伍、科技系统、公司治理这四大支撑；增强服务实体经济、案防风控、价值创造、市场竞争和稳健行远这五大能力；推进经营理念、组织结构、盈利方式、业务流程、动力机制和商业模式这六大转型）、省行“三个优”（服务优、质量优、效益优）的要求，以“做南平市民最认可的银行”为奋斗目标，以党建工作为统领，以服务实体经济、服务“三农”为主线，以经营转型和价值创造为核心，以风险管控和案件防控为保障，真抓实干，努力推进各项业务发展迈上新台阶，全面提升农行武夷山支行市场竞争力和社会形象。出台《武夷山支行 2020 年“春天行动”零售业务综合营销考核办法》及若干专项考核方案，成立“以梦为马”青年突击队，组织“比学赶超”综合营销活动，实现发展质量和绩效考核“明显进步”总体目标。支行荣获全省“中国梦·劳动美”零售重点产品综合营销先进支行，支行营业部获评 2020 年度省行“创服务品牌”工作先进网点，1 位员工获 2020 年度省行“创服务品牌”工作转型服务明星。

【主要经营指标完成情况】

1. 各项存款稳定增长。至年末，农行武夷山支行各项存款余额 29.50 亿元，比年初增加 0.22 亿元，其中对公存款余额 7.48 亿元，比年初减少 1.49 亿元；个人存款余额 22.02 亿元，比年初增加 1.71 亿元。2020 年各项存款存量及增量均居当地“四大行”（工行、农行、中行、建行）第二位，基本实现年初提出的“保二争一”（确保第二、力争第一）目标。

2. 各项贷款有效投放。至年末，支行本外币各项贷款余额 42.65 亿元，比年初增加 4.95 亿元，增量居当地四行排名第一。其中公司类贷款余额 32.36 亿元，比年初增加 4.09 亿元；个人贷款 10.29 亿元，比年初增加 0.86 亿元。

3. 中间业务收入稳步增长。至年末，实现中间业务收入 2348.80 万元，完成全年计划的 89.31%，其中对公中间业务收入 146.83 万元，零售中收 2201.97 万元。

4. 不良贷款清收取得突破。至年末，支行不良贷款余额 1675.17 万元（含信用卡 239.55 万元），其中公司类不良余额 300 万元、个贷不良余额 1135.62 万元、卡不良余额 239.55 万元，不良总量比年初增加 119.05 万元；全行贷款不良率 0.39%，比年初下降 0.03%。不良贷款处置年任务 1359 万元，完成 693.02 万元，完成全年计划的 51%。

5. 效益指标稳步发展。至年末，

实现营业收入 1.40 亿元，完成南平市分行下达年计划的 102.43%；实现拨备前利润 1.02 亿元、拨备后利润 7902 万元，净利润 6163.14 万元。

**【经营客户，推进小微企业贷款稳健增长】** 2020 年，农行武夷山支行在立足茶产业存量客户金融服务基础上，大力推进优质小微企业信贷业务，持续推进小微企业贷款稳健增长。一是加快已审批贷款投放。至 12 月末，全年新增授信小微企业 42 户，贷款余额 33949 万元，同比增加 7193 万元。二是加强小微贷后管理。定期走访岩茶企业，深入一线场所，及时了解企业情况；对接企业联系人，按时收集、上传财务信息，防止系统预警；督促企业贷款归行，规避裸贷现象。三是深挖小微企业客户需求。结合贷后走访要求，开展“1+N”营销，着力提升小微企业在对公开户、结算、存款、理财、互联网金融等方面的综合贡献度。

**【以“快农贷”为抓手，实现业务亮点“三个一”】** 一是持续加强与当地特色农业产业主管部门、农业专业合作社的沟通合作，多渠道加大业务宣传推广，强力推进“惠农 e 贷”业务，努力把“快农贷”打造成当地农户最好用、最受欢迎的信贷产品。二是继续扩大“惠农 e 贷”产品覆盖面，多方位收集茶农信息，继续做好白名单调查、申报工作，实现“快农贷”业务应贷尽贷。三是有序推进武夷岩茶重点区域“快农贷”业务提额，对 A 级以上优质客户“快农贷”业务开展提额降息等增值服务。至 12 月末，“惠农 e 贷”白名单准入客户 3115 户，比年初增加 330 户；已办理授信客户 2982 户，比年初增加 290 户；授信金额 5.76 亿元，比年初增加 1.21 亿元；用信余额 3.75 亿元，比年初增加 6848 万元，存量余额居南平市第一。支行 A 级以上“惠农 e 贷”客户总数 565 户，年内完成增值服务客户 532 户，完成率 94.16%，完成率南平市第一；A 级以上“惠农 e 贷”客户贷款余额 8634 万元，年末存款时点余额 7222 万元、日均存款余额 6769 万元、日均金融资产余额 7659 万元，均居南平市第一。

农行武夷山支行员工服务茶企 （农行武夷山支行 提供）

**【创服务品牌，持续提升综合服务能力】** 一是强化理念。继续常态化开展“两大转型”（零售业务与网点战略转型）固化考核，认真对照“服务认可、价值认可、文化认可”三层目标，优化网点劳动组合，固化服务营销动线，强化各项机制落实，强化“创服务品牌，做南平市民最认可的银行”服务理念。二是高效硬转。撤销武夷山南次路口及天心村自助银行网点，并退出租赁，加大低效设备的治理，提升自助银行网点的效能。9 月底，支行完成景区大红袍支行吊顶改造及辖内 4 个网点一体机布放。至年底，各网点现金一体机的非现金功能均已启用。

**【稳存增存，推进存款保质提量】** 一是加强贵宾客户维护，做好产品营销。强化柜面经理“一句话”营销话术培训，提高他们的“挖”“留”意识，要求营销人员主动了解客户理财需求，针对性开展结构性存款、大额存单、活利丰等产品营销，确保到期资产留存；批量开展节日祝福短信、电话回访、贵宾沙龙活动，维系优质客户，提升客户资金留存率和存款贡献度。二是以贷促存，发挥优质项目贷款带动作用。对接当地党政“一攻坚两行动”发展战略，抢抓与市政府签订的战略合作协议的契机，梳理优质合作项目，加快项目上报及落地，挖掘潜力客户，提高对公客户和对公存款的增长，助推稳存增存。2020 年，武夷山茶旅小镇开发公司新发放项目贷款 1 亿元，奠定

农行武夷山支行在景区售票厅宣传存款保险

（农行武夷山支行 提供）

业务合作基础。

【强化信用风险防控，全力清收处置不良贷款】 一是继续全面落实“净表计划”。围绕上级行“净表计划”战略部署，以“净表、增效、提质”为目标，加大对表外、表内不良贷款的催收力度，实行行领导不良贷款大户包户处置，全面落实“净表计划”，落实“一户一策”清收处置方案，通过启动法院拍卖程序、重组盘活、呆账核销等各类处置政策，处置表内不良贷款，提升处置效能。二是提高不良贷款清收成效。强化依法清收主渠道意识，切实加强与法院沟通协调，对不良贷款做到应诉尽诉、边诉边谈、以诉促谈，坚持早起诉、早拍卖、快执行，借助司法力量，采取多策并举的方式，尽可能、尽快保全资产，推动法院对案件的执行力度，依法拍卖处置债务人资产，提高不良贷款清收成效。至12月末，全行不良贷款清收本息1103.27万元，完成全年计划的183.88%。

（罗晔玮）

## 中国银行股份有限公司武夷山支行

【概况】 中国银行股份有限公司武夷山支行（简称中行武夷山支行）设营业部，下辖武夷山度假区支行、武夷山崇安支行2个二级支行。2020年，全行员工48人，均为大专以上学历，会计师2人。

2020年末，中行武夷山支行本外币各项存款137220万元，比上年增加1521万元；本外币贷款126864万元，比上年增加586万元；利润总额2547.76万元。

【业务经营】

1. 负债业务。至2020年末，中行武夷山支行储蓄存款时点余额9.10亿元，较年初新增6646万元；外币储蓄存款时点536万美元，较年初新增15万美元。储蓄存款市场占有率13.51%，较年初下降0.19%。公司存款时点余额51643万元，较上年新增50万元。其中，公司人民币时点49805万元，较上年减少457万元；外币时点279万元，较上年增加77万元。

2. 资产业务。2020年末，中行武夷山支行零售贷款余额85307万元，较年初新增2513万元；个人普惠金融贷款余额8299万元，较年初新增2219万元；公司贷款余额29828万元，较上年减少745万元；普惠金融授信余额8228万元，较上年新增2126万元，完成率85%。

3. 不良贷款管控。加大不良贷款清收力度，加强与法院的沟通协调，对不良贷款做到应诉尽诉，采取多策并举的方式保全资产，持续做好不良贷款管控，不良率控制在0.9%，贷款不良额、不良率双降，公司贷款保持零不良。同时加强贷前贷后管理，提升信贷风险管理水平。

【全量金融资产业务】 2020年，中行武夷山支行将利用产品锁定行外资金作为全年的金融资产发展战略目标，通过厅堂营销、电话营销及走出去开展营销活动，集中人力、物力资源宣传支行大额存单、结构性存款等主动负债产品，推动乐享天天、乐享七天、代销理财等产品，同时加强全员对基金等业务的推动和销售，着力改善支行的金融资产结构，为后续的持续增长奠定良好的基础。

【防控风险，合规经营】 一是按照上级行部署，强化内部管理，组织全行员工学习违规问责规章制度，做好案例警示教育、员工异常行为管理、问责相关工作。二是强化安全管理，抓好安全达标工作，实现安全保卫工作扎实、规范、长效发展。三是强化案件风险防控。贯彻落实全面从严治党、从严治行、从严管理，持续做好案件防控工作。

（周玉英）

## 中国建设银行股份有限公司武夷山支行

【概况】 中国建设银行股份有限公司武夷山支行（简称建行武夷山支行）是中国建设银行的分设机构，行使中国建设银行职能，属福建省分行，隶属建行南平分行。截至2020年底，建行武夷山支行核定编制58人，其中党员23人，大专以上学历52人，设行长室和办公室（安全保卫）、客户部（含个贷中心）、营业部、城区支行、度假区支行一室二部二处。全市有支行营业大厅、城区支行和武夷山度假区支行3处营业网点，均含有附行式自助银行。全辖区内有和平中路、富贵华府、武夷学院、航空宾馆、岩茶村5个离行式自助银行。

【业务发展情况】 2020年，建行武夷山支行认真贯彻中央“六稳”、“六保”、乡村振兴战略部署，扎实开展普惠金融业务，以小微茶企为主要经济主体的区域特点，以“抵押快贷”“商户云贷”“闽叶云贷”等产品全力支持实体经济、服务乡村振兴。以“强服务、拓客户、促效益”为主线，制定科学、有效的考核办法，充分调动全行员工工作的积极性。通过深化渠道转型、狠抓客户服务、夯实业务基础实现存款快速增长。截至2020年12月31日，全行实现账面利润6704万元，中间业务收入3666万元。一般性存款日均余额32.8亿元，日均新增0.93亿元，其中企业存款日均余额10.5亿元；储蓄存款日均余额22.3亿元，日均新增1.4亿元。各类贷款余额19.8亿元，2020年新增3.36亿元，其中对公贷款同比增长1.03亿元、个人贷款同比增长2.33亿元。各类不良贷款683万元，比年初下降407万元，不良率0.66%，比年初下降0.3%。

（徐 勇）

## 中国邮政储蓄银行武夷山市支行

【概况】 2020年，中国邮政储蓄银行武夷山市支行（简称邮储武夷山支行）共有在职职工49人，下设综合管理部、综合业务部（三农金融部），辖支行营业部、横街头支行、环岛支行3个网点。

【经营目标大体实现】 截至2020年12月，邮储武夷山支行个人储蓄存款平均余额45460万元，净增1719万元，完成率52%；公司存款余额8803万元，较年初净增-3428万元，年平均余额12149万元，较年初净增-1745万元；各类贷款结余107429万元，年净增10858万元（其中小额贷款结余13499万元，年净增1184万元；非房贷消费类贷款结余12216万元，年净增2891万元；房贷消费类贷款结余37159万元，年净增-1233万元；个商贷款结余36342万元，年净增5505万元；小企业贷款结8212万元，年净增2510万元）；托管基金销售486万元，完成率52%；信托与资管销售855万元，完成率142%；手机银行新增激活3013户，完成率91%；实物贵金属中收7.54万元，完成率67%。净值型理财月日均保有量净增2396万元，完成率63%；保险折标销售1365万元，完成率131%；邮惠付新增330户，完成率89%。

【重点工作持续推进】

1.切实抓好案件防控。一是推进案防组织和制度建设，邮政公司与邮政储蓄银行联合印发“合规管理精细化”活动（2.0版）方案并成立由支行一把手担任组长的领导小组，负责案防工作的组织与协调。二是严格要求识别客户身份、排查可疑交易，认真做好反洗钱工作。三是班子定期为全行员工上一堂合规课，提高员工案防意识。四是开展防范非法集资宣传月活动，以“守住钱袋子，护好幸福家”为口号开展宣传，增强广大消费者的风险防范意识。五是每季度组织开展案例警示教育、法制学习教育、典型案件通报等活动，同时运用线上、线下等多种手段，开展合规文化、合规守则、职业操守等方面的培训，推动合规文化建设。

2.扎实推进安全保卫。一是以创建“平安邮储”活动为抓手，全面落实安全责任和履行安全职责，按季度开展安全预案演练，包括防爆、防抢、防汛、防火、地震等。二是加大突击检查的整改处理力度，定期通报违反资金安全的行为，特别是节日期间，落实“零报告”制度和节假日领导带班制度。三是加大营业大厅、自助银行区、营业场所周边地区的巡查，防止各类外侵案件发生。四是持续巩固安全管理成效，对所属营业网点、金库开展全面排查，并组织开展回头看，确保隐患问题整改到位。

3. 深入开展扫黑除恶专项斗争。严格按照南平银监及省市分行的要求，通过对柜面业务办理、反洗钱摸排、员工行为排查等进行线索摸排，在进行金融知识宣传时将扫黑除恶工作列为重点进行宣传。

4. 努力做好对外服务。一是结合支行实际情况，制定服务管理考核办法，并认真贯彻实施。二是通过每周对网点进行现场及非现场检查，每月开展服务礼仪培训、服务应急预案演练，多次对网点应对媒体明访、暗访、电话访问等应急预案进行演练等常态化工作，提高支行整体服务水平。

【社会责任切实履行】 根据南平市工信局《关于南平市防疫重点物资生产企业目录》，深入走访名单企业，多次对接走访武夷山捷安医疗器械制造有限公司、福建武夷中蓝生物科技有限公司等抗疫企业，通过上下联动，支持抗疫企业的信贷需求，累计发放企业复工复产小企业贷款16笔，1678万元，以实际行动支持企业复工增产，切实践行金融业的社会责任。

（张圆圆）

## 武夷山农村商业银行股份有限公司

【概况】 2020年，武夷山农村商业银行股份有限公司内设机构及营业网点情况与上年基本一致。截至年末，各项存款余额47.31亿元，比年初增加5.68亿元，增幅13.67%，存款市场份额居全市金融机构第一位。各项贷款32.45亿元，比年初增加4.44亿元，增幅15.86%，贷款市场份额居全市金融机构第二位。涉农贷款25.5亿元，占各项贷款比例78.58%，比年初增加0.69亿元，增幅2.78%；农户贷款覆盖面达33.71%，实现目标客户精准建档18991户。资本充足率21.84%，拨备覆盖率245.24%，资本利润率11.67%，资产利润率1.47%，流动性比例73.89%，拨贷比5.59%。

【拓宽思路，促进转型创新发展】

1. 推广“五福”产品。一是推出福农系列信贷产品4款，其中，推出“万通宝·信用贷”，依托在线贷款业务平台发放个人信用贷款1316户，金额5600.62万元；推出“创保贷（含巧妇贷、青创贷、地摊贷）”，支持有一定生产经营技能和管理能力的农村创业青年14户，金额160万元；推出“农家乐”，支持乡村休闲特色旅游经营农户22户，金额370万元；推出“民宿贷”，支持民宿装修、改造及日常经营资金需求144户，金额1277.63万元。二是推出福林系列信贷产品2款，其中，推出“福茶贷”（“茶好贷”），支持从事茶叶种植、生产、销售的农户1286户，金额21037.96万元；推出“益林贷”，支持从事符合条件的林农、林企等6户，金额785万元。三是推出福商系列信贷产品1款，即推出“商贸贷”（纾困贷款），依托“金服云”平台，支持批发、零售、住宿及餐饮等行业小微企业35户，金额2709万元。四是推出福工系列信贷产品1款，即“万通宝·小微贷”，为小微企业、个人经营户等提供可循环使用经营贷款14户，金额67.21万元。（五福产品第五类为福海系列，山区未开展此项业务）

2. 量身定制政策性金融产品。运用政府融资性担保基金、财政贴息政策等，拓展“助学贷”“先锋贷”等民生贷款。推广“先锋贷”，支持服务党员创新创业594户，余额6697万元；推广“助学贷”，发放生源地助学贷款193户，余额374.2万元。

3. 推广涉农贷款担保业务。与省农担保合作，创新推广涉农贷款担保业务，解决涉农民营小微贷款担保难问题，年内担保357笔，金额14235万元。

【聚焦热点，加大信贷支持力度】

1. 全力支持复工复产。创新推广“战疫”系列专项贷款产品，加大对交通运输、餐饮、住宿、旅游等困难行业企业的信贷支持力度，累计发放“战疫”系列贷款590笔，2.84亿元。

2. 全面服务实体经济。加大中小微企业的纾困信贷投放，以低成本资金支持复工复产；紧跟新兴消费热点，助力地摊经济和促进消费回暖提速。年内对接走访小微企业106家，对接金融服务。

3. 助力决胜脱贫攻坚。落实“四不摘”（摘帽不摘责任、不摘政策、不摘帮扶、不摘监管）要求，加大产业扶贫工作力度，推广“合作社+贫困户”等模式，加大扶贫小额信贷投放，带动贫困户发展生产、稳定增收。年内信贷支持帮扶贫困户

193 户，余额 850.46 万元。

**【减费让利，提升利率优惠力度】**

1. 用足政策“工具箱”。运用人行再贷款 14200 万元；发放纾困贷款 36 笔，授信 2709 万元；运用人行“两个工具”（中小微企业贷款阶段性延期还本付息政策、普惠小微企业信用贷款支持政策）办理普惠小微企业延期还本贷款 5012.03 万元、普惠小微企业信用贷款 850 万元。

2. 用好政务平台。深化与政府合作，入驻“金服云”等平台，通过“金服云”平台支持贷款客户 27 户，授信 1890 万元。

3. 用活优惠定价。结合业务拓展、财务承受能力，适当让利新客户、贡献度高的客户。2020 年，下调经营性贷款利率，年利率低至 6.09%，比原来下降 2.5 个百分点。

**【加强学习，聚焦队伍素质提升】**
一是举办员工培训 29 期，一线营销队伍人均培训学时达 10 天。二是参加福万通网络学院学习，全行共有在线学习账号 150 个，总学分 22449 分，总学时 23098 小时，完成课程 15140 门。三是组织各类资格考试，初级银行业职业资格考试必考人员 133 人，取得证书 126 人，持证率 94.74%；必考人员通过规定科目 109 人，通过率 81.95%，通过 6 科人员 75 人，6 科通过率 56.39%；通过中级客户经理 17 人，2020 年新增 7 人；通过初级客户经理 35 人，新增 15 人；取得一级柜员等级资质 5 人、二级柜员等级资质 6 人；取得中级职称及职业资格 43 人，新增 5 人，初级职称 9 人。

（吴 浩）

## 厦门银行股份有限公司南平武夷山支行

**【概况】** 厦门银行武夷山支行（简称支行）是厦门银行南平分行在武夷山设立的分支机构，隶属厦门银行南平分行直接管理。支行成立于 2018 年 10 月 19 日，地址位于武夷山市中山路 143 号平安商厦 A 座，人数 11 人，设立行长助理 1 人，下设营销部、营业部。全支行员工均是本科及以上学历。支行营业场所一楼为理财专区、自助设备区域及公共教育区域，主要办理自助开卡、理财风险评估等非现金业务，也是金融知识宣传的主阵地，同时设立 4 台自助银行机具；二楼为现金区域及对公柜面业务受理专区；三楼为会议室；四楼为行长办公室及行长助理办公室；五楼为客户经理室、机房区域。

支行自成立以来，以“支持小微企业、服务实体经济”为市场定位，以厦门银行的“拼搏、创新”精神为指导思想，积极探索、实践将地方经济与经营管理紧密结合，在国内经济下行压力显现、监管政策频繁出台及市场剧烈变化给银行业务发展带来巨大的挑战的形势下，坚持审慎经营的原则，稳中求进的工作基调，在社会各界大力支持下，上下共同努力，完成分行下达的各项任务指标。至 2020 年 12 月 31 日，支行存款余额 4.5 亿元，较年初增加 0.67 亿元，其中个人存款 1.98 亿元、单位存款 2.52 亿元；贷款余额 7.88 亿元，较年初增加 3.61 亿元，其中个人贷款 2.25 亿元、公司贷款 5.63 亿元。

**【零售财管业务】**

1. 全力加快零售支行的转型。支行坚持“您身边的专业财管银行”定位，根据周边社区、居民区聚集的区位特点，加大零售财管产品的宣传力度，服务且应对好个人客户理财日益多元化的需求，搭建并完善产品体系、业务模式和人才团队。

2020 年 7 月 21 日，支行营业部外出宣传信用卡（吴晓鹤 摄）

2. 优化业务模式。支行以金融资产增长为发展路径，实现资产池体量的大幅度增加；结合产品募集期沉淀、客户资产配置、融E收收款、资金监管等场景，加大力度开源代发薪及支付结算类客群，实现存款日均和存款利率的同步增长。不断增加产品种类、精选产品目录，在开展信托业务带动高净值客户的培育和资产提升方面实现较大突破。

3. 壮大人才队伍。形成较为成熟稳定的业务管理人员和客户经理团队，并通过一系列业务培训和淬炼，着力提升营销人员队伍常规及复杂类产品的专业程度及营销落地能力，搭建不同业务方向、不同营销能力的人才梯队。

2020年12月7日，厦门银行武夷山支行开展消防演练（陈兴樑 摄）

【零售授信业务】 支行相应国家政策，捕捉市场机遇，持续完善产品体系，基本实现零售基础产品全覆盖。同时，通过拓展销售渠道和延展服务体系，为客户提供更加全面的金融服务。通过丰富多样的创新产品、灵活高效的优质服务，为小微企业提供更加便捷、更全方位的支持。在产品方面，支行推出的经营类贷款“快e贷”“e直贷”“信E贷”“税E抵”等一系列小微特色产品，扶持小微企业，不断扩大市场份额，获得市场的广泛认可。

2020年8月7日，厦门银行武夷山支行为客户办理破人民币兑换业务（陈丽梅 摄）

【对公授信业务】

1. 不断创新金融产品。一是联手税务部门推出“银税互动”信贷产品“企金税e融”，将企业沉睡的纳税信用转换为“信用资产”，以税抵贷，有效缓解小微企业融资缺信息、缺信用、缺抵押的痛点和难点，用智慧金融服务小微企业。二是产品突破传统授信模式，把互联网和大数据风控技术相结合，运用纳税人纳税数据和工商、司法等多维度数据，并结合企业及企业主征信表现，构建风险评价模型，实现对小企业的综合风险画像，“以税定贷”，较好地满足小微企业“短、频、急”的融资需求，解决小微企业融资难的问题，支持实体经济发展。

2. 助力小微企业发展。相继推出“创业抵押贷”等针对小微企业解决中短期经营资金需求的贷款，简化客户材料，对信誉良好符合准入条件的小微企业主给予一定的信贷支持，对企业纳税评级为A/B企业，抵押物的抵押率给予一定程度的提高，贷款发放方式可采用自主支付及受托支付2种方式，使小微企业融资不再困难。

3. 支持地方政府基础建设。支行推出固定资产贷款及流动资金贷款，抵押形式可用项目产权、项目经营权等，抵押方式灵活，贷款期限长，能够满足对项目的投资和流动资金投资需求，助力地方政府国企的惠民基础设施建设，支持实体经济发展。

【防范非法集资宣传】 6月15日，支行参加市政府金融办组织的防范非法集资专项活动，向公众普及教育金融知识，提升公众金融安全防范意识，增强公众金融知识技能，营造全社会学金融、懂金融、用金融的良好风气。

（陈兴樑）

## 中国人民财产保险有限公司武夷山支公司

【概况】 2020年，中国人民财产保险有限公司武夷山支公司（简称支公司）设有经理室、综合部、车商业务部、直销业务部、综拓团队、非车险部、度假区营销服务部、农险部、出单分中心、理赔分部，共有员工62人。公司经营险种有车险（包含商业车辆险、交强险）、非车险（包含企财险、家财险、责任险、意外险等）、农险（包含水稻险、森林险等）。

2020年，支公司在上级公司领导下，认真贯彻落实公司年初工作会议精神，扎实开展公司各项工作，推动公司业务持续发展，力争做到保费增长速度与时间同步。全年共实现保费收入6441.28万元，完成年计划的142.46%。其中机动车险保费4448.69万元、非车非农险保费752.79万元，同比减少86.84万元；农险保费收入1239.8万元，同比增长397.17万元。赔款支出3396.79万元，同比减少253.54万元，赔付率52.73%，取得较好经营业绩。支公司荣获南平市分公司2020年经营管理先进单位一等奖。

（杨锶瑶）

## 中国大地财产保险股份有限公司武夷山支公司

【概况】 2020年，中国大地财产保险股份有限公司武夷山支公司（简称大地财险武夷山支公司）设有经理室、综合部、业务部、出单部、理赔部，共有员工7人。经营险种有企业财产损失保险、家庭财产损失保险、建筑工程保险、安装工程保险、货物运输保险、机动车辆保险、船舶保险、飞机保险、航天保险、核电站保险、能源保险、法定责任保险、一般责任保险、保证保险、信用保险、种植业保险、养殖业保险、短期健康保险、意外伤害保险及上述保险业务再保险等。

2020年，大地财险武夷山支公司坚持以“抓改革，促发展，严管理，求效益”为指导，以客户为中心，在市场竞争日趋激烈的情况下，全体员工锐意进取，各项工作均取得良好的成绩。全年共实现保费收入791.73万元，其中机动车险保费703.01万元、非车险保费88.72万元；赔款支出590.73万元，其中车险赔付支出500.15万元、非车险赔付支出90.58万元。公司先后获南平市工商行政管理局授予的2013年度守合同重信用企业、2014—2015年度南平市守合同重信用企业荣誉称号。

（周 瑾）

2020年11月30日，大地保险武夷山分公司开展“预防洗钱，保障民生，构建和谐”反洗钱户外宣传（李梦甜 摄）

## 中国太平洋财产保险股份有限公司武夷山支公司

【概况】 2020年，中国太平洋财产保险股份有限公司武夷山支公司（简称太保财险武夷山支公司）设有经理1人、车商专员1人、电销专员1人、个代专员1人、综合内勤1人、理赔专员1人，共有员工6人。

【经营业绩】 2020年，太保财险武夷山支公司经营险种有车险（包含商业车辆险、交强险）、非车险（包含企财险、家财险、责任险、意外险等）。公司以“诚信天下、稳健一生、追求卓越”为企业的核心价值观，推动公司业务持续发展，做到规模和市场增速双增长。全年共实现保费收入490.11万元，其中机动车险保费458.30万元、非车保费31.81万元；赔款支出225.18万元。

（袁朝忠）

## 中国人寿保险股份有限公司武夷山市支公司

【概况】 2020年，中国人寿保险股份有限公司武夷山市支公司（简称支公司）机构、人员情况与上年基本一致。至年底，实现总保费23982.07万元，同比增长3.48%；赔款给付978.72万元，同比增长13.23%；满期给付1810.79万元，同比增长79.93%。

【个人代理业务】 2020年，个险渠道实现长险首年期交保费2449.08万元，十年期交2678.01万元，短险保费727.99万元；个险人力指标完成持证人力664人，季均有效人力357人；全年按南平市公司节奏稳步推进业务进度，紧跟上级公司节奏。顺利完成年度规模保费和十年期目标。特别是2020年二季度，抢抓新险种上市，超额达成季度目标，单季标保创历史新高。

【银行代理保险业务】 2020年，银保渠道基本完成南平分公司、武夷山市支公司下达的各项任务指标。全年新单期交保费239.49万元、渠道208.64万元、短期意外险14.6万元；队伍在册人力13人。日常做好与各银行、邮政储蓄所维护工作，进一步巩固合作关系，保持渠道的畅通，确保业务稳定发展。

【团体保险业务】 2020年，支公司团险渠道现实短期险保费1147.38万元，其中短期意外险保费420.16万元。重点加大与市计生协会的沟通与工作合作力度，拓展计生保险业务；依托南平分公司与南平市人力资源和社会保障局签订的公务员出行意外险协议，与武夷山市政府、武夷山市人力资源和社会保障局及医保部门的沟通合作；发展低保扶贫保险、残疾人意外险、公安民警人身意外伤害保险、女性安康保险、建工险等，促进社会保障体系建设。

（叶 翀）

## 武夷山本富村镇银行有限责任公司

【概况】 武夷山本富村镇银行有限责任公司成立于2012年3月21日，为龙江银行股份有限公司发起设立的国有控股金融机构，是龙江银行沿中粮产业链在域外发起成立的第一家村镇银行。武夷山本富村镇银行属于一级法人结构，总行营业部位于武夷山市三姑度假区大王

人寿保险武夷山市支公司召开重点风险专项治理工作会

（人寿保险武夷山支公司 提供）

峰路1号，初始注册资本2000万元，2013年11月15日增资扩股后，注册资本为1亿元。2013年12月，武夷山第一家支行崇安支行开业；2016年7月，仙店工业园区自助银行开业；2017年1月16日，崇阳支行开业。

2020年，武夷山本富村镇银行有限责任公司在武夷山市设有营业部、崇安支行和崇阳支行3个分支机构。至年末，共有员工37人，其中总行及营业部21人，内设综合办公室、信贷管理部、风险管理部、运营管理部及营业部5部，下设一个自助银行；武夷山本富村镇银行崇安支行8人，无内设机构和下设网点；武夷山本富村镇银行崇阳支行8人，无内设机构和下设网点。

**【存款业务】** 2020年，武夷山本富村镇银行面对新常态下的经济、金融形势，围绕年初制定的工作目标和措施，狠抓落实。坚持“支农支小”的市场定位，加大市场拓展力度，加强基础管理，调整经营策略，推进风控管理升级，促进全行各项工作健康发展，各项业务状况明显改善，经营效益稳步提高。全年各项存款23843.17万元，比年初增加3274.7万元，增幅15.92%。其中储蓄存款余额10909.57万元，比年初增加3907.7万元，增幅55.81%；对公存款余额12933.6万元，比年初减少633万元，降幅4.67%。

**【贷款业务】** 2020年，武夷山本富村镇银行对信贷市场进行细分，实施重点营销策略，在贷款客户选择上重点投向优质客户和能够提供低风险担保方式的贷款客户，贷款的品种机构更加优化。同时，加大小微企业贷款和涉农贷款的投放力度。进一步加大不良贷款的清收和消化力度。截至年末，各项贷款余额15112.72万元，较年初增加2852.66万元，增幅23.27%，其中小微贷款余额13479.78万元，较年初增加2549.06万元，增幅23.32%；涉农贷款余额为11483.88万元，较年初增加1170.14万元，增幅11.35%；年末不良贷款余额290.19万元，较年初下降46.27万元，不良率1.92%，较年初下降0.82个百分点。

**【中间业务和经营效益】** 2020年，武夷山本富村镇银行在巩固发展传统业务的基础上，大力扩展中间业务。一是销售理财产品。二是推进销售终端商户、二维码营销等系列服务。三是获取客户信息资源，了解客户需求，量身定制服务方案。2020全年实现净利润215.18万元。

（赵梦迎）

# 城建　环保

## 住房和城乡建设

**【概况】** 武夷山市住房和城乡建设局（简称市住建局）是武夷山市政府的经济职能部门，加挂武夷山市人防办牌子，主管全市城乡建设相关工作，是正科级行政机关单位。2020年，市住建局内设综合股、城乡建设股、工程建设股、住房管理股、人防建设股（加挂消化与化工工程监管股牌子）、行政审核审批股以及党委办公室7个行政科室，行政在编人员9名，其中局长1名、副局长3名、股级职数5名。下设村镇建设站、建设工程造价站、建设工程质量安全站、房产交易中心、国有土地房屋征收中心、住房保障服务中心、人防指挥所、城乡建设技术发展中心等9个股级事业单位，事业在编人员43名。主管国有企业市自来水公司。

2020年，市住建局在市委、市政府领导下，深入学习贯彻习近平总书记关于统筹做好疫情防控和经济社会发展工作的重要讲话、重要指示批示精神，落实“六稳”“六保”任务和新发展理念，按照省委“四个高质量”（的要求，抢抓机遇、攻坚克难，既立足当前，又着眼长远，努力打好城市建设攻坚战，加快高质量发展，以好状态、硬措施、实作风，在“项目攻坚年”中取得成效。

2020年3月8日，武夷山市城市建设攻坚战动员大会现场（市住建局 提供）

2020年6月，市住建局获市爱国卫生运动委员会授予卫生单位；2020年12月，市住建局获中共武夷山市委、武夷山市人民政府 “2019年武夷山市新时代、新担当、新作为”先进集体。获南平市2019年“武夷山市新时代、新担当、新作为”先进个人1人、南平市三八红旗手1人。

**【城乡建设】**

1.城市道路建设与改造。2020年3月8日，召开全市城市建设攻坚战动员大会，全面吹响高品质城市建设冲锋号，实施规划提升、基础设施、公共配套、景城融合、安居保障、管理升级“六大工程”。第一批安排项目52项，估算总投资56.8亿元，2020年计划投资19.3亿元。至年底，新改扩建完成武夷大道（站前大道—环岛）、五九路（千年祭—百花路口）、中山路、百花路（今日家园—五九路）、站前大道（东段）、高尔夫路、G237（景区高速口—上埔大桥）、玉女峰路、大王峰路、度假区漫步道、清献大道、茶旅小镇路、市区次干道、双门路、营盘路、西门—高铁北等城市主次要交通干道16条；在建仙新路、百花路北段、西快线、站前大道西段等城市主次要交通干道4条；打通次一路（清献大道—环岛西路）、疏港大道三期、岩福路、学坛街、次一路（兴山路—水厂路）城市“断头路”5条。

2. 老旧小区改造。2020年，完成余庆园、水利局宿舍、中山路政府宿舍、针织厂宿舍、启星小区等5个老旧小区基础类改造，惠及居民501户；闽运小区、国家森林公园小区、武夷佳园、航站宿舍、北门街建委宿舍、自然资源局宿舍、北门街纪委宿舍、天和街小区、工商局宿舍、防疫站宿舍、国旅宿舍、邮政小区、交建公司宿舍等13个老旧小区改造共773户已开工建设。

3. 城市供水。2020年，市自来水公司主营业务收入1755.71万元，售水量977.83万吨，应缴税利135.11万元，实现利润316.17万元。出厂水水质合格率100%，设备完好率99%。管网建设完成DN100以内的22266.72米，DN100以上管网建设12713.9米，维修1705处，查漏40处，新安装用户水表2719架，更换强检水表140架。

水厂迁建工程　2020年9月，开工建设武夷山市石雄水厂迁建工程。项目总投资7878万元，规模4万立方米/天，建筑面积7000平方米，原有一级泵房及原水输水管道改造DN600球墨铸铁管1000米。

智慧水务平台　2020年，投资400万元完成智慧水务平台框架搭建，平台集自来水业务报装、审批、水质监测、分区流量、GIS系统等，使武夷山供水项目更加合理性、智能化。

安装队伍建设　2020年7月20日，福建省武夷山市夷泉给排水安装有限公司完成工商注销；2020年12月3日，南平市联泉给排水工程安装有限公司武夷山分公司完成工商注销。

2020年12月31日，武夷山市住建局与下府洲社区开展“迎元旦 庆新年”拔河比赛活动　（市住建局 提供）

小区管网改造　2020年，根据政府为民办实事工作计划，针对火车站、茶场2片区主管道，五里村、三洲路（部分）、兴武路、机修厂小区4片区巷道管网共5000米进行改造。

抗洪抢险　7月9日，由于持续降雨，导致西溪上游河水突发性暴涨。伞街水厂位于下游，内河水迅速淹过泵房，被迫断电导致全市停水。面对突发情况，为保障安全供水，公司紧急启动抗洪抢险预案，全体员工迅速对停运的石雄泵房进行敷设电缆恢复供电、调试水泵，在最短时间内恢复供水。

4. 燃气管理。

基础建设　2020年，完成市政燃气管网铺设约30千米；完成世茂御榕庄LNG气化站和高尔夫路云清LNG瓶组站建设；完成百花路LNG瓶组站设备采购及土地租赁；完成三晖花园、临畔苑、百花里、建发山外山、三迪、学府嘉苑等居民用户入户管道安装约2300户；杜坝永久性气源站取得选址意见和土地预审。完成夷源液化气有限公司、三木汽车加气站“燃气经营许可证”到期后替换工作。

检查管理　开展专项检查10次，发现整改隐患42个。打击黑气1起，暂扣瓶装液化气52瓶（其中实瓶31瓶、空瓶21瓶）、运输三轮车1辆。组织瓶装燃气企业开展安全演练8次。

5. 乡镇建设。2020年6月5日，召开武夷山市村建工作部署会，下发质量安全一张图1000份；完成新改扩镇区公厕2个、村庄公厕8个建设任务；完成10个乡（镇）、街道公厕制度上墙、卫生抽查工作和高铁、高速、轨道游览路线有关乡（镇）、村整治督查指导工作。做好2020年“十镇百村千屋”整治工作中2个传统村落整治提升工作、20处历史建筑测绘建档及保护图册编制以及新公布一批历史建筑7处；完成武夷山市南门街历史文化街区保护规划专家评审以及岚谷乡横源村、吴屯乡后源村传统村落保护规划专家评审。完成10户建档立卡贫困户住房二次改造；指导乡（镇）污水运营业务和垃圾转运台账建立；完成7个乡（镇）13座处理站进出口流量监控设备安装。

【房地产运行】

1. 房地产交易。

商品房预售　2020年，批准预售商品房2701套，同比减少47.68%；批准预售面积19.01万平方米，同比减少57.02%。

商品房交易　成交商品房2843套，同比减少19.39%；成交面积24.76万平方米，同比减少26.06%；成交金额245603.66万元，同比减少33.31%；平均成交单价9920元／平方米，同比减少9.80%。

商品房库存　库存商品房5690套，同比减少0.14%；库存面积49.85万平方米，同比增长2.82%。近三年月均销售面积20393.73平方米，去化周期为24.4个月。

存量房交易　全年成交存量房3097套，同比减少32.10%；成交面积31.32万平方米，同比减少31.42%；成交金额139607万元，同比减少32.63%；平均成交单价4457元／平方米，同比减少1.76%。

2. 保障性住房。2020年，武夷山市保障安居工程目标任务44套，其中星村公共租赁住房24套、国有垦区综合农场危旧房改造20套。至12月底，两项目均已全部开工建设。完成城市低收入住房困难家庭租赁补贴147户，发放金额累计202410元；非本地户籍租赁补贴87户，发放金额33930元。超额完成2020年130户的目标任务。发放未参加房改行政事业单位一次性住房工龄补贴105人，发放金额503602元。

3. 国有土地征收。2020年，完成武夷大道箱涵段8户，约1715平方米；中山路24户，约6000平方米；综合农场52户，约12000平方米；岩福路9户，约2329平方米；五九北路4户，约496平方米；西快线25户，约3650平方米；兴武路2户，约511平方米；北城水泥厂39户，约1543平方米；百花路5户，约1100平方米。

【建筑业管理】

1. 工程项目管理

建筑施工质量安全及项目合同履约行为检查　组织对全市在建房建、市政项目进行合同履约评价及质量安全文明行为评价，共对项目合同履约行为进行评价记956分，发出质量安全隐患整改通知单184份，其中全面停工通知单1份、局部停工通知单22份，提出质量、安全隐患整改意见2071条。对施工单位、项目经理170人次记2143.71分，对监理单位、总监148人次记1256.4分。

住建领域安全隐患大排查大整治　制定安全隐患大排查、大整治工作方案，成立专项小组。对全市在建的房建、市政项目组织开展大排查大整治，参加排查人员369人次，检查单位和场所131家次，排查发现一般隐患531个。根据福建省住房和城乡建设厅《关于建筑施工安全生产隐患大排查大整治工作有关事项的紧急通知》（闽建电〔2020〕33号）和南平质安站《关于开展房建市政工程质量安全专项整治行动的通知》（南建质安〔2020〕27号）部署，组织厦门远森工程检测有限公司对武夷山市在建工程项目投入使用的塔式起重机、施工升降机进行全面安全排查，共计检查塔式起重机65台，发现各类问题199条；检查施工升降机72台，发现各类问题144条。共发出责令改正通知书30份。

汛期及台风期间检查　防汛期间，成立汛期及台风期间专项检查小组，对全市涉及起重机械、深基坑、高边坡的房建、市政项目开展检查。检查期间，共下发责令改正通知单25份，提出整改意见76条。同时，汛期及台风期间不间断地使用电话、微信等移动互联网工具通知全市所有在建的房建、市政项目施工企业负责人员，做好汛期及台风期间的自查整改工作。

重点项目工程“三比一考评”活动　开展施工单位“比质量安全、比工期进度、比现场管理”活动，对监理单位进行现场考评，压实项目各主体责任，对建设质量差、工期进度慢、现场管理乱的项目及时通报，列入“黑名单”，确保项目建设高质高效推进。全年共开展七轮“三比一考评”活动，检查项目62个，发出整改通知单62份，提出整改意见514条。

2. 主要建筑材料检测。建设工程质量安全站全年共做混凝土抗压试验16709组，混凝土配合比试验14组，混凝土抗渗试验340组，砌墙砖试验125组，水泥使用155组，砂浆试块1514组，砂浆配合比134组，钢筋原材1400组，钢筋机械连接845组，电渣、电弧焊试验3415组，碎石或卵石19组，细集料134组，防水涂料30组，防水卷材112组，加气混凝土163组。

3. *建筑企业管理*。2020年，因项目文明施工问题约谈福建省武夷山市建工集团有限公司、福建省中木建设集团有限公司、上海城建市政工程有限公司、井冈山市博达公路施工有限公司、福建广闽建设工程有限公司、福建星原建设工程发展有限公司、至永建设集团有限公司、武夷山久远旅游投资开发有限公司、中棠建设发展有限公司9家企业。

因劳务实名制落实不到位问题约谈志永建设集团有限公司、福建艾邦建设工程有限公司、北京高辉利豪建设有限公司、福建力群建设发展有限公司、中坤龙达市政工程（福建）有限公司、福建省现逸建设工程有限公司、福建南平新华阳建设发展有限公司、福建省艾邦建设工程有限公司、西安建工第一建筑集团有限公司、武夷山风景名胜区园建工程有限公司、福建省武夷鸿三建工发展有限公司、中堂建设发展有限公司、福建省永泰建筑工程公司、福建武夷鼎泰建设发展有限公司、福建鑫顺泷建设发展有限公司、上海二十冶建设有限公司、四川中营建筑工程有限公司、中建林鑫（福建）发展有限公司、福建省凡士建设集团有限公司等20家企业。

因安全生产问题约谈福建玖顺机械设备有限公司、四川中营建筑工程有限公司、武夷山聚嬴房地产开发有限公司3家企业。

4. *房屋安全隐患排查*。按照福建省房屋结构安全隐患大排查大整治百日攻坚专项行动工作要求，市住建局配合全市完成排查摸底。至年底，全市已摸排房屋45709栋，存在安全隐患房屋287栋，已全部完成整改，其中封房196栋、加固25栋、拆除66栋，完成整治比例100%。向社会公布举报电话，及时受理房屋安全隐患举报和投诉，根据举报内容，转交给相关职能部门进一步核实，并要求限期回复，全年受理市民投诉举报件37件，办结37件。同时，筛选61名专业技术人员组建专家技术服务组，配合相关部门开展监督指导工作。

**【行政审批】** 2020年，全市共办理行政审批服务事项674件，其中行政审批事项249件、其他行政权力事项425件。

1. *项目许可*。建筑工程施工许可94件，许可建筑面积75.05万平方米，许可施工总造28.56亿元（其中房地产项目11个、工业项目17个、其他项目66个）。应建防空地下室的民用建筑项目报建审批98件，其中修建项目4个、易地建设94个。商品房预售许可核发30件，批准预售面积190107.37平方米。核发燃气经营许可证1件、燃气汽车加气站经营许可证1件。

2. *竣工验收备案*。办理建设工程竣工验收备案项目57个，竣工面积101.86万平方米，市政道路累计竣工长度8.69千米，竣工造价32.24亿元。其中政府投资项目24个（房建项目16个，竣工面积12.7万平方米，竣工造价5.03亿元；市政项目8个，竣工长度9.57千米，竣工占地面积1.1万平方米，竣工造价1.83亿元）、房地产项目18个、工业项目10个、酒店项目3个、航空加油站项目1个、会展中心项目1个。

3. *招投标备案*。受理房屋建筑和市政基础设施工程设计、监理、施工等项目招投标备案176个标次。累计项目预算金额约154682.27万元，中标价总金额约139897.04万元，累计节约资金约14785.23万元。

4. *资质审批*。核准房地产开发资质10件，其中暂定级资质7件、四级资质3件。办理企业资质证书变更及人员变更13件。安全生产许可证延期5件。

5. *其他行政权力审批*。办理起重机械使用登记132件，建筑起重机械备案40个，起重机械备案证注销7件。办理商品房现售备案4件，现售面积68131.97平方米。

6. *审批制度改革*。通过工改系统并联审批的施工许可项目93个；联合图审项目53个，联合验收项目60个。

（简伟民）

# 城市管理

**【概况】** 2020年，市城市管理局贯彻落实市委、市政府的部署和要求，紧紧围绕“城市建设攻坚战”和“三创”工作，坚持“治顽疾，补短板”的工作思路，在精准施策上出实招、在精准推进上下实工、在精准整治上见实效。

【市容环境综合整治】 重点整治乱摆摊、乱堆放、乱张贴、乱拉挂、乱停放、乱搭建“六乱”现象，累计整治店面外溢 6195 起、流动摊档乱摆卖行为 39335 起、“牛皮癣”小广告 2180 余张、广告牌匾 1887 起、乱堆放行为 2275 起，规范车辆 6731 起。国家卫生城市创建“大考”期间，全员全力保障“创卫”迎检工作。

拆除违章搭建现场（城市管理局 提供）

【城市建设攻坚】 一是加快全市“两违”的“拆、防、化”治理进度，调查摸底及录入系统违法违章建筑 555 条（宗），违建面积 32.31 万平方米，占地面积 25.04 万平方米，拆除腾出土地面积 24.85 万平方米。二是组织力量发现、查处各类违法建设行为 1159 起，违建面积约 17.3 万平方米，清理整治一批“硬骨头”。三是开展东快线拆除行动，拆除各类私搭乱建 30 余处 1 万余平方米、征迁房 20 余户约 6000 平方米。

【公共服务质量提级】 一是推进环卫基础设施建设。建成垃圾分类屋 17 处，其中崇安街道启用 9 处，新丰街道启用 8 处；完成 8 座公厕新建改建项目。二是提升城市园林景观水平。完成城市主干道（百花路、武夷大道、金盘亭路）、清献大道（北门桥至崩埂）、高铁北站站前大道及高铁北站、大王峰路（千禧酒店至公馆大桥段）人行道路两侧、会展中心西侧红线外景观提升工程。三是改善市政功能基础条件。开展城市雨污水管道 CCTV 检测排查服务，清淤排查 25.93 千米；完成项目新建、改造污水管网约 27.24 千米；维修路灯 2425 个，更换路灯光源 5846 个；完成度假区大王峰路、武夷大桥—安国大道、马厂洲大桥段（金盘亭路—武夷大道）等路灯亮化工程。

西瓜（临时）便民摆放点（城市管理局 提供）

【城市功能品质提升】 一是打通断头路，疏通道路经脉。改造、新建道路 12 条，完成营盘路“白改黑”、武夷大道（火车站—公馆大桥）沥青路面裂缝维修、次一路（环岛西路—工业路）段道路、一中旱桥西侧（中国银行—中桥洞口）人行通道建设工程、次一路（兴山路—水厂路）道路工程、次一路辅道建设、环岛西路（次一路—朱子路）段道路白改黑等道路改建、新建工程。二是建设惠民停车场。完成城东片区、交警大队门口等处共 8 个停车场建设，新建 812 个停车位。三是推动“地摊经济”，稳就业保民生。定点设置 22 处流动摊点，开放摊位 150 个。

【“战疫”克艰】 全体干部职工坚守一线，其间出动执法人员 980 余人次、环卫保洁 2800 余人次、执法车 136 辆次、环卫作业车辆 725 趟次、宣传车 60 辆次，劝导市民 2770 余人次，清理流动摊点

950余摊、乱堆放杂物121处。并启动应急预案，延长保洁时间，加大公共区域卫生消杀力度，做到随产随运、日产日清。

（龚纯兰）

## 环境保护

【概况】 南平市武夷山生态环境局原名武夷山市环境保护局，根据机构改革要求于2018年7月垂改上收，为南平市生态环境局派出机构。主要负责武夷山市辖区内生态环境准入监管、监督执法、环境监测和信息发布等工作。核定行政编制6名（其中局长1名、副局长2名），有行政编制人员5人。中共南平市武夷山生态环境局分党组于2019年3月设立，设有机关支部1个，共有党员19人，其中在职党员14人、退休党员5人。

下属事业单位2个：南平市武夷山环境监测站。为相当副科级财政核拨事业单位，核定财政核拨事业编制17名，其中副科级领导职数1名；有在编人数15人。南平市武夷山生态环境保护综合执法大队。作为南平市生态环境保护综合执法支队派出机构，以南平市武夷山生态环境局名义依法行使执法职责，为相当副科级财政核拨事业单位，核定财政核拨事业编制21名，其中副科级领导职数1名；有在编人数6人（含抽调南平市局1人）。

深入贯彻党中央、国务院和省委、省政府的决策部署，落实全面从严治党要求，围绕绿色发展大局，以环境质量改善为目标，进一步加强生态文明建设、污染防治和环境监管，各项工作取得了较好的成效：全市水环境质量持续保持优良，县级集中式饮用水源地水质功能达标率100%，崇阳溪、九曲溪上游等各流域水质功能达标率100%，7条小流域水质功能达标率100%；空气质量达到或优于国家二级标准，达标率100%，未出现臭氧超标天气；污染地块安全利用率达100%，危废处置利用率达100%，医疗废物安全处置率达100%。

武夷山市城市管理局创卫动员 （城市管理局 提供）

【疫情防控】 按照疫情防控的总体要求，全力以赴抓好疫情防控和复工复产工作。组织开展定点医疗机构、医学观察场所、医废处置单位等敏感目标的督促检查指导，重点检查指导医废储存场所及废水处理设施尤其是消毒灭菌工段的运行管理情况。扎实做好新冠肺炎疫情环境风险防控，强化医疗废物收集、贮存、转运及医疗废水处理监管，收集、转运医废114.35吨（含确诊病例0.02吨涉疫医疗废物），医疗废水经污水处理设施处理后排入市政管网，总出口余氯小于1毫克/升，大于0.5毫克/升。疫情防控期间多次深入挂点村武夷街道吴齐村，为奋战在一线的村级党组织送去84消毒液、口罩等防疫物资。同时，深入了解村级疫情防控工作及农村生活污水治理项目开展情况和存在的困难，进一步发挥“机关联乡村、党建促振兴”机制作用，推动疫情防控措施落细落实。强化环评审批“放管服”，主动对接、靠前服务、跟进服务，助力企业复工复产，对符合环保准入要求，有利于疫情防控、保民生、稳增长节能环保的建设项目，开辟“绿色通道”，缩减时间提高行政审批效率，全年共受理报告表审批25个，登记表备案158个，出具绿色信贷及福建省名牌产品申报证明9份，全面完成国家版排污许可证核发工作，其中登记管理326家、发证管理10家。

【环保督察】 对破坏生态环境实行“零容忍”，全力确保生态环境不受破坏，解决了一批群众关心的生态环境保护问题。第二轮中央生态环境保护督察交办的8批9件信访件，立案处罚6家，累计罚款27.88万元，已全部完成整改并销号。印发《武夷山市贯彻落实中央生态环境保护督察报告整改方案》（武委〔2020〕47号），严格落实整改“销号制”和按月“交账制”，对反馈问题实行台账式管理，清单化调度，确保4类9项共性任务按期整改到位。落实省例行督察问题整改，4件信访问题已立行立改完成整改4件。小流域交叉执法移交全市涉水疑似问题清单87个，已全部逐一核实并完成整改，整改完成率100%。

【乡村生态振兴】 积极打造“绿盈乡村”品牌，推进村庄环境综合治理，推动形成了一批较为成熟的案例典型，逐步实现初级版到中级版、高级版的梯次提升。截至年底，认定初级版“绿盈乡村”90个，中级版12个，高级版3个，黄村村、南源岭村、大安村入选福建省“绿盈乡村”建设之路《福建省乡村生态振兴案例选编》。

【污染防治攻坚战】 强化水、大气、土壤等污染防治，集中力量优先解决好损害群众健康的突出生态环境问题，切实改善环境质量。

1. 打好碧水保卫战。结合山水林田湖草试点项目推进完成24个行政村农村生活污水治理，印发实施《武夷山市农村污水治理专项规划》，率先推进农村污水第三方市场化运行管理，10月30日生态环境部调研组对武夷山市农村生活污水治理工作给予高度肯定。完成三菇、石雄饮用水水源地水质自动监测站联网，基本完成8套小流域水质监测自动站建设。完成46个入河排污口整治。完成乡镇饮用水水源保护区勘界定标和水环境、水资源承载能力现状评估，序时推进“十四五”重点流域水环境生态环保规划编制。

2. 打好蓝天保卫战。做好全市臭氧污染联防联控，全面完成加油站油气回收整治工作，责令湖机机砖厂停产整治，有效消除污染隐患。完成高排放非道路移动机械禁止使用区域划定。积极协调市城管局增加城市道路冲洗保洁频次，切实降低道路积尘负荷。

3. 打好净土保卫战。紧扣“让老百姓吃得放心住得安心”目标要求，聚焦土壤污染防治重点任务，加强组织保障，严格源头管控，加大过程监管，强化土壤污染风险防控，积极配合市农业农村局做好土壤环境质量调查，推进农用地分级分类管理，土壤防治成效明显，完成2200亩受污染耕地的安全利用整治。

【生态系统价值核算】 武夷山市生态系统价值核算试点展厅建成并投入使用，GEP试点工作已接受中国社会科学院、中国工程院、内蒙古阿尔山市、省委党校等7批次领导、专家的调研。武夷山市GEP和GEEP试点工作入选第十八届中国·海峡创新项目成果交易会，试点成果逐步向全国进行推广。2020年9月，GEP的升级版—经济生态生产总值核算，通过专家验收，属全国首例。

【环境执法】 严格落实污染源监管“双随机”抽查制度，持续开展“清水蓝天”联合执法行动、小流域交叉执法等专项行动。全年共处理环境污染投诉总数215件（其中网上投诉118件、电话投诉97件），办结215件，办结率100%，解决了一批群众关心的生态环境保护问题。行政处罚案件5件，处罚金额31万元，查封扣押案件2件，停产整治1件。在全市建立“横向到边、纵向到底”的网格化环境监管体系，建立以社区和行政村为单元的环境监管网格，选聘138名环保网格员，制定“五定机制”和考评细则，实现精细化管理，截至2020年12月底，通过网格化平台上报巡查事件数4092件。

【环境监测】 完成12期空气自动在线监测、12期酸雨监测、12期地表水监测、12期饮用水监测、2期地下水水质监测、3期东溪水库（其中水库出口为国控点每月监测），6期小流域水质监测，2期功能区噪声，1期区域噪声，1期道路交通噪声，以及污染源监测、监督性监测、投诉监测等监测工作。全年共获取各类监测数据4.2万余个，为环境管理、环境信访、污染源普查、环境质量分析等提供了科学依据。

（张　莹）

# 农业经济

## 综 述

2020年，武夷山市农业农村局（中共武夷山市委农村工作领导小组办公室）机构、编制情况与上年基本一致。

**【强化农业生产，全力稳定农产品供给】**

1. 保障“米袋子”安全。2020年，严格执行粮食安全行政首长责任制，落实粮食播种面积22.3万亩。积极开展农作物品种试验、鉴定、示范推广，在6个乡镇，建立示范面积2900亩。截至年底，已在全市10个乡（镇、街道）累计建成500亩以上的粮食产能区示范片144片，总面积达11.3万亩，示范片内水稻“五新”技术全覆盖，示范成效和影响力日益增大。及时开展2020年耕地地力保护补贴资金发放工作，全年补贴一般农户31845户，补贴面积18.6万亩，补贴资金2261.86万元（其中，实发金额2222.03万元，代扣代缴水稻保险金额39.83万元）。

2. 加快“菜篮子”生产。积极推进蔬菜示范基地建设，建设蔬菜示范片2个，面积1000亩，引进蔬菜新品种29个。全年经济作物播种面积17.37万亩，其中油料0.95万亩、甘蔗0.13万亩、烟叶（未加工烟草）1.93万亩、中草药材0.47万亩、蔬菜（含菜用瓜）11.4万亩、瓜果（果用瓜）0.55万亩、花卉0.57万亩、其他1.37万亩。积极推动食用菌生产，全市共生产各类食用菌3200万袋，产各类鲜菇约1.3万吨。优化渔业生产结构、大力推广新品种、提高渔业效益，推广稻田养鱼技术，增加稻花鱼等特色水产品产量，全年水产品产量6754吨。强化肉蛋奶等农产品市场稳定供给，全年出栏生猪744万头、牛782头、羊1.24万只、活家禽244.91万只、禽蛋8502吨。积极推动设施农业项目建设，截至年底，全市设施农业生产面积2400多亩，蔬菜大棚1900亩，现代设施农业建设初显规模，建设一批各具特色的设施大棚基地，如兴田镇南源岭建设葡萄、百香果、火龙果等休闲采摘园面积约400亩；上梅乡省农民创业园建设蔬菜基地1000多亩，设施农业大棚730亩；五夫镇建设

2020年9月15日，省种子总站及相关专家对中稻新品种生产试验项目品种表现现场进行评价　　（市农业农村局 提供）

现代农业示范葡萄园、羊肚菌生产基地等设施农业大棚410亩，新建哈密瓜基地1000亩；星村镇建设现代农业生产基地500亩等。

3. *推动农业绿色发展*。一是扎实推进“耕地质量保护与提升行动”和“化肥使用量零增长减量化专项行动”。2020年，全市推广测土配方施肥面积55万亩，化验分析项次318次，宣传培训150人次，发放测土配方施肥技术手册1000余册。二是开展“武夷山市耕地质量更新评价”工作。全年推广紫云英种植面积1万亩，覆盖全市10个乡镇（街道），通过冬闲田绿肥的种植，使项目区土壤肥力提升，减少化肥施用量3%以上。三是大力开展水稻病虫害绿色防控与专业化统防统治融合工作。全市建立5个水稻病虫害绿色防控技术示范区，2个茶树病虫害绿色防控技术示范区，示范区面积2000余亩，病虫害绿色防控辐射推广57万亩次，统防统治辐射推广28万亩次。四是加强病虫害预测预报，及时发布病虫情报，布置草地贪夜蛾普通监测点40个，自动监测点2个。

4. *加强农资市场执法检查力度*。对全市农资经营点和市场进行了拉网式清查整顿和专项检查，累计出动执法人员233人次，共检查门店97个。开展“检打联动”共抽样87个，抽检农资17批次，立案5起，结案5起。

5. *加强农产品质量安全监管*。2020年，结合疫情防控需要，加强农产品质量安全线上线下巡查指导，强化质量安全监管，定期开展蔬菜、水果、禽蛋农药残留定量抽检样品134个，全市开展农残快速检测样品5795个，合格率均为100%。

6. *加快推动农业企业复工复产*。全市32家国家、省、市级农业产业化龙头企业均已复工复产，复工率、复产率均达100%。积极协助收集并审核农业领域申请纾困专项资金贷款的中小微企业名单。

7. *强化产销网络建设*。疫情防控期间，为缓解农民群众“销售难”和市区群众“购买难”问题，农业农村局组织专班及时沟通联系“武夷惠达”（鱼米鲜公司）生活物资购买配送服务平台，深入崇安街道城西村，将崇安街道办的城西村、城南村与清献村3个村（2000多亩）的农民专业合作社和蔬菜生产基地，整合资源实行统一收购、统一检测、统一定价、统一配送的模式，将新鲜蔬菜、肉蛋奶等农产品，直接配送到市民群众家中，缓解因疫情防控措施不便出门带来的“购物难”问题，确保疫情以及春节假日期间蔬菜、瓜、果、肉、鱼、米等鲜活农（鱼）产品不断档、不脱销，避免产生恐慌以及哄抢现象。

**【聚焦精准施策，推动脱贫攻坚取得胜利】**

1. *着力解决“两不愁三保障一安全”突出问题*。一是义务教育保障。现全市义务教育学龄段建档立卡贫困户人口共334人，辍学率为0；在武夷山市就读和异地就学的建档立卡贫困学生均享受国家相关资助政策。二是基本医疗保障。及时印发《关于开展贫困人口大病救治“户户清”行动的通知》，开展贫困人口大病救治“户户清”行动，对全市健康扶贫对象大病救治情况进行一次全面排查救治，确保做到网格化清查大病救治对象、规范化落实上门服务机制、深入开展分类救治、严格控制医疗费用。三是住房安全保障。开展建档立卡贫困户住房安全有保障核验工作，对低保户、农村分散供养特困人员、贫困残疾人家庭、其他贫困户住房安全情况进行排查，截至2020年底无新增危房改造任务量。四是饮水安全保障。开展建档立卡贫困人口饮水安全排查复核和整改落实工作，动态跟踪掌握贫困户用水情况，对全市涉及建档立卡贫困户的338处水厂进行水质采样检测，合格率100%。五是强化贫困户监测。2019年底纳入重点帮扶对象32户60人，2020年受疫情影响存在返贫风险23户69人，截至2020年底重点帮扶对象和受疫情影响的贫困户均已消除返贫风险。

2. *精准兑现扶贫政策*。一是扶贫小额信贷。全市累计发放扶贫小额担保贷款4027.4万元，扶持建档立卡贫困户978户，现已全部还款，无逾期贷款，贷款利率严格执行基准利率，累计共发放贴息资金343.99万元。二是项目库建设。全年安排扶贫项目数96个，投资总额1753.29万元。三是产业扶贫保险。对建档立卡贫困人口实施的农业产业项目，做到产业扶贫保险政策全覆盖，实现应保尽保。2019年为529户建档立卡贫困户农业产业项目投保，2020年在之前的基础上为399户建档立卡贫困户新增农业产业项目投保，贫困户农业产业项目因自然灾害等不可抗力因素影响遭受损失，由保险公司及时进行理赔，降低贫困户生产风险。四是产业扶贫。重点实施“五个一百”示范带动工程（南平市提出打造100个产业扶贫示范村、培育100个扶贫龙头企业、提升100个扶贫产业合作社、发展100个脱贫致富带头人、创建100个农产品品牌），打造产业扶贫示范村8个，培育扶贫龙头企业14家，提升扶贫产业合作社9家，发展脱贫致富带头人7名，创建农产品品牌17家，通过培育各具特色的扶贫支柱产业，拓宽贫困村、贫困户稳定增收渠道。五是就业扶贫。积极拓展建档立卡贫困户就业渠道，为16周岁以上、有劳动能力、有就业意愿的贫困户劳动力免费提供公共就业服务，全年送达岗位信息4082个，已推荐成功就业1145人。积极开发公益性岗位兜底安置，强化贫困劳动力稳岗，有效促进就业增收，共开发保洁公益性岗位122个（其中，人社系统补贴106个）。六是消费扶贫。印发《武夷山市扶贫开发领导小组办公室、武夷山市财政局、武夷山市总工会、武夷山市供销合作社联合社关于发扶贫农产品采购销售的通知》，并形成《2020年消费扶贫建议名单》，鼓励机关、企事业单位在工会职工集体福利用于发放节假日慰问品的开支和内部食堂开支中安排一定比例预算用于消费扶贫采购。

**【突出示范带动，加快实施乡村振兴战略】**

1. 加快推进圆梦村建设。武夷山市委、市政府高度重视圆梦村发展，多次召开工作推进会，进一步梳理“圆梦村”项目，并细化建设项目任务以及责任分工。稳步推进圆梦村各项工作，种植西郊花镜新品种100亩，大渚金丝黄菊200亩，牛奶玉米100亩，百果香梨100亩，发展有机蔬菜洋葱、娃娃菜等180亩，发展林下三叶青种植100亩。推广庭院经济，每户村民平均收益率达47%。启动西郊村村级文化中心建设项目，进一步保护传承乡土文化。农村“大喇叭”工程与人居环境整治及乡风文明工作相结合，取得良好成效。

2. 强化试点示范建设。加强规划引领，实行“一乡一计划”“一村一方案”发展规划，已顺利完成10个乡（镇）街道、11个省级试点村乡村振兴战略实施方案编制。大力推进试点示范项目建设，以项目为带动，促进项目产业发展，提升农村人居环境，改善乡村公共服务设施，2020年共争取乡村振兴试点示范建设资金3600余万元，建设11个省级试点村乡村振兴实施项目27个，省级特色乡镇星村镇实施乡村振兴项目2个，实绩突出村仙店村实施乡村振兴项目5个，共计总投资7515万元。

3. 改善农村人居环境。2020年，共新建标准化户厕1835个，改造9个，全市普及率98.83%；新建水冲式公厕17个，改造4个，达到115个村全覆盖；新建改造旅游公厕7个。共清理生活垃圾、死角1963处，共计1433.43吨；清理建筑垃圾、装修垃圾242处，共计294.5吨；开展垃圾分类试点4个；新建垃圾处理设施1个。新建改造纳管73个、小型污水处理设施55个、三格化粪池965个、排污管网88.93千米；清理水塘53口、沟渠107.4千米、淤泥355.5吨；整治乱排污118处、黑臭水体12个。制定多规合一村庄规划10个；整治农村裸房222户、破旧危房434户、新建拆旧199户；清理残垣断壁365处，共计1810米。拆除乱搭乱建乱围临搭及破损广告牌2383处；整治柴火杂物乱堆放3882处；整治占道经营、店面外溢、乱摆摊977处；拆除雨棚、街面招牌509处；拆除旱厕453个；整治乱停车1254起；整治乱写乱画1589处；规整各类杆线328根；村庄绿化植树14417株；制定村规民约115个。

（程　磊）

2020年1月14日，武夷山市农业农村局开展农产品质量安全宣传活动

（农业农村局　提供）

# 茶 业

【概况】 武夷山市茶产业发展中心系市政府下属的正科级事业单位，机构情况与上年相同。2020年，市茶产业发展中心按照茶产业高质量发展行动部署，紧紧围绕“11363”发展目标，坚持一手抓疫情防控，一手抓产业发展，推动茶产业健康平稳发展。2020年，全市共有茶山面积14.8万亩，涉茶人员12万人，注册茶企业5103家，通过食品生产许可1100家，规模以上茶企37家，同比新增7家，全年干毛茶产量2.08万吨，同比增长5.05%，茶叶产值22.63亿元，同比增长9.96%，茶产业主体实现税收8151万元，同比增长29.66%，全产业链实现税收1.6亿元。“武夷山大红袍”“正山小种”“武夷岩茶”商标品牌列入中欧地理标志协定保护名录；“正山小种”证明商标被认定为中国驰名商标；“武夷岩茶”“武夷红茶”品牌入选中国农产品地域品牌价值2020年标杆品牌；“武夷岩茶”被农业农村部准予登记并允许使用农产品地理标志公共标识，并荣获“2020年中国区域农业品牌影响力”第一名。武夷山市荣获“2020中国茶业百强”“2020年中国茶业品牌建设十强县”称号。

【全力抓好疫情防控】

1. 出台防控指导意见。落实市防组相关文件要求，结合茶业生产实际，专门出台《关于全力做好新型冠状病毒感染的肺炎疫情防控工作的通知》（武茶〔2020〕2号）、《关于抓好疫情防控和春茶生产的通知》（武茶〔2020〕3号）等文件，指导茶产业开展疫情防控，要求茶企落实好企业疫情防控和安全生产的主体责任，切实采取有力措施，按防控指南的要求做好防控工作。利用局公开栏、微信公众号等平台，大力宣传疫情防控知识，提高茶企茶农自我防控能力。同时，落实机关社区防控措施，积极派出党员干部参加社区及市级统一部署的防控工作。

2. 指导茶企复工复产。按照武委办〔2020〕10号文精神，认真落实好市政府出台的16条帮扶措施，下发《关于做好复工复产疫情防控常态化与春茶生产安全工作的通知》（武茶〔2020〕18号），全力支持和组织推动茶企复工复产。通过线上视频方式，对茶企茶农进行春茶加工技术培训2次、春茶安全用药培训1次、安全生产知识培训2次。按照茶业网格化管理要求，落实好网格所在乡镇、街道茶企的疫情防控和复工复产、安全生产的指导、服务工作。积极派出党员干部、专家赴企业指导疫情防控和复工复产

3. 组织开展捐款捐物活动。积极组织茶企茶农开展疫情防控捐款捐物活动，据调查统计，茶企茶农支持疫情防控共捐款捐物1000多万元。同时，组织党员、干部、职工捐款2000多元。

【强化措施，促进茶产业健康发展】 紧紧围绕市委、市政府“一攻坚两行动”战略部署，全力实施茶产业高质量发展行动，按照“11363”目标，突出龙头带动、创新驱动，强化政策引导，大力开展龙头培育、质量提升、标准管控、品牌建设、市场营销、融合发展“六大专项行动”，全面激发“链”式效应，实现茶产业全产业链发展。

1. 扎实开展学教活动。进一步深化“业务大学习、作风大转变、能力大提升”活动，按要求全力组织广大干部职工学好政治理论和业务知识，开展“聚焦‘四个高质量’要求、敢担当勇作为”专题研讨，增强干部职工责任感、使命感，提升工作主动性、积极性。

2. 提升管理服务水平。坚决贯彻落实“绿水青山就是金山银山”的理念，建立管理制度，推动产业健康发展。一是制定产业发展规划。牵头制定武夷山市茶产业高质量发展行动方案；下发茶叶专家人才库和全市茶叶赛事活动管理规定；委托福建农林大学开展茶产业“十四五”规划编制，完成规划编制初稿。二是开展第二轮茶业资源普查验收，已完成茶业资源普查第三方验收，正在提请市委、市政府确定验收结果。三是深入开展茶叶生产加工审评技术服务，全年开展各类茶叶线上线下培训20次，受训人员3500余人次，派出专家130余人次，服务茶企做好茶叶审评及归堆。四是完成茶产业转型升级政策奖励补助资金项目的收集、整理、上报工作。五是推进国有资产处置。完成武夷山市茶厂债权处置资产评估，与福建闽投公司达成初步和解意向；完成吴屯、岚谷茶叶站资产测绘及评估，正在理顺产权问题。六是按期完成对接南平“四比六促”茶产业发展加分项目申报工作。

3. 加强品牌建设管理。进一步开展“认标购茶”工作，完成武夷茶地理标志管理系统招标，制定《武

夷茶地理标志工作方案》，全年完成商品标授权许可企业76家，发放商品标识20万枚，累计完成授权“商品标”使用企业180家，发放茶青卡1500户，茶园面积6万亩；制作完成3个“认标购茶”T型广告宣传牌，7块茶业公共品牌宣传牌制作；“武夷山大红袍”“正山小种”各2个证明商标顺利通过国家知识产权局初核；顺利开展“正山小种”中国驰名商标、武夷岩茶农产品地理标志、“茶业百强县”“茶旅融合十强示范县”等创建申报；完成茶业品牌管理、产业发展在线访谈。

4. 开展市场营销推广。一是对内积极营造茶事氛围。邀请海峡两岸茶业交流协会参与，以茗川世府茶叶合作社为主会场，成功举办5月21日首个“国际茶日”系列活动；组织完成2020首届武夷山“喊山祭茶”文化季活动的组织、策划和实施；协助做好5月1日“云游武夷山、喝杯大红袍”淘宝直播助农带货活动及5月10日举办的今日头条抖音宣传推介活动等。二是对外组织茶企参加厦门“9·8”、深圳等展会，开展“品读双世遗·慢游武夷山”福州专项茶品牌宣传推介活动；授权3家武夷山大红袍推广中心。三是顺利承办国家级A类赛事全国茶叶加工（精制）职业技能竞赛总决赛；“武夷山智荟茶旅游学线路”“朱子茶旅一日游线路”入选全国茶乡旅游精品线路。

5. 推动产业项目落实。一是完成省级现代茶业产业项目的收尾工作。二是落实有机肥替代化肥等项目。建设有机肥替代化肥茶山面积1.6万亩，全年完成项目资金拨付974.7万元，其中2019年茶叶有机肥替代化肥试点项目有机肥补贴、水肥一体化等资金397.2万元；2019年，“农业五新”技术推广项目资金50万元、茶树种质资源保护项目资金20万元；2020年茶叶有机肥替代化肥项目培训、土壤监测、广告牌制作、有机肥补贴等资金331.5万元，2020年“农业五新”技术推广项目资金76万元；完成武夷星智慧茶园建设项目资金拨付100万元。三是争取武夷岩茶产业集群项目建设资金5000万元，实施方案已通过市政府下发，有序推进落实。四是加快茶旅小镇项目建设。会展中心顺利投入使用，完成茶检中心主体建设，成功拆除影响总控室建设的民房，项目建设工作顺利推进中。

6. 抓好春茶生产管理。一是解决好用工不足问题。在充分调动本地用工的基础上，积极扩大机械采摘面积，解决采摘用工不足、成本增加的问题。春茶采摘期间，在落实疫情防控工作的同时，允许对疫情严重地区以外的临时用工人员，通过提供健康码及加强体温检测等办法，缩减隔离时间，以解决企业用工不足的问题。二是发挥骨干企业的帮扶带动作用。充分调动全市规模以上和市级以上龙头企业的作用，动员他们通过扩大产能等措施，最大限度地帮助收购各乡（镇）、街道骨干农民合作社或中小企业生产加工的优质干毛茶，以解决武夷山市存在的茶叶销售难的问题。三是鼓励企业做大做强。鼓励产业龙头企业走“公司+合作社+基地+农户”等路子，通过整合、合作等方式，不断做大做强。同时，各乡镇、街道在2020年春茶生产后，帮助所在地的骨干企业或合作社解决扩大产能的瓶颈问题。

**【双百联动与社区共驻共建】** 积极开展挂点包村和“机关联乡村、党建促振兴”活动，定期深入挂点村五夫翁墩开展茶叶技术与审评培训、人居环境整治、“一对一”帮扶工作，全年累计到挂点村12次，扶持村级发展资金3万元。

（吴林春）

## 林 业

**【概况】** 武夷山市林业局2020年局机关行政编制数11名，事业编制数117名，在编在岗129人，机关内设股室6个，下属事业单位24个。实现全市林业产业总产值99.04亿元，同比增长6.1%，其中第一产业产值6.07亿元，第二产业产值（工业总产值）27.87亿元，第三产业产值65.1亿元。森林覆盖率80.52%，森林蓄积量2009万立方米。

**【绿化造林】** 2020年，全市共完成造林面积1.46万亩，占任务1.05万亩的139.3%；其中“三沿一环”（沿路、沿江、沿海，环城）森林景观带建设面积0.5万亩、“两带一窗口”（高铁“福鼎—诏安”、国家森林步道“武平—武夷山”、省际公路交界窗口）绿美示范片建设面积0.01万亩、村庄绿化0.02万亩、生物防火林带建设0.1万亩、珍贵用材树种造林0.13万亩、林分修复0.48万亩、其他造林更新0.22万亩。不炼山林地清理0.08万亩。完成森林抚育3.63万亩，占任务3.6万亩的101%；完成封山育林5.5万亩，占任务5.5万亩的100%。积极推进国家森林城市创建，开展“春节回家种棵树”、“3·12”义务植树等群众参与度高、社会影响力强的活动，全力推进森林乡村建设和乡村绿化美化。其中，洋庄、大安、赤石、西郊、大渚5个村被授予“省级森林村庄”称号，洋庄、大安、赤石3个村被国家林草局授予“国家森林乡村”称号。

【生态保护】

1.森林资源持续增长。做好伐区调查工作，实现森林资源合理利用，完成年度伐区调查设计189片，面积1.18万亩。其中，病虫害采伐91片面积0.77万亩、采伐蓄积量2.03万立方米，其他采伐98片面积0.41万亩、采伐蓄积量2.73万立方米。根据《福建省森林采伐管理办法》和“十三五”森林采伐限额计划，实行采伐证网上审批办理、张榜公布，推行森林采伐一本账制，实现以利用森林获取经济利益为主向保护森林提供生态服务为主的根本转变。全市共核发采伐许可证176份、林木发证蓄积量4.08万立方米、出材量3.34万立方米。

2.落实生态公益林和天然林保护。2020年列入财政补助的生态公益林面积为70.9万亩（未含武夷山国有林场面积），其中国家财政补助面积30.94万亩、省级财政补助面积27.82万亩、县级财政补助面积12.14万亩。拨付生态公益林补偿资金1478.98万元。列入财政补助天然商品乔木林面积65.05万亩（不含国家公园和武夷山国有林场面积），其中集体和个私补助面积58.25万亩、国有补助面积6.8万亩。拨付停伐管护补助资金1479.79万元，其中集体和个私补助资金1325.12万元、国有补助资金154.67万元。

3.完善林地保护管理机制。认真抓好林地占补平衡和违建别墅摸排，推动林地资源合理配置和优化使用，对涉林项目报批，提前介入，主动服务，全局共抽调重点项目服务7人，助力全市“一攻坚两行动”有序推进。全市共办结使用林地项目报批22个，使用林地面积929.25亩，缴纳森林植被恢复费1698.48万元。

4.推进黄龙岩自然保护区建设。一是森林保护。开展“保护区内人类活动遥感动态监测”“违建别墅问题清查”“绿盾2020”“自然保护区环保问题”等专项巡查。二是基础建设。投入资金约300万元分别用于视频监控建设及宣教中心修缮，在横源、黄龙岩、双岭溪、小溪坪、丘岭等处安装红外相机，对野生动物进行实时监测。三是整合优化。积极做好保护小区、湿地、保护点的红线划定工作，全市划定县级自然保护小区9处、自然保护点38个，面积60.3万亩，湿地保有量为5.58万亩。黄龙岩自然保护区从2015年开始建立，从无到有、从小到大，不断地发展，初步形成了布局较为合理的自然保护区域。

5.遏制违规违法开垦茶山行为。按照“治好存量，禁止增量”要求，精准施策，强力整治，全市共整治茶山面积1440.62亩，其中复种面积957.22亩，新开茶山面积483.4亩。共完成复绿造林8432.8亩，其中2018年整治山场补植面积6263.6亩，2019年整治山场复绿造林面积2169.2亩。通过以“黑名单”动态管理为抓手，更新公布“黑名单”363人，将违规违法开垦茶山的单位和个人列入“黑名单”，对入党对象、人大代表、政协委员、村级支部换届候选人等开展资格审查，实行综合管制措施，有效地遏制违规违法开垦茶山行为。

6.提高依法治林水平。一是加强林政管理。结合一年一度“法治宣传月”、宪法宣传日等活动，开展新修订《中华人民共和国森林法》宣传，抓好森林督查问题图斑调查工作，依法严厉打击各种破坏生态资源的违法活动，建立“严打”长效机制，坚持“专项+联合”多层级联动执法打击策略，开展野生动植物保护、林木种苗等专项行动，加大对非法侵占林地、乱砍滥伐林木行为的精准打击力度。共查处林业行政案件46起，处罚违法人员46人次。二是做好苗木安全及质量监督检查工作。抽查2个苗圃地、7片造林山场，苗批共计26个，涉及杉木、木荷、枫香、香榧等树种5个，及时通报抽查结果并限期整改。

7.有效控制林业有害生物危害。加强与国家公园及建阳、浦城等周边县市（区）的联防联控，组织编制《武夷山市2021年松材线虫病防治年度实施方案》，下发《武夷山市人民政府关于下达2021年度松材线虫病防控目标任务的通知》（武政综〔2020〕107号），切实加强有害生物传播扩散源头管理，抓好产地检疫和监督。全市林业有害生物累计发生面积21.78万亩，完成防治面积21.03万亩，有效防治率达96.01%；组织完成5种虫害和1种病害计11次的监测调查；调运检疫木材2.27万立方米，苗木0.34万株，调运检疫、产地检疫均达100%；完成松树预防性采伐0.4万亩，调查并清理松枯死木4716株。同时抓好加拿大一枝黄花的监测及防除工作，组织除治崇安、新丰、武夷和兴田等区域加拿大一枝黄花，面积1600亩。

8.巩固国有林场改革成果。为确保国有森林资源安全，国有林场成立了福建省武夷山市崇林生态国有林场森林消防队，现有队员27人，并通过市森林消防大队培训。积极争取省级以上财政林业改革补助资金1430万元，用于解决林场改革历史遗留问题，保障国有林场经营管理单位职工基本生活和社会正常运转。同时，与各乡（镇）、街道签署《国有企业退休人员社会化管理移交协议》，移交退休人员311人，其中党员41人。

9.推进森林防灭火工作。以“抓责任、练精兵、控火源”为指导，扎实做好森林防灭火各项工作，健全统筹协调、相互配合的机制，形成工作合力。加强防火意识教育，严禁违法违规野外用火行为。在检查站、国有林场及自然保护地等出入口启用“防火二维码”，全市共发放防火宣传材料2万余份、张贴标语600余张、悬挂横幅58条，通过电视媒体、电信移动等通信工具发送防火短信19万条，制作防火安全警示牌185块、进行培训演练11场次，火险隐患排查45处，全部整改到位。

【林业改革】 全面深化集体林权制度改革。引导适度规模经营，推进林权规范流转，培育发展新型经营主体，着力提高林业经营效益，鼓励社会资本参与生态建设。争取上级资金130万元补助林下经济项目15个。全年新增专业合作社2家、家庭农场4家；全市累计建立省级示范基地56个、林下经济经营面积174.22万亩、林业专业合作社186家、家庭农场29家、森林人家25家。探索“国家储备林+”建设模式。国家储备林精准提升项目自2018年开始建设，通过集约人工林栽培和现有林改培，森林质量有效提升。2020年完成集约人工林栽培1201亩，占年计划1000亩的120.1%；完成现有林改培面积12183亩，占年计划11000亩的110.75%；资金支付15619万元，占年计划11035万元的141.54%。为全面提升国家储备林建设水平和质量效益，积极探索“国家储备林+”建设模式，通过“国家储备林+商品林收储”模式，收储范围由重点区位扩大至全市范围内，有效地盘活森林资源，实现资源变资产的转化。截至2020年底，完成商品林赎买面积21668亩（重点区位内面积2616亩），支付赎买资金9534万元；积极探索“国家储备林+森林旅游”模式，策划以森林为背景的森林旅游与森林小镇项目，满足广大人民群众对良好生态的新期待。

【强化竹业】 抓好笋竹精深加工示范项目，持续实施笋竹精深加工示范项目建设，基地覆盖上梅、洋庄、岚谷、吴屯4个乡26个行政村，涉及2058户农户。完成竹业总产值22.92亿元，占任务22.8亿元的100.53%，其中笋竹加工产值18.5亿元；完成毛竹林丰产基地建设1.25万亩，占任务1万亩的125%；完成留养新竹1436万根，占任务1300万根的110.46%；完成新开竹山机耕路建设45.4千米、新建喷（滴）灌池建设192.86立方米；完成毛竹抚育管理29.78万亩，占任务29万亩的102.69%；完成毛竹标号145万根。2020年，为缓解疫情给企业带来的压力，争取上级财政专项资金350万元，帮扶绿美、正华、宏泰、怡华、阳光、宏远环保、家葳7家竹加工龙头企业，开展生产技术改造项目建设，助企服务12次，协调解决困难和问题2个。组织武夷山宏泰竹木业有限公司进行竹林FSC森林认证工作。协助烟熏、红茶专用燃料棒试验推广，成功推进桐木正山小种红茶松木替代专用燃料棒的研究试验茶样通过国家质量检测。

【完善服务】 2020年，行政服务中心林业分中心迁移至市行政服务中心大厅集中办公，对林农所办理的业务，实行“前台综合受理、后台分类转办、窗口统一出件”的模式，由原来“办事找部门”到“办事到窗口”优化升级转变，进一步树立文明窗口良好形象，受理办结运输、检疫、进出仓等1987件，其中办理森林植物检疫证807份、数量2.29万立方米，办理经营加工企业16家。深入推进“互联网+政务服务”，通过“互联网+放管服”改革，及时录入自然保护地、森林资源、林业有害生物防治、陆生野生动植物等7项监管事项数据，实现监管覆盖率100%。办理各项行政审批1345份，生成林木采伐许可证电子证照200份。通过“互联网+监管”，梳理单位监管事项目录和检查清单，推动监管事项“网上管”“掌上管”，建立“双随机、一公开”事中事后监督检查制度，派出14个检查组、执法检查人员28人次，全覆盖随机抽取11个事项清单与40家检查对象，检查结果及时向社会公布，并报送国家企业信用信息公示系统平台。规范审批事项，细化梳理林业审批服务事项61项，其中行政许可48项、其他行政权力13项，除即办件（28项）外的审批时限项均进行压缩80%以上，从法定时限压缩至4个工作日（不包含现场查验、评估、公示、公告等特殊环节时间）。

【成果转化】 逐步建立成果推广体系，开展林业科技特派员科技服务，通过“香榧嫁接与丰产栽培技术推广”课题研究，总结推广香榧嫁接和高效栽培的实用技术，为林农增收致富提供技术保障。开展临近经营期科技基地山场调查，保留较好山场面积1488.1亩，其中毛竹林138.6亩、板栗林192.7亩、人工造用材林1156.8亩。

（郭 艳）

## 福建省武夷山国有林场

【概况】 福建省武夷山国有林场（简称林场）属公益一类事业单位。辖区分布在兴田、武夷、星村、崇安、新丰5个乡（镇）、街道办的15个行政村。2020年，全场干部职工115人，其中退休干部职工64人、在职在岗干部职工51人，专业技术人员17人，内设办公室、计财股、资源培育股、生产经营股、森林保护股、安办等职能股室和城关管护站、下梅管护站、汀浒管护站。

【森林经营】 2020年，完成“十四五”规划和森林经营方案编制、生态公益林区划界定和经营区范围内的非林地梳理工作。一是资源培育。实施精细化造林，在新造林地上，根据混交树种的特性，因地制宜地采用块状混交方式，确保适地适树。二是景观提升。前期林场景观林资金有部分结余，依据省上下达的森林步道建设任务，林场结合景观林提升改造，在森林步道周边补植福建山樱花，提升森林景观，共补植福建山樱花5000株。三是木材产销。完成2021年伐区作业设计15片，设计蓄积量15266.5立方米，出材量10617.6立方米。

【森林保护】 认真抓好森林防灭火，森林管护，林业有害生物防治，茶山、竹山整治等工作。一是抓好森林防灭火工作。在经营区范围内设立12面防火宣传牌，到各个管护站及所在行政村张贴宣传标语70张；悬挂森林防火宣传横幅3条；开展森林防灭火安全知识培训，参加培训48人次；执行防火期值班和领导带班制，加强护林防火巡查，开展森林火灾隐患排查28次、参加排查人员85人次，全年无森林火警、火灾发生。二是抓好森林管护工作。全年林木损失株数153株，蓄积25.94立方米，回收60株，蓄积14.24立方米，实际损失93株，蓄积11.7立方米；盗伐、滥伐林木行政案件7起，立案7起，行政处罚3起、刑拘2人。三是开展林业有害生物防治。完成马尾松毛虫越冬代、第一代、第二代调查，完成越冬代飞机防治面积3442亩，白僵菌粉炮防治1000亩；完成全年松墨天牛防治枯死木调查，悬挂松墨天牛诱捕器25盏灯，清理马尾松枯死木1000多株。四是持续开展茶山、竹山整治。组织240人次完成茶山整治面积152.7亩；完成茶山复绿补植面积216亩；调查竹山侵占面积约1300亩；组织近400人次开展竹山整治，清理毛竹约7000株。

【安全生产】 开展“安全生产月”活动，张贴安全宣传图片26幅、警示标语16条、安全宣传横幅3条。加大隐患排查治理，有效防范遏制生产安全事故，全年共组织开展安全生产检查43次，查出隐患19起，发放隐患整改通知书19份，整改落实隐患19起（其中限期整改1起）整改率100%。做好岗前安全培训，全年共组织培训21期，参加安全培训人员共计304人次，其中组织营林生产安全培训129人次、木材生产安全培训44人次、安全知识测试培训62人次、场长面向职工讲一堂“安全课”培训46人次、“用火用电用气”演练活动培训23人次。保障安全生产专项资金投入，全年安全管理方面共投入费用24万余元。

【场地共建】 扎实推进“机关联乡村、党建促振兴”工作。开展“机关联社区、党建促治理”活动，与崇安街道百花社区签订《机关联社区共建协议书》。

（袁振耀）

## 水 利

【概况】 2020年，水利局积极践行“水利工程补短板、水利行业强监管”水利改革发展总基调，坚持疫情防控与水利建设工作“两手抓”，紧紧围绕武夷山市委、市政府提出的绿色高质量发展超越的工作目标，争取上级各类水利项目建设资金，推进重大水利项目建设，补足城乡涉河涉水基础设施建设短板。截至2020年底，武夷山市水利局行政编制7名，实有人数6人。下属事业单位3个：武夷山市水土保持站（编制数3名、实有人数2人）、武夷山市水利工程站（编制数14名，实有人数12人）、武夷山市河务管理中心（编制数12名，实有人数9人）。内设综合股、农村水利水电股、审批监督股、水库移民股、党委办公室。

【水利建设】

1. 重点项目建设。继续推进水美城市项目、黄柏溪引水至樟树水库连通工程2个重点水利项目建设。水美城市建设项目（二期）工程完成临安坝水下部分节点的建设，崇安新桥—横山排洪沟段堤角及护岸建设、站前大桥—马厂洲大桥段部分堤角及护岸建设，开展污水管网（一期）项目和金盘亭路提升改造工程等。黄柏溪引水至樟树水库连通工程累计完成投资9000余万元，6.02千米无压引水隧道于1月18日全线贯通，施工过程中未发生一起生产安全事故。

2. 新一轮中小河流域综合治理。2020年，3个项目建设中，总投资8342.81万元，综合治理河长13.33千米，新建护岸总长11.17千米，旧堤加固2.66千米，河道清淤、清障整治长度13.33千米。其中，潭溪二期治理工程总投资2679.05万元，2018年12月14日开工建设，年内完工；东溪中小流域治理工程总投资3469.76万元，2019年4月1日开工建设，年内完工；东溪中小河流治理工程总投资2194万元，2020年4月10日开工建设，完成合同工程量80%。

3. 安全生态水系项目。总投资1250万元，位于东溪岚谷乡和吴屯乡集镇段，综合治理河道8千米，清淤4.3千米，建生态护岸960米，硬质挡墙绿化4千米，河滩地及岸坡植物补植绿化1.8万平方米，2019年3月初动工，年内完工。

4. 兴星灌区重点中型灌区节水配套改造项目。总投资2574.73万元，主要建设内容有：新建大渚村左干渠渠首拦河坝1座，防渗衬砌渠道长度10.43千米，排水沟改造长度4.45千米，渠系建筑物改造50处，新增量测设施及灌区信息化系统1项，2019年9月28日开工建设，年内完工。

2020年1月18日傍晚，在洋庄乡洋庄村山口引水隧道口举行武夷山市重大水利工程黄柏溪引水至樟树水库连通工程隧道全线贯通仪式，市政府副市长范震昆（右一），水利局及业主、施工、设计、监理等各参建单位负责人参加贯通庆典仪式（肖力摄）

5. 水土流失治理工程。2020年，国家水土保持重点建设工程武夷山市梅溪、澄浒溪、樟树、溪洲小流域水土流失综合治理项目，综合治理水土流失面积12.27平方千米，安全生态水系涉及河道长度3.4千米，项目总投资575.16万元，其中中央补助资金400万元，年底完工。

【河湖长制】 把河长制工作与城市攻坚战、人居环境整治工作相结合，持续推进常态治水、长效治水。

1. 强化组织领导。进一步强化河长湖长履职尽责，抓实抓细河湖管理各项工作。3月，根据人事变动调整充实市河湖长制工作领导小组成员，全市各级河长办按要求完成标准化建设。完成生态巡查中心智慧河长信息管理平台系统建设，并投入使用。

2. 加强巡查督导。市河长办坚持月巡查督导机制，采取“四不两直”（不发通知、不打招呼、不听汇报、不用陪同接待，直奔基层、直插现场）的方式，联动督导整治破坏水生态环境行为。开展跨区域联动协作，5月21日市河长办与建阳区河长办联合开展崇阳溪河道巡查督查工作，共发现问题22个，下发整改通知书3份。全年市河长办共下发问题清单5批次，涉及问题126项；各乡级河长办累计拆除河道两岸违建1000余平方米，依法铲除约6000平方米河岸违法种植茶苗和种菜行为；深入开展“全域无垃圾”专项行动，市区河道专

武夷山市水利局9楼建成的市河长制智能化生态巡查中心

（肖 力 摄）

项整治行动共清理垃圾450吨。

3. 推进流域治理。全年市级河长共巡河80次，乡级河长巡河2951次，全市河道专管员巡河29021次，清理垃圾19655起。各级河长办依法收缴电鱼设备3套、钓鱼器具6副，劝阻垂钓人员14人次，岚谷乡河长办投放鱼苗4000余千克。完成兴田电站库区水葫芦整治自动化打捞设备安装，并建立水葫芦转运协调机制。全市水功能区水质监测点9个，达标率为100%；市级以上集中式饮用水水源地水质达标率100%；行政交界断面水质，达标率为100%；4个新增乡镇交接断面水质监测结果均达到Ⅱ类水质及以上。

4. 注重舆论宣传。促进社会力量参与监督，提升河流保护管理水平。多次组织党员群众、公益志愿者开展河道环境综合整治、巡查保洁工作等主题活动。累计开展人居环境整治志愿活动33次，发放各类宣传单4000余份。开展河长制社会宣传活动2次，微信公众号发布信息90期，编发河长制工作简报22期，市网站专栏信息更新90条；中国水利报，省、南平市简报，南平市河湖公众号、电视台等各级各类媒体用稿202次。

**【贫困人口饮水安全工作】** 强化责任担当，完成“两不愁三保障”之饮水安全任务。以防疫战“疫”的标准和力度，推进全市贫困人口饮水安全排查、整改和巩固提升工作。水利局成立4个工作专班和7个排查小组开展入户排查复核，实行局领导分片包干到乡镇、街道，局干部包村联系到户指导的工作机制，全局人均包干贫困户20余户。对排查复核逐户梳理存在的问题，建立问题台账，并下发给所在镇、村组织整改落实。积极向上级水利部门争取及调整巩固提升建设资金460余万元，解决排查中发现的各类工程性问题，共涉及6个乡（镇）街道，18个贫困村，受益人口1.9万余人。全市建档立卡贫困人口1313户、3335人水质达标率100%，各水厂的水量、水质、用水方便程度和供水保证率4个方面的综合评价全部达标。

**【防汛抗旱】** 按照省上要求水利局与应急管理局防汛合署办公，严格落实防汛责任，认真组织开展各项防汛工作。“7·9”洪灾后，争取中央及省上支援的资金、物资110余万元，督促到位理赔金220余万元，确保了重灾村洋庄大安、坑口等村的水毁水利设施修复资金。一是工作早部署。及时学习上级防汛会议和文件精神，适时调整市防汛抗旱指挥部组成人员，及早召开全市防汛工作视频会议和全市脱贫攻坚、防汛抗旱及河长制工作专题培训会。二是汛前早检查。3月16—20日，全市分4个组对乡（镇）、街道、场开展汛前防汛备汛大检查，共抽查出37处问题并限期整改。全市市乡防汛指挥系统运行正常，自动监测站点全面维护到位。三是预案早修订。完成各级各有关单位的各类防汛救灾应急预案和避险转移预案修编，完成水库防洪抢险预案和水库调度运用计划的修订等。四是物资早准备。全市防汛物资储备齐全，共有14座防汛抢险救灾仓库，其中市防汛办、东溪水库、交通局、建设局各1座，10个乡镇各有1座。安排落实市级救灾应急预备金100万元，各乡镇落实救灾应急预备金3万—5万元等。五是队伍早整训。全市共组建15支防汛机动抢险队伍，其中人武部、蓝天救援队、住建局、交通局、东溪水库管理局各1支，10个乡镇、街道各1支。4月前，完成市防汛防台风应急抢险灾后重建技术队伍和施工队伍的调整和补充，各乡（镇）、街道、农茶场均开展队伍演练活动。

**【水电站生态下泄流量】** 2020年，全市水电站生态下泄流量设施改造任务数48处全部完成，完成率100%；完成48处在线监控装置

2020年7月23日，省防汛防台抗旱指挥部派遣的省防汛抗旱抢险第三支队党员先锋队在抢修洋庄乡大安村水毁道路　（肖　力　摄）

安装工作，完成率100%。配合生态环境局完成除4处无联网信号外的其余44处在线监控装置的联网工作。

【水利改革试点工作】　成立武夷山市推进农业水价综合改革领导小组，完成《武夷山市农业水价综合改革实施方案》编制。2020年农业水价综合改革任务3.38万亩。根据实际情况制定一系列政策措施，安装计量设施，开展农业水权分配，用水合作组织建设，农业水价形成机制，制定精准补贴和节水奖励政策；开展2019年53个农田基础设施管护试点村考核评比；试行小型公益性水库社会购买服务工作，开展16座小型公益性水库维修养护。

【水资源和河道监管】　入库水资源费185万元，完成全市69户办证取水户核查工作。加大河道违法采砂摸排巡查，共巡查105次，发送责令停止水事违法行为通知书24份，水事违法案件立案17起，已查处办结15起，处罚金额37.5万元。

【水土保持监督】　加大水土保持法律法规宣传，严格水保方案审批及验收。共审批水土保持方案10项，其中水土保持方案报告书6项、水土保持方案报告表4项。水土保持验收36项，征收水土保持补偿费19万元。落实水土流失防治责任范围面积0.68平方千米，增加水土保持投资3550余万元。

（肖　力）

## 东溪水库

【概况】　2019年12月，根据《关于市东溪水库管理局更名的通知》（武委编〔2019〕42号）精神，决定将武夷山市东溪水库管理局（相当副处级）更名为武夷山市东溪水库运行调度中心（相当副处级）。2020年12月，根据《关于调整武夷山市东溪水库运行调度中心隶属关系的通知》（武委编办〔2020〕36号）精神，决定将武夷山市东溪水库运行调度中心调整为隶属武夷山市人民政府的直属事业单位，其他机构编制事项不变。2020年，编制44名，在职34人，内设办公室、保卫科、财务科、工程管理科、园林基建科、综合经营科6个科室。全年东溪来水量6.51亿立方米，东溪一级电站发电量4450万千瓦时，发电用水量5.8亿立方米。

【防洪防汛】　坚持贯彻“安全第一，常备不懈，以防为主，全力抢险，加强协调，扎实工作，力争不死人、少损失，把人民生死安全放在首位”的防汛方针，实行行政领导负责制，遵循“保大坝、顾上下游，重点保市区、机场”的防洪原则，立足于防大汛、抗大灾，从早、从紧、从实做好充分准备。2月初，组织科室技术骨干编制《2020年东溪水库汛期防洪调度运用计划》《2020年东溪水库防汛抢险应急预案》，并针对防汛抢险应急预案，运行中心制定《关于成立东溪水库防汛抢险应急指挥机构的通知》，明确中心干部职工在防汛抢险中的分工和职责。3月初，全工程管理科人员按照各自的分工投入汛前大检查工作中。根据水库大坝自身的特点对重点部位做了认真细致的检查，尤其是对溢洪道、闸门、启闭机及电源的检查，发现隐患及时整改，确保设备在汛期能安全正常运行；对水库控制的东溪流域和西溪流域的所有水情遥测站点的设备进行检查、维护，保证设备在汛期能正常运行，为水库洪水预报调度系统的正常运行提供准确的信息资源；并对坝头值班室的值班主机、大坝安全监测系统的监测机、服务器等计算机进行维护，发现问题及时处理，保证它们在汛期能正常运行。同时，对坝区的供电系统及备用电源设备进行检查、维护。并将水库下

2020年4月24日，东溪水库举行防汛抢险应急预案演练（李庆明 摄）

游的泄洪预警系统11站点的设备全部安装到位，确保水库下游至城关沙古洲段8千米范围内河道的行洪安全。2020年，东溪水库坝址以上流域平均降雨量2007.8毫米，降雨天数184天，其中大于20毫米的天数21天，大于50毫米的天数5天，大于100毫米的天数1天，最大日降雨量109.1毫米，发生在5月29日；全年最大的一场洪水为“20200709”洪水，最大入库流量900米³/时，发生在7月9日11时，最高洪水水位264.4米，出现于7月10日20时40分。最大下泄250米³/秒，出现于7月10日20时40分。最低库水位243.44米，出现于11月7日8时；溢洪道弃水量0.78亿立方米。水库下游7千米处城关水文站最高洪水位203.92米（保证水位204.5米）出现于7月9日10时20分。2020年东溪水库严格按《关于山美等9座大中型水库2020年汛期防洪调度运用计划的批复》（闽防〔2020〕7号）中的调度方案执行。

2020年12月4日，东溪水库大坝安全监测自动化系统升级改造施工现场 （周小文 摄）

【综合经营】 一是水库水体养殖。东溪水库有5.8平方千米可利用水域，水库养殖鱼种主要是白鲢、红鲢；野生鱼种有草鱼、鲤鱼、鲳鱼、赤眼鳟、鲫鱼等，年平均产鱼10万千克。二是网箱养殖。东溪水库网箱养殖主要有鳗鱼、鲈鱼、鲤鱼、沟鲇等鱼种。三是茶果山种植。东溪水库因洪水造成水土流失、塌方等现象，2020年有茶山100.5亩，其中老茶山81亩。茶山主要品种为肉桂、水仙。

【库区植被保护】 1996年12月，武夷山市人民政府发布《东溪水库库区森林植被保护暂行规定》，确定东溪水库第一见面山12.47平方千米森林管理权归东溪水库管理局，从根本上解决了乱砍滥伐，无权管理的问题，库区森林植被得到有效保护。湖内常见的候鸟有水葫芦、野鸭、野鱼鹰、鸳鸯。

【平安库区建设】 2020年，按照创建“平安库区”的要求，坚持多管齐下，切实做好社会治安综合治理工作，加强值班巡逻。一是按市公安局反恐大队要求，上交运行中心反恐计划部署以及自身存在的问题，大坝及周边附属物的图纸等一系列材料。二是保卫科配合工程管理科做好防汛工作，认真执行24小时值班制度，做好夜间巡逻检查。三是根据武夷山市大督查工作领导小组办公室《关于东溪水库有关问题整改的督办函》和南平市中央环境保护督查整改工作领导小组办公室《关于武夷山东溪水库网箱养殖问题的督办函》的要求，武夷山市东溪水库运行调度中心高度重视，立即组织成立工作组，并积极与市水利局、农业农村局、生态环境局、吴屯乡等相关单位联系，积极主动开展东溪水库的网箱养殖整改工作，东溪水库共有网箱养鱼户7户，面积19343平方米，其中库区移民养殖户3户（面积8640平方米，鱼约35万千克）；外地养殖户4户（面积10703平方米，鱼约40万千克）。有钓鱼平台22个，拥有冲锋舟31艘。截至2020年底，库区所有养殖户已中止所订购的鱼苗，并陆续出售成品鱼约25万公斤，清空网箱2045平方米。尚余约20万千克鱼，已制定强制执行工作方案，由政府组织公安、城管等部门强制拆除钓鱼平台和网箱。四是东溪水库与市检察院、法院、公安局等完善“生态司法保护示范区”联席会议制度，并深入库区进行法制宣传活动。五是按照上级部门的要求，认真做好群众安全感和满意度等综治平安工作。

【督查整改】 4月17日至5月11日，省、地、市三级督查组对东溪水库进行督查，指出东溪水库存在的安全隐患，针对存在的问题逐一进行落实整改，整改完成的项目有：闸门启闭机溢油的处理、闸门启闭机四周警戒线的设置、防汛仓库对面山坡塌方处的削坡处理、柴油贮存处防油门槛的设置、柴油发电机房消防沙池的设置、坝区左右岸300米内范围禁止船只人员进入警示牌设置等。最大的整改项目东溪水库大坝安全监测自动化系统升级改造项目，总投资192.26万元，根据公开采购程序由江西武大扬帆科技有限公司中标，11月20日乙方进入现场施工。

（李庆明）

## 农业机械化

【概况】 武夷山市农业机械管理站为农业农村局主管的参照公务员管理事业单位，机构情况与上年相同。2020年，武夷山市农机总动力达到23.63万千瓦。拥有拖拉机773台，拖拉机配套农机具2315部，排灌机械3663台，联合收割机542台，水稻插秧机356台，茶叶采摘、修剪及初加工机械39811台。全年完成机耕面积21.7万亩，机插秧面积6.85万亩，机电灌溉面积7.34万亩，机械植保作业面积4.81万亩，机械收获面积17.92万亩，农机服务收入2.62亿元，2020年市水稻机耕水平97.24%，机插水平36.28%，机收水平94.91%，水稻生产综合机械化率78.21%，取得较好的经济效益和社会效益。

【农机安全生产】 全面落实“党政同责、一岗双责、失职追责”的工作要求，强化安全生产“红线”意识和“底线”思维，连续多年实现农机事故零死亡目标，农机安全生产形势保持稳定向好，确保了人民生命财产安全。一是落实农机监理优惠政策。强化市农机监理业务工作，严格按照《拖拉机登记规定》《联合收割机及驾驶人安全监理规定》等规定办理牌照，切实加强农机监管服务能力建设，落实农机监理优惠政策，办理农机监理业务102次，其中开展上门服务6次，快递办理业务56次，极大地方便办事群众。二是营造安全生产氛围。安全生产月期间，采取线上为主、线下为辅的方式，充分运用ECP短信平台、互联网、单位网站、窗口显示屏等大众传媒，开展农机安全主题宣讲、安全宣传咨询、安全警示教育等活动。全年面向农村广大农民群众和农机手，结合召开现场会、培训会、“平安农机”创建工作等活动，开展6次农机安全生产宣传，悬挂横幅、宣传画、展板46个，发放宣传资料2600余份，受益700余人次，在春运、春茶采摘季节、汛期等重要时间节点发送安全宣传短信900条。三是抓好安全隐患平排查。强化部门联合协作，打击各类违法行为，开展安全生产大检查，打击拖拉机违法行为，及时消除农机安全隐患，确保农机安全生产，与公安交警部门联合开展拖拉机专项整治行动、道路交通安全三年专项行动，开展各类农机安全生产检查14次，农机安全“双随机”工作1次，整治违法违规行为3件，排查农机安全隐患6处，整改完成6处，全部实现“闭环”（即排查、登记、整治、监督、销号全过程管理，确保隐患整改落实到位）。四是深化“平安农机”示范创建。2020年完成五夫镇南平市级“平安农机”示范乡（镇）创建工作，五夫镇大将村、毛厂村、典村村、溪尾村、田尾村等5个行政村被评为“平安农机”示范村，彭寿一等20户农机户被评为“平安农机”示范户。五是提升应急处置水平。依托武夷街道全新农机农民专业合作社开展农机安全生产事故应急演练，进一步增强农机驾驶人员处置农机突发事故的应急能力、自救能力与农机安全生产意识。

【农机购置补贴】 2020年，武夷山市申请使用农机购置补贴资金4808万元，较上年2749万元增长74%，补贴机具12152台（套），资金使用量创历史新高，占全省使用资金的19.7%，无论补贴资金使用总量还是结算进度连续8年位全省前列。全力提升服务水平，继续推行“福建农机补贴”App，努力实现一趟不用跑。2020年，购机者使用手机App办理补贴申请4347份，占总申请数的70.6%。

【农机示范推广】 2020年，市农机站围绕“农业高质高效、乡村宜居宜业、农民富裕富足”的工作目标，突出特色产业，因地制宜推广使用新机具，推进茶叶生产机械装备升级，保障茶产业高质量发展。

1. 积极引进研发新机具。一是引进山地轨道搬运机。针对老旧茶园无机耕路，茶叶生产只能肩扛背驮，在原有的茶园步行便道上，安装轨道，解决肥料上山，茶青下山的问题，打通茶园搬运“最后一千米”。截至2020年底，铺设山地搬运轨道71条，16962米。二是研发茶叶萎凋烘一体机。引导武夷山永兴机械公司与武夷学院联合研制茶叶萎凋烘干机，不仅解决茶叶烘干问题更是解决雨天凉青萎凋难题。三是参与研发丘陵山区茶园使用的开沟施肥覆土一体机，缓解人工开沟施肥耗时、低效、高成本的问题。

2. 积极开展新机具试验。承担农业农村部茶园生产主要环节机械化试验示范项目，在茶叶修剪、茶园松土除草、有机肥深施、高效植保、茶叶采收等环节试验了新型茶叶修剪机、田园管理机、开沟施肥覆土一体机、农用植保无人机、新型双人采茶机等新型机具，通过对比试验，找出适合福建省丘陵山区缓坡茶园生产的机具配置方案，推进丘陵山区茶园生产机械化进程。

3. 积极开展示范推广。承担省农业农村厅“五新”（茶叶新机具）示范推广项目，建立茶叶生产全程机械化示范基地2个、示范点3个，示范面积2000余亩，举办6场茶叶生产全程机械化现场观摩活动，开展茶园管理、茶叶加工全程所需新机具展示、新技术现场培训，现场培训500余人，取得良好的社会效果。同时，践行生态发展理念，承办南平市新型机具演示推广现场会，推广使用生物质醇油（生物质颗粒）燃烧机（炉），解决武夷山茶叶烘炒大量用柴、烧煤破坏生态环境，影响村容村貌问题，推动美丽乡村建设。

4. 积极探索创新推广方式。采取“农机推广+种植基地”模式，重视推广与茶产业发展融合，农机与农艺融合，将新机具、新技术及时传递给茶农，挑选适合的连片茶园，建设试验基地、示范基地，通过示范使用，试点推广，起到“以点带面”作用，增强茶农的感知，加快新机具的推广，新技术传播。

（郑　弘）

# 工 业

## 综 述

**【概况】** 武夷山市工业和信息化局（简称市工信局）成立于2019年1月，主要职责是负责全市工业管理、经济运行、经济技术协作等，下设综合股、经济运行和资源利用股（节能监察中心、市电力执法办公室）、投资规划和技术进步股、企业和行业管理股和信息化推进股5个股。至2020年底，全局编制11名，在编在岗10人。

2020年，全市有规模以上工业企业61家，累计完成总产值124.1亿元，同比下降18.1%；累计完成工业投资88.47亿元，同比增加37.1%，排名南平市各县（市、区）第五，其中技改投资累计45.93亿元，同比增加232.5%，排名南平市各县（市、区）第一。

**【疫情防控开展有序】**

1.保障防疫物资市场供应。采取政府兜底收储的方式鼓励企业加大防疫物资采购力度；制定防疫应急物资产品最高限价，稳定市场价格；全面了解市场动态，安排专员每日了解全市各大药店防疫应急物资市场供应、库存、购进等情况。开启“绿色通道”，全力支持企业增加口罩生产线，协调帮助企业解决生产许可、原材料供应、物流运输、融资贷款、招工用工等问题。捷安医疗等3家企业共新增口罩生产线25条，日产能超75万个，全市口罩供应保障能力持续加强。

2.不等不靠，多方筹措防疫物资。主动对接上级工信部门，并广泛发动企业家群体对接境内外防控应急物资资源，多渠道做好防疫物资采购和捐赠工作。累计接收、调拨防控应急物资91批，包括各类民用口罩680810个、防护服2300套、额温枪195把、电子测温枪14把、橡胶手套4200副、84消毒液10桶、酒精309瓶、次氯酸钠和过氧化氢各2500千克、消毒湿纸巾13箱、生活纸巾30箱、护目镜150副。

3.强化企业主体责任，落实防控措施。建立复工复产监督制度，督促企业严格落实企业疫情防控主体责任，签订疫情防控承诺书，指导复工复产的企业建立主要负责人负总责的疫情防控机制，完善企业疫情防控内部责任机制和应急预案，明确企业疫情防控应急流程、责任人及工作职责，做好人员防疫管控、防疫物资储备、场所消杀等工作。

4.加强企业复工复产指导。会同卫健部门（疾控中心）、市场监管局等部门指导企业开展疫情防控工作，督促企业储备防疫物资，规划好体温检测区和留观区；加强员工健康防护管理，对员工实施分类管理，建立员工健康档案，并严格落实每日动态登记制度和体温监测制度；加强就餐防护管理，合理调整供餐方式，采取分餐制，鼓励企业分时段、分批次用餐，减少人员集聚等。

**【复工复产帮扶到位】**

1.挂点帮扶，提振企业信心。健全完善领导挂企、部门帮企、干部联企的精准帮扶工作机制，牵头组织开展规模以上工业企业复工复产帮扶督导工作，27名厅处长挂企、47名科局长帮企、20名干部联企共同服务61家工业企业，着力解决企业防疫物资紧缺、招工难用工不足、茶叶销售遇冷、确权办证、贷款融资等方面的困难问题，协调相关部门反馈落实。同时，加大对重点产业龙头企业帮扶力度。市委书记、市长分别挂点帮扶武夷星和正山茶业，推动武夷星列入“小巨人领军企业”培育计划，培育武夷星、正山堂申报武夷岩茶和正山小种领域的单项冠军企业（产品）。

2. 开足马力，落实惠企政策。支持企业增产增效。正华竹木等4家企业列入省级制造业增产增效行动计划；捷安医疗入选工信部新冠肺炎疫情防控重点保障企业；嘉乐食品等5家企业入选南平市防疫物资重点生产企业；香江茶业等5家企业入选南平市食品类地产名优品目录；鑫泰新能源等3家企业入选南平市公建和政府采购类名优工业品目录。

3. 精准施策，提升帮扶成效。一是市工信局配套出台实施正向奖励，制定出台工业稳增长正向激励、鼓励制造业增产增效、点对点专车接回员工补贴等政策，组织兑现奖补资金31.75万元，惠及绿美竹木等25家企业。二是支持全市企业扩产、转产和新建生产口罩，给予设备购置补助和达产奖励，兑现奖补资金247.25万元，惠及捷安医疗等3家企业。三是落实中央支持应急物资保障体系建设奖补政策，下拨医疗物资设备生产动员能力建设补助资金40万元。四是为企业复工复产创造条件。在防疫期间，共为规上工业企业调拨配发一次性口罩17.09万个、防护服870套、体温枪145把、手套2200副、84消毒液（25升）10桶；在临时交通管制和人员管制期间，为复工企业发放人员和物资运输车辆通行证108份，企业务工人员出行通行证588份。

4. 完善融资服务，助力企业发展。一是加大对企业的金融支持，开展工业企业贷款贴息推荐申报工作。为宏远环保新材料等6家企业申请贷款贴息政策补助，共获得10.94万元补助资金；为美华实业等18家企业争取福建省中小微企业纾困专项贷款，武夷星等7家企业获得中小微企业纾困专项资金贷款3870万元；为永生茶业等6家企业提供应急转贷资金4960万元，小贷公司减半收取转贷利息。二是加大对企业的税费支持，实施困难企业帮扶行动。启动实施中小微企业认定工作，为顺鑫木业等14家企业出具中小微企业认定证明，为落实国有经营性租赁费减免政策创造条件；加大小微企业转贷服务，制定并实施《武夷山市中小企业转贷资金管理办法》，设立2500万元转贷资金，实行转贷企业名录制管理，减少转贷审批手续和环节，降低转贷资金利息，缩短转贷办理时间，降低企业转贷成本。自2014年设立以来，累计使用78次，76137万元，保障企业31家。

**【企业发展措施落实】**

1. 压实目标责任。围绕市委、市政府和市工信局下达的目标任务，制定出台《武夷山市工信系统绿色发展考评评价办法》，将规模工业增加值增长率、工业投资（含技改）增长率等绿色发展考评指标任务进一步分解、细化到各乡（镇）、街道和重点企业、重点项目，压实责任、传导压力，通过加强考核奖惩倒逼责任落实。

2. 狠抓经济运行。完善月度运行跟踪协调机制，加强运行监测，重点围绕高增加值行业和重点企业，特别是亿元以上企业，密切跟踪规上工业增加值、用电与税收的增速变化和新增长点情况，精准研判存量、增量、总量、增速及整体运行变化，深耕细作、一企一策，用足用好工业稳增长正向激励政策，盘活存量资源，推进存量企业加快释放产能。

3. 强化主体培育。加速壮大龙头企业，支持武夷星、正山堂、正华竹木等龙头骨干企业加快实施增资扩产、转型升级，做强品牌、做精主业、做长链条。梯度培育中小企业，围绕企业成长链条，建立“小升规”企业动态培育名录库，有序推进入库企业上规工作。加大招商引资工作力度，引进一批“建链、补链、延链、强链”工业项目，增强发展后劲。

**【企业权益维护保障】**

1. 加强组织领导。做到主要领导亲自抓，分管领导具体负责，按照“分级负责，谁监管、谁负责，谁拖欠、谁负责”的要求，实现清欠工作的全面覆盖。

2. 完善长效机制。通过建立专班专组、公布举办电话、召开联席会议等方式，加强对涉及拖欠民营企业账款工作的协调安排、投诉举报的查处、招标前置条件约束等工作，防止拖欠账款新增。至年底，全市无拖欠民营企业中小企业账款情况。

**【安全隐患排查整治】**

1. 企业房屋结构安全隐患排查。市工信局成立4个工作小组，对全市规上工业企业房屋结构开展安全隐患排查整治工作。根据《关于“回头看”工作各级各部门职责分工指导意见》（南房治综〔2020〕75号）职责分工，工信局负责工业园区（经济开发区）以外的规模以上工业企业房屋（规模以下工业企业由属地负责排查整治）、物流仓储企业等房屋结构安全隐患排查整治工作，共摸排规上工业企业房屋121栋，发现一般隐患3栋，均已整改完毕；对管理的国有资产开展摸排，发现原食品厂职工宿舍楼(北门街151号)存在重大安全隐患1栋，并立即开展整改。该楼住户于5月20前全部搬离，房屋进行封闭，并根据鉴定报告处理建议，聘请具备相应资质的设计单位、施工单位对房屋进行正规的设计，加固施工，年底完成。

2. 安全生产大检查和行业重点领域专项执法检查。落实市安委会和上级主管部门的工作部署，开展民爆和信息化企业安全生产专项整治，共开展检查22次，排查出安全隐患16条，督促整改完毕15条；配合有关部门开展茶叶生产、粉尘防爆、液氨使用等安全隐患排查工作。

【落后产能清理淘汰】

1. 违法违规产能清理整顿。通过完善综合标准体系，严格常态化执法和强制性标准实施，对达不到标准和生产不合格产品或淘汰类产能依法依规关停退出，推动生态环境质量改善，促进产业结构优化升级。

2. 加快发展循环经济。组织发动当地符合条件的企业和园区按照国家评价标准申报绿色工厂、绿色设计产品、绿色园区、绿色供应链等绿色制造示范深化循环经济示范试点，加大企业技术创新力度，鼓励企业引进、消化、吸收先进节能技术，提高能源利用效率。

3. 严格项目准入。强化事中事后监管，严格限制高耗能项目准入，从源头上杜绝能源浪费，提高能源利用效率，加强能源消费总量管理。

（樊偲琦）

## 武夷山生态创业园区

【概况】 2020年，武夷山生态创业园区管委会认真贯彻落实省、南平市和武夷山市工作部署，围绕疫情防控、复工复产，“一攻坚两行动”工作主线，加快项目建设进度，着力提升服务质量，创新发展，形成特色产业集群的主线，主动作为，攻坚克难，扎实有效地推进园区各项工作持续健康发展。至年底，入园企业共73家，其中规模以上工业企业27家；正常生产经营37家，停产5家，半停产1家，在建18家，未动工12家。2020年，企业固定资产投资1.23亿元，完成税收4380万元，其中规模以上企业税收3842.18万元。

【疫情防控】 疫情防控期间，成立园区疫情防控社区管控组、联防联控组、企业复工组、物资保障组、交通保障组、在建工程复工组及后勤保障7个专项小组，帮助36家企业有序复工复产，实现非公企业复工复产率100%；成立服务企业网格组，通过网格化管理，主动服务企业，由网格员对企业疫情防控工作进行指导，常态化抓好园区企业疫情防控工作，确保防控措施落实；扎实落实“六稳”“六保”等政策宣传，园区党群服务中心下设的政策解读服务站与相关业务部门对接，确保惠企政策落实。例如，捷安医疗公司截至年底，享受专项设备补助款100万元、财政贴息6.5万元、社保优惠6000元、降成本（电费）1.5万元，最大限度地降低企业生产经营成本，减轻企业负担。

【“一攻坚、两行动”】 一是推进仙川路、仙新路、公厕改造项目建设。三个项目总投资近1.2亿元，为1100亩工业用地提供基础配套，其中仙川路于8月实现主路通车，公厕改造工程已完成并启用。二是围绕《武夷山市茶产业高质量发展行动方案》，规划建设武夷山绿色食品产业园区，形成茶产业专业园、绿色食品加工园、企业孵化园和公共服务配套区的“三园一区”格局。三是启动以茶为主的绿色食品产业园区规划设计的对接工作，主动对接香江茶人小镇建设，创客中心一期已完成各楼栋的结构封顶和外立面装饰工作。四是推动企业增资扩产。绿洲集团投入600万元，新上茶业生产线；捷安公司投入300多万元，引进10条口罩生产线，产值得到明显提升。五是解决持续10余年的征迁难题，为项目推进保驾护航。

【招商引资与项目建设】 2020年，引进八马茶业、永鹏茶业（岩霸）、溪谷留香茶业、鑫田机械、香江云茶兴等项目，其中八马茶业晋位规上企业，上缴税收1000余万元。稳步推进香江创客中心建设，推动晟达彩印、嘉达茶业、兰苑茶业、醉正岩茶业、竹窠赵氏茶业、津漫茶业、恒联茶业、金观音茶业、茗宛峰和东方六和等项目建成投产，园区产业集聚进一步增强。

【基础设施】 提升一期基础设施建设水平，完成园区生物小区雨污水管网修复工程、园区茶云支路道路工程、园区茶云支路排洪沟工程、仙花路排水工程、仙安路给水管道改造工程等基础设施建设。

【安全生产】 一是制定下发《企业安全生产主体责任的18项清单》和《园区安全生产专项整治三年行

动实施方案》，全面推动安全生产领域责任体系的落实、完善。二是实行网格化管理，将安全生产监管体系做细、做实，并组织网格内企业学习安全生产专业知识。三是结合安全生产月活动，开展重点、突出领域专项检查、指导，与应急局开展联合执法。四是网格化开展企业房屋安全结构隐患大排查，分门别类、轻重缓急进行安全隐患整改，形成闭环管理。五是深入企业进行锅炉、排污情况自查工作，建立常态化巡查制度，确保不冒黑烟和污水乱排。

**【优化服务】** 围绕“创城”“创卫”，不遗余力提升园区人居环境，抓好人居环境整治，建设美丽园区。一是完善服务制度，制定落实《武夷山生态创业园区党委委员联系支部工作制度》和《机关工作人员网格化联系企业制度》。二是投资建设园区公交车充电桩项目，加密园区公交班次，全力解决园区企业员工上下班乘车难问题。三是设立园区党群综合服务中心，下设全程代理服务站、政策解读服务站、法律援助服务站、招工招聘服务站、党群服务站及经济发展服务站。

**【制度建设】** 草拟《园区历史遗留问题处理建议方案》和《园区企业厂房转让和出租管理办法》并经市政府常务会通过，为解决园区历史遗留和发展中出现的问题提供解决路径；与自然资源局共同研究制定《园区工业项目建设用地量化指标（草案）》和《工业用地供后监管办法（草案）》拟提交市政府研究，为提高工业用地效益打下制度基础。

（林　芳）

## 二轻工业

**【概况】** 武夷山市二轻工业总会为归口武夷山市工业和信息化局的正科级事业单位。2020年共有在册职工23人，其中退休人员21人。机关设综合办公室、财务股、人事物业股。下辖二轻工业供销公司、旅游工艺品总厂2家企业。全系统在册职工110人，其中退休人员93人，资产总计1281万元。主要产品有木制工艺品、家具、仿古雕刻系列等。2020年，武夷山市二轻系统有3人被评为南平市工艺美术大师。

**【生产经营活动】** 2020年，下属武夷山市二轻工业供销公司停业，只有武夷山旅游工艺品总厂生产经营，主要生产仿古雕刻家具、木制工艺品、旅游工艺品、茶叶包装盒等。全年产值96万元，销售90万元，上缴税收0.2万元。

（张祖荣）

## 电力开发

**【概况】** 2020年，武夷山市水利电力总公司（简称公司）机构人员情况与上年相同。

2020年，公司在市委、市政府的领导和上级主管部门及市国资部门的指导下，认真贯彻习近平新时代中国特色社会主义思想，继续开展“不忘初心、牢记使命”主题教育，以巩固深化主题教育常态化、制度化成果和推进支部党建为重点，加强党建责任落实，不断提升企业科学管理水平，为企业发展提供强有力的组织保障，基本完成各项年度计划。全年未发生人身伤亡、恶性误操作等重大事故，实现安全生产。

**【企业总体经济平稳运行】** 2020年，全公司总发电量（销售）10026.87万千瓦时，比上年减少1211.53万千瓦时。实现销售收入2799.63万元，比2019年度减少313.39万元。公司各类固定资产投入约147.5万元，较好地完成国有资产的保值增值。其中：

东溪一级电站：装机容量13000千瓦，全年上网电量4447.4万千瓦时，厂用电9.61万千瓦时，厂用电率0.22%。

东溪二级电站：装机容量6000千瓦，全年上网电量2303.34万千瓦时，厂用电8.13万千瓦时，厂用电率0.35%。

兴田电站：装机容量4800千瓦，全年机端电量2190万千瓦时、厂用电9.35万千瓦时，厂用电率0.43%。

黄柏溪电站：装机容量3600千瓦，全年发电量1035.33万千瓦时，厂用电2.42万千瓦时，厂用电率0.21%。

在抓好发电生产的同时，2020年还开展水电站生态下泄流量、洪灾应急抢险和新冠肺炎疫情防控工作。

**【提升机组设备完好率】** 2020年，继续推进电站基础设施建设，扎实做好机组设备的年度检修和日常抢修维护工作，加大生产隐患检查，加强职工操作技能考核培训，开展防洪预案、黑启动预案、防火防暴消防预案演练，开展安规考试、高压电工证复审、倒闸操作培训。

“7·9”洪灾应对及时有力，没有造成伤亡事故，在短时间内完成灾后重建，把灾害带来的损失减少到最低程度。在全体干部职工的共同努力下，有力地保障各电站机组设备的安全稳定运行。其中：

东溪一级电站：完成3台机组调速器技改、2号机组大修，完成1号、3号机组中修后又按照安全标准化对设备腐蚀、气蚀、锈蚀、磨损等各故障点进行修复；完成主变维护、升压站设备维护和前池启闭机、尾水闸启闭机维护保养工作；配合市重点项目第二水源点施工做好东溪水库低水位控制工作等。

东溪二级电站：完成2台机组中修；完成渠道、大坝、升压站的全面维护和检修，配备一台30千瓦柴油发电机作为大坝备用电源；机组自动化系统全面升级改造，变压器开关柜维护；更换锈蚀严重的35千伏母线T形接线夹等。

兴田电站：完成4台机组中修、升压站检修维护；完成清污机保养维护、301断路器驱动电机更换、3号机励磁电源模块修复、兴黄线线路瓷瓶更换、生活区线路改造等。按市河长办要求，完成崇阳溪河道兴田电站大坝段的水葫芦日常清理、拦污栅钢丝绳修复并加装应急照明等。

2020年3月21日，兴田电站开展渠道清淤工作　　（朱顺钦 摄）

黄柏溪电站：完成3台机组中修、35千伏断路器更换、滤水器改造；完成高压室和升压站的年度维修。修复渠道2千米处塌方、4850米处塌陷，完成2400米处渠堤开裂抢修和渠道全程漏水点的修补及清沙工作，完成35千伏线路维护等。

2020年6月29日，黄柏溪洪水过后清理渠道　　（傅 强 摄）

【安全生产保持良好态势】　2020年，按《福建省小水电安全生产标准化评审》要求，完成公司4个电站的复审工作。继续坚持公司、电站、班组三级安全生产网络有效运作，开展工作票许可人、工作负责人、工作签发人“三种人”学习考核情况检查，扎实做好各项安全工作。

东溪一级电站：发生各类障碍及异常18起，均及时排除。设备故障引起事故跳闸1起，无人为误操作事故。工作票6张、操作票32张，水利机械工作票4张，合格率100%。

东溪二级电站：全站无人为误操作事故。工作票12张、操作票32张，合格率100%。重点加强渠道内壁、沿岸防护栏等设置的各类警示标语维护。

兴田电站：发现设备缺陷21项，消除设备缺陷21项。共办理工作票9张、操作票41张，合格率100%。临时检（抢）修28次，完成计划性检修（维护）75次。结合“安全生产月”深入开展消防、

2020 年 12 月 3 日，东溪新入厂职工培训（孔祥飞 摄）

防汛、黑启动预演活动。

黄柏溪电站：发现设备缺陷 5 次，消除设备缺陷 5 次。工作票 14 张、操作票 41 张，两票合格率 100%。加强引水渠道的安全维护和抢修工作。

【推进企业规范化管理】

1. 建章立制，继续推进国企改革。严格执行“三重一大”（重大事项决策、重要干部任免、重要项目安排，大额资金）议事规则，坚持依法管企治企。坚持整改长效机制，完成所属 4 个电站环评报告编制并送审。按照法律法规、上级政策及企业实际情况，推进企业制度修编工作。完成《工资调整方案》《新增及调整岗位序列方案》《武夷山市水电总公司考勤管理规定》《武夷山市水电总公司请休假制度》《中层副职以上管理人员退居二线管理办法》《水电总公司接待管理规定实施细则》等规章制度的修订完善，取消废止《文印管理规定》《竞聘管理规定》《出勤奖管理规定》等过时的规章制度。12 月，按市政府关于国有企业改革的精神，着手公司化改革和清产核资工作。根据企业实情在核定的工资总额内，调整增加职工月收入，分别提高运行补贴和工龄补贴等。

2. 落实责任，进一步强化内部管控。执行人事任免事前考核和公开制，年内共任免二层副职以上管理人员 5 人。加强工作进展督促，进一步提高行政执行效率。完成年度工资总额核定，严格财务管理制度，加强单据审核，建节约型企业。开展危房排查，消除老旧宿舍安全隐患，先后完成兴田电站中控室外移、管理用房和门卫房新建。经沟通，及时复产受疫情影响的黄柏溪电站，比全市恢复正常上班时间提前 10 天。完成 10 名专业技术人员的招聘工作及新招人员入厂三级安全教育。

（邱立宏）

# 电力供应

【概况】 2020 年，面对突如其来的新冠肺炎疫情和前所未有的经营挑战，国网福建省电力有限公司武夷山市供电公司坚持以习近平新时代中国特色社会主义思想为指导，聚焦国网公司战略目标，围绕“双满意、创一流、数字化”实践路径，主动服务城市建设攻坚战，引入社会责任理念，推动社会责任管理示范基地建设，完成省公司党委交叉巡察，巡察期间实现零信访；生产综合用房项目顺利通过国网公司和武夷山市规划委员会初步设计评审；完成年度目标，综合绩效排名全区第二，业绩考核蝉联全区 A 级单位。公司荣获第十四届福建省文明单位、福建省安康杯先进单位、2020 年度南平市公司先进集体等。营业厅班组获评省公司五星级班组，张闽清获评省公司最美奋斗者，蒋文武获评南平市级劳模。

【保供电彰显担当】 一是组建保电“特战队”“逆行”在定点医院、隔离点的易感染区开展用电保障，对 7 家特定保电用户落实“一户一策”保电方案。“一对一”服务“五个一批”“重中之重”项目，茶旅小镇、农夫山泉、有轨电车、四中心一广场实行“先导式”办电，高、低压办电时长分别压降 18.41%、35.71%。二是精准引流“网上国网”线上服务，实现业务“一网通办”，覆盖用户 3.79 万户。三是抓实人员、环境管控，严格执行调控、运维人员“隔离交接班、双场所值班”；开展全员核酸检测，823 名公司及外部协作队伍员工零感染、零疑似。四是出动 150 人次、45 台次发电车，落实“一场馆一手册”，完成海峡两岸茶博会、“两山”（绿水青山就是金山银山）理论实践等重要保电任务。五是推广地电位作业和应用中压发电车，配网不停电作业次数同比增长96.03%。用户平均停电时间5.96小时，同比下降43.46%，频停配变台次同比下降56.8%。

**【顾大局出色答卷】** 贯彻落实阶段性降低用电成本政策，累计为企业减免电费支出805.24万元，惠及2.35万户客户。电力市场化交易用户规模扩大至24户，释放改革红利14.98万元。编制武夷山市61家规模企业复工复产电量情况，为政府复工复产决策提供数据支撑。力促新增项目早投产，完成90户高压客户接电，容量同比增长129%。储备配网项目4400万元，着力解决农村电网“低电压”“卡脖子”“长线路”供电能力不足等问题。连续6年挂点帮扶星村镇黎前村。星村、武夷等制茶重镇业扩配套新装项目在制茶季前竣工，完成“圆梦村”、兴贤村、下梅村、三姑新街等美丽乡村精品示范村及景区电网建设升级改造的项目储备和建设，惠及1万余人。深化电制盏、电制茶、电烤烟、全电厨房等特色产业电能替代，累计完成替代电量5900万千瓦时，全市二氧化碳减排4万吨。承接武夷山市城市建设攻坚战第一批攻坚项目36个，涉及金额1.35亿元。历时5个月快速完成11处道路缆化下地。“百千万”客户大走访累计处理诉求28项。星村营业厅升级转型为全区首个绿能体验厅。窗口临柜率7.36%，大幅优于30%目标值。建设完善“三化两全”（集群化、网络化、智能化，全网络、全场景）现代配调服务体系，23.5%低压客户实现调度、互动、服务“三到户”。

**【稳经营难中求进】** 降低成本做“减法”，配网库存物资压降73.67%，三年以上库龄工程物资全部清零。2020年可控费用同比压降29.85%。注销SIM卡（用户身份识别卡）462张、租用通道22条，压降通信租赁费28.2万元。争取人社局稳岗补贴178.4万元。促成公安局开展联合反窃电工作，查处违约窃电129.8万元，全区排名第三。同期线损降幅显著，减少电量损失631万千瓦时，增加收入215.36万元。推动110千伏果园变、35千伏黎源变、35千伏红星变电站新扩建项目纳入“十四五”电网规划，同时纳入政府国土空间规划“一张图”统筹布局。大力实施“解决电网薄弱环节三年实施计划”，解决单线单变站1座、单辐射线路1条，10千伏电网N-1通过率及联络率提升至95.84%。35千伏毛家输变电新建工程项目完成站址征地及用地农转用手续，110千伏崇安变、35千伏红星变及岚谷变二扩工程开工建设。学院开闭所获评第四季度省公司精品工程。成功应对“7·9”暴雨洪涝灾害等严峻考验，输电、配电线路每百千米故障率分别同比下降26.7%、3.62%；武浦联调高分通过省调“集群化”验收。扎实推进“全研判、全遥控”及“保护四个在线化”应用，建成15条标准自动化馈线。政企联动圆满完成闽北首次电网四级风险保供电。

**【谋创新精准发力】** 全省首家在供电营业厅实现电动汽车“新零售”，营业额达37.3万元。完成监狱自供区改造接收，增供电量3万千瓦时。全区率先开展管沟共享业务、智能站房运维业务，实现营收9.3万元。武夷轻轨、茶旅小镇等重点项目完成送电。企业缴电费诚信度纳入兴业银行征信放贷审贷范畴。试点开发“茶企用能管家”产品。同时，在共享站房、铁塔领域积极探索，率先与铁塔公司签订《战略合作协议》。首创“绿能指数”。从能源消费和能源供给两个方面，探索从电力视角看地方经济发展、绿色发展，通过量化电力数据反映地方“两山”转化成效，为地方绿色发展、高质量发展提供科学、便捷的决策支撑。大力培养岗位技术能手，“双师型”人才，4个质量控制课题转化为百万职工“五小创新”课题。

**【带队伍提升三力】** 推动管理运营模式与社会责任根植要求融合。以“再登高、排头兵、争先锋”为目标，明确年度九大攻坚项目。发布《电靓武夷·月印万川》社会责任管理白皮书，以7个重点工作落地和7项根植项目为主线，试点国网社会责任管理示范基地建设。《携手建设电网与原始生态和谐共处新关系》社会责任根植项目晋级“金钥匙中国行动”优胜奖。多旋翼无人机巡检作业获“夜狼”行动阶段性检验活动团体、个人第一；主网调控和变电运维专业获团体第二、个人第一。

（赵 露）

# 交通运输　邮政　通信

## 公路交通运输

【概况】　2020年，武夷山市交通基础设施建设完成投资8.09亿元，占年度计划6.49亿元的124.6%。其中：高速公路建设完成投资0.38亿元，占年度计划0.38亿元的100%；普通公路建设完成投资3.1亿元，占年度计划1.6亿元的193.75%；农村路网建设与改造完成投资0.59亿元，占年度计划0.34亿元的172.63%；其他投资公路项目完成投资0.27亿元，占年度计划0.39亿元的70%；公路运输场站完成投资3.75亿元，占年度计划3.74亿元的100%；全市通车总里程1358千米，其中高速公路里程86.6千米，境内普通国省干线里程达147.9千米，农村公路建设总里程达1123.5千米。截至2020年底，全市共有道路客运车辆299辆、货运车辆314辆，完成公路运输总周转量2.24亿吨千米，增长5%；交通服务产业发展、城镇化加速和公众便捷出行的能力显著提升。武夷山市交通运输局《全力推进宁武高速北城互通项目疫情防控与复工复产》案例获福建省军民融合系统加强疫情防控统筹推动企业和项目复工复产先进典型案例；武夷山市地方海事处获全国第四届海事“三化”好形象好品牌先进集体。

【崇安互通建成通车】　2020年5月1日，宁武高速武夷山崇安互通正式开通。宁武高速公路是国家高速公路网沈海线的第四条横向联络线，作为武夷山市南北向的高速交通主干线，是武夷山市经济和社会发展的重要依托。武夷山崇安互通是武夷山市第一个自主投资建设的高速项目，也是武夷山市境内第6个高速互通口，更是武夷山市第一个复工并建成交工的省重点项目，总投资1.41亿元，2019年4月3日开工建设，2020年4月26日通过交工验收和安全专项验收，实际工期13个月，比合同工期缩短5个月。该项目的建成，经宁武高速崇安互通出口下高速，到高铁武夷山北站只要3分钟，到武夷山景区只要15分钟，5分钟内可到达武夷山市区中心位置，极大方便群众的快速出行，有利于扩大宁武高速辐射带动崇安互通与工业路连接，有效改善武夷山北城新区的区域交通条件，实现高速、高铁和市政道路等多种交通方式的快速衔接，形成新城区、老城区、度假区、风景区、仙店生态创业园区“五区”联

2020年5月1日，高速北城互通建成通车　（交通局　提供）

动一体发展的格局提供又一交通保障，进一步促进区域路网完善和武夷山经济、社会、旅游的发展。

**【交通规划再展蓝图】** 2020年，完成《武夷山市"十四五"综合交通运输发展专项规划》初步编制，其中国道G237桐源至七马槽公路新建工程、国道G322上梅至杜坝段改造工程、国道G322南源岭至兰家窠（建阳界）公路改造工程、国道G322武夷山大路下（浦城界）至上梅段新建工程等列入《南平市"十四五"综合交通运输发展专项规划》，计划投资为21.45亿元，占南平市"十四五"普通国省道建设项目总投资的14%，占武夷山市普通国省道项目总投资的42%；其他国省干线建设项目2项，包括国道G237兴田至南源岭九曲路口段改造工程、G237七马槽至洋庄大安段改造工程。根据南平市干线路网规划（修编中）和武夷山市自身发展需要，谋划国道G237、G322改线的前期研究工作和谋划新建省道S511（武夷山—九牧镇）、S512（吴屯—临江）、S513（洋庄—将口）的前期研究工作，为加快推动武夷山市交通运输事业发展积蓄后劲。

**【干线公路网络优化升级】** 完成纵八线（G322）武夷山上埔大桥至上梅段主要路段、九曲高速口至公馆大桥段等提级改造工程；东快线一二期项目主体建成通车。截至2020年12月，全市通车总里程1358千米，其中高速公路里程86.6千米，境内普通国省干线里程达147.9千米，农村公路建设总里程达1123.5千米；115个建制村的通硬化路率达100%，通双车道公路的建制村比例达54%。境内农村公路入库里程达1123.52千米，其中县道219.82千米、乡道442.8千米、村道460.9千米。

**【"四好农村路"建设成效显著】** 2020年，农村公路建设与改造6.81千米，计划投资4000万元，完成5709.35万元，占年度任务的142.73%；继续实施道路交通安全隐患整治工程。全年改造危桥5座；完成51.73千米的农村公路安保工程。示范路提升完成投资381.63万元，完成146.79千米。县道水毁修复投入473万元；岚谷乡和洋庄乡综合运输服务站完成主体工程建设。

**【交通抗疫科学防控】** 2020年1月新冠肺炎疫情突袭而至，武夷山市各部门积极响应上级部署要求，统筹安排2个省际口及高铁北站、机场、火车站等14个交通查验站疫情防控，共协调安排值勤人员7280人次，查验车辆10.5万辆，查验人员33万人次，排查登记人员信息6万余条。强化防控措施，做好火车站、机场等重点场所以及汽车、火车、飞机等密闭交通工具疫情防控，阻止疫情通过交通运输环节传播和扩散。疫情防控期间敦促应急人员、物资等优先通过查验，保障应急运力，充分落实"一断三不断"（坚决阻断病毒传播渠道；公路、交通、网络不能断，应急运输绿色通道不能断，必要的群众生产生活物资运输通道不能断）要求，完善常态化疫情防控机制，支撑复工复产加快推进。

**【行业管理持续强化】** 一是进一步深化"放管服"改革。优化工程建设项目审批，落实重要农村公路建设项目采用两阶段设计，其他农

2020年1月23日，南平市政协副主席、武夷山市委书记江建华一行到武夷山汽车站检查新型冠状病毒感染肺炎防控和春运安全生产工作

（交通局 提供）

村公路建设项目可采用一阶段施工图设计；进一步简化项目前期审批环节，采用两阶段设计的项目，施工图设计不再审批，由项目法人审定。简化两阶段初步设计及一阶段施工设计审批流程，窗口一次性受理、资料一次性告知。二是干线公路管理持续推进。集中开展道路货运及公路安全专项整治行动，结合“美丽乡村”建设和“乡村振兴战略”，开展农村公路路域环境整治工作，以“爱路护路，服务出行”为主题，开展“路政宣传月”活动。对交通主干道标识标牌进行摸排清理。三是安全管理持续强化。认真组织开展扫黑除恶、安全生产隐患大排查大整治、安全生产专项整治三年行动、道路客运安全集中整治行动等专项工作，持续开展交通安全生产隐患集中大排查大整治，全面规范交通行业运营秩序。全力做好汛期灾毁抢通和灾后修复工作，持续加强工程质量监督管理和施工标准化建设。

【全域旅游交通网建设逐步完善】至2020年底，初步形成集铁路、轨道、公路、航空为一体的综合立体交通网络。轨道交通方面，武夷新区旅游观光轨道轻轨1号线建设完工。该线路连接武夷山国家重点风景名胜区至南平市站，与合福高铁、峰福铁路共同推动武夷山全域旅游高质量发展。公路方面，建成宁上高速崇安互通，完成纵八线（G322）武夷山上浦大桥至杜坝段提级改造工程，建设合福高铁武夷山北站快速通道，对县道X839（疏港大道一、二期）进行提档升级，修复6条县道的路面破损路段，养护多条乡道、村道。

（李良泉）

## 公路养护与管理

【概况】 2020年是“十三五”规划的收官之年，武夷山公路分局以习近平新时代中国特色社会主义思想为指导，全面提高国省干线公路养护标准化水平，进一步深化小修养护网格化管理，不断提升应急保障能力，全面提升专养公路综合服务水平。至年底，辖区公路综合优良路率82.03%，公路可绿化路段绿化率100%，绿化保存率96%，全年完成总投资约742.1万元。

【公路养护】

1.持续推行日常标准养护。按照“习惯符合标准，标准成为习惯，结果达到标准”的标准化建设要求，制定详细考核办法，并根据每月制定的计划，对各班站路面保洁，桥梁、涵洞、排水沟清理疏通，绿化带的修剪、除草、杀虫，绿化的种植、移株，维修和完善公路附属设施等工作量进行验收考核；实行工程技术人员分片及包班制度，定期检查、指导所负责管养路段的养护情况，对小修养护实际操作、病害处治以及内业资料基础数据现场采集进行指导。截至12月底，完成整修路基230千米，桥梁检查324座次，涵洞检查及清理985道次。全面做好公路路面保洁工作，成立“万人保洁”小组，加大对公路沿线、上下边坡的白色垃圾、生活垃圾和临时倾倒物的清理力度，在公路沿线乱弃土、弃建筑垃圾路段安设波形护栏184米/5处，为此市政府和洋庄乡政府分别补助分局公路养护资金20万元和5万元。全年路面保洁3744千米，清理边沟、截水沟、排水沟541940米，检查涵洞通道29米、涵帽10个，检查沟墙275米、路肩75平方米、天沟5米，涵洞修复1道，整修沿线设施42根、标志4面，高强钢丝挂网清危石及网片修补272平方米，老旧道班房消除隐患1处，站房零星修缮2座。

2.开展小修养护“网格化”管理深化年主题活动。结合“一年一主题”活动，制定武夷山分局“网格化”管理实施细则，建立武夷山小修养护工效定额标准，形成具有武夷山特色普通国省道养护“格长制”工作制度，切实提高养护工作效率，实现降本增效

3.连续执行桥梁责任养护制。坚持“预防为主，安全至上”的桥涵隧养护方针，落实管养责任，加强日常监管，强化维修保养，促进规范化管理和技术进步，提高管养质量和运营安全，建立并完善养护管理长效机制。遵循“治早治小，及时主动”的原则，做到及时主动养护、超前养护和动态养护，延长桥梁使用寿命，提高服务质量，降低养护成本。

【公路工程建设】 2020年，共完成公路工程量258.79万元，其中G237线武夷山段公路灾害防治工程及G322线K403+800—K403+824水毁修复工程172.83万元，2020年国道路面标线工程1.02万元，国省道连续长陡下坡路段安全通行能力提升工程5.26万元，民生工程G322线K403+800—K403+824水毁修复工程4.7万元，灾毁重建工程G237线K1365+380—K1372+020段水毁修复工程、2020年武夷山市国省干线公路水毁修复工程及武夷山国道路面水毁修复工程74.98万元。

【安全隐患排查整治】 一是组织开展公路站、服务区、停车区建筑安全排查活动。排查出老旧道班存在安全隐患的危房4处，动员搬迁退休职工10户，并对墙体倒塌的房屋进行封存；电路老化、水路损坏的房屋进行维修改造。二是结合2020年桥梁定期检查年活动，对分局辖养27座中小桥进行全面检查，发现存在小病害的桥梁6座。三是组织开展国省道连续长陡下坡路段安全通行能力提升调查，排查3.96千米的长陡下坡，对存在安全隐患的路段提出整改方案并组织设计。四是开展防灾减灾宣传周活动，结合武夷山市自然灾害风险隐患大排查大整治工作，分局组织专业技术人员对所管养公路沿线地质灾害隐患进行全面排查，并邀请市自然资源局专家对国道G322线三处存在溜坍方安全隐患的公路上边坡做地质勘验，排除引发次生伤害的可能性。五是组织专业班组对G237线七马槽至分水关段高边坡高强钢丝挂网内的危石落石进行清理，防止高空落石，影响行车安全。六是根据南平市道路交通安全综合整治领导小组办公室《关于深入推进全市道路安全隐患大排查大整治的通知》（南道安办〔2020〕46 号）精神，组织技术力量对G237、G322两条国道进行道路安全隐患大排查。共排查临水临崖、桥梁等安全隐患153处。

【路产路权管理】 一是深入开展“大走访”活动，由分管领导带队，月均2—3次深入基层一线走访调查，深入沿线砂石料厂，就运输车辆“滴洒漏”、道口安全标志等方面对企业提出相关要求，并详细介绍相关法律法规，做好政策疏导工作，督促企业严格自律、加强管理，不超限超载运输，杜绝“滴洒漏”等公路违法行为。二是针对公路上存在安全隐患的大型非公路标志牌问题，与相关部门协商沟通，排除路面顽疾，确保公路安全畅通。三是结合“美丽乡村”建设，以提高公路通行能力、保护路产路权为重点，会同交通行政执法大队等部门开展公路集镇路段专项整治，对管养的道路两侧、绿化带等范围内乱种乱养行为及时纠正、制止，并对占用的绿地进行恢复和补植，改善公路“脏、乱、差、堵”现象。四是与各公路站保持联动、信息共享，消除公路安全隐患。五是走访沿线乡（镇）政府，有效制止村民公路违法违章行为。全年上路监督检查143天/651人次，发放整改通知书1份和宣传材料340份；开展联合整治活动11次，清理堆积物29平方米/15处，拆除违章236平方米/18处，拆除违法非公路交通标志56面，取缔或关闭影响道路安全通行的平交叉道口6个；发现、纠正、制止各类违章547起，重大违法行为函告5起。

【安全生产工作】

1. 贯彻落实安全生产制度。一是开展 “平安公路”创建工作，每月召开安全生产会议（班站长会议）和每季度召开安全生产工作会议，贯彻落实上级有关安全生产工作的要求及工作部署，强调安全生产、劳动保护、安全防火等事项。二是根据生产工作侧重点对安全生产工作进行具体部署，强调严格遵守安全生产操作规程，遵守安全管理制度。三是安全员在出工前对所使用车机、机械设备、工作环境、警示标志、防护用品等进行自查，并做好记录；养护车辆上路作业按要求使用闪烁警示灯，对班站养护机械实施“三定”（定人、定机、定岗）管理。除特殊情况外，禁止养护车辆驶出辖养路段。

2. 开展安全生产“七进”活动。坚持安全宣传走进乡镇、走进学校、走进企业、走进车站、走进加油站、走进停车服务区等，通过分发宣传单、介绍公路安全小常识及有奖问答等方式开展宣传教育。全年共发放宣传材料1500份。

3. 交通战“疫”工作。一是根据预防为主、重点防控的要求，对分水关停车区、黄莲坑停车区和洋庄公路站、南源岭公路站、巨口公路站、下梅公路站便民服务点等人员流动较大的场所进行深度保洁，定时喷洒消毒液，累计使用消毒物品约200千克。二是做好交通环节的疫情防控检疫工作，党员干部职工24小时轮班，协调卫健、公安、景区管委会等部门做好武夷山市区高速口、九曲高速口、兴田高速口、快速通道仙店口防疫检测点和洋庄乡葛仙村交通检疫站的设置、查验和信息登记等工作。截至2月24日，在战“疫”的504个小时里，累计投入疫情防控一线人员约450人次、车辆约150台次，为干部职工配发口罩1100余个、一次性雨衣260件、手套500余副、鞋套230余个、头套130余个。

【公路应急保障】 一是对各类应急抢险预案进行完善，着重加强对重点部位、重点区域的监控，做好应急抢险人员、机械的准备及物资的储备工作。二是加强与社会有实力的企业和个人建立联系，随时做好应对突发事件发生。三是实行领导带班及24小时值班制度，加强节假日、防汛防台以及恶劣天气下的道路管控工作。制定并落实节假日、防汛防台以及恶劣天气期间值班值守，严格按照防汛防台及恶劣天气期间的抢险应急预案要求，落实抢险各项储备工作。四是在春运、汛期及重大活动期间，做好公路的维修养护工作。

（刘仕友）

# 公路客运

【概况】 2020年，福建武夷交通运输股份有限公司武夷山分公司（闽运）有职工90人，设有办公室、财务科、安全科、机务科、经营管理科5个科室和汽车站、修理厂、出租公司3个下属部门，主要从事道路旅客运输及相应的配套服务。2020年，经营的班次线路有武夷山—广州、珠海、广丰、温州、龙泉、宁德、顺昌、松溪、政和、浦城、光泽、邵武、延平、建瓯、南平建阳等班线。全年旅客发送65904人次，货运发件1282件，到件9036件。

【车站工作】

1. 车站改造提升。9月，完成车站主站房改造建设工作，顺利通过创建国家级卫生城市检查验收；车站智能化升级改造项目顺利融合并轨建设；10月底，完成车站智能化整体改造和调试；11月，车站智能化运营正式启动。

2. 落实“一车两牌”政策。与行业部门沟通，突破“一车两牌”政策落地，提升车辆盈利能力，主动服务经营者，力保班线正常运行。7月，启动武夷山至浦城线“一车两牌”推进工作，实现该项业务破冰。

3. 站前管理。完成在站前设置违法停车抓拍摄像头（10分钟之内即上即下，违者处罚），有效肃清站前黑车违法叫拉客现象，常态化开展站前打黑工作，提升车站票务收入。

【安全工作】

1. 安全宣传教育。疫情防控期间，利用微信网络学习等宣传教育手段，开展深层次，多形式的安全教育，及时传达股份公司和相关部门行车安全管理文件和相关法律法规。切实抓好“驾驶员安全教育”安全活动。持续开展多种形式的安全生产活动，增强员工安全生产的自觉性，提高驾、乘人员的安全行车意识、疫情防控意识及对隐患的警惕性，赋予广大群众监督、举报的权利。

2. 深入开展安全生产隐患大排查大整治，消除事故隐患。根据公司《安全生产隐患排查治理制度》要求，认真开展隐患排查治理工作。全年共组织安管人员16次合计156人次开展安全生产自查自纠工作。主要检查车辆技术状况、驾驶员动态、内保治安、安全基础台账。检查出安全隐患16项，整改16项，投入整改资金1万余元，整改率100%。

3. 举办消防演练，提高全员的应急处置能力。6月23日，公司在汽车站内举行反恐、逃生、消防和疫情防控演练。通过初起火灾扑救、火场逃生自救演练，灭火器的使用，进一步检验单位应对突发事故的应急处置能力，加深广大员工对消防安全知识的理解和消防器材正常使用的实战技能，使员工清晰地认识到如何面对突发紧急情况。

【机务维修工作】

1. 继续实施运行车辆的监控。根据车机部《车辆消杀规范》，通过安全例检每日对车辆进行全面消杀；对复班车辆动态监控设备及思艾智能设备进行排查，发现故障及时修复，确保公司客运车辆实时有效监控，有效扼制超速、超载等违章情况，保障公司车辆运输安全。

2. 合理安排安全例检、过程检验。疫情防控期间，针对营运车辆复班情况，利用GPS监控平台统计运行里程，及时调整车辆的各项维护计划。全年机务科合理安排二级维护计划276辆次，一级维护计划1526辆次；安排车辆上线检测共91辆次，三臂、总泵、分泵拆检计划67辆次。通过安全例检、过程检验严格把关，计划完成率为100%；1—11月完成安全例检8796辆次。

3. 加强车辆检票维修管理。不定期对修理厂设备、线路使用性能与安全情况进行检查，对于发现的安全隐患及时责令整改，并负责落实到位；不定期对车辆一级维护、二级维护及日趟检验的过程及台账记录进行抽查，督促过程检验员、修理工及日趟检验员在工作中认真负责；结合车辆的登记日期安排车辆年检及等级评定时间，通知到车头并督促经营者按计划完成，共完成车辆年检82辆次、等级评定82辆次；共完成办理新车报牌13辆次、车辆过户5辆次、车辆报废16辆次、车辆补证补牌共1辆次。

4. 加强与相关单位的合作。与元翔（武夷山）空港快线建立旅游车、旅行社、维修战略合作伙伴关系，利用机场空置修理厂派驻维修班组承接快线车辆、机场场内摆渡车维修业务。与宇通客车厂沟通完成宇通客车厂售后服务站建设工作。

【转型升级工作】

1.努力打造“三级物流”。响应政府的号召，发挥公司客运车辆运行覆盖优势和邮政相关部门资源优势，联合多家快递公司，与韵达、顺丰等快递公司联合，打通乡（镇）一级“最后一千米”的瓶颈。9月，与顺丰公司基本达成合作配送业务意向；与邮政和韵达等公司的合作持续洽谈中。

2.天蓝机动车检测有限公司项目建设。7月，完成武夷山市天蓝机动车检测有限公司的注册和场地规划工作。8月，完成安检线人员的岗位设置和分公司各部门人员抽调上岗培训工作，各岗位从业人员9月顺利通过理论考试。9月初，武夷山天蓝机动车检测有限公司所有基建项目有序施工；12月初，完成基建项目竣工验收，并完成设备的安装和初调工作，中旬完成设备标定工作。

（郑晓强）

## 铁路

【高铁武夷山北站】 高铁武夷山北站位于武夷山市崇安街道境内，车站中心里程位于合福高速线1548千米004米处，隶属中国铁路南昌局集团有限公司南平车务段管辖，属三等客运站。车站候车室面积2151.6平方米，最大旅客容量1000人，2020年日均办理列车36趟次，全年发送旅客60.77万人。

【铁路武夷山站】 铁路武夷山站位于武夷山市湖桃新村境内，车站中心里程位于峰福线102千米510米处，隶属中国铁路南昌局集团有限公司南平车务段管辖，为三等客、货运站。车站候车室面积1140.8平方米，最大旅客容量700人，涵盖货物线3条，2020年全年发送旅客4.28万人，发送货物29881吨。

（叶章权）

## 民航

【概况】 武夷山机场为军民合用机场。民用集航管、运输服务、各项地面保障为一体，系民航4C级机场，国家Ⅰ类航空口岸，由元翔（武夷山）机场有限公司实施管理。2020年，公司重点抓“强三基（抓基层、打基础、苦练基本功）、稳经营、提品质”三方面工作，年内完成机场飞行区改造工程施工，开通武夷山至北京大兴、南京、深圳等航线航班。全年机场运行安全平稳，受新冠肺炎疫情影响，航班大幅削减，累计起降航班2856架次，比上年减少59.7%；完成旅客吞吐量23.05万人次，比上年减少64.04%；完成货邮吞吐量291.9吨，比上年减少64.21%。落实疫情防控各项措施，统筹推进疫情防控和复工复产工作。

【航线航班】 2020年，受疫情影响，机场航班大幅削减，2月12—29日机场停航。公司以“保存量、促增量”为市场指导方针，一方面争取政府航线航班资金补助，一方面整合营销资源，加强市场营销。年内由厦门航空有限公司开通武夷山—北京大兴航班，每周一、周三、周五、周日往返一班；由浙江长龙航空公司开通南京—武夷山—深圳航班，每周一、周三、周五、周日往返一班。

【非航业务】 着重开展贵宾营销、候机楼商业营销，拓展非航空性业务。2020年非航业务收入664.43万元，占营业总收入44.04%。

【机场建设】 3月14日至4月30日，完成机场跑道南头掉头坪西侧土面区硬化施工。8月5日，机场飞行区改造工程完工；2019年3月1日开工，工程概算3035万元。9月26日，机场塔台改造工程完成二次雷达设备安装。

【民航补助】 2020年，民航发展基金补助1654万元。其中基本建设项目补助497万元、中小机场补贴1065万元、民航贴息补助92万元。

【安全管理】 严格落实内、外监督检查；开展“抓作风、强三基、守底线”安全整顿；开展安全生产隐患大排查大整治及安全专项整治三年行动；开展作业人员安全工作作风建设；推进民航“SMS安全管理体系”建设，10月22日通过民航福建监管局SMS-DG（危险品航空运输安全管理体系）审核，为福建辖区首家通过审核的机场；投入安全基础设施建设，提升安全运行裕度，全年机场运行安全有序。

（兰建良）

## 邮政

【概况】 2020年，中国邮政集

团有限公司福建省武夷山市分公司（简称武夷山市邮政分公司）下设综合办公室、市场营销部、金融业务部、寄递事业部、集邮与文化传媒部、渠道平台部等机构。2020年，邮政分公司被评为武夷山市五星级党建示范点。

【普遍服务】 2020年，武夷山市邮政分公司秉承“情系万家、信达天下”的理念，共建设普服网点13个，其中营投合一网点为10个，投递行政村115个；邮路57条、投递段道50条，共1360千米，实现“乡乡设点、村村通邮”，保障了普遍服务。一是认真履行普遍服务和特殊服务义务，建立普遍服务长效保障机制。2020年，普遍服务工作结合安全生产、绿色邮政、邮件断点等重点工作，开展普遍服务专项整治，确保邮政普遍服务标准全面落实。二是加大资金投入，规范场所建设，提升客户用邮体验。投入资金6万元，按照邮管局要求对机要室进行扩建改造；投入资金3万元，对星村邮政支局进行改造。三是时刻保证“绿色网络”畅通无阻，尤其疫情防控期间，积极主动协调各级政府、各相关部门，第一时间将《人民日报》《闽北日报》等党报党刊投递到用户手中，传递党的抗疫方针、政策，提振乡亲们的信心和精神，为早日打赢新冠肺炎疫情这场阻击战贡献力量。

【金融服务】 2020年，武夷山市邮政分公司余额规模达18.54亿元，年度净增1.62亿元，同比增加1.12亿元。武夷山市邮政公司加大代发各种资金力度，为武夷山市30余家企事业机关单位和中小企业提供代发服务。为方便群众使用金融业务，全市提供15台自动存取款机、9台ITM（互动交易模式）自助服务机，网上银行、手机银行等渠道24小时不间断为用户提供金融服务。同时，设立“武夷山邮政VIP客户活动中心”暨“武夷山邮政夕阳红俱乐部活动中心”，为客户提供智能体验服务；全市各网点开设“夕阳红”窗口，解决老年群体排队等候办理业务的难题；定期为客户提供金融知识进万家、免费测量血压、购药优惠、月月抽奖等暖心服务；各种节假日为客户提供丰富多彩的主题活动，让客户享受快乐、实惠的邮政特色服务。

【寄递服务】 疫情期间，开展“停课不停学，课本送到家”服务，对接各中小学，成功配送1所高校和六所中小学教材18507件，为孩子们好好学习提供坚实保障；毕业季，开展“同心抗疫、一路‘邮’你”为主题的包裹寄递服务活动，成功收寄武夷学院毕业生包裹4712件，揽收毕业生档案3469件、录取通知书3819件，为毕业生“减负”，为新生“圆梦”。

【脱贫攻坚】 2020年是全面完成小康社会收官之年，也是脱贫攻坚决战决胜之年。武夷山市邮政分公司充分发挥网点遍布乡镇农村、成熟便捷的揽投体系等优势，依托助力“农产品进城”的邮乐电商平台、推广邮乐小店、开通抖音带货直播，开展惠农合作项目，为农户提供优惠贴心的小额信贷、金融理财知识，使邮政惠农项目成为农产品流通的新途径、农民增收致富的新动力和农村现代化的新渠道。进一步拓展“电商扶贫＋农产品进城＋爱心帮扶”联动发展新渠道，为农民解决“融资难”“销售难”“物流难”问题，推动乡村产业高质量发展，为祖国早日实现脱贫攻坚战的全面胜利注入新能量。

（张梅霞）

# 电信

【概况】 中国电信股份有限公司武夷山分公司（简称武夷山分公司）2020年，下设销售服务部（市场部）、网络部、办公室3个管控部门；市场部下设渠道中心、政企客户部、主营业厅和7个分支局；网络部下设技术支撑中心、现场综合化维护中心、政企支撑中心、客调中心和城区装维班组。共有实体渠道29家门店，其中核心厅店1家、城市商圈门店5家、城区社区门店8家、农村乡（镇）门店15家。至年底，有公司领导4人、主业员工64人、技术开发合同员工21人、技术开发海峡派遣45人、技术开发新武夷34人。公司有正式党员数33人（其中“80后”党员12人，女性党员4人）、预备党员2名、发展对象2名、入党积极分子3名，有8名员工递交入党申请书。

【主营业务完成情况】 2020年，武夷山分公司完成全年竞标收入9732.49万元，完成率105.79%。截至2020年12月，全业务收入市场份额39.17%。其中ICT收入完成2305.15万元，占总收入的23.69%；码号型收入完成6403.54万元，账面同比增长4.25%；应收账款完成3.56%，超目标完成3.15%，排名全市第二。分公司荣获福建公司“经营贡献奖”和南平分公司经营绩效一等奖。天翼出账用户数87516户，宽带计费用户数72659户，天翼高清计费用户数43021户。

【基础建设】 全年共建设80个室外站（179个载扇）、17个室分站（24个有源设备）、1个载波聚合carrier aggregation站点（3个载扇），无线网络浅层覆盖共计建设17个点位112部电梯的信号覆盖，有力提升全市网络覆盖能力。通过建设、覆盖调整等方式，累计完成市民广场、火车站、洋庄廓前村等30余个区域的无线网络优化；完成武夷山华庭小区、丰和园二期、水岸叠城等10余个区域的裂变工作，累计裂变无源光纤网络49个。

【便民服务】

1. 全力以赴，投身疫情防控。疫情发生后，武夷山分公司组建3个党小组牵头，各部门全力配合，参与疫情防控阻击战。前端党小组牵头参与乡（镇）、街道、村、社区的联防联控工作；后端党小组牵头根据前端传递的需求做好通信保障工作；管控党小组牵头做好后勤保障与宣传教育工作。在疫情防控过程中，为社区检修调试智能音响播控设备，指导社区工作人员播放防疫宣传信息，在武夷街道办、岚谷乡、星村镇等新增68个点位智能音箱。

2. 现场直播，做好经济宣传。5月17日，中国电信福建公司在武夷山度假区茶博园举办以“八闽福茶地 5G云赏茶”为主题的直播活动，通过5G+4K超高清视频技术，向社会直播岩茶之王大红袍母树风姿、制茶工艺、茶道表演与曜变建盏魅力。同时特别安排探访中国电信5G+智慧生态茶园，介绍中国电信5G助力智慧农业发展情况。

3. 及时抢修，确保网络畅通。7月8—9日，因洪水冲击，武夷山市灾区通信设施受不同程度的损毁。10日，武夷山分公司调配后端党员技术骨干组成突击队和施工队伍分3支队伍分赴灾区现场进行受损通信设施抢修，先后完成4个断点熔接，布放光缆5千米，是日恢复洋庄乡政府的网络通信，次日完成洋庄乡全境的网络通信，为政府抗洪救灾指挥调度赢得宝贵时间，受到市委、市政府的赞扬。

4. 主动请缨，对接城市攻坚。与城市建设攻坚战指挥部对接，提供优质的信息化服务。在服务的过程中围绕强化商机管控、强化标情分析、聚焦城市重点建设项目全力攻坚DICT（云和大数据技术、信息技术和通信技术的融合型智能应用服务）业务发展，于11月中标武夷山市公共停车场及智能化建设项目，中标金额5000余万元。该项目集合路边停车收费系统、停车场出入口收费系统和智慧停车管理智慧中心建设工程等内容，为武夷山市建设综合智慧城市，实现数字化城市管理提供重要平台。

（张 俊）

## 移动通信

【概况】 2020年，中国移动通信集团福建有限公司武夷山分公司（简称武夷山分公司）的机构、网络及经营业务情况与上年基本一致，年末员工63人。

【网络基础建设】

1. 无线网络建设。夯实4G网络建设，解决自然村覆盖，同时开展FDD（频分双工）900网络的广覆盖建设，进一步提升农村网络的覆盖广度。建设开通4G站点近150个，其中FDD站点近100个，行政村FDD站点覆盖率100%。至年末，全市共有移动FDD900站点数近400个。

2. 固网建设。重点完善度假区场景覆盖及有价值的自然村覆盖。全年累计交维端口数3000余个，新增覆盖小区52个。

3.5G基站建设。全年累计建设开通5G站点60个，覆盖武夷山城区、学院、度假区等价值区域。

【网络生存能力提升】

1. 做好城市改造路段网络保障。2020年3月起，武夷山市全面打响城市建设攻坚战。武夷山分公司积极与相关部门沟通，提前做好工作对接和资源交底，有效保障城市攻坚建设期间网络通畅；组建道路施工微信群，及时交流与反馈施工现场的信息，应对各种变化的施工场景与网络现场管理；完善线路基础信息，常态化进行汇聚环网等线路隐患整治，提前做好必要线路迁移，确保线路安全。截至12月，累计投入“取三盯”（光缆线路施工盯紧、盯死、盯到底的盯防措施）数量4000余人次；武夷大道2千米道路沿线的光缆线路迁改投资141万元，割接光缆104根，割接纤芯数量5122芯。

2. 加强网络安全管控。一是持续推进实名制管理，启用在线视频实人认证方式核验用户身份信息，防范黑卡风险；规范渠道实名管理，实现实名照片100%稽核。二是紧盯垃圾短信、骚扰电话、不知情定制等工作，将骚扰、诈骗、涉案等不良信息号码纳入管控，保障用户信息安全。三是聚焦不良号码特征，建立高危号码监控模型，持续落实网络闭环标准流程，做到“事前有方案、事中有保障、事后有跟踪”。年内累计完成节假日、重大会议、疫情等大小活动保障百余次。

3. 抗洪抢险保通信。2020 年抗洪救灾保通信工作中，武夷山公司共出动 900 余人次，油机 70 余台次，修复站点 47 个和约 20 千米光缆和 1.2 千米电缆。特别是受灾严重的洋庄乡，仅有移动信号可正常使用，为洋庄乡人民政府及百姓的抗洪抢修提供有力的通信支撑。

4. 提升网络满意度。深化“服务地方基础通信、帮助客户解决网络问题”的工作理念，深耕网格运营，稳步推进家宽、专线整治活动，着力打造智慧家庭工程师队伍，常态化开展“宽带义诊”活动，确保用户良好体验。

【战疫通信保障】

1. 移动助学解难题。疫情防控期间，学校延迟开学，改网络授课方式进行教学。武夷山分公司共送出流量卡近 750 户；同时运用智能组网方案助力新丰小学“智慧校园”项目，保障孩子停课不停学。

2. 移动网络不停歇。疫情防控期间，通过安装微型直放站方式，解决上梅乡唐房疫情防控劝导点移动信号覆盖，疫情宣传得以及时传播，获得乡政府高度好评。

3. 移动党员当表率。党员先锋和青年骨干在疫情初期为武夷街道办、武夷山市立医院成功送达安装 30 台对讲设备，为重点医院的医护人员提供安全可靠的通信保障；对接重点学校，成功推荐云视讯硬终端 6 套，云视讯软终端产品近百户，保障高三年段“停课不停学”。

（范秀兰）

## 联合网络通信

【概况】 2020 年，中国联合网络通信有限公司武夷山市分公司（简称“武夷山联通”）全面落实统筹疫情防控和生产经营“两手抓、两不误”要求，深化实施聚焦创新合作战略，坚定推进全面数字化转型，助力数字武夷建设，全年实现主营业务收入 3002 万元，其中创新业务收入同比增幅 25%。

【网络能力持续提升】 深入学习贯彻网络强国重要论述，加大共建共享力度，3G 人口覆盖率 93.09%，4G 人口覆盖率 85.55%。2020 年第一批 5G 基站建设完成 63 个，2021 年第二批 5G 基站建设计划完成 68 个。云网新架构初具雏形，总算力达 4568v（中央处理器），存储能力达 1092T，行业云池具备三级等保能力。行业云池接入国家 BSN（区块链服务网络）骨干网，具备私有区块链业务接入承载能力。IT 集约有序推进，整合 IT 资源，加快推进数字化新 IT 智慧中台建设，提升生产效率。建成自主交付队伍，交付能力逐步提升。

【客户感知聚力增强】 以客户体验为引领，构建端到端客户体验管理体系，由事后评价转变为实时端到端全场景、全生命周期评价，以客户体验实时评价数据、投诉数据为基础，行业领先。建立全量问题运营体系，由客户问题解决转变为客户、员工全量问题运营。

【数字应用助推发展】 武夷山联通全面推进数字化转型战略落地，参与武夷山市范围内公路治超非现场执法试点工程建设，促进形成武夷山市科技治超“建设一盘棋、管控一张网”新格局，推动智能信息化在交通强国建设中的引领作用。

武夷山联通全力保障市政府第四季度重大项目复工（武夷山联通 提供）

2020 年 9 月，武夷山联通开展抗洪抢修　　（武夷山联通 提供）

**【社会责任认真履行】** 以央企担当扛起抗疫责任，依托联通优质网络资源和信息化服务优势，迅速为地方政府重大项目集中开工提供云视频服务保障；武夷山联通员工零感染，持续做好后疫情时期员工防疫管理，为生产经营提供坚强保障。决战决胜脱贫攻坚，如期、全面完成各级地方政府和上级公司交办的扶贫任务。落实网络信息安全责任，持续深入开展诈、骚、垃整治及“断卡行动”专项工作，完成防疫防台防汛等活动通信保障工作。

（范冉昕）

## 广电网络

**【概况】** 2012 年 5 月，根据《中共福建省委办公厅 省人民政府办公厅关于印发福建广电网络集团股份有限公司组建方案的通知》（闽委办〔2012〕22 号）文件精神，成立福建广电网络集团股份有限公司武夷山分公司（简称分公司），属省国有企业。2020 年有员工 80 人，其中行政经营班子成员 3 人、党支部班子成员 3 人。公司下设综合部、客户营销部、技术维护部、工程管理部、集客部、乡镇管理部 6 个部门，下辖客户一部、二部（管辖崇安街道和新丰街道部分区域）、三部（管辖综合农场和新丰街道部分区域）、四部（管辖度假区和兴田镇南源岭）和 8 个广电网络站（武夷街道、星村镇、兴田镇、五夫镇、上梅乡、洋庄乡、吴屯乡、岚谷乡）。2017 年 5 月 31 日，福建广电网络集团武夷山分公司市区营业厅被南平市妇女联合会授予“南平市巾帼文明岗”荣誉称号。2018 年 3 月 7 日，福建广电网络集团武夷山分公司市区营业厅被共青团福建省机关工作委员会授予“省直级青年文明号（2018—2020）”荣誉称号。

**【主营业务发展】** 2020 年，分公司主要业务有联系隶属企业法人经营范围内的建设、管理、经营、维护广播电视信息网络，从事有线广播电视传输业务（应取得广播电视节目传送业务经营许可证后方可从事该项目的经营活动）；有线广播电视设备、信息设备、百货家电的销售、租赁；设计、制作、代理、发布国内广告；对文化和信息产业进行投资的业务等。同时，拓展集客业务，为有线数字电视网络建设服务、各单位有关信息类工作建设服务，服务内容主要有办公设备采购、监控系统建设、宽带网络建设、视频会议系统建设、政务网建设等。至 2020 年末，全市有线数字电视用户 64626 户、宽带用户 13348 户。2020 年，全年完成总收入 2766.5 万元，完成率 101.71%。

**【安全播出工作】** 2020 年，在新冠肺炎疫情防控期间，武夷山分公司完成元旦、春节等重大节日以及全国两会的安全播出工作，并按要求完成武夷山市全市范围抗疫的省—市—县—乡视频会议保障，得到市政府的好评。武夷山分公司在重大安播期间实行双岗值班，技术人员及值机员做到坚守岗位，一线人员做到每人每日一巡线，确保全年安播任务的完成。

**【应急广播建设】** 根据《福建省

广播电视局和福建广电网络集团股份有限公司关于进一步做好农村有线广播建设和设备管理维护工作的通知》（闽广〔2018〕47号）及《南平市文化广电新闻出版局和福建广电网络集团南平分公司关于巩固和完善农村有线广播应急预警系统工程建设的实施意见》（南文广新〔2018〕91号）文件精神，分公司作为武夷山市应急广播传输工程建设单位，积极落实建设省、市、县、村应急广播四级联播联控工程建设，为全市应急广播安全传输、有效覆盖、终端开发、建设与发展提供安全、可靠的基础保障。完成全市115个行政村应急广播的安装工作，以满足全市应急广播预警信息发布的总体要求。

**【现代化信息传输网络建设】**一是有线数字电视网络建设。有线数字电视网络已覆盖全市各乡（镇）、街道、农茶场及绝大部分行政村和自然村，覆盖率达90%。二是宽带传输网络建设。为各单位、全市人民提供高质量的上网通道，为建设数字福建贡献力量。

（余仁种）

# 商贸流通服务业

## 综 述

**【概况】** 2020年，市商务局坚持疫情防控和复工复产两手抓，全面落实“六稳”“六保”任务，着力推进“一攻坚两行动”、绿色发展考评、对外开放、口岸建设等各项工作，全力推动武夷山市商务高质量发展超越。

2020年，全年实现社会消费品零售总额56.71亿元，同比增长-1.7%，增速排南平市第一。全年外贸进出口总额47729万元人民币（企业反馈数），比上年同期下降0.19%。全年完成外资实际到资1.66亿元人民币，同比增长823.9%，占全年任务的208%；当年“五个一批”新增外资项目2个，其中开工1个；利用外资总体指标排名南平市第一。

**【全力抗击疫情，助力复工复产】**

1.组织限额以上企业复工复产。组织人员对全市74家限额以上商贸企业进行排查，第一时间传达将与企业共渡难关的政策。紧密联系配合市文体旅局、市场监管局，有序推进商贸企业复工复业，为武夷山的支柱产业——旅游业复苏提供有力保障。

2.督促定点屠宰场复工复产。安排市武夷食品有限公司（定点屠宰场）于2月初启动生猪屠宰生产，确保市场供应量充足。

3.打造便民配送平台。将城乡物流配送平台——武夷惠达火速“改造”为武夷山市便民配送平台，有效解决防疫期间社区封闭式管理情况下，菜农和商家卖菜难与市民买菜难的问题。

4.落实千家服务业企业增产增效行动。针对重点企业，开展点对点走访帮扶，帮助企业解决防疫物资紧缺、疫情严重时期的交通管制带来的车辆受限、防控表格较多等问题。

**【举办茶博盛会，发展会展经济】** 11月16—18日，举办第十四届海峡两岸茶业博览会，为首次政府退出市场化运作的茶博会；启用茶旅小镇会展中心国际标准展馆，展馆面积4.5万平方米，设四大展区，涵盖六大茶类；VIP采购商近4000家，创历史新高；参展商1800个

疫情缓解以后，市商务局指导商贸企业有序复工复业（商务局 提供）

标准展位，同比增加40%。展馆人气爆棚，购销两旺。同时，依托茶博会的成功举办，制定《武夷山市扶持会议会展业发展办法》，对武夷山市大型会展活动的举办给予支持，进一步推动武夷山市会议会展业转型升级。

**【帮助企业申请灾后重建补助资金】** 2020年“7·9”洪灾后，及时组织人员汇总上报灾情损失并申请灾后重建补助资金，并前往福建省商务厅对接协调。经努力，总额为378万元的商贸行业灾后恢复重建补助资金下达至受灾的菜篮子基地、商贸企业、农贸市场，帮助恢复生产经营。

**【落实“六稳”“六保”，畅通内循环】**

1. 惠企政策有效落实。帮助新百佳超市、华榕超市申请稳岗就业补助共计104.99万元；通过金服云平台帮助市茗心堂茶业有限公司等8家外贸出口企业成功申请到约1640万元低利率贷款。

2. 市场内循环更加畅通。聚焦产业消费“双升级”，通过宣传开展消费促进月，争取220万元财政资金用于“5·13”（武夷山）旅游电商节、“全闽乐购”等活动，促进假日经济和夜间经济，进一步推动市场回暖。全年新增限额以上商贸企业18家。

3. 电子商务大力发展。成功申报省级商务特色镇——五夫镇；完善农村电子商务配送网络，增加20个乡村物流配送点。全年组织开展6期电子商务培训，共培训600人次，有效带动电商专业人才队伍和平台建设。

2020年电子商务培训服务类采购项目培训现场 （商务局 提供）

2020年2—3月，商务局协调企业打造便民配送平台 （商务局 提供）

2020年8月22日，全闽乐购促销活动开启 （商务局 提供）

【坚持对外开放，增强发展后劲】

1. 多方式拓展新市场。组织企业参与"9·8"投洽会、"11·5"进博会、"11·16"茶博会、线上广交会及境外优质线上线下展会，鼓励企业开拓新的安全的国际市场。落实出口信保政策，全市共有1家企业参加全额信保、8家企业参加年出口300万美元以下企业免费参保业务。

2. 争取企业实际到资。进一步优化营商环境，优化利用外资结构，引导外资投向武夷山市延伸旅游产业链项目和现代服务业项目等重点产业项目，加大针对性招商力度。全年完成外资实际到资16631万元人民币，增幅居南平市第一。

（占健文）

## 招商引资和回归经济

【概况】 根据武委编〔2019〕47号《关于武夷山市招商局更名的通知》，2019年12月22日，武夷山市招商局更名为武夷山市招商服务中心。全年新引进总投资超5000万元以上产业招商引资合同项目65个，总投资63.5亿元，固定资产投资额48亿元，开工转化率100%。在南平市绿色发展考评中，武夷山市产业招商引资和回归经济工作排名县（市）第一，招商引资和回归经济相关创新举措受到社会各界广泛好评，人民网、今日头条、《福建日报》、东南网、"学习强国"、南平商务等各大媒体刊载相关宣传报道50余篇。

【精准发力"招大商"】 围绕旅游、茶业、食品加工、会展赛事等重点产业，坚持"走出去"与"请进来"相结合，开展"一把手"招商、"小分队招商"、产业链招商，对接深业集团、建发集团、宝龙集团、八马茶业等企业约90批次。成功引进深业生命健康中心、八马茶文化研学体验园、宝龙城市商业综合体等优质项目3个，总投资约27亿元，实现"当年招商、当年签约、当年落地"的目标。其中，八马茶文化研学体验园项目2020年实现1061.67万元税收的可喜成果。

【创新模式"招好商"】

1. 创新推出"不见面招商"。疫情防控期间，变项目洽谈"面对面"为"线连线"，变项目签约"见面签"为"网络签"，对接企业近30家，通过参加省、南平市网上"云签约"活动，成功签约4个项目，总投资52.5亿元。

2. 创新"商情直报"渠道。全年编写《深业生命健康中心》《八马茶文化研学体验园》等招商专报共24期，梳理优先保障项目进展情况、存在问题、解决思路等事项，确保项目快速落地。

3. 创新招商引资工作机制。印发《中共武夷山市委 武夷山市人民政府关于建立健全招商引资工作机制》（武委〔2020〕41号），通过统筹协调、规范流程、明确职责，切实解决招商引资工作推进中存在的问题。

【优化服务"招实商"】

1. 深化市领导挂点重大项目机制。实行分管领导定期例会协调推进制，按照"一个项目、一位领导、一个工作组、一抓到底"的思路，定期与不定期地协调解决项目推进中的困难与问题，助力项目快速落地。

2. 实行"一条龙"服务。继续做好与投资企业的对接服务工作，为企业提供"一条龙""保姆式"服务，问需纾困，送政策上门，为企业答疑释惑，保障项目落地、建成、见效。

3. 开展以情招商。春节期间，市委、市政府主要领导，分管领导分别走访优秀乡贤企业，拜访乡贤父母，打好以情招商"组合牌"。

【搭建平台"广招商"】

1. 线上搭建"武夷招商"平台。通过"武夷招商"微信公众号，不断完善更新武夷山市投资环境、产业布局等内容，让信息"多跑路"，让客商"少跑腿"。同时，依托"武夷招商"网络平台，创新搭载加密管理的招商内网办公自动化，实行内页资料"网格化"管理，实现内外网联动智能办公，提高行政效率。

2. 线下设立"招商联络处"平台。依托异地商会，设立北京、上海、广东三地招商联络处，聘任异地商会会长为"招商大使"。同时，借助南平市部署的"机关联商会 党建促回归"活动契机，成立武夷山市回归经济领导小组，市"回归办"设在招商中心，优选3名干部作为回归专员，助力异地商会，探索"以情招商""以商引商"等新思路，推动项目人才资金回归集聚。

3. 创新"投资企业亲清恳谈会"活动。邀请企业、相关部门倾心恳谈，解读政策，问需于企，问计于商，搭建政企、企企之间互联互通的平台。

（徐清妹）

# 供销合作

【概况】 2020年，武夷山市供销合作社联合社深入学习贯彻习近平总书记对供销合作社工作的重要指示精神和中华全国供销合作社第七次代表大会精神，坚持从武夷山市农业农村发展工作大局出发，牢记为农服务根本宗旨，按照改革强社、服务立社、夯基建社、以企兴社、从严治社的工作要求，持续深化综合改革，发展合作经济，进一步构建服务农民生产生活的综合平台。全年完成商品购进总额56396万元，其中：农副产品购进完成48511万元、废旧物资购进完成7885万元。全系统完成商品销售总额206248.38万元，其中：日用消费品零售完成186594万元、售给农民生产资料完成18588万元。全年实现利润1066.38万元，完成上级下达的任务。

【基层基础夯实筑牢】

1.基层组织建设高质量推动。一是采取开放办社的形式，引进社会能人恢复重建洋庄供销社。二是创新组织形式，市供销社在崇安街道黄墩村和武夷街道黄柏村新建村级供销合作社，下沉服务进村，努力实现服务“三农”的零距离。三是新发展农业农民专业合作社10个，新建农村综合服务社2个，向上争取4万元“惠农工程”项目资金升级改造庄稼医院1家。

2.社有资产盘活多措并举。吴屯供销社与后源村合作，将后源生资供应点打造为“阳光1+1（社会组织+老区村）牵手计划”活动点，支持吴屯乡后源村老年活动中心及农产品展示厅公益事业建设。武夷供销社与武夷街道黄柏村将黄柏村仓库修建为村卫生所，提升医疗服务能力和水平。城关供销社与黄墩村结合黄墩村文化特色，发展乡村旅游业，将黄墩仓库改造为红色旅游接待中心，借助文化盘活社有资产，开辟供销社助农增收的新渠道。

3.项目建设积极推进。一是做好武夷山市天天香冷水米农民专业合作社土地托管建设项目督促指导工作，确保在年底前如期完成工程主体建设项目并迎接验收。二是发展具有供销合作社特色的区域电商，对接“圆梦村”农产品交易展销中心项目建设，加大与兴田镇政府的沟通，做好项目资金管理工作，促进项目尽早落地建成。

4.服务平台加强建设。市供销社组建的武夷山市供销惠农会计服务中心为22家涉农企业提供会计服务，进一步提高服务水平和质量，将供销社打造成为实实在在为农业社会化服务的平台。

5.新型农村合作经济体系初步形成。供销社和市农村商业银行股份有限公司利用各自的行业优势，就构建生产、供销、信用“三位一体”新型农村合作经济体系进行深入交流，达成共识，签订“供销+金融”战略合作协议，助推农村经济快速发展。

【社企改革稳步推动】

1.加强社有资产管理。通过市场化运作提高租金，实现社有资产效益最大化。2020年，市供销社共委托第三方招标代理公司开展4场租赁使用权拍卖会，共计31处资产，成交25处，6处流拍。流拍的6处有5处通过“三重一大”会议，以原有标底的价格陆续出租，仅吴屯乡1处资产尚未出租。

2.依法维护资产权益。壹生缘保健有限公司租赁宫宵饭店资产，自2015年起累计欠款金额达39.85万元。为了维护供销合作社的合法权益，宫宵饭店于2019年4月28日采取法律诉讼途径起诉原承租方，胜诉后通过法院执行庭强制腾空，并交还宫宵饭店，并通过法院执行庭陆续追缴余下欠款。

3.加强供销系统企业工资的宏观调控。为探索建立合理合规的工资调整机制，激发广大员工爱岗敬业热情，供销社工资薪酬调研工作小组走访系统各基层企业、改制国企及建阳、建瓯等周边县社，听取各方反馈意见，经2019年8月27日“三重一大”会议研究，制定《2019年度武夷山市供销社系统企业工资调研方案》，对基层企业的薪酬水平、结构等进行合理配置，健全完善常态化工资调整机制，更好地实施人才兴社战略。

【疫情防控工作落实到位】

1.强化复工复市。出台社有资产租金减免政策，减免租金1.5个月，合计减租20余万元，有效缓解商户资金周转难题，为商户复工复市做出供销贡献。

2.强化农资保障。整合参股企业、庄稼医院、农资网点力量，加强化肥、农药等主要农资的调运和储备，通过电话订货、送货上门等形式，为坚决打赢疫情防控阻击战和保障春耕化肥供应贡献供销力量。2020年，完成2000吨的化肥冬储任务，加强与发改、财政等部门沟通协调，将农资冬储贴息资金纳入当年同级财政预算。

3. 落实“三联”机制。在疫情防控期间，落实“机关联乡村、联社区、联企业”机制，组织机关党员干部主动与五里村党支部共联共建，深入结对村的防控一线参与卡点执勤，并与单位所在的清献社区联系，参与社区的信息摸排、管控、宣传和劝导工作。同时深入挂点企业武夷山市态亨农业有限公司查看疫情防控和复工复产情况，宣传相关的惠企政策，协助其寻找相关部门，了解组建家庭农场的具体要求，助力企业复工复产战“疫”。

**【巩固脱贫成果显著】**

1. 筹措帮扶资金。经过多方努力，筹资3万元帮助五里村建立上、中洲议事亭，筹措3000元作为澄溪村贫困村帮扶资金，并按照《中共武夷山市委组织部、中共武夷山市委市直机关工委关于开展机关企事业单位党组织联系帮扶建档立卡贫困户高中和大学学生工作的通知》（武委组综〔2020〕27号）要求，市供销社与商务局机关党支部共同帮扶1名兴田镇枫坡村的贫困学生每年3000元。

2. 开展帮扶服务。市供销社农村社区综合维修服务中心携京东家电走进岚谷乡开展家电义务维修活动，共计维修各类家电70多件，接受家电保养和安全使用咨询100余人次，在乡政府和村书记的带领下走访慰问陈袁兴、彭林禄等10户贫困户，并给他们送去小家电。

3. 巩固扶贫成果。组织干部多次入户回访帮扶对象，根据每户情况制定帮扶措施，使其继续有收入来源，防止返贫。

（吴华英）

## 烟草专卖

**【概况】** 武夷山市烟草专卖局（分公司）是政企合一的国有企业，实行专卖专营的管理机制。2020年，内设烟叶办、营销办、专卖办等6个部门，有职工179名。全年实现税利1.26亿元。

**【烟叶生产与收购】** 2020年，武夷山市烟草专卖局（分公司）签订烟农613户，烟叶种植合同1.94万亩，收购烟叶4.71万担，上等烟比例77%，中部上等烟比例64%，担均价1442元，亩产值3501元（不含补贴），户均收入11.07万元。推广“采烤一体化”专业化服务1.09万亩。在兴田、岚谷推广生物质燃料烤房25座，在岚谷新建2座电热烤房。在兴田开展烟叶生产全程机械化试点工作，开展铧犁深翻、机械开沟、拉链式盖膜等专业化机耕服务。烟田烟蚜茧蜂控虫防病技术覆盖率100%，覆盖面积1.8万亩。建设水毁修复项目136项，建设基础设施项目59项，受益基本烟田750亩。

**【卷烟销售】** 全年卷烟销售11085箱。一是顺应市场需求探索营销新手段。疫情防控期间，采用线上预订卷烟、线下无接触送货上门方式，为零售客户及卷烟消费者提供服务。二是应用新技术升级零售终端及吸烟环境建设。从终端提升、系统应用和文明吸烟环境建设软宣传等方面入手，在全市试点布局30户卷烟新零售客户，建成吸烟亭4个、吸烟区12个、吸烟点60个。三是拓展新业务，助力零售户盈利增收。引入服务新模式，提升队伍素质。打造“仙境武夷”系列卷烟、非烟礼盒用于陈列。

**【专卖管理】** 2020年，查获真假烟案件125起，与司法部门衔接涉刑案件判刑13人。市场净化率

无人机在烟田撒药保护植物　（烟草专卖局 提供）

烟叶大田俯瞰 （烟草专卖局 提供）

95.35%。取缔违法违规卖烟大户 4 户，取缔“手工烟”摊 19 个。新办许可证 69 户，停业 3 户，注销 31 户，歇业 21 户，变更 192 户，收回许可证 38 本。电子烟监管常态化，联合市场监管局约谈网络平台，联合教育局向全市中小学发布电子烟监管公告，开展送法“进机关”“进校园”“进社区”“进万家”活动 8 场次。

（张 鹏）

## 石油供应

【概况】 2020 年，中石化森美（福建）石油有限公司南平分公司对管辖片区的机制进行改革，实现每个片区恢复县公司体制，赋予县公司一盘棋的局面。县公司作为一个整体下达任务，批发与零售作为一个集体进行考核。中石化森美（福建）石油有限公司南平分公司武夷山片区被称为武夷山县公司。

2020 年，中石化武夷山县公司轻油完成 2.95 万吨，汽油完成 1.85 万吨，柴油完成 1.1 万吨，LNG410 吨。

【加油站建设】 2020 年 1 月，在位于星村镇井水村 205 省道 168 千米 +150 米处新建 1 座汽柴油加油站，命名为武夷山高星加油站，俗称井水加油站。该站建有 4 个油罐，储存 92 号汽油、95 号汽油、0 号柴油，现场设置 4 台加油机，每机 2 枪共 8 把加油枪。加油站配套建立 1 个约 30 平方米的易捷便利店，销售烟、酒、副食品以及各种生活用品，采用多种形式支付方式，以方便往来游客加油的同时能够快速购买所需用品。至年末，中石化南平分公司武夷山县域公司管辖加油站 12 座，分别为中心站、城区站、中旅站、三木站、洋庄站、岚谷站、星村站、兴田站、五夫站，城西站、高星站、高铁站，有员工 61 人。

（暨丹丽）

## 会展服务

【概况】 2020 年，武夷山市会展服务中心根据《武夷山市旅游产业高质量发展行动方案》和《武夷山市茶产业高质量发展行动方案》，结合武夷山文旅茶特色产业资源，加强会展工作谋划，充分利用茶旅小镇会展中心场馆资源，积极引进、培育专业展会运营企业和配套服务企业，做好各类展会筹备服务工作，打造多元化会展主题，努力实现规模和质量的稳步提升。

【第十四届海峡两岸茶业博览会举行】 海峡两岸茶业博览会是由国家有关部门、两岸茶业协会及南平市人民政府联合主办，省直有关部门及各设区市人民政府协办，武夷山市人民政府承办的茶业博览盛会。2020 年，第十四届茶博会创造规格最高、效果最好、人数最多的辉煌成绩。较往届相比，在办展规模、展会交易、品牌影响等方面都有较大的提升。来自全国各地的 20 多个省份渠道资源，数以万计的茶业同仁们欢聚一堂，呈现优质品牌齐聚、产业优势突显、多元文化汇聚、活动内容多彩、会展服务专业的特点，进一步推动海峡两岸茶博会向国际性展会发展。

第十四届茶博会首次启用武夷山茶旅小镇会展中心，总建筑面积 11.2 万平方米，分为展览功能区和会议功能区。其中展览功能区面积 4.5 万平方米，规划标准展位 1800 个，较上届茶博会增加 50% 展位规模，主要成果体现在三个方面：

1. 经贸合作成绩斐然，构建融合发展新平台。第十四届茶博会参会海内外嘉宾和客商 2.15 万人，其中参展商近 4000 人、采购商超 8000 人（VIP 采购商 3929 人），进馆人数 15 万人次。11 月 16—18 日，交易总额 73.77 亿元，较上届增长 12%。其中现场交易 2.47 亿元（茶叶 8552 万元，茶包装、茶机械9650万元，茶器具4210万元，拍卖及斗茶赛奖金419万元，其他茶产品1857万元）；意向交易71.3亿元（茶叶27.1亿元，茶包装、茶机械23.97亿元，茶器具12.9亿元，茶配套及其他7.33亿元）。

借助各地商会组织，积极邀请茶饮料、茶保健等茶产业链、旅游及房地产等行业的近300名客商和高端人士参会，共签约重大招商引资项目20项，总投资额128.42亿元，涵盖茶产业、健康养生、现代绿色农业、文旅、金融、物流、商贸等多个领域。

2. 活动内容丰富多彩，组织保障扎实有序。此届茶博会展会前后，第五届中国有机大会暨首届武夷山论坛、中国工程院院士刘仲华的武夷岩茶品质化学特征与保健功能研究成果发布会、22名非遗传承人联名力作拍卖、台盟中央“海峡两岸茶文化（武夷山）研习营”等近30场专业茶业赛事、高峰论坛、茶会雅集、茶旅活动——开锣。

3. 宣传影响广泛，打造“云上茶博会”线上平台。此届茶博会吸引了人民日报、新华社等近百家新闻媒体以及新浪、今日头条等众多商业网站，进行全方位、多角度、多元化的跟踪报道，推出新闻报道和相关信息2927篇（条），新浪微博话题“永不落幕的茶博会”阅读量1310万人次，登上微博热搜话题榜第三位。同时，通过网络直播模式，打造“永不落幕茶博会”，实现全时段、全平台、全覆盖的互联网新媒体推广模式。永不落幕的云展会全网媒体曝光量2.66亿次，点击率12.83%，远远高于同类型展会平均值。茶博会期间全网直播累计观看超2200万人次，带动销售额超100万元，助力茶旅产业高质量发展。

（于志强）

# 旅游业

## 综 述

8月14日，武夷山市旅游产业高质量发展行动指挥部成立，下设办公室、全域旅游产业发展组（高质量发展规划提升组）、规模企业培育提升组、全域旅游畅通工程推进组、航空旅游开发提升组、市场开发与品牌推广组“一办五组”，明确各组职责和分工，建立指挥部周例会等工作推进制度。指挥部办公室设在市文体旅局六楼，文体旅局局长兼办公室主任。8月，正式全面开展旅游产业高质量发展行动，扎实推进各项工作的开展。根据第三方数据显示，2020年武夷山市共接待旅游者1078.57万人次，受疫情影响，同比下降33.7%，旅游收入228.89亿元，同比下降36.3%。

### 【项目规划建设】

1.规划编制。按照“多规合一、多本合一”的原则，产业发展组以全域旅游发展理念为指引，经多方走访调研，初步提出《武夷山市旅游产业高质量发展规划提升方案》，与同济大学、景域、厦门建发等相关专家团队对接，推进相关规划和策划工作；邀请国内旅游知名专家团队举办论坛，对旅游产业发展进行“把脉”指导；建立武夷山市旅游产业高质量发展智库或顾问团队，采用全案委托+专家咨询的方式，争取在“十四五”规划期间完成“多规合一”的旅游规划。11月13日起，面向社会各界智借力，开展旅游产业发展“金点子”征集活动，并汇总形成产业发展建议书，报市委、市政府决策参考。

2.项目建设。一是对《武夷山市旅游产业高质量发展行动方案》涉及的项目进行全面梳理，建立全市旅游产业项目库，明确项目服务单位，已入库项目83个，计划总投资337.8亿元。至年底，世茂御榕度假酒店、云清美食城、景区道路改造提升、度假区滨溪景观慢道、五夫七市文创集等一批项目已建成投入运营、使用。二是启动南源岭民宿群提升改造计划，将“非遗”技艺体验元素融入民宿中，打造文化消费集中区和示范点。三是促进乡村旅游发展。开展旅游特色村创建，为五夫镇兴贤村、吴屯乡街路村、洋庄大安村、星村镇黎前村争取资金补助40万元；申报推荐星村镇、洋庄乡大安村为四星级休闲集镇，申报推荐洋庄乡为三星级休闲集镇，推荐申报五夫镇兴贤村、兴田镇南源岭村为2020年第二批全国乡村旅游重点村，推荐洋庄乡大安村创建省级红色旅游发展典型案例。四是做好旅游专项资金申报。武夷山自驾车营地申请自驾车露营地补助50万元；武夷山高铁北站旅游集散中心提升工程申请旅游集散服务中心改造提升补助80万元。

3.引进与服务。加大旅游项目引进与开发，加快项目审批。召开神农谷项目前置审批会，加快神农谷项目规划审批，深入推进吴屯康养特色小镇相关项目建设。10月，遵义演艺集团到武夷山市开展项目选址考察，推进红色旅游提升；引进直升机低空游览项目在度假区进行试运营，8天时间参加体验游客量3000余人。11月15日，“空中看武夷”低空游览项目在武夷山机场投入运营；11月22日，景区直升机空中观光体验旅游项目进行试飞。

### 【旅游业态提升】

1.茶旅融合业态提升。召开“大红袍体验之旅”旅游产品征集座谈会，对“走茶道、鉴茶树、学制茶、习茶艺、赏斗茶、品茶宴、看印象、住茶宿”茶旅体验产品进行收集，对茶旅线路开发、文创产品打造、茶旅人才队伍建设、特色资源整合等方面进行调研和征集意见。

2. 文旅融合业态提升。让“非遗”技艺和文化为旅游赋能，助力旅游产业高质量发展。启动南源岭民宿群提升改造计划，将“非遗”技艺体验元素融入民宿中，打造文化消费集中区和示范点，协助村委会协调品牌营销公司进行策划。2020 年，先后举办“嘉年华”演出、“金山银山之大美武夷”暨“世界经典邮票”展、“浪漫武夷山 缘聚玉女峰”七夕情人节、“宋街夜肆”宋代闽北婚礼、五夫古镇熹街莲里民宿特色婚喜茶会、“宋风当潮、武夷月夕”等主题的武夷宫节庆活动，利用春秋馆恢复试演“幔亭招宴”非遗项目，编排有地方特色的红色文化节目，探索旅游新业态，丰富红色经典线路内容。11 月 28 日，举办首届洋庄红色文化节暨生态产品和吴三地老丛品鉴会活动，现场开展红色文化演出及红色旅游线路推介、农耕文化体验、百泡吴三地老丛水仙拍卖会、草坪音乐会等活动，为茶人、旅游从业者、游客及红色文化爱好者提供文化与茶旅交融的新体验。

3. 体旅、康旅融合业态提升。发挥景区景观和生态优势，策划举办特色体育赛事和大众康养健身活动。举办 2020 年“武夷山水”武夷山市“九冠杯”全国郊野钓鱼大赛、“武夷山水 康养新天地”康养健身八段锦全民健身系列活动，通过比赛，打造休闲运动的基地。开展“仙弈武夷”百城万人围棋业余公开赛，为武夷山景区带来万人以上的游客引流。11 月，举办“仙凡福第杯”第八届武夷山桥牌公开赛，推动旅游产业高质量发展，促进旅游产业转型升级，打造旅游新业态。

4. 乡村特色节庆活动提升。对传统乡村节庆活动进行内容、形式、宣传上的全面提升，增强游客参与性和趣味性。2020 年，举办“词韵白水 • 理学五夫”、第三届中国农民丰收节暨武夷山 • 吴屯第四届“稻花鱼文化节”、非物质文化遗产节目展演闽越文化艺术周活动、第八届五夫荷花节暨第二届上梅柳永文化节。其间举办的首届中国武夷山 • 五夫“荷花仙子”评选大赛，总决赛现场通过海博 TV、直播福建等平台直播 2 小时，最高观看近 30 万次，回放播放达 87.42 万次。洋庄乡联合五夫镇举办集“游、乐、购”于一体的“紫薇夜市”，并组织网络主播组团带货“武夷山水”品牌产品，打通“线上 + 线下”购物渠道，共接待游客 1000 余人。另外，在传统乡村节庆活动上进行内容、形式的全面提升，打造特色节庆活动集群。如五夫的“哈密瓜节”“荷花节”、洋庄的“红色文化节暨吴三地老丛品鉴会”、兴田的非遗文化展示周、武夷街道和星村镇的“茶王赛”“民间斗茶赛”，以及岚谷乡 12 月举办的“白鹅节”等，逐步形成“一乡一品”、月月有节事活动的良好氛围。

## 【旅游宣传营销】

1. 重点旅游市场开发。在福州、平潭、莆田举办“清新闽东北，健康武夷 +”2020 年闽北特色文化品牌宣介活动，推进福州市场开发，制定《开拓福州旅游市场行动方案》。推进动车旅游专列开通，制定福州动车旅游专列扶持政策。10 月 24 日，开通首趟专列，至 12 月，开行 5 趟 300 人以上的专列，共接待游客 2150 人。10 月 25 日，成功开通南京—武夷山—深圳往返航线，为武夷山旅游产业高质量发展、转型升级带来新的更大的机遇。通过开展主播代言、视频直播等方式进行宣传推广深挖福州旅游市场。借助地铁、公交、楼宇广告等媒体及网络平台、抖音等新媒体，开展多元化、全方位的文旅茶营销宣传。11 月 16—18 日，开展茶博会活动，通过开展茶旅融合体验系列活动，促进茶旅互动融合发展，实现以旅游业带动茶产业。12 月，重点做好西安、深圳等重点市场的营销推广活动。

2. 研学市场开发。对接研学机构和旅游企业，推出景区定制研学产品：价格为 139 元 / 人（含主景区门票和观光车票，7 日有效），从 8 月起，接待来自晋江、湖北 7 批研学团队，共计 2300 余人。

3. 网络等平台推广宣传。建成旅游信息管理中心，进一步对智慧旅游的管理和服务模块进行升级，加强客源市场精准分析。与移动公司建立大数据采集协议，更加精准分析客源市场。在铁路“12306”App 订购票页面开展“大红袍八段锦体验之旅”“武夷山暖冬行”等旅游市场推广。12 月起，在 CCTV-2《第一时间》气象播报中进行冬暖武夷体验季宣传，展示周期为 4 个月。

4. 开展“四免费一优惠”活动。自景区恢复开放之日起至 2020 年 12 月 31 日，对全国医护工作者推出“四免费一优惠”（景区门票、观光车票、观看实景演出、茗茶品鉴免费，精品酒店住宿免费或优惠）政策。至年底，约有 2000 名医护人员享受该优惠政策，送出伴手礼千余份。实行全国亲子游武夷山风景区门票 + 观光车票 99 元的优惠政策。

5. “全福游 • 有全福”旅游宣

传营销。在铁路“12306”App购票页面开展武夷山旅游宣传。文体旅局注册抖音和快手官方号，进一步开展新媒体宣传。制作全域旅游地图5万份、茶旅宣传资料1万份，投入旅游市场；组织武夷山风景名胜区及11家精品民宿参与“第三届高铁旅游嘉年华”活动。

2020年5月23日，首届“品读双世遗 漫游武夷山”导游员大赛完成赛程

（市文体旅局 提供）

6. 线上线下文旅品牌营销推广活动。通过开展“执子之手，共享绿色家园”主题系列活动、“春回大地·出发武夷”为主题的景区开园系列活动，配合做好“喊山祭茶”文化季活动、“云赏春光云踏青”网络直播活动、“浪漫武夷山，缘聚玉女峰”七夕节活动、首届“513（武夷山）”旅游电商节等活动。电商节活动直播间总浏览量达71.5万人次，点赞数超20万人次，活动期间成交金额近100万元。充分发挥活动的宣传效应，推动武夷山旅游市场恢复工作。6月18日“云游武夷 乐享非遗”南平市“非遗”购物节在武夷山风景区主景区宋街景点上演，活动采用抖音全程直播“云游武夷”。通过这种“非遗+旅游+新媒体”的形式，让更多人了解南平“非遗”，助力各级非遗传承人复工复产，增强武夷山旅游景区的文化体验。11月22日，根据南平市第四届旅游产业发展大会“1+1+N”形式的统一部署，结合武夷山市实施的旅游产业高质量发展行动，通过“印象建州”综合体、崇溪漫步道、“茶汤温泉”度假村、大红袍艺术馆、九曲商务游、山径越野赛、舟行谧境御榕庄、宋街当潮电竞文旅、幔亭招宴等9项特色主题活动和旅游业态，全面展示武夷山市的一批旅游新业态和旅游产业转型升级新形象。11月29日，以“品读双世遗 慢游武夷山”为主题的武夷山茶旅文化品牌宣介活动在福州三坊七巷光禄吟台举行。同时，开展茶文化主题文艺展演、武夷岩茶品鉴展示会、“武夷山水”品牌推介等活动，彰显“双世遗”文化风采，展现万里茶道重要的茶文化交流历史。

2020年6月18日，2020年文化和自然遗产日“云游武夷 乐享非遗”活动开启

（市文体旅局 提供）

7. 举办首届“品读双世遗 漫游武夷山”导游员大赛。大赛自3月启动，5月23日在市民广场通过网上直播方式完成赛程，推进导游队伍整体素质提升，进一步促进文化和旅游事业的发展。

【疫情防控和复工复产】

1. 疫情防控。2—5月，市文体旅局作为旅游工作委员会牵头单位，认真组织实施“六统六点”工

2020 年 12 月 27 日，相约武夷"圳"在出发——大武夷文旅走进粤港澳大湾区推介会举办 （市文体旅局 提供）

作举措，统一指挥，通"堵"点；统一关停，断"接"点；统一劝导，阻"源"点；统一摸排，扫"盲"点；统一安置，消"散"点；统一管理，补"漏"点。6 月以后，疫情防控工作进入常态化管控阶段，按照市委统一部署，坚持各项工作不放松，全面指导监督做好全市星级酒店、娱乐场所、网吧、影院、景区、旅行社等企业的疫情防控工作，将疫情防控工作的各项工作落到实处。

2. 复工复产。针对武夷山市疫情防控工作实际，强化"属地管理、行业自律、部门联控联促"的工作方针，及时制定下发《武夷山市旅游工作委员会关于加强旅店业复工和人员返岗管理有关工作的通知》，引导旅游业复工复产。市文体旅局由执法大队、行管股组成防控工作组，分片区对复工旅店业防控工作落实情况进行不定期循环现场巡查，对旅客入住登记、填写旅客《行程申报表》、体温测量、消毒记录等进行督导，督促各复工旅店民宿、各文化娱乐场所落实各项防控措施，做到责任到人到户，确保复工复产工作有效推进。至年底，各景区实行预约、错峰、限量开放，做好流量管控，各文化、体育、娱乐等行业全部进入正常开放和经营，各项工作呈规范有序的状态。全年帮助全市 86 家旅行社办理暂退质保金 1009.6 万元；兑现旅游企业旅游目的地市场培育、旅游品牌形象宣传、旅游企业创强品牌、文化旅游企业做大做强、旅游人才队伍建设、全民健身活动、文化阵地建设等奖励资金 320 余万元，缓解文体旅企业资金压力。9 月，出台《疫后促旅游产业高质量发展市场拓展奖励办法》，从政策扶持层面切实做好"六稳""六保"工作任务的落实。

**【文旅执法】** 统筹做好文化旅游市场监管及"扫黄打非"、扫黑除恶等专项检查及节日前后专项整治，全面排查各类文化旅游市场安全隐患及违法违规行为，营造安全有序的文化旅游市场环境。成立 2020 年旅游市场综合整治工作领导小组，下发《武夷山市旅游工作委员会关于印发 2020 年旅游市场综合整治工作方案的通知》，把整治行动与日常检查相结合。2020 年，执法大队共出动 5771 人次，巡查检查文化企业 1957 家次（包括文化企业关停的巡查），其中歌舞娱乐场所 1458 家次、网吧 251 家次、电影院 63 家次、书店 55 家次、印刷企业 130 家次；出动 4254 人次，检查旅游企业 1438 家次，其中旅行社 58 家次、景区（点）613 家次（包括景区景点的巡查）、民宿酒店 757 家次（包括复工复产的检查），购物店巡查 20 家次，现场规范导游上岗服务 360 人次。全年受理投诉 128 起，办结 124 起，4 起在办理中，其中 3 起为一事多投，跨年办结，共挽回经济损失 19.84 万元，游客满意率 100%；行政处罚案件立案 50 起，结案 46 起，4 起在办理中，共收缴罚没款 145.03 万元。

（左梦华）

## 武夷山国家旅游度假区

**【概况】** 2020 年，武夷山国家旅游度假区党委、管委会统筹疫情防控和复工复产，以"创新突破年"为契机，于 3 月 26 日召开度假区城市建设"百日攻坚"动员大会，全面启动以交通整治为前提、人居环境治理为关键的城市建设"五整治、两提升"（人居环境、交通环境、治安环境、营商环境、食品安全环境整治，全面提升基础设施建设和社区管理水平），度假区各项工作取得较好成效，迈上新阶段。

**【"百日攻坚"成效显著】**

1. 重点项目服务攻坚。2020

年，度假区新增“五个一批”项目6个，计划总投资98000万元，累计完成投资98337万元，年内完成投资66645万元。其中：签约1个、开工3个、投产2个；完成区内固定资产投资9606万元（不含房地产项目）；完成固定资产项目投资入统项目9个。

2.基础设施改造提升攻坚。根据市城市建设攻坚战指挥部安排，陆续启动武夷大桥维修处治工程、晚对峰路路口——安国大道路口道路路面维护工程、仙馆路路面维修工程、大王峰路景观配套工程、崇溪漫步道（九龙湾至品石岩路）景观提升改造工程、天游峰路、竹窠路延伸段旅游景观道路提升改造工程、九曲溪路（南段、北段）道路工程、玉女峰路旅游景观道路提升改造工程9个项目，总投资2.28亿元，年内完成总投资1.6亿元，完竣工项目5个。

3.征地拆迁攻坚。参与完成五峰九院项目青苗补偿近300亩，完成角亭旧村危房拆除3栋约1000平方米，配合公馆征迁指挥部完成公馆旧村10户，拆除面积近3000平方米。同时，出台扶持夜间经济举措，举办非遗技艺展演展示，开展宣传活动促进夜间消费经济，在省市多家网络媒体上强化宣传推广，取得较好的社会效应。

**【环境综合整治有序推进】**

1.人居环境整治重拳出击。一是“两违”整治坚持高压态势不放松。全年共组织拆除各类私搭乱建210处，累计拆除面积34414平方米（其中彩钢瓦棚79处约5903平方米），制止违规施工48起，面积988平方米，暂扣各类工具40余件，投入拆违资金100多万元。二是努力实现“全域无垃圾”目标。通过联合社区、村居对有物业小区领秀一方、无物业小区精瑞华府进行试点之后，分步对滨溪漫步道、安国大道鲤鱼山周边、钓鱼湖周边、三姑旧街、红袍步行街、苏闽步行街、华龙兴华园、精瑞华府、领秀一方等区域进行人居环境整治提升，整治小区19个，清运建筑垃圾约900车次。三是加强对已征未用地块的清理和在建工地的文明围挡建设，及时整治乱垦乱种乱象，全年共投入整治资金90多万元。四是加大市政维护力度。全年共投入资金近575万元，完成市政修补地砖、更换井盖、修复安装栏杆、安装雨箅子和阻车桩、疏通管道、清理清掏污井、排污改造、安装围挡、公交站维护、修复停车场、铺路缘石，铺设路灯电缆、更换路灯灯泡等，还完成绿化提升、新铺设草皮及播撒草籽、更换各类景观草花、种植补植各类景观苗木等。建设公厕1座，同时加大夜景维护和绿化养护力度。

2.治安环境整治持续深入。通过强化舆论宣传、常态化巡逻、入户走访、专项打击、提升科技强警手段等方式对区内社会治安进行有效管控，加大对违法犯罪现象的打击力度，确保扫黑除恶专项斗争取得胜利、实现预期目标。一是加强普法宣传力度，通过LED屏、广播电视、微信公众号、自媒体等载体，流动语音宣传车，张贴发放宣传资料等方式手段，做到辖区普法宣传全覆盖。二是在辖区内加大对违法犯罪行为的打击力度，特别是对电信诈骗的打击力度。2020年，刑事发案率较2019年同比下降18.18%，诈骗发案率同比下降26.6%。三是协调景区派出所、社区等部门密切配合，不断提升群防群治和联防联治水平，对区内重点行业、场所常态化开展治安监督管理工作。四是不断提高人民调解工作能力和水平，有效化解辖区内各类民事纠纷和矛盾。2020年，成功调解各类纠纷170余起，有效化解社会矛盾，维护人民群众的合法权益，持续增强人民群众的获得感、幸福感、安全感和满意度。

3.交通环境整治堵疏并举。通过疏堵结合，培养规范停车、文明行车行为习惯，不断提升区内道路交通管理水平和能力。全年出动整治900余人次，全面完成大王峰路主干道和主要支路机动车、非机动车停车位的划线工作。共施划小车位1000多个、二轮车位3000多个和三轮车位、出租车位，施划禁停网格，设置阻车桩、阻车石等。累计纠正处罚违章停车行为3120余起，拖扣小车300余辆、二轮摩托车1100余辆、三轮车50余辆，拆除伞具2230顶。同时，谋划改、扩建公共停车场，满足区内（特别是旅游高峰期）停车需求。

4.营商环境整治力度加大。一是强化对区内购物点的巡查监管和茶业市场整治工作，规范旅游购物场所经营模式。整治占道经营、跨门槛经营、店外作业、店面外溢1258起，整治流动摊档乱摆卖行为2061起（另有早夜市占道整治250余起）。二是清理各类广告牌匾、“牛皮癣”小广告、乱拉横幅、乱挂乱晒、乱堆放、“滴撒漏”、乱种菜、乱焚烧等。专项整治户外广告牌400余面，约1660平方米；整治各类乱停放1000起；处罚各类市容违章行为12起，处罚金额1.18万元。

5. 食品安全环境整治继续加强。按照“标本兼治、着力治本；立足当前、规划长远；专项整治与日常监督相结合”的原则，全面加强食品安全监管工作，健全食品安全监管长效机制，确保人民群众的饮食安全。一是加强茶叶市场专项整治，对辖区内从事茶叶及相关产品的生产经营单位进行检查，严肃查处茶叶制作中违法添加非食用物质及香精、色素和销售假冒伪劣、包装标识不清和违规标注产品名称等行为。二是规范农贸市场（含便民市场）主体食品安全管理工作，重点检查市场内猪肉、畜禽摊位经营户和辖区市场是否存在野生动物经营行为。三是开展“倍氨敏”固体饮料专项整治，保障婴幼儿奶粉市场安全，按要求对辖区内抽查的 38 家食品生产企业逐户进行食品生产“双随机”检查。四是稳步推进辖区内“一品一码”各项工作，有序开展食品安全员抽考工作，通过微信群线上指导辖区内 812 家生产企业完成考试。同时，强化疫情防控期间和节日的专项巡查，狠抓包括小餐饮及户外食品摊贩餐饮服务在内的食品安全规范管理，抓好食品流通等各环节的监管，构建多元主体的食品安全共治机制。

【平安建设常抓不懈】

1. 涉黑涉恶线索摸排常抓抓实。经常组织综治委成员单位、区内各大企业、各大酒店、小区以及涉旅行业代表，召开扫黑除恶座谈会，收集了解各部门、各行业以及群众对扫黑除恶专项斗争工作的认知和意见、建议，组织总工办、征迁组、度假区执法大队、信访办、专职调解员、驻区法庭、派出所、市场监督管理所、旅游警察大队和三姑、八角亭 2 个社区，公馆、角亭 2 个村以及宾馆酒店业、外卖物流快递业、物业管理公司等进行线索一一摸排，重点加强以开展“六清”行动为主要内容的扫黑除恶专项斗争，确保区内在疫情防控和复工复产严峻形势下的社会治安稳定和谐。

2. 公共安全领域大排查、大化解、大整治攻坚行动扎实开展。重点加强对区内重点项目、演出场所、宾馆酒店、学校、加油站等重点场所的排查，特别是加强对区内茶叶加工作坊的全面排查，要求各企业配备必要的灭火器材，杜绝可能存在的安全隐患；按防汛要求备足各类防汛物资，提升汛期防御和风险防控处置能力。

（王礼友）

# 教　育

## 综　述

2020年，扎实做好“六稳”工作，落实“六保”任务，全面推进教育振兴三年行动计划，加快推进教育现代化，为全方位推动武夷山绿色高质量发展超越提供有力支撑。武夷山市教育局机关行政编制7个，事业编制30个，事业编制单位分别为教研室、教学设备装备站、电大工作站、考试中心、成人教育中心、督导室；教育局设5个内设机构，分别为办公室、人事办公室、基础教育室、计划发展室、职业与成人教育室；市教育局2020年实际在编在岗人员共28人。全市共有学校105所，其中幼儿园65所（其中公办幼儿园11所、民办幼儿园54所），小学25所，初中10所，完中2所，职业中专学校2所、进修学校1所；全市现有教职工2518人，专任教师2414人。其中，幼儿园教职工256人，小学教职工1177人，中学教职工987人；教师进修学校教职工21人；旅游职业中专教职工77人。在校学生48095人，其中学前教育在园幼儿9850人（其中公办在园幼儿4443人、民办在园幼儿5407人），小学在校生人数18551人，初中在校生8786人，普通高中在校生人数3502人，中等职业学校在校生2803人，特殊教育学生41人，教师进修学校学生4562人。已形成学前教育、义务教育、高中教育、职业教育和特殊教育等较为完整的教育体系。

**【项目建设】**

1.推进学前教育项目建设。实验幼儿园新校区项目规划建设面积18472平方米，规划总投入资金约8800万元，2020年3月开工建设，至2020年底主体在建。星村中心幼儿园新校区，项目规划建设面积3264平方米，规划总投入资金2300万元，2020年4月开工建设，至2020年底主体在建。

2.推进校安工程长效机制。武夷角亭小学幼儿园教学综合楼（一期）面积2200平方米，总投资655万元，（二期）及附属设施面积1000平方米，总投资295万元，2020年9月投入使用。兴田中小新校区总建筑面积9000平方米，规划资金总投入4200万元，申报2019年校安长效项目资金为教学楼（一期）1770平方米，总投资531万元，2020年8月28日办理施工许可证，至2020年底主体在建。五夫朱子学校初中部教学楼，建设面积4740平方米，总投资1422万元，至2020年底完成招投标。

3.推进全面改薄项目建设。岚谷中小教学楼，规划建设面积1000平方米，总投资200万元，至2020年底已竣工；星村桐木小学学生食堂宿舍楼原规划建设面积1000平方米，总投资200万元，至2020年底已竣工；吴屯大际小学教学楼规划建设面积800平方米，总投资160万元，调整为武夷中学教学综合楼，至2020年底已竣工。

4.推进学校重点项目建设。实验小学茶场校区，项目列入南平市2020年重点项目，总占地面积34526.84平方米，建筑总面积39377平方米，总投资14390万元，计划2020年资金投入3000万元，2020年2月取得施工许可证，至2020年底已封顶。武夷山市重点项目旅游职业中专新校区教学楼正式开工建设，施工单位进场施工，并着手新校区扩容选址谋划工作。武夷山一中新校区列入武夷山市预备重点项目，规划占地180000.9平方米，规划新建校舍面积135970平方米，资金投入57302.89万元，至2020年底已完成项目建议书，在办理红线图。

**【质量建设】**

1.推进学前教育快速发展。认

真实施《武夷山市第三期学前教育三年行动计划（2018—2020）》，逐步加大普惠性幼儿园覆盖面。在园幼儿9850人，其中公办在园幼儿4443人，民办在园幼儿5407人（其中普惠性民办幼儿园在园人数4867人），公办幼儿园在园幼儿占比45.1%（上学年为29%，提升了11.7个百分点），适龄幼儿入园率达98.3%，普惠性民办幼儿园51所，普惠性在园幼儿占比幼儿园幼儿覆盖率94.51%。2020年共下发136.09万元资金，用于扶持民办幼儿园提供普惠性服务；通过购买方式，将中华职业学校附属园变更为公办园，增加436个学位；投入73万元，对8所乡镇公办幼儿园食堂进行升级改造，购置床铺，实行寄午，增加了乡镇适龄幼儿入园人数。

2. 提升义务教育优质均衡。城乡教育的差异进一步缩小，义务教育均衡发展得到显著推进。2019年全市中小学评估验收省级义务教育管理标准化学校13所，2020年又有7所学校顺利通过省级评估。至2020年12月底，共有义务教育学校数量35所，完成率57.14%。全市乡村小规模学校（不足100人）共有18所，2019年全市乡村小规模学校标准化评估有10所学校通过南平市级评估，2020年又有8所学校顺利通过南平市评估，乡村小规模学校标准化南平市级评估已全部通过，达标率100%。至2020年12月底全市共有8所省义务教育教改示范性项目校。2020年12月，崇安小学被评为福建省小学道德与法治基地校。

3. 强化高中教育普及发展。落实一中、二中高三毕业班工作领导小组月例会，高三蹲点办公，学情调查反馈，班主任、备课组长周例会，导学案和作业检查反馈等制度。组织一中、二中校长和高三骨干教师赴南京、武汉、河北衡水中学、厦门等地学习培训，邀请高考命题专家到武夷山作专题培训讲座。组织福建省高三综合质检和南平市高三综合质检，查找问题和差距，提出教学建议。2020年，高考再创佳绩，本科上线人数 714人，本科上线率65.62%，其中600分以上41人，一中肖清榆以678分位列南平市第二名；中考成绩处于南平市中游水平。

4. 推进职业教育特色发展。旅游职业中专承办2020—2021学年第二届闽东北协作区联赛（中职组）中华茶艺竞赛，并荣获茶艺团体总分第一名。旅游职业中专承办2020—2021学年南平市职业院校技能大赛手工制茶和烹饪赛，共取得南平市一等奖3项，二等奖4项。举办旅游职业中专技能文化周暨职业教育活动周，向社会各界全面展示武夷山市职业教育成果。旅游职业中专2018级茶艺专业杨慧欣同学获得教育部2019—2020学年度中等职业教育国家奖学金。

5. 积极开展日常教学教研。一是用好网络平台，以片区教研为主体，以资源平台为依托，开展学科教研。开展“优课（一师一优课，一课一名师）”、作业设计、人教数字校园应用大赛等评选活动，2020年“优课”评选共产生武夷山市一等奖84件（其中38件推荐参加南平市“优课”评选），二等奖136件；作业设计评选共产生武夷山市一等奖73件，二等奖102件，南平市一二三等奖68件，省级一二三等奖8件；第二届人教数字校园应用大赛活动共产生一等奖50件，二等奖113件，引导教师提升信息应用水平。二是组建新一轮武夷山市教学教研工作专家评委库，便于开展日常业务评审工作。顺利完成第九届武夷山市教育学会和各学科分会的换届工作，修订《武夷山市教育学会章程》《武夷山市教育学会学科分会工作年度考评方案》，进一步完善管理机制，规范工作制度，提升工作绩效。三是强化教学质量提升。建立市级教学视导制度，选聘24名一线骨干教师担任“视导员”，对视导学校进行把脉会诊，切实地帮助学校查问题、找对策、谋发展、促进步。调整充实武夷山市学前、小学、初中、高中等学段新一届教学研究指导组共33个，进一步明确

2020年11月6日，“向建党100周年献礼”余庆小学第十二届校园艺术节举行

（市教育局 提供）

工作职责，加强对全市教育教学研究指导与考试研究等工作的示范引领。教育学会学术氛围进一步浓厚，全年22个学科分会开展专题活动共28次，效果良好。充分发挥一中、二中、三中和实验小学、崇安小学、余庆小学6所龙头学校的示范引领作用，建立区域教学共同体，以片区备课组建设为抓手，推进全市“大集备（大范围的集体备课）”工作，通过片区学校轮流坐庄、互动交流、“送教送培（送教下乡和送培上门）”下乡等教研活动，推进片区优质资源的整合与共享，提高全市中小学的整体教学质量。

6. *启动首期教师启航工程*。“启航工程——新老师培养两年行动计划”是落实武夷山市教育振兴三年行动计划的措施，采用集中轮训、跟岗培训等方式，新上岗老师进行职业规划、政策和法规教育、课程标准等多项内容的学习，进一步培养出一批具有高尚的人格、强烈的事业心、责任感和奉献精神的高水平教育工作者。对全市新上岗教师进行为期2年的全方位培训，提高教学能力和教学水平。首期培训为2019年8月起入职的205名武夷山市中小学、幼儿园教师集中面授教师职业生涯规划、教师口语技能等多个主题内容知识，多方位、多方面、多角度提高新教师的学识水平，促使全体新教师树立现代教育理念，增强学科教学技能，提高教学能力和教学水平。

## 【队伍建设】

1. *强化教师队伍补充*。顺利完成第三届“人才·南平校园行”专项招聘及面试工作，录用9名师范类本科院校毕业生到一中、实验小学任教；圆满完成2020年全省中小学、幼儿园新任教师招聘工作，共录用120名应往届大学毕业生到全市中小学、幼儿园任教。

2. *选树优秀教师典型*。组织开展省优秀教师、优秀教育工作者以及南平市名师、名校长推荐评选工作，一中杨菲、进校附小陈钧玲、武夷中学王文兵、武夷中小徐文富获得省优秀教师称号，余庆小学彭有姬获得省优秀教育工作者称号；崇安小学朱国娟获得南平市名师称号，崇安小学吴娟获得南平市名校长称号。

3. *做好师生心理疏导*。挑选二中、实验小学、崇安小学、进校附小和教师进修学校等具有二、三级心理咨询师资格的心理健康教师到教育局值守，同时开通心理支持热线和网络辅导服务，由心理健康教师每日通过电话、QQ和微信等方式，对全市师生及市民群众提供线上心理咨询和情绪疏导服务。

4. *加大教师培养力度*。认定王小平等85名教师为武夷山市“十三五”中小学学科带头人；成立武夷山市第三批名师工作室，共设立思政教育等14个学科名师工作室；吴娟、吕文华、程春英、江红、熊少云5名教师获“十三五”南平市中小学教学名师称号，陈金菊等25名教师获“十三五”南平市中小学学科带头人称号。

5. *做好教师职称评聘*。根据南平市教育局、南平市人力资源和社会保障局《关于做好2019年中小学教师职称评审工作的通知》的统一部署安排，共推荐小中高10人、中学高级教师52人选报南平市预审，其中推荐的小中高10人全部通过；组织开展2019年一级教师职称推荐申报工作，2019年有48名教师参加评审、2020年有75名教师参加评审。

6. *推进教师支教交流*。组织安排103名中小学教师开展城乡教师互动交流，安排2名教师赴省级扶贫开发重点县支教，2名教师赴新疆支教，1名教师赴西藏支教。

## 【德育建设】

1. *组织征集抗疫主题作品*。以“携手战疫情·别样少年心”为主题，通过创作主题征文、手抄报、绘画和视频作品，突出宣传和践行社会主义核心价值观，歌颂赞扬各地在疫情防控中的感人故事，展现广大未成年人坚持科学防疫、勤学乐思、健康向上的进取精神。

2. *开展“复学第一课”活动*。在全市中小学春季学期开学之际，集中开展“复学第一课”活动，推进抗疫精神进课堂，组织全体中小学生共上一堂爱国主义教育课、爱国卫生运动和公共卫生知识普及课。采用生动鲜活的形式载体，充分运用各级媒体报道的典型事迹和国家中小学网络云平台、中国教育电视台空中课堂等专题教育资源，结合课堂教学、专题教育、升旗仪式、主题班队会活动，开展思想政治教育。利用国家卫生健康部门发布的权威信息，开展爱国卫生运动和公共卫生知识普及教育。及时掌握学生思想状况，开展心理疏导和人文关怀活动，把疫情对中小学生学习、生活和心理健康带来的影响降到最低。

3. *评选表彰优秀典型*。评选表彰授予冯世威等207名同学武夷山市“新时代好少年”称号，通过评选表彰先进，引导广大未成年人学习身边榜样，积极响应时代召唤、人人争当时代新人，激励他们立志向、有梦想、爱学习、爱劳动、爱

2020 年 7 月 11 日，武夷山一中举行 2020 届高三毕业典礼暨成年礼活动 （市教育局 提供）

祖国，努力成长为德智体美劳全面发展的社会主义建设者和接班人。

4. 创建研学教育基地。组织五夫朱子文化园研学实践教育基地、武夷山悠度户外青少年营地、武夷香江茗苑等单位申报福建省中小学生研学实践教育基地，省教育厅批复五夫朱子文化园研学实践教育基地获得“福建省中小学研学实践教育基地”荣誉称号。

5. 开展德育系列活动。组织学生参加南平市“家国情怀——我的疫情记事”主题教育，武夷中学彭欣雅作品《疫情随笔》、二中刘怡璇作品《致敬最美逆行者》、一中刘奕蝶作品《坚守》获一等奖。举办“共创国家卫生城 同绘武夷家乡美”中小学生征文、摄影、绘画作品评选活动，评选表彰一等奖 17 名、二等奖 22 名、三等奖 21 名。举办“致敬最美逆行者”武夷山市中小学生抗疫主题书法网络展活动，评选表彰一等奖 42 名、二等奖 62 名。组织学生参加南平市“祖国在我心中”全市中小学生绘画大赛，实验小学徐瑞宣作品《祖国在我心中》获一等奖。组织学生参加南平市“传承中华传统美德”暨中华经典诵写讲大赛系列教育活动，崇安小学经典诵读作品《中华少年》获一等奖。组织学生参加南平市第十七届学校读书节活动，新丰小学汪灵芝《美丽的校园，成长的我们》、岚谷中心小学周霏霏作品《爱国力行，共抗疫情》、三中邹诗颖作品《巨龙腾飞有朝日，民族振兴领风骚》、一中邹雨晨作品《白衣护航，福满福建》获一等奖。组织学生参加南平市“爱科学”书法比赛，实验小学李英一凡作品《坚定实施科教兴国战略》获一等奖。组织师生参加南平市“我爱阅读”活动，实验幼儿园朱雯娇、汪润泽作品《病毒病毒，我不怕》和马如雪、张梓墨作品《我有友情要出租》获一等奖。举办 2020 年武夷山市中小学生“暑假读一本好书”活动，评选出一等奖 16 篇，二等奖 27 篇、三等奖 43 篇作品；选送优秀作品参加南平市“暑假读一本好书”评选，一中周思航作品《尽享书香的缥缈与空灵——〈蟋蟀也吃兴奋剂〉读后感》获一等奖。组织各学校开展新生入学军训、法治教育、毒品预防教育、心理健康教育活动；开展“纪念中国人民抗日战争暨世界反法西斯战争胜利 75 周年”系列主题活动；组织学校学生参加校园微拍大赛、科技影像节、青娇第二课堂毒品预防教育、爱国卫生月、数字中国创新大赛、学宪法讲宪法、向国旗敬礼、全域无垃圾、宪法宣传周 、美好‘食’光、节约用水、世界粮食日和全国粮食安全、近视

2019 年 9 月 10 日，武夷山实验小学举行敬师礼 （杨春兰 摄）

防控宣传教育月、制止餐饮浪费培养节约习惯、朱子敬师礼、全国科普日、全民科学素质网络竞赛、国家安全教育日、爱眼日等主题教育和比赛活动，提升学生思想道德素养。

【招生考试】

1. 规范制定招生政策。武夷山市在认真总结历年全市幼儿园、小学、初中和高中入学工作经验的基础上，武夷山市招委会于5月制定《关于印发武夷山市2020年小学、初中招生工作实施细则的通知》文件，明确全市小学和初中入学工作的招生细则。

2. 主动做好政策宣传。招生细则出台后，武夷山教育局通过武夷山政府政务网、微信和各学校公开栏等平台向社会公布，对2020年的招生政策进行广泛的宣传，让家长尽早了解相关招生政策，确保招生工作保持稳定。

3. 统筹做好中高考工作。一是广泛宣传。市教育局联合市卫健、疾控部门加大宣传力度，提高考生及考试工作人员的公共卫生知识水平，健康意识和自我防护能力，告知考生和家长所采取的有关措施。二是搞好培训。对于考生、考生监护人、考试工作人员出现的焦虑、焦躁情绪，应在考前进行心理疏解和辅导，缓解压力，消除顾虑。增加疫情防控和公共卫生突发事件应急处置等方面内容培训，要求考试工作人员必须熟悉和掌握防疫基本技能、考点内处置流程。三是加强保障。为确保考生拥有良好的考试环境，做好中考、高考考场的防暑降温工作，市政府召集相关部门召开协调会议，共投入410.84万元，对一中、二中、三中3个考场配电增容和低压线路进行改造，安装空调，为考生营造温馨和清凉的考试环境，确保中高考的顺利进行。四是强化演练。高考和中考前，各考点要组织考试工作人员、考生根据实施方案和应急预案进行包括入场体温检测、突发异常情况处置在内的全过程模拟演练。调试设备，熟悉检测操作，全员迅速掌握突发事件应急处置方法和程序。

【资助惠民】

1. 学前教育。对建档立卡家庭、低保家庭（含特困人员）、孤儿或残疾、烈士或优抚家庭幼儿按每生每年2000元标准发放助学金，其他家庭经济困难幼儿按每生每年1000元标准发放。学前教育幼儿园全年核拨政府助学金31.85万元，惠及408名儿童，其中春季学期核拨16.4万元，惠及207名儿童，秋季学期核拨15.45万元，惠及201名儿童。

2. 义务教育。对农村义务教育阶段寄宿制学校寄宿生及建档立卡、低保（含特困）家庭寄午餐学生，按每生每年1000元标准进行营养餐补助；同时，对义务教育学校中建档立卡家庭、低保家庭（含特困人员）、孤儿或残疾、烈士或优抚家庭学生补助生活费，寄宿生按小学每生每年1000元、初中每生每年1250元标准补助生活费；非寄宿生按小学每生每年500元、初中每生每年625元标准发放。2020年核拨中小学校营养改善计划及生活费补助资金共220.73万元，4712人受益。其中春季学期中小学校营养改善计划及生活费补助资金共111.82万元，2372人受益；秋季学期中小学校营养改善计划及生活费补助资金共108.91万元，2340人受益。

3. 高中教育。对建档立卡家庭、低保家庭（含特困人员）、孤儿或残疾、烈士或优抚家庭高中学生免除学杂费，并按每生每年3000元标准发放国家助学金，其他家庭经济困难学生按每生每年1700元标准发放。普通高中学校全年发放高中国家助学金61.05万元，惠及家庭经济困难学生608人次，其中春季学期发放33.46万元，惠及学生337名；秋季学期发放27.59万元，惠及学生271名。全年免除普通高中建档立卡等家庭经济困难学生学杂费11.76万元，惠及学生147人次，其中春季学期核拨6.16万元，惠及学生77名；秋季学期核拨5.6万元，惠及学生70名。

4. 职业教育。落实中职学生免学费政策，同时对全日制正式学籍一、二年级在校涉农专业学生和非涉农专业家庭经济困难学生，按每生每年2000元标准发放国家助学金。中等职业学校全年累计发放中职助学金78.04万元，惠及家庭经济困难及涉农专业学生781人次，其中春季学期发放44.28万元，惠及中职学生443名；秋季学期发放33.76万元，惠及中职学生338名。春季学期共发放中职学校助学金44.28万元，443人受益。

5. 高等教育。落实好贫困家庭学生生源地信用助学贷款政策、做到应贷尽贷。2020年新增贷款学生207名，发放贷款153.33万元；续贷学生382名，发放续贷款204.77万元。

【教育振兴行动计划】

1. 制定行动计划。市委、市政府制定《武夷山市教育振兴三年行动计划（2020—2023）》，提出实施基础设施建设、教育质量提升、教师队伍提质、教育改革创新“四大行动”，着力建设24个具体学校建设项目，实施15项具体措施，全力为人民群众办好8件具体实事。力争到2023年，基本建成体现新时代要求的高质量发展教育体系，各级各类教育协调公平优质发展，城乡教育资源配置全面优化，基本实现“学校布局合理、学校供给充足、用人机制健全、办学条件完善、教育质量优良”目标，教育总体发展水平位居南平市前列，中高考成绩明显提升。

2.部署行动计划。2020年10月13日，市委、市政府召开全市教育振兴动员大会，全面部署教育振兴三年行动，加快推进教育现代化，为全方位推动绿色高质量发展超越提供有力支撑。市委书记江建华作具体部署和要求：一要统一思想认识，坚持教育优先发展，充分认识实施教育振兴行动的必要性和重要性，紧紧围绕“办好人民满意的教育”核心目标，牢牢把握“促进公平和提高质量”两大任务，切实增强教育振兴的思想自觉和行动自觉。二要聚焦重点发力，办好人民满意教育。三要聚焦根本任务，坚持立德树人导向。四要聚焦根本要求，全面提高教育质量。五要聚焦群众关切，加快教育均衡发展。六要聚焦过硬素质，加强教师队伍建设。七要聚焦激发活力，深化教育综合改革。八要全力做好保障，落细落实政策措施。九要加大教育投入，确保财政支出总额中教育经费所占比例、在校学生人均教育费用、教师工资和学生人均公用经费、每年教育财政拨款只增不减。十要解决实际问题，落细落实《武夷山市教育振兴行动计划》确定的8件实事，及时研究解决行动计划推进过程中出现的新问题新情况。

3.实施行动计划。为全力推进教育高质量发展超越，市教育局组织2300多名教师党员围绕《武夷山市教育振兴三年行动计划》既定的基础设施建设、教育质量提升、教师队伍提质、教育改革创新“四大行动”和教育振兴动员大会精神，认真开展“我为武夷山教育做什么”大讨论活动。广大教师党员们通过讨论，深刻排查自身在管理、教学、教研、创新等方面存在的不足和差距，提出整改思路，明确教育振兴三年行动计划的任务清单、方法步骤、时间节点、具体要求和实施策略等工作目标，引领广大教师党员用自己的实际行动为武夷山的教育振兴贡献自己的力量。截至12月底，实验幼儿园新校区（茶场）、实验小学茶场校区体育馆工程、兴田中小新校区工程等行动计划中制定学校在建项目有序推进；一中、武夷中学、湖桃小学等扩容提升项目及度假区幼儿园、实幼西门校区、实幼仙店校区、崇安小学西门畈分校、杜坝幼儿园、杜坝小学、武夷中心幼儿园新校区等谋划项目也得到相关部门的大力支持，前期谋划对接进展顺利。

## 【平安建设】

1.开展系列“安全生产月”活动。6月围绕“安全生产月”教育系统开展了系列活动。一是开展安全生产咨询日活动，组织师生参与线上“公众开放日”。二是扎实推进宣传教育进校园活动，以LED显示屏滚动播放安全生产宣传知识，开展网上安全培训等方式进行安全生产月宣传教育，发放《防汛工作手册》及防溺水宣传资料200多份。三是开展“排查整治进行时”专题活动。按照市安委办开展“排查整治进行时”专题活动的要求，对排查整治工作广泛宣传发动，在校园醒目位置办了1期以“防疾病传染、防溺水、防交通事故、防震防火、防拥挤踩踏、防触电、防雷击”等为主要内容的安全教育专栏。四是开展“护校安园”活动。根据公安部门统一部署，开展“一局一行动”交通安全教育、预防青少年吸毒宣传教育、反电信网络诈骗宣传等进校园活动，组织开展校园消防安全通道整治工作。五是各校在安全生产月期间组织了1次消防、防震、反恐防暴等紧急疏散及紧急事故逃生、救生演练活动，邀请蓝天救援队到校开展防溺水安全知识宣传、应急演练和心肺复苏等救援技能的培训，使学生掌握了自救自护逃生技能，开展防疫期复课复学学生的身心健康教育。六是开展扫黑除恶专项斗争“行业清源”行动，聚焦校园及周边治安等安全隐患，进一步加强校园欺凌防治工作，将扫黑除恶专项斗争向纵深推进和教育系统行业清源，深查、细查、严查，做到不遗漏一个死角，不放过一个隐患，最大限度把问题隐患排查在萌芽状态、解决在初始阶段。七是加强“三防”建设力度，自2019年年底投入95万余元，增加36名专职保安，以满足各校安保配备；在技防方面，对所有学校进行校园监控系统、红外线防盗报警装置等技防设备的改造升级，投入资金85.9万元，新配备一键报警装置（含可视化），实现全市各学校（含民办园）都能与110报警系统和辖区内公安派出所联网；投入资金157.5万元，为学校配备防冲撞硬隔离设施，大大加强学校反恐防暴物防力量，同时对原有监控存储设备进行扩容。

2.开展安全隐患大排查大整治。

重点围绕学校重点领域深入开展安全大检查，着重检查物的不安全状态和人的不安全行为。排查隐患工作做到“横向到边，纵向到底，不留死角”，把排查隐患工作贯穿到安全生产的全过程，始终把排查隐患工作深入施工的每一个部位；对排查出的隐患，领导小组采取制定：定整改责任人、定整改措施、定整改完成时间、定整改完成人、定整改验收人“五定”原则进行整改落实。截至12月底，共排查隐患96项，整改96项，整改率100%。

## 【疫情防控】

1. 全力打赢疫情防控阻击战。按照中央、省委、南平市委和武夷山市委全面开展疫情防控工作部署，教育局党委坚决全力做好新冠肺炎防控工作，从2020年1月24日开始，市教育局9位领导干部全部都深入机关各办（室）站和所有学校督导检查疫情防控工作落实情况，有8位党员干部被抽调市统筹安排到不同岗位去入户排查服务，4名领导干部兼任小区楼栋长，负责小区的封闭管理工作。在疫情防控的关键时期，教育系统广大党员干部为社区和村里提供了志愿服务共6655人次。积极努力落实好师生返校复学开学的疫情防控工作，发动组织2600多名党员教师积极参加疫情防控工作，运用“人防+技防”“测温+扫码+戴口罩”，采取预约、语音提示，引导学生错峰进入校区，限制人群密度等方式，着力完善常态化防控机制，全力维护学校正常返校复学秩序，确保4月7日开始高三、初三、非毕业班中小学幼儿园及中职学校分批陆续有序、安全返校复课开学。

2. 切实加强线上线下教学。出台《武夷山市教育局关于落实新冠肺炎疫情防控开学前各项准备工作包干责任制的通知》，明确要求教育局班子成员及工作小组分7个小组沉到基层学校，帮助、指导、协调、督促包干学校、民办学校疫情防控和开学复课工作；依据省、南平市统一制定的“两案八制（两案即学校开学准备工作方案、学校突发公共卫生事件应急预案；八制即传染病及突发公共卫生事件的报告制度、学生晨检制度、因病缺勤登记追踪制度、复课证明查验制度、学生健康管理制度、环境卫生检查通报制度、传染病防控的健康教育制度、通风消毒制度）”，指导各学校陆续有序开展线上教学，落实“一周一报”和“停课不停学”，重点关注义务教育劝返复学及学习困难学生教育教学管理工作。切实做好教学衔接，复学后落实“一生一册”，推进防疫常态化，在课堂教学为主导的基础上，做好家访和心理疏导，创新教学方式，确保教学与防疫规范有序地进行。组织挂牌督学开展“停课不停教不停学”的专项督导工作，责任督学下沉至各自责任区和学校，传导抗疫工作要求，及时纠正工作中的不足，做到中小学、幼儿园、职业中专全覆盖。

3. 开展教师疫情防控。举办4场春季开学新冠肺炎防控知识培训会，增强全市教职员工新冠肺炎防控意识，提升防控能力，做到全体教职员工培训的全覆盖，为学校起好步、开好学奠定坚实基础。组织全市教职员工核酸检测3600余人，做到“应检尽检”。组织开展学生家访和心理辅导工作，针对特殊学生建立“一生一档”跟踪。广泛宣传、动员教职员工积极参加无偿献血活动，为打赢疫情防控阻击战贡献力量。

## 【党的建设】

1. 巩固拓展主题教育成果。按照“不忘初心、牢记使命”长效机制，通过发放征求意见和召开座谈会议共征集意见39条，深入一线学校调研，找出问题短板，解决实际中遇到问题21件，有效落实和

2020年8月29日，南平市市长袁超洪（前排右一），在武夷山市市长谢启龙（前排左一）的陪同下调研学校应对新冠肺炎疫情防控和开学准备工作

（市教育局 提供）

拓展“不忘初心、牢记使命”主题教育的成果。

2. 夯实基层党建工作基础。按期开展换届选举，积极实施《中国共产党基层组织选举工作条例》，2020年，有22个基层支部按期进行换届选举工作，成立5个退休教师党支部。做好发展党员工作，注重在教学一线教师中发展党员，重视发展优秀青年教师、学科带头人入党。建立把骨干教师培养成党员、把党员培养成骨干教师、把党员骨干教师培养成校级管理干部的“三培养”机制。2020年发展党员8名，已完成全年发展党员任务，党员转正9名。

3. 实施“两分类一创建”工程。落实《关于机关基层党组织和党员分类管理的实施方案》，扎实推进党支部标准化、规范化建设。2020年6月，余庆小学党支部被市委组织部、市直机关党工委、市教育局党组联合授予2019年度五星级“党建示范点”称号。2020年教育局党委继续开展学校党建示范点申报创建工作，以党支部“达标创星”活动为抓手，实施动态管理，全年共有25个单位开展申报工作，在原有“五星级”党支部示范点的基础上，考评推荐二中、实幼、实小等10所学校为“星级”示范点。

4. 组织开展各项创建活动。组织教育系统党组织参加2020年武夷山市全民健身运动会第三届健身气功·八段锦（工间操）大赛，百花幼儿园荣获乙组亚军的优异成绩；职专、实幼荣获集体金奖；三中、崇安小学荣获集体银奖。组织各党组织开展“争创文明城、争做文明人”大讨论系列活动，围绕4个专题，认真组织班子成员开展积极有意义的讨论活动；各学校积极参加市直机关党工委举办的“不文明行为大家谈演讲比赛”活动，全市有18个学校呈报演讲初赛视频参赛，其中二中、实验小学、实验幼儿园、崇安小学、余庆小学5所学校选手参加预赛，在预赛中实验幼儿园选手程汇和崇安小学选手王楚仪获胜，取得前十名的决赛资格；开展“文明礼仪”知识竞赛活动，各校形成活动方案，按期开展竞赛活动；开展“小手拉大手共创文明城”文明实践教育活动，向家长发放《告家长的一封信》，开展家校文明共建活动，有力地促进全市创建文明城市和文明学校创建活动。

（袁旺清）

## 武夷学院

**【概况】** 2020年，武夷学院设有14个教学院（部）、43个本科专业，其中国家级特色专业1个、省级重点学科4个、省级应用型学科4个、省级特色专业10个。普通全日制在校生15111人，教职工1115人，专任教师824人，外聘教师214人，高级职称教师占比50.7%，具有硕士、博士学位教师占比88.8%，拥有享受国务院政府特殊津贴专家等国家级高层次人才11人，“闽江学者”等省级高层次人才78人，台湾博士28人。校园占地面积200万平方米，校舍建筑面积48万平方米，仪器设备总值2.47亿元，图书馆纸质藏书146万册，电子图书108.2万册，拥有21个省级以上科技创新平台。学校为全国百所产教融合项目校、全国深化创新创业教育改革示范高校、全国普通本科类高校团学创业教育工作指数百强校、福建省硕士学位授予培育单位（2018—2020年）、福建省首批示范性应用型本科高校和创新创业创造教育示范高校，荣获第四届“清海杯——黄炎培职业教育奖”优秀学校等荣誉称号。

**【学科专业】** 持续扩大省级应用型示范校建设成效，新增教育部“1+X”证书制度试点项目3个、省级一流课程18门；获批国家产学合作协同育人项目6项；获批省本科高校教育教学改革研究项目9项，其中重大项目3项；获批省级新工科、新农科研究与改革实践项目4项；新增校企共同培养人才订单班项目3个；获2020年高等教育省级教学成果奖获奖项目6项（特等奖1项、一等奖3项、二等奖2项）。面向南平定向招生550人，占全省招生计划的27.2%，其中公费师范生200人。推进联合培养研究生工作，新增导师13人，新招收联培研究生14名。

**【人才培养】** 落实立德树人根本任务，坚持人才培养的中心地位，形成思政课程与课程思政有机融合，不断提高人才培养质量。深入落实学生学业发展支持计划，2020年考研报名人数同比增加40%，考研录取人数107人。不断提升创新创业教育与专业教育结合度，培育“三创”育人升级版。获批国家级大创项目29项、省级大创项目53项；获2020年省市大中专毕业生创业资助16项、79万元；获第六届福建省“互联网+”大学生创新创业大赛银奖1项；获2020年海峡两岸女大学生创新创业大赛银奖1项，并获优秀组织奖；获第四届“中国创翼”创新创业大赛优胜奖 1 项；获第九届福建省大学生“创业之星”称号 4 个；获第十一届“挑战杯”福建省大学生创业计划竞赛铜奖 1 项。承办第七届海峡两岸大学生职业技能大赛中华茶艺技能（茶艺师）赛事。

【科研服务】 深入对接地方经济社会文化发展，“朱子学研究中心”获批省以马克思主义为指导的哲学社会科学学科基础理论研究基地；贴合闽北绿色产业发展整合校政企资源搭建服务南平绿色产业发展的特色平台——“南平市资源化学产业技术研究院”，设立“南平市资源化学产业创新基金”，从 2020 年起连续三年，每年筹集资金 1500 万元用于支持南平市资源化学产业创新发展等项目；“福建省生态产业绿色技术重点实验室”顺利通过省科技厅验收。获批省级以上科研项目 60 项，其中国家社科项目 2 项、国家科技备案项目 2 项、教育部人文社科项目 2 项；获省社会科学优秀成果三等奖 1 项、省科技进步三等奖 1 项；获得科研经费 2558.7 万元；获授权国家专利 56 项，2 项科技成果在浙江省科学技术厅主办的科技成果拍卖会上竞拍成功。成立南平市首个产业工人培训基地，开展企事业单位岗位技能、市民素质提升等各类培训 30 余场，培训 1 万余人次。

【师资建设】 持续推进博士人才倍增计划，深入开展校企联合引进高层次人才工作。实现学校引进生零的突破，引进博士 16 人，新增 19 名教师考取博士；4 人被确认为福建省高层次 B 类人才、7 人被确认为福建省高层次 C 类人才；新增闽江学者讲座教授 5 名，1 位教师获得全省优秀教师荣誉称号，1 位教师获得南平市先进工作者荣誉称号，5 名教师获得南平市名师荣誉称号，3 位教师入选南平市第一批德育、思政、劳动教育专家库。深入贯彻落实习近平总书记重要讲话精神，积极建设台胞台企登陆的第一家园，成立台籍教师联谊会。

2020 年 7 月 15 日，南平市资源化学产业技术研究院揭牌活动暨成立大会举行　（郑加财 摄）

【开放办学】 开展面向港澳台地区招收本科生，进一步加强与港澳台地区教育交流与合作、实现学校生源区域更加多样化。扎实推进“3+1”“4+0”（“4+0”和“3+1”是闽台合作办学模式。以“3+1”模式招收的学生将在台湾高校学习 1 年，在武夷学院学习 3 年，学校引进台湾优秀教师到武夷学院教授专业课。以“4+0”模式招收的学生，大学 4 年均在武夷学院学习，从台湾合作院校引进台湾优秀教师承担主要专业课教学任务，课程教学由两校共同规划全程管理）闽台合作办学，合作办学专业增加到 17 个，在校生 3536 人、台籍教师 30 名。稳健推进招收留学生，新招收来自 15 个国家留学生 98 名。积极开展合作交流活动，承办中非合作（福建）2020 交流座谈会。扎实推进与校董单位更加深入和广泛的合作，争取捐赠经费近 300 万元，共建实验实训中心、改造实验室、奖学助困；深入推进共建产业学院、订单班人才培养等合作项目；疫情防控期间，得到校董单位和校友的大力支持，捐赠防疫物资和资金，巩固学校防疫成果。

【管理效能】 加速推进线上教学条件与保障机制建设，建立技术服务交流平台，制定师生线上教学操作指南，组织线上技术培训 80 余场、参与培训教师 3000 人次，为学生开出课程 966 门、2320 门次，完成 3981 名毕业生线上论文指导与答辩。健全完善出入校园管理制度，建设人脸测温系统，完成逸夫图书馆智能化改造和数字档案管理平台，提升校园管理水平。持续改善实验实训条件等，完成圣农食品实训实验中心和土木工程施工馆建设，启动

2020年9月12日，中非合作（福建）2020交流座谈会在武夷学院举行
（兰凌靖 摄）

健康管理实验实训中心建设，新增教学仪器设备2400多万元。启用新的OA办公平台，进一步梳理和完善平台功能，提升日常办公服务效率。

【党建思政】 大力加强党的基层组织建设，配齐配强11个二级学院党委专职副书记，新发展党员649名，实现了教工支部书记"双带头人"全覆盖。扎实抓好干部队伍建设，新提任处科级干部66名，着力提升干部干事创业精气神。全面落实上级疫情防控要求，统筹做好疫情防控和学校事业发展。推进平安校园建设，开展安全隐患大排查大整治行动、房屋结构"百日攻坚"行动，全力做好防汛防台风安全防范工作。2020年，2门课程获批省级"课程思政"专项建设，27个课程思政类项目获中青年教师教育科研社科类项目，3个项目入选第一批福建省高校"讲好中国故事·上好思政课程"教育教学改革精品项目。

【巡视审计】 持续推进省委巡视、审计整改工作，运用好整改成果建立长效机制，提升学校治理体系和治理能力现代化水平。围绕巡视反馈意见指出4个方面17项共45个问题及4条整改意见，成立巡视整改工作领导小组，研究制定巡视反馈意见整改方案和责任清单，细化整改措施157条，制订完善37项制度。全力配合省审计厅派出审计组进校审计，严格按照审计组的要求，自觉接受审计监督，主动配合审计工作，严格遵守审计纪律，全面及时提供有关资料和数据，客观真实地反映有关情况。坚持边审计边整改边规范，切实维护审计监督作用，发挥审计促进功能。推进依法办学，对5个部门及学院开展巡察、审计，有力提升内部治理能力，规范资金使用，提高风险防范能力。

【学校荣誉】 学校办学工作得到上级肯定与支持，由B类本科高校调整为A类本科高校；教育部、国家发展改革委、财政部联合发函支持武夷学院等3所原中央苏区高校硕士学位授予单位建设，已被省学位委员会列为拟新增硕士学位授权单位推荐对象；完成本科教学工作审核评估整改回访工作；被确定为福建省"三全育人"综合改革试点培育建设高校；获批福建省首批职业技能等级认定试点院校，第一批被命名的全省民族团结进步重点区重点单位。《中国教育报》2020年12月28日头版头条报道学校推动产教融合的实践经验。

（王建强）

## 武夷山职业学院

【概况】 武夷山职业学院（简称职业学院）成立于2007年，是一所由台商投资兴办，并经省政府批准、教育部备案的全日制普通高等职业院校。建院以来，学院"围绕

2020年10月19日，武夷学院举行本科教学工作审核评估回访交流会
（兰凌靖 摄）

产业办专业，基于岗位设课程”，不断推进内涵建设，扩大招生。截至2020年底，职业学院已建成占地500亩，设施完善、功能齐全、建筑面积13万多平方米的花园式校园，其中2020年新建教师公寓近5万平方米。全院有在职员工116人，在校学生2103人，其中18级277人，19级728人，20级1098人。开设24个专业，5个专业群（茶旅、财金、建筑工程、计算机、表演艺术等专业群），培育“烹饪工艺与营养”“茶叶生产与加工技术”2个具有武夷特色的优势专业。

**【以赛促教】** 推进以赛促教，提升教学质量。积极开展福建省技能大赛校内选拔赛。各系先后多次开展了福建省职业院校技能大赛校内选拔赛。同时，对选拔出来的同学进行系统的培训，提升了学生参赛的技能水平。2020年省职业技能大赛中，学院中华茶艺技能和导游服务项目获三等奖。

**【校企合作】**

1. 加强校企合作，产教融合办学。校外实训基地及顶岗实习是学院人才培养模式改革探索的重要形式，是学院“实践性、开放性和职业性”的必然要求。各系均有序地按照专业人才培养方案要求和教学计划的安排，组织在校学生到企业生产服务第一线参加实践教学活动。各系也通过各种教学活动加强与校外实训基地的企业紧密配合与沟通，共同做好学生实践教学及顶岗实习工作，确保教学实践和顶岗实习的质量。2019年，职业学院与“岩说”品牌企业合作设立了“武夷茶产业学院”，并开设首届“天心茶学班”（“二元制”全日制大专学历班），首批学员68人皆来自武夷山当地各家茶企的中坚力量、青年骨干和优秀茶人。2020年7月初至8月底，由南平市海峡茶业交流协会和武夷茶产业学院主办，历时2个月的2020首届“天心茶学杯”武夷岩茶制作技艺传承与创新评选活动，经过精心组织筹划，收取2592件的茶样，在行业专家们的公平公正的审评下，经过初赛、复赛、决赛，最终评选出各类奖项。此活动是一场产教融合的教学实践活动，通过产教深度融合、中青年茶人同台竞技的理论与实践相结合活动来进一步提升制茶技艺，也是教育教学与产业品位实践实训的完美结合。

2. 加大“1+X”证书制度试点工作。成功申报成为第三批财务共享服务中级专业（100人）、第三批业财一体信息化应用（100人）专业试点学校。学院先后组织完成了师资培训、考评员申报、学生教学培训、考点申报与建设、考证组织等工作。2020年9月30日，福建省财政厅、福建省教育厅下达2020年现代职业教育质量提升计划中央资金预算拨付“1+X”试点经费50万元给职业学院。10—11月，根据“1+X”财务共享服务职业技能等级标准，结合学校财务管理、会计信息管理人才培养方案，优化并修订财会基本技能实训的课程标准。11月5日至12月5日，组织财务管理、会计信息管理43名学生完成第三次新道“1+X”业财一体信息化应用职业技能等级证书（初级）考试报名、培训和考试工作，成绩合格人数42人，考核通过率93%，被主办单位新道公司评为优秀院校代表。

**【服务社会】** 武夷山市“7·9”洪灾前一周，因防洪抗灾需要，福建省消防总队近300人需要驻扎武夷山职业学院待命。学院领导立即召开临时协调会，进行周密部署。为了能给消防救援人员提供良好的休息与训练的环境，学院后勤处与保卫处连夜协调和整理2栋学生宿舍楼供消防救援人员休息，给消防救援人员提供便利。本着“奉献爱心，服务社会，自我完善，弘扬新风”“奉献、友爱、互助、进步”的服务原则，开展各式各样“立足校园、面向社会”的志愿服务活动。校团委引导广大青年积极参与志愿服务、践行社会主义核心价值观，学生中青年志愿者注册率达100%，截至2020年11月30日，职业学院在志愿汇系统上累计完成志愿服务33003.4小时。同时，积极融入地方发展，为武夷山的多项大型赛事和活动提供志愿服务，并积极和当地各部门合作，与武夷山市委文明办、团市委等部门合作建立了2个志愿服务驿站。

**【闽台交流活动】** 2020年11月15日，由全国台联和福建省台联共同主办，南平市台联协办，武夷山职业学院承办的“全国台联2020两岸婚姻家庭暨台胞青年茶文化产业研习班”活动在学院开展。此研习活动是全国台联践行“两岸一家亲”理念举办的两岸婚姻家庭主题创业发展系列研习班之一，旨在为两岸从事茶产业的婚姻家庭及二代子女搭建创业发展、交流合作的平台。

（游秀英）

# 发展改革　科技

## 发展改革和科技

【概况】　2020年，武夷山市发展改革和科技局（简称发改和科技局）在市委、市政府的正确领导下，深入学习贯彻习近平新时代中国特色社会主义思想，统筹推进疫情防控和经济社会发展，围绕“创新突破年”和“一攻坚两行动”，深入开展“绿色发展考评”活动，坚持以项目为抓手，有力有序推动企业和项目复工复产，不断深化改革创新，积极争取政策支持，促进有效投资，扎实推进“六稳”工作，落实“六保”任务，各项工作成效显著。

根据《中共武夷山市委办公室　武夷山市人民政府办公室关于印发〈武夷山市发展改革和科技局职能配置、内设机构和人员编制规定〉的通知》（2019年）文件及2020年市委编办《关于市直机关内设党组织机构的通知》，武夷山市发展改革和科技局机关设16个内设机构，分别是综合股、经济科技动员教育股、经济运行规划股、社会事业和服务业发展股、区域与农村经济发展股、生态发展股、改革和营商环境股、政策法规和投资审核审批股、高技术产业发展股、科技管理与外国专家股、科技成果推进股、价格管理与成本监审股、收费管理股、粮食和物资储备股、粮食物资管理股、党委办。核定局机关行政编制为24名，其中局长1名，副局长4名；股级职数16名。

2020年1月31日，发改局局长王袁生（右二）到重点项目现场察看重点项目复工准备情况　（市发展改革和科技局　提供）

【统筹调度，全力以赴稳增长】　立足经济社会发展，落实经济运行分析调度，每月做好《武夷山市经济运行及重点项目情况分析报告》；完成每季度的经济运行分析工作。形成报告、建议等16份，跟踪上报“六稳”“六保”工作落实情况，为领导决策提供参考，全市经济发展持续向好，2020年生产总值208.05亿元，增长0.1%。

【集思广益，编制“十四五”规划】　坚持发扬民主、开门问策，把加强顶层设计和坚持问计于民统一起来，3次向市委常委会和市委十三届十二次全会汇报“十四五”规划编制情况；面向全社会开展网络问策，收集征求意见和建议留言上万条。编制20项专项规划，完成规划《武夷山市国民经济和社会发展“十四五”规划基本思路》《关于制定武夷山市国民经济和社会发展“十四五”规划的建议》《武夷山市国民经济和社会发展第十四五年规划和二〇三五远景目标纲要》的起草工作。

**【推进项目，千方百计稳投资】**

1. 抓调度。建立工作机制，确保项目有序推进，固定资产投资稳定增长。固定资产投资增长率第一季度排名南平第二，第二、三季度连续排名南平第一，全年排名南平第三。

2. 用活政策。充分发挥中央对疫情影响经济的逆周期调节力度，成立项目申报政策研究、项目谋划、审批服务3个攻坚小组，认真研究一系列稳投资政策，做到研深政策，吃透精神。策划上报全省“十四五”规划项目150个，总投资879.3亿元；围绕省级“八大工程”策划“十四五”规划项目334个，总投资1895.1亿元；策划城镇化补短板强弱项项目119项，总投资212.91亿元；谋划“两新一重”项目共78项，总投资213.05亿元。武夷山国家公园以及闽江上游生态保护与基础设施建设项目上报国家“十四五”规划项目。

3. 抓重大项目。深入开展“绿色发展考评”活动，持续深化“五个一批”项目攻坚，全力推进“一攻坚两行动”。一是全年举办集中开竣工仪式12次，共93个项目，总投资253.79亿元。其中，开工项目68个，总投资226.01亿元；竣工项目25个，总投资27.78亿元。二是列入省、南平市重点项目累计完成投资43.52亿元，占年度计划104.68%；列入市本级项目累计完成投资26.96亿元，占年度计划70.98%。三是武夷山市新增“五个一批”项目153项，总投资265.81亿元。在2020年福建省第二、三季度“五个一批”项目正向激励综合考评中位列第二名、第五名。

4. 向上争取资金。全年争取地方政府债券资金10.8亿元、争取各类资金补助1.29亿元，申报2021年社会领域中央投资项目18项，总投资3.69亿元，申请资金1.87亿元。谋划申报2021年专项债券需求项目34个，总投资166.09亿元，申报专项债券资金需求35.26亿元。

**【政策指导，科技创新助驱动】**

1. 持续开展“三送服务”，助推实体经济主题活动。先后深入99家企业送科技、送政策、送帮扶，围绕科技项目，积极探索激励企业研发投入的普惠性政策，加大对企业研发投入的支持力度，把培育高新技术企业作为一项常态化工作进行，促进科技成果在当地转移转化。

2. 向上争取经费。全年向上争取研发费用、科技创新券补助、科技计划项目经费共112.8万元；3个科技项目，2个科特派后补助项目已获省科技厅立项；推荐申报省级高新技术企业2家，1家企业获得省级科技“小巨人”企业认定，2家企业获得省星创天地认定，实现武夷山市星创天地零突破。第十七届“6·18”对接92项全部投产，投产率100%。新谋划投资亿元以上绿色产业发展项目32项，对接转化32项，对接转化率100%，绿色产业大项目谋划数和对接转化率均排名南平第一位。

3. 因企施策，促进企业做强做大。推动正山茶业等6家企业申报省级重点上市后备企业，推进企业上市，促进实体经济做大做强，形成“十四五”产业发展项目方案，布局开展武夷山市“十四五”高新产业技术项目库建设，推动绿色发展产业不断升级。绿色产业进展综合考核在南平排名：第一季度第一名、第二季度第二名、第三季度第一名。

4. 加强科特派队伍建设。结合脱贫攻坚、“圆梦村”建设、田园综合体等平台，强化科特派队伍建设，培育发展科特派利益共同体，建立完善科技特派员工作站，落实科技特派员服务项目，强化科特派云服务平台应用，不断深化新时代科技特派员制度。选任武夷山市级科技特派员96名，选任南平市专职个人科技特派员27人，实现了贫困村全覆盖。对通过验收的37个科技特派员工作站、125个科技特派员示范基地建设项目进行补助，补助经费合计361.7万元。2020年，各级媒体宣传武夷山市科特派工作的新闻报道636篇（其中国家级媒体23篇，省级媒体9篇）。

**【试点先行，促生态文明建设】**按照“绿水青山就是金山银山”的战略部署，将保护生态资源、建设生态文明摆在首要位置，以“绿色发展、清新武夷”为主题，以生态综合补偿试点县，生态产品市场化改革试点为契机，建立维护生态安全工作协调机制，加快推进生态文明建设。编制完成《武夷山市生态综合补偿试点实施方案》《武夷山市生态产品市场化改革试点实施方案》，积极参与推进“生态银行”试点，出台《武夷山国家公园周边社区产业正面清单》和《武夷山国家公园周边社区建设管控规定》，同时积极向上争取资金加大武夷山生态保护中央预算投入。

**【深化改革，完成各项任务】**

1. 持续推进行政审批制度改革。印发《关于公布县级保留为行政审批必要条件的中介服务事项清单的通知》《关于落实省践行“马上就办”进一步优化政务服务的十五条措施的通知》《关于承接一批市级行政审批服务事项的通知》，推动82项高频政务服务事项实现区域通办、异地可办，大力推进《武夷山市深化“放管服”改革优化营商环境二十条措施》落实，进一步完善政务服务机制和流程，优化审批服务，推动企业和群众办事线上“一网通办”、线下“最多跑一趟”。截至2020年底，完成项目立项总办件数708件，其中审批325件（含核准项目2件），备案383件（含外资项目11件）。

2. 全力推进深化改革工作。按照市委部署承接好市委改革办的日常工作，抓好发改和科技局牵头的国民经济社会事业改革和生态文明体制改革2个专题改革，9月接受中共中央办公厅对武夷山市开展的2个专题调研。

3. 进一步健全诚信体系。一是以社会信用为抓手，会同市人行等金融机构推进新型农村信用体系建设，助力乡村全面振兴和城乡融合发展。授予兴田镇为信用镇，兴田镇西郊村、大渚村为金牌信用村称号。二是依托全国信用信息共享平台，着力解决中小企业融资难、融资贵、融资慢等困难问题，深入开展“信易贷”支持园区企业融资工作，引导企业入驻平台，进行线上融资贷款。

4. 持续优化营商环境。根据市委、市政府关于深化“放管服”改革，推动高质量发展，落实“六大行动”（推进“三茶统筹”发展、做大做强旅游龙头、提升城乡品质建设、打造生态文明标兵、打造优秀文化传承高地、打造乡村振兴样板）的决策部署，为进一步转变政府职能、提高服务效率和水平，优化武夷山市营商环境，制定《武夷山市营商环境优化行动方案》。根据南平市营商办委托厦门大学营商环境研究中心对武夷山市营商环境的调研结论，印发《关于营商环境第三方评估存在的问题及整改工作的通知》等文件，督促各部门对标对表，针对存在的问题逐条认真整改并积极做好下一阶段营商环境第三方评估工作。

**【聚焦民生，推进民生工作】**

1. 大力推进乡村振兴。加强易地扶贫搬迁后续管理、后续扶持工作，推进专项巡视“回头看”等反馈问题的整改。深入对新时代支持原中央苏区振兴发展政策的研究，持续做好武夷山市农村产业融合发展示范园工作，争取政策支持。2020年，获得乡村振兴试点示范省级预算补助资金184.56万元，获中央资金1979万元，国家专项债券资金安排2.46亿元；策划上报以工代赈项目33个入库，其中4个项目已通过省发改委上报国家发改委进行审核筛选。

2. 加强价格监测，维护市场秩序平稳。一是在重要节日、疫情防控期间，加强对平价商店的巡查，对市场生活必需品开展采价（采集

2020年9月18日，全国科普日活动举办

（市发展改革和科技局 提供）

价格）工作，及时掌握价格走势动态，每日监测并汇报监测情况。2020 年启动平价商店机制 3 次，共计补贴 41.32 万元。二是按照程序，制定《武夷山市“四中心一广场”地下停车场停车服务收费标准》《武夷山三木自驾游营地（武夷山自游小镇汽车主题乐园景区）停车场停车服务收费标准》《武夷山市同心学校初中学费住宿费标准》。三是认真做好价格认定工作，2020 年协助公安等单位已办理各类价格认定案件 199 件，其中不予认定 22 件，涉案标的 93.5 万元。四是联合相关部门，对全市低收入困难群体发放价格临时补贴共 144.72 万元，有效保障了城乡低收入人群基本生活。

3. 保障粮食安全和物资储备。一是做好疫情防控期间保供稳价工作，进一步建立健全监测报告制度，全市规模以上粮食加工企业复工率达 100%，有力地保障了全市粮食市场供应需求。二是强化疫情物资储备调配，根据市防控指挥部指令，及时向 19 个一线防疫单位调拨帐篷 191 顶，棉被 150 床，防寒服 358 件，折叠床、应急灯、雨伞、一次性雨衣、手套、彩条布等大量应急救援物资。同时，根据物资消耗情况及应急管理需要，及时采购应急物资，进一步增强武夷山市应急救援保障能力。三是严格落实粮食安全责任制考核工作，抓好粮食储备管理，开展安全生产隐患大排查大整治，进一步夯实市粮食安全保障基础。至 2020 年 12 月，有库存粮油 12109.52 吨，其中县级储备油脂 50 吨，县级储备晚谷 6506.52 吨，省级储备粮 3967 吨及 2020 年省级订单粮 1586 吨，完成 2020 年 1413.48 吨县级储备粮的轮出。同时，开展 2020 年储备粮订单收购工作。四是推进服务业“百千”增产增效。（千个以上服务业重点产业和企业）及时掌握武夷山市第一批 26 家列入省千家服务业企业增产增效清单企业的增产增效基本情况，编制完成《推进实施一二三产业“百千”增产增效行动的工作方案》，统筹协调推进服务业企业增产增效工作，组织推动冷链物流、港区物流上报工作。

2020 年 1 月 29 日，深入应急粮食加工企业，落实民生物资，确保武夷山市粮食供需稳定　（市发展改革和科技局 提供）

（彭钟豪）

## 生物研究

**【概况】** 福建省武夷山生物研究所成立于 1980 年 9 月，为福建省科学技术厅直属正处级科研单位，立足武夷山，面向全省开展生物资源的调查、开发和利用以及生物多样性保护研究。至 2020 年底，全所在职干部职工 7 人，其中科技人员 3 人（高级职称人员 1 人，中级职称 2 人，硕士学位 2 人），内设办公室、武夷山科学考察工作站、研究室（含实验室）。建有武夷山生物多样性野外监测站，大安生物多样性研究样地，四新生物多样性研究 150 亩大样地。

**【科研项目】**

1. 完成验收项目 2 个。一是“基于 360 度摇青机下的武夷岩茶品质研究及设备改造升级”项目。该项目与武夷学院合作，研究内容主要是采用 360 度摇青机做青，分析不同摇青程度等工艺参数下武夷岩茶品质差异，通过品质差异分析提炼出较佳工艺参数，为 360 度摇青机设备改造升级提供依据。二是“生物多样性示范观测（哺乳动物）”项目。原定 2020 年 1 月在武夷山自然保护区放置 60 台红外相机收集影像资料，完成数据分析后形成该地区动物分布情况的详细报告。因受疫情影响，项目于 2020 年 4 月才进入实施阶段，但成效明显，进展顺利。这 60 台红外相机分成两条主线，一条放置于武夷山自然保护区核心地带——挂墩一带，另外一条放置在紧邻保护区之外的地区——十八寨一带。截至2020年底，这60台红外相机完成2轮影像拍摄，每轮拍摄历经3个月。初步影像记录显示，武夷山保护区内动物活动密度较高，种群较为丰富。红外相机拍摄到珍稀特有物种如列入国家一级重点保护动物的黄腹角雉；列入国家二级重点保护动物的黑熊、白鹇、勺鸡、藏酋猴等。此外，红外相机还拍到大量相对普通动物的活动镜头，如黄麂、花面狸、白眉山鹧鸪、松鼠、野猪等。特别是拍到的3只黑熊群体活动的镜头更是在武夷山首次记录。对掌握黑熊的分布、种群密度和规模极具意义，为武夷山生物多样性研究提供了翔实的基础资料。

2. 在研项目4个。一是“武夷山昆虫性状定量分析”项目。该项目与中国科学院动物研究所合作，研究通过昆虫标本野外采集—物种鉴定—标本制作—昆虫特征拍照—显微CT扫描—整理标本实物和昆虫的三维重建、原色三维模型构建9万张数据图分析武夷山代表性昆虫。二是“武夷山鸟类区系研究”项目。研究通过实地样线调查方法补充鸟类的活体生境照片约190种，分析武夷山区域内鸟类群落的组成及结构变化，生境及鸟类生态分布，了解该地区鸟类资源储量，为武夷山的鸟类资源保护提供基础科学依据，有益于扩大种群数量。三是“武夷山生物文献计量分析研究”项目。以武夷山生物研究的发展历程和特点为主线，对近60年来关于福建省武夷山自然保护区生物研究方面的相关文献信息进行定量分析，并对各年度的统计数据进行考证与清洗，构建可用于检索、统计的数据库资源，理顺了近60年来该领域的演化脉络，发展现状及未来发展趋势，找出武夷山生物研究的热点、焦点甚至是难点问题，并针对福建省生物研究面临的问题及不足，提出相关建议。四是“武夷山观测场径向生长环和样地标牌升级改造”项目。依据《生物多样性观测技术导则》的要求，完成福建武夷山生物多样性野外监测基地部分设施的改造，主要包括在武夷山四新大样地和保护区卫星样地内制作、安装2000套生长环并完成树木生长季节持续1年的监测生长情况，安装武夷山生物多样性监测基地动物样地标牌，将主观测场144亩大样地划分成若干个20×20小样方，对样地内60000余株树木进行编号整理等工作。2020年4—12月已采集整理4次监测数据，为武夷山区域环境质量状况提供了参考依据。

（吴邦强）

## 中国青少年武夷山生物考察基地

**【概况】** 中国青少年武夷山生物考察基地（简称生物考察基地）为财政全额拨款的事业单位，有事业编制5名，在岗人员4人。其中，有高级职称2人、职工2人。武夷山生物考察基地是武夷山市青少年校外科技科普活动的主要场所，业务由武夷山市科协指导，承担武夷山市青少年校外科普宣传教育任务。

**【场馆设施建设】** 现有小机床活动室、电脑机器人创意室（可完成“青少年科学工作室”的日常科普宣教活动）、科普展厅150平方米、标本展室3个（昆虫标本展室、鸟类标本展室、哺乳动物标本展室），其中昆虫标本展室为武夷山收集较为齐全的昆虫标本，共有54个属，2000余号昆虫标本。

**【推动青少年科普活动的开展】**

1. 参加南平市青少年科普活动竞赛。根据南平市科协《关于举办2020年南平市青少年科学影像节活动的通知》要求，2020年4月组织市二中、武夷中学、武夷中小、崇安小学、百花小学、兴田中小共34名学生参加2020年南平市青少年影像节活动。在影像节上，武夷山

2020年12月10日，“爱护鸟类——保护我们的生态家园”2020年武夷山市科普进校园活动开展

2020 年 8 月 27 日，武夷山国家公园与中国青少年武夷山生物考察基地联合开展“走进武夷山国家公园”2020 年武夷山生态科普活动

（中国青少年武夷山生物考察基地 提供）

市选送的青少年科普作品获得一等奖 3 个（9 人）、二等奖 1 个（3 人）、三等奖 11 个（22 人）的好成绩。

2. 开展市内丰富多彩的青少年科普活动。一是 8 月市生物考察基地在溪洲、大将、五里村开展 2020 年武夷山青少年科普进乡村活动（软陶工艺制作），进一步推动青少年科普活动与校园课堂活动相结合，使青少年科普活动成为学校科学课和第二课堂活动的延伸，帮助孩子将抽象的概念与现实联系在一起，进而提升孩子的动手能力、感知力、观察力和创造力。二是 8 月市生物考察基地与武夷山国家公园管理局联合开展生态科普活动走进天心村活动，此次活动以全省科技活动周提出的“科技战疫 创新强国”为主题，在武夷岩茶的核心产区——天心村开展生态科普活动，将国家公园“生态保护优先”理念渗透到每个家庭，增强区内居民及青少年学生的生态保护意识和责任意识。三是 9 月市生物考察基地在角亭小学开展 2020 年全国科普日——科普进校园（软陶工艺制作）活动，宣传介绍软陶的性能、制作方法与技巧，不仅丰富了学校的教学内容，也开阔了学生们的视野。四是 11—12 月市生物考察基地先后开展 6 场以“走进武夷山国家公园”和“爱护鸟类——保护我们的生态家园”为主题的“科普进校园”活动。

**【服从大局做好中心工作】** 一是认真抓好“机关联乡村、党建促振兴”和精准扶贫工作，市生物考察基地主动联系中国银行到共同挂点的溪洲村开展走村访户活动，了解村里的生产发展情况和发展需求，制定并落实帮扶计划。挤出办公经费 1 万元用于慰问溪洲村 6 户困难群众。二是在抓好疫情防控工作的基础上，组织单位成员深入社区，配合做好各种防控疫情工作。三是配合做好“创卫”（创卫生城市）、“创城”（创文明城市）工作。参与市委、市政府组织的爱国卫生运动，并协助做好卫生、文明城市的有关迎检工作。认真落实“美丽武夷”“情暖武夷，文明关爱”慰问困难群众工作，开展形式多样科普志愿服务活动。

# 文化 体育 卫生健康

## 文化产业

**【概况】** 2020年，武夷山市文化体育和旅游局（简称市文体旅局）内设党政办公室、行业管理股、体育股、市场开发股、产业发展股、文化遗产保护股、新闻出版与广电股、文化艺术股8个股（室），下设文化馆、图书馆、博物馆、文管所、非遗展演中心、导游服务中心、文化市场综合执法大队7个部门。

2020年，市文体旅局统筹公共文化体系建设，开展文明实践活动，推进省级新时代文明实践中心试点工作；认真做好朱子文化、红色文化、柳永文化、茶文化，增强文化自信；大力发展文化创意产业，培育文化龙头企业，着力建设具有影响力的工艺美术展示、交易平台，大力提升武夷文化品牌价值，打造融茶文化、朱子文化、休闲养生、民俗风情等文化创意的新兴产业。

**【主题活动】** 举办2020年元旦“迎新年元旦有奖猜谜”、“传承朱子孝廉 弘扬五四精神 守护世界遗产”、“为爱献声——致敬最美逆行者”网络朗读大赛、中国好声音全国海选赛武夷山赛区赛事、文化和自然遗产日“云游武夷 乐享非遗”演出等活动，举办首届武夷山市非物质文化遗产代表性传承人大会。市非遗展演中心举办和承办2020年元旦“我们的中国梦”文化惠民演出、岚谷乡参加武夷山市文化科技卫生“三下乡”集中服务活动，走进乡（镇）、街道和村完成31场以“脱贫攻坚”为主题的文化惠民演出。疫情防控期间，认真按照上级文化主管部门的要求，开展网上文化活动，举办遇见最美茶季“茶煮芬芳、歌舞山水”云剧场——2020武夷山公益性演出系列活动特别直播活动。利用抖音、微视和其他网络App窗口对短视频的投放和宣传。

**【网媒宣传】** 疫情防控期间，利用微信公众号平台，宣传防控疫情的重要性及相关防控知识，同时推荐非遗、文学、书法、美术、戏曲、雕版印刷、微电影拍摄等多门类艺术课程的网课。开展图书线上服务，利用信息服务平台、微信公众号平台发布疫情防控知识竞答、线上朗读活动、线上书展、亲子共读。举办“华侨旗帜 民族光辉——百国

2020年10月28—30日，市文体旅局联合元翔（厦门）国际航空港股份有限公司举办“味到岩茶”第五届茶文化节 （市文体旅局 提供）

百侨百物”图片系列展、“宅家战役，万里茶道线上图片展”；结合“5·18”国际博物馆日、“5·19”中国旅游日；举办《万里茶道》武夷山起点史迹图片展，并完成“万里茶道”史迹文本初稿编写工作。通过开展疫情见证物征集、抗击疫情主题文艺作品、乐堂书法学苑以笔为武器，用书画抗击新冠肺炎等艺术“战”役，传递文旅人打赢疫情阻击战的勇气和决心。

**【公益服务】** 开展硬笔书法、钢琴等各类文化公益课堂27场。举办“脱贫攻坚 建成小康”2020年武夷山市老年书画作品展。艺术扶贫走进全市各中小学校，开展古筝、舞蹈、小军鼓等培训课程。电影公司共组建6支农村电影公益放映队，全年农村电影公益放映1380场。市图书馆全年接待到馆读者6547人次，外借图书3422册次，办理借书卡41个，新增图书2885册。市博物馆免费开放接待到馆参观人员4.3万人次，丰富广大市民业余文化生活，提升市民幸福指数。

**【非遗保护和传承】** 2020年上半年，提交市政府公布《武夷山市第三批非物质文化遗产项目代表性传承人名单》，公布6个代表性项目9位传承人。制作《武夷红茶制作技艺》申报片，对武夷山市级非遗项目喊山祭茶仪式进行现场调研，进一步完善规范仪式流程、祭品、祭文、服装等。推荐刘宝顺、徐丽妹非遗扶贫行动优秀带头人，推荐武夷竹刻、岚谷熏鹅上报福建省传统工艺振兴目录。9月，为武夷岩茶（大红袍）制作技艺申请国家专项保护资金100万元。

**【文物保护】**

1. 广泛开展宣传。组织开展《中华人民共和国文物保护法》及文物保护相关法律法规宣传活动。成功举办“5·18”国际博物馆日系列活动，提高全社会文物保护的意识。

2. 完善制度措施。及时调整和完善市文物管理委员会成员单位，明确各职能部门的相关责任，切实履行相关职责；推动文保员制度改革，编制文保员工作责任制度。

3. 开展文物安全检查。全年共开展文物消防安全专项检查暨房屋安全隐患排查3次；完成五夫五贤井被撞损坏现场调查，拟进行后期修复工作。

4. 开展文物建档工作。建立健全6处全国重点文物保护单位、13处福建省文物保护单位、57处武夷山市文物保护单位及普查文物点共500处不可移动文物的档案资料。

5. 开展修缮维护工作。组织专家完成世界文化遗产点赵氏家祠修缮方案审核并批复；完成城村6处风雨亭修缮方案的审批及资金申请，并完成修缮待验收；完成武夷山市文物保护经费的分配，确保文物本体安全的维护落到实处。

（左梦华）

2020年8月23日，武夷山在九曲溪畔玉女峰下举办“浪漫武夷山 缘聚玉女峰”集体婚礼

（市文体旅局 提供）

## 体育事业

**【概况】** 2020年，武夷山市不断丰富群众体育活动，各类赛事筹备工作有序推进，促进全市体育运动蓬勃发展。全市有专职教练8人，其中等级裁判4人（国家级裁判1人、一级裁判2人、二级裁判1人）；运动员349人，其中等级运动员9人（健将1人、一级运动员2人、二级运动员6人）。

**【举办各类体育赛事】** 2020年，武夷山市共举办福建省全民健身运动会2020年武夷山市“体彩杯”新年登高活动、福建省全民健身运动会“南平市第三届电子竞技动漫汉服嘉年华”暨武夷山市首届电竞动漫汉服嘉年华、福建省青少年U

系列拳击冠军赛、福建省青少年U系列跆拳道冠军赛、“武夷山水”武夷山市“九冠杯”全国郊野钓鱼大赛、武夷山市全民健身运动会第三届健身气功·八段锦（工间操）大赛、福建省青少年空手道比赛、福建省青少年拳击比赛、2020首届“仙弈武夷”业余围棋公开赛（初赛线上进行）等30余场体育赛事。

【参加各类体育赛事】 陆续组建体操项目、田径投掷项目并选材招生；组队参加全国空手道锦标赛、福建省U系列青少年田径冠军赛、南平市第四届运动会青少年部游泳和乒乓球赛等青少年赛事，并取得优异成绩。福建省U系列青少年田径冠军赛中武夷山市运动员获得800米冠军、400米亚军。全国空手道锦标赛获男子组70公斤级第二名、男子团体第三名。同时，积极做好2022年省运会的各项筹备工作。

【体育竞赛管理服务机制不断完善】 科学制定赛事规划，对占用社会公共资源的体育赛事开展统一申报，形成赛事目录，提供政府服务；通过多种公开方式对大型赛事招募赛事运营方，设立体育赛事专项扶持资金，不断优化赛事管理体制。

（左梦华）

## 图书发行

【概况】 2020年，福建新华发行（集团）有限责任公司武夷山分公司（简称公司）机构情况与上年一致，年末在职人员19人。

2020年，公司紧紧围绕集团公司“抓党建、严管理、促主业、补短板、强弱项”的工作要求，认真落实集团公司2020年工作会议精神，努力克服新冠肺炎疫情影响，狠抓复工复产，凝心聚力，共克时艰，统筹推进疫情防控和分公司发展各项工作，全力确保全年目标任务完成。全年实现销售总码洋1452.39万元，公司荣获福建新华发行（集团）有限责任公司“七进活动先进单位”称号。

2020年9月30日，武夷山市举行全民健身运动会暨第三届健身气功·八段锦(工间操)大赛 （市文体旅局 提供）

【教材教辅发行】

1. 打好“课前到书”攻坚战。面对突发的新冠肺炎疫情对2020年春季教学用书发行的影响，在道路封闭、车辆限行的情况下，主动向当地教育局和学校汇报沟通情况，争取教育部门和学校的支持。根据集团公司《关于做好2020年春季教学用书发行工作、确保教科书“课前到书”的通知》要求，制定教材教辅配送预案，精心组织，周密部署，按照各校的征订数量将所有教材教辅配送到各学校，完成教材教辅配送“最后一千米”。同时，采取防疫防护措施，做到防疫、发行两不误，确保2020年春季和秋季教学用书“课前到书，人手一册”任务的完成。

2. 中小学教材教辅征订发行。抓住学生数增加的有利契机，做好教材教辅宣传推荐，跟进各学校征订情况，提升义务教育学校的目录内教材教辅和教师教学配套用书的征订数，确保九年义务教育阶段目录内教材教辅配套率100%。全年发行中小学教材教辅码洋898.96万元。

3. 服务教育、服务师生。整理汇总电子版教科书的链接网址，第一时间发送给相关学校及老师，供广大师生免费下载使用；推送出版社有关新型冠状病毒感染防护书籍等电子读物，宣传有关疫情防控的图书、挂图等；向全市9所小学捐赠“有声图书馆”，受赠学生8323人；向全市中小学及幼儿园捐赠《预防新型冠状病毒肺炎科普系列挂图（校园版）》320套；做好2020年春季和秋季义务教育阶段免费教科书发行网上确认及上报工作，及时回笼教材教辅款。

4. 开展读书教育活动。与市教育局联合开展以“辉煌七十年 奋进新时代”为主题的第27届全国青少年爱国主义读书教育活动，共征订发行活动用书码洋27.1万元，征订发行册数超过学生数的90%。

5. 目录外教辅营销工作。宣传推广有市场潜力的教辅品种，全年销售《幼儿活动操作材料》码洋16.8万元。

6. 大中专教材发行。本着“客户至上，服务第一”的工作思路，做好大中专教材售前、售中和售后等各项服务。不定期走访学校，最大限度满足学校需求，千方百计守住老客户。同时，采取逢标必投方式抢占市场，全年大中专教材销售码洋35.74万元。

## 【一般图书发行工作】

1. 政治理论读物征订发行。一是围绕党和国家不同时期的政治学习热点，第一时间向当地组织部、宣传部汇报《习近平在厦门》《习近平在宁德》《习近平在福建》等政治学习用书征订发行工作，争取获得支持。二是做到早安排、早部署，采取划分区域、分片包干、责任到人的措施，发动员工全面深入行政机关、企事业单位、各乡（镇）街道、部队、学校、社区等单位开展上门征订工作。三是突出主阵地宣传作用，采取在卖场显要位置设立专柜、特色码堆展示、LED显示屏字幕宣传，新书海报和微信公众号宣传，营造学习氛围，扩大社会关注度和影响力，吸引读者进店购买。四是开展重点主题出版物进机关、进学校、进企业、进农村、进军营、进社区、进家庭“七进”工作，组织开展学习分享会阅读推广活动。全年共发行政治理论读物码洋135.36万元，其中发行《习近平在厦门》2753册、《习近平在宁德》2753册、《习近平在福建》534册、《习近平谈治国理政》第三卷9072册、《习近平关于统筹疫情防控和经济社会发展重要论述选编》8400册、《理论热点面对面》1100册等。

2. 场内图书销售。一是在疫情期间启动电话购书专线，对外发布卖场工作人员的联系电话，读者与卖场工作人员确认所需图书后可以使用微信、支付宝付款购书，为读者提供无接触闭店销售模式购书服务。二是启动微信线上购书服务，建立读者购书微信群，推出读者购书微信群二维码，引导读者扫码加入所需的购书微信群，卖场工作人员在线上为读者解答征订事宜，为读者服务。三是开启抖音绘本故事线上直播。疫情防控期间，每周五晚举办的“绘本故事时光”活动转到线上直播，通过“抖音”和“一直播”等平台在线上与孩子们分享绘本故事。四是在世界读书日举办福建省“新华·作家空间”第一期“致敬最美逆行者”《武夷清风》创作交流活动。《武夷清风》作者陈烈不仅与大家分享创作的初衷、创作过程的困难以及创作完成后的感受，还向武夷山市援鄂英雄代表赠送书籍和书法作品。活动现场开展抽奖送书籍活动、现场嘉宾进行茶艺及扬琴表演，网友在线观看直播，参与互动交流活动，营造“人人爱读书、人人都崇敬英雄”的社会正能量。五是在第六届海峡读者节期间开展“新华阅读”云分享活动，以线上短视频的方式与大家分享一本好书。大家通过“抖音”平台用“推荐一本好书”“诗歌朗诵”“介绍图书”等形式录制视频参与活动，分享阅读体验。六是携手博集天卷开展“读好一本书，是一种态度”主题图书优惠促销活动，对相关的30多个品种图书进行7折优惠大促销。七是开展龙门书局部分教辅85折促销活动，满足全市中小学教辅用书需求。八是举办“新华荐品85折”“好书聚惠69折”活动，并在读者微信群和公众号上重点推荐。九是携手武夷山监狱，开展“书香进狱园、文化伴改造”主题图书展销活动，展出近500种图书供服刑人员选购，销售图书码洋13万元。十是举办“礼惠儿童节，‘六一’大放‘价’”活动，挑选36款精品图书进行3—4折优惠促销，“微小店”同步上线，线上购书，送书上门，让读者足不出户就能购买心仪图书。活动前在微信公众号介绍相关图书内容，制作短视频在抖音发布，吸引读者。活动共售出图书码洋2.4万元。十一是开启“微信群限时‘5元秒杀’活动”，至少提供2个品种的图书各10本作为秒杀活动用书，周五晚准时开启秒杀，以超低的价格回馈读者。十二是与市教育局联合开展暑假读一本好书活动，销售图书码洋11万元。十三是开展“全民读书月新华悦读季”系列活动，举办“我为祖国朗诵一首诗歌”国庆特别活动，推进“书香八闽”建设，助推全民阅读走进新时代。十四是按照集团“夜读八闽 书香筑城”的活动要求持续开展夜读活动，开展“夜读八闽”5折系列图书促销活动和图书买二赠盲盒活动，吸引读者广泛参与。十五是开展阅读“七进”活动，推动全民阅读进农村、进社区、进校园、进军营、进企业、进机关、进家庭，提升广大人民群众对阅读的关注和参与。全年一般图书销售码洋406.2万元。

【销售网点建设】 一是在五夫镇设立新华书屋，满足读者多样性阅读需求，缩小城乡阅读差距，发挥全民阅读在基层的引领促进作用，不断丰富农民群众精神文化生活。二是携手武夷学院，在武夷学院逸夫图书馆一楼设立新华书店武夷学院店，让书香溢满校园，推动全民阅读和校园文化建设。

【探索多元盈利模式】 一是继续与读书郎签约，销售读书郎学习机，全年多元产品销售总码洋111.49万元。二是开展校园服饰和教育教学装备调研分析，寻找校园服饰和教育教学装备销售途径，主动联系新建私立同心学校，宣传“新华·蓝帝狮”品牌校服，并对接“新华·蓝帝狮”校服推广中心业务人员，由“新华·蓝帝狮”校服推广中心业务人员送样服到学校并与学校相关人员对接。三是了解收集供应商信息，加强与市教育局联系和沟通，持续关注招投标信息，为下一轮校园服饰招投标做好前期准备。

【深化文明行业创建】 一是严格贯彻落实《新华书店社会效益评价考核办法》，发挥文化主阵地作用。二是积极配合市委宣传部开展2020年文化科技卫生“三下乡”流动售书活动，向农村读者捐赠图书码洋3072元，满足农民群众精神文化需求。三是“六一”国际儿童节期间向实验小学、崇安小学等19所学校捐赠图书共计码洋2.86万元。携手市关工委慰问新丰小学留守儿童，捐赠精美图书，为留守儿童撑起一片爱的天空。

（黄晓芳）

## 档案工作

【概况】 2020年，武夷山市档案馆机构情况与上年基本一致。至年末，市档案馆馆藏档案总量148833卷31612件、资料10818册、录音录像档案48盘、照片26321张、实物档案331件。全年共接待档案利用者747人次，利用档案9050件，其中档案跨馆服务利用6人次；爱国主义教育基地共接待来自省、市机关单位、学校人员800余人次。推动“村档乡管”工作。9月16日，开展档案馆业务建设评价工作，市档案馆综合评定在南平市10县（市、区）中排名第三，“馆务建设”和“档案基础业务”排名第一。12月，市档案馆获全省档案系统先进集体称号。

【业务指导】 2020年，武夷山市档案馆先后整理、指导兴田镇政府、教师进修学校、航站等30个单位建档500余盒；指导妇联、林业局、一中等10多个档案到期移交单位整理档案2000余卷；指导婚姻登记档案、污染源普查档案、地名普查档案、国有企业退休人事档案等专业档案整理5000余卷。组织全市档案人员业务培训、执法档案管理培训、“村档乡管”档案培训共计13场。

【“村档乡管”工作】 市委书记江建华、市长谢启龙分别就“村档乡管”工作做批示。6月30日，市委副书记涂桦忠主持召开全市“村档乡管”动员部署会，对全市“村档乡管”工作做具体动员部署，明确“村档乡管”目标任务、工作措施及相关要求。市档案局建立试点，根据“村档乡管”要求制定完善归档、接收、查阅等制度；明确工作职责，建立“统一管理、统一保管、统一利用”工作模式；开展档案专业知识及具体整理办法等业务培训11场，系统讲解档案整理流程、工作要点和注意事项，理清思路，明确工作步骤，提升村（居）档案员的档案整理、管理水平；现场指导各个村（社区）档案员整理档案，共整理10个乡（镇）、街道137个村（社区）近三年档案31570件；申请“村档乡管”专项费用20万元，保证“村档乡管”工作高质量开展。完成3个乡（镇）、街道“村档乡管”工作并提交验收申请。

【档案接收征集】 2020年，接收茶产业发展中心、文体旅局、交通局、市委史志研究室、民政局等单位档案5100卷2530件，其中接收地名普查档案4233卷、企业退休人员人事档案1019卷。共收资料1782册、书法作品19幅、光盘42个。征集财政局土地清册丘图契根历史档案资料、大红袍制作技艺申报国家级非物质文化遗产名录文本、宣传部提供的19幅书法作品及图书等。

【档案数字化及民国档案编目】 因疫情影响，2020年数字化工作从3月开始，至8月底完成2020年档案数字化任务，共扫描6613卷，100.26万页。2019年9月至2020年11月，完成民国档案24万条目录编目。

【档案宣传】 一是借“6·9”国际档案日之机，通过电视台走底播放《中华人民共和国档案法》的相关内容；通过档案馆大厅LED显示屏播放违反《中华人民共和国档案法》典型案例，宣传《中华人民共和国档案法》；利用微信、公众号、网站等向公众宣传《中华人民共和国档案法》，普及档案知识，提高档案事业的社会影响力。二是6月开展档案馆开放月活动，邀请群众走进市档案馆，参观爱国主义教育基地，体验档案查阅、电子档案管理等活动，让群众了解档案，认识档案的重要性，知道档案是历史的真实记录，档案工作记录历史，传承文明，服务社会，造福人民。三是组织全市档案工作者参加中国档案报社承办的主题征文活动。

【档案消毒】 购买消毒设备，对馆藏12600卷档案、资料进行消毒、杀虫，切实提高档案的保存质量。

（张逸竞）

## 广播电视与新闻报道

【概况】 2020年5月26日，武夷山市委机构编制委员会下发《武夷山市融媒体中心职能配置、内设机构和人员编制规定》（“三定”方案），确定武夷山市融媒体中心（简称中心）为市委直属正科级事业单位，归口市委宣传部领导。融媒体中心核定事业编制58名，领导职数4名（1名正科、3名副科）。经费来源为财政核拨，划为公益一类。设立党政办、总编室、新闻采访部、视听编辑部、新媒体编辑部、报刊编辑部、媒体推广部、技术保障部等8个部门。2020年11月，中心与武夷学院签订合作协议，在学院内建设“武夷山市融媒体中心（武夷学院）制作基地”，制作基地集“媒体教学实践、探索校地合作、传媒创客培育”等功能为一体。并对接电视编导、编辑出版、数字媒体、动漫等四个对口专业，利用学院的人才、设备优势生产融媒体产品。11月融媒体中心接受省委宣传部融媒体中心验收组验收，以“优秀”等次通过。

【设施建设】 2020年8月，建成融媒体指挥中心投入使用。指挥中心建设主要包括大屏、媒资系统、舆情监测系统，实现“一次采集、多种生成、全媒体传播”。

【新闻宣传】

1. 电视宣传。2020年，中心继续开设《武夷山新闻》《武夷山下党旗红》等栏目。《武夷山新闻》每周播出5档，每档10—12分钟；《武夷山下党旗红》每周播出1档，每档10—15分钟。2020年，中心2共制作播出《武夷山新闻》238档，发稿1243条，福建电视台播出武夷山相关新闻128条，其中福建新闻联播播出《武夷山全面打响城市建设攻坚战》等新闻；中央广播电视总台共播出相关新闻48条。围绕“茶、旅产业高质量发展行动”工作，由中心独立拍摄的20分钟专题节目《福建武夷山：茶旅结合生态优先》，在央视《生财有道》栏目中播出。

2. 广播宣传。2020年，武夷山广播共发《武广新闻》228档，播发新闻912篇。其中，中央人民广播电台采用14篇，福建人民广播电台采用211篇。

3. 平面媒体。2020年6月17日，内部出版物《武夷山》（原《武夷山报》）正式复刊。复刊后的《武夷山》，突出融媒体出版物概念，打造具有时代新意和地方特色的资讯汇聚平台，发行范围包含公共交通场所、星级酒店和十佳精品民宿客房、全市各机关单位、乡镇、街道、茶企、离退休干部等，真实记录武夷山这座城市的变化与发展，全年共刊发22期；《武夷山》杂志2020年共发行12期，其中2020年5月刊作为侨刊乡讯的亮点推介，获省出版物监测与研究中心通报好评。

4. 新媒体宣传。中心在新媒体“掌上武夷”中开设《城市建设进行时》《城市建设金点子征集》《茶旅产业高质量发展》《文明城市创建》《走进武夷山国家公园》等专栏，发布新媒体稿件6580条。民生类主题12个，创作创意视频33部，完成了《首届“513”（武夷山）旅游电商节》《朱子与五夫学术研讨会》等50场融媒直播。同时，为了在更高更广的平台上宣传武夷山，中心在新华社、央视频、央视新闻+等国家级移动媒体中开设了矩阵号，入驻了海博TV、东南网等省级媒体移动端，以及向“学习强国”平台投稿，上稿率在南平市位居前列。同时，为实现多点传播，武夷山市融媒体中心在商业平台抖音、华人头条等商业平台中开设账号，进一步扩大传播影响力。2020年，市融媒体中心制作并发布的《武夷山水一壶茶》《五星红旗闪耀武夷山水间，现场燃爆了！》等突破10万人次阅读量的融媒体产品46条，《福建武夷山人气旺》等100万人次阅读量产品17条。

（赖忠权）

# 卫生健康

【概况】 2020年，武夷山市卫生健康系统所属机关和事业单位31个，有局机关党委1个（下属党支部6个，党员85名），公立总医院党委1个（下属党支部17个，党员319名）。有各级各类医疗机构236个，其中市直公立医院3家、疾病预防控制中心1家、民营医院2家、乡镇卫生院7个、社区卫生服务中心3个、村卫生室163个、个体诊所38个、医务室等其他医疗卫生机构19个。2020年末，全市有卫生技术人员1383人，全市有执业（助理）医师577人，其中全科医师67人；注册护士717人。每千常住人口拥有卫生技术人员5.76人、执业（助理）医师数2.4人、注册护士2.99人，每万常住人口拥有全科医生2.79人。

2020年，武夷山市卫健部门在全力抓好疫情防控工作基础上，继续抓好国家卫生城市创建工作，深化医疗卫生体制改革，决战决胜健康脱贫攻坚战，出色完成各项工作任务。3月初，实现全市新冠肺炎患者“清零”且保持无新增；爱国卫生工作走在全省、南平市前列，卫生体制改革、健康扶贫成绩显著。武夷山公立总医院党委荣获“福建省抗击新冠肺炎疫情先进单位”称号，院党委获先进基层党组荣誉称号；共青团武夷山公立总医院总支部委员会荣获“福建省五四红旗团总支标兵”称号。

【疫情防控】

1. 强化组织领导。新冠肺炎疫情发生后，及时建立“集中统一、快速反应”的应急指挥体系，贯彻落实习近平总书记重要讲话和重要指示、批示精神及中央和省、市决策部署，按照“坚定信心、同舟共济、科学防治、精准施策”总要求，严格落实“外防输入、内防反弹”防控策略，迅速形成抗击疫情的强大合力。根据不同阶段疫情防控需要，及时调整防控措施、领导小组成员和各专项工作小组，建立联防联控联席会议制度，成立常态化疫情防控工作专班。

2. 强化专业队伍建设。全面推进全市各医疗机构和疾控机构全员大培训，提升业务能力。成立武夷山市应对新冠肺炎疫情防控专家队1支共10人、流行病学调查队1支共30人、专业消杀队1支共10人和核酸采样应急队20支共40人，全面做好应急状态准备工作。

3. 做好医疗防控物资储备。全市各医疗机构建立储备物资清单，实行动态储备，确保物资药品储备至少满足满负荷运转30天需求。市疾控中心的物资储备至少满足既往疫情高峰期10天满负荷运转需要。

4. 高效处置疫情。1月31日、2月2日和2月4日，武夷山市相继确诊3例新冠肺炎病例，均为湖北省输入性普通型病例。市立医院立即进行网络直报，全市卫健系统第一时间启动应急处置机制，开展流行病学调查和活动轨迹排查，落实医学观察，开展疫点消杀，转运确诊患者至南平市第一医院集中救治。3月5日，3例患者已全部治愈出院，至年底无新增确诊病例或疑似病例。

5. 做好重点人群健康管理。联合有关单位做好集中隔离点和定点接待酒店24小时轮班值守，落实体温监测、健康咨询、心理疏导、场所消毒等工作。1月23日至5月底，与公安、铁路、机场等部门联合，在全市各交通卡口设置体温监测点，医务人员实行24小时轮班，落实体温检测和排查工作，全力做好新冠肺炎输入性防控。同时，各乡（镇）卫生院、街道社区卫生服务中心配合属地落实重点地区及境外入武人员“三化三防”及“四定”（定专人、定巡访、定防护、定承诺）管理制度，做好体温监测、健康咨询等管理工作。

2022年2月19日，武夷山公立总医院第三批援鄂医疗队出征

（武夷山公立总医院 提供）

6.规范发热门诊管理。规范设置管理市立医院发热门诊，符合“三区两通道”（清洁区、污染区和半污染区，医务人员通道和病人通道）要求，按照要求强化发热患者排查，可疑患者全部留观，按照2小时报告病例，4—6小时回报核酸检测结果，24小时完成流行病学调查开展相关工作，做到24小时接诊。同时，加强院感防控，推广分时段预约诊疗，严格探视和陪护管理，最大限度减少病区人员聚集。

7.提升新冠病毒核酸检测能力。完成市疾控中心、市立医院核酸检测实验室建设，扩大核酸检测范围，全力落实8类重点人群“应检尽检”工作。年内全市累计送检及检测核酸标本33525份。

8.完成援鄂任务。2月4日，武夷山市立医院ICU护士长、南平市第二批援鄂医疗队队长吴美莲随第二批福建医疗队驰援湖北武汉，为武夷山市第一批援鄂医护人员。2月18日，派出第二批2人，2月20日派出第3批20人，三批次共23人支援湖北武汉、宜昌，累计接管患者858人，其中危重型患者58人，治愈出院630人。4月，援鄂医疗队20名队员被湖北金银潭医院授予“荣誉职工”称号；湖北省人民政府为武夷山援鄂医疗队23名医护人员颁发“最美逆行者”证书。4月14日，23名队员完成各项任务，全部平安返回武夷山。

9.做好新冠病毒疫苗紧急接种。成立领导小组和异常反应处置专家组，制定《武夷山市新冠病毒疫苗紧急使用方案》，指定市立医院为紧急接种点，开展相关人员业务培训，开展应急处置演练2场。规范开展紧急接种工作，严格按照预防接种工作流程进行现场接种，落实“三查七对一验证”（检查受种者健康状况、核查接种禁忌，查对预防接种卡和预防接种证记录，检查疫苗、注射器的外观、批号、有效期；核对受种者的姓名、受种者的年龄、疫苗的品名、疫苗的规格、疫苗的剂量、接种部位、接种途径；验证受种者、预防接种证和疫苗信息是否一致）基本原则，截至12月31日，完成重点人员紧急接种537剂次。

## 【医药卫生体制改革】

1.“三医联动”改革持续深化。落实省委、省政府深化“三医联动”（医疗、医保、医药改革联动）改革的实施意见，巩固实施药品零差率销售，执行国家药品集中带量采购和使用，实现公立医疗卫生机构基本药物制度全覆盖。开展DRG收付费国家试点工作，完善医保支付方式改革，规范实施临床路径管理，降低群众医药费用支出。2020年，按病种收付费出院人数、规范实施临床路径管理出院人数分别占总出院人数的53.1%、59.03%，基层医疗卫生机构门诊总量占比56.60%，均达到世行贷款医改促进项目关联指标年度目标任务要求。

2.“健共体”项目建设有序推进。持续完善总医院内部运行机制，根据《2020年南平市基本医疗保险县域紧密型医共体医疗服务医保支付协议》，推动落实“总额包干、结余留用、超支自负”的政策，落实二级医院、专科医生与基层医疗卫生机构分工协作机制，加快推进总医院网格化建设，推动公共卫生服务与医疗服务高效协同、无缝衔接。完成98所一体化村卫生所标准化建设，方便患者看病就医。

3.卫生信息化建设不断加强。开展DRG收付费国家试点工作，完善医保支付方式改革，规范实施临床路径管理，各项关联指标均完成世行贷款医改促进项目年度目标任务。依托武夷山市立医院信息中心，搭建公立总医院信息平台，通过专网与其他医疗机构连接，保证线路的通畅。同时，建立业务协同

2020年9月30日，武夷山市立医院卒中中心正式授牌

（市卫生健康局 提供）

平台，完成区域心电、区域影像、区域一卡通、消毒供应中心、双向转诊等系统建设，保证各市直、乡（镇）医疗卫生机构之间的信息互联互通、业务协同和资源整合，完成全市居民电子健康档案的存储、整合和共享利用。心电诊断中心及区域医学影像中心已通过会诊中心实现心电及影像检查的远程集中诊断，各级医疗机构资源共享。2020年完成乡（镇）分院心电诊断会诊12974例次、影像检查报告单1055例次。临床检验中心通过区域业务协同平台跨院转检，实现检验数据的统一管理，全年完成64508份标本的检验工作，并与南平市基卫平台无缝对接。预约诊疗系统可通过微信公众号、网站等信息平台进行预约服务，2020年预约诊疗率30%，住院患者分时预约检查率100%，门诊患者分时预约就诊率100%，门诊预约诊疗时间间隔≤0.5小时，精确至分，可通过医共体内预约平台为基层机构提供预约服务。总医院协同平台可支持患者直接在护理站办理入院手续，微信充值缴费、自助机扫码缴费及各个病区实现床边结算等便民服务。

4. 医疗卫生服务能力有效提升。一是强化医疗质量安全管理，进一步改善医疗服务，规范医疗废物处置管理。二是严格落实医疗卫生行风建设“九不准”（不准将医疗卫生人员个人收入与药品和医学检查收入挂钩、不准开单提成、不准违规收费、不准违规接受社会捐赠资助、不准参与推销活动和违规发布医疗广告、不准为商业目的统方、不准违规私自采购使用医药产品、不准收受回扣、不准收受患者“红包”）。三是扎实推进创建平安医院建设，不断加强县级公立医院服务能力建设及重点专科建设。2020年9月30日，武夷山市立医院卒中中心正式授牌，成为福建首批、闽北唯一获批通过“防治卒中中心”认证的医院。2020年9月，武夷山市立医院3个临床重点专科入选县级医院临床重点专科，其中建设单位1个（呼吸内科）、培育单位2个（普通外科、神经内科）。根据五大中心和重点专科建设情况排名，拥有2个中心和3个重点专科，在闽北所有县市中武夷山排名第二，深化医改成效在2020年南平市绩效考核指标体系中位列第三名。四是加强基层医疗机构建设，完成武夷街道社区卫生服务中心、星村中心卫生院、吴屯中心卫生院、上梅乡卫生院以及洋庄乡卫生院业务用房的改造修缮，完成23所村卫生所达标建设，推进中医院新院大楼建设，2020年底完成初步验收。

## 【疾病预防与控制】

1. 重点传染病的防控。2020年，共报告甲乙类传染病316例，发病率132.77/10万；报告新冠确诊病例3例，无甲类传染病报告。加强对疑似登革热病例进行流行病学调查和检测，共检测2例疑似病例，排除2例。深入医疗机构和学校开展重点传染病麻疹、手足口病的主动监测和防控工作，全面落实艾滋病各项防治工作措施，抓好结核病防治管理。

2. 地方病、寄生虫病与慢性病的防治与监测。市疾控中心实验室通过全国碘缺乏病实验室质量控制网络考核，获国家碘缺乏病参照实验室年度合格证书。通过监测，全市碘盐覆盖率100%，持续保持消除碘缺乏病状态。开展肿瘤基线调查和死因报告，加强疟疾监测和重性精神病防治工作。

3. 免疫规划管理。全市建卡2279人，国家免疫规划疫苗基础免疫接种率在95%以上，加强免疫接种率在95%以上，乙肝首针及时率95%以上。全市各疫苗接种单位均使用疫苗追溯系统平台，实现扫码出入库、扫码接种。此项工作位于南平市前列。

4. 卫生检测工作。完成从业人员健康体检14549人，水样检测147份，公共场所采样监测15家152份。持续开展医疗机构消毒效果监测，抓好高危人群、监管场所、自愿咨询人员的血清HIV抗体检测，以及餐具消毒季度检测等工作。

## 【爱国卫生】

1. 开展国家卫生城镇创建工作。2020年，是武夷山市创建2018—2020年周期国家卫生城市收官之年，先后通过省级爱卫办组织的国家暗访存在问题考核验收、全国爱卫办组织的专家组技术评估、综合评审，并经过公示无异议。2020年8月，星村镇被全国爱卫会命名为国家卫生镇，成为南平市第一个国家卫生镇；五夫镇成功创建国家卫生镇，兴田镇和41个村（社区）创成省级卫生镇村（社区），爱国卫生工作走在全省、南平市前列。

2. 开展爱国卫生运动。组织开展以整治背街小巷、城中村、城乡接合部、农贸市场、建筑工地、铁路沿线、窗口单位等公共场所为重点的爱国卫生运动和第32个爱国卫生月活动，清除卫生死角，完善公厕、垃圾中转站、果皮箱等卫生基础设施配置，不断优化市容市貌，助力环境卫生整洁行动、新冠肺炎疫情防控和全域无垃圾工作的开展。

3. 推进农村户厕改造。2020年，上级下达武夷山市户厕改造任务965户，完成1844户，超额完成全年任务。全市农村无害化卫生户厕普及率98.83%。

【公共卫生服务】

1. 国家基本公共卫生服务项目。推进居民健康档案、健康教育、慢性病患者健康管理等原12类基本公共卫生服务项目，全市累计建立电子居民健康档案21.42万份，建档率90%；高血压规范管理12464人，规范管理率81.18%；糖尿病规范管理4397人，规范管理率81.31%；严重精神障碍患者管理1106人，规范管理率95.76%；65岁以上老年人健康体检14008人，老年人健康管理率66.85%。

2. 家庭医生签约服务。在稳定签约数量、巩固覆盖面的基础上，优先做好重点人群的签约服务，以建档立卡贫困人口签约服务为重点，做到应签尽签。全市共组建家庭医生团队50个，与69132人签订服务协议，其中建档立卡贫困户3256人。

3. 乡村卫生服务一体化。全市规划设置一体化村卫生所98所，2020年完成标准化建设44所，累计98所均完成“双达标”建设，并全部开通医保终端服务，实现医保“村村通”。2020年，全市98所一体化村卫生所进行“一站式”刷卡就医12553人次，让广大农村群众真正享受到方便、可及、价廉、安全的基本医疗服务，推进全市建立健全分级诊疗制度的落实。

4. 妇幼健康服务。落实医疗卫生机构早孕建卡首诊负责制度，加强高危孕妇筛查管理；举办全市助产机构、基层医疗卫生机构母婴安全保障工作培训班，提高母婴安全保障服务能力。2020年，早孕建卡率92.6%；孕产妇系统管理率90.6%，高危管理率100%，住院分娩率100%，产后访视率94.69%；3岁以下儿童系统管理率93.74%，7岁以下儿童健康管理率95.13%，婴儿死亡率3.72‰，5岁以下儿童死亡率4.19‰。推进免费增补叶酸预防胎儿神经管缺陷、宫颈癌和乳腺癌筛查、地中海贫血筛查、产前筛查、孕前优生健康检查等妇幼公共卫生服务项目。2020年，完成宫颈癌筛查（HPV项目）4238人，完成任务率100.91%；完成乳腺癌筛查4290人，完成任务率102.14%；免费孕前优生健康检查完成1526人，覆盖率80.32%，完成任务目标。

5. 公共卫生安全保障。完成等级接待医疗保健、大型活动保健、重大赛事活动医疗保障任务62场次。全力做好医疗救治和卫生防疫工作，实现灾后无大疫的目标。

【卫生综合监督】

1. 职业健康执法检查。2020年，检查纳入粉尘治理范围的用人单位实际监督检查用人单位共32家，下达执法文书15份，实际监督检查47次，下达执法文书23份，责令限期改正56项，警告2家，立案1起，罚款1万元。

2. 无证无照经营专项整治。制定专项整治行动方案，不定期召开会议研究部署，加强日常工作指导和协调，落实专项整治行动工作措施；加强部门间查处无证无照经营信息共享，运用福建省企业监督管理信息抄告平台，对无证无照经营信息实行电子抄告和及时督办。全年收到其他部门反馈信息6条，均已办结，向市场监督管理局发送无证无照信息10条，10家经营单位均已办理相关证照；公布举报投诉电话，发动群众举报无证无照经营违法行为，共同维护社会治安和市场经济秩序。

3.“双随机、一公开”随机抽检。全年共抽取24家公共场所、2家医疗机构和2家集中供水单位进行现场监督检查。公共场所经营单位均按要求做好环境卫生以及顾客用品用具的清洗消毒等工作；医疗机构严格按照疫情防控要求落实传染病防治工作，医务人员均持有效证件上岗，均未发现违法违规行为；集中供水单位按照规范要求做好供水卫生，对出厂水质进行检测，水厂从业人员持有效健康证上岗。根据“2019年度职业病危害因素定期检测企业风险类别清单”用随机抽取的方式，抽取武夷山市鸿辉混凝土有限公司、武夷山市阳光竹地板有限公司、武夷山宏泰竹木业有限公司、武夷山市绿美行业竹木有限公司、武夷山航空加油站迁建项目、武夷山市立医院6家单位为“双随机”检查对象，并在武夷山市政府官网上公示抽取结果。重点检查劳动者培训、健康体检、定期检测，新改扩建重点项目预评价、设施设计、控制效果评价、职业病危害项目申报、高温岗位应急措施及其他防治主体责任的落实等情况。武夷山航空加油站迁建项目已完成职业病危害预评价，并已申报做防护设施设计；武夷山市鸿辉混凝土有限公司、武夷山市阳光竹地板有限公司、武夷山宏泰竹木业有限公司、武夷山市绿美行业竹木有限公司4家企业主要负责人和职业卫生管理人员均已按照规定接受职业卫生培训，组织劳动者职业健康检查，完成2020年职业危害场所年度检测及危害因素申报。

【健康扶贫工程】 一是加强与市民政局、扶贫办、南平市武夷山医保局的沟通协作，联合部署贫困人口大病救治“户户清”工作，各基层医疗卫生机构组建50个团队，136名（其中医生58人）工作人员入户开展网格化筛查，全面排查建档立卡贫困户患病就医情况。二是坚持把贫困人口作为重点签约对象进行管理，实现贫困人口应签尽签，注重签约服务质量，按有关要求规范开展家庭医生签约履约服务工作。三是合理设置医疗服务流程，开设贫困人口“绿色通道”，认真执行“先诊疗，后付费”和“一站式”即时结算服务。四是严控医保目录外用药，控制医疗费用总额，降低患者实际自付费用，减轻贫困人口就医负担。五是大病专项救治病种扩展到34种，全市贫困人口确诊大病257例，救治管理率100%。六是为贫困人口减免床位费、护理费、大型设备检查费、手术项目费用等共计1008人次52.42万元。2020年，在南平市绿色产业发展考核中武夷山市健康扶贫工作第四季度排名第一。

【家庭人口工作】 截至12月31日，全市总人口24.33万人，出生人口2109人，其中一孩出生795人、二孩出生1096人、多孩出生218人；出生率8.69‰，自然增长率3.84‰；政策内出生1976人，政策符合率93.69%；出生人口性别比102.59。一是落实计划生育各项奖励优惠政策，享受2020年城乡居民医保减免的农村计生“二户”30036人，减免金额841.01万元；享受农村二女夫妇奖励对象5429人，奖励金195.44万元；贡献奖对象1195人，奖励金额43.02万元；农村部分计划生育家庭奖励扶助对象1937人，奖励金额247.92万元；城镇部分计划生育家庭奖励扶助对象1341人，奖励金额162.84万元；计生特扶对象106人，特扶金额138.74万元；手术并发症对象5人，补助金额3万元；落实计生“二户”家庭子女享受中考加分348人。二是持续做好计生特殊家庭服务工作，全面落实计划生育特殊家庭联系人制度、就医“绿色通道”以及家庭医生签约服务“三个全覆盖”工作，细化完善计生特殊家庭信息档案。三是持续加强母婴设施建设，至年底，全市共有“妈妈小屋”20个。做好0—3岁婴幼儿照护服务机构试点及备案工作，完成县级托育机构试点单位1家，招收3岁以下婴幼儿43人。

【老龄健康工作】 一是推动医疗机构与养老机构合作，全市10个基层医疗机构，有9个与所辖有入住老年人的养老机构签订医疗服务合作协议书并开展相关服务；98所一体化村卫生所有26所与幸福院形成联建模式，充分发挥村卫生所优势，基本医疗、公共卫生、养老服务有效整合。二是全市公立医疗机构对65岁以上老年人看病开通就医绿色通道。三是开展建档立卡失能贫困老年人失能评估工作，核准失能老年人45人，将名单移送给民政、扶贫、医保等部门，共同落实相关照护及医疗服务措施。四是开展以“提升健康素养，乐享银龄生活”为主题的2020年老年健康宣传周活动。五是开展2020年全国“敬老月”活动，围绕“弘扬养老孝老敬老传统，共建共享老年友好社会”的主题，全市各单位开展形式多样、内容丰富的养老孝老敬老系列活动。六是积极推进洋庄乡卫生院安宁疗护试点工作和新丰社区卫生服务中心老年人心理关爱试点项目工作。七是推进健康养生产业，在2020年度南平市绿色产业发展考核体系中武夷山市健康养生产业排名第二。

（郑红颜）

## 闽越王城考古与展陈

【概况】 2020年，福建闽越王城博物馆按照省文旅厅、省文物局疫情防控工作要求和工作部署，以习近平新时代中国特色社会主义思想为指导，认真贯彻落实习近平总书记关于文物保护工作的重要思想和全省文化文物工作会议精神，紧紧围绕全面从严治党的要求，立足武夷山世界文化与自然遗产和城村汉城国家考古遗址公园建设发展的需要，积极探索博物馆建设和考古遗址公园发展新思路，创新文物展示利用新途径，博物馆工作制度和文物保护力度逐渐增强，数字化建设深入推进，公共服务水平明显提升，在博物馆建设和遗址保护方面取得了很大进展。

【安全生产和管理】

1. 完善制度化。继续充实和完善《福建闽越王城博物馆管理制度》《消防、安防中心控制室管理规定》《博物馆巡查制度》《博物馆防火、防盗应急预案》《交接班登记制度》等切实可行的文物安全保卫制度和办公室行政管理制度，并实现执行

2020年1月10日，“闽魂越魄——世界遗产名录中的闽越神韵”巡回展览在大明宫遗址公园开幕（钱慧 摄）

与经济利益结合，制定《安保人员奖惩条款（试行）》。在执行规章制度的同时，逐步实现博物馆工作的制度化。

2. 落实安全生产职责。实行“党政同责、一岗双责、齐抓共管、失职追责”等管理制度，强化安全意识，细化完善各类安全预案，定期组织所有安保人员开展队列训练和体能训练，组织安保人员学习安防消防知识，开展消防灭火演练及疏散演练，协助安保人员参加培训等，提高实战水平和安保人员的综合素质与整体形象。充分发挥福建城村汉城全国重点文物保护单位警务室的作用，协同兴田镇派出所开展全馆的安全检查，及时发现问题，及时处置整改。

【展陈宣教与交流】

1. 贯彻免费开放政策。改善管理和加强讲解员素质培训工作，在消防整改闭馆期间引导游客到古汉城遗址、中国历史文化名村——城村古村落参观。2020年，接待参观人数逾12.85万人次，并完成全年领导、专家前来调研的接待任务。

2. 开展文化遗产进校园、进社区等一系列主题活动和馆际交流活动。利用博物馆日、文化与自然遗产日、春节等节假日，积极开展文化遗产进校园、进社区、进军营宣传活动。与西安大明宫遗址博物馆合作，引进“坚守遗址，只为梦回大唐——大明宫遗址保护历程展”，推出“闽魂越魄——世界遗产名录中的闽越神韵”巡回展览，取得了良好的宣传效果和社会效应。

3. 积极开展国家级研学旅行基地建设工作。按2020年中小学研学旅行教育基地任务书要求，编印研学手册、宣传折页，推进陶吧、模拟考古场地建设及其他研学旅行活动项目建设。组织中小学生开展研学实践，接待泉州市等中小学生3000多人次到馆开展研学活动，到武夷山市一中、二中、三中开展“文博进校园、弘扬闽越文化”闽越杯作文竞赛。

4. 加强学术研究，支援文博兄弟单位工作。闽越王城博物馆考古业务人员多次应厦门大学历史系、平潭国际南岛语族研究院的邀请参加平潭土墩村芦洋遗址、榕山遗址、宁波北仑四顾山遗址、望京门遗址、吕岱遗址、松溪县溪骨山遗址等遗址考古调查及发掘工作。

【遗址公园保护及博物馆建设】

1. 推进城村汉城遗址考古遗址

2020年11月24日，晋江市罗山中学到闽越王城博物馆开展研学实践活动（苏丽滨 摄）

公园的征地工作。按照2019年8至11月间，省委、南平市委和武夷山市政府召开的《关于明确城村汉城遗址国家考古遗址公园征地专题会会议纪要》精神，至2020年4月，地方政府完成遗址公园征地公告发布、待征地块区域无人机航拍确认、土地现场实地测量、协调村民纠纷、丈量小组拟定征地资金分配方案等工作。2020年12月31日，征地资金2100万元下达武夷山市财政局。

2. 推进城村汉城保护利用设施建设项目。该项目的环境整治和绿化工程于2020年10月20日公开招标开标并完成公示，11月5日、12月3日在招标代理公司分别完成该项目电梯公开招标、开标和雕像采购项目。这一项目计划在2021年全部完工，建成后将极大改善城村汉城遗址和博物馆区域的周边环境，推动城村汉城遗址的保护和利用。

3. 推进博物馆在建项目的验收工作，对接各个文保项目。一是顺利完成博物馆文物数字化保护采购项目验收结项工作、城村汉城遗址安全防范系统工程遗留结项工作。二是成立闽越王城文化遗产保护巡回法庭。6月3日上午，“武夷山市人民法院闽越王城文化遗产保护巡回法庭”在闽越王城博物馆挂牌成立，为武夷山新时代文物资源保护和文化遗产传承提供有力的司法保障。三是帮助指导城村村乡村文化景观建设，委托专业机构为城村村编制《福建省武夷山市城村历史文化名村风雨亭保护规划》方案，协助城村村争取修缮主街3座风雨亭的财政补助30万元。

（钱　慧）

# 社会民生

## 人力资源和社会保障

【概况】 武夷山市人力资源和社会保障局（简称人社局），是主管全市人力资源和社会保障及人事人才工作的市政府工作部门。局机关内设综合股、政策法规与调解仲裁股、就业促进与职业能力建设股、人力资源开发股、政府表彰与事业单位考核培训股、事业单位工资福利股、社会保险与基金监督股、事业单位人事管理股、机关党委办公室9个股室，按有关规定成立党委。2020年，有机关行政人员10人，机关工勤人员2人。局直属事业单位有市退休干部管理工作指导中心（参公副科级）、市机关事业单位社会保险管理中心（参公副科级）、市中等技术学校（事业副科级）、市人事人才公共服务中心（参公事业）、市劳动保障监察大队（参公事业）、市人力资源公共服务中心、市社会保险中心、市城乡居民社会养老保险管理中心、市企业退休人员社会化管理服务中心、市人才市场管理中心、劳动人事争议仲裁院11个单位。有参公事业人员13人，事业聘用人员35人。

【劳动就业】 2020年，城镇新增就业2051人，城镇下岗失业人员再就业599人，就业困难人员再就业233人，城镇登记失业率2.73%，低于5.2%的目标控制线。

1.就业服务。2020年，开展“就业服务月”“春风行动”“就业援助”等就业专项活动28场，线上招聘12场，线下招聘16场，共收集就业岗位2416个，访问招聘平台8650人，拓宽2020年春风行动线上招聘会的影响力，通过超级短信针对18周岁至60周岁的武夷山常住人员告知招聘会时间、方式及流程等，共计发送告知短信10万条，发放宣传材料9720份。常态化就业招聘，确定每月25日为常态化招聘日，每个社区组织1次招聘活动。开展用工服务，办理就业失业登记证2344本，完成用工备案任务。对接2家企业，建立企业间淡旺季用工调剂。建立企业QQ和微信工作联系群，快捷传达就业信息，已有138家企业入驻。

2.就业政策。一是加大失业保险稳岗返还力度，对依法参加失业保险并足额缴费12个月以上，上年度裁员率低于南平市城镇登记失业率的，按其上年度实际缴纳失业保险费的50%予以返还，返还武夷星茶业有限公司、武夷山悦华酒店有限公司、武夷山市武夷灯饰有限公司等569家企业161.65万元。对符合稳岗返还条件的中小微企业，全额返还企业及其职工上年度缴纳的失业保险费，中小微企业剩余50%稳岗补贴发放555家，补贴金额105.46万元。二是对面临暂时性生产经营困难且恢复有望、坚持不裁员或少裁员的参加失业保险企业给予补助。对符合条件的8家企业：武夷灯饰有限公司、汉德（武夷山）食品有限公司、香江茶业有限公司、武夷山嘉乐食品有限公司、古茶道茶业有限公司、清神阁茶业有限公司、国网福建省电力有限公司武夷山市供电公司、福建武夷山温乐绿色工业有限公司，发放补助332.3万元。三是对春节期间为防控疫情提供紧缺急需物资保障的生产企业、保障民生的商贸配送企业福建武夷中蓝生物科技有限公司、新百家超市、双好购物广场、华榕超市4家企业给予113.08万元就业奖补。全市有就业见习基地12家，2020年符合就业见习补助经费申报条件的共58人，共计发放就业见习补贴经费81.58万元；武夷星茶业有限公司和福建武夷中蓝生物科技有限公司2家中小微企业，在2020年招用毕业年度高校毕业生10人，登记失业半年以上失业人员1人，湖北籍劳动者1人，享受企业一次性吸纳就业奖补1.2万元整。

3.技能培训。全市共开办职业技能培训班96期，开设茶叶加工、评茶员、茶艺师、育婴师等专业，培训人数4202人，其中3356人实现就业和自主创业，发放各类培训补贴239.59万元。

4.信息录入。全市农村劳动力采集人数63782人，其中在家务农29659人，亦工亦农10047人，转移就业21439人，外出经商2637人，在家务农有转移就业意向7228人。完成城镇人力资源数据库采集29476人，已就业28447人，未就业1029人。开展企业用工调查，发放、回收42家企业用工调查问卷，掌握全市城乡劳动力总量、分布和工作状况。

5.创业项目。2020年，已推荐省级创业项目25个，上报市级创业项目24个。2020年福建省大中专毕业生创业省级拟资助项目，武夷山市共有8家，其中一等奖1名，二等奖1名，三等奖1名，优秀奖5名，获得资助金额共计38万元；8家获得市级资助，共计资助金额43万元。“中国创翼”创业创新大赛项目申报15家，有2家企业获得省级优胜奖。为符合条件的企业，发放创业带动就业补贴及创业资助，共计0.5万元。

【社会保障】

1.社保数据。2020年，全市企业养老保险参保2609户，参保职工32065人，征缴养老保险金11993万元；离退休人数9067人，社会化发放企业离退休人员养老金25744万元，发放率100%。2020年全市城乡居民应参保人数为10.68万人，已参保10.63万人，其中新参保扩面17470人，参保率99.58%；为30302名年满60周岁城乡居民发放养老金4728.17万元。工伤保险参保户数1530户，参保人数39430人，征缴工伤保险金446万元；工伤伤亡人数90人，工伤保险金支出931万元。失业保险参保职工21270人，征收失业保险金386.96万元，按时足额为568名失业职工发放失业保险金408.84万元。

2.社会保险制度改革。2020年，按照国家改革部署和省、市实施意见，继续做好机关事业单位养老保险改革工作。2020年执行机关事业养老保险制度参保人员6543人，基金征缴10997万元，职业年金征缴3594万元；执行机关事业养老保险制度退休人员4232人，发放基本养老金22269万元。2019年1月1日起机关社保中心“一保两制”执行企业养老保险制度参保人员全部转移至武夷山社会保险中心参保、登记。2020年共转出企业养老保险制度参保人员284人，全年累计转出基金884.87万元。完成执行企业养老保险制度政策性补缴人员38人，基金征缴40.68万元(政策性补缴)。完成执行企业养老保险制度退休人员整体移交至武夷山社会保险中心工作，共转移企业制度退休人员211人，转移基金3845.31万元。完成执行机关事业单位养老保险制度退休人员2020年年度调待工作，共发放调待增资额539.05万元。2014年10月至2020年12月，完成1471个退休“中人”档案核定工作。完成1434个退休“中人”待遇重算，完成待遇重算达97.4%的任务。

完善被征地农民养老保障制度，发放被征地农民养老保障金4558人1684.75万元，其中发放被征地农民参加城镇企业职工养老保险补贴530人133.83万元。推进工伤保险扩面征缴，市行政、事业单位参加工伤保险256家7867人；推进“同舟计划”，在建建筑施工企业工程项目参加工伤保险87家16983人。基本完成养老保险待遇领取资格认证，投寄协助认证表109份，完成退休认证8712人，认证率达99.39%。同时，停发未认证人员养老金141人。疫情防控期间，武夷山市社会保险中心根据《关于落实阶段性减免企业社会保险费工作有关问题的通知》文件精神，对2月已正常缴纳养老、工伤费的企业办理退费。中心组织业务骨干加班加点为企业办理退费业务，累计完成养老保险退费611户，金额308.7万元；工伤保险应退费301户，金额29.61万元。

开展失业保险动态监测，范围涉及农业、工业、服务业企业9家，向武夷山市茶场等4家企业发放失业保险稳岗补贴。

3.社保基金监管。开展社保基金管理使用情况专项检查，加大反欺诈追缴冒领养老金工作力度，城乡居民养老保险中心累计暂停发放180人，发出《告知书》13份，追回多领养老金86人14.2万元，其中追回重复领养老金9人7.13万元，追回多领被征养老保障金14人2.6万元。参与社会劳动保险养老数据修改审核办理12批170人。完善内部控制制度，对各项业务、各个岗位进行排查，逐项梳理风险点，健全内部审计和稽核制度，保证基金健康高效运行。

【劳动关系】

1.劳动监察。2020年，共检

查各类用人单位105户，涉及劳动者950人，“双随机”检查52户，涉及劳动者657人；受理举报投诉案件13件，结案13件，结案率100%，涉及劳动者167人，为农民工追讨工资186万元。一是抓实农民工工资保证金预存工作。截至2020年底，全市农民工工资保证金专户资金4254万元。全年积极开展巡查检查，如日常巡查、专项检查、书面审查、“双随机”抽查等活动，对被抽查企业支付劳动者工资情况、遵守最低工资规定的情况及依法支付加班工资的情况、参加社会保险和缴纳社会保险费情况、禁止使用童工规定执行情况、政府投资工程项目治欠保支情况、劳务派遣单位和用工单位遵守劳务派遣规定情况、遵守工时及休假规定情况、遵守高温津贴规定情况等依法进行严格检查。加强日常巡查，采取主动上门、单位邀请、群众举报等方式，日常巡查用人单位60户355人次，从源头上维护劳动者的合法权益。二是开展专项检查。8月人社局联合有关部门开展为期40天的根治欠薪夏季专项行动，对各类在建和已竣工但仍存在欠薪的工程项目进行全面清查整治。同时，强化对企业平时劳动用工和工资支付行为的监管，防止欠薪在年底集中爆发，扭转年关讨薪难，年年整治、年年重演的被动局面，实现“冬病夏治”。坚持落实治欠保支工作的属地责任、监管责任和主体责任，确保冬季攻坚专项行动和治欠保支工作取得实效。11月，按《南平市人民政府办公室关于成立南平市根治拖欠农民工工资工作领导小组的通知》要求，成立武夷山市根治拖欠农民工工资工作领导小组。组织开展保障农民工工资集中宣传活动，如2019年12月统一开展以“欠薪投诉举报、劳动法律咨询”为主题的宣传活动日。三是工伤认定工作。在工伤认定过程中严格把好工伤认定申请受理关，认真审核用人单位或个人提供的工伤认定申请，确保每一起工伤认定的准确性。在进行工伤认定时，加强对企业法人和现场旁证人员工伤认定、工伤保险政策的宣传，深入细致地做好调查核实工作，努力减少行政诉讼案件的发生。2020年，共受理工伤案件147件，外出调查取证20次，已认定工伤159件，保障受伤职工及时得到基本救治和经济补偿，有效地维护企业和职工的合法权益。

2. 劳动关系协调。健全协调劳动关系三方机制，召开三方会议。加强和谐劳动关系宣传，利用“12333”咨询日、生态园区“红五月”、平安景区创建等活动，发放宣传材料1000余册，赠送企业法律法规读本及资料150余册。开展薪酬调查，组织相关人员对35家抽样企业开展调查，完成信息的收集、录入和上传工作。开展综合工时审批，完成武夷星、印象大红袍2家企业的审核批复。发布武夷山市企业工资增长指导线，核准自来水公司等3家单位的工资增长率。

3. 劳动仲裁。2020年，共受理劳动争议案件176件，涉及劳动者176人，其中调解88件，裁决79件，裁定7件，结案率99.9%，涉案金额664.94万元。仲裁办案系统录入案件176件，完成100%录入率，做好案卷及时归档、装订，按时完成月报、季报、年报的填报和上传工作及南平市仲裁院交办的其他任务。2020年3月，市劳动人事争议仲裁院已完成在10个乡（镇）、街道建立劳动人事争议调解中心，“互联网＋调解”服务平台已正式对外发布并接受调解申请。申请人可在全国任何地点，通过“掌上12333”等平台线上申请劳动人事争议调解服务和调解进展查询。仲裁院受理后，将案件流转至被申请人管辖所在地的乡（镇）、街道调解组织调解此案。至年末，坚持首问负责制，耐心细致地接待来电、来访咨询，认真细致地对各方进行解释，切实维护好用人单位与劳动者双方的合法权益，尽量避免不稳定因素的出现。严把立案受理关。在立案工作中，严格执行案件的管辖规定，充分尊重和保障当事人的诉权，做到立、审分开，有效防止申请人重复咨询、重复申请、仲裁人员重复接待的无效劳动现象的发生。加大调解力度，提高调解的成功率，让“重调解、慎裁决”落到实处。坚持依法办案，认真落实公开开庭审理制度，做到仲裁规则公开、开庭过程公开、仲裁结果公开，保证劳动争议处理工作的公开、公正。

## 【人事人才】

1. 事业单位人事管理。做好事业单位公开招聘工作，2020年完成考录169名，其中：教育系统128名，其他事业单位工作人员41人。开展新一轮事业单位岗位设置工作，新聘任高级职务92人、中级职务165人、初级职务132人。一是人员流动管理。严格审批机关事业单位9人的借用手续。二是考核奖惩培训。2020年考核工作完成98.23%，全市考核人数4139人（除抽调及下派人员），其中公务员（含参公）工勤人数78人，优秀人数15人，优秀率19.2%；事业单位考核人数2958人（其中，含教育系统2299人，卫生系统659人），优秀人数809人，优秀率19.92%，不定等次109人（教育系统新考录98人，卫生系统新考录5人、6人是受处分的），未参加考核（含长期不在岗）人数24人，不合格3人。完成教育系统2017年度考核验收。三是继续教育。完成2020年度企事业单位专业技术人员继续教育验证工作，截至年底验证人数1624人，专业技术人员97.38%完成继续教育学时。四是做好全市政府序列评先评优向上推荐工作。2020年完成评先评优向上推荐14人次。收集审批工勤人员奖励审批表60份。

2. 军转安置。通过政府安置与自谋职业2条途径，妥善解决随调配偶安置问题，春节、建军节期间，深入企业军转人员家中慰问，组织企业、自主择业的军转干部体检，了解困难企业军转干部的实际困难，解决社会保障问题。

3. 人才公共服务。至2020年12月30日，登记应届毕业生报到179人，其中已就业150人，准备考试升学29人。在市人才市场管理中心保管的档案总计11196份，其中人事代理人员档案1028份，毕业生档案10168份，其中接收2020年应届毕业生档案762份，办理流动人员档案管理共179份。会同市委组织部编制《武夷山市重点产业人才引进培育实施办法》，在住房保障、配偶就业、子女就学、薪酬收入等方面提高人才待遇。一是做好紧缺急需人才引进工作。申报省级、南平市级“技能大师工作室”，3家获评省级技能大师工作室，6家获评南平市级技能大师工作室。加强高技能人才队伍建设，2020年新增高级工以上高技能人才450人。开展2场职业技能竞赛，武夷山市级茶艺师、评茶员职业技能竞赛，共60人参加。二是收入分配。成立深化国有企业负责人薪酬制度改革工作领导小组，编制《市属国有企业负责人履职待遇和业务支出管理暂行办法》。三是工资福利。2020年在人事管理平台办理完结业务单据审核共2818件。工资总额核定1564次、年度考核批处理约4600人、临时工中招收录（聘）用的工作人员连续工龄确认114人，转任调任约400人、数据变更和账号变更64次和事业单位人员聘用、党群工作者聘用、转正定级、岗位聘任、人员划转、特岗津贴、乡（镇）补贴、浮动工资、处分人员、辞职解聘等综合定薪业务约1500人次，共计8200余人次。2020年绩效工资总量核定（含未休年休假报酬和绩效管理奖）及综治奖基金总额审核涉及事业单位工作人员4600多人。2020年，武夷山市共有36人参加福建省机关事业单位工勤人员技能等级岗位考核、技师和高级技师评审，最终有14人取得初级、中级和高级工资格，1人取得技师资格、2人取得高级技师资格。

【精准扶贫】

1. 数据录入。2020年录入精准就业扶贫数据库3290人（含死亡和清退人员），其中16周岁以上有劳动能力人数1807人。

2. 就业扶贫。开展“精准就业扶贫专场招聘会”5场，实现就业的农村贫困劳动力人数1145人（其中：企业吸纳就业人数109人，公益性岗位吸纳就业人数122人，自主创业人数133人，其他781人），送达岗位信息数4082个。举办精准就业扶贫手工编织专业培训班1期（29人），为缺工企业订单式培训手工编织灯笼技能劳动力。对每一位有就业愿望、暂时无合适就业岗位的贫困人员获得3次以上就业岗位信息推介，帮助他们解决就业问题。

3. 代缴养老保险费。全年共为建档立卡共1516人代缴最低200元标准的城乡居民社会养老保险费，为低保户和特困人员617人代缴最低200元标准的城乡居民社会养老保险费，60周岁以上贫困人员均已参保并发放养老金。

4. 干部对接帮扶。全局24名党员干部对接帮扶兴田镇澄浒村、澄前村24户建档立卡贫困户，帮助贫困户制订脱贫计划和产业发展项目，落实精准扶贫相关政策，帮扶贫困户稳步实现脱贫。人社局党委通过发动党员自愿捐款及社会企业捐款共1万元，助学款于10月15日转至建档立卡贫困户大学学生朱文彪个人银行卡上。由于其父亲朱加田属于弱劳动力，人社局结合工作实际，推送适合的工作岗位，帮助就业。

【技能培训与鉴定】 2020年，共培训学员314名。其中，精准就业扶贫手工编织工种培训专班29名学员，为实现贫困户增收和解决企业缺工的双赢做出积极努力；岗位技能提升培训285人：旅游发展股份有限公司观光车分公司公共游览场所服务员（工种）岗位技能提升培训146人；武夷星茶叶有限公司茶叶加工工（工种）26人；武夷山云河漂流旅游有限公司技能提升培训113人，其中导游（工种）30人，公共游览场所服务员（工种）83人。培训政策的落实，为企业解决了实际困难，真正实现校企双赢。职业技能鉴定站设置茶艺师、评茶员、育婴员等 3 个工种的中、高级鉴定，2020 年共鉴定考试 189 人，其中评茶员工种 61 人、茶艺师工种 128 人。

（江 赟）

## 民政工作

【概况】 武夷山市民政局（简称市民政局）是武夷山市人民政府工作部门，为正科级单位，加挂武夷山市革命老根据地建设办公室牌子。市民政局内设 7 个机构：综合股、社会组织管理和社会工作股、社会救助股、基层政权建设和社区治理股、养老慈善股、区划地名和老区股、社会事务和儿童福利股。市民政局行政编制 9 名，核定局长 1 人、副局长 3 人、股级职数 5 名。2020 年实际在编在岗人数 7 人、工勤人员 1 人。下设事业单位 5 个：武夷山市社会福利中心，编制数 12 名，在编在岗人员 12 人；武夷山市救助服务站编制数 2 名、在编在岗人员 2 人；武夷山市城市社区建设服务中心编制数 4 名、在编在岗人员 3 人；武夷山市救助申请家庭经济状况核对中心编制数 4 名、在编在岗人员 4 人；武夷山市社会福利有奖募捐中心编制数 3 名、无在编在岗人员；下属企业武夷山市殡仪馆、妙安陵园，在岗人员 44 人。

【完善养老服务】

1. 项目建设情况。第四批全国居家和社区养老服务改革试点工作顺利完成，社会福利中心（二期）装修、附属工程建设基本完成并开展初验；完成崇安街道照料中心、市居家和社区养老服务信息平台提升改造，新建 17 所农村幸福院、三姑社区长者食堂、社会福利中心医养信息中心；在新丰街道开展“时间银行”试点，在吴屯乡开展特困、低保老年人医疗巡诊服务试点，在五夫镇五一村、兴田镇大渚村开展农村留守老人关爱服务保障试点；为新丰街道临安社区、湖桃社区、兴田镇虹桥村 230 户困难老年人家庭进行适老化改造；成功举办首届“庆重阳 • 贺金婚”庆典。

2020 年 8 月 18 日，武夷山市首个“时间银行”在新丰街道举行揭牌仪式

（市民政局 提供）

2. 落实相关政策。完成全市 10 所养老机构入驻老人责任险投保工作，每人每年保费 120 元；开展养老机构星级评定工作，崇安街道、新丰街道敬老院，五夫镇田尾村幸福院被评为四星级养老机构和四星级幸福院。

【落实老年福利】 为全市 6214 名年龄在 80—99 周岁的无退（离）休工资的老年人（含 80 周岁）发放高龄津贴，每人每月 50 元；为全市 15 位百岁老人发放高龄津贴，每人每月 500 元；为全市 6214 名 80 周岁及以上老年人提供意外伤害保险服务，每人每年 50 元老年人意外伤害保险费，实现 80 周岁老人意外伤害保险全覆盖；按照每年每人不低于 200 元的标准，以服务卡形式发放失能老人护理补贴 4800 元。

【强化低保救助】

1. 提高城乡低保标准。2020 年 6 月 1 日起，武夷山市城乡低保标准由每人每年 6960 元提高到 7908 元；新增农村低保 223 户 580 人，人均补差 405 元，位居南平市第二名。新增城市低保 21 户 53 人，人均补差 538 元，位居南平市第一名；全市城乡低保 1859 户 3596 人，共发放低保金 1703.9 万元。建档立卡贫困户占农村低保人员的 49.5%，城乡低保覆盖面合理化水平指标数为 1.07。

2. 提高特困人员供养水平。全市特困人员 623 人，救助供养资金总支出 886.3 万元，其中无生活自理能力的特困人员 152 人，集中供养 116 人，全市生活不能自理特困人员集中供养率达 76%。对未享受农村低保政策，未满 16 周岁、年满 60 周岁和因病因残无劳动能力的建档立卡贫困户每人每月给予 260 元生活补助，全年补助 8501 人次，发放补助资金 221.03 万元。

3. 加大临时救助力度。对受疫情影响和因突发性、紧迫性问题导致基本生活陷入困境的困难群众，直接给予临时救助，做到应救尽救。临时救助 2058 人次，发放救助资金 214.2 万元。疫情防控期间简化低保审核程序，下放审批权限。10 月，按《武夷山市人民政府办公室关于印发武夷山市城乡低保及特困人员救助供养审批权限委托下放工作实施方案的通知》要求，将城乡低保及特困人员审批权限下放到各乡（镇）、街道。

4. 提高残疾人补贴标准。2020 年 1 月起，全市困难残疾人生活补贴标准由每人每月 70 元提高到 80 元，一级重度残疾人护理补贴标准由每人每月 110 元提高到 115 元，二级重度残疾人护理补贴标准由每人每月 65 元提高到 85 元。

【基层社会治理】

1. 加强人员培训。7 月 20 日，武夷山市民政局举办全市城乡社区民政业务专题培训班，邀请省民政厅社会救助处二级调研员纪荣富、社会救助处干部吴艺林、南平市民政局社会事务科科员杨斌就最低生活保障政策、特困供养和临时救助、社会事务政策进行授课。

2. 加强社区治理。开展村“两委”换届“回头看”，指导兴田镇黄土村和上梅乡下阳村完成村委会成员缺额补选。做好离任村主干养老补贴发放工作，发放对象 216 人，共发放资金 58.35 万元。依次递补聘用社区工作者 7 人，聘用服务社区期满的高校毕业生 4 人，招募服务社区高校毕业生 3 人。举办全市村务监督委员会主任培训班，125 人参加培训。完成新一轮村规民约修订工作，21 个社区和 115 个行政村全部设立民主议事厅。

2020 年 7 月 20 日，武夷山市城乡社区民政业务专题培训班开班

（民政局　提供）

3. 加强社区综合服务设施建设。争取资金补助 13 万元，完成清献社区城乡社区综合服务建设项目建设；完成街道社区辖区内原有预留未交付使用的社区综合服务用房的摸排，面积共 5177.79 平方米。以五夫镇政府推行的“生态银行”创新工作法作为切入点，申报五夫镇为第二批乡（镇）政府服务能力建设创新经验。

【专项事务管理】

1. 规范婚姻登记服务。依法办理结婚登记 1219 对、离婚 580 对，补发婚姻登记证 303 对，补录 1984 年以来婚姻登记 36745 对、中华人民共和国成立以来婚姻登记 39270 对；录入婚姻登记电子证照信息 3582 条。积极开展婚姻家庭矛盾纠纷调解，调解离婚案 291 对，劝和 122 对，调解成功率 41.9%，位居南平市前列。6 月，武夷山市被省民政厅推荐为福建省唯一一个全国婚俗改革试点市（县）。积极推进婚俗改革试点工作，“一倡导、二延伸、三强化”（倡导传承优秀传统婚俗文化；开展婚前辅导教育宣传服务、开展婚姻家庭纠纷调解服务；强化设施保障、强化制度保障、强化服务意识）做法在全省推广。

2. 保障儿童福利。认真开展落实“孤儿医疗康复明天计划”“福彩圆梦·孤儿助学工程”项目。全市机构孤儿 14 人，社会散居孤儿 10 人。孤儿生活费标准从 12 月 1 日开始提高，机构孤儿生活费由每人每月 1500 元提高到 1800 元，散居孤儿生活费由每人每月 900 元提高到 1400 元，全年发放孤儿基本生活费 38.09 万元；2020 年新增服务对象——事实无人抚养儿童 40 人，发放基本生活费 22.57 万元。

3. 推进殡葬改革。全年共火化遗体1379具，遗体火化率达100%，未出现乱埋乱葬和骨灰“二重葬”现象。落实全市117户低保对象、特困人员、重点优抚对象火化费减免优惠政策，减免丧葬费用12.13万元。殡仪馆迁建项目主体建筑完成基础孔桩建设，新陵园完成公开招标，进行便道开挖、土地清表等前期工作。

4. 加强流浪乞讨人员救助。会同公安、城管、卫健等部门，组织890人次上街巡查，劝导96人次，救助110人次。

5. 做好福彩销售。2020年，共销售福利彩票1224.6万元，其中电脑票1053.4万元、刮刮乐72.3万元、中福在线98.9万元。新购福利彩票综合体验店80多平方米。稳妥做好中福在线销售厅停业员工安置和物资保管工作。

【区划地名管理】

1. 创建平安边界。完成浦城—武夷山100.31千米的行政区域界线联合检查工作。规范地名管理，排查1处“未批擅用”小区名称。落实界桩维护管护责任，管理界桩12个发放管护费6400元，并与周边县（市）、区签订管护协议。做好标准地址二维码联合管理应用工作，全年共制作安装户室牌、单元牌等各类门牌407块。新建道路命名6条、更名1条，受理住宅区命名2件。

2. “二普”档案归档验收。武夷山市第二次全国地名普查档案整理归档工作在2020年4—7月完成，共装订纸质档案274盒，4233卷。2020年8月6日，武夷山市第二次全国地名普查档案整理归档工作通过南平市民政局和南平市档案局验收。

【社会组织管理和社会工作】

1. 加强社会组织管理。依法对社会组织年报公示225份，“双随机”（随机抽取检查对象，随机选派执法检查人员，抽查情况及查处结果及时向社会公开）抽查15个，办理登记11家，取缔非法社会组织3家、注销16家；全面完成行业协会商会与行政机关脱钩工作，办理脱钩42家、注销11家。

2. 开展帮扶助困。引导22家社会组织参与脱贫攻坚，实施扶贫项目29个，投入扶贫资金24.35万元，受益4300多人次。开展“关爱残疾人”“关爱三留守人员”（留守儿童、留守妇女、留守老人）、“三社联动”（“三社”是指社区、社会组织、社工，“三社联动”是以政府购买服务为牵引，以社区为基础平台，以社会组织为服务载体，以社会工作为专业支撑，以满足居民需求为导向，把矛盾纠纷化解在基层、把多元服务供给实现在社区的一种新型社会治理模式和社会动员机制）等社会工作购买服务项目3个；开展社会工作志愿服务活动50多场，服务1000多人次。开展模拟法庭2期普法宣传，学生参与3000人次；全市实名认证志愿者29829人，志愿团队170个，开展志愿服务项目4110个。

3. 加强社会组织党建。采取“三同步”（社会组织登记成立与党组织组建同步、将党建工作同步纳入社会组织年报必要内容、在社会组织等级评估工作中，将是否组建党组织同步列入评估一项重要内容）方式，社会组织管理工作和党建工作同步推进，2020年264个社会组织年报公开了党建工作。新组建武夷山市浙江温州商会党支部、武夷山市青年企业家商会党支部，创建众心帮扶协会支部为四星级党建示范点。

【老区建设】

1. 扶持老区村发展。开展“阳光1+1”（社会组织+老区村）牵手计划行动试点，链接36家社会组织与11个老区村结对帮扶，其中省级、南平市级社会组织15个，形成社会组织帮扶老区村“N+1”（多个社会组织帮扶一个老区村）工作机制，带动投入资金713.6万元支持老区村建设和产业发展。

2. 落实“五老”优抚政策。做好“五老”（老地下党员、老游击队员、老接头户、老交通员、老苏区乡干部）定补提标工作，由每人每月1620元提高到1770元，发放“五老”及遗偶定补37万元；春节、重阳节开展走访慰问活动，发放慰问金3.7万元。

（杜妍莹）

## 库区移民开发

【概况】 2020年，武夷山市库区移民开发局（简称移民局）有编制4名，实际在岗6人，内设综合股和生产股2个职能科室，管理全市移民。

【移民直补与项目开发】 2020年初省移民发展中心核定武夷山市直补人口3533人，批复直补资金211.98万元。至12月，共发放直补资金211.98万元。直补资金做到及时、安全发放至移民个人移补存折中。经南平市水利局审查批复武夷山市2020年度项目11个，项目资金1086.6万元，其中环境整治项目3个，美丽家园项目1个，生产开发及配套项目4个，其他项目3个。至12月，2019年以前的建设项目全部完工。年度建设项目在年初全面启动，项目建设资金已拨付至项目所在的乡（镇）、街道。为了有效增加移民收入，移民局继续向上争取移民购置旅游综合服务设施或商业用房项目的资金，该项目地址位于武夷山市“四中心一广场”的体育中心运动场一层144、113、112号，面积2684.56平方米，产权人为武夷山市九曲库区移民投资有限公司，合同金额2927.1万元，至12月31日已拨付购置款2057.84万元。同时，移民局认真做好2017年以前商业店面项目招租工作。店面位于武夷山市万兆广场B-8号幢8-1、8-2室（建筑面积约计175.05平方米）。通过磋商谈判，武夷山九曲移民公司与承租人于4月签订租赁合同，租赁期限5年，年租金14.7万元且逐年递增，并及时收取租金，取得收益。

在项目的实施过程中，移民局严格按照省移民发展中心项目管理验收程序，加强项目实施中的监督，重点抓好项目公示、公开招投标、移民代表参与、工程监理、工程预（决）算造价审核等各项制度的落实，稳步推进项目建设，促进项目建设保质保量完成。

**【化解矛盾】** 移民局加强与库区和移民安置区党委政府的沟通、联系，坚持创建平安库区不放松，保持平安库区信息员队伍的相对稳定，推进全市“平安库区”创建工作的深入开展。移民来信、来访所反映的问题也各不相同，移民局都高度重视，对来信、来访严格按照信访路线图的程序及要求办理。

**【挂点帮扶与项目支持】** 移民局切实把挂点包村帮扶工作摆上重要工作日程，列入年度重点工作之一，并对挂村帮扶工作进行部署。同时加强与挂点村吴屯乡小际村联系，投资38万元的小际美丽家园项目顺利实施，并利用项目申报与验收机会多次参与挂村工作联系会议，分别在4月、11月帮扶小际村资金1万元，积极为小际村经济发展建言献策，和挂点村干部群众一起谋划发展思路。

（周晓静）

## 住房公积金管理

**【概况】** 2020年，南平市住房公积金管理中心紧紧围绕南平市住房公积金管理中心2020年的工作目标，扎实推进“放管服”改革工作，进一步健全管理制度、提升完善服务体系，紧紧围绕“便民、高效、廉洁、规范”的总目标，推进业务创新发展，以深化“一次办好”改革为动力，不断优化服务质量，提升服务效能，促进公积金全面发展。

**【提供就近便捷业务办理】** 建立全市住房公积金缴存单位经办人业务联系群，收集并完善缴存单位及个人信息，做到将有关文件精神及时传达至各缴存单位，方便各缴存单位咨询各项业务。推进一次不用跑“互联网+公积金”服务，不断丰富网上办事大厅、闽政通、微信公众号等网办业务功能，并积极引导缴存职工使用网办，不断提高“一次不用跑”和“最多跑一次”业务率。实现就近办，南平市的各个管理部均可受理全南平市住房公积金提取业务，做到就近可办、同城通办。

**【年度业务指标完成情况】** 扩面。实现新增单位开户50户，新增缴存人数1549人，完成年度计划的129.08%。

归集。实现归集住房公积金31134.83万元，完成年度计划的103.10%。归集余额101944.35万元。

支取。共办理支取总额25258.17万元，完成年度计划的84.76%。其中，柜面支取15855.82万元，网办支取9402.35万元，网办支取占比37.23%。

贷款。2020年，住房公积金贷款发放金额20888万元，完成年度计划的109.94%。新增贷款发放592户，累计放款7817户。贷款余额95512.16万元，个贷使用率为93.69%。

增值收益。2020年，实现增值收益1413.24万元。其中提取贷款风险准备金531.42万元，提取中心管理费用87.04万元，提取城市廉租住房建设补充资金794.78万元。

（周　蔚）

## 医疗保障

**【概况】** 武夷山医疗保障局属南平市医疗保障局派出机构，属行政机关单位。医保局核定行政编3名，局长（正科级）1名，副局长（副科级）1名，科员1名。南平市医疗保障基金管理中心武夷山管理部是全额拨款事业单位，是医保经办机构，属南平市医疗保障基金管理中心派出机构。管理部内设基金征缴科、待遇审核科、基金财务结算科，综合科4个科室。有参公事业人员8人，参公工勤人员1人。事业人员7人，退休人员2人。

【医保数据】

1.城镇职工医疗保险。截至2020年12月，武夷山市参加城镇职工基本医疗保险单位共计804户，参保人员32355人，其中：参保在职人数20666人，参保退休人数11689人。在职人数与退休人数之比1.77∶1；缴费标准：当年最低缴费基数4941.9元/月，缴费比例：用人单位按工资总额的8%、职工个人按工资总额的2%缴纳。下岗职工当年缴费基数3488.4元/月，缴费总额4188元/人。截至2020年12月，职工医保总征收13751.37万元，完成率104%。市医保中心与武夷山公立总院签订协议，职工医保基金打包支付额总额控制4555.76万元，当年度打包支付基金额使用率88.88%，打包支出4049.16万元，总支出4521.56万元（含打包支出、异地安置支出、商保保费支出），划拨个人账户3092.73万元。住院费用统筹基金及商保报销比69.01%，基金运行平稳。

2.城乡居民医疗保险。武夷山市2020年度城乡居民缴费参保总人数194842人，其中缴费参保157982人、减免对象36860人，参保率99.19%。筹资标准800元/人（个人缴费250元，政府补贴550元）。基金总收入：15587.36万元。2020年居民医保基金打包支付额总额控制12934.96万元，当年度打包支付基金额使用率90.1%，支出11654.39万元，住院费用统筹基金及商保报销比57.43%，基金运行平稳。

3.职工医疗救助。2020年度参加医疗救助单位287户，参加救助人员12768人，筹资882.9 万元。拟救助2019年度191个单位1380人，救助金额发放439.01万元。

4.职工生育保险。至2020年12月，武夷山市生育保险参保人数19517人，生育保险基金收入565.99万元，支出227.98万元（包含生育医疗费用报销及生育津贴领取）。

5.离休、“5·12”老干部、伤残军人。截至2020年12月，离休、“5·12”老干部、伤残军人共64人，财政全额拨入180万元，医疗总费用支出111.39万元。

6.医保精准扶贫。截至2020年12月，精准扶贫医疗叠加保障对象4269人（其中扶贫部门提供的建档立卡农村贫困人口3290人，民政部门提供的省定扶贫标准下的低保对象3402人，同时具有上述两种身份的保障对象2423人）。

2020年武夷山市建档立卡贫困人口享受医疗补助15969人次，总医疗费用1200.64万元，共补助1086.12万元，其中基本医疗保险补助732.98万元、大病保险补助134.15万元、医疗救助108.87万元，精准扶贫叠加保险救助85.84万元（其中第一道救助9.91万元、第二道救助75.93万元），慈善救助24.28万元。实际报销比90.46%。

2020年建档立卡贫困人口34个病种有5679次享受医疗补助，医疗总费用508.38万元，共补助501.81万元，其中基本医疗保险补助295.09万元，大病保险补助84.24万元，医疗救助38.65万元，精准扶贫叠加保险救助81.97万元（其中第一道救助6.04万元、第二道救助75.93万元），慈善救助1.86万元，实际报销比98.71%。

（周丽华　吴仁珍）

## 武夷山市关心下一代工作委员会

【概况】　2020年，武夷山市关心下一代工作委员会（简称市关工委）参加关工委工作的“五老”（指离退休的老干部、老战士、老专家、老教师、老模范）比上年增加16人，人员编制和机构设置情况与上年一致。2020年，市关工委在教育、关爱、培养青少年健康成长和加强党建带关建、基层组织建设等方面做了大量工作，成绩突出。11月17—18日，纪念中国关工委成立30周年暨全国关心下一代工作表彰大会在北京召开，市关工委执行主任何亚平荣获中国关工委和中央文明办表彰的“全国关心下一代工作先进工作者”。市关工委和教育局、崇安街道、兴田镇、五夫镇、吴屯乡、二中关工委荣获南平市关工委表彰的“全市关心下一代先进集体”；市关工委顾问阮雪清、秘书长黄秀英荣获南平市关工委表彰的“全市关心下一代突出贡献者”；市关工委办公室主任黄迎春以及部分成员共15人，荣获南平市关工委表彰的“全市关心下一代先进个人”。

【德育教育】

1.业务学习。市关工委建立学

习培训制度，组织学习习近平总书记在11月17—18日纪念中国关工委成立30周年暨全国关心下一代工作表彰大会作出的重要指示精神；12月30日在市关工委年终总结大会上，请武夷学院教授专题宣讲中共十九届五中全会精神；以会代训，培训关工委业务知识。在学习的基础上不断研究改进组织形式、活动内容、工作方法，以适应新形势的需要。

2. **主题活动**。6月，联合市文明办、市教育局下发文件，在全市中小学生中征集展示“家国情怀——我的疫情记事”主题教育的短文、绘画、诗词作品。评选出获奖作品75篇（幅），并选推至南平市关工委参评，9篇（幅）作品荣获分获一、二、三等奖，教育局关工委荣获优秀组织奖；与市委老干部局联合下发文件，深入开展“五老弘扬好家教好家风”主题活动，征集五老好家风家训家教名言、故事，传递优良传统和美德。兴田中心小学退休教师饶小林写的文章《怀念父亲》，在全省关工委五老好家风家训家教故事评选中荣获一等奖。

3. **主题报告**。德育报告团坚持以“立德树人”“立体服务青少年成长成才”为核心。因新冠肺炎疫情，仅针对有需求的学校和单位开报告课，对中高考前学生进行心理疏导。邀请武夷学院教师为一中、二中、三中开设高考、中考考前心理辅导讲座6场。报告团副团长郭忠应武夷学院、税务、司法等部门邀请，先后开设4场报告，启迪青年思想，增强他们的责任与担当。

4. **红色基因传承**。市关工委参与中国关工委组织开展的“学党史国史，传承红色基因”青少年线上答题活动。利用市关工委授牌设立的六个青少年德育教育基地，对广大青少年开展线上线下“传承红色基因，争做时代新人”主题教育。组织学生开展“向国旗敬礼”“重走红军路”“中华魂”读书教育等活动，传承红色基因。

**【法治教育】** 市关工委联合公安局、检察院、法院、司法局等政法相关部门配合学校关工委开展多种形式的教育活动。利用综治宣传月、“6•26”国际禁毒日、“五四”青年节及“六一”国际儿童节等重大节日，开展法治宣传教育。针对疫情现状，与市法院联合开展法治“云课堂”活动，并发挥“钉钉”App上的多群联播功能，让更多学生收听受益。参与市检察院开展的以“同舟共济检护明天”为主题的检察开放日活动，就加强未成年人教育帮扶、预防未成年人犯罪、法治进校园等进行研讨。与检察院、司法局、禁毒办在三中联建禁毒展览室。

**【关爱弱势群体】** 市关工委做好对留守儿童、孤残儿童、特困儿童等弱势群体的关爱工作。“六一”国际儿童节前夕，开展系列关爱活动：携手新华书店和爱心企业家邹季云女士走进新丰小学，为20名留守儿童发放慰问金，每人300元，并为学校捐赠3000余元图书；携手团市委、市妇联走访市社会福利中心和喜乐园，为30位孤残儿童送去食品、文具；与政法委共同慰问社区结对帮扶失独家庭，送去慰问金800元。各基层关工委也开展关爱活动：岚谷乡关工委慰问贫困儿童、留守儿童12人，发放慰问品2000余元；帮助6名贫困儿童、留守儿童争取各类助学金4000元；与岚谷籍援鄂医务工作者家属建立联系制度，进行一对一帮扶。吴屯乡关工委慰问贫困青少年5名，并走访慰问支援湖北抗疫一线的医护人员、警务人员家属。新丰街道关工委全年慰问了43名留守儿童，走访2户失独家庭，并针对留守儿童的安全教育问题进行培训教育。

“六一”国际儿童节前夕，市关工委联合企业慰问留守儿童

（关工委 提供）

国网武夷山市电力公司关工委帮扶建档立卡贫困户高中和大学生，制订3年计划，以定期联系、定期走访、定期慰问的形式解决贫困户生产生活中的实际困难。

【爱心助学】 市关工委持续做好“关工委奖助学金”“梦禹奖助学金”“郑政谋奖助学金”3笔奖助学金的爱心助学，资助2020年考上大学的60名贫困学生，总金额18万元。“福光助学金”持续第五年资助一中10名高中生，每人2000元。学校工作组开展捐赠书籍活动，为角亭小学、湖桃小学各捐赠价值3000元的少儿图书。调研湖桃小学“停课不停学和复课教育教学工作”、角亭小学“校园文化”建设的做法经验，撰写调研报告，把好的经验做法推介给其他乡镇学校。工作组的金瑞芳、吴斌、孙永生老干部把自己出版的书籍《微米荧光》《文韵悠扬武夷茶》《崇安第二中学简史》捐赠给部分学校和学生。

【社会治理】 市关工委围绕落实《综治责任书》和“平安武夷”建设，助力创建“零犯罪”学校和“零犯罪”村（社区）。注重做好“五失”（失学、失业、失亲、失足、失管）青少年群体的服务管理、预防犯罪和帮扶教育工作。一是持续落实在册在卡的重点关爱对象，做到每个重点关爱对象有指定的关爱联系人，有具体的帮扶措施。二是配合市民政局婚姻纠纷调解中心，认真做好调解工作，在确保未成年子女的合法权益方面主动作为，为120多名失亲未成年人争取合法权益。三是配合市司法局在社区矫正人员中开展青少年的帮扶、教育和监督工作。四是“五老”网吧志愿监督员持续做好网吧义务监督工作。

2020年9月5日，武夷山郑政谋奖助学金颁发仪式举行 （关工委 提供）

【科技帮扶助力农村青年创业】

1.科技助力复耕复产。疫情防控期间，科技服务团帮助农户做好疫情防控和复耕复产工作，做到防疫帮扶两不误。通过微信、语音、视频为农户释疑解惑，及时化解生产中遇到的难点，引导助力复工复产；深入示范基地，实地解决问题，为农户献计献策：对农户种植香榧进行技术指导；深入五夫镇“田螺湾”基地，指导恢复生产；前往“福建省闽北白鹅保种基地”指导种鹅更新换代；深入祥羊生态养殖家庭农场进行牧草种植饲养指导；指导茶农春茶采摘、加工等生产工作。

2.科技引领攻坚“脱贫”。科技服务团着力培养科技引领人才，注重“一乡一品”支柱特色产业的发展，积极创建农村青年创业示范基地，培育25个科技示范村、126户科技示范户、7个农业示范基地、46户“种子”户；培育一批农村青年致富带头人，实现带动辐射万人受益的活动成效。茶叶类“种子”学员范辉、梁贵荣获全国“双带”（带领群众共同致富、带动辐射万人受益）农村青年人才称号；发放宣传科普知识资料2000多册（份），举办各类技术培训班5期。省市县关工委“种子工程”闽北乌龙茶种植加工营销技术培训班第六次在武夷山市举办，60多名茶叶种子学员参加培训，提升了种植、制茶、炭焙的实际能力。

【关注青少年卫生和心理健康】

1.重视健康卫生教育。疫情防控期间，健康教育组积极做好预防宣传工作，成立志愿者队伍，奔赴疫情防控一线，为市立医院做好后勤保障服务，走进学校开展防控知识培训，协助学校做好复学准备。对两所高校、26所中小学进行了两轮复课前的新冠肺炎疫情防控工作督导。深入学校进行防控知识宣讲20余场次；举办疫情健康咨询10余场次；发放宣传单（册）、海报6万余份；出版宣传栏10期（包括各乡镇）20多个点，在“武夷山疾控微健康”公众号发表156

篇科普文章；利用TED屏幕、微信、QQ进行宣传教育；在“世界无烟日”走进余庆小学等学校开展形式多样的健康宣传教育。开展眼健康讲座，对5所幼儿园、1所校外培训机构、4所中学进行采光照明“双随机”抽检。

2. *关注心理健康发展*。阳光心理服务团扎实创新地开展各项心理健康教育活动：一是提升心理活动室功能。新丰街道完善各社区的心理咨询室，聘请心理咨询老师给社区内的失足青少年做心理测试，聘请武夷学院讲师指导帮教问题青少年。二是做好疫情防控期间学生心理疏导。调研进城创业党员（人员）生产生活状况、孩子居家学习状态，及时给予情绪和心理的疏导。三是送教走基层。深入星村中小、星村中学开展送教下乡活动。四是开展特色讲座。为一中班主任和高三学生分别开设知识培训和心理辅导讲座，为二中高一师生和初一新生分别作专题线上培训和主题讲座，为实小教师和新教师分别开设主题讲座和岗前培训讲座。五是开展心理健康教育活动。指导各中小学通过主题班会、国旗下讲话、调查问卷、主题黑板报评选、LED(发光二极管）电子板牌等形式加强学生心理健康教育，针对建档立卡的贫困学生进行心理疏导。

**【基层关工委组织建设】**

1. *党政领导重视*。鉴于新冠肺炎疫情，市关工委第二十二次全委扩大会议，以书面形式进行，市委办公室、市政府办公室以文件形式转发市关工委工作意见。市委常委、组织部部长林方深入科技服务团挂点基地——田螺湾生态农业有限公司调研，认真听取汇报，鼓励科技人员继续努力，要求将田螺湾生态农业有限公司的工作经验推向全市。市委常委会及时传达学习习近平总书记对纪念中国关工委成立30周年暨全国关心下一代工作表彰大会作出的重要指示精神。

2. *组织建设加强*。各基层关工委切实把建立健全“党建带关建”工作机制纳入党建工作总体部署，纳入基层党建目标责任制考核体系，推进党建带关工委班子、组织、思想、作风、阵地和工作保障等方面建设。南平市关工委常务副主任郭翠莲带领班子成员到武夷山调研，召开座谈会，就着力开展“基层建设提升年”活动，进一步推进新时代基层关工委建设作了交流。市关工委召开“基层建设提升年”工作专门会议部署推进工作，印发了文件，确定新丰街道、兴田镇、洋庄乡关工委作为试点全面推进工作，并在各基层关工委展开专题调研活动。

3. *“五好”活动扎实*。市关工委坚持面向基层，以创建“五好”（学习好、思想好、工作好、纪律好、作风好）关工委为抓手，推动创五好活动的开展。深入基层调研，帮助解决基层工作中的重点难点问题，避免“空架子”“空运转”，强化基层关工委按“五好”标准开展工作。各基层关工委结合自身实际，围绕“一乡镇（街道）一品牌特色”的目标，积极开展创建工作。截至2020年底达到“五好”标准的基层关工委达80%。

4. *组织机构健全*。市关工委注重强化“吐故纳新”工作，动员更多“五老”以及老支书参与到关心下一代工作中，确保关工委工作的持续性。根据市委班子人员的调整变动情况，市委印发文件，对市关工委班子进行相应的调整。各乡（镇）、街道关工委也加强对常务副主任人选的调整，充实完善工作队伍，并将工作的落脚点延伸到村，形成完整的工作网络体系。

（黄迎春）

# 乡（镇）、街道、场概况

## 崇安街道

**【概况】** 2020年，崇安街道（以下简称街道）辖区面积91.22平方千米，下辖7个村、8个社区居委会，23168户53053人。街道党工委（办事处）在编人员55人，其中行政编制26人、事业编制29人。街道党工委下辖党总支9个、党支部40个，共有党员875名。

2020年，街道生产总值按人口比例估算为37.11亿元，同比增长10%。街道公务接待费支出4.4万元，同比下降6.62万元，下降60.07%。

**【经济社会发展情况】**

1.助力打赢“城市攻坚战”。拆除南门畈违章建筑，联合市城管局等相关部门共拆除高振农庄片区违建农户20户，拆除面积9700余平方米。联合市城管局、公安局等部门，对清献大道管道改造项目进行现场保护性施工，全力保障该项目顺利推进。对营盘路与黄依垅交叉路口开展营盘路改造项目拆除行动，现场依法拆除已征店面2间，共拆除面积40余平方米。依法拆除位于水泥厂棚户区范围内剩余的4处3户存在重大安全隐患的违建危房。整治北城互通口周边乱搭乱建现象，联合城管局拆除北城互通口周边远安木业彩钢瓦1处，占地200平方米；员工宿舍1处，占地200平方米；花桥头活动板房1处，占地1400平方米；互通口修理厂彩钢瓦5处，占地600平方米，拆除面积共计2400平方米。完成互通口周边居民区38户房屋立面整治工作，拆除违章搭建10余处近200平方米。

2.稳步推进重点项目进度。崇安街道西快线项目征地任务全部完成，经现场核实，需征土地面积109.56亩；房屋5户，占地面积637.69平方米。全面完成次一路项目征地任务27.4亩，征地款及附属物青苗补偿款共136.3万元，该路已于10月31日全面通车。小武夷公园等重点项目，按照征地红线图范围，扎实开展入户劝导、数据摸底等工作。百花路等重要路段环境整治，按照综合整治原则，对四中心一广场对面临时搭建的铁皮房依法实施拆除，累计拆除建筑面积约1500平方米，腾出土地面积约2000平方米。对百花路小武夷花园路口空坪进行清理整治，拆除空坪内违建铁皮房2座，对生活垃圾、建筑垃圾、弃土等进行清理整平，并做好空地围挡工作，杜绝乱倾倒行为再次抬头；对街道路面、店面等进行综合治理，拆除二类篷7处，小广告牌5处，大广告牌3处，总面积280平方米，拆除占道的洗菜池2处、搬离占道摆放的集装箱6个、大型石块10余个、破旧花盆30余个，拔除违规种菜近200平方米，清理垃圾10余处，确保百花路沿线形象文明规范；同时，召集街道、社区工作人员每日配合市城管局、交警部门深入北大街、温岭街、中山路等主要路段开展交通整治巡逻工作。

3.持续推动农业产业发展。一是农业农技。完成全年晚稻、烟后稻、杂粮等播种面积7000余亩，完成蔬菜播种面积2600余亩（含复种）；做好各种作物的病虫害防治指导工作，共转发病虫害防治预报24期；完成紫云英示范片1个，共100亩。新建粮食产能区1个，面积500亩，工厂化育秧基地1个（松凹村来福家庭农场）；做好农产品安全检测工作，共检测蔬菜样品500个，完成“一品一码”（指同一品种批次的食品和食用农产品按照规定的追溯编码规则，赋予唯一的识别追溯码）可追溯企业27家，发放“一品一码”可追溯的重要性和必要性宣传材料500

份给执行“一品一码”企业及产品消费者（在中心市场发放）；组织茶企、茶农参加线上茶叶技术培训100余人次，深入茶企开展指导茶叶生产30余次。做好科特派全面工作，完成科特派示范基地建设5个，街道所属科特派（包括省级、市级、专职科特派共26人）根据生产内容及季节实地指导所派企业、家庭农场及专业合作社60余次，指导内容包括种苗选择，肥料种类，施肥时间、次数、用肥量，病虫害防治，农药的选择等。二是动物防疫。注射家禽疫病疫苗1.86万羽，应免免疫密度100%，免疫抗体合格率95%以上，动物产地检疫及病死动物无害化处理100%。三是烤烟生产。落实“稳控面积，提高质量”的要求，2020年种烟553亩，合同购销1426担，预计农业产值160万元。四是林业工作。完成造林60亩。五是茶业整治。2019年茶山整治任务22亩，完成27亩。2020年复绿378.5亩。六是乡村振兴。积极打造城西村作为乡村振兴示范点，以城西村为带动，辐射其他村提升乡镇振兴工作水平。七是水利建设。投入资金20万元修复黄墩村大溪乌龙坝；资金6万元提升改造村尾、黄墩村农村安全饮用水工程。投资4万元提升改造黄墩村大溪自然村农村安全饮用水工程。投资8万元在黄墩村苦竹畲自然村新水源修建新取水口1处，投入28万元在松凹村枣园自然村打1口深84米的机井，松凹自然村增加1座蓄水坝、1个蓄水池，解决了松凹村村民枯水期用水难题，有力改善了村民的饮用水安全。

4.经济产业发展稳中求进。一是生态银行。成功申报“黄墩村旅游特色村项目”，与福建省公安民警英烈基金会签订阳光1+1（社会组织+老区村）牵手行动协议，开展相关活动2场，完成阶段性项目指标。二是夜间经济。充分挖掘文化大坪、华榕超市后门夜市摊点等现有资源，将夜间经济与小店经济、地摊经济相结合，引入体验式、娱乐式、互动性多元业态，释放夜间经济的无限商机与活力。三是武夷品牌。组织武夷山市三湘红食品有限公司、武夷山市林家庄农业专业合作社等4家企业创建武夷品牌（武夷山水）。四是回归经济。积极为村尾村乡贤彭道柏创办的福建武夷山奥环宇农业发展有限公司创建中国科学院巨型水稻立体种养武夷山示范基地提供服务，项目计划投资10060万元。五是水美经济。积极推动、打造如清献村社区康养服务中心（鑫福家园）、江山名筑房地产等亲水经济、康养等新业态，努力实现城市颜值与产业价值的双提升。六是固定资产投资。全年投资额共完成10.6亿元，其中总投资5000万元以上项目完成投资8.31亿元；总投资500万—5000万元项目完成投资2.29亿元；新增项目28个。七是数字经济。上报数字经济项目6个，总投资1900万元。

**【疫情防控精准防治】** 崇安街道全面落实上级各项决策部署，持续推行“三化三防”机制管控要求，按照“三减少、三加强”（减少人员流动、减少人员聚集、减少旅途风险，加强个人防护、加强乡村管理、加强定点诊治）的总体思路，做到“五有”（有疫情防控指南、有防控管理制度和责任人、有适量防护物资储备、有属地医疗卫生力量指导支持、有隔离场所和转运安排准备等措施），确保疫情防控各项工作落细落小、落地落实。一是加强领导，压实责任。街道、村居两级分别成立防控领导小组及工作专班、流调行动小组、流行病学调查协查小组（3—5人/社区、村）和应对大规模全员核酸检测的街道核酸采样点15个，并按照“1+8+2”（1名乡镇或者街道班子成员负责，并设置8人专门小组，包括1名联络人、1名医务人员、1名信息登记员、1名网格员、2名引导员、1名民警、1名村居工作者以及2名经培训合格的核酸采样医务人员）要求配置的核酸检测工作小组。二是全面排查，严格监管。通过电话、入户、短信、网格、巡查等方式，挨家挨户对中高风险地区返乡人员开展地毯式排查，街道共排查境外返乡人员72人，国内中高风险地区返乡人员400余人。根据各片区“四类”（确诊患者、疑似患者、无法排除感染可能的发热患者、密切接触者）重点人员分布情况，绘制重点人员分布图，安排专人监管，严格落实“四定”管理，做到“一人盯一户、坚决不扩散”。要求重点管控人员向所在村居作出“五不”（不外出、不串门、不聚友、不聚餐、不传谣）承诺，并签订承诺书，如有违反将送至集中留观点。同时，对辖区内出现过发热症状的人员进行登记造册。三是突出重点，强化巡防。按照“三化三防”机制要求，将8个社区划分为5个片区，片区下设42个网格，网格内每栋楼选定1名楼长，共选出片长5名、网格长48名、楼栋长555名，严格落实11个“一律”要求，逐片逐栋、逐层逐户开展拉网式排查。加强辖区内农贸市场管理，在市场出入口设置体温检测点，由街道每日安排工作人员值守，一旦发现体温异常者，迅速上报，做到严防严控，同时坚持市场“一天一洗一消毒”。四是大力宣传，科学引导。街道全体干职、各村居出动宣传人员200余人次，发放公益防控口罩14136个、500毫升75%酒精25瓶，逐户发放《新型冠状病毒肺炎防控健康科普宣传》等相关资料3万余份、张贴标语170余张、悬挂横幅230条、设立LED屏幕走字宣传栏12个、出动宣传车1台，各村居、街道巡查队、各出入卡口配备“小蜜蜂”扩音器68台、喇叭12个、手电筒(应急灯）61个。同时，通过宣传车、横幅标语、广播等形式，广泛宣传疫情防控知识。上报街道疫情防控工作相关信息动态40多条，其中关于使用“小蜜蜂”扩音器开展宣传、用“小喷壶”分装消毒酒精以及农贸市场每日消毒等做法的文章《武夷山市崇安街道：做疫情防控的“贴心人”》被东南网采用。

**【助力创城建设宜居家园】** 2020年，崇安街道在城区各条主干道以及城外村开展大规模环境卫生整治工作，配合创建卫生城市工作，持续安排街道干部、职工和村居工作人员到五九北路、温岭街、北门街、东峰街、三和市场巡查，负责劝导清理违章停车及流动摊位、占道经营等现象，形成长效管理机制。一是农贸市场提升改造。投入资金160万元，对崇安街道中心农贸市场和东峰农贸市场进行提升改造，并通过验收并投入使用。北门街道农贸市场建成通过验收并投入使用，总面积约2059平方米，内设各类摊位127个、店面6间、自产自销摊位52个。二是万人保洁。选聘农村生活污水治理技术路线联络员8名，分别负责辖区路段的日常卫生保洁巡查工作，针对除第三方承包外群众反映强烈的水电沟污染脏、乱、差每季度进行1次全面整治，及时清理清献大道砖瓦厂、高铁路口、崩埂路段处临时乱倒的废弃垃圾。三是美丽乡村建设。山水林田湖草项目崩埂村段完成前期预审、招标等流程，进入施工阶段，截至年末完成工程量的80%，进入收官阶段。四是环保工作。组建1支由17名环保网络协管员组成的巡逻、巡查、宣传劝导队，分别负责自己所在辖区的卫生清理及禁止焚烧垃圾、秸秆等环保工作，每月上报1次环保事件和1份环保工作相关记录。五是河长制工作。街道班子成员牵头组织各村（居）河段长对所辖河库进行全面巡查，截至2020年底共巡河620余次，对发现问题的重点污染区域及时处理。

**【筑牢安全生产防线】** 根据《全国安全生产专项整治三年行动计划》部署，街道不断强化安全生产责任意识，狠抓安全管理制度、措施的落实，加大安全宣传教育力度，开展安全生产大检查，层层落实安全生产责任制，坚决遏制重特大事故发生，切实维护人民群众生命财产安全。一是加强安全生产的组织领导。街道书记、主任共同担任安全生产第一责任人，进一步明确街道两委领导“一岗双责”职责和其分管部门及挂点村（居）负责人安全职责。村（居）下发村（居）安全生产“党政同责、一岗双责”规定，确保安全生产制度全覆盖。建立健全安全生产工作责任制度、信息通报制度、事故隐患举报制度、安全检查制度、例会制度和安全教育制度。二是开展安全生产大检查。全年检查商铺60家，餐饮店50家，规模以下小企业76家，下发整改通知书128家，责令停产整治1家，整改127家；检查中发现有重大安全隐患房屋16栋，整治15栋，其中3栋采取封房措施、12栋已拆除；道路巡查累计3771.04千米，巡查出危险路14处，整改14处；开展“消除事故隐患、筑牢安全防线”安全生产宣传活动，共发放宣传单3000余份，开展消防安全演练2次。

**【社会治安综合治理】** 强化社会治安综合治理，2020年共处理信访件60余件，化解积案2件，开展铁路巡逻50余次，开展群众安全感满意度、平安建设、“扫黑除恶”专项斗争工作会议10余次，在辖区内进行线索摸排500余次，共入户宣传1万余次，联合开展普法宣传3次，结合“我和百姓聊聊法”、开展群众安全感满意度户外大型宣传3次，发放群众安全感满意度宣传单3万余份，发放“扫黑除恶”宣传单8000余份，整改治安隐患10余处。强化法律宣传普及，全年共组织法律宣传活动9次，发放法律法规宣传资料8000余份，为群众解答法律咨询300余人次；调解各类矛盾纠纷78件，调解率100%，调解成功率98%以上。截至2020年末，崇安司法所累计接收社区矫正人员178人，解矫170人，在册社区矫正人员8人。

**【社会民生事业持续改善】**

1.精准扶贫。崇安街道全年共计收到上级扶贫资金32.85万元，全部用于扶持贫困户发展特色优势产业与第二、三产业的项目补助和贫困户购买苗种畜禽、生产资料、生产工具、生产设施等。根据贫困户实际情况分别给予低保兜底、教育、健康扶贫、小额信贷和公益性岗位政策。做好红黄2本帮扶手册的录入、易地扶贫搬迁拆旧复垦等帮扶工作，根据实际情况给贫困户配备产业发展指导员。

2. 民政工作。截至12月底街道共有农村低保户88户165人，农村特困户31户34人，城市低保户123户179人，城市特困户15户15人，延保渐退2人；建档立卡贫困户89户240人，其中已纳入低保34户136人，特困户1户1人。疫情防控期间，做好“六保六稳”工作，对街道57位未享受低保的建档立卡贫困户进行公示上报民政局审批，按照文件精神计划每月发放260元生活补助。对辖区内低保、特困对象进行全面入户调查，全面公示；对辖区内重病、残疾人、未纳入低保的精准扶贫户等11类人员进行入户走访，累计入户100户，其中建档立卡贫困户56户，纳入低保的对象有34户136人。

3. 社会保障。2020年，崇安街道城乡居民保险缴费人数4225人，缴费率92.21%；城乡居民基本医疗保险完成缴费参保21779人，参保率95.8%；开发公益性岗位6个，聘用6个精准扶贫建档立卡对象；举办就业招聘会6场，新增就业460人。

4. 计生工作。2020年，崇安街道出生人口266人，同比上年增加175人，自然增长率3.87‰，同比上升1.05‰；办理一孩登记127本，二孩登记133本，发放三孩证5本，办理独生子女证5本。新增农村奖扶41人，城镇独生子女奖扶136人，失独伤残特别奖励4人。计生协会开展“5·29”计生协会日慰问、元旦春节慰问等活动，发放慰问金19.8万余元，累计关怀慰问62户计生失独、伤残、困难家庭。持续推进法律援助、儿童早期发展教育等项目，为计生家庭提供法律援助和温暖指引。

5. 武装工作。崇安街道完成民兵整组工作任务，按照基层民兵营（连）规范化建设要求，进一步完善基层民兵组织的软、硬件设施建设。组织民兵应急队伍进行反恐维稳、消防安全等训练，派出民兵应急分队队员在“7·9”洪灾中开展抗洪抢险救援活动；派员参加2020年武夷山市民兵应急连训练。保质保量完成新兵征集任务。

6. 公路桥梁建设。为民办实事项目城西村红岭中桥新建工程完成资金投入约100万元；黄墩大溪桥新建工程完成施工建设，总投资约60万元；崩松公路枣园至温岭后段拓宽改建工程完成施工建设，总投资约150万元，处于验收阶段，崩松公路崩埂路口至枣园自然村段进入优化设计阶段，该线拓宽改建工程使沿线村民的生产生活通行条件得到改善。

【党的建设】 2020年，街道组织开展《习近平谈治国理政》第三卷专题党课16场，开展中共十九届五中全会精神宣讲会9场，组织开展“贯彻党的十九届五中全会精神进基层”——城南·西郊联谊演出、“逐梦新时代，无毒创未来”惠民公益演出等活动2场，结合“争创文明城，争做文明人”大讨论，街道新时代文明实践志愿队伍开展交通引导、全域无垃圾等志愿服务12场。落实“联学联建”机制，围绕推进双联双评、环境整治、城市“近邻”党建开展乡村拉练会3场，跨乡镇交流1场。联合市妇联开展“妇女微家”点题送服务活动，针对进城务工妇女开展家庭教育、“巧妇贷”巾帼创业贷款、女性健康知识等讲座，为进城创业女性提供精准服务，为红色驿站群团工作增添新活力。挂牌成立“乡镇党校”，积极挖掘黄墩村红色资源，打造乡镇党校村级教学点。

【群团工作】

1. 工会。组织人员参加了武夷山市“体彩杯”全民健身新年登高活动。举办“健康人生绿色无毒”迎国庆中秋公益演出、武夷山市“三湘红”杯广场舞大赛。先后慰问困难职工、生病住院职工等工会会员10余人，慰问退休人员3人，为3位职工提供住院手术补助，有效提高了广大职工的医疗保障，缓解了患病住院职工特别是困难职工的家庭负担。

2. 团工委。街道成立志愿服务站，各社区成立志愿服务队，志愿者共有115名，全年共召开10余次青年大学习，开展北岸洲环境整治活动、普法宣传活动、青年志愿服务活动等共8次，开展共驻共建活动11次。

3. 妇联。成立黄墩村“红+绿”（红色文化+绿色生态）产业微家、红色文化讲解员微家、志愿者妇女微家、“三湘红”创业微家、红色驿站微家等30余个微家组织；街道、村（居）巾帼志愿者队伍全年开展创城创卫、文明劝导等活动30余场，参与人数300余人。开展人居环境整治巾帼志愿活动200余次；在创城创卫、大战六十天实现“全域无垃圾”等重点工作中

60余名巾帼志愿者积极参与，发挥“半边天”作用。

（肖华倩）

## 新丰街道

【概况】 2020年，新丰街道（以下简称街道）总辖区面积43.9平方千米，耕地面积3717亩，林地面积31174.05亩，森林覆盖率66.98%，绿化率97%，境内溪流总长12.3千米。辖内总人口2.56万户，共8.88万人。下辖溪东、临安、下府洲、余庆桥、湖桃、五里庵6个社区居委会及五里、里洋、洋墩3个行政村和19个自然村，下设137个村（居）民小组。新丰街道党工委下设党支部15个，有党员436人。有行政编制24名、事业编制20名，在编在岗44人，其中，行政干部24人、事业人员20人，党政班子成员12人。

【经济社会发展情况】

1. 重点项目建设。一是攻坚克难狠抓拆迁。围绕市重点工作，理清思路，制定攻坚方案，组建“党员攻坚队”，挂图作战攻坚一线，全力破解项目征迁中的重难点问题，有效保障重点项目建设。全面完成武夷山市第二供水厂及城市管网建设一期工程、西快线、党校新校区、站前大道、水厂路等项目征地429.9亩，市政府收储用地53.17亩，拆迁房屋面积6750平方米。西快线、一中高中部项目及武夷学院茶资源苗圃迁移用地等项目已完成地类丈测分类、清苗清点确认、拟定征收协议等工作，预征地面积160余亩。二是有序推动项目建设。新丰街道坚持以经济建设为中心，以项目建设为切入点，以统筹协调、提升服务、优化环境和完善机制为保障，紧盯街道承担的四中心一广场、南门畈安置区、宝龙综合体等15个重点项目（4个省级重点项目、4个南平市级重点项目、7个武夷山市级重点项目）；完成站前大道12户违章建筑拆除，助推党校新校区项目；做通上洲、中洲、沙古洲一村民小组、沙古洲二村民小组村民工作，依法对位于百花路与迎宾路交界处的大转弯宝龙项目地块上的3户违法建筑进行强制拆除，拆除面积约380平方米，顺利推进南门畈安置区宝龙项目建设；完成学府嘉苑、金悦兰亭、碧桂园、三晖花苑、临畔苑百花安居等项目的服务工作，有效推进水美幸福湾项目。截至2020年底，13个省市重点项目开工，8个投产。2020年，街道完成固定资产投资新增14.2亿元，基础设施逐步改善，个体经济繁荣发展。

2. 城乡特色经济。一是发展乡村特色经济。街道发挥区位优势，结合农旅、茶旅、电商产业链招商，大力发展农村特优经济。如五里村，结合城中村的优势，投资200余万元，发展休闲、养生、观光、采摘等特色产业。从日本引进杜鹃花，实现观赏和商业一体化的新模式；洋墩村立足城郊接合部的特点，从上海、深圳引进客商，积极发展乡村民俗旅游产业；里洋村先后投资300多万元建设“美丽思源”，利用近郊优势积极引导村民发展饮食、种植、民宿等产业，建设市民周末休闲放松的“后花园”。引进莲藕及蔬菜种植项目，种植面积60亩，预计年收益可达30万元。引进高密度鲈鱼养殖项目，总投资35万元，一个周期利润不低于20万元。二是发展电商经济。街道充分利用区位和茶产业优势，大力发展电商经济，主动招商，主动服务电商企业，为企业提供良好的营商环境，截至2020年底，共有3000多家电商企业在街道辖区内落户，使电商产业成为助推街道高质量

重阳节，新丰街道开展武夷红2020秋走进浦东社区入户慰问病贫老人活动

（新丰街道 提供）

发展、群众增收创收新的“增长极”。三是做好商业综合体项目。协助市委、市政府引进宝龙商业综合体项目，全力协助业主做好项目征迁、建设，繁荣街道经济，宝龙商业综合体项目开工建设。

2020年2月10日，市委副书记、市长谢启龙（右二）在新丰街道指导疫情防控工作　（新丰街道　提供）

【社会民生事业持续改善】

1. 城乡人居环境。一是抓好创卫工作。由党政班子领导带头，全体街道干部职工参与，广泛动员党员志愿者、巾帼志愿者、青年志愿者等社会力量，加强环境整治力度，严格对社区卫生死角和房前屋后进行清理。加强居民宣传教育工作，累计发出创卫宣传一封信2万余张、健康宣传单1万张、更新健康宣传栏600余次，提高群众的认知度和参与度，城市居民素质得到提升。二是加大人居环境治理力度。全力推进人居环境整治和“万人保洁”工作，抓实“文明积分”制，成立攻坚队，加大农村及城区主干道乱搭建、乱堆放、乱停放、占道经营等现象攻坚整治。全年共拆除违章建筑84处6.04万平方米；规整电线110余处，拆除户外广告牌420余处，帐篷840余顶，清理店外店、占道经营户820余家次，清理占道经营户车辆摊位170余个，清理乱堆乱放250余处，垃圾乱倒530余处，清理各类垃圾360余吨。2020年新丰街道拆违面积名列全市第一，人居环境整治“万人保洁”工作位居全市第一名，大战60天实现“全域无垃圾”工作位居全市第三名。三是茶山整治。积极开展违规开垦茶山整治和复绿工作，2020年造林绿化200亩，留养新竹35万株，建竹示范片1片。

2. 安全工作。一是及时消除安全隐患。严格落实安全生产责任制，全面排查辖区内安全隐患，全年检查各类生产经营企业26家，排查隐患162处，整改162处，道路交通安全隐患14处，消防安全隐患17处，整治普铁沿线100多栋，拆除4栋，清理违法占用土地2000平方米，为社会经济发展营造了良好的安全环境。二是做好房屋安全排查工作。结合全市房屋结构安全大排查大整治百日攻坚专项行动工作，全面摸底房屋数量4310栋（城市房屋3778栋，农村房屋532栋），发现重大安全隐患房屋27栋，拆除19栋，封房8栋。三是有效监管食品安全。落实属地监管责任，加强国庆、元旦、春节等节日期间的食品安全检查，消除各种安全隐患。深入摸排辖区登记的小餐饮店铺，主动联合新丰街道市场监管所对名单内的小餐饮店铺进行实地走访，对达到要求的小餐饮颁发证照。

3. 民生保障。一是抓实精准扶贫工作。实行街道干部“一对一”挂钩帮扶贫困户机制，落实各项扶贫政策，积极谋划养蜂等产业扶贫项目，夯实脱贫基础。截至2020年底，街道共发放各类扶贫资金10.8万元，1个贫困村、20户贫困户全面脱贫。二是聚力服务民生事业。积极落实低保政策，确保应保尽保。截至2020年底，农村低保享受低保人数25户64人，月发放金额共计22752元；城市低保户112户188人，月发放金额共计99802元；特困户23户26人，月发放金额共计46555元。全年发放临时救助金104097元，其中，大病救助5户24人，教育救助16户56人，紧急救助13户28人。三是加快民生基础设施建设。2016—2020年，街道共争取资金1620万元，完成洋墩村武洋道路、美丽思源等32个民生项目建设。四是做好未成年人服务保障。健全街道各级关工委机构，定期走访困难留守儿童，注重未成年人思想道德教育，多方争取资金，广泛开展关爱行动，2020年帮助困难留守儿童20余人次。五是落实社会保障工作。城乡居民养老保险续缴率均超额完成指标，2020年续缴率达100%，在全市排名第一。同时，抓实国企（综合农场）社会职能移交过渡工作及国企退休人员移交社区，按期完成接收工作，工作量为全市第一。

**【基层治理】**

1. 社会治理有序推进。全面落实乡村法律服务体系建设机制，实行网格化服务管理工作模式，探索社区综合治理共建共享新格局，矛盾纠纷调解品牌建设获省级表彰，夷和调解工作室被评为省级金牌调解工作室。

2. 重点工作全面完成。按照既定方案和要求全面推进“扫黑除恶”“公共安全领域大排查大化解大整治”“禁毒、防诈、平安行”等各项重点工作，严厉打击各类违法犯罪行为，群众安全感继续保持较高水平。

3. 统战工作稳步开展。建立健全街道及村居二级网格工作机制，及时研究分析、解决统战工作新情况新问题，如督促凤山寺完成场所高边地质隐患整改。

4. 扎实开展疫情防控工作。严格按照“三化三防”和“四定”要求，抓实抓牢一线防疫工作。9个村居开展三轮排查，累计排查8.8万人，及时排查发现溪东社区人员，落实“四定人员”417人，对重点人群严格落实居家隔离、对疫情发生时出现的确诊病例及时做好患者的转运、住所消毒、密接者的摸排及统一隔离等工作，未发生二次传染。

5. 人口普查工作。完成2020年第七次全国人口普查等专项工作，其工作量居全市前列，人口普查工作准确率、统计人口数全市第一。

6. 人民武装工作。严格党管武装各项制度，进一步规范村（居）退伍军人服务站工作，不断增强民兵执行作战任务的能力，组织应急分队抢险演练、工程抢修分队道路抢修演练，抓好国防教育，做好拥军优属工作。完成征兵工作。2020年被南平市征兵领导小组评为征兵工作先进单位。

**【党组织建设】** 2020年，召开党建工作会议21次，开展人居环境整治、端午粽香、情暖重阳等主题党日活动120余次，在“红色驿站”举办中共十九届五中全会宣讲、疫后复工复产座谈会等活动14场次，组织进城创业人员参与疫情防控、文明劝导、服务茶博会等志愿活动31次。细化发展党员排查整顿工作，排查出2个重点问题，问责7人。提升服务水平，着力解决群众所急所盼，洋墩村、里洋村通过“双联双评”，做通76户村民支持旧村复垦工作，新增旧村复垦项目44亩。整合城市党建资源，6个社区与43个驻区单位联合成立“大党委”，推行大党委委员“轮值制”和联席会制度。推行“近邻党建”和“党建+网格”治理体系，1576名在职党员、255名网格员（网格长、楼栋长）和2个社工组织下沉社区包楼联户，形成“社区+小区（街巷）+楼栋+党员”的四级网格，在疫情防控、老旧小区改造中发力，解决问题241件，开展志愿服务8000余人次，省电视台播出临安社区的防疫事迹。

**【党风廉政建设】** 加强正风肃纪，聚焦侵犯群众切身利益的腐败现象，盯紧项目建设、脱贫攻坚、疫情防控、“四风”问题等重要环节，做好监督执纪工作。2020年街道查处侵占破坏耕地问题、侵害群众利益问题、形式主义官僚主义问题共4起，给予党内警告3人，党内严重警告1人，追缴违纪款7102.64元，处置8人次。坚持廉

武夷山市进城创业党员新丰街道红色驿站　（新丰街道　提供）

政教育，积极打造“红色驿站廉政文化”特色教学点，打造驿站“法制长廊”“廉政课堂”“廉政电梯”，在节假日等重要节点发送廉洁提醒短信，定期召开党规党纪、典型案例学习会议，组织党员干部职工观看警示教育片，下发各类典型案例通报 14 期，营造风清气正的政治生态环境。

（陈　晨　林思雅）

## 武夷街道

**【概况】** 2020 年，武夷街道（以下简称街道）辖 12 个行政村，3 个居委会，97 个自然村，183 个村民小组，农村户数 6008 户，常住人口 23455 人。街道内设 5 科室，下属 3 个事业单位，行政编制 33 名，事业编制 43 名，在编在岗 73 人，其中行政干部 31 人，事业人员 42 人，离退休人员 27 人。武夷街道辖区总面积 234 平方千米，拥有林地面积 26.12 万亩，以杉松木、生态林、毛竹为主，用材林 10 万亩，生态公益林 10.15 万亩，经济林 4.78 万亩，竹林 1.19 万亩，森林覆盖率 76.14%，林地绿化率 96.72%；耕地面积 2.81 万亩，茶园面积 3.48 万亩，是武夷岩茶的主产地。街道新增南平“五个一批”项目 13 个，总投资 10.7 亿元，回归经济招商引资 12 个，总投资额 10.5 亿元，新增固定资产投资 39 个，完成固定资产投资入库 53 亿元，新增固定资产 42.5 亿元。

**【经济社会发展情况】** 2020 年，全街道实现农业总产值 4.93 亿元，工业总产值 24.9 亿元，粮食种植面积 55874 亩，总产量 1335 吨，茶叶总产值 8.2 亿元，农民人均收入 19956 元。

1. 工业经济。街道紧紧围绕“绿色发展考评”“城市建设攻坚战”等重点工作部署，延续“大干 100 天”的精气神，持续做好项目落地服务和重点项目征迁工作。东快线、公馆桥头至千禧酒店两侧、公馆安置区征迁实现大的突破。武夷星智能产品中心、武夷星岩茶技术研究中心、三迪、建发山外山、月印万川、隐屏、瑞泉文化研究博览园等重点项目建设取得较大进展。110 指挥中心安置区、深业生命健康中心、东方养心谷等项目前期工作有序推进。2020 年，落户于街道辖区内的省地市级各类重点项目 23 个，其中省级重点项目 3 个，南平市级重点项目 20 个，总投资 162.85 亿元。

2. 农业经济。一是茶产业。全面深化武夷街道武夷岩茶核心区、万里茶道起航地的地理、历史优势，成功举办第五届“武夷正岩杯”岩茶茶王赛和天心村“斗茶赛”。武夷街道拥有茶园 3.46 万亩，其中正岩山场茶园面积 1.3 万亩，SC 认证企业 915 家，办证涉茶企业 1000 余家，农户生产厂家 1500 余家，年产武夷岩茶约 150 万公斤，其中正岩茶 37.5 万公斤，产值超 8.2 亿元；24 家企业申报省级茶产业园项目，其中申报茶文化休闲体验馆 4 家、申报物联网可视系统建设 2 家，申报做青电脑控制仪 7 家，申报乌龙茶全自动包装机 12 家。二是竹产业。2020 年完成竹林抚育 120 亩，建立毛竹丰产林示范片 120 亩，新毛竹生产 19 万根。三是烟产业。烟叶种植面积 793 亩，收购 8.9 万公斤，亩产值 3138.6 元，总产值 248.9 万元。下梅村被列为省级乡村振兴示范村；黄柏村、溪洲村被列为武夷山市级乡村振兴示范村。

3. 旅游业。因疫情影响，2020 年下梅旅游观光人数 29430 人次，门票收入 45.7 万元。武夷街道正充分利用“万里茶道”起点这一优势，积极做好 AAAA 级景区创建前期工作。

**【社会民生事业持续改善】**

1. 精准扶贫。2020 年，街道共有建档立卡贫困户 68 户 183 人（系统 68 户 184 人），全部实现脱贫。下发中央财政专项扶贫资金 42 万元，受惠贫困户 63 户 174 人，并给予 4 个村集体就业岗位补助；下发省级财政专项扶贫资金 21.7 万元，受惠贫困户 66 户 179 人，并给予 1 个村集体就业岗位补助；发放激励性产业扶贫资金 3.3 万元，受惠贫困户 60 户以及 1 家合作社。街道制定“色别区分、图表跟踪”管理方案，按照贫困户实际情况划分帮扶等级，制定决战决胜脱贫攻坚工作图，按不同类型人员精准提供各类服务。对每户真实信息进行细化梳理并登记造表。图表结合，按季度更新，全面掌握跟踪每户的具体情况，并根据所掌握的情况联动各站所与挂钩帮扶责任人及时调整帮扶措施。街道积极拓展“合作社 + 科特派 + 贫困户 + 基地”的产业扶贫模式，贫困户在自愿的原则上与武夷山市康泉中蜂养殖专业合作社签订 3 年认养协议，利用合作社的技术优势帮助贫困户解决产业发展中存在的风险。截至 2020 年底，武夷街道 59 户建档立卡贫困户签订认养协议，共认养 338 箱中蜂。按约定每箱中蜂每年可获得300元或1.5公斤中蜂蜜作为分红收入，确保精准扶贫户获得稳定收益。2020年，共发放给贫困户307.5千克蜂蜜（折算人民币6.15万元）。

2. 基础设施建设。争取资金1000万元建设国家公园综合整治项目，涉及高苏坂村、赤石村、天心村、黄柏村；向上争取资金1000万元提升改造高苏坂村玉华岩路“白改黑”及管线下地；向上级争取1000万元资金，自身配套250万元，对下梅旅游景区基础设施、沿街店面、景区两侧进行修复并改造提升，向市文化体育和旅游局争取资金17万元，对下梅村的市级文物保护单位西水别业、邹氏家祠、程春皋宅第、参军4处木结构古建筑进行虫害综合治理；投入300余万元完成辖区内高苏坂村农贸市场、天心村双利农贸市场、公馆村太阳城农贸市场、角亭村便民市场提升改造工作。完成东快线征地514.4亩，房屋丈测面积1.3万平方米；拆除大王峰路南侧道路沿线11户房屋，拆除面积2700平方米、违章建筑24处，拆除面积1.5万平方米；完成纵八线下梅段征地工作，完成纵八线吴齐段红线内3户拆迁工作，全面交地施工。

3. 乡村振兴。街道实现12个行政村科特派全覆盖，来自省内外高校、科研院所等各级单位的56名高学历省级科技特派员派驻辖区40多家农业企业，通过“慧农信”云服务平台架起互动沟通的桥梁，精准对接农民和企业科技需求，及时解决农民和企业在农业生产中遇到的技术问题。落实福建省“两山”理论，推动武夷山市皇龙袍茶业有限公司与国网福建省电力有限公司合作项目立项，在武夷街道完成投资2亿元，提升街道规模工业高技术产业增加值。积极开展政策宣传报道，在“今日头条”“武夷山新闻”等媒体发表150多篇科特派信息报道。成立武夷山市茶产业科技特派员协会，积极推动武夷山茶产业高质量发展。

4. 安全工作。一是开展房屋结构安全隐患大排查大整治“百日攻坚”专项行动，全省房屋安全隐患排查整治百日攻坚行动以来，街村两级摸底5766户，排查出一般安全隐患246户，重大安全隐患4户（其中，采取封房措施1户，拆除3户）。2020年重点对天心村“三合一”（原材料库、成品和半成品库、工人宿舍或生产流水线集中在一个车间内）场所，规上企业开展安全隐患大排查大整治行动。共排查180家单位和场所，发现隐患78项，完成整改59项，要求限期整改的企业19家。二是落实安全生产责任制，街道共悬挂安全生产宣传条幅8条，张贴宣传标语260余张、发放宣传单2900余份。对辖区内重点行业、重点企业进行安全生产检查，截至2020年底检查企业299家，发现安全隐患94条，整改完成73条。三是开展道路交通安全专项整治。截至11月10日，查处无证驾驶220人次，酒驾33起，面包车载人超员8起，未戴头盔80起，无牌120起。同时，对全街道道路桥梁安全隐患进行排查，发现桥梁安全隐患1处（黄柏大桥），道路安全隐患5处（大布村四角井、角亭村路口、天心村路口、下梅村杜坝路口、樟树村路口）；对地质灾害点和水库、水塘经常开展巡查，对检查中发现的安全隐患及时上报有关部门，并采取相关措施予以防范。

5. 科教文卫。2020年武夷街道有中心幼儿园1所，附设园2所，在园幼儿308人，在职教师11人。民办幼儿园13所。中心小学1所，完小4所，在校学生3008人，教师161人。小学适龄儿童入学率、小升初升学率均达到100%。2020年末街道有文化站1个，图书1万册；农家书屋12处，图书6.1万册；文化信息站12处，电脑50台。文化艺术团体、腰鼓队、秧歌队各1个，广场舞团队15个。街道有武夷山市文物保护单位6处，福建省文物保护单位4处，国家重点文物保护单位1处。地方特色民间艺术有舞龙、唢呐、剪纸等。卫生服务中心1所，卫生院技术人员22人，其中医生7人；计生服务所1个，各村设卫生室共计11个。

6. 惠民政策。严格落实强农惠农富农政策，2020年新农合完成率97.73%，位居全市第三。武夷山市下达2019—2021年新农保扩面总目标为1723人，截至2020年12月10日扩面人数1723人。发放农村低保金58.09万元，发放农村特困户67.4万元，临时救助款20.65万元，城市低保金8.74万元，发放城市特困户8.7万元，发放救灾款5.49万元。全年便民服务中心窗口为群众直接办理事项3180件，咨询365件，村居办理员办理2016件。

7.“平安武夷”创建。向各村居、各单位下发《综治平安建设责任书》，部署综治平安建设工作以及公共安全领域突出问题大排查、大化解、大整治攻坚行动，压实综治工作责任。在街道各级共同努力下，2020年武夷街道共排查矛盾纠纷

331件，调解成功331件，调解成功率100%，有力地维护了社会稳定。开展提升群众安全感工作，采用形式多样的宣传形式，张贴宣传挂图260张、标语230张，发放宣传材料13000余份。2020年，共收到各类信访件92件，办理91件，在办理1件，接待群众来访21批次。全国两会前期，武夷街道制订方案，组织工作专班，保障重点期间安全稳定。

8.环境整治。一是严厉打击“两违”行为。随着执法力量下沉，执法队伍的扩大，出动20余人次对辖区进行全面巡查摸排，共发现违法建设、违规扩建等现象121处，总面积15237平方米，并进行建档管控和做好后续处置工作计划。截至12月底，拆除清理各类大型广告牌50余处及条幅、小广告200余张；对辖区内的违规建设行为共处置75处，出动300余人次拆除违法扩建面积13050平方米，腾出土地面积2500平方米。二是全面完成茶山整治造林复绿工作。武夷街道组织街道、林业站、派出所等部门工作人员深入黄柏、樟树、溪洲、下梅、大布、吴齐、柘洋、公馆等村开展茶山整治14次，共整治违规违法开垦茶山面积457.5亩，其中新发现违规违法开垦茶山235亩，复发复种222.5亩。选聘村级护林员17名，扎实推进林业生态管护机制改革工作。三是认真落实“河长制”工作。建立专管员长效工作考评机制，组建河道专管员工作群，对辖区内直排污口进行排查处理，坚决杜绝污水偷排、直排，进一步加强对辖区内河道、水库的巡查管理力度，防止破坏河道行为，联合赤石派出所、市河长办、市渔政部门、景区执法部门开展5次联合行动，多次查处违法电毒鱼行为。每月由街道妇联组织各村居开展巾帼护河行动，每季度组织志愿者参与护河行动，开展护河宣传。2020年，街道各类责任人共开展巡查4000余次，清理维护辖区内44.2千米的河道，有效地保障了辖区内河道及河岸的整洁。

【疫情防控】 农村疫情防控工作，重点用活党建“双联双评”工作机制。街道以组织党员发放“党员红色联系卡”，签订“党员承诺书”等方式，广泛动员村（居）党员投身到疫情防控一线。发动村（居）党员干部79人，农村党员志愿者400余人，成立23个党员劝导服务站，组建40多支党员流动巡逻队，建立30多支党员义务采购小组，主动对接所联系群众，配合做好疫情防控信息摸排、宣传劝导工作。社区疫情防控工作，重点落实“三化三防”工作机制。武夷街道3个社区分为20个网格，设网格长、工作队，79名在职党员在社区服务，积极动员180名楼长参与防控工作，各片区建立“社区服务站”，畅通信息传输渠道，重点做好境外人员以及重点区域来武夷山人员的信息摸排、上报和防控工作。筑起“三道防线”落实落细“四定”管理机制，绘制“疫情防控图”，清晰重点防控地带，编制“轨迹管理档案”，掌握重点防控动态，建立“回访”机制，确保工作落实到位，建立《“4+1”类重点人员信息台账》，每日汇总重点人员流动情况，由村（居）干部、亲属、邻居组成专班，落实好“四定”措施。截至12月底，街道共摸排境外人员87名。

【防汛救灾】 2020年7月，武夷山市遭遇洪灾，武夷街道在防汛期间，组织防汛救灾行动，共组织街村（居）党员干部11人、应急分队6支，在受灾严重的下梅、赤石等村组织转移，迅速转移受灾人口25人、抢通道路3条、发放救灾物资80份，并向上争取资金，修复被损毁的基础设施，保证村（居）民正常生产生活。

（颜朝晗）

## 兴田镇

【概况】 2020年，兴田镇总面积353.3平方千米，下辖14个行政村、1个居委会，225个村民小组，总人口7783户3.48万人。

【经济社会发展情况】 坚定不移走好高质量发展之路，推动经济社会平稳健康发展。2020年，全镇实现农业生产总值约9.3亿元，同比增长20%，其中烟叶6261亩，总产量81.33万公斤，总产值2585.09万元，同比增长36%；茶叶总产量130万公斤，总产值2.5亿元，同比增长35%。固定资产投资22亿元，同比增长11%。公共财政收入3556万元，其中项目资金2656万元，同比增长18%。农民人均可支配收入13909元，同比增长8%。

1.农业生产。加快现代农业发展步伐，实施水稻高效产能区建设，守住粮食安全生产底线，全年完成水稻种植面积4.3万亩，实施总投资620万元的粮食产能“千亿斤粮食”建设项目。推进粮食生产向合作社、家庭农场、种粮大户集中，建成优质稻示范片600亩、水稻生物防控示范片300亩，实施机播机插及抛秧3000亩，提高粮食生产专业化、机械化水平。

2. 茶产业高质量发展。发展生态茶园示范区建设，实施茶山有机肥替代化肥项目，发放有机肥1400吨，推荐上报茶企“五新”技术项目2家，推广茶山套种紫云英、油茶花等3000亩，促进9家茶企业获得各类产业补助108万元。扩大茶规模企业总量，在茶产业高质量发展中帮扶岩霸、三贤2家茶企规下转规上。

3. 林业生产。一是育林造林。全年新造林更新完成1778亩，其中沿路森林景观带完成1400亩，村庄绿化完成68亩，珍贵用材树种造林210亩，其他造林更新100亩。及时做好翌年造林地造林作业，及时告知造林更新责任单位和个人，并准确统计苗木需求量，做好非林地的造林设计和指导工作。全年完成幼林抚育2700亩。二是森林病虫害防治。全年完成马尾松毛虫41个样点调查（包括越冬代、越冬代复查及第一、二代调查）应监测面积4.1万亩，调查实施监测面积4.09万亩，监测率达99.7%；完成松材线虫病的全面调查，调查面积为11.45万亩，监测率100%，完成第二代马尾松毛虫防治规划面积共1.23万亩。并在辖区内派专人巡查，对发现的枯死木送往检验并及时清理，为松材线虫病的发生做好切实的检测工作。

4. 竹业生产。2020年，积极做好竹业生产的规划设计，完成竹林抚育300亩，占任务数300亩的100%；完成新竹标号1000亩，占任务数1000亩的100%；完成留笋养竹12.56万根，占任务数10万根的125.6%；完成竹业总产值54917万元，占任务数38300万元的143.4%。

5. 项目攻坚。全力推进项目落地见效，2020年兴田镇在建重点项目11个，全年累计征用土地355.82亩，征收房屋39栋10468.99平方米，迁移线杆9条450米。促进总投资27亿元的轻轨交通、1.3亿元的G237道路配套景观提升工程兴田段、1亿元的香江茶人小镇创客中心一期、0.56亿元的仙川路项目完成主体工程建设，加快推进总投资3亿元的八马茶业武夷山产学研企业园、0.43亿元的兴田中心小学新校区、0.9亿元的仙新路项目建设步伐，有效推动城村汉城国家遗址考古公园、武夷山国家公园科普展示馆、香江茶人小镇二期、武夷山国际机场雷达站等项目。

6. 招商引资。持续改善营商环境，2020年完成总投资5000万元以上的“回归经济”招商项目16个，计划投资总额10.8亿元，落实投资额7.5亿元。推动武夷山市智慧城市一期工程、圆梦村农产品展销中心等7个“数字经济”项目开工，总投资额2.3亿元。

【社会民生事业持续改善】

1. 民政工作。一是养老助老。2020年申报5个新建村级幸福院，截至2020年底全镇共有13个行政村建有农村幸福院，覆盖率93%，其中有10个村农村幸福院投入运营。兴田镇敬老院共有床位74张，在院集中供养老人33人。全镇80至99周岁老人473人，每人每月享受高龄津贴50元，积极开展老年人节日关怀慰问活动，共走访慰问特困老人、病残老人、高龄老人21人，发放慰问金1.13万元。二是社会服务。加强孤儿保障工作，及时摸排出8名事实无人抚养儿童，1名孤儿，给予发放每人每月900元的生活补贴。对全镇留守儿童进行摸底建档，对困境儿童落实监护协议；2020年“六一”国际儿童节期间，走访慰问留守儿童、困难儿童和孤残儿童10人，发放慰问金及物品合计0.56万元。做好残疾人2项补助工作，为225名享受困难补助残疾人发放生活补助，为358名享受重度残疾人补助的残疾人发放护理补助。

2. 脱贫攻坚。落实建档立卡贫困户结对帮扶机制，促进建档立卡贫困户稳定增收，巩固好脱贫攻坚成效。2020年新增57户128人农村低保，全镇享受农村低保政策共199户405人；新增特困供养人员7人；全镇临时救助40户104人，累计发放救助金18.76万元。一是产业帮扶。实施产业保障，采取“单位包村、干部包户”，配齐配强贫困户产业发展指导员，发挥好家庭农场、合作社的带动作用，扶持59户贫困户发展养蜂产业，户均增收2500元。扶持21户贫困户发展种植食用菌，户均增收6000元。积极采取农超对接、线上销售等方式，帮助12户贫困户销售鸡、鸭等农产品，解决疫情防控期间贫困户农产品滞销问题。二是岗位帮扶。累计发放中央、福建省等各级扶贫资金79.9万元，促进贫困户公益性岗位开发和贫困户发展产业。新增村级开发公益性岗位22个，22户贫困户每月获得500—2000元不等的劳动收入。三是教育帮扶。落实好教育扶贫资助政策，义务教育阶段贫困学生免除学杂费，免费提供教科书，为建档立卡贫困家庭及低保寄宿生提供生活补助，全年为贫困寄宿生发放生活费补助31375元，对就读高中、中专、大专、本科的共9名建档立卡贫困学生补助28000元。实行“雨露计划”，全年对符合申报条件的10名学生发放补助共计28500元。

3. 乡村环境综合整治。一是美丽乡村建设。2020年，扎实开展美丽乡村工程建设，总投资390万元的大渚村主村立面改造工程竣工验收；总投资380万元的西郊圆梦村大礼堂改造工程完成建设并投入使用；总投资2800万元的南源岭村、仙店村、南树村、大渚村、澄浒村、双西村、兴田村马埠头生活污水处理工程加快建设；全镇108户农村户厕改造全部完成，农村旱厕拆除整治全面推进。二是人居环境整治。持续开展人居环境整治，采取“村居互联互助、机关联乡村、整村推进”等机制，组织机关干部职工、各村两委干部、妇女代表、村级保洁员等1300多人次，累计投入350万元，对镇村环境进行整治，镇村面貌明显改观。2020年3月8日，启动农村人居环境品质提升行动。10月底，启动大战60天实现“全域无垃圾”活动，共清理陈年垃圾35吨、整治垃圾乱倒486处、清理臭水沟73处、疏通河道6条、拆除私搭乱建167处38000平方米、整治房前屋后卫生5800余户；强力整治乱停车、乱堆放、占道经营等不文明行为，在全域开展垃圾分类专项行动，新采购配置干湿垃圾桶860个，新建沤肥池2个，有效转变农村环境面貌。三是违建治理。加大违建整治，实行市镇联合攻坚，完成省自然资源厅关于南源岭嘉年华违建整治督办件，共拆除违章建筑15栋，拆除占地面积8000余平方米，并复耕复绿。开展“两违”整治，发现违法搭建住房、生产用房53起，累计拆除各类违法违规搭建住房、生产用房共计3.04万平方米，有效震慑乱搭乱建行为。四是持续打击非法采砂。完善打击违法采砂洗砂行动方案，突出源头管控，增设监控技防，加密夜间巡查，对违法挖砂、转运、堆砂、洗砂实现全过程监管。组织水利、国土、公安、执法等多部门联合执法11次，夜间突击巡查40次，现场查获违法采砂运砂6起，有效打击和震慑偷采行为。

4. 茶山整治。2020年，贯彻落实武夷山市委、市政府对茶山整治工作部署，通过张贴横幅、标语、入户宣传等广泛开展宣传。严控挖掘机上山作业，加大护林员巡山护林考核督查，落实违法开垦举报奖励制度，织密林地保护网络。成立工作组，启动南树村茶山整治专项行动。深入开展茶山整治行动，拔除违法违规开垦茶山129.8亩，对已整治的山场进行回头看，发现复种的新违规开垦的茶山立即拔除。并对高速、高铁、303沿线的茶园进行高标准造林。

5. 安全工作。采取“3+1”（问题清单、整改清单、销号清单和督办清单）清单，紧盯全镇安全生产薄弱环节，抓实汛期道路交通、汛期项目施工、春茶采摘加工、企业生产等领域安全措施，走访排查茶企等企业安全情况243人次，建立企业安全生产台账资料108家，整改安全生产问题289件。开展春茶企业安全生产、消防、道路交通森林防灭火等培训5次。联合开展道路交通安全执法行动96次，查处各类交通违法行为870人。2020年，全镇发生刑事案件20起，其中12起已破案，行政案件89起，同比分别下降15%和4%。全年投入265万元，实施虹桥村C008道路拼宽、溪尾自然村际上二桥重建和双西村、澄前村、黄土村、西郊村、兴田村等村道路修复工程，安装乡道路凸镜14面、乡道波形防护栏160米，全覆盖设立桥梁限载警示牌、信息牌35个，进一步保障乡村道路安全畅通，被南平市评为“四好”农村公路乡镇。积极开展森林防火法律法规宣传教育活动，14个村建立护林防火半专业队。在10—12月防火戒严期内，张贴防火戒严令，以各种形式张贴发放宣传单2500余份，防火宣传做到家喻户晓，悬挂宣传横幅28条，利用墙面刷标语28处。在各村张贴防火戒严令180份。在高火险期内出动车辆150车次进行巡逻。巡逻期间多次扑灭可能产生火灾的野外用火，确保防火戒严期间的安全。

6. 乡风文明建设。2020年，开展中共十九届五中全会宣讲、文明大讨论、“厉行节约、抵制浪费”等文明实践活动18场，打通宣传群众、关心群众、服务群众、满足群众“最后一千米”。积极推进健共体建设，改造和新建健共体服务场所12个，开展以“疫情防控常态化，健康扶贫促小康”为主题的义诊宣传咨询活动14场、开展“妇女微家”茶艺礼仪、家教育儿等培训、讲座9场，为“两癌”贫困母亲募捐款2.5万余元。组织民兵应急分队参加消防灭火、防汛救灾等各类行动600多人次，兴田镇民兵骨干获得全市消防比武个人第一名、第二名，乡风文明各项工作扎实有效推进。

7. 文化体育事业。举办2020年武夷山市第八届大王会狮健步行暨兴田镇第四届大王会狮全民健身健康节、武夷山市首届非物质文化遗产节目展演闽越文化艺术周、虹桥村首届“丰收助农文化节”暨“消费扶贫在行动”、西郊村第二届孝道文化节等活动，召开武夷山市科技特派员工作现场推进会、大渚村首届乡村振兴·科技兴村论坛暨兴田镇农产品展示交流会等。西郊、大渚圆梦村累计接待各级领导调研指导、外县市区考察 82 次。

8.“平安兴田”建设。不断加强“平安兴田”建设，全镇新安装视频监控探头 115 个，提升平安乡村技防水平。排查化解矛盾纠纷 71 件，接收并办结上级转交办信访件 46 件。完成反馈市扫黑办移交线索 2 件、建议函 1 件。驻村持续清理澄浒“标会”，完成上报涉及民间非法融资的人员名单和相关经济纠纷调查情况。

【乡村振兴】 2020 年，南源岭村、仙店村、西郊村、大渚村、城村被列为武夷山市乡村振兴“串点连线成片”（通过典型引领、串点连线成片，让乡村从“一村美”向“村村美”扩展，从“一域兴”向“全域兴”延伸）建设名单。南源岭村获得中国美丽休闲乡村、全国乡村旅游重点名村、南平乡村振兴富裕村、南平无公害农业案例示范村，西郊村获得南平市“老年人健身康乐家园”示范点、南平市实施乡村振兴战略三星级示范村，南源岭村、西郊村、大渚村、仙店村、南岸村获得武夷山市红星村党组织荣誉称号。

1. 示范村建设。积极推进省级乡村示范村南源岭、西郊、大渚和省级乡村振兴实绩突出村仙店村建设。南源岭发展“旅游+民宿”“旅游+农业”特色产业，仙店村做好茶产业交易服务中心，西郊村重点发展森林康养旅游，大渚村发展高效循环生态农业，形成了可研可学的阶段性成果。西郊村建立杜鹃谷种植基地，盘活土地种植杜鹃花 500 亩，建立生态茶园基地，初步打造以杜鹃谷为中心，集水产养殖、观赏休闲、摄影写生、农事体验等为一体的立体观光旅游区。大渚村被列为福建省农科院现代农业科技示范基地，种植百果香梨、金丝皇菊、苹果苦瓜、板栗南瓜、金霸百香果等 20 多样试验品种，种植面积 600 余亩，其中有机蔬菜种植基地 200 亩。探索发展稻鱼、稻螺、稻萍鱼、红黑米、有机米、林药、林蜂立体养殖模式，发展稻鱼稻螺等混合种植养殖 50 亩、林药三叶青 200 亩。同时，推进庭院经济发展，西郊村 5 户村民带头种植直立冬青、杜鹃、南天竹等庭院植物 360 株，种植半年后，每户村民所获收益达到了投入额的 47%；大渚村 75 户村民引进种植可作为庭院美化和母本使用的首批直立冬青 8000 株，成本 160 元/株，平均每个庭院种植 70—80 株，培育一年后市场价值 260 元/株。

2. 村企改革。完成 14 个村的产权制度改革，涉及农户 6473 户，人口 28793 人。其中南岸、兴田、大渚、黄土、西郊、仙店、南源岭、虹桥 8 个村进行农村集体经济组织股份制改革，成立农村集体经济组织股份合作社，促进村民共享村集体经济的效益分红，全镇有农民专业合作社 87 家，家庭农场 28 家，其中省级示范社 3 家、示范家庭农场 1 家，南平市级示范家庭农场 2 家，县级示范社 7 家、示范家庭农场 6 家。同时，出台林地管理指导意见，对历年来村集体林地、林权的转让、承包、租赁经营等 79 份合同签订的程序进行核查及未交林地使用费进行清查清缴，为各村集体依法追缴林地使用费 40 多万元，有效规范森林资源的转让程序和林地使用费收取，遏制村集体林地资产流失。

3.“一村一品”。加快打造“一村一品”（在一定区域范围内，以村为基本单位，按照国内外市场需求，充分发挥本地资源优势，通过大力推进规模化、标准化、品牌化和市场化建设，使一个村或几个村拥有一个或几个市场潜力大、区域特色明显、附加值高的主导产品和产业）产业布局，实施“一村一品”与“村村共建”有机结合。充分挖掘各村潜力，发挥民企带村作用，打造特色乡村。南源岭村、黄土村、城村，对照旅游业高质量发展行动，加快旅游业态发展，特别是南源岭村加快推进夜间经济、商务经济，实施高标准农田示范区项目，有力推动“七彩田园”农业采摘观光园建设。仙店村和南岸村加快推进茶产业加工园区项目落地，兴田村、枫坡村利用交通优势集中发展物流经济，着手策划兴田村建材集散中心、枫坡村加油站项目。南树村试点发展食用菌、辣椒、水产养殖等产业，动员村民栽培食用菌 30 亩、种植辣椒 70 亩、混合种养稻花鱼田螺等 100 多亩。澄浒村、澄前村、虹桥村、双西村联合成立武夷山市丰悦种植专业合作社，跨村联合发展薯类、蔬菜、水果等种养殖业。

【疫情防控】 疫情防控期间，严格落实“三化三防”措施，成立镇疫情防控工作领导小组，将全镇 15 个村（居）划为 3 个大片区、4 个小片区，形成生活资源、防控资料、进出人员信息共享的联防联控大格局。组建“党员应急小分队”16支，为群众实行统一采购服务。落细“干部包片”措施，设立卡口14个，严格实行人员进出和车辆通行管制工作，采取“包户包人”和依托大数据强化排查。疫情期间累计取消红白喜事71场、其他聚会31场，关闭赶圩点6个、庙宇53个、棋牌室15个。多措并举，全力铸好“内防输入、外防扩散，联防联控、群防群治”的铜墙铁壁，全镇群众零感染。

（翁伟峰）

## 星村镇

【概况】 2020年，星村镇辖15个行政村、1个居委会，人口约2.7万人，镇党委下设28个党（总）支部。星村镇以打造茶旅文体融合生态美丽星村为目标，积极投身绿色发展、“一攻坚两行动”等重点工作，全力以赴促发展，保持了经济持续健康发展和社会和谐稳定。2020年绿色发展考评中，星村镇前三季度均排名全市前三。

【经济社会发展情况】 2020年，星村镇农林牧渔业总产值完成4.74亿元，同比增长4.5%，其中农业产值3.27万元，同比增长4.8%。全镇现有生态茶园6.55万亩，产茶叶近5万担，共有大小茶叶加工企业1530多家，年产值8亿元；截至2020年底共接待游客110.42万人次，其中九曲溪上游景点接待游客23.65万人次。

1.突出茶旅融合。立足星村镇茶旅两大产业的资源优势，持续推进减肥减药生态茶园建设，协助举办“云游武夷”公益淘宝直播助农活动、九州钓鱼大赛等活动赛事，成功举办第十三届“中国茶乡杯”茶王赛、首届国际茶日品鉴会、黄村“制茶能手”大赛、“浣尘杯”智慧茶山首期茶叶评鉴会暨茗战优选茶叶推介会等特色活动，指导茗川世府合作社、朝阳东升合作社、星村茶香合作社参展第十四届海峡两岸茶业博览会，实现以茶促旅、以旅兴茶。

2.推进项目建设。积极投身招商引资工作，全年引进招商产业项目19个，完成一把手招商4次，累计完成固定资产投资16亿元，开工项目29个，其中5000万元以上项目25个；新增“五个一批”开工项目4个，绿色产业谋划项目3个，竣工项目1个。全力推进民生工程建设，投入600万元完成镇区旅游公厕和绿化改造提升项目、投入1680万元完成国家公园污水管网建设项目、投入650万元完成黄村兴星灌渠项目、投入600万元完成星村污水处理厂技术改造项目、投入约800万元的星岚兴片2019年高标准农田建设项目已基本完工、投入2300万元的星村中心幼儿园处于建设阶段。

3.培育经济新业态。全面推进“民企带村”机制，充分挖掘乡贤资源，以亲情、乡情、友情为纽带，打造特色夜景和特色民宿，探索实施“夜游、夜娱、夜食、夜宿、夜购、夜行”六大工程，推进大布岭至九曲桥夜景一条街建设，为夜间经济提速加挡，进一步激活回归经济。推动数字经济发展，新增智慧城市项目2个，数字农业项目2个。

【社会民生事业持续改善】

1.脱贫攻坚有力有效。专项开展“1+N”（抓好贫困户疫情防控＋赠送一批防疫口罩）扶贫行动，为全镇精准扶贫户发放防疫口罩、疫情防控宣传手册以及慰问品，提供务工企业215家1000多个岗位。鼓励合作社带动贫困户发展产业，选聘专业技术人员指导，累计带动100户贫困户参与养蜂产业。为贫困户搭建扶贫产品销售平台，通过星村茶香合作社销售、工会福利及政府食堂采购等渠道，大力开展“扶贫助农”活动，帮助解决贫困户农产品滞销问题。

2.安全工作常抓不懈。在“7•9”洪灾中，星村镇防汛指挥到位，群众转移迅速，无一人伤亡。持续对消防、用电用水、人员密集场所、道路交通等重点领域开展安全生产大检查，加强日常宣传，实地走访排查，确保消防安全管理到位、消防设施配备完好、供电线路安全，切实防止安全生产事故发生。危房摸排全面落实，发动镇村力量对10种类型危房进行全面摸排，对存在安全隐患的一律登记上报，确保无遗漏。镇村两级共摸排房屋8414栋，对发现的19栋重大隐患房屋，通过拆除、加固、封房等举措全部整治到位。

3.扎实推进平安建设。深入开展扫黑除恶专项斗争，通过线上线下方式广泛宣传“群众安全感提升”工作，严厉打击各类黑恶势力违法犯罪行为。全年排查化解矛盾纠纷106件，成功调解106件，调处率和成功率均达100%；受理来信来访、网络信访以及上级转办件38件，涉及上访人员11人次，100%及时反馈和回复。

4.加快推进乡村振兴。一是坚

持规划先行。以“串点连线成片”（每个点串联发展成为示范片，点上出精品，线上有特色）为工作目标，梳理各村特色和优势，研究制定15个村三年发展方案，着力培育打造星村、黄村、曹墩村茶旅融合乡村振兴示范带和黎源村、黎前村、黎新村少数民族农旅产业发展乡村振兴示范带，截至2020年底初步完成国家公园九曲溪上游7个村规划编制工作。2020年，星村镇获评福建省乡村振兴重点特色镇、第十批全国“一村一品”示范镇，星村和黄村荣获福建省乡村振兴示范村。二是培育畲乡特色。以列入全省“圆梦村”、南平市委袁毅书记挂点联系少数民族经济薄弱村为契机，对黎前村进行风貌管控提升，绿化美化亮化村内环境，推进污水管网建设，新建叠水堤坝景观，打造畲族文化展示馆，建设畲乡风情少数民族村；积极探索“党支部+企业+合作社+农户”模式，成立黎畲农产品专业合作社和前渡农民专业合作社，举办第十三个民族团结进步宣传月暨全民参与环境品质提升、携手共筑黎前圆梦畲乡活动。2020年，黎前村获第十四届省级文明村镇称号。

5. 建设完善基础设施。全年共投入245万元，出动人员1000余人次，整治垃圾约1800吨，建设大小停车场20余处、公厕15座，镇区绿化3000平方米；完成三格化粪池改造299座，拆除电动车雨棚210套，星村、黄村配齐垃圾桶450个。星村镇荣获南平市首个“全国卫生乡镇”称号，获“第十四届省级文明镇”称号。

6. 综合整治镇村环境。探索“文明积分”机制，优化“爱心美德超市”积分兑换规则，推广黄村横凤特色茶部落经验，建立村级人居环境督察员队伍，常态化开展占道经营、违章拉篷搭盖、车辆乱停乱放等整治工作。引进“空中力量”监管，在星村、黄村率先使用“无人机”设备，运用航拍，不定时对村庄街道、公路河道沿线环境卫生开展监测，大幅度提升巡查效率和整改时效。持续推行“街长制”（将镇区划分为多个街区，实行网格化管理，每个街区均由1位镇党政班子成员担任“街长”），全力开展“大战六十天，实现全域无垃圾”整治行动，镇区推行“街长制”、村居实行“网格化”（将城区行政性地划分为一个个的“网格”，使这些网格成为政府管理基层社会的单元）管理，不定期督查镇村整治落实情况，及时通报人居环境存在的问题，形成“即知即改”工作机制。

7. 有序推进人口普查。高度重视第七次全国人口普查工作，加大业务培训力度，利用广播、宣传横幅、微信等多种形式，营造人人关心、人人支持的人口普查良好氛围，累计登记6908户26288人。

**【疫情防控】** 全镇各级党组织和广大党员干部按照市委、市政府的决策部署，立即行动起来，科学判断形势，坚决打赢疫情防控阻击战。

1. 织密疫情防控。第一时间建立镇村两级联防联控机制，以“双联双评”机制和大数据为抓手，开展“地毯式”摸排，严格落实“四定”机制，实行“一对一”联系，随时跟踪监管返乡人员情况。分别在南星、三黎、高星及各村（居）重要交通路口设置交通卡点登记处，关闭文娱场所和市场活禽屠宰点，加大查处贩卖野生动物和人居环境整治力度。

2. 强化宣传教育。结合“135”（建造一个阵地、打造三类志愿服务队伍、开展五类活动）工作机制，组建18个党员、青年、妇女志愿服务队伍，构筑起群防群治防线，共同做好值班值守、登记信息等各项任务，并利用“村村响”广播、宣传车、小喇叭、横幅、短视频等多种方式，进一步强化宣传和舆论引导。

3. 抓好复工复产。做好复工复产优惠政策进企宣传活动，推动科技特派员和“机关联乡村”单位下沉到村指导复工复产和春耕备耕工作，举办“党建助力脱贫攻坚，知识助推复工复产”培训交流会、“百家品茗”分享品鉴会等活动，助力全面夺取疫情防控和经济社会发展“双胜利”，全镇企业复工复产率100%。

**【生态文明建设】** 牢固树立“两山”理念，严守生态保护红线，着力打造生态美、经济美、人文美的茶旅文融合发展的“排头兵”，在全镇全力努力下，以高分顺利通过武夷山国家公园体制试点验收工作。

1. 持续开展“河长制”。加强河道专管员业务培训，更新河长制公示牌、增加各流域河道警示牌118块，常态化开展九曲溪上游流域环境保护，全年各级河长、专管员共巡查河段5456次，发现并整治问题962处；完成污水处理站建设及设备采购16座，建设管网长度38千米，在九曲溪上游建成南平首个河长智慧监控工程。

2. 常态推进茶山整治。严格落实网格化管理机制，持续逐村、逐片拉网式整治，全年拔除违规开垦茶山 387 亩，完成茶山整治后复绿造林 760 余亩。扎实开展青山赎买工作，全年累计完成“收储林”约 2217 亩。黄村创建高级版“绿盈乡村”（富有绿化、绿韵、绿态、绿魂的乡村）。

3. 全面开展“两违”治理。以“控新治旧”为任务，以“露头就打、出土就拆”为原则，完善与国家公园执法力量联动机制，积极与上级部门沟通协调分类处置事宜，大力开展乱占耕地建房摸排工作，坚决遏制新增违法建设。全年共拆除违建和卫片执法 52 处 3.53 万平方米。

（黄　烨）

## 五夫镇

【概况】　2020 年，五夫镇围绕打造国家级朱子理学小镇，推进“文化生态银行”建设，奋力实施五夫镇“三二一”（推动田园综合体项目攻坚、决战决胜脱贫攻坚、旅游产业高质量发展三大行动；实施村镇治理水平提升、基层党建创新提质两项工程；助推乡村振兴一个目标）战略，先后获评省级乡村治理试点示范乡镇、省级中小学生研学实践教育基地、省社会科学普及基地，并被省爱卫办推荐为国家卫生乡镇。2020 年，全镇生产总值 11.59 亿元，同比增长 5.8%，其中农业总产值 4.04 亿元，同比增长 2.5%；固定资产投入 28.2 亿元；金融部门存款总数 2.79 亿元，同比增长 7.31%；财政各项收入共计 5082.81 万元，其中专项补助收入 4057.15 万元，一般预算补助收入 800.49 万元，体制补助收入 225.17 万元。五夫镇党委政府下设 6 个股室，党政综合办公室、党群工作办公室、社会治理办公室、财政和经济发展办公室、社会事务办公室、乡村建设管理办公室，共有行政编制 28 名，在编在岗 27 人；下设 3 个事业单位，综合执法大队、党群服务中心、乡村振兴发展中心，共有事业编制 29 名，在编在岗 28 人。

【经济社会发展情况】

1. 项目攻坚。一是重点项目建设。全镇共有南平市级重点项目 3 个、预备项目 1 个；武夷山市级重点项目 8 个，预备项目 1 个，皆按序时进度推进，2020 年完成投资 7.76 亿元。二是固定资产投资。全年共计上报固定资产投资项目 45 个，都已顺利入库，结合上年结转项目 21 个，合计入统项目 66 个，共计投资金额 28.2 亿元，任务完成率为 148.4%。三是项目开竣工。共上报绿色农业、旅游、数字经济等开竣工项目 12 个，均通过南平审核。四是“五个一批”项目建设。全年新增“五个一批”谋划项目 20 个、签约项目 17 个、开工项目 15 个、投产项目 18 个。

2. “文化生态银行”试点建设。深入践行习近平生态文明思想，利用“六化六步”（精细化摸底调查、专业化规划策划、多元化评估定价、定向化流转整合、精准化治理提升、市场化开发运营）生态银行模式，规模化整合土地、古屋等自然资源，积极对接市场主体，引进如武夷山通达生态旅游开发有限公司、武夷山熹街文化旅游有限公司等市场化主体对资源开发经营，流转整合土地资源 1000 多亩，打造“朱子故里·瓜果飘香”“熹街莲里烤烟房民宿”等特色鲜明、效益显著的乡村振兴项目。初步打通了文化赋能生态产品的路径、逐步凝聚起共同参与生态银行建设的共识、稳步厚植了乡村振兴发展的动力，“文化生态银行”试点建设成功入选全国十个实践“绿水青山就是金山银山”典型案例，并多次登上央视新闻。

3. 国家级田园综合体试点项目。全镇上下持续发力，加速田园综合体项目建成投产。截至 2020 年底田园综合体项目完成投资约 8 亿元，完成批复额度 7.2 亿元的 110%，已建设完成 2.82 万亩高标准农田、59 条共计 44.9 千米田间道路、43 条共计 57.3 千米排灌渠、11.8 千米潭溪生态景观水系护岸、7.18 千米五夫环镇公路、110 亩农产品精品加工园区、600 余亩万亩荷塘生态农事体验及古街风貌提升等；正在推进建设占地 22.4 亩的五夫莲肆、占地 10 亩的袁隆平院士站第三代杂交水稻国际培训中心、用地 500 亩的彩色油菜花等项目，进一步将五夫镇打造成为武夷山东翼文化旅游发展新引擎和乡村振兴先行区。

4. 开展旅游产业高质量发展行动。积极响应武夷山市委、市政府“旅游产业高质量发展行动”号召，结合五夫镇实际培育具有五夫特色的乡村旅游、研学旅游、文化旅游产品；优化镇属国有企业五夫文化开发有限责任公司股权结构，调整充实人员队伍，发挥其引领示范、平台服务作用；依托五夫镇商会，成立旅游事业部，吸纳餐饮、住宿、农事体验、文创、研学等会员单位 27 家，形成合力；精心策划旅游产品，先后推出亲子研学游、美学雅集、荷塘月夜等新业态，举办无人机研学游、热气球灯光节、“荷花仙子”评选、喜茶会、哈密瓜丰收节等新活动，累计20余万人次参与活动，先后获新华社、“学习强国”、《福建日报》等主流官方媒体报道34次。

**【社会民生事业持续改善】** 2020年，五夫镇总投入约1700万元，完成溪尾村、大将村、兴贤村3个村的幸福院建设及山水林田湖草生态保护修复试点项目、五夫镇松林下二桥危桥改造、五一村笼式足球场、屏山书院文化陈列馆等一系列为民办实事项目；投入7000万元的五夫莲肆项目和投入1100多万元的五夫镇五一村农业服务中心均已动工建设，项目建成后将推动五夫镇商业设施更加便民。

1. *提升人居环境*。开展“全域无垃圾”行动，按照市委、市政府工作部署要求，五夫镇迅速行动，成立专项行动攻坚指挥部，制定《专项行动方案》。探索创新机制，推动网格化管理，将镇区划为10个片区，明确片区长、街巷长和户主的“卫生包干区”，压实整治责任。广泛动员群团力量，发挥各村巾帼志愿者“半边天”作用，开展好“大手拉小手”系列活动，发动老干部、党员等参与整治工作，入户发放、签写并回收倡议书1120份；开展整村推进整治行动15次，进一步巩固提升五夫镇农村人居环境整治成果，夯实乡村振兴基础。

2. *平安建设*。一是不断推进新时代文明实践站（所）建设。积极践行社会主义核心价值观，11个行政村设立新时代文明实践站和新时代文明实践志愿服务分队，以志愿服务为基本形式，重点围绕环境整治、乡风文明、理论宣讲、帮困助弱、文化惠民等内容设计活动项目，加强与科技特派员、文化乡贤、技术能人的交流合作，对外公布服务电话，建立群众“点单”、中心“派单”、志愿者“接单”、群众“评单”的工作模式，加快推进文明实践中心建设。全年累计开展60余次志愿服务活动，动员新时代文明实践志愿者1938人次，积极参与到疫情防控、文娱活动、交通管控、人居环境整治、物品采买、工友慰问等志愿活动中，受众超5万人次。二是全力以赴做好重点时期维稳工作。特别是疫情期间，组织人员展开矛盾排查化解，入户走访“特殊人员”，了解生产生活情况与详细去向。同时，动员综治巡防队伍在全镇各个卡口开展24小时轮流值班工作，阻断疫情的传播途径，严格限制外来车辆、人员的出入，禁止群众串门拜年、走访亲友，切实减低疫情传播概率。推出疫情防控“三卡一证”（五夫镇创新制作红、黄、绿三色卡片用以区分本地人员、外地返乡人员、中高风险地区人员，凭通行证出入高速口）、巾帼服务队制作“土口罩”等好做法，受到中新网、国家发改委官方公众号推广。三是创新探索“评查评理室”社会治理新经验。加快推进乡村治理体系现代化，在评查评理室基础上探索形成“茶室评理室”“聊法评理室”等新经验，五一村被评为省级乡村治理示范村。四是持续推进综治“三率”提升工作，确保综治群众安全感提升工作达100%，化解矛盾纠纷116件，化解率100%。重点针对群众安全感、执法工作满意度等重点问题持续加大宣传力度，张贴悬挂海报、标语，组织村干部组成群众安全感提升工作宣传工作队，逐户分发宣传材料2万余份，并向村民进行宣讲，发放宣传品8000余份，张贴标语200余张、悬挂横幅70余条，倾听村民的诉求和意见，积极动员群众主动参与“平安五夫”的建设活动。

3. *精准扶贫*。持续开展精准扶贫脱贫工作，发放农业生产补助、基础设施建设等各类扶贫专项资金216.37万元，将98户230人纳入农村低保政策性兜底保障，不断把民生工作规划好、落实好，代表武夷山顺利通过省扶贫脱贫成效考核。完成重大动物疫病防控、抗体采样、产地检疫、疫病排查等工作，其中家禽20万羽，家禽1300头；认真落实“非洲猪瘟”防控和处置，严控生猪散养，全年未发生动物疫情；开展食品快速检测工作700个批次，检测合格率100%。全年发放低保金170.7万元、五保金53.98万元、生活补助金30.08万元、临时救助金14.81万元、残疾人补助金36万元；定期举办计生关爱行动，发放慰问金1.84万元，购买计生险617份，截至2020年底全镇城乡居民基本养老保险缴费率90%以上，基本医疗保险参保率99.68%。

**【党建工作】** 2020年，五夫镇落实好省委巡视、武夷山市委巡察整改责任，加强对“乡村振兴战略落实还存在短板”等7类群众最急、最忧、最盼的53个问题进行整改，完成47项，长期整改6项。强化宣传队伍建设，用好公众号等宣传媒介，注重把握正面发声的主动权，全年各项工作在《时代先锋》等南平市级以上媒体报道335次，妥善处置舆情事件1起。深化“双联双评+”机制，收集经济建设、民生保障等38个方面436条问题建议，解决群众反映问题224件。积极开展新时代文明实践活动，以创建国家卫生镇为契机，聚焦大战六十天实现“全域无垃圾”专项行动，持续用好“美丽五夫”党员志愿服务机制，探索建立片区长、街巷长、“红黄榜”、文明积分等机制，带动群众参与人居环境整治。推动下派书记与科特派“双派”联动，建立科特派示范站6个，科特派示范基地16个。落实“机关联乡村”机制，发展壮大白莲、茶叶等特色农业产业助力脱贫攻坚，80%的行政村集体自主经营性收入超过10万元，接受了省扶贫开发工作成效实地考核。兴贤村从贫困村变成红星村党组织，相关经验在南平市基层党建工作重点任务推进会上作视频汇报。4个村获评“红星村”党组织，五一村连续3年获评金星村党组织。

（黄宝望）

## 洋庄乡

【概况】 2020年，洋庄乡机关行政人员编制28名，在岗27人；事业编制29名，在岗27人。内设党政综合办公室、党群工作办公室、社会治理办公室（应急管理办公室、综治中心）、财政和经济发展办公室（科技特派员工作办公室）、社会事务办公室（卫生健康教育办公室、退役军人服务站、劳动保障所）、乡村建设管理办公室。洋庄乡综合设置综合执法大队、党群服务中心（综合便民服务中心）、乡村振兴发展中心3个事业单位。以打造“红色文化+生态美景+养生之地”全域旅游新格局的发展思路，统筹推进全乡经济、政治、文化、社会、生态文明建设。

【项目建设】

1. 红色旅游小镇项目。制定洋庄乡红色旅游小镇建设实施方案，启动总投资1228万元的闽北红军中医院基础设施项目建设；启动总投资676万元的坑口村省级“一事一议”（在农村税费改革这项系统工程中，取消了乡统筹和改革村提留后，原由乡统筹和村提留中开支的农田水利基本建设、道路修建、植树造林、农业综合开发有关的土地治理项目和村民认为需要兴办的集体生产生活等其他公益事业项目所需资金，不再固定向农民收取，采取“一事一议”的筹集办法）财政乡村旅游提升项目，新建长涧源红军纪念广场等；积极谋划总投资1.5亿元的闽北中央苏区红色文化教育研学基地旅游基础设施项目和总投资7.5亿元的洋庄乡红色旅游道路提升工程，打造“洋庄—小浆—大安”乡村振兴示范带。

2. 武夷山年产100万吨饮用天然水生产线建设项目。系省重点项目，总投资5.27亿元。

3. 荣昌汇养生项目。项目一期建成并投入使用，二期建设完成80%。

4. 东村村发垅坑新乡村综合体建设项目。2019年项目规划对15栋民宅建筑及10栋附属建筑进行改造，发展民宿，截至2020年底已完成6栋民宿改造。

5. 年产2000吨环保生态竹粉砖生产线项目。截至2020年底项目在进行一期办公及科研用房建设。

6. 三渡紫薇生态园项目。投资6000万元并投产，全年共吸引游客3万余人次。

【乡村振兴】

1. 夯实农田基础设施建设。完成耕地地力支持保护补贴面积核实上报工作，扎实推进耕地质量保护提升及化肥使用量零增长减量化专项行动。2020年全乡粮食播种面积1.65万亩，发放耕地地力保护补贴158万元；实施茶叶有机肥替代化肥项目1200亩，改良茶园土壤，提升茶叶品质，稳步提升耕地质量。

2. 引领科技示范带动作用。依托科技特派员制度，发挥农业品牌效应，创建全国基层农技推广体系农业科技示范基地1个，科技特派员示范基地3个，村科技特派员工作站1个。积极开展农业“五新”技术示范推广，建立优质稻种植示范片3片550亩，化肥减量增效示范片1片100亩，水稻病虫害绿色防控与统防统治5000亩，水稻工厂化育秧1500亩，水稻全程机械化种植1500亩，推广商品有机肥900吨。同时，大安村“五位一体”（产业振兴、人才振兴、文化振兴、生态振兴、组织振兴）推动乡村全面振兴经验做法，在全省乡村振兴工作视频会议上作典型经验介绍。

3. 推进品牌农业高效发展。坚持“绿水青山就是金山银山”的新发展理念，积极探索“党组织+公司+合作社+农户”管理模式，成立武夷山恒丰农业发展有限公司、武夷山市绿源西芋专业合作社、小浆村在园野兰业有限公司等经济合作组织，打造“绿源西芋”“吴三地老枞水仙”等洋庄品牌，提质增效茶叶1600亩、种植“西芋”2000余亩，带动农户就业1000余人，实现户均年增收1万元，村财增收160万元。举办首届洋庄红色文化节暨生态产品和吴三地老枞品鉴会，开展红色文化演出及红色旅游线路推介、农副产品展示、老枞水仙品鉴等系列活动，有效推动洋庄乡农业品牌高效发展。

4.提升农产品质量安全建设。开展“一品一码”追溯管理全覆盖宣传，推进农资监管信息平台建设，将辖区内农资农药经销网点、茶叶、早芋等主要农产品农药残留纳入农产品质量监管范围。积极开展科普宣传，举办科技讲座1期50人，发放宣传单（册）1200余份，提高农户春耕生产技术、病虫害防治及动物饲养技术，保障洋庄乡农业安全有效发展。同时，认真做好动物防疫工作，组织春防人员35人，共免疫牛羊186头、鸡鸭鹅14226羽。

【脱贫攻坚】

1.全面落实“两不愁三保障”。围绕“两不愁三保障”目标，持续做好稳定脱贫工作，落实好低保、临时救助等兜底保障政策，实现“不愁吃、不愁穿”；建立电子健康档案和健康人口扶贫卡，开展建档立卡贫困户会诊2场，为76名贫困户办理扶贫商业医疗保险；积极落实各项教育帮扶政策，全乡建档立卡贫困家庭在读学生中6人享受寄午学生营养餐补助，4人享受寄宿学生生活费补助，1人享受“雨露计划”，全乡无适龄少年儿童义务教育阶段辍学；完成重点对象住房安全排查，所有贫困户住房安全鉴定等级均达到B级以上；完成三渡、四渡、西际等村自来水提升改造项目，贫困户饮水安全得到保障。

2.扎实推进产业就业扶贫。建立产业发展指导队伍，制定“一户一策”产业帮扶措施，服务指导贫困户发展特色产业。2020年，洋庄乡共收到上级扶贫资金40.75万元，主要用于扶持贫困户发展特色优势农业项目和贫困村公益小型基础设施建设项目等。开展激励性产业扶贫项目，联合洋庄乡心缘养蜂家庭农场，带动25户贫困户收益蜂蜜150公斤；联合源森家庭农场，带动9户贫困户养殖鸡苗300羽，增收3万余元。同时，乡政府继续与4名建档立卡贫困对象签订公益性岗位续聘合同，每户每年增收1.88万元；乡林业部门继续聘用2名建档立卡贫困对象为村级护林巡视员，每户每年增收2万余元。疫情防控期间，通过挂钩帮扶干部及“武夷惠达”配送平台帮助贫困户销售滞销农产品，挽回经济损失1万余元。

3.贫困村脱贫成效稳固。变被动“输血”为主动“造血”，发动小浆村内致富带头人成立在园野兰业有限公司，发展兰花、铁皮石斛等花卉种植产业，带动村民就业20余人，年人均增收2万元。2020年，小浆村完成“一事一议”东头自然村道路硬化，张山头饮水提升改造，下洲水渠、小溪水坝修缮等民生工程，村内道路、自来水、电力、通信、环保等基础设施全部达标，基本公共服务教育、医保、文化等设施达到相应标准，实现稳步脱贫。

【民生事业】

1.基础设施建设全面开展。完成总投资1954.4万元的农业综合开发武夷山市崇洋片（洋庄乡）高标准农田建设项目；完成总投资4100万元的大安源风景区至横二线（大安村）公路新建工程；投入300余万元完成大安村、西际村沙渠洋配变台区及坑口线杆线建设工作，解决村民用电安全隐患；投入200万元完成集镇供水水源改造工程，解决镇区饮用水问题；投入35万元完成小浆、西际、四渡等村农村饮水安全巩固提升；投入25万元建设洋庄村葛仙、过河，坑口村长涧，大安红军街路灯；投入278万元建成米筛桥、培墩洲小桥；投入114万元完成两轮公路养护作业、清理溜方6处、修复水毁路段11处、修复桥梁安全隐患4处，排查安全隐患18处，确保道路交通安全；投入253万元完成大安、坑口、洋庄、小浆、西际、浆溪、四渡等村道路水毁修复工作。

2.社会保障体系不断完善。进一步完善城乡居民基本医疗保险制度，加大政策宣传力度，2020年，洋庄乡农村城乡居民基本医疗保险缴费人数12430人，参保率99.89%，基本实现“病有所医”。2020年全乡发放低保金77.49万元、特困补助金48万元、临时救助金29.89万元、未纳入低保的建档立卡贫困户生活补助金3.28万元、义务兵优待金17.29万元，基本实现“弱有所扶”；全面推进农村养老服务，完成乡敬老院提升改造工程，投入51万元完成廓前、西际、浆溪农村幸福院新建项目，并及时做好高龄老人补贴发放、五老及遗孀春节、重阳节慰问等工作，基本实现“老有所养”；全面落实教育扶贫政策，将建档立卡贫困户中的在校贫困生全部纳入教育救助体系，基本实现“学有所教”。

3. 科教文卫工作成效显著。全乡总人口14812人，2020年出生人口106人，政策内出生人口104人，出生人口政策符合率为98%。疫情防控期间，洋庄老区学校做好春季延期开学、线上教学及全面复学等工作，投入4.4万元对小浆小学围墙安全隐患进行修缮加固，在全体师生的共同努力下，2020年中考成绩、高中录取人数再创新高，其中一中上线15人、二中上线14人。洋庄卫生院积极开展乡村医生一体化建设“七个一”（统一规范建设、统一聘用管理、统一药品与器械、统一业务管理、统一绩效考核、统一财务管理、统一信息化管理）实施推进工作，完成坑口村、西际村、廓前村卫生所建设，定期开展“送医下村”活动，为65周岁以上老年人免费体检累计900人次。

4. 防疫复产工作统筹推进。疫情防控期间，第一时间成立工作领导小组，建立一村一档及乡村两级疫情防控责任体系，通过播放LED、悬挂横幅、张贴标语、流动宣传车等多种方式，全方位科普疫情防控知识。先后召开疫情防控相关会议50余场，设立劝导服务站23个、劝导服务队61支114人。建立企业复工指导监督员制度，一企一策，靶向发力、精准施策，有力推动农夫山泉、葛仙治超站、农业综合开发等重点项目复工复产，复工率达100%。

【生态建设】

1. 生态环境治理常态化。全面落实“双河长”（由党政“一把手”同时担任“双河长”，齐抓共管河长制工作）制，开展河道“四乱”（乱占、乱采、乱堆、乱建）整治工作，禁止全乡范围内电、炸、毒鱼，加强河道专管员智慧河长App的使用，全年各级河长巡河200余次，河道专管员巡河2860次，发现涉及偷砂采砂、河道垃圾、排污弃土等方面问题1821个，均处理到位。开展违规违法开垦茶山专项整治行动，茶山整治复绿面积68亩。积极推进营林生产，造林绿化面积共908亩。同时，乡、村两级紧密联动，加大辖区“两违”巡查力度，建立“一宗一档”（一宗案件建一个档案）台账，以“零容忍”态度铁腕治理“两违”，全年拆除违章建筑9088.48平方米。开展农村乱占耕地建房问题摸排工作，共摸排疑似乱占耕地近900宗，经排查2013年1月1日后农村乱占耕地建房234宗，涉及耕地面积4.26万平方米、永久基本农田面积6870平方米。

2. 环保设施建设高效化。完成山水林田湖草崇阳溪流域武夷山段洋庄乡（大安源、黄连坑、长涧、吴三地、葛仙）农村面源污染综合整治项目建设。对全乡污水处理站及管网进行全面检查，开展四渡村污水管网建设、四渡伞街污水处理损毁修复、乡所在地污水处理站标准排放口改造等工程，大安“7·9”洪灾水毁损坏的污水管网也正在抢修中。

3. 人居环境整治长效化。深入开展“全域无垃圾”专项行动，探索人居环境整治“片长制”工作机制，实现全覆盖网格化管理，抽调党群工作者、护林员、林政员、河道专管员、保洁员等人员100余人，划片分批次，开展“百人行动”整村推进专项行动。同时，在微信公众号“红色洋庄”上开设“曝光台”，不定期曝光反面教材。投入120万元开展“全域无垃圾”行动，拆除旱厕46座，整治乱堆放、占道经营、店面外溢、乱摆摊518处，拆除乱搭乱建乱围临搭及破损广告牌84处，清理陈年垃圾60余吨。购买无人机3台，对村庄环境卫生进行动态化科技监管，提升“全域无垃圾”专项行动智能化水平。

【平安建设】

1. 深入开展矛盾纠纷排查化解。全面推行农村“1+3”（“1”即乡综治办，“3”即派出所、村民小组、村委会，使矛盾纠纷呈现出“统一归口受理、联动联调联解”的新格局）管理机制，提升社会矛盾应急处置能力。充分发挥司法所法律援助职能，积极开展“法律六进”（通过开展普及法律的活动，使法律进机关、进乡村、进社区、进学校、进企业、进单位）“我与百姓聊聊法”等活动，有效推动“七五”普法工作落细落实。开展法律援助站解答法律咨询120人次，排查矛盾纠纷25起，化解23起；受理信访件14件，答复12件。

2. 持续开展扫黑除恶专项斗争。通过大喇叭、宣传单、横幅标语、LED显示屏等形式不间断宣传，全年共排查发现疑似涉黑涉恶涉乱违法犯罪线索4条，查处办理涉黑涉恶违法犯罪案件2件，黑恶势力违法犯罪问题得到有效遏制。

3. 广泛开展平安建设提升工

作。进行网格化模拟测评，详细登记反映具体问题的电话，提高上门走访和电话访问次数，加强与群众交流，做好相关政策、法律知识等宣传工作，最大限度提升群众对“双提升”（提升群众安全感，提升群众对公安、检察院、法院等执法部门的满意率）的认识。针对群众反映的问题，切实做到凡事有交代、件件有着落、事事有回音。

（苏张敏）

# 吴屯乡

【概况】 2020年，吴屯乡辖17个行政村，1个居委会，1个良种场，182个村民小组，5514户，22458人，总面积245平方千米，乡政府驻吴边村。行政编制29名，事业编制 29名（含2名自收自支），在编在岗52人。

【经济社会发展情况】

1.提升传统北米品牌。引进袁隆平科研团队、福建一亩地生态农业、问稻心田生态农业、天下良仓、扣冰米业等公司，集中流转后源、麻坜、岭根、后乾、倪坜5个高山村农田种植有机生态米，持续擦亮吴屯北米品牌。

2.提升稻花鱼品牌。全乡养殖稻花鱼约1.2万亩，总产量480吨，户均增收0.93万元，通过持续举办三届“稻花鱼文化节”及承办武夷山市首届“农民丰收节”，推选水仙稻花鱼、红园摆茶民俗作为武夷山参加2018年央视二套《魅力中国城》栏目竞演活动节目元素，进一步展示吴屯名片。

3.稳定烟叶生产。2020年烟叶种植2565亩、产值1000万元，种植面积与产值均位居武夷山市第三。通过强化技术培训、稳定烟农队伍和提升烤烟质量，确保烟叶生产的可持续发展。

4.乡村振兴。用好用足支持发展壮大村级集体经济十条措施，以后源村乡村振兴省级示范村为龙头，谋划乡村产业振兴示范带，创办村集体公司为支撑，依托“高山贡米、梯田美景”等优势，引进袁隆平科研团队、问稻心田生态农业等产业项目，深化“支部+公司+农户”的发展模式，开展彩稻、巨稻等特色种植，扮靓乡村环境，打造民宿推动乡村旅游。推行“党建+金融”助力乡村振兴机制，通过2亿元“信用乡”和6000万元“党员先锋扶持贷款”授信，共同构建“党建+金融”的正向激励，强化乡村振兴的组织保障和金融支撑。

5.项目建设。吴屯乡在武夷山市委、市政府的引领支持和正确领导下，以“敢字为先，干字当头”发展理念为统领，积极向上对接政策资金，做到产业项目和民生项目齐头并进。2020年，吴屯乡共有重点项目8个，总投资33亿元，其中省级重点项目2个，总投资26.65亿元；南平市级重点项目2个，总投资4.8亿元；市本级重点项目4个，总投资1.55亿元。在全力推进现有项目建设的同时，“十四五”策划项目14个，计划总投资6.05亿元，其中专项债券项目1个，计划投资1亿元。一般债券项目2个，计划投资0.33亿元。

【社会民生事业持续改善】

1.精准扶贫。吴屯乡共有建档立卡贫困村5个，全部摘帽。贫困户171户408人，贫困村、贫困户均落实“两不愁三保障”和饮水安全，全部稳定脱贫。一是实施产业帮扶。依托农民专业合作社，通过流转贫困户农田和雇工的方式，带动近50户贫困户年均收入增加约2000元。二是推动就业帮扶。进一步整合乡村资源，推进就业精准帮扶，市乡村三级聘用贫困户共62个就业岗位，其中市公益性岗位17名。

2.综治平安建设。严格落实综治维稳第一责任，通过开展“1268”（包括“一个中心”，即诉调对接服务中心；“两大平台”，即线上线下两个诉调对接平台；“六个步骤”即风险评估、诉讼辅导、分流对接、多元调解、司法确认、审查立案；“八项服务”，即基层组织建设、民生便民服务法律咨询、纠纷调处、信访工作、人口管理、平安创建、风险防控，积极创新基层治理模式，不断深化综治平安建设。综治工作连续两年位列全市第一。一是信访秩序持续好转。结合弘扬新时代枫桥经验，以红园“摆茶”为载体，创新开展“传承摆茶化纠纷”活动，成功化解矛盾纠纷21件。二是构建共建共治共享的社会治理格局。2020年以“123机制”（“1”即1个目标：深化平安吴屯建设；“2”即2个阵地：打造完善乡、村两级综治中心并实体化运行；“3”即3张网格：以民网、法网、天网来覆盖综治工作的薄弱区域）为抓手，构建平安吴屯新格局，深化“四无”（无案件、无上访、无诉讼、无邪教）平安吴屯创建，打造平安法治吴屯，全年共排查矛盾纠纷148起，同比下降5.1%，化解 146 件，化解率 98.6%，剩余 2 件化解中。

3. 打造生态宜居环境。一是强化组织领导，提高思想认识。吴屯乡成立人居环境整治工作领导小组，全面负责部署、协调、检查督促和考核。出台《吴屯乡城乡人居环境整治大会战行动方案》，落实责任，明确整治目标。定期召开人居环境整治工作会议，认真分析不足及原因，落实整改工作举措。全年共召开人居环境整治工作部署会 15 次，人居环境整治现场会 1 次。二是强化整治重点，开展综合整治。按照“大战六十天实现全域无垃圾”工作要求，突出抓好“四清四拆四整”，聚力攻坚，打造人居环境整治示范村，并组织各村干部和村民代表参观学习，转变传统观念，参照标准进行整治，改善乡村面貌和人居环境。截至 2020 年底拆除私搭乱建 2000 多平方米；处理占道经营 300 余起；乱堆乱放 550 余处；清理垃圾、杂物 320 余吨；清理河道、沟渠 120 多千米；整治巷道 180 多条；拆除灾后危房 12 栋、旱厕 230 余座，提升村容村貌。

**【基层组织建设】** 吴屯乡以党建年度考评为抓手，深入开展基层党组织“达标创星”活动，2020 年新创红星村 2 个、规范化村 14 个。推进机制创新，发挥乡镇驻城办“红色驿站”功能作用，举办乡村振兴座谈会，切实把“红色驿站”打造成为农村进城创业党员的“温馨之家”。启动吴屯乡级党校建设，并纳入武夷山市级党校教学点，提升基层党校规范化水平。

**【疫情防控】** 吴屯乡在防控新冠肺炎疫情阻击战中，充分运用“双联双评”、“五户联防”（以五户一网格构筑乡、村、组、网格长四级防控，实现联防联控、严防严控、群防构筑“五户联防”严密防线）等工作机制，创新防控工作法，密织群防群控的严密防线，实现村级摸排全覆盖。录制武夷山本地方言疫情防控视频，推出《村民的主心骨——下派第一书记》《我们的热血青年——党群工作者》等基层防疫的创新做法和先进典型，鼓舞党员群众积极投身防疫一线的士气。落实返乡重点人员“四定”工作机制，构建乡村干部共管、党群医生联防的健康随访制度。组建党员代购服务队 28 支 69 人，帮助村民代购生活物资，减少村民在疫情防控期间不必要的外出。积极响应中央号召，全乡 780 余名党员踊跃捐款 64528.6 元支持疫情防控工作。

（曹晓涛）

## 岚谷乡

**【概况】** 2020 年，岚谷乡辖 15 个行政村、181 个自然村、177 个村民小组，有 4690 户 1.93 万人。岚谷乡共有党委 1 个，总支 1 个，支部 21 个（其中，非公党支部 1 个），共产党员 710 名。岚谷乡党委政府内设 9 个科室，市委编办核定行政编制 29 名，事业编制 30 名，其中行政在编 27 人，事业在编 29 人。

**【经济社会发展情况】** 2020 年，岚谷乡生产总值 4.6 亿元，同比增长 7%；农民人均纯收入 11671 元，增长 0.85%。

1. 项目建设持续推进。2020 年，岚谷乡新增固定资产投资项目 18 个，完成投资 10 亿元；新增“五个一批”项目 18 个，其中开工项目 4 个，总投资约 13 亿元，签约项目 10 个。新增亿元以上“七大绿色产业”（绿色农业、旅游业、先进制造业、健康养生产业、文化创意产业、生物产业、数字信息产业）谋划项目 2 个，重点支撑项目 4 个，涉及农业、旅游、健康养生等产业。列入南平市重点项目 1 个、武夷山市重点项目 5 个。投资 1800 余万元，建设岚谷乡革命旧址至县道 866 连线（环乡路）公路项目，并于 7 月 1 日实现通车；投资 1100 余万元，建设东溪流域万里安全生态水系项目；投资 1500 万余元，建设完成岚谷革命旧址基础设施项目；投资 500 余万元，实施农业综合开发项目；投资 140 余万元，建设黎口村庄园一桥、后山村卷头桥危桥改造为民办实事项目；投资 160 余万元，实施山水林田湖草崇阳溪流域武夷山段岚谷乡（古岩村）农村面源污染综合整治项目。实施“十镇百村”工程，完成横源传统村落保护规划，修缮历史建筑古民居 12 栋。

2. 农业生产提质增效。全年种植水稻面积 2 万亩，产值 2400 万元，增长 11%。落实统防统治示范片 1 万亩。推广水稻机播、机收技术 1.5 万亩，推广优质稻新品种 10 余个，面积 5000 余亩，其中桃香优莉晶和北米 2 号获“武夷山市第一届优质稻品种品质现场鉴评活动”铜奖。全年烟叶种植面积 2100 亩，产值 747 万元；竹荪约 3000 亩，产值 4000 万元，玉米 320 亩，产值 160

万元。岚峰稻花鱼农民专业合作社“稻—萍—渔”综合种养模式300亩；在稍屯、横墩、黎口、黄尾、染溪等村发展百香果、猕猴桃、金丝皇菊、蜜蜂、黄羊等特色种养产业。其中百香果60亩，猕猴桃120亩，金丝皇菊70亩。2020年武夷山市岚兴竹山养羊农民专业合作社被评为2020年度福建省农民专业合作社示范社。

【社会民生事业持续改善】

1. 生态环境整治。一是优化生态持续发力。深入实施“两山行动”，大力开展植树造林、茶山整治等工作，营造更加良好的生态环境。持续保护森林资源，新造森林景观林560亩，改造460亩，人工更新199亩，人工促进更新405亩，封山育林9.03万亩，拔除茶山20余亩；严格审批林木采伐，保护青山绿水，横源村成功申报“2020年度福建省省级森林村庄”。二是落实河长常态巡河制度。按照“一河一策”的管理保护方案，在岚谷乡河流开展“清河、护岸、净水、保水”专项行动。岚谷乡共配备各类河长、河段长、河道专管员34名，全年累计巡河2318次，发现并解决问题47个。三是人居环境整治加力。集中实施村庄清洁、垃圾分类等多项行动，共拆除旱厕和畜禽圈舍34处，面积136平方米，清理破旧广告牌500余处，整治乱堆放1700余处；开展房屋安全隐患排查，共排查房屋3872栋，其中重大安全隐患房屋9栋，一般安全隐患房屋44栋。

2. 社会治安综合治理。一是将街长制工作与新时代文明实践志愿者活动相结合，有力遏制“两违”建设，及时制止“两违”建设行为为6起，拆除“两违”建筑及破旧建筑9000平方米，岚谷乡连续4年无新增土地执法卫片督查图斑。二是乡村治理不断创新。共创建平安家庭4470户，创建率100%。2020年全市综治现场会在岚谷乡召开，横墩村红色评理站广泛吸纳老红军、老党员、老干部、老教师以及热心社会公益、有威望的老干部等各类志愿者，共同参与信访评理服务，为当事人和家属提供政策法律服务，直接参与村民与村民之间、村民与村集体之间的重大问题、疑难矛盾、争议纠纷及一些历史遗留问题等的矛盾纠纷化解，从源头上预防和化解矛盾纠纷。三是平安建设扎实推进。10月8日，武夷山市蓝天救援中心第一支分队岚谷分队在岚谷乡成立。成立86人的综合应急救援队伍，2020年在多种形式消防队伍技能竞赛中，荣获团体第二名；建立网格化安全隐患排查整治机制，逐片逐项逐点排查安全隐患，做到“一村一册、一企一档”，建立35家企业台账。全年开展安全生产检查58次，排查发现隐患89处、责令限期整改89处，停产停电关闭企业1家。

3. 社会保障体系不断完善。2020年，岚谷乡完成城镇医保筹资1007.12万元，17426人参保，参保率90%以上；岚谷乡城乡居民养老保险扩面人数1494人，完成率105.51%；发放低保金194.1万元，惠及群众234户次，456人次；发放特困补助174.5万元，惠及群众118人次；发放临时救助金16.38万元，惠及群众37户133人次。投资320余万元，完成后山村污水管网改造，稍屯村、古岩村幸福院建设、户厕改造76户等为民办实事项目。投资287.6万元，落实“一事一议”项目15个。

4. 文教卫生持续改善。2020年，投资270余万元，完成中心小学教学楼、塑胶跑道建设，改善办学条件。扎实开展精神文明创建活动，2020年7月29日开展“游在武夷，吃在岚谷”非遗文化展演暨农产品网络直播；4月

4月29日，多彩人生·运动强国——岚谷乡五四“彩虹跑”活动举行

29日，由共青团武夷山团市委员会、中共岚谷乡党委、岚谷乡人民政府联合举办以“多彩人生·运动强国”为主题的岚谷乡五四“彩虹跑”活动在岚谷举行，全乡青年干部、驻村第一书记、基层党群工作者、各团支部书记、进城创业党员、岚谷乡商会等70余人参加活动；12月5日，纪念毛泽东《如梦令·元旦》发表90周年·崇安苏区建立90周年暨武夷山市岚谷乡第三届白鹅节活动在岚谷乡开幕，活动以“今日向何方　直指武夷山下”——红色文化里的文明实践活动为主题，同时举办书法展、红色采风以及熏鹅制作技艺大赛、锦鲤增殖放流、鹅王鹅后评选、农产品展示、美食小吃展示、乡贤企业产品展示、汉服秀、摄影大赛、趣味运动会等系列活动。“五一”国际劳动节、“七一”中国共产党建党节、国庆节等节日岚谷乡共计接待游客5000余人次。2020年横源村入选福建省美丽休闲乡村名单、获南平“四好农村路”示范乡镇；岚谷乡妇联获南平市优秀乡（镇）、街道妇联；《抗击疫情彰显巾帼力量》荣获南平市妇联“平凡生活·最美瞬间”短视频大赛优秀奖。2020年岚谷乡获2019年“武夷山市新时代、新担当、新作为”先进集体。

2020年12月5日，纪念毛泽东《如梦令·元旦》发表90周年·崇安苏区建立90周年暨武夷山市岚谷乡第三届白鹅节活动在岚谷乡开幕

（岚谷乡　提供）

**【脱贫攻坚】**　深入贯彻“家庭当年人均纯收入稳定超过国家扶贫标准；一超过、两不愁、三保障”工作要求和落实市里稳定脱贫机制“八条措施”（做好贫困患者治疗救助、积极促进贫困人口务工就业、增设扶贫公益岗位、支持带贫企业开工复工、加快扶贫项目落地见效、实行扶贫小额信贷延期快贷、畅通消费扶贫渠道、帮扶干部下沉一线），2020年岚谷乡213户511人全部脱贫，累计投资170万元，完成岚谷乡精准扶贫户农村安全饮水水质检测和6个贫困村农村饮水安全巩固提升工程，受益人口1582户6865人。一是产业扶贫广覆盖。全年实施产业项目帮扶11个，落实产业项目帮扶资金184.4万元，奖补到户211户100多万元，开发公益岗位21个，促进贫困群众就业。二是健康扶贫全到位。全年实现建档立卡贫困人口医疗保险参合率100%。三是教育扶贫无遗漏。全乡59名建档立卡贫困户子女享受义务教育扶贫政策，全年发放“雨露计划”资金2.4万元，资助贫困学生8人次。四是住房安全有保障。2017—2020年，岚谷乡累计投入资金101.4万元，完成危房改造64户，上彭集中安置区22户领取了不动产证。五是贫困母亲帮扶。关爱贫困母亲　助力精准扶贫——福建省恒申慈善基金会与岚谷乡联合开展“贫困母亲帮扶计划”行动，2020年岚谷乡共有113名贫困母亲列入“贫困母亲帮扶计划”。恒申慈善基金会每年为贫困母亲提供资金扶持2000元，截至2020年底共投入43.4万元。

**【疫情防控】**　成立防控新冠肺炎疫情工作领导小组，实行24小时值班制；乡村联动，压实责任，严格防控，启动疫情防控战时机制，以村民小组为战区，成立37个战斗队，设置3个乡级体温检查站和16个村级体温检测点，落实“三化三防”要求，开展拉网式宣传、网格化排查和随访监测工作。落实核酸检测及居家管理措施，确保“早了解、早隔离、早管理”。岚谷乡商会主动筹集采购防疫物资，分批送到岚谷乡疫情防控一线，有效缓解全乡疫情防控防护用品短缺的囧境。

（章　云）

# 上梅乡

【概况】 2020年，上梅乡辖区面积226平方千米，其中山林面积29.6万亩，竹山面积约10万亩，是省级生态乡镇。辖11个行政村，15110人。产业以水稻、烟叶、食用菌、蔬菜瓜果及笋竹产品为主。

【经济社会发展情况】

1. 乡村旅游。进一步完善旅游基础设施，争取并投入140万元建设罗鼓岩红色道路3.5千米，做好上梅暴动纪念园规划设计，加快推进“上梅暴动”红色旅游基础设施建设项目，促进上梅红色旅游文化发展。加快柳永文化旅游综合开发，协调柳永故居遗址、柳永纪念馆、白水草堂的筹建，修缮遇仙桥和拾坊寺，完成杨柳岸二期建设并实施亮化工程，修建鹅子峰步栈道、旅游公厕、路边村巷道以及实施村主干道路灯亮化工程等。8月举办第二届柳永文化节，12月举办夜游杨柳岸活动，柳永文化的知名度影响力不断提升。

2. 省级农民创业园发展。完善园区内基础设施，充分发挥科技特派员服务“三农”作用，不断改善果蔬种植条件，提升市场竞争力。塔顶山农产品开发农民专业合作社建成风车主题餐厅，拥有特色风车建筑2个，木屋5座，为发展休闲观光农业提供有力支撑；积极开展实践探索，茶景村引进青梅、红藜麦，金竹村引进涪陵黄桃、种植七叶一枝花；果蔬菜基地种植火龙果、吊瓜子、瓜蒌等品种，种植青梅示范基地400亩，种植吊瓜子、瓜蒌示范基地500亩、黄桃基地100亩。积极开展农产品信用示范认证工作，规范辖区农业种植企业，全乡4家农业合作社通过信用示范企业认定。

3. 招商引资。2020年“五个一批”在库项目共计29个，其中谋划项目7个，签约项目10个，开工项目7个，投产项目5个。完成固定资产投资入库项目数11个。组织辖区内企业前往福州、宁夏、西安等地，参加特色农产品展示展销活动，提高上梅乡的绿色农副产品知名度，为上梅乡的经济发展提供新的机遇和活力。

4. 项目建设。投入38万元建成上梅乡梅屯街雨水收集排放工程，解决镇区雨水排放问题；持续完善水利基础设施项目，投入120万建设金竹、茶景、厅下、岭山等农村饮用水安全巩固提升工程；启动山水林田湖草崇阳溪流域武夷山段上梅乡农村面源污染综合整治项目工程，净化农村污水，改善上梅乡水资源环境。

5. 重点工作。扎实开展房屋隐患排查，制定《房屋结构安全隐患大排查大整治“百日攻坚”专项行动方案》，实施房屋安全网格化管理，房屋所有人（使用人）承担主体责任，各村承担属地责任，相关行业职能部门承担监管责任，截至2020年底共摸排房屋3081幢，排查出重大安全隐患130幢，均按要求整改到位。完成地尾、茶景、岭山村31亩旧村复垦的核定。投入1400万元开展上梅、下阳、茶景、里江、翁屯、厅下和荷墩等高标准农田整乡推进工作。

【社会民生事业持续改善】

1. 生态环境保护。加强森林资源管护，积极开展违规违法开垦茶山专项整治活动。政府组织林业站人员定期或不定期对各村山场进行巡查，发现违规违法开垦茶山及时上报。2020年，上梅乡共拔除整治违法违规开垦茶山38亩，完成2019年茶整地复绿41亩。开展“大战六十天，实现全域无垃圾”专项行动，通过“网格化”包片管理机

吊瓜子 （上梅乡 提供）

2020年8月8日，第八届五夫荷花节暨第二届上梅柳永文化节在上梅乡茶景村举行

制，由各挂村领导带头，各站所挂点负责，联合开展整村推进活动。汇聚群众合力，组织开展“小手拉大手”“巾帼志愿者服务”等活动，针对重点区域进行集中整治30余次，发放致村民的一封信1000余张，利用微信公众号建立不文明曝光台，充分发挥群众力量，曝光并整治不文明行为20余起，不断改善乡村面貌。

2. 维护乡村和谐稳定。认真做好矛盾纠纷排查化解工作，共排查化解各类矛盾纠纷82起，受理各类信访件50件，有效推动辖区和谐稳定。严格落实安全生产责任制，制定《上梅乡安全生产专项整治三年行动实施方案》，明确2个专题、6个重点行业领域专项实施方案及1个工作机制的具体工作任务，成立全乡安全生产专项整治三年行动工作专班，负责协调解决安全生产专项整治三年行动重大问题，全年共下发整改通知书46份，发放各类宣传单2000余份，悬挂横幅30余条。切实保障全乡和谐稳定的发展环境。

3. 脱贫攻坚。强化帮扶措施，切实落实“一户一策”，针对12户脱贫监测户（重点对象），安排科级领导干部挂钩帮扶，做到每月1次联系帮扶。结合5个贫困村实际情况，创建“合作社+村集体+村干部+农户”模式，荷墩村发展种植竹荪120亩，首阳村发展林下经济种植香榧200亩，翁屯村发展种植吊瓜子150亩，金竹村发展种植黄精、七叶一枝花等中草药220亩，茶景村发展种植竹荪180亩、巴西菇等食用菌90余棚，实现村民增收、集体增财。

4. 惠民政策。做好民生保障工作，累计向235户发放低保金188.2万元；发放特困户35人补助金52.9万元；临时救助73户，发放救助金24.6万元；发放残疾人两项补助296人，30.8万元；慰问留守儿童、退役军人、残疾人和其他困难群众57次，发放棉被52床、慰问金3.1万元。完成敬老院公建民营改革工作，入住17人，入住率42.5%。

【疫情防控】

1. “规范化”管理。指导成立12个乡村疫情防控工作领导小组，抽调精干力量组建3支镇区劝导队，将全乡11个村划分为3个片区，由3位经验丰富的乡党政班子成员任片区长，建立上梅乡疫情防控工作微信群，第一时间发布通知、指令，及时沟通具体信息，增强各领导小组成员单位合力，力促疫情防控工作全面有序开展。

2. “全面化”宣传。创新宣传模式，设立疫情防控红黑榜、开展不文明行为随手拍，加强正面典型的激励作用和反面典型的警示教育，疫情防控期间累计劝导取消或延期办酒席36场，劝阻群众聚众打牌、聚会等集体性活动50余场。结合“双联双评”及网格化管理工作机制，实施联防联控，制定《联防联控网格化监管实施方案》，切实加强对新流入辖区、出现发热症状等人员管理，确保不漏一户，不漏一人。

3. “具体化”措施。坚持一手抓防控、一手抓发展，积极帮助辖区内重点项目和企业解决各类困难和问题，对辖区内返工人员严格执行隔离措施，制订专人随访，每日监测体温。积极推进春耕生产，发挥科技特派员队伍作用，采用通话、实地指导等线上线下交流方式为群众提供技术咨询，及时为村民采购化肥、种子等春耕物资，解答群众在农业生产管理方面遇到的问题，防疫期间上梅乡8名农技人员共指导农事生产50余人次，确保复工复产有序推进。

【党组织建设】

1. 思想建设。深入开展习近平

新时代中国特色社会主义思想和中共十九大、中共十九届五中全会精神专题学习，围绕《习近平在宁德》等系列采访实录、《习近平谈治国理政》、“七种能力”建设等开展专题研讨 11 次，发放各类学习资料 2500 余份，坚持党政领导带头上党课，不断巩固全乡党员干部思想政治教育成果，党政班子成员深入村级党组织宣讲中共十九届五中全会精神 14 次。

2. 组织建设。做好村级组织换届前期摸排工作，有 7 个村“一肩挑”确定人选、4 个村“一肩挑”意向人选。大力发展壮大村级集体经济，采取党支部引领、盘活闲置资源、结对共建等形式，整合各类资源，成立村办合作社 11 家，争取产业扶贫资金 106 万元，做好“山、竹”文章，摸排和流转闲置林地、竹山 1200 余亩，发展林下经济和笋竹经济，引进七叶一枝花、黄精等中草药种植 800 亩，扩大吊瓜子、香榧、马家柚等经济作物种植 390 亩，村集体采取自主经营、入股分红和收取林地使用费等方式，提升自身“造血”功能。

3. 党建引领。以党建引领促进项目征迁，发动党员带头支持重点项目建设，针对纵八线项目 5 户拆迁对象多样化、复杂化的诉求，成立 5 支项目攻坚组，由党政领导带头入户宣传政策，全力解决合理诉求，党员户率先拆除房屋，带动其余 4 户动迁。以党建引领推动乡村振兴，用好“双联双评”机制，以支委联系党员、党员联系群众的方式实行“网格化”管理，组建 21 支“生态上梅党员志愿服务队”，广泛开展宣传。

（寇　晨　杨家涵）

# 华侨农场

【概况】　2020 年，武夷山华侨农场（简称农场）共有 385 户，1158 人，全是城镇居民，其中归侨侨眷 379 户，1139 人，占全场总人口的 97%。在册干部职工 67 人（其中经费自给事业编制人员 4 人），离退休人员 306 人，常年在农场居住的人口 600 余人。共有土地 10472 亩，其中农用地 9388 亩，已经确权，茶山 2371 亩、水田 679 亩，茶山、水田分山到户，承包给在职归侨职工经营；茶山涵养林和 2 片长期租赁经营的林地约 6338 亩。归侨居住地及农场办公场所用地约 1084 亩（未确权），茶叶加工企业 14 家，主要生产武夷岩茶；农场下设东风、立新、红壕、红卫、前卫 5 个管理区，1 所卫生所。

【疫情防控】　2020 年疫情防控期间，农场成立新型冠状病毒感染肺炎防控工作领导小组，全面负责此次肺炎疫情防控工作。农场结合自身实际，制订防控工作预案，通过广播、发放宣传单、张贴宣传标语等形式开展疫情防控宣传，做好摸排调查登记工作，建立联防联控、群防群治工作机制。发挥侨友联谊会的作用全力抗疫，在疫情防控期间武夷山侨友联谊会向农场捐赠人民币 1.5 万元，广西侨友向农场捐赠 4000 个口罩和人民币 1500 元，用于农场疫情防控。

【环境整治】　农场召开全场干部职工大会，贯彻学习市委、市政府城乡人居环境整治工作部署会议精神。通过广播、发放宣传单、张贴宣传标语等多种形式进行宣传，积极引导各管区归侨侨眷主动参与。开展“大战六十天实现全域无垃圾”的专项人居环境整治工作，全场干部职工积极深入各管区指导帮助归侨侨眷开展人居环境整治，并建立环境整治常态管理机制，农场配备保洁员，建立每月考核制度，切实加强日常卫生保洁工作。

【民生改善】　农场积极筹措资金 111.6 万元，完成总长 1.69 千米红卫管区道路硬化建设，方便归侨和黎前周边村民出行，保障侨民的出行安全，也提升管区的人居环境。农场加大资金投入，购买 100 多个垃圾桶放置各管区，将原来的垃圾池清理填埋，并与垃圾清运公司签订生活垃圾清运协议，定时定点及时清理垃圾，大大改善了农场各管区人居环境。

【技能培训】　农场根据归侨侨眷和场员迫切需要提高茶叶职业技能水平的要求，农场于 2020 年 10 月 9—13 日，组织归侨 41 人，举办 1 期武夷山华侨农场归侨侨眷茶叶职业技能培训，培训内容为六大类茶叶加工理论知识、乌龙茶机器加工、乌龙茶手工制作、茶叶审评、茶叶拼配、茶叶制作专项能力考试等。

【安全生产】　根据年初市政府安委会下达的安全生产目标责任，制定《武夷山华侨农场 2020 年安全生产工作计划》《武夷山华侨农场 2020 年安全生产目标责任书》，层层分解责任，切实把安全生产目标责任落实到基层的 5 个管区和机关片区等 6 个单位。深入各茶厂指导用火用电安全，指导管区居民做好用电安全，杜绝安全隐患。春运安全期间，给下属5个管区下达《2020年春道路交通安全责任书》，制定《春运工作方案》和《道路交通巡查表》，张贴安全宣传标语20幅、横幅10条。2020年，农场安办开展安全生产大检查工作，采取有计划、有组织、有目的地定期检查和不定期的巡查相结合的办法，经常深入各管区、各生产经营单位，进行安全生产大排查、大整治，全年农场共组织安全生产检查50余次，安全隐患全部完成整改。

【维稳工作】 持续深入管区开展“禁毒、防诈、平安行”宣传活动，推进国家反诈中心App安装，实现农场在职工作人员安装实名100%；扎实开展平安“三率”提升活动，农场群众安全感、扫黑除恶好评率、执法工作满意率均100%；深入推进扫黑除恶常态化，继续保留扫黑除恶办公室，深入开展扫黑除恶宣传，常态化摸排上报黑恶线索；深入落实信访“接管通”工作机制，落实农场领导干部定期接访、下访等制度，落实中国共产党建党100周年等重点时期节点安保维稳工作，有效保障农场安定稳定。

【防汛工作】 2020年防汛期间，华侨农场成立了防汛避险转移领导小组，由农场场长任组长、分管水利的副场长任第一副组长，各管区挂点领导任副组长、成员由卫生院负责人、管区主任组成。进一步明确了防汛避险转移领导小组工作职责，细化具体的转移方案，重点做好“五种区域”（地质灾害隐患点和高陡边坡、旅游景区、学校、危旧房屋和工地工棚、低洼区域）转移人员的转移安置。防汛后勤保障系统由场综合办公室、财务科、农业科、卫生院等部门组成抗灾抢险物资筹备小组，保证灾民的生活必需品供应，同时要求供电部门正常供电照明，邮电部门保证通信畅通，切实保护人民群众的生命和财产安全。

（吴　道）

## 茶　场

【概况】 2020年，茶场机构情况与2019年基本相同。截至2020年底，茶场职工总数1425人，其中在职职工552人（固定工129人、合同工423人），退休人员873人。全年总收入约759.1万元，总支出约852.80万元。

【项目建设】 2020年，茶场完成西快线（茶场段）、茶旅小镇会展路、实幼茶场分园、实小茶场分校等省市重点项目的征迁工作；累计征地面积11.8公顷，拆除面积4149.85平方米，地面清表面积4.73公顷；涉及拆迁户39户，涉及青苗补偿户62户。中国武夷茶博物馆一期改造项目前期投入36.8万元，完成项目丈测、房屋结构安全鉴定、可行性研究报告编制、项目地势勘察等工作。整治茶场雷竹园，拆除违建面积21000平方米。

【农垦改革】 剥离国有企业办社会职能，推进国有企业退休人员实行社会化管理，全面深化国有企业改革。全年茶场移交给新丰街道等街道社区退休职工854人，其中退休党员57人，并签订移交协议书。4月16日，武夷山市委书记江建华到茶场调研，建议将茶场茶资源纳入武夷山市茶产业高质量发展行动中。

【疫情防控】 2020年疫情防控期间，茶场成立由茶场主要领导任

2020年4月16日，市委书记江建华（左三）到茶场开展调研工作

（林理顺　摄）

2020年5月7日，雷竹园拆违现场　　（黎　曼　摄）

组长的疫情防控工作领导小组；制定《关于启动重大突发公共卫生事件以及响应的防控预案》；组成6个摸排小组，全面走访入户摸排，严格执行日报告制度；张贴发放疫情防控“一封信”“倡议书”3000张，悬挂、张贴110余条防控疫情宣传条幅和标语；走街入户开展流动播音宣传，报送疫情工作信息45篇；对7名境外入武夷山人员，严格实行集中隔离、居家隔离，进行核酸检测，并安排责任人动态管控；设立8个党员劝导服务站及3个重点管控小区，构建“党委+支部+群众”党群合力堡垒，实行24小时值守；130名党员自愿捐款1.14万元，10名职工群众捐款2020元。

【配合巡察】　茶场配合市委巡察工作，成立巡察工作联络小组，制定《中共武夷山市茶场委员会关于配合做好巡察工作的通知》；召开巡察工作动员会和茶场党委、纪委专题汇报会议；协助市委巡察组进行个别谈话；提供补充有关文件、资料；做好巡察期间6项立行立改问题的整改反馈。

【环境整治】　开展“争创文明城、争做文明人”大讨论活动，倡导党员干部争做创城推动者、宣传者、示范者。全年开展8次大规模的环境整治行动，清理垃圾、建筑物71处，整治污水沟5条，提升了辖区人居环境。

【平安建设】　全年共接转信访件25件，其中15件移交或协调职能部门处理，10件由茶场回复办理。2020年茶场被评为武夷山市“平安建设优秀单位”。

（林理顺）

## 综合农场

【概况】　武夷山市综合农场（简称农场）属国有农垦企业。农场辖一、二、三分场和北历分场及武夷山市岩茶厂，总人口4379人。2020年在册职工248人，退休职工418人。全场土地总面积2.33万亩，其中山林地1.61万亩，耕地及闲杂地、开荒地、茶园约7000亩，截至2020年底征收土地5100亩。

【项目建设】　落实新发展理念，坚持“稳中求进”的工作总基调，全力推进项目征迁。一是土地征收。东快线项目（疏港大道一、二、三期工程）共需征收土地208.47亩，全面完成交地任务，占比100%；西快线项目土地征收、苗木迁移全部完成；水美家园一期需征收土地89.24亩，完成81.73亩，占比91.6%，项目启动建设；水美家园二期需征收土地76.05亩，完成63.07亩，占比82.9%，完成地勘作业。二是房屋征收安置。实现楼后片区整村庄搬迁；竹山仔片区完成92%的协议签约；上东埠片区整村庄征收安置在大力推进。

【社会民生事业持续改善】

1. 美丽乡村建设。对未列入禁建区的村庄进行分次分批改造，积极开展危旧房四期改造项目对20户对象的调查摸底、房屋面积丈测、危旧房鉴定相关工作，截至2020年底已完成全年改造任务；自2011年起全场共完成八批次179户的危房改造；投资49.8万元完成造福新村职工活动中心的修建。深入联系群众，发动党员干部下到“服务职工联系点”开展调研，帮助解决群众实际困难和问题；投入20余万元，对“7·9”洪灾受损的道路、水利设施进行修复。

2. 劳动保障工作。扎实做好劳动保障工作，完成全场418名企业退休人员养老金领取资格“人脸”识别认证；做好到龄人员退休手续办理；救济救灾、优抚工作落实到位，全力配合新丰街道对综合农场43户低保户进行入户走访；对接并完成市应急管理局等部门，准确及时有效收集上报汛期灾情；全面完成国有企业418名退休人员社会化管理档案资料及人员移交工作；办理229名（全场在册职工248人，其中19人停缴）人员社保缴交手续。殡葬改革落实到位，在各分场开展宣传，对辖区内不合规的墓葬进行摸底排查整改。

3.综治平安建设。以“平安武夷”创建活动为载体，全面落实综治和平安建设各项目标任务；狠抓安全生产，树立“生命至上，安全第一”的理念。2020年开展辖区安全生产宣传、检查36次，开展辖区各领域安全隐患大排查、大整治和房屋结构安全“百日攻坚”专项行动及安全生产专项整治三年行动，对12个职工居住片区房屋进行安全隐患排查，入户摸底298户，发现重大危险房屋27栋。高度重视信访工作，排查化解社会矛盾；跟踪“民生110”“12345”政务平台各类居民反映的问题，及时做好答复处置；2020年农场共接到“民生110”“12345”政务平台投诉件20起，结案处置20起，群众满意率100%。部署落实“扫黑除恶”工作，要求做到高站位、浓氛围、细摸排、实措施、见成效。建党99周年综合农场维稳工作任务重、压力大，但场两委班子及全体工作人员坚定信心，将中国共产党建党99周年维稳安保工作作为农场重中之重的工作来抓，成立强有力维稳工作专班。

4.环境卫生整治。全面落实习近平生态文明思想，将“绿水青山就是金山银山”的理念贯彻到发展的各个方面。全面贯彻落实武夷山市城乡人居环境综合整治及“三创”（创建国家卫生城市、创建国家环境保护模范城市、创建全国文明城市）活动的部署要求，主动投身城乡人居环境整治百日大会战和大战60天全域无垃圾专项行动中，切实扛起辖区的属地责任职责。由于体制受限，农场无法将现有15个职工居住片区（村庄）环保工作纳入全市统筹，但农场仍然自筹资金，克服困难，投入大量的人力、物力、财力，为解决10多个职工居住片区（村庄）的生活垃圾清扫、清运问题，聘请泓欣环卫公司承担综合农场片区生活垃圾清扫、清运，对各分场片区加大垃圾清运、强化卫生保洁措施；加强对辖区全方位的巡查监控，对发现的建筑垃圾等乱倾倒现象及时整治，并投入26万元开展辖区环境整治及污水沟渠清理；对市文明办和督导组检查督导发现的问题进行及时有效的整改，筹资近5万元对湖桃村（鱼塘）卫生进行重点整治，深入实施城乡人居环境整治行动，力争人居环境全面改善。

5.“两违”综合治理。贯彻落实市委、市政府共建美丽武夷决策部署，在整治违规违法开垦茶山、“两违”综合治理等方面下大力、强措施、重落实。一是整体推进茶山整治。按照市委、市政府下达的2020年度茶山整治任务，农场立即安排部署工作，进一步压实责任，通过全面整治违规、违法开垦茶山，形成高压震慑的态势，坚决制止各类破坏森林资源违法犯罪行为的发生，实现违规、违法开垦茶山面积“零增长”，切实保护好生态环境，推动以生态保护为核心的生态文明建设取得新成效。二是持续开展辖区“两违”综合治理。农场建立日常监督、常态巡查、属地管理机制，切实加强对辖区的“两违”行为的巡查监管，公布监督举报电话，倡导和鼓励职工群众参与对“两违”综合治理工作的监督，建立“早发现、早报告、早制止、早处置”快速反应机制，“两违”势头得到有效遏制。

【农场办社会职能移交】 紧抓中央和省委、省政府及南平市委、市政府赋予农垦企业改革的大好机遇，农场立足实际，借鉴经验，创新思路，积极主动配合市深化改革发展工作组和属地政府，做好划转移交等相关工作，并做好交接手续。农场与各部门多方协调，反复讨论，研究确定了20项场办社会职能，已完成14项场办社会职能移交手续，相关档案资料以及基础资料等一次性移交，保证职能移交到位、部门履职到位、改革政策落实到位。2020年9月16日，武夷山市成立综合农场工作组，截至2020年底剩余6项场办社会职能未移交，在工作组的指导和协调下，按照拟定的目标任务，积极对接上级有关部门，不断研究新情况，解决新问题，确保改革工作的顺利推进和农场社会和谐稳定。

【疫情防控】 疫情防控期间，农场强化指挥体系，成立常态化疫情防控指挥部，召开20次专项推进会，准确上报每日疫情防控数据信息，严格落实“三化三防”等各项疫情防控措施。录制防疫宣传录音15条，制作横幅、展板、通告等60余条（块），全方位多渠道全天候不间断宣传造势。按照要求开展政策措施宣传，做好各类资金补贴减免工作，为3户工商户分别减免3个月数万元的房租，帮助项目企业复工复产。以支部为单位开展“我是党员我先行，疫情防控当先锋”主题党日，累计1000余人次参与疫情防控工作。同时，组织9名“巾帼党员志愿者”开展疫情防控宣传工作，实现防控全覆盖，150余名党员和2000余名职工群众主动守护18个卡口，筑起一座座坚强的防控堡垒。

（王永昕）

## 良种场

**【概况】** 武夷山市良种场（简称市良种场）主要职责是水稻良种实验、示范、繁育和农业新技术推广服务工作。2020年，总人口486人，机构编制数14名，在编在岗9人。市良种认真贯彻落实武夷山市委、市政府的决策部署，在统筹疫情防控和复工复产，推进“一攻坚两行动”，民生补短板和水稻良种区试等方面取得了一定的工作成绩。

**【疫情防控】** 2020年，市良种场开展有序、有力、有效的疫情防控工作。严格执行市委、市政府提出防疫工作要求，克服良种场工作人员少的困难，组织党员干部群众开展卡口值守和劝导、入户查访宣传，全场范围进行12次防疫大消杀，做好防疫宣传，提高群众防疫知识和防疫自觉性，并及时解决群众生产生活困难问题。

**【水稻良种区域试验】** 全年完成12亩国家级，8亩省级水稻良种区域试验项目的各项工作任务，区域品种达220个。

**【环境整治】** 2020年，积极响应南平市委、市政府提出的全域无垃圾的号召，按照武夷山市委、市政府的部署安排，大力整治居住环境脏、乱、差现象，重申“门前三包”规定，制止乱堆乱放，乱搭乱盖，实行每周集中清扫制度，实行路长制，加强监督检查，为打造干净整洁、文明有序的宜居环境尽职尽责。

**【服务重点项目】** 2020年，继续做好重点项目的服务工作，对落地良种场在建的旅游职业中专、武夷山市就业和社会保障服务中心等项目，协调解决建设过程的涉农问题，保障建设项目顺利施工，对市委党校新校区项目和西快线项目（良种场段）积极做好地面青苗及附属物核实补偿工作。

（李培华）

# 人　物

## 人物传

### 赵大炎

赵大炎（1932—2020），出生于福建省邵武县和平镇。1945年6月毕业于和平高小。1951年6月参加土改工作。1954年3月入党。1956年6月任邵武县故县区委第二书记。1959年1月后，历任邵武县城关公社党委书记，邵武县委办公室主任，朱坊公社党委副书记、书记。1978年9月任崇安县委副书记、县革委会副主任。1980年12月任崇安县委副书记、县人民政府县长。1983年12月任崇安县委书记。1984年2月后兼任县八届、九届人大常委会主任。1990年1月任武夷山市政府正处级调研员。1993年1月退休。

## 人物表

2020年武夷山市受聘副高级以上职称人员表

表4

| 姓名 | 工作单位 | 职称 | 聘期起始时间 |
|---|---|---|---|
| 连清秀 | 武夷山市经济科技情报研究所 | 高级工程师 | 2019年12月起 |
| 吴海燕 | 武夷山市固定资产投资审计中心 | 高级审计师 | 2019年12月起 |
| 李　津 | 武夷山市自然资源空间规划处 | 高级工程师 | 2019年12月起 |
| 谢小丽 | 武夷山市自然资源空间规划处 | 高级工程师 | 2019年12月起 |
| 王晓钢 | 武夷山市村镇规划建设管理站 | 高级工程师 | 2019年12月起 |
| 徐　骏 | 武夷山市东溪水库管理局 | 高级工程师 | 2019年12月起 |
| 彭德芳 | 武夷山风景名胜区后勤保障中心 | 高级工程师 | 2019年12月起 |
| 石　屏 | 武夷山市市政维护管理处 | 高级工程师 | 2019年12月起 |
| 张系明 | 福建省武夷山市公共资源交易中心 | 高级工程师 | 2019年12月起 |
| 刘国海 | 武夷山中天新图测绘工程有限公司 | 高级工程师 | 2019年12月起 |
| 罗　平 | 武夷山市质量计量检测所 | 高级工程师 | 2020年1月起 |

续表 4

| 姓名 | 工 作 单 位 | 职 称 | 聘期起始时间 |
|---|---|---|---|
| 陈德兰 | 武夷山市森林资源管理站 | 教授级高级工程师 | 2020 年 1 月起 |
| 林敬志 | 武夷山风景名胜区后勤保障中心 | 高级经济师 | 2020 年 2 月起 |
| 周志春 | 武夷山市不动产登记中心 | 高级经济师 | 2020 年 2 月起 |
| 陈　芸 | 武夷山市立医院 | 高级经济师 | 2020 年 2 月起 |
| 聂林清 | 福建省武夷鸿三建工发展有限公司 | 高级工程师 | 2020 年 4 月起 |
| 余金星 | 武夷山市鸿安交通工程有限公司 | 高级工程师 | 2020 年 4 月起 |
| 刘　磊 | 武夷山市兴夷公路养护工程有限公司 | 高级工程师 | 2020 年 4 月起 |
| 邱其斌 | 武夷山市兴夷公路养护工程有限公司 | 高级工程师 | 2020 年 4 月起 |
| 张闽皖 | 新丰街道会计服务中心 | 高级经济师 | 2020 年 7 月起 |
| 周立良 | 武夷山市洋庄乡三农服务中心 | 高级经济师 | 2020 年 7 月起 |
| 杨辉和 | 武夷山市兴田镇三农服务中心 | 高级经济师 | 2020 年 7 月起 |
| 袁美莲 | 武夷山市上梅乡三农服务中心 | 高级经济师 | 2020 年 7 月起 |
| 柯龙福 | 武夷山市委党校 | 高级讲师 | 2020 年 7 月起 |
| 占朝兴 | 武夷山市武夷中心小学 | 高级教师 | 2020 年 8 月起 |
| 李丽霞 | 武夷山市余庆小学 | 高级教师 | 2020 年 8 月起 |
| 余文英 | 武夷山市余庆小学 | 高级教师 | 2020 年 8 月起 |
| 周芳英 | 武夷山市余庆小学 | 高级教师 | 2020 年 8 月起 |
| 陈勤勤 | 武夷山市余庆小学 | 高级教师 | 2020 年 8 月起 |
| 黄小宇 | 武夷山市崇安小学 | 高级教师 | 2020 年 8 月起 |
| 周洪发 | 武夷山市上梅中心小学 | 高级教师 | 2020 年 8 月起 |
| 陈　珉 | 武夷山市星村中心小学 | 高级教师 | 2020 年 8 月起 |
| 颜文生 | 武夷山市湖桃小学 | 高级教师 | 2020 年 8 月起 |
| 谢丽萍 | 武夷山市实验幼儿园 | 高级教师 | 2020 年 8 月起 |
| 江　赟 | 武夷山市人力资源公共服务中心 | 副研究馆员 | 2020 年 8 月起 |
| 杨义东 | 武夷山市文化馆 | 副研究馆员 | 2020 年 9 月起 |
| 黄彩兰 | 武夷山市东溪水库管理局 | 高级工程师 | 2020 年 9 月起 |
| 叶　鹿 | 武夷山市第一中学 | 高级教师 | 2020 年 9 月起 |
| 彭　红 | 武夷山市第一中学 | 高级教师 | 2020 年 9 月起 |
| 胡美蓉 | 武夷山市第一中学 | 高级教师 | 2020 年 9 月起 |
| 袁爱珍 | 武夷山市第一中学 | 高级教师 | 2020 年 9 月起 |
| 徐月云 | 武夷山市第一中学 | 高级教师 | 2020 年 9 月起 |
| 谢梅英 | 武夷山市第一中学 | 高级教师 | 2020 年 9 月起 |
| 石　挺 | 武夷山市第一中学 | 高级教师 | 2020 年 9 月起 |
| 束　莉 | 武夷山市第一中学 | 高级教师 | 2020 年 9 月起 |
| 史崇梅 | 武夷山市第一中学 | 高级教师 | 2020 年 9 月起 |
| 陈兰芳 | 武夷山市第一中学 | 高级教师 | 2020 年 9 月起 |
| 王劭敏 | 武夷山市第二中学 | 高级教师 | 2020 年 9 月起 |

续表 4

| 姓名 | 工 作 单 位 | 职 称 | 聘期起始时间 |
| --- | --- | --- | --- |
| 彭德富 | 武夷山市第二中学 | 高级教师 | 2020 年 9 月起 |
| 郑国英 | 武夷山市第二中学 | 高级教师 | 2020 年 9 月起 |
| 张　莺 | 武夷山市第二中学 | 高级教师 | 2020 年 9 月起 |
| 韩　影 | 武夷山市第二中学 | 高级教师 | 2020 年 9 月起 |
| 肖丽华 | 武夷山市第二中学 | 高级教师 | 2020 年 9 月起 |
| 林　敏 | 武夷山市第二中学 | 高级教师 | 2020 年 9 月起 |
| 廖御英 | 武夷山市第二中学 | 高级教师 | 2020 年 9 月起 |
| 杨丽萍 | 武夷山市第二中学 | 高级教师 | 2020 年 9 月起 |
| 裴仁珠 | 武夷山市第三中学 | 高级教师 | 2020 年 9 月起 |
| 黄清滢 | 武夷山市第三中学 | 高级教师 | 2020 年 9 月起 |
| 邱映红 | 武夷山市第三中学 | 高级教师 | 2020 年 9 月起 |
| 熊光明 | 武夷山市第三中学 | 高级教师 | 2020 年 9 月起 |
| 何新姬 | 武夷山市第三中学 | 高级教师 | 2020 年 9 月起 |
| 刘莘茜 | 武夷山市第三中学 | 高级教师 | 2020 年 9 月起 |
| 陈秀娇 | 武夷山市第三中学 | 高级教师 | 2020 年 9 月起 |
| 张妙垒 | 武夷山市武夷中学 | 高级教师 | 2020 年 9 月起 |
| 王熙明 | 武夷山市武夷中学 | 高级教师 | 2020 年 9 月起 |
| 林　奕 | 武夷山市武夷中学 | 高级教师 | 2020 年 9 月起 |
| 尤丽香 | 武夷山市武夷中学 | 高级教师 | 2020 年 9 月起 |
| 陈娇寿 | 武夷山市武夷中学 | 高级教师 | 2020 年 9 月起 |
| 林忠文 | 武夷山市星村中学 | 高级教师 | 2020 年 9 月起 |
| 华丽萍 | 武夷山市星村中学 | 高级教师 | 2020 年 9 月起 |
| 范传英 | 武夷山市星村中学 | 高级教师 | 2020 年 9 月起 |
| 廖海萍 | 武夷山市兴田中学 | 高级教师 | 2020 年 9 月起 |
| 方桂姬 | 武夷山市兴田中学 | 高级教师 | 2020 年 9 月起 |
| 陈桂娇 | 武夷山市兴田中学 | 高级教师 | 2020 年 9 月起 |
| 方贵林 | 武夷山市兴田中学 | 高级教师 | 2020 年 9 月起 |
| 江　静 | 武夷山市吴屯中学 | 高级教师 | 2020 年 9 月起 |
| 李毓庄 | 武夷山市吴屯中学 | 高级教师 | 2020 年 9 月起 |
| 彭　泓 | 武夷山市岚谷中学 | 高级教师 | 2020 年 9 月起 |
| 徐应林 | 武夷山市洋庄老区学校（中学） | 高级教师 | 2020 年 9 月起 |
| 叶春梅 | 武夷山市洋庄老区学校（中学） | 高级教师 | 2020 年 9 月起 |
| 王晓英 | 武夷山市洋庄老区学校（中学） | 高级教师 | 2020 年 9 月起 |
| 李小琴 | 武夷山市朱子学校中学部 | 高级教师 | 2020 年 9 月起 |
| 彭瑞珍 | 武夷山市朱子学校中学部 | 高级教师 | 2020 年 9 月起 |
| 魏彩英 | 武夷山市教师进修学校 | 高级教师 | 2020 年 9 月起 |
| 李爱英 | 武夷山市立医院 | 主任医师 | 2020 年 12 月起 |

续表 4

| 姓名 | 工 作 单 位 | 职 称 | 聘期起始时间 |
|---|---|---|---|
| 黄晓文 | 武夷山市立医院 | 主任医师 | 2020 年 12 月起 |
| 陈文飞 | 武夷山市立医院 | 主任医师 | 2020 年 12 月起 |
| 郑良斌 | 武夷山市立医院 | 主任医师 | 2020 年 12 月起 |
| 陈智远 | 武夷山市立医院 | 中医主任医师 | 2020 年 12 月起 |
| 范　菁 | 武夷山市立医院 | 中医副主任医师 | 2020 年 12 月起 |
| 张正旭 | 武夷山市立医院 | 中医副主任医师 | 2020 年 12 月起 |
| 江和英 | 武夷山市立医院 | 中医副主任医师 | 2020 年 12 月起 |
| 吴　甲 | 武夷山市立医院 | 中医副主任医师 | 2020 年 12 月起 |
| 邬建蓉 | 武夷山市立医院 | 主任护师 | 2020 年 12 月起 |
| 吴美莲 | 武夷山市立医院 | 主任护师 | 2020 年 12 月起 |
| 陈文兰 | 武夷山市立医院 | 副主任医师 | 2020 年 12 月起 |
| 钟素萍 | 武夷山市立医院 | 副主任医师 | 2020 年 12 月起 |
| 范孝安 | 武夷山市立医院 | 副主任医师 | 2020 年 12 月起 |
| 章　忠 | 武夷山市立医院 | 副主任医师 | 2020 年 12 月起 |
| 崔裕忠 | 武夷山市立医院 | 副主任医师 | 2020 年 12 月起 |
| 吴蜀闽 | 武夷山市立医院 | 副主任医师 | 2020 年 12 月起 |
| 罗慧珍 | 武夷山市立医院 | 副主任护师 | 2020 年 12 月起 |
| 陈爱萍 | 武夷山市立医院 | 副主任护师 | 2020 年 12 月起 |
| 胡晓翠 | 武夷山市立医院 | 副主任护师 | 2020 年 12 月起 |
| 刘婵娟 | 武夷山市立医院 | 副主任护师 | 2020 年 12 月起 |
| 林长兰 | 武夷山市立医院 | 副主任护师 | 2020 年 12 月起 |
| 叶玉兰 | 武夷山市立医院 | 中医副主任药师 | 2020 年 12 月起 |
| 廖彩华 | 武夷山市妇幼保健院 | 主任医师 | 2020 年 12 月起 |
| 张贵谊 | 武夷山市妇幼保健院 | 副主任医师 | 2020 年 12 月起 |
| 林　芸 | 武夷山市妇幼保健院 | 副主任医师 | 2020 年 12 月起 |
| 吴丽燕 | 武夷山市妇幼保健院 | 副主任药师 | 2020 年 12 月起 |
| 叶丽建 | 武夷山市崇安街道社区卫生服务中心 | 副主任护师 | 2020 年 12 月起 |
| 刘涵福 | 武夷山市崇安街道社区卫生服务中心 | 副主任医师 | 2020 年 12 月起 |
| 连长金 | 武夷山市武夷街道社区卫生服务中心 | 副主任护师 | 2020 年 12 月起 |
| 钟明珠 | 武夷山市星村中心卫生院 | 副主任护师 | 2020 年 12 月起 |
| 杨晓春 | 武夷山市兴田镇卫生院 | 副主任医师 | 2020 年 12 月起 |
| 李　娟 | 武夷山市兴田镇卫生院 | 副主任医师 | 2020 年 12 月起 |
| 刘贵兴 | 武夷山同济医院 | 中医副主任医师 | 2020 年 12 月起 |

# 索 引

## 说 明

一、本索引采用主题词分析法，按主题词首字汉语拼音字母顺序排列。

二、栏目、分目标题用黑体字。“专记”“大事记”“人物”文件夹内容不作索引。

三、索引主题词后的数字表示页码，数字后的a、b、c表示栏别左中右。

四、空一字起排的款目为上一主题的“附见”。

## A



## B



## C

## D

## H



## J

## K

## L



## M



## N



## P

## Q



## R



## S

## T

## Z